철학 연구 50년

철학 연구 50년

한국문화연구원 편

혜안

발 간 사

이화여자대학교 총장 신 인 령

　20세기 후반 이후 급속히 전개된 탈냉전시대의 도래와 글로벌 공동체의 재편은 새로운 문명의 패러다임에 적응하기 위한 단위 간의 치열한 정치, 경제, 문화적 경쟁을 발생시키고 있다. 한편으로 역사상 유례를 찾을 수 없는 광범위한 사회문화적 교류와 통합의 세기를 창출하고 있다. 이러한 시대에 한 국가의 발전의 원동력은 그 사회의 문화 패러다임의 원류를 탐색하고, 창조적 지식기반을 구축하는 학문운동에서 찾아질 수 있다.

　이러한 시대 사명에 부응하여 이화여자대학교 한국문화연구원은 언어, 사회, 문화, 정치, 경제, 사상 등의 제반 분야에서 한국문화의 가치를 창출하는 활발한 학문운동을 전개하고 있다. 특히 해방 이후 한국 학계 50년을 반추하며 연구사, 이론사, 쟁점사를 포괄하여 학술활동의 결실을 점검하고 학술사의 미래를 전망하기 위해 학술사총서를 간행하고 있다. 한국학술사총서는 일차적으로 한국학 관련 다양한 학문전통을 발굴하고 재구성하는 한편, 더 나아가 이러한 학술활동이 어떻게 세계적 함축을 가질 수 있는가를 탐구하는 것을 목적으로 한다. 서양 학문의 의존에서 벗어나 우리의 자생적인 학문을 모색하고, 한국적 학문의 세계화를 위한 노력이 활발히 전개되는 시점에서 지난 50년간의 학술 연구사를 자리매김하는 작업은 보다 새롭고 창조적인 학문제도와 방법론, 그리고 21세기적 학문활동의 지평을 개척할 것이다. 그런 점에서 한국학술사총서 제1호로 발간된 『국어학연구 50년』이 문화관광부 지정

우수학술도서로 지정된 것은 고무적인 일이며 인문사회과학 분야 전반으로 확대될 후속 작업들에 큰 기대를 갖게 한다.

이화는 지난 110여 년간 어떤 상황에서도 여성교육을 통해 한국 사회와 문화의 발전을 선도하고자 하는 역사의식, 책임의식을 견지하였다. 이화 설립 초기부터 다양한 국학 관련 분야가 설립되어 역사와 전통을 축적해 왔다. 이화는 한국학 연구의 필요성을 어느 대학보다 앞서 체감하고 1958년 한국문화연구원을 설립했다. 외국 문화 도입에 열중하던 해방 직후의 학계나 대학들의 한국에 관한 자체 연구의 필요성에 대한 자각과 한국문화를 세계에 알려야겠다는 소망을 실천한 것이다. 한국문화연구원은 본교의 학문 연구 기능의 중추적 역할을 담당하면서 그 내실과 역량을 대외적으로 공인받아 왔고, 앞으로 한국학 연구의 세계적 본산지로서 도약하고자 하는 비전을 추구하고 있다.

철학은 인간과 사회, 자연을 포함한 존재에 대한 성찰과 조망을 통해 진리를 탐구하며 새로운 문명의 패러다임을 창출하는 분야다. 철학함이 없는 문명, 철학함이 없는 사회는 건강하게 지탱될 수가 없다. 철학연구 50년의 학문적 궤적을 총화하는 이번 작업은 치열한 대화와 반성의 정신을 통해 인간과 사회를 견인해 온 철학의 가치를 재발견하면서, 서양 철학의 수용 중심에서 벗어나 한국적 철학, 여성철학의 새로운 전망과 가능성을 모색해 온 학문운동을 평가하며 새로운 지평을 열어 가는 작업으로 여겨진다. 대학의 3대 기능은 교육과 연구와 사회봉사이다. 학문연구의 공동체로서 이화는 다양한 연구저술들을 지원해 왔다. 한국문화연구원의 학술사총서 간행은 21세기의 한국 학문운동을 선도하고자 하는 이화의 학문적 사명감의 표현이다. 이 총서에서 모아진 한국 학술 50년의 결실과 반성, 그리고 전망이 국학만이 아니라 한국적 학문을 전반적으로 진작하는 데 견인차가 될 수

있기를 기대한다. 책의 발간을 위해 수고를 아끼지 않은 연구진과 필자들의
노고에 심심한 치하를 보낸다.

철학 연구 50년 | 차례

철학 연구 50년

한국현대철학의 방향정위와
새로운 언어관

남경희

1. 서언

한국사회는 500년 조선조의 전통사회를 벗어나 근대 사회로 들어선 이후 이제는 중진국을 거쳐 선진국 진입준비단계에 이르렀다는 평가이다. 근대 사회에로의 진입의 출발점을 대체로 갑오경장으로 잡을 때 100년 가까이 근대화 과정을 거쳐왔다고 할 수 있다. 서양을 제외한 아시아, 남미, 아프리카 등 세계의 모든 국가 사회가 그러하지만 한국 사회는 정치, 경제, 문화, 사회구조, 제도 등에서 급격하고도 혁명적인 변화를 겪었다. 그러나 이런 외적인 변화보다 더 중요하며 이런 변화의 기초가 된 것은 정신이나 의식상의 변혁이라 할 수 있다.

흥미로운 것은 제도, 관습, 생활양식 등의 교체는 의식의 변화에 의해 가능한 것이기는 하나, 후자의 완전한 변모는 전자보다 더 오래 걸린다는 것이다. 이는 나중에 논의할 바이지만, 이는 정신이나 의식상의 변화 구조와 연관되어 있으며, 미래 한국 철학의 방향 설정과도 긴밀한 관계를 지니고 있다. 그런데 의식상의 변화를 찾아 볼 수 있는 증거는 무엇인가? 우선 행동과 삶의 방식에서 찾아볼 수 있을 것이나, 보다 직접적인 증거는 새로운 언어의 유입에 있다. 지적인 혁명의 모습은 새로운 언어들의 등장에 의해 규정된다.

사고나 의식의 모습은 언어로 표현된다. 100년 전, 아니 더 이전인 50년 전의 한국인들이 일상의 삶에서 사용하던 어휘들, 그들의 삶에서 핵심적인 역할을 하던 어휘들과 현대 한국인의 주축적 어휘들을 비교해 보면 그 변화의 크기와 넓이를 짐작할 수 있을 것이다. 이성, 과학, 공정성, 자유, 평등, 민주, 권리, 개인, 사적 공간, 근대화, 민주화, 삶의 질, 문화, 경제, 환율, GNP, 주식시장, 사이버스페이스, 생명공학, 시험관 아기 등, 무수히 많은 새로운 어휘들이 우리의 삶의 모습을 규정하고, 우리의 행동을 추동하는 원인의 역할을 하고 있다. 현대적 삶에서 일상인들의 행동을 규정하고, 사고를 인도하는 주축적 어휘들의 거의 대부분이 100년 전이나 그보다 가까운 50년 전에는 낯선 어휘들이었다.

우리의 일상적 삶에서 주축을 형성하는 어휘들은 범주적이고 가치지향적이며 평가적인 어휘들이다. 사고의 틀이나 범주를 형성하고 사고의 수로를 만들며, 인간의 행동과 삶의 가치, 목적, 의미를 담는 그런 어휘들을 대체적으로 주축적 어휘들이라 할 수 있는데, 이런 어휘들을 제공하는 것은 철학, 윤리, 사상 등, 인간의 정신적 활동에 관한 영역이다.

인간의 역사는 인간 정신의 역사이다. 정신의 역사에서 가장 중요한 요소는 새로운 언어나 개념들의 유입과 형성이다. 이들에 따라 전과는 다른 담론의 장이 전개되면서 시대에 적합한 사고와 행동 및 삶의 방식이 형성되고, 문화의 혁신이 이루어지는 것이다. 물론 새로이 유입된 개념들이 모두 역사의 창조에 관여하는 것은 아니다. 어떤 것은 일시적으로 떠다니다 사라지기도 하고, 일부는 우리 삶의 의식 표면에서 부유하다가 도태되기도 하지만, 좀더 하중과 호소력이 있는 개념들은 우리의 삶에 폭넓은 영향력을 발휘하고, 우리 삶과 역사에 깊이 뿌리를 내리고서 지속적이고 심층적인 변화를 야기하기도 한다. 지난 100년 또는 50년 간의 정신적 변화를 겪으면서 서구의 철학이나 사상에서 공급된 상당수의 개념들이 우리 삶과 정신의 주류를 이루는 개념들이 되었고, 동양 전통의 개념들—효, 충, 가문, 정조, 충절, 기개, 지조, 풍류 등—은 도태되었거나 비주류의 개념들로 밀려나고 말았다.

자연계에서는 새로운 우세종이 등장함에 따라 열등종은 완전히 도태되어 사라져 버린다. 정신 세계도 그런 식의 진화 원리를 따라 변화하기는 하나,

정신계는 흐름과 같은 연속성을 유지하며 진화되어 간다. 정신적 활동이란 일종의 흐름, 작은 연원에서 시작하여 바다로 흘러가면서 많은 지류의 물들을 수용하며 점차 강폭을 넓히고 수량을 풍부히 하면서 넓이와 끝을 알 수 없는 깊이를 지닌 거대한 세계를 형성해가는 흐름이다. 정신세계에서는 자연계와 달리 과거의 개념들이 완전히 사라지는 것이 아니라, 우리 무의식에로, 한국 문화의 저류에로 잠복하여 계속 흘러들어가 쌓이면서 새로이 유입되는 개념들의 색조, 속도, 맑기, 생태를 바꾸어 놓는다. 정신의 역사는 연속성이다. 정신의 세계나 인간의 역사에서는 완전히 새로운 것도 없고 흔적없이 소멸하는 과거도 없다.1)

서구 사조와 새로운 개념들의 유입은 한국의 근대적 지성들에 의해 이루어졌다. 이들을 구성하는 것은 교육자, 학자, 언론인, 정치인들이었다. 이들은 한국의 근대화나 서구화에 기초적인 기여를 하였다고 평가할 수 있다. 한국의 지성인들은 새로운 어휘들과 개념들을 수용하거나 고안하여 그 사회의 언론, 교육, 정치, 대중계에 보급하였다. 이런 과정에서 학문이나 대학 등의 전문적인 영역이 변화되고, 사회의 의식이 뒤따라 변화하는 것이다. 서구 철학의 유입에 의해 한국 철학계의 어휘들은 이전과는 전혀 다른 것이 되었다.

근 100년 동안에 이루어진 한국인들의 의식 상의 변화는 가령, 중동의 이슬람사회나 인도 등과 비교하면 눈부신 것이다. 그러나 그런 만큼 문제가 없는 것은 아니다. 정신이란 역사적인 것이다. 한국인의 정신세계도 역사와 전통이 있으며 서양의 철학도 역사적인 과정을 거쳐 형성된 것이다. 그래서 정신이나 의식 상의 변화는 전통과의 연계 속에서 이루어지는 것이 정상인데, 한국 사회에서의 의식 상의 변화는 그와 완전히 단절된 상황에서 이루어졌다. 이런 과거와의 단절은 이중적인 것이었다. 우리 자신의 동양적 과거와의 단절 하에, 그리고 수용되는 서양사상의 과거 전통과의 단절 하에 한국 현대인의 의식은 형성되었다. 서양철학과 사상의 수용에 급급한 나머지

---

1) 자연의 진화도 유전자의 관점에서 보면 일종의 흐름이다. 인간의 유전자에는 수십억 년 자연 진화의 기록이 모두 저장되어 있어 인간의 생물학적 조건에 영향을 준다.

서양의 과거 전통은 물론 한국 전통 철학, 정신의 모습에 대해 소홀히 한 것이었다.

한국 철학에 수용된 서양철학은 아직도 뿌리를 내리지 못하고 있는 부평초와 같다. 수년 단위로 서양의 새로운 철학 사조가 유행처럼 날아 왔다가 흔적없이 사라져가는 양상을 보이고 있다. 이는 수입 소개된 서양철학이 한국인들의 정신적 풍토나 문제들과 접목되지 않았음을 시사한다.

한국에는 한국의 역사와 문화가 가꾸어온 한국적 토양이 있으며, 그에 맞는 법과 제도와 철학이 있을 것이다. 물론 한국의 토양은 결과적으로 서구의 문물에 맞설 수 있는 법과 제도, 국가를 산출하지 못하였으니만치, 과학과 기술과 이성이, 그리고 대중이 지배하는 새로운 시대에 발맞추어 한국 사회는 토질개선을 해야 할 것이다. 그렇다고 하더라도 완전히 땅을 갈아 엎거나, 전혀 이질적인 토질의 흙으로 뒤덮어 버릴 수는 없는 노릇이다. 한국의 토질이나 토양은 한국의 본질적 일부를 구성하고 있다. 한국인의 조부모와 부모들의 의식을 통해 전승되어 오고 교육되어 온 한국의 전통은 우리의 정신적 기저를 형성하고 있다.

전승되어 온 의식의 토양 위에 새로운 토질의 흙을 뒤섞고, 그 다음에 외래의 법과 제도, 사상, 철학도 이에 맞게 어느 정도는 변용하여 이식되어야 한다. 이를 위해서는 우선 동양의 정신적 전통에 대한 연구를 수행해야 하며, 다음으로 서양철학의 연구에서도 한국적인 변용이 필요하다 할 수 있다. 이런 변용이 지역화만을 의미하는 것은 아니다. 서양철학을 한국적으로 변용한다는 것은 서양철학의 보편화 가능성을 타진하고 그 가능성을 넓히는 것이기도 하며, 다른 한편으로는 한국적이고 동양적인 것을 세계화할 수 있는지를 가늠하며, 세계성을 넓히는 것일 수도 있다.

2. 한국 철학 50년에 대한 반성적 개관

50년대

대한민국 정부의 수립과 함께 사회 각 부분의 법, 제도, 기구들이 설립되었다. 일제시대의 제국대학과 전문대학들이 종합대학으로 체제를 바꾸어 설립되면서, 전공별로 학과들을 갖추게 되었다. 전국의 유수한 대학에서는 모두 철학과가 설립되어 본격적으로 철학도들을 배출하기 시작했으며, 대부분의 대학에서 철학을 교양필수로 가르쳐 철학이라는 학문이 널리 보급되고 인지되었다. 교과과정은 주로 서양철학 위주의 것이었으나 이는 50년이 지난 현재에도 마찬가지이다.

한국사회가 국가건설 초기부터 철학을 이렇게 중시한 것은 한국 전통사회가 유가적 사회였던 것과 깊은 연관이 있을 것이다. 한국사회는 개항, 식민통치, 내전을 겪으면서도 기본적으로는 조선조의 철학이나 사상 위주의 정신적 분위기는 유지하면서, 서양철학의 개념들이 유가적 개념들을 대체하게 된 것이다. 서구 철학의 어휘들은 이제 한국 철학계의 기초적인 어휘들이 되었다. 앞으로 한국인의 철학적 사유에서 이들 서구 철학의 어휘들은 상당기간 동안 지배적이고 주류적인 어휘들로서 역할할 것이다. 우리는 이들 어휘들의 인도를 받아 사고하고, 문제를 제기하며, 이들을 그릇으로 삼아 사유한 내용을 담아낼 것이다. 존재, 현상, 본질, 실체, 범주, 우연, 필연, 실존, 실용성, 정의, 자유, 평등, 의미, 권리, 심신문제 등의 어휘는 이제 학문의 세계에서만이 아니라 일상의 어휘들로 사용되면서 한국인들의 정신세계의 일부 기본적인 틀을 구성하게 되었다.

50년대 이후 아마도 현재까지도 한국현대철학계의 가장 중요한 특징은 이념적 배경일 것이다. 일제 하에서 대체적으로 서구의 사상과 철학들 중 마르크스주의 등의 좌파적 사상은 북쪽을 통해 유입되었고, 자유주의 이념과 함께 독일의 관념론과 영미의 철학들은 일본을 거쳐 또는 몇몇 해외 유학생들에 의해 남쪽을 거쳐 들어왔다. 이 두 대립적인 사상이나 이념은 한국전쟁을 거치면서 완전히 대결관계로 정착되었고, 나아가 한반도를 세계적인 이념 대결의 전초지로 만들었다. 북한은 마르크스-레닌의 공산주의 정치철학과 역사철학, 그리고 후에는 주체사상이 획일적으로 지배하는 철학과 사상

22

우위의 사회가 되었지만 그 획일성과 전단성으로 하여 오히려 철학적인
불모지대가 되고 말았다.

　남한의 경우도 북한의 사상과 철학, 나아가 좌경적 이념들을 불온시 하는
이념적 제약은 있었다. 이들을 학습하고 교육하는 것은 물론 좌경적 서적을
소지하는 것까지도 금기시한 적이 있었다. 그러나 전반적으로 북한보다는
훨씬 자유로웠고 다양성을 용인하였다고 말할 수 있다. 초반에는 미군정과
남한정부가 채택한 교육철학의 영향으로 미국의 실용주의가 소개되었다.
양차 대전을 거치면서 암울한 유럽인들의 정신세계를 표현해주었던 실존주
의는, 역시 비슷하게 전쟁의 폐허라는 극한상황 속에 있던 한국인들에게
정서적 공감을 느끼게 해주었다. 한국전쟁 이후 한국의 철학계를 주도하던
철학자들이 주로 독일철학의 영향을 받은 일본에서 교육을 받은 학자들이기
에, 칸트, 헤겔 등 독일철학이 1950년대의 한국 대학철학계에서 가장 많이
교육되고, 대다수 저술들의 주제였다.[2)]

　이 당시 서양철학 유입의 주요 동인들은 다양하다. 실용주의의 경우는
주로 교육학자들에 의해 소개되었는데, 이는 교육 법과 제도, 기구의 설립을
위한 철학적 기초로서 역할하였다. 전후의 암울한 상황은 실존주의에 대해
공감하게 하였으나, 이 단계에서는 학문으로서라기보다는 일종의 문학적인
정서에 호소력을 지니는 사조로서 수용되었다고 할 수 있다. 본격적으로
철학적 실존주의를 한국에 소개한 것은 독일 유학에서 돌아온 조가경 교수이
고, 더 이전에 두어 편의 논문을 통해 박종홍 교수가 하이덱거의 사상을
논의하였다. 그리고 실존주의와 관련하여 중요한 것은 고형곤 교수가 하이덱
거의 사상과 불교의 선사상을 비교하여『禪의 연구』를 발간하였는데, 이는
1970년대에 들어서이다.

　50년대는 한국 철학계를 포함하여 현대 한국의 모든 기초적 틀이 정립되는
시기이다. 전쟁의 폐허와 이념적 혼란의 외중에서[3)] 근대적 국가를 구성하고,

---

　2) 서울대학교 철학사상연구소 편,『철학사상』8호, 1998, 115쪽의 표4 참조 ; 백종현,
　　『독일철학과 20세기 한국의 철학』, 철학과 현실사, 1998. 32쪽, 71쪽 참조.

새로운 방식의 삶을 영위하기 위한 법, 제도, 관습, 정치, 경제, 사회적인 틀, 문화적인 분위기가 서서히 시행착오를 거치면서 자리잡고, 이 모두를 선도하는 인문적 가치들—민주, 자유, 정의, 언론의 자유와 그 중요성, 사상과 종교의 자유 등—이 한국 사회에 연약한 뿌리를 내리기 시작하였다.

한국 철학계의 기본틀이 구축되는 데에는 일본의 식민통치, 이를 통한 서구 문물의 유입, 한국전쟁, 소련과 미국의 지배 등 외적인 요인들이 많이 영향을 주었다. 그러나 기본적으로 이런 요인들은 그런 영향력의 공간 속에 있던 한국 지성인들의 주체적 사유가 없이는 관여할 수 없었을 것이다. 개항과 함께 서구 문물의 새로움과 힘에 충격을 받고, 그리고 식민통치를 벗어나 해방 독립을 모색하려 절치부심하던 한국의 지성들은 조국을 근대화하고 독립하기 위한 활동의 이념적 의지처를 한 곳에서만 구한 것이 아니었다. 박헌영 등은 북으로부터 소련에서 유입된 마르크스주의에서, 이승만 등은 미국의 자유주의에서, 김구는 민족주의에서 미래의 이념적 방향을 모색하였다. 크게 보아서는 마르크스주의 對 자유주의 및 민족주의라는 두 흐름의 사상이 1950년대 한반도의 이념적 지도의 큰 맥을 형성하였다. 북한에서와는 달리, 남한에는 다양한 사상들이 유입되었지만, 그것들은 대체적으로 서구적 자유주의를 배경으로 하고서 개진된 사유형태들이라 할 수 있다. 기본적으로 마르크스주의가 북한의 현실 정치에 적극적으로 관여했던 것과는 달리, 남한에 수입되었던 서구의 철학들—고전철학, 중세철학, 데칼트, 칸트 등의 독일 관념론, 실존주의, 영미 분석철학 등—은 정치적으로 중립적이거나 자유롭고, 언론과 사상의 자유가 허용되는 공간에서 꽃필 수 있는 철학이자 사상들이었다.

60년대~70년대

---

3) 건국 초기의 정당의 수가 256개에 이르렀다고 한다. 필자, 『주체, 외세, 이념 : 한국 현대국가건설기의 사상적 인식』, 이화여자대학교 출판부, 1995 ; 송남헌, 『해방 3년사』 1, 까치, 225쪽에서 재인용.

60년대 초반의 4·19, 5·16 등의 정치적인 변란을 거치면서 한국은 본격적으로 경제성장과 근대화의 단계로 들어섰다. 이런 변화는 정부 주도로 이루어지면서, 근대화를 명분으로 한 군사정부의 정치적인 탄압은 민주화에 대한 의식을 일깨우기도 했다. 이후 30여 년 동안 지속된 학생들의 민주화운동과 정당성을 결여한 정권의 이에 대한 탄압은 대학 캠퍼스에 화염병과 최루탄이 난무하게 하였다. 불똥이 튀고 매캐한 가스가 가득한 상황은 정상적인 학업과 연구가 이루어질 수 없게 하였지만, 사회 전체의 민주적인 의식을 고양시키는 데에는 크게 기여하였다. 이런 혼돈은 역설적이지만, 아마도 한국이 동아시아에서 2차대전 이후 가장 먼저 민주화를 성취한 국가가 되게 하는 데에 결정적인 기여를 하였을 것이다.

학생들의 민주화운동을 점화하고 지속하게 한 것은 학생들의 민주화와 자유에 대한 그들의 의식일 것이다. 민주와 자유라는 개념은 한국사회에 유증된 전통적인 사유에는 낯선 것이다. 이런 개념과 의식은 1950년대 이후 서양에서 유입되어 한국 대학에서 교육된 서구적 자유주의와 민주주의사상에 힘입어 형성된 것이다. 자유, 민주, 평등, 정의, 권리, 인권, 노동권, 삶의 질, 독재에 대한 저항, 투쟁, 해방 등 학생들의 의식을 사로잡았던 가치들과 개념들은 주로 1950년대 이후의 대학 교육과정을 통해서 그들에게 학습되고 심어진 것들이다. 이런 점에서 1950년대의 철학계를 포함한 한국 인문사회과학계는 한국인의 의식을 변화시키는 데에 간접적이지만 핵심적인 기여를 했다고 평가할 수 있다.

70년대에 들어서 보다 전문적인 철학의 분야에서는 서양철학에 대한 관심이 실용주의나 독일철학 일변도에서 벗어나 폭을 넓혀감에 따라, 분석 윤리학, 서양고대철학, 논리실증주의, 과학철학, 현상학 등이 강의되고 소개되기 시작하였다. 1960년대에 김태길, 조가경 등이, 1970년대에 들어서는 이규호, 박영식, 차인석, 김여수, 소흥렬, 강성위, 이초식, 임석진, 정대현, 이명현, 엄정식 등 해외 유학파들이 한국 철학계에 변화를 모색하기 시작하였다. 1950년대에 결성된 전국적인 회원을 지닌 한국철학회, 서울 중심의 철학연구회, 경북중심의 칸트학회 등도 미미하게나마 학회활동을 지속하였다.

학술활동은 학회활동을 통해서 이루어진다. 60~70년대 들어서 학술발표
회 개최와 학회지 발간이 정기적으로 이루어지기 시작하면서 논저의 양도
비약적으로 늘어난다. 1946년에서 1959년까지 발간된 서양철학 관련 논저의
수는 대략 286건이었음에 비해, 1960년에서 1979년까지 발간된 논저의 양은
1,741건으로 6배에 이른다.4) 발표되는 논문들의 수준은 해석, 주석, 소개의
수준을 넘어서지 못하기는 하나, 그래도 학술 논문의 개념이 잡혀가기 시작했
다는 점, 그리고 대학에서의 교육만이 아니라 저서와 논문으로 철학적 연구활
동을 전개하기 시작했다는 점에서 중요한 발전이 이루어졌다.

70년대 후반 들어 영미와 독일 등에서 귀국한 해외 유학파들이 들어와
한국 철학계를 주도하면서 분석철학, 과학철학, 비판이론, 현상학, 해석학
등이 소개되었다. 이들을 중심으로 하여 한국분석철학회, 현상학회 등이
조직되며 학회활동도 전문화되었다. 논평을 관례화함에 의해 일방적으로
논문 발표만 하던 풍토를 개선하여, 상호 비판과 대화를 유도하며 주제와
관심을 공유하려는 노력이 이루어진다. 진정한 의미의 내적인 학문공동체를
형성하고자 하는 노력이 시작되었다고 말할 수 있다. 이는 한국현대철학계가
실질적인 학회활동에 한 단계 다가선 모습을 보이는 것이었다.

하나의 학회가 단지 전공자들의 집합적 모임에서 학단이나 학파로 발전하
기 위해서는 추가의 조건이 충족되어야 한다. 우선 자생적이며 고유한 문제나
주제가 형성되면서, 이들이 공유되어야 한다. 이들 문제와 주제들은, 학문
공동체의 구성원들에 의해 논의되고 이들에 대한 해답과 이론이 제시되어야
할 것이다. 학회원들은 나아가 이들에 대해 지속적으로 발표, 대화, 토론하면
서 보다 성숙하고 완성된 이론을 구축해 나아가야 한다. 하지만 이 당시
시작된 토론 문화는 아직은 본래의 의도를 실현하고 있지 못하고 일과성에
그치고 있다는 것이 정직한 평가일 것이다.

---

4) 서울대학교 철학사상연구소 편, 『철학사상』 8호, 1998, 113쪽.

80년대

80년대는 한국현대사에서도 특별한 의미를 지니는 시기이다. 이 시대는 한편으로는 역동성과, 다른 한편으로는 모순들을 디딤판으로 하여 새로운 단계에로의 돌입을 준비하는 폭발적인 혼돈의 시대이었다. 광주 민주화운동, 이에 이은 군사정권의 무차별적이며 공포정치에 가까운 탄압 등은 오히려 점차 거세어지고 조직화되어가는, 본격적인 민주화투쟁의 기폭제를 제공하였다. 이 시기는 가장 비민주적인 시기였고, 그러하기에 이런 반민주적 억압은 한국의 학생, 지성인, 시민들에게 민주화 열망을 폭발하게 하였으며, 역설적이지만 한국으로 하여금 아시아에서 가장 먼저 민주화를 성취할 수 있게 했던 시기이기도 하다. 이념적으로도 기본 원리나 원칙마저도 뒤흔들릴 정도로 어지러운 시기였다. 대학의 철학인들도 기존에 연구대상으로 삼고 있던 전공 분야의 철학을 떠나 생경한 실천 사상들에 귀기울여야 할 것 같은 의무감 속에서 지적 갈등을 경험하였다.

민주화세력들은 민주화투쟁의 이념적이고 사상적 지원을 찾는 과정에서 해방신학, 국가독점자본주의, 주변부자본주의론, 사회구성체론 등 다양한 종류의 급진적이고 좌경적인 사상과 신조들을 동원하였다. 심지어 투쟁적 학생운동세력들은 탄압적 정권과의 대립각을 형성하는 과정에서 북한의 주체사상에서 그 이념적 기반을 확보하고자 했다. 나아가 1980년대 한국사회 모순의 뿌리를 해방 직후에까지 거슬러 올라가 추적하면서 남북한의 국가로서의 정통성과 합법성을 되묻고, 남한이 아니라 북한에서 한국사의 정통성을 찾는 과격성을 보이기도 하였다. 그들의 논리는 간단하였다. 5·16 이후의 남한 정권은 합법성을 갖추지 못하였다, 남북한은 대립적 관계이다, 그런고로 북한 정권과 이념이 오히려 정통성이 있다는 식의 논리가 대체적으로 가동된 것으로 생각된다. 이 와중에서 소위 主思派(주체사상파)라는 집단이 등장하여 상당 기간 동안 학생운동에 영향력을 행사하였다. 시대의 위기는 이런 과격하고 급진적인 사상까지도 정당화한다.

이 시기는 한국에만 특별한 시기가 아니었다. 1980년대는 세계사적인 사건을 준비하고 있었다. 누구도 예상치 못하던 소련의 붕괴, 독일의 통일, 동구 공산주의의 몰락 등이 수년 사이에 숨가쁘게 몰아닥치면서, 실로 세계사적인 정치, 사상, 이념적 변혁은 철학계도 요동치게 하였다. 마르크스주의나 공산주의는 일거에 몰락하고 세계는 이념적으로 자유주의의 휘하에 들어가게 되었으며, 세계 각국은 경쟁적으로 자유주의 선거제도와 시장체제를 도입하게 된다.

80년대 한국의 정치적 폭압성은 철학자 등을 포함한 인문사회과학자들의, 사회에 대한 책임을 제고시켰다. 철학자들, 특히 정치철학, 역사철학, 사회철학, 윤리학 등의 실천적 분야를 전공하는 철학자들은 시대의 현실을 무시할 수 없다. 시대의 상황은 실천 철학의 문제지평이기 때문이다. 이에 따라 마르쿠제, 아도르노, 하버마스, 한나 아렌트 등의 프랑크푸르트학파의 비판이론 등이 소개되고 논의되며, 그들 이론의 한국사회에 대한 연관성이 검토되기도 하였다. 한국사회가 어느 정도 경제 성장을 통해 부를 축적했다는 평가 속에서 분배문제가 중요한 정치 사회적 쟁점이 되면서 롤즈의 정의론이 소개되고 논의되었다. 경제 성장은 60~70년대 노동자들의 희생을 기반으로 한 것이기에 더욱 분배 문제와 그에 대한 철학적 논의는 현실적 적실성을 지닌 것이었다. 다른 한편으로 산업화와 경제성장, 민주화의 과정에서 한국사회가 전통사회에서 근대사회에로 상당히 진척함에 따라, 국가와 개인 간의 관계, 정치철학적 기초에 대한 관심에서 노직, 드워킨 등의 자유주의 정치철학 등이 소개 논의되었다.

물론 이런 와중에서도 일부 학자들은 비교적 고고하게 또는 시대의 변화에 무관심한 채 상아탑적인 분위기를 유지하며, 이론적인 철학이라 할 수 있는 고대철학, 분석철학, 현상학, 동양철학 등의 분야를 꾸준히 교육 연구해 나갔다. 이들은 이를 통해 서구나 동양전통 철학의 문제의식에 대한 이해를 넓혀 가며 연구역량을 키워 나갈 수 있었다. 철학은 시대를 넘어서는 전망을 구하는 정신적 작업이기에 이런 상아탑적이고 정관적인 태도는 어느 정도 당위적인 측면도 있다.

90년대

80년대 후반 들어 민주화운동도 결실을 맺고, 경제적으로도 안정을 이루면서, 88 올림픽의 성공적인 개최는 한국을 세계에 알리게 하였다. 다양한 분야에서의 한국사회의 비약적인 발전은 한국인들로 하여금 세계성에 눈을 뜨고 자신의 위상을 새로이 자리매김하게 하였다. 타 분야에서의 자신감은 철학적으로 한국의 주체적이고 자생적인 철학과 한국철학의 전통에 눈을 돌리게 하는 배경이 되었다. 이런 배경 하에서 80~90년대에 들어서 한국철학을 모색하고자 하는 반성적이고 비판적인 노력이 여러 방면에서 경주되어 그 관계 문헌만도 상당한 분량에 이른다.

이들 중 주요한 연구만을 대략 열거하여 보면 다음과 같다.

심재룡 편, 『한국에서 철학하는 자세들』, 집문당, 1986.
서울대학교 철학사상연구소 편, 『철학사상』, 4~6집, 1994~1996.
한국철학회 주최, 「해방의 철학」, 이 학회의 5분과 '해방 50년의 사상적 반성'에서 실존주의, 마르크스주의, 프래그머티즘의 수용사를 논의. 1995 봄 연구발표회.
철학연구회 주최, 「현대 사회와 철학의 정체성」, 1996 가을 연구발표회.
철학연구회 주최, 「동서철학의 수용과 한국철학의 정립」, 1997 봄 연구발표회.
철학연구회 주관, 「동서철학의 융합」 프로젝트 추진, 1997 가을.
한국철학회 춘계연구발표회, 「철학사와 철학 : 한국철학의 패러다임 형성을 위하여」, 1998. 5.
서울대학교 철학사상연구소 공동연구, 「서구 철학사상 유입과 그 평가 : 한국철학 근 100년의 회고와 전망」(공동연구자 : 허남진, 차인석, 김남두, 성태용), 1998. 12.
이들의 연구결과는 『철학사상』 8호 특집으로 출간됨.
이 특집에는 다음의 논문들이 실려 있다.
「서양철학 수용에 따른 전통철학의 대응 및 전개」 ; 「최근 백년 서양철학 수용과 한국철학의 모색」 ; 「서양철학의 수용 : 한국의 현실과 철학의 과제」 ; 「근 백년 한국철학의 교육과 과제」
한국철학회 주최, 「한국현대철학 100년의 쟁점과 과제」, 1999. 6 연구발표회.

「한국철학의 정체성」; 「한국전통철학의 계승과 새로운 해석」; 「서양철학
수용 100년의 쟁점과 과제」; 「한국현대철학의 쟁점과 과제」
서강대학교 인문학연구소 공동연구, 「한국 인문학 100년 : 철학부문」(공동연
구자 : 엄정식, 정인재, 남경희, 강영안, 김석수), 1998~2000.
이 공동연구의 결과는 『동아연구』 40, 41, 42호에 게재됨.

이외에도 단행본만으로도 다음이 있다.
이한우, 『우리의 학맥과 학풍』, 문예출판사, 1995.
백종현, 『독일철학과 20세기 한국의 철학』, 철학과현실사, 1998.
강영안, 『우리에게 철학은 무엇인가 : 근대, 이성, 주체를 중심으로 살펴본
현대한국철학사』, 궁리, 2002.
김재현, 『한국사회철학의 수용과 전개』, 동녘, 2002.
우리사상연구소 편, 『이 땅에서 철학하기』, 솔, 1999.

이상의 학회 연구발표회의 주제들과 저술, 논문들을 보면 한국 철학계는
오직 서구 철학의 수용과정에 대해 반성 비판만 하면서 1990년대를 보낸
것처럼 보인다. 1990년대는 어쩌면 과도할 정도의 자기의식과 자기반성을
통해서 한국철학의 새로운 방향을 모색하려 한 시기였다. 이런 상황은 반성과
비판을 넘어서 보다 자신감을 가지고 적극적이고 주체적으로 한국 고유의,
그러면서도 세계 철학사에 기여할 수 있는 철학을 논의해 볼 단계가 멀지
않았음을 시사하는 것이라고 긍정적으로 평가해 볼 수도 있다.
한국 철학계는 세계화에 눈뜨면서 하버마스, 로티, 퍼트넘, 뚜웨이밍 등
세계적인 학자들을 초청하여 강연이나 세미나를 연례적으로 개최하곤 했는
데, 이는 한편으로는 서구 지향성이나 종속성의 발로로 볼 수 있는 면도
있으나, 긍정적으로 보면 일방적으로 강의를 듣는 것이 아니라, 그들에 대해
비판적인 토론을 시도하면서 학문적 자신감을 단련해 나아가는 과정으로
볼 수도 있다. 이와 함께 김재권, 승계호, 조가경 등 각 분야에서 세계적인
수준에 이른 한국의 철학자들이 한국을 방문하여 국내 학자들에게 자극을
가하면서 동시에 자신감을 심어주었다.

영국과 미국, 프랑스, 독일 등에서 유학생들이 귀국하고 이들이 대거 각 대학 철학과에 임용되어 활동하면서 주로 이들이 학회를 주도하였다. 특히 80~90년대에 들어서 영미권에서 유학한 학자들이나 분석철학, 과학철학 등을 전공한 학자들이 많이 배출되면서 분석철학 계열의 논문들이 많이 출간되었다. 주지하다시피 한국에서의 서양철학 수용은 독일철학의 영향 하에서 이루어졌다. 그러던 것이 80~90년대에 이르러서는 영미권의 논문들이 대폭 증가한 것이었다. 1960년대에 출간된 독일철학 관련 논문이 130편, 영미철학 관련 논문이 12편으로 10 : 1의 비율이던 것이5) 80~90년대에 영미철학 논문이 비약적으로 증가하면서, 1915년부터 1995년까기 출간된 서양철학 관련 논문들 7245편6) 중 독일철학 논문 전체(1067편, 14.7%)와 영미철학 논문 전체(930편, 12.8%)의 비율이 거의 비슷하게 되었다는 사실이다.7) 또하나 흥미있는 것은 독일철학의 수용이 칸트와 헤겔 중심이었던 것에 비해, 영미철학은 비트겐슈타인의 연구에서 비롯하였다는 사실이다.8)

미국 등지에서 교편을 잡다가 귀국한 학자들이나 미국 저널에 논문을 발표하는 학자들도 상당 수 등장하여, 이제 이들의 논의 수준은 가령 미국 학회에서의 학문적 수준에 뒤떨어지지 않는 것으로 평가할 수 있을 것이다. 이런 수준의 향상, 토론의 활성화는 특히 한국 철학계의 일부 분야는 세계적 표준에 다가가고 있음을 알리고 있다. 이렇게 영국, 미국, 독일 등의 세계적 학자들과 겨루며, 서구 철학의 문제를 자기화하여 논문을 국제지에 논문을 발표하는 등의 활약은 한국 철학계의 수준 향상을 보여주는 것으로 긍정적인 현상임은 두 말할 나위가 없다. 그러나 다른 한편으로 과연 미국이나 독일 철학의 문제를 미국이나 독일식으로 개진하여 한국에서 논의한다는 것이

---

5) 김효명, 「영미철학의 수용과 그 평가」, 서울대학교 철학사상연구소 편, 『철학사상』 제6호, 1996.

6) 허남진 등, 「최근 백년 서양철학 수용과 한국철학의 모색」, 113쪽의 표 1 참조, 서울대학교철학사상연구소 편, 『철학사상』 8호, 1998 소재.

7) 위의 글, 121쪽 참조.

8) 이좌용, 「한국에서의 영미철학 수용의 특징과 과제」, 245~246쪽, 한국철학회편, 『한국철학의 쟁점』, 철학과 현실사, 2000.

바람직한지의 문제를 더욱 예각적으로 제기하기도 한다.

국내의 대학원들도 박사들을 꾸준히 배출하여 이들 국내파 학자들이 대학에 임용되는 경우도 상당히 많아지기는 하였으나, 대체적으로는 유학파 학자들이 주류를 형성하고 있다. 이들의 활동은 한국 철학계의 수준을 세계화시키는 데에는 도움이 되었으나, 유학파 학자들은 유학국의 문제와 학문적 분위기에 자신을 동조화시키는 경향이 있어, 영미, 프랑스, 독일 유학의 학자들은 공간적으로는 같은 한반도에서 철학을 하면서도 서로 다른 언어로 철학한다 할 수 있을 정도이다. 이런 분리적 상황은 한국 철학계에 두 가지 주요 과제를 안긴다. 첫째는 국내파와 유학파, 그리고 유학파들 간에도 영미권 유학파들과 유럽권 유학파 간의 대화를 통해 한국 철학계의 통합성과 동질성을 제고하는 일이다. 둘째는 뒤에서 논의할 바이지만 철학을 포함한 정신적 활동은 역사성을 지니는데, 서양철학의 수용은 이를 한국 전통과 연계시켜야 하는 과제를 안긴다.

위에서 언급한 바, 1990년대 한국철학계의 자기반성과 함께, 포스트모더니즘 논쟁을 통해 서구적인 것에 대한 비판적 반성이 이루어진 것으로 보인다. 1990년대 후반에 들어서 문화 전반에서의 포스트모던 논쟁은 서구의 근대성이나 합리성에 대한 논의로 이어지면서, 데리다, 푸코, 라캉, 세르 등의 프랑스 철학자와 사상가들이 상당수 소개되고 논의되었으나, 2000년대 들어 지난 계절의 유행처럼 자취를 감추고 말았다. 이런 일과성은 포스트모더니즘에 대한 논의가, 서구적인 것에 대한 깊은 문제의식을 지닌 반성과 비판을 통해 동양적 전통을 되살리려는 작업이라기보다는 또 하나의 유행, 서양사상 따라잡기인 듯한 인상을 준다.

국력의 신장과 함께 연구업적과 이에 대한 평가의 중요성에 대한 인식이 1990년대 후반부터 제고된다. 한국사회나 정부와 대학 등이 서양의 문화나 이론만을 수입해서는 2류 국가를 벗어날 수 없다는 자각을 하면서 연구의 중요성을 인식하고, 이를 지원하기 위한 평가의 지표를 필요로 하게 되었다. 대학 전임의 임용에서 적어도 형식적으로는 공개채용이 일반화되었다. 아직도 실질적으로 공정성, 객관성, 엄정성에서 문제가 없는 것은 아니나, 조금씩 개선되는 추세이다. 이에 따라 교육부, 학술진흥재단 등의 학술지원기관의 지원이나, 대학에서의 임용, 승진 등 인사에서 연구업적을 핵심적 평가 기준으로 제시함에 따라 논문들의 투고가 대폭적으로 증가되었고, 이를 수용하기 위해 학회지들이 상당수 새로이 발간되었다. 그리고 심사기준을 객관화, 강화하고, 심사과정을 엄정하게 집행함으로써 학회지의 질을 높이려는 시도들이 이루어진다.

공산권의 붕괴 이후 미국 주도의 세계화가 진전됨에 따라 신자유주의가 등장하여, 시장경쟁, 시장성, 효율성이 중시되면서, 교육도 고전이나 인문교육보다는 실용성이 있는 학문 등이 강조되고 소위 수요자 중심의 대학교육 체제가 들어서게 되었다. 그래서 등장한 것이 학부제인데, 이는 철학 등 기초학문 지원 학생들을 대폭 감소케 하여, 철학교수들을 포함한 인문학이나 순수 자연과학들이 설 입지를 극히 비좁게 하고 있다. 이는 지방대의 철학과는 물론 서울 유수의 대학의 철학과들조차 고사 위기에 처하게 하면서 간접적으로는 철학 학문활동을 대폭 위축시키는 부작용을 가져오게 하였다. 소비가 미덕이라며 풍요를 구가하는 1990년대에 오히려 5~60년대의 곤핍한 시대에서보다 학문으로서의 철학활동에 몰두할 수 없는 역설적인 상황에 처하게 된 것이다. 영문학이나 중문학 등 어느 정도의 실용적인 면으로 확장할 수 있는 인문학은 학생들을 모을 수 있으나, 철학이나 수학 등의 기초학문은 기본적인 강좌마저 폐강되는 지경에 이르러, 많은 철학자들이나 다른 기초학문 전공자들은 대학에서의 자리를 위협받으면서 학문 이전에 생계 문제까지 걱정해야 하는 처지에 놓이게 되었다.

당연히 국내외에서 학위를 취득한 박사학위자들이 기백 명씩 적체되어 10년 가까이 전임을 얻지 못하고 강사를 전전하며 일용노동자의 임금에도 미치지 못하는 수입으로 학문 활동은 커녕 생계를 걱정하고 있다. 이런 상황을, 고학력 실업자들의 양산이니 하는 어귀들에 의해 표현하고 있지만, 이는 이들의 뼈아픈 처지를 담아내지 못한다. 개인적으로나 국가적으로 엄청난 낭비요 비효율이라 할 수 있다.

국가 정부가 늘어난 재정을 수단으로 하여 학부제 개편, 대학원제도 개편, 대학 평가 등을 통해 대학제도 개편을 선도하고, BK21, 기초학문지원 등 학문연구 지원을 통해 학계에 영향력을 행사하게 된다. 이에 따라 학문을 위한 재정은 늘어났으나, 학문적 자율성은 오히려 훼손되는 경향이 있다. 연구지원의 방향이, 1) 인문학의 발전은 공동연구보다는 창조적인 개인 연구자의 역할이 결정적인데, 인문학에서조차 지원의 우선 순위는 개인 연구자보다는 공동연구자들 위주이다. 2) 그러다 보니 연구소나 기관 중심의 연구를 지원하는 경향이 있어 독립적인 연구자들이 설 입지를 좁게 만들었다. 3) 평가에서의 객관성을 따지다 보니 질적인 것보다는 양적인 것에 치중하게 하는 폐단을 낳았다. 이는 더 근원적으로는 한국에서 평가작업이 자리잡고 있지 못하고 있음을, 질적인 평가는 평가자에 대한 신뢰 위에서 이루어져야 하는데, 아직은 그런 수준에 이르지 못하고 있음을 증거해준다. 4) 선정되는 연구과제는 진정으로 고전적이고 기초적인 것보다는 시의적인 것들이 선정되는 경향이 있다. 5) BK21이나 기초학문 지원 사업 등은 연구 지원사업이라기 보다는, 미래의 연구 인력 양성사업이거나, 非전임 학위자들에 대한 복지 시혜적 성격이 있다. 이런 의도는 좋으나, 이 과정에서 기존의 전임 연구자들은 행정 지원요원으로 격하되는, 주객 전도의 상황이 빚어지고 있다.

정부가 주도하는 학문정책의 의도는 높이 살 만하다. 그러나 위의 문제점들로 하여 결과적으로 철학 등의 기초적인 인문학은 오히려 어수선한 분위기 속에 놓이게 되었다. 대학과 학계에 대한 정부의 지원은 의도와는 달리 학문 연구의 방향을 왜곡하고 저해하는 경향이 있다. 학문의 세계는 본성상 철저히 자유의 원리에 의해 자율적인 분위기에서만 풍요하게 꽃피울 수 있고 발전한다. 국가나 정부 또는 관변 학자들이 나서서 학문 연구의 방향을 제시하고, 나아가 재정적 지원 등으로 자신이 의도하는 방향으로 학계의 주류가 흘러가게 하려 해서는 안 될 것이다. 대학과 학계에 대한 정부의 지원은 철저히 보조적이고 2차적인 것이어야 한다.

이상에서 한국 철학계 50년의 변화를 개관하였다. 어떤 문제점들이 있는가? 한국 철학계는 한국사회의 지도적 집단으로서 나름의 문제의식을 지니고 있으며, 노력을 하였으나, 다양하고 깊은 문제들을 안고 있다. 연고주의, 형식주의, 훈고주의, 식민성, 전공 할거주의, 전공 선험주의, 유행주의, 대화의 부족, 상호 간의 무관심, 서평의 부재, 지속적인 논쟁의 결여 등 다양한 문제점들은 필자나 여러 평자들이 이미 여러 곳에서 지적한 바 있다.9) 본고에서는 이를 다시 반복하기보다는 앞으로 한국철학이 나아가야 할 방향에 대한 필자의 견해를 제시하고자 한다. 이런 구체적인 방향의 제시는 더욱 중요한 것이, 위에서 열거한 바와 같이 한국 현대철학에서의 서양철학 수용사나 한국철학의 정체성에 대한 반성적이고 비판적인 논의는 풍성하였으나, 한국 현대철학이 나아갈 방향에 대한 적극적이고 구체적인 제안은 거의 없었기 때문이다. 필자는 그 방향을 언어에서 찾고자 한다.

3. 철학적 사유에서 자연 언어

언어 先在論

우리는 정신적 사유의 역사성을 인식해야 한다. 정신적 내용은 물론 정신 능력과 틀까지도 역사적 소산이다. 흔히들 인간은 태어날 때부터, 아니 지구 상에 등장할 때부터 사고하는 능력을 지닌 존재라는 믿음을 지니고 있다. 사고의 정화로서 이성은 신의 선물이며, 이성적 사유나 논리적 사유의 법칙들은 선험적이고 초월적인 근거를 지닌 규칙들이라 믿는다. 인간의 언어는 이런 사고능력에 의해 사유된 바를 표현하고 전달하는 도구나 매체에 불과하다고 생각한다. 세계의 다양한 언어는 인간의 사고능력이 자신을 표현하고

---

9) 필자, 「보편국가의 이념과 신인문주의-근대화를 넘어선 한국의 국가목표」, 철학연구회편,『근대성과 한국문화의 정체성』, 철학과 현실사, 1998 소재 ; 필자, 「서구철학의 수용과 한국철학의 정체성」, 서강대학교 동아연구소 간,『동아연구』, 제41집, 2001 소재 ; 김혜숙, 「한국현대철학 문제제기방식의 특징과 그 과제」, 한국철학회편,『한국철학의 쟁점』, 철학과 현실사, 2000 소재.

전달하기 위해 언어권의 상황이나 신체적 조건 등에 맞추어 고안되거나 발생한 것이다.

인간이 진화의 소산으로서 자연으로부터 나온 존재자라는 진화론의 설득력은 이런 전통의 믿음을 재고토록 요구한다. 인간이 침팬지와 같은 영장류에서 진화된 존재라면, 인간에게 동물들 대다수가 지니고 있는 음성통신능력이 진화하여 언어능력으로 발전하였고, 이 언어능력이 인간에게 사고능력을 선사하였다고 보는 것이 옳은 순서일 것이다. 전통의 입장은 말하자면 사유선재론이라 할 수 있음에 비해, 진화론이 함의하는 것은 언어 선재론이다.

언어 선재론은 진화론 이외에도 논리적인 논거의 지원을 받는다. 언어란 사유능력이 자신을 표현하기 위해 고안한 일종의 도구라 한다면, 사유와 언어 간의 관계는 우연적이다. 먼 거리를 갈 때 자동차를 이용하지 않고 걸어갈 수도 있듯이, 사유를 표현하기 위해 꼭 언어를 사용해야 할 당위는 없다. 더 나아가 사유주체는 사유한 바를 표현하지 않을 수도 있다. 사유는 표현될 수도, 내면에 은거해 있을 수도 있는 것이다. 인간은 사유능력을 통해 인간 대신 세계나 신과 소통할 수 있다. 오직 인간과 소통하고자 하는 경우에나 언어를 필요로 할 것이니, 인간혐오증이 있는 사람은 구태여 언어를 배우는 수고를 자청하지 않을 것이다. 사유능력은 있으나, 언어능력은 없는 그런 존재가 있을 수도 있다. 가령, 북한산의 인수봉이 수만 년 동안 지속되고 있는 깊고 무거운 사유 속에 잠겨 있다는 상상은 전혀 비논리적이 아닐 뿐 아니라, 현실적 가능성도 있다.

구술시대, 음성문자적 언어권, 상형문자적 언어권

언어 선재론은 한국 현대철학의 가능성과 어떤 관련이 있는가? 인간 정신의 역사는 언어의 역사이다. 언어의 사용에 따라 문화가 전개되고 사용내용만이 아니라 사유틀과 사유능력까지도 형성된다. 그런 고로 어떤 언어를 사용하느냐에 따라 그 언어 사용자의 정신적 틀과 내용이 결정되거나 영향을 받는다.

나아가 그들의 삶의 세계, 삶의 방식, 그들의 존재계의 모습까지도 그들 언어의 틀에 의해 구조지워진다.

혼히들 모든 사람들이 거하는 존재계는 동일하나 그에 대한 사고나 정신의 내용과 방식이 다르다 말하나, 실제로는 언어가 다른 만큼, 그들의 사고방식과 사고내용은 물론 삶의 세계나 존재계마저도 다르다고 할 수 있다. 서구인들과 미국 인디안인 호피족, 그리고 중국인들의 시간 의식은 서로 판이하게 다르다. 호피인들에게는 연속적인 시간의 개념이 없으며,[10] 한문 동사에는 시제가 없다. 같은 서구권에서도 고대 희랍인들은 동사적 사태를 일회적 사건, 지속적인 활동, 완료적 사태로 분리하여 파악하는 경향이 있다.[11] 세계의 모습은 세계관에 따라 달라지며, 세계관은 언어관에 따라 달라진다. 하나의 동일한 세계가 있고, 보고 사유하는 사람들에 따라 세계관이 달라지는 것이라기보다는, 역으로 세계관에 따라 세계가 달라진다고 말할 수 있다.

언어의 구체적인 모습은 자연언어이며, 자연언어는 시대와 사회마다 다르다. 그런 고로 언어가 다른 만큼 사람들의 정신 세계가 다르다고 말할 수 있다. 미국인의 정신세계와 한국인의 정신세계 간의 차이는 근원적으로 그들이 사용하는 언어의 차이를 기반으로 한다. 한국과 미국의 교류가 빈번하며, 국제결혼을 해서 이국의 부부가 평생을 단란하게 살 수 있음을 우리는 부정하지 않는다. 이런 사실은 그러나 언어 선재론을 논박하기보다는 서로 다른 언어권 간의 차이는 대화와 상호이해에 의해 극복할 수 있는 수준의 것임을 말해준다.

학문적 탐구나 철학적 사유는 구술시대에서 문자시대에로 이행하면서 비로소 시작되었을 것이다. 구술시대의 언어는 동물의 세계에서와 같은 신호자극이거나 일종의 음성적 행위 또는 순전히 통신의 수단에 머물러 있었을 것이다. 동물들 사이의 통신이 세계와 관여하는 매체이기보다는

---

10) Whorf, B.E., *Language, Thought, and Reality*, MIT Press, 1956 참조.
11) Comrie B, Aspect : *An Introduction to the Study of Verbal Aspect and Related Problems*, Cambridge Univ. Pr. 1976.

동류의 존재들에 어떤 행위를 유발하기 위한 것이었듯이, 구술시대의 언어도 우선적으로는 인간들 사이의 관계를 조절하기 위한 것이었다. 이 시대의 언어는 사유를 표현하는 수단이거나 세계를 그리는 그림이라기보다는 정치적 매체이었다. 이런 정치성이나 사회성에서 우리는 언어의 원형을 본다.

문자시대에로 이행하면서 언어에 대한 견해는 달라지는 것으로 여겨진다. 말은 음성적이고 시간의 구속을 받는 매체이다. 글은 시각적이고 공간적인 매체로서 시간의 구속을 받지 않는다. 말은 본질적으로 대화로서 의사소통의 상대방이 현재해야만 발화되나, 글이라는 통신수단은 소통의 타방이 존재하지 않는 상황에서도 사용될 수 있다. 글로서의 언어는 일방적인 통신수단이 될 수 있고, 이런 이유에서 언어로 하여금 타인과의 소통보다는 세계에 대한 인식, 사유의 표현, 믿음과 지식의 저장수단에로 역할의 중심축을 이동하게 한다. 글로서의 언어는 세계에 대한 인식을 표현하는 수단이거나 세계의 그림으로 간주되기 시작한다. 글의 사용에 의해서 인간은 비로소 시간을 넘어서면서도, 인간의 삶에 깊이 관여하는 존재, 질서, 규범, 가치 등에 대한 의식을 형성하게 되었다. 그래서 학문적이고 철학적 사유는 구술시대에서 문자시대에로 이행하면서 비롯되었다고 추정할 수 있다. 구술시대에도 기억의 능력은 있었으므로 시간성의 극복이 가능하였을 것이나, 그것은 인간의 신체적 기억능력과 장치가 허용하는 한에서, 그리고 구전될 수 있는 한에서이다.12)

서구에서 영혼 개념이 일상 언어의 일부가 된 것은 4세기 말로, 영혼 개념의 등장을 마음의 발견으로 본다면, 마음의 발견이 이루어진 것은 대략 기원 5세기 경이라 한다. 그 이전에는 마음이란 우주적 생기의 단편 정도로 생각되었다. 그러나 마음이 활동을 개시한 이후에도, 희랍어에서 '마음'이나 '영혼'에 해당하는 psche는 생기, 분노, 숨, 혼령 등을 의미하는 것으로, 아직은 사유하고 의지하는 그런 능력을 지닌 마음은 아니었다. 소크라테스가 활동할 즈음에 이르러서야 영혼은 사유하고, 도덕적 판단을 내리며, 학적으로 인식할

---

12) Ong, W.,『구술문화와 문자문화』, 문예출판사.

수 있는 존재로 인지되었다. 그 이전에 이 비슷한 관념을 형성한 철학자로는
Heracleitos나 Democritos정도이다.13) 자율적 영혼의 개념이 등장한 것은 구술
문화 이후라는 것이 E. Havelock의 견해이다.14) 사유하고 인식하는 주체로서
의 자아의 개념 자체가 형성된 것이 구술문화 이후라 한다면 당연히 학문이나
철학의 개념 역시 그 이후 생겨났을 것이다.

문자에는 두 종류가 있다 : 음성문자와 상형문자. 초시간적 지평의 전개와
관련된 문자의 역할은 특히 음성문자적 문자 형성원리를 채택한 언어권에서
분명하게 두드러진다. 음성문자적 언어권에서 말과 글의 차이는 매체의
차이이다. 글은 말과 달리 볼 수 있으며, 시간을 넘어서 통신할 수 있는
매체이다. 음성문자는 가청적인 매체인 소리를 가시적인 매체로 전사한
것이다. 말이나 음성문자는 그 자체로서는 사물이거나 의미체는 아니다.
그래서 말과 음성문자의 경우에는 매체와, 그 매체가 전달하는 바인 사물이나
의미 간에 괴리가 있다. 하지만 말은 우리의 통신수용기관에 직접적으로
전달되어 청자의 반응을 유발하는 인과력을 발휘한다는 점에서 사물과 같은
점이 있다.

상대방에 대한 영향력의 발휘에서 음성문자적 글은 말과 다르다. 글은
간접적이다. 필자와 독자 사이에는 거리가 있으며, 이는 독자의 사유에 의해
매개되어야 건널 수 있다. 말은 의미와 존재의 세계를 전개하지 않는다.
동물들 사이의 통신이 그러하듯이, 구술시대의 인간들 사이에서도 말이란
청자가 듣고서 적절한 반응을 하면 그만이다. 그런데 바로 반응할 수 있는
말과는 달리, 음성문자적 글은 종이에 그어진 흔적이나 끄적임을 보고서
바로 반응할 수 있는 말과는 달리, 그것이 전하는 의미나 그것이 묘사하는
존재의 모습을 상념해야 한다.

의미나 존재의 세계가 전개되기 시작한 것은 문자의 시대에 들어서면서이
다. 서양에서는 호머시대에서 자연철학자에로 이행하면서 이런 변화가 이루

---

13) E. Havelock, *Preface to Plato*, Harvard Univ. Pr. 1982.
14) 위의 글, 200쪽.

어졌으며, 이런 변화는 플라톤의 형상론에 이르러 절정에 이르렀다고 해석할 수 있다. 서구 철학이 전개된 것은 문자시대가 정착되기 시작한 후이다. 문자의 저편에 의미가 있다는 믿음이 확고해지면서, 철학의 분야에서 윤리학, 정치철학 등의 실천적 분야보다는 의미론, 존재론, 인식론, 논리학 등의 이론 철학이 철학의 주류를 차지하게 되었고, 철학의 핵심적인 교과과정으로 자리잡았다.

상형문자적 언어권에서는 사정이 상당히 다르다. 상형문자는 글이 전하고 자 하는 대상의 모습을 그리거나, 전하고자 하는 의미를 대신하고[15] 있는 바, 문자 그 자체가 대상의 그림이고 의미이다. 상형문자는 독자와 존재 또는 의미간의 매개자가 아니라, 그 자체 축소판 실물이거나 정신적 의미이 다. 그래서 상형문자적 언어권에서는 문자를 보고서 바로 실물이나 의미를 접한다고 생각하는 경향이 있다. '日'은 축소판 태양이며, '林'은 숲의 의미이 자 그림이다. 한문에서는 그러므로 어휘의 사용과 언급이 구분되지 않는다. 상형문자는, 말이 그러하듯이, 그 자체가 읽는 자에게 힘을 발휘한다. 문자 자체가 의미이고 존재이므로, 문자나 문장을 암기하여 의식 속에 각인하는 것은 마치 의미와 존재를 각인하는 것과 같은 효과를 발휘하므로, 상형문자권 에서 知는 行을 귀결하는 것으로 여겨진다.

구술시대에는 청자가 화자의 말에 즉각적으로 반응하는 고로 의미나 실재 라는 것을 사념하지 않듯이, 상형문자를 접하는 경우에도 독자는 그런 것을 사념하지 않는다. 말과 상형문자는 청자나 독자에게 인과력을 발휘하는 한에서 그 자체가 사물이고 존재이다. 구술시대나 상형문자적 언어권에서는 그런 고로 의미나 존재의 세계를 상정할 필요를 느끼지 않거나, 문자의 저 너머에 실재나 의미의 세계가 있다는 생각을 하기 어렵다.

우리는 문자가 관여할 수 있는 사물들을 두 종류 생각할 수 있다. 하나는

---

15) 엄밀히 말해서 음성문자는 사고내용이나 의미를 '표현하고' 있지도 않다. 그것은 말과 같이 일종의 자극원인이거나 라벨에 불과하다. 음성문자와 그것이 전하는 의미 사이에는 아무 관계가 없다.

시공 속에 있는 특수적 개물들이고, 또 다른 하나는 서구 철학에서 의미와 연관되어 있는 보편자나 추상체들이다. 전자는 문자가 적용되는 외연이라 할 수 있으며, 후자는 문자의 의미체 또는 의미 근거가 되는 시공 초월적 존재자라고 할 수 있다. 서구의 철학자들은 이 후자들이 거처하는 곳으로서 정신적 공간, 보편자의 세계, 추상적 지평 등을 상정해왔다. 상형문자권에서 도 필자나 독자들은 문자를 접하면서도 경험세계의 특수적인 사물들을 사념의 대상으로 삼을 수 있을 것이나, 추상적 존재자들을 사념해야 할 이유가 없다. 상형문자 자체가 이미 그런 의미체의 역할을 하기 때문이다.

상형문자 문화권이라 할 수 있는 동아시아의 한문 문화권에서 추상적이고 이론적인 사유가 발달하지 않은 한 중요한 이유를 우리는 여기에서 찾을 수 있다. 그것은 바로 문자, 더 일반적으로 언어에 대한 이상의 견해 때문이다. 동아시아문화에서는 언어의 저편에, 경험적인 특수자들과 일상의 구체적 언어 활동을 넘어서 이들의 기반이 되는 것으로 여겨지는 추상적인 존재나 이론적 정관의 대상이 되는 보편자와 같은 것에 대한 관념이 희박하다. 이들에 대한 관념이 없으면 당연히 그에 대한 탐구와 사유가 시작되지 않을 것이다. 그런 관념이 형성되어 있다면, 그에 대응하는 존재자들에 대한 탐구가 진전될 것이나, 그렇다고 해서 그런 관념의 정당성이 입증되는 것은 아니다.

탐구와 이론 추구로서의 학문의 이념은 문자시대가 전개된 이후, 그것도 음성문자적 언어권에서 형성된다. 서구적 학문의 목표는 진리의 발견, 진상을 드러냄, 현상을 너머서 실재와 본질에의 도달 등으로 규정할 수 있다. 이런 식의 학문관은 한문적 문화권에서는 낯선 것이다. 흔히들 이런 사고가 발달하지 않은 이유를 동아시아의 전근대성이나 후진성으로 치부하는 경향이 있으나, 이는 동아시아의 기초에 대한 몰이해에서 비롯된 평가이다. 보편자, 추상적 존재, 또는 초월적 존재에 대한 관념이 동아시아에서는 거의 없었으니, 추상적이고 이론적인 사유나 서구적 형태의 학문이 발달할 수도 없겠지만, 더 근원적으로 그런 것이 발달해야 할 이유도 없는 것이다. 연역의 출발점

이 되는 보편적인 개념이란 것이 형성되어 있지 않기 때문에 논리적 분석이나
연역적 추론이 시작될 수조차 없다.

이는 한국 현대철학의 방향과 관련해서 매우 중요한 시사점을 던진다.
동아시아에서 학문은 구체적 삶의 방식으로, 학문은 소위 '진리'나 '실재계'
를 발견하는 데에 목표를 두는 것이 아니라, 인간됨을 수련하는 활동으로서의
修己學의 성격을 지닌다. 학문, 특히 철학은 실천이자 삶의 방식이었다.
앞으로의 철학은 보다 실천적이거나 행위계도적인 것이 될 가능성이 있다.

철학적 사유에서 존재 자체

위에서 우리는 철학적 사유의 역사성을 지적한 바 있다. 전통적으로 철학적
사유는 다른 인문 사회과학적 사유와 달리 영원하고 보편적인 문제를 제기하
며 상이한 시대와 문화의 공유 기반인 존재 자체의 탐구를 목표로 한다는
점에서 역사적 지평을 넘어서 있다는 것이었다. 사유능력이 사용되는 언어에
의해 영향을 받고, 언어가 역사를 지닌다면, 철학적 사유 역시 역사적일
수밖에 없을 것이다. 언어가 거쳐온 역사는 언어의 심층을 형성하면서 그
언어의 실체나 영혼을 이룬다. 철학적 사유의 대상은 언어 저편의 존재자들이
라기보다는 바로 이런 언어의 영혼 또는 언어의 정신이다.

우리의 철학적 선동에 대한 연구가 당위적인 이유는, 그것이 단지 우리의
것이기 때문만은 아니다. 그 이유는 더 근원적인 데에 있다. 인간의 사유는
그가 사용하는 언어에 의해 제약되고 영향받는다. 우리가 동양철학을 연구한
다는 것은 우리의 사유틀을 형성하고 내용을 공급한 역사적이고 정신적인
조건을 탐구한다는 것을 의미한다. 그리하여 인간, 자연, 세계를 보는 동양식
의 방식을 천착하는 것이다. 여기에 동양이나 한국적 사유가 세계철학사에
기여할 수 있는 여지가 있다. 서구 철학의 사유가 서구 언어권과 문화권에서
발전되어온 것으로, 그런 언어권에 제약되어 있는 것이라면, 동양철학의
사유틀과의 혼융을 통해 보다 높고 넓은 사유의 틀과 삶의 방식을 모색해

볼 수 있을 것이기 때문이다.

　서구 전통의 언어도구론은 사유의 대상에 대한 또 다른 중요한 가정과 연관이 있다. 그것은 우리가 사유활동을 통해 막연하게나마 존재나 세계 자체를 접할 수 있다는 믿음이다. 철학적 사유는 존재 자체를 접하고서 그에 대해 던지는 질문이라 생각되어 왔다. 철학이 다른 분과학문과 갖는 차이가 상당히 많지만 가장 중요한 것은 철학적 질문의 성격에서 오는 것이라 믿어져 왔다. 다른 분과 학문들이 일상적 경험을 근원적이고 부정할 수 없는 소여로서 수용함에 비해, 철학은 그를 넘어서 존재 자체를 접촉하고자 하며, 그 자체의 본질, 진상, 진리, 실재를 규명하기 위해 철학적 질문을 던지며 탐구를 진행한다는 것이다. 철학은 현상이 아니라 실재에 대한, 그리고 形而下가 아니라 形而上에 대한 학문이다. 철학적 질문의 전형은 근거, 저편 너머 있는 것에 대한 '왜냐'하는 물음이다. 철학은 적어도 현실적으로는 아니어도 원리적으로 존재 자체를 접할 수 있다는 가정 위에서 성립하는 학문이다.

　우리는 전통을 벗어날 수 없다. 전통은 우리 사유의 기반이자 뿌리이다. 인간의 사유는 선험적으로, 생래적으로 신의 선물로 주어지는 것이 아니다. 문화적 환경 속에서 모국어를 사용하면서 인간 사유의 내용만이 아니라 틀까지도 형성된다. 사유의 형식은 사유자가 사용하는 언어에 의해 거의 결정된다고까지 말할 수 있다. 사유능력이 선행하고 이에 의해 언어가 고안되는 것이라 한다면, 우리는 전통을 무시하고 바로 존재 자체를 대하면서 철학적 사유를 전개할 수 있을 것이다.

　더 정확히 말하면 사유능력만이 아니라, 사유가 탐구의 대상으로 삼는 사유의 대상마저 전승된 것이다. 우리가 철학적 사유를 통해 탐구하고 규명하는 것은 전통의 일부로서 주어졌다. 우리는 언어의 밖으로 나아갈 수 없다. 우리가 설혹 언어의 밖으로 나아가 무엇인가를 만질 수 있다 해도 언어의 밖에서는 그것의 모습이나 내용을 규정할 방도가 없다. 우리가 전통을 무시할 수 없는 이유는 바로 인간 사유의 언어의존성 때문이다. 사유의 틀이나 내용은 물론 사유의 대상마저도 문화에 의해 제약되는 측면이 있다.

서양 철학의 시공적 맥락

사고의 언어제약성은, 한편으로는 한국에서 서양철학의 수용과 연구가 근 100년에 이름에도 불구하고, 서양철학이 한국적 사유에 뿌리를 내리지 못하고 아직도 생경함을 느끼게 하는 이유를 설명하며, 서양철학 연구의 방향을 시사해 줄 것이다. 다른 한편으로는 그런 언어구속성은 구속만이 아니라 자유와 개방성을 약속할 수도 있다. 그것은 우리가 대화를 통해 사유의 지평을 넓혀갈 수 있고, 타국의 언어를 학습하고 이해할 수 있듯이, 한 문화권의 사유는 대화의 원리와 논리를 통해 다른 문화권의 사유를 수용하고 혼융될 수 있다는 적극적인 함의도 내포한다.

철학자를 포함한 한국의 지식인들 자신도 서구 철학이 한국적 정신에 착근하지 못하는 사태에 대해 일부의 책임을 져야 할 것이다. 그러나 근원적으로는 서구의 철학이 동양적 토양에 맞지 않거나, 이식을 위해서는 어느 정도는 변용되어야 하는 측면이 있다. 서구 철학의 핵심적인 개념들, 가령 존재, 인식, 진리, 초월, 선험, 표상, 정관적 인식, 명제, 논리, 분석, 환원, 모순, 동일성, 그리고 실천의 면에서, 행복, 정의, 이상국, 선의지, 정언명령, 절대정신, 진보, 의무, 법치, 권리, 자유, 민주, 평등 등의 개념들은 동양 전통의 철학이나 일상적 사유의 문맥에서는 전혀 찾아볼 수 없는 낯선 것들이었다.

이들 서구 철학과 사유의 어휘들 상당수가 현재로서는 한국인의 의식 속에 새기어져 우리의 일상과 철학적 사유에서 상당한 영향력을 발휘하고 있으며, 주축적인 역할을 하는 측면도 있으나, 그럼에도 이들은 아직 우리의 어휘들이 아니다. 이들을 사용하면서 우리는 아직도 어떤 이질감을 느낀다. 우리가 서구의 전통이나 역사, 그리고 담론의 문맥 자체까지도 떼어내 옮겨 올 수는 없기 때문이다. 이들은 서구적 언어와 사유를 토양으로 해서 생겨난 개념들이고, 그런 문맥에서만 의미 충전성을 발휘한다.

　서구적 사유틀과 개념들은 전혀 새로운 것이었다. 서구의 사상과 철학은 단지 새롭기 때문만이 아니라 압도적인 경제 군사적인 힘의 정신적 배경이라 생각되었기에 더욱 강력한 매력을 발휘하고 威儀를 보였다. 새로운 관점에서, 새로운 개념들에 의해, 새로운 논리로 인간, 세계 등을 바라볼 때의 느낌은, 발견의 기쁨 이상이라 할 수 있는 것이다. 서구의 철학이 인도한 곳은 동양의 지성인들에게 말하자면 정신의 신대륙과 같았다. 그리하여 서구 철학이 전개하는 새로운 대륙을 진리의 대륙으로, 진리로 가는 올바른 길로 생각하게 하는 경향을 심어주었다. 동양적 사유에는 방법이 없다는 흔한 비판의 내용은 바로 이것이다. 동양적 사유는 진리와 실재에로 가는 올바른 길을 찾지 못한 것이기에 정체의 역사, 피식민의 역사로 귀결하고 말았다는 자기반성이 서양철학 수용의 주요 동인의 하나였다. 서구의 철학은 존재와 진리에로 가는 올바른 길을 보여준다는 믿음은 한국을 포함한 동양의 철학자들로 하여금 적극적으로 서양철학을 수용하게 한 것이다.

　서구철학 역시 동양철학과 마찬가지로 그들의 역사적 환경 속에서 형성된 것이다. 마치 신대륙에로 인도했던 지리상의 항로를 발견하듯이, 서양의 철학자들은 동양인들이 가보지 못한 길을 발견하여 진리에 이르를 수 있었기에 서양철학이 꽃피운 것은 아니다. 서구 철학은 칸트가 말하는 선험적 범주에 의해서가 아니라 서구 언어에 의해 제약되어 있다. 주술 구조, 존재론 위주, 진리, 존재, 인식, 객관성 등은 철학을 출발시키는 원초적 개념이라기보다는 서구 언어에 의해 영향 받아 형성된 관념들이다. 서구의 철학적 사유는 긴 역사적 과정을 거치면서 그들의 언어적 문화적 환경 속에서 형성된 것이므로, 그들의 언어와 정신사적인 문맥을 이해해야만이 그들의 철학적 문제들과 이론들을 제대로 이해할 수 있다. 아마도 그들의 문제와 시도적 해답들이 존재 자체를 접하여 제기되고 제안된 것이라 한다면, 그들의 언어와 문화에 대해 국외자인 동양인들도 그들의 정신사적 문맥과는 별개로 그들의 철학적 문제와 해답을 이해할 수 있을 것이다.

서구 철학의 문제들은 서구 언어 특유의 현상이라고 할 수 있는 측면이 있다. 동양사회는 그들의 철학과 사상을 50년, 아니 그 이상 수용하고 연구하여 왔다. 그럼에도 불구하고 그들의 사상은 민들레의 꽃씨처럼 들떠있는 봄날의 정신적 공간을 한동안 떠돌지만 한국적 사유에 깊이 착근하지 못하고 사라지는 것은, 철학적 사상이라는 것도 고유의 토양에서만이 뿌리를 내릴 수 있는 것이기 때문이다.

대화를 통한 보편화

철학의 보편성은 부정되어야 하는가? 이상의 논의는 문화상대주의를 함의하는가? 철학적 사유는 보편적이 될 수 있는 측면이 있다. 여러 문화권의 철학적 주제와 문제들은 수렴될 수 있으며, 한 언어권의 개념들은 다른 사유권으로 이동하여 후자의 사유틀을 바꾸어 놓을 수 있음은 바로 한국 사회에서 확인할 수 있다. 한국현대에 수용된 서구 일상의 개념들은 우리의 현재 일상의 개념이 되어 우리의 사유와 실천을 인도하고 있다. 자유, 권리, 정의, 삶의 질, 경제, GNP, 국민소득, 아파트 등. 한국 대학 철학과의 교과과정과 교재들의 아마도 2/3 이상이 서양철학이며, 한국 철학계가 논문을 쓰고 토론을 하면서 세계와 인간에 관해 철학적 질문을 던질 때 서양철학의 개념과 논리에 의존하고 있음은 부정할 수 없는 사실이다.

담론의 변화, 사용하는 개념들의 변화는 의식의 변화, 삶의 변화를 가져온다. 1950년 이전 한국인들의 담론이나 의식과 현재 한국인들의 담론과 의식의 변화를 비교해보면, 우리의 철학적 사유는 물론 일상적 사고틀까지도 상당히 서구화되어 있음을 발견한다. 현대의 한국인은 철학함에 있어 동양 전통의 유학이나 불교의 개념들보다는 서구철학의 개념들을 더 익숙하게 사용한다. 동양 전통의 어휘들은 오히려 거의 외래적 개념인 듯이 낯설어 보인다.

모든 지역의 인간들은 동일한 자연종에 속하는 생물학적인 존재이다. 이들은 고생물학적 아담과 이브의 자손들로서, 유사한 신체적 특징들을 지니고 있으며, 시대와 문화의 차이에도 불구하고 중요한 기본적인 요소들을 공유하고 있다. 언어라는 분절적이고 정교한 통신방법을 사용한다던지, 직립한다던지 하는 기초적인 특성을 공유한다. 그리고 다양한 인종들이 한 조상의 자손들 이라 한다면, 세계 각지의 다기한 언어들도 결국은 하나의 시원적 언어, 아담의 언어에서 나왔을 것이다.

언어의 본질은 대화이다. 언어활동과 이를 기초로 한 사유활동은 항상 타자를 지향하며 보편성의 외연을 넓혀가고자 한다. 언어적 활동의 극한치로서의 철학은 최대의 보편성을 목표로 한다. 언어적 활동, 인간의 사유활동, 그리고 철학적 사고의 목표는 인간의 인식과 실천의 범위를 최대한 확대하고자 하는 데에 있다. 그런데 이제까지의 동과 서의 철학적 대화는 일방적이었던 측면이 있다. 대화의 쌍방이 대등한 관계에서 서로의 이야기를 할 때, 대화와 사유의 지평이 넓어질 수 있고, 보편성의 정도가 높아질 수 있는 것이다. 인간의 역사는 이런 대화와 상호 이해를 통해 서로 다른 문화권의 사상과 정신을 수렴하여 공유의 장을 넓히는 과정이다. 정신, 철학, 사고의 보편화 과정은 아직 완료되지 않았으며, 서구의 철학은 아직은 충분히 보편적이 아니다. 보다 보편적인 사고의 출현을 위해 새로운 시각, 동양적 시각의 언어법과 사고방식이 기여해야 한다.

인간의 긴 역사에서 사라진 언어나 도태된 문화는 수없이 많다. 동양과 한국의 언어 역시 사라질 수 있다. 그런데 한 부족의 언어를 잃는 것은 수십개의 박물관, 도서관, 자연사박물관을 잃는 것과 동일하다. 이런 소멸을 통해 잃는 것은 특정 언어와 그 문화만이 아니라, 인류의 사고와 삶을 보다 풍요하게 해 줄 수 있는 다양하고 새로운 사고법, 새로운 세계관을 얻을 수 있는 자원을 상실하는 것, 보다 풍요한 사고, 세계관, 자연관, 인간관을 갖을 수 있는 기회를 잃는 것이다.

4. 동서 융합의 매개점으로서의 새로운 언어관

언어와 관련된 이상의 사실들은 서양철학 연구의 방법, 동양철학에 대한 우리의 자세, 양자를 융합하여 세계 철학사에 기여할 수 있는 한국철학의 사유방식에 대한 중요한 시사를 하리라 생각된다.

20세기 서양철학에서 언어적 전회

언어와 관련하여 20세기 서양철학의 특징을 유념할 필요가 있다. 20세기 서양철학의 화두를 하나 들라고 한다면, 이는 단연 언어이다. 고전기는 존재, 중세는 신, 근세는 사유 또는 자아, 현대는 언어가 그 키워드라 평가할 수 있다. 일상언어학파, 논리적 원자론, 논리적 실증주의, 해석학, 포스트모더니즘 등에서 언어를 통해서 철학적 문제들을 해결하려 하거나 해소하려 시도하였으며, 20세기의 철학자들은 언어와 세계, 언어와 인간의 사고에 대해 이전과는 전혀 다른 견해를 취하였다. 여러 철학자들이 언어의 기초성을 지적하면서 언어가 사유와 존재에 대해 선행적임을 논하였다. 비트겐슈타인, 데이빗슨, 하이데거, 가다머, 포스트모던계열의 데리다, 푸코 등의 철학에서 언어는 중심적인 위치를 차지한다. 언어학자인 소쉬르는 데리다, 푸코, 레비 스트로스 등에 기초적인 영향력을 발휘하였으며, 워프와 브루노 스넬 등은 각각 호피 언어학과 희랍 문헌학의 연구를 통해 언어와 사유 간의 긴밀한 관계를 밝혀주었다. 20세기의 가장 중요한 사상가들 중의 하나라 할 프로이드의 정신분석의 전제는 인간의 의식이 언어적으로 구성되어 있다는 것이다.[16]

20세기 들어서 철학자들이 언어에 주목하게 된 현상을 리차드 로티(R. Rorty)는 「언어적 전회」라는 어귀로 표현하였지만,[17] 실상 언어의 중요성은 그가 지적하려 한 것보다 더 심원하고 포괄적인 것이다. 그는 그 어귀로 주로 일상언어학파의 등장, 분석윤리학, 논리적 원자론 등 언어 연구를 철학적 방법으로 채택하는 흐름을 지시하고 있지만, 비트겐슈타인, 데이빗슨,

---

16) 라깡에 의한 프로이드 재평가는 바로 이 점의 인식에서 출발한다.
17) R. Rorty, ed. *Linguistic Turn* 참조.

하이덱거, 데리다 등 20세기를 대표하는 철학자들이 생각하는 언어의 중요성
은 보다 근원적인 것이다. 그들의 언어에 대한 논의는 언어가 인간의 사고능력
이나 세계의 모습까지도 결정하거나 영향을 준다는 주장을 함의하며, 이를
통해 존재론과 인식론 중심의 서양철학의 전통 전체에 대한 비판을 의도하고
있다. 분석철학과 유럽의 해석학이나 해체주의라는 전혀 다른 두 철학적
흐름이 거의 동일한 입장에 이르렀다는 사실은 매우 흥미있는 일이다.
비트겐슈타인의 말을 들어보자.

    "이 저서는 이 저서의 정신에 동감하는 사람들을 위해 쓰여진 것이다. 이
    정신은 우리 모두가 서있는 유럽과 미국 문명의 거대한 흐름을 채우고 있는
    정신과는 다른 것이다. 이 후자의 정신은 점점 더 거대하고 복잡한 구조물을
    건축하면서 상승적 움직임 속에서 자신을 표현하는 데에 비해, 전자의 정신은
    그것이 어떤 구조물이건 간에 명료성과 명징성을 추구함으로써 자신을 표현한
    다. 전자는 세계를 그 주변부로부터 그 다양성에서 파악하려 하나, 후자는
    그 중심에서 그 본질을 파악하고자 한다. 그래서 전자는 건축물을 계속 추가해
    가면서 지속적으로 한 단계에서 다른 단계에로 계속 움직여가나, 후자는
    자신이 있는 곳에 머물며 그것이 파악하고자 하는 것은 항상 동일하다."18)

위의 서문으로 시작하는 *Philosophical Remarks*나 그의 후기 주저이며 20세기
철학에서 가장 영향력이 큰 철학적 저서라 할 *Philosophical Investigations*에서
비트겐슈타인 철학의 핵심은 언어이다. 그는 이 저서들에서 의미, 마음의
개념, 언어의 본성, 언어와 마음 간의 관계, 규칙의 문제, 이성의 본성, 정당화,
자아 등 서구 철학의 핵심적인 개념과 입장들에 대한 파상적인 검토와 비판을
행한다. 이를 통해 그는 플라톤 이래 서양철학의 전통에 대해 비판하고
새로운 흐름을 시작하려 한다. 이제 서양철학은 새로운 기반을 정초해야
한다는 것이 비트겐슈타인을 포함한 20세기 서양 철학자들이 공통적으로
던지는 메시지이다.

---

18) Wittgenstein, L., *Philosophical Remarks,* (ed by R. Rhees), The Univ. of Chicago Pr.,
    1975(독어본, 1964)의 서문.

해방 후 한국 철학계는 유럽과 영미 철학의 거의 모든 조류를 경쟁적으로 수용하여 왔다. 거의 몇 년 단위로 하여 팻션이 바뀌듯이 한국철학계와 지성계의 철학적 관심사가 바뀌곤 하였다. 이는 왕성한 지적 호기심의 표현이라 할 수 있는 측면이 있기는 하나, 서구 철학의 이해와 수용에서 한국철학계가 취한 피상적이고 일과성적인 자세를 드러내주는 부정적인 면이기도 하다.

한국 철학계는 고대나 근대 등의 서양철학사의 전통보다는 현대철학의 수용에 치중하였다. 퇴율을 논함에 있어 공맹을 몰라서는 안 될 것이다. 동양의 고전 그 자체도 중요하지만, 고전에 대한 연구가 기반이 되어야 퇴율이나 다산 등을 제대로 연구할 수 있을 것이다. 퇴율의 논의는 공맹을 읽고서, 그에 대한 연구 전통의 흐름 속에서 이루어진 것이기 때문이다. 같은 논리로, 서양 현대철학은 서양인들에게는 그들 고전의 전통 속에서, 그에 대한 연구를 기초로 하여 이루어진 것이다. 한국 현대철학을 형성함에 있어 전통에 대한 이해가 중요하다면, 서양철학의 수용과 이해에서도 그들의 전통이나 철학사에 대한 이해가 선행되어야 한다.

한국철학자들이 서양현대철학을 수용하는 방식은, 현대만을 문맥에서 제거하여 이해하는 것이다. 서양철학사에 대한 이해가 부족하기 때문에, 현대 서양의 다양한 철학적 조류들을 숨가쁘게 수용하고 소개했음에도 불구하고, 오히려 그래서인가 현대 철학의 핵심을 파악하는 데에는 소홀히 한 것으로 보인다. 방금 지적한 바와 같이 20세기 철학의 초점은 언어임에도 불구하고 한국 철학자들은 언어의 중요성을 간과했다. 20세기 철학에서 언어의 문제를 논의한 한국 철학자들의 저술이나 논문들은 소수이며, 한국철학회나 철학연구회 등의 주요 철학회에서 연구발표회의 특집으로 언어를 대주제로 내걸은 것은 겨우 2000년대에 이르러서이다.[19)]

20세기 현대철학의 중심축이라 할 언어는 어떤 언어인가? 고대에서부터 서양의 철학자들은 언어에 관심을 가져왔다. 그러나 그 언어는 선험적이거나, 초월적 근거를 지닌 언어, 보편 언어, 이상 언어, 인공 언어, 논리 언어이었다.

---

19) 한국철학회 편, 『현대철학과 언어』, 철학과 현실사, 2001 참조.

이에 비해 20세기에 들어서 서양철학자들에 의해 주목을 받고 있는 언어는 일상언어, 자연발생적으로 진화하고 형성되어온 자연언어이다. 자연언어에 대한 관심은 모든 인류가 공유하는 선험적이고 초월적인 근거를 지닌 하나의 공통적인 언어의 존재를 부정하는 데에 있다. 현대철학은 이와 함께 그런 언어를 발견하고 그런 언어의 사용주체로 여겨져 왔던 선험적 이성의 존재에 회의적인 시선을 보낸다. 비트겐슈타인의 후기 저서에서 '이성'이라는 어휘가 거의 눈에 띠지 않는 사실은 의미 깊다.

언어의 원형은 자연언어이다. 이상 언어나 보편 언어는, 적어도 선험적이거나 초월적인 것으로서의 하나의 언어는 없다. 칸트는 선험적 범주가 우리의 사고와 언어활동의 근거가 된다고 하였지만, 실상은 그 반대일 가능성이 있다. 소위 '선험적' 범주란 언어활동의 결과 구축된 문법적 형식을 정리 정련한 것에 불과할 수 있다. Zamenhof는 에스페란토를 고안 제창하고, 논리 실증주의자들은 논리 언어의 이념을 제안하였지만, 이들은 언어의 영혼을 결여하고 있는 고로, 진정한 언어라 할 수 없다. 이들 언어가 영혼이 없는 이유는 역사적 과정을 거쳐 성장한 언어가 아니기 때문이다. 정신이 시간의 과정을 거치면서 내면의 폭과 깊이를 갖출 수 있듯이, 언어 역시 역사를 거쳐서 형성되고 성장하는 것이다. 정신과 언어는, 토양에서 식물이 자라나듯이, 시간의 양분을 흡수하면서 자라난다. 에스페란토와 논리 언어는 자연인은 물론이거니와 인조인간이나 로보트라도 사용할 수 없는 언어이다. 로보트에 프로그램된 언어는 자연언어를 기반으로 한 것임을 잊지 말아야 한다.

보편 언어가 불가능한 것은 아니다. 현실적으로도 존재할 수 있다. 각 언어권의 언어를 수렴하여 일시적으로 보편적인 언어를 창출할 수도 있을 것이다. 인터넷공간에서 영어가 공용어로 사용되고 있기도 하다. 하지만 이런 보편어, 정확히 말해서 공용어는 위에서의 원리에 의해 구성되는 것이 아니라, 아래로부터의 수렴에 의해 형성되어지는 것이고, 그런 성격으로 하여 시간의 변화를 견디지 못하고 조만간 지역적인 분화를 겪을 가능성이 있다.

아래로부터의 수렴과는 다른, 공용어 형성의 또한 가능성은 문자 구축의 원리를 달리 하는 것이다. 자연언어로서 보편 언어에 가장 가까운 언어를 찾으라면 말이 아니라 글에서 찾을 수 있을 것인데, 그 구체적인 한 사례는 상형문자인 한문이다. 위에서 지적한 바와 같이, 한문은 문자형성의 원리로서 음성을 가시적으로 轉寫하는 음성문자의 원리를 택하지 않고, 말이 표현하는 것으로 여겨지는 대상이나 의미를 표현함으로써 문자를 고안하였다. 이런 상형성이나 표의성은[20] 지역적 거리와 시간의 흐름을 견딜 수 있게 한다.[21] 한문의 이런 성격은 중국문화의 最大性과 最長性을 설명한다. 중국문화는 세계의 그 어느 문화보다 오랫동안 넓은 지역에서 그리고 가장 많은 사람들에게 수용 향유되는 문화로 존속되어 왔다.

서양에서도 보편적인 문화가 없는 것은 아니다. 철학, 기하학, 문학, 신화를 포괄하는 희랍문화, 로마 중세를 거치면서 서양의 종교가 된 기독교문화, 유럽 전체를 정치 군사 문화적으로 통일하였던 로마문화 등은 아직도 유럽에 영향을 끼치고 있다. 그러나 유럽 문화는 일종의 번역문화이다. 한때 유럽의 각국은 동일한 언어를 사용하고 동일한 텍스트를 정전으로 하였으나 음성문자적 언어권에서 필연적인 언어의 분화에 따라 다른 언어를 사용하게 되었고, 이에 따라 다른 언어권, 다른 문화권으로 분기해 간다. 이들이 공유하였던 희랍고전, 기독교의 성경, 로마의 문화적 유산들은 자국의 언어로의 번역과정에서 변용되고 창조적으로 해석 계승되면서 유럽 각국의 독창적인 철학들이 형성되었을 가능성이 있다.

---

20) '상형문자'와 '표의문자'는 엄격히 말해서 다른 개념이며 혹자는 한문을 표의문자로 규정하는 것에 반대한다. 다음 참조, J. Norman, *Chinese*(전광진 역,『중국언어학총론』, 동문선, 1996), 90쪽. 그러나 일반적으로 이 양자는 혼용하여 사용된다. 다음 참조 조셉 니담,『중국의 과학과 문명』1, 을유문화사, 1985, 33쪽 ; 최영애,『한자학 강의』, 통나무, 1995, 40쪽 ; Wee Lee Woon, *Chinese Writing : Its Origin and Evolution*, Univ. of East Asia, 1987, p.83. 표의성은 상형성에 기초한 것으로 볼 수 있다. 쉬선(許愼)의『說文解字』에 따르면 한문의 문자 형성원리는 6가지이다 : 指事, 象形, 形聲, 會意, 轉注, 假借. 이 여섯 원리 중에서 가장 기초적인 것은 상형성일 것이다.

21) Wittgenstein, *Culture and Value*, p.52. ed., by G.W. von Wright, tr. by P. Winch, The Univ. of Chicago Pr., 1980.

의미의 신화

비트겐슈타인은 2500여 년 이상 유지되어 온 서구 전통 철학의 기본 전제를 비판한다. 전통적 입장의 핵심에는 의미의 존재에 대한 믿음이 놓여 있다. 이는 플라톤 이래 확립된 것으로, 서구 철학의 전 역사는 의미에 대한 탐구, 또는 저편의 것, 보이지 않는 것, 形而上에 대한 탐구라 말할 수 있다. 이런 전통을 근저에서부터 비판하면서 비트겐슈타인은 의미는 일종의 신화라고 비판한다. 의미는 존재한다면, 언어기호의 배면에 그것과 불가분리적인 존재로서, 그리고 언어기호의 사용례들의 연쇄로서만 존재한다.

언어기호는 반복적으로 다수의 특수적 사례들에 적용되어 사용된다. 수많은 사람들이 모두 '사람'이라 불리우며, 그들의 다수가 '이성적'이라 불리운다. 하나의 언어기호가 다수의 특수적 사례들에 적용되어 多를 하나로 묶을 수 있는 이유는 그 다수가 사람의 본질이나 이성의 본질을 지니고 있기 때문이며, '사람'이나 '이성'이라는 어휘는 그에 대응하여 하나의 동일한 의미를 지니고 있다는 것이 서구 철학의 믿음이었다.

비트겐슈타인은 이런 의미와 본질의 신화를 비판한다. 사물의 본질이나 어휘의 의미라는 것을 생각할 수 있다면, 그것은 이런 사용례들 간의 가족유사적 관계로서만 존재한다는 것이다. 언어기호에 선재하여 그를 근거지우는, 따라서 우리의 언어활동과 사유활동을 정당화하는, 비가시적이며, 초월적이거나 신적인 의미나 본질은, 바로 그런 특성으로 하여 공적이고 객관화될 수 없는 존재이기에 근거지움의 역할을 할 수 없다. 그러므로 그런 것은 원래의 의도를 수행할 수 없으므로 폐기되어야 한다. 초월적이고 선험적인 언어는 언어의 논리에 위배되는 '사적인 언어'이다.

언어의 총체는 우리의 구체적인 언어활동뿐이고, 그 이상도 이하도 아니다. 말하고 쓰고 듣고 하는 일상의 활동을 넘어서, 또는 그 저변에 선험적이거나 초월적인 근거는, 그 존재가 입증될 수도 없지만, 있다고 해도 의도된 역할을 할 수 없다. 그런 것은 언어의 객관성이나 공적 성격을 근거지우기보다는 허무는 역기능을 행한다. 언어활동은 일종의 놀이의 원리와 구조를 지닌다. 언어활동은 언어게임이며, 언어게임은 동물들의 음성적 의사소통이 유발하는 자극 신호와 반응이 발전한 것이다.

"언어게임의 기원 그리고 원초적 형태는 반응(Reaktion ; reaction)이다 ; 오직 이로부터 보다 복잡한 형태의 언어게임이 발전한다. 언어—나는 말하고자 원하는데—는 세련된 것으로, '태초에 행동(Tat ; deed)이 있었다.'"22)

이런 언어관은 서구 철학의 핵심을 차지하던 존재론, 형이상학, 의미론의 존재이유를 회의케 하며, 논리학, 인식론, 윤리학의 재정위를 요구하고, 서구 철학의 수많은 주축적인 어휘들이 폐기되거나 재정의되어야 하지 않을 것인지를 의심케 한다. 실체, 본질, 의미, 실재, 현상, 진리, 허위, 정당화, 인식과 믿음의 구분, 원리, 형식과 내용의 구분, 심과 신의 문제, 필연성과 우연성의 구분 등, 그리고 윤리의 영역에서는 절대선, 정언명령, 내재적 선, 선의지, 선의 이데아, 사실과 당위, 더 일반적으로는 이론과 실천, 사실과 당위, 학과 이론의 이념 등 역시 재고되어야 한다.23)

서구의 개념이나 사고방식이 세계를 보는 유일한, 절대적 방식인 것은 아니다. 이제까지 서구 철학과 학문에 대한 동양인의 믿음은, 서양인들은 동양인들과 달리 존재 자체를 대하면서 철학적 문제를 제기하고, 분석과 환원의 올바른 방법을 구사하였기에 그에 대한 답을 얻는 길에 올바로 들어섰으며, 진리에 보다 가까이 갈 수 있었다는 것이었다. 이런 믿음은 수정되어야 한다.

존재 자체, 진리 자체, 실재 자체, 물 자체라는 것이 있는지 여부는 알 수 없으나, 그런 것이 있다 해도, 우리는 그것에 갈 수 없다. 갈 수 있다 해도 언어를 통하지 않고서는 갈 수 없으며, 서양 언어와 사고가 그에 가는

---

22) Wittgenstein, *Culture and Value*, p.31, ed., by G.W. von Wright, tr. by P. Winch, The Univ. of Chicago Pr., 1980.

23) 새로운 언어관에 관해서는, 필자, 「글, 그림, 그리고 사물」, 이화여자대학교 인문대 교수학술제, 2000. 5 ; 「객관성의 거처와 사유의 사유성」, 한국분석철학회편, 『실재론과 관념론』, 철학과 현실사, 1993 참조.

하나의 길이라 한다면, 동양 언어와 사고 역시 그와 대등한 또 하나의 길이라 할 수 있다. 설악산의 대청봉을 오르는 길은 여럿이다. 여러 길로 오르면서 답사하여 관찰한 모습들이 모두 종합되어 산 전체의 지도를 그리게 하고 산세를 짐작하게 하듯이, 여러 언어와 방식의 사유 길을 통해서 탐색한 존재, 진리의 다양한 측면들이 모여서 존재와 진리의 총체적인 모습이 그려지는 것이다.

동아시아의 언어관

서구 현대철학의 이런 변화는 한국 현대철학 모색과 어떤 연관이 있는가? 한국의 철학적 전통은 한문 문화권에 속한다. 한국을 포함한 한문 문화권은 한문적 언어관과 철학관에 영향을 받았다고 말할 수 있다. 동양의 언어관은 비트겐슈타인 등에 의해 제안된 현대 서양의 언어관과 대략 다음의 점에서 상당히 유사하다. 첫째, 언어의 저편에 그것의 근거로서 의미나 실재가 존재한다고 보지 않는다. 둘째, 어휘들은 하나의 동일한 고정적 의미를 지니는 것이 아니라 사용의 문맥에 따라 달라진다.

한문 문화권의 언어관은 어떤 내용을 지니며, 그것이 함의하는 철학관은 어떤 것인가? 한문은 상형문자임은 익히 아는 바이다. 상형문자와 음성문자 간의 차이는 한문 문화권을 음성문자를 취하는 유럽과는 다른 언어관을 형성하게 한다고 위에서 지적한 바 있다. 한문적 언어관을 다시 한번 검토해보도록 하자.

말이란 일반적으로 오랜 시간이 흐르면 변화하고, 지역적인 거리가 멀어지면 갈래가 생기게 마련이다. 로마시대의 유럽에서 라틴어는 유럽 공용어이었다. 그런데 같은 라틴어에서 연원하면서도 스페인어, 포르투갈어, 이태리어, 프랑스어는 이제 서로 통하지 않는다. 거리로 인한 지역적 분리와 시간의 흐름이 같은 라틴말을 갈래치게 하여 서로 다른 말, 상통할 수 없는 말로 변모하게 하였기 때문이다.

글이란 말과는 달리 시간적으로 지속적이고 공간적인 거리를 이동할 수 있는 매체이어서 비교적 시간과 공간의 영향을 받지 않는다. 시공 초월성 때문에 통일된 문자의 제정은 의사소통의 안정성과 지속성을 어느 정도 도모할 수 있게 한다. 말은 지방자치적이라 한다면, 글은 중앙집권적 성격이 있다. 그래서 글은 통치의 가장 중요한 수단이다. 그런데 문자를 제정 도입하더라도, 글이 말에 종속적인 것, 음성을 표현하는 것이 될 때에는, 즉 한 언어권의 문자가 표음적 문자일 경우에는 사정이 달라진다. 그 경우 장기적으로는 글 역시 말과 같이 시간과 공간의 영향을 받을 수밖에 없다. 그래서 유럽의 여러 국가들은 말뿐이 아니라 글을 사용해도 서로 통할 수 없는 다른 언어권을 형성하며, 나아가 다른 문화권으로 분리되게 된다.

음성문자적인 언어권인 경우라도 표준어 등을 정하여 방언들 간에 소통케 할 수 있는 언어의 통일은 기할 수 있을 것이다. 그러나 그 통일은 일시적인 것에 그칠 것이, 시간이 지남에 따라 음성은 변하기 마련이고 그에 따라 표준어는 조만간 통일적 소통의 기능을 상실하게 될 것이기 때문이다. 음성문자적 문자 제정원리는 서로 다른 방언들 간의 음성적 차이를 해소 통일하기는 커녕, 오히려 그 차이를 고정시켜 버리고 만다.

중국에서는 어떻게 하여, 그 많은 인구가 그 넓은 영토에서 오랜 세월을 살아오면서도 유럽에서와 같은 갈래치기 현상이 발생하지 않은 채, 하나의 통일된 언어를 사용하고 하나의 동질적 문화를 유지할 수 있었을까? 음성언어로서의 말은 유럽의 경우에서와 같이 시간의 흐름에 따라 변화하고, 지역적 차이에 따라 거의 다른 말이 된다. 그래서 중국에서도 음성언어로서는 원격지의 주민들 간에 의사소통이 되지 않는다고 한다. 가령, 광동의 말과 북경의 말, 산동의 말이 서로 다르다 한다. 말의 이런 변화와 다양화에도 불구하고 중국인들이 하나의 언어와 문화를 유지할 수 있었던 비결은 무엇일까?

중국인들은 유럽과는 달리 상형적이고 표의적 문자제정의 원리를 채택하였다. 의미나 그림은 시간이 흘러도 변화하지 않으며, 공간적인 차이가 있어도 정신적인 의미 내용, 그리고 그림이나, 그려진 대상의 모습은 달라지지 않는다. 옛날이나 지금이나, 사천성이나 요녕성 어디에서나 보름달은 둥글고 땅은 평평하다. 음성을 전사하는 것이 아니라 음성이 전하는 의미나 그림을 모사하는 방식으로 문자를 제정한다면 그 문자는 시간의 변화와 공간적 거리를 견딜 것이다. 표의문자 또는 상형문자는 시간과 공간을 넘어서 동일성을 유지한다. 시간이 흐르고 지역이 달라져도 문자에 대한 합의는 유지되며, 항상성을 견지할 수 있는 것이다. 그래서 원격지의 중국인들 사이에서 말로는 의사소통이 힘들지만, 글로서는 의사소통을 할 수 있고, 이런 연대적 관계 속에서 동질적인 문화를 형성할 수 있게 된 것이다.

혼히들 진시황은 중국을 최초로 통일한 황제로 평가된다. 그가 통일한 중국 국토는 그의 사후 얼마 지나지 않아 사분오열되어 중국이라는 단일 국가의 기반 역할을 할 수 없게 된다. 우리가 간과하고 있는 중요한 사실은 그가 국토의 통일과 더불어 문자의 통일을 이루었다는 사실이다. 그리고 그가 진정으로 최초의 중국통일 황제라 평가받을 수 있다면 황하의 남북을 평정해서라기보다는 그가 중국의 문자를 통일하여 언어의 통일을 기할 수 있었다는 데에 있다.

중국인들은 드넓은 대륙에 널리 퍼져 살며 서로 다른 방언을 사용하면서도 상형문자적 문자제정 원리를 택함으로써 하나의 변하지 않는 문자체계를 지속적으로 공유할 수 있게 되었다. 이를 통해 언어의 통일을 이루고, 공간과 시간을 넘어선 의사소통에 성공하였으며, 하나의 正典, 하나의 교과과정을 교육받으면서 하나의 문화권을 형성할 수 있게 된 것이다. 문자의 통일이 지니는 의의는 여기에 그치는 것이 아니다. 의미세계의 공유는 정신의 공유를 의미하는 것이며, 뿐만 아니라 존재계의 공유를 의미한다. 그들이 문자를 공유하기 위해서는 우선 의미와 존재계를 공유하는지의 여부를 확인해야 하는 고로, 동일한 문자체계의 공유는 의미세계와 존재계의 공유를 내포한다.

음성적 문자관에 따르면, 의미와 존재는 항상 언어의 저편에 있다. 그것은 일상적으로는 숨어있는 것, 탐구를 통해서만이 비로소 드러나는 것이다. 음성문자적 존재관에 따르면, 음성이 변화함에 따라 말은 물론 글도 모두 변화할 수 있는 것이므로, 말이나 글은 모두 불변하는 존재의 모습을 은폐할 가능성이 있다. 여기서 탐구의 이념이 형성된다. 이와 달리 상형문자적 존재관에 따르면, 그런 것들은 합의를 통해 제정된 문자의 세계에 존재하며, 합의하자마자 존재자들은 그들 앞에 현전한다. 말은 서로 다르고 시간이 흐름에 따라 변화할 수 있으되, 문자는 불변하며, 여기서 '문자의 세계=의미의 세계=존재의 세계'라는 등식에 대한 믿음이 형성될 수 있다.

상형문자권에서 문자는, 중국인들에게 그들의 상형문자인 한문은 바로 플라톤적 형상이었다. 플라톤은 경험적인 현상의 가변적이고 상대적인 모습의 배후에, 그것의 근거로서 형상을 상정하였다. 중국인들에게서 문자는 바로 이런 형상의 역할을 수행한다고 할 수 있다. 그들에게 문자는 가변적이고 상대적인 말에 비해, 바로 불변성과 보편성을 지니는 의미이자 객관적인 존재자였을 것이다. 플라톤에게서 존재는 지성의 눈으로 본 모습이었음에 비해, 중국인들에게 존재는 사회의 눈(사회적 합의)으로 본 존재의 모습이었다. 그들에게 의미와 존재는 합의 공간, 즉 문자의 공간에 현전하고 있다.

의미와 존재가 문자의 공간에 현전한다면, 구태여 존재를 탐구의 대상으로 삼을 이유가 없다. 존재자, 의사소통을 위한 객관적 실재, 또는 척도는 문자 속에, 문자 자체로서 존재한다. 서구 철학사에서 객관적인 것, 객관적 실재, 진리 등을 추구하는 한 핵심적 동기는 경험하는 바, 주고 받는 말과 글이 객관적 척도나 규범의 역할을 할 수 없다고 생각했기 때문이다. 진상, 진리, 실재, 객관적인 척도와 규범은 그들의 배후에 있고, 나아가 경험적인 것은 그런 객관적 실재 등을 가리고 있다는 믿음이 그들의 존재론, 학문의 이념, 진리관, 의미론의 기본적인 전제였다.

5. 서양철학 수용 및 연구의 방향

이상에서의 언어에 대한 일반론, 서양현대철학에서의 변화, 그리고 한문문화권 전통의 언어관과 이것이 함의하는 철학관은, 동양적 사고가 새로운 사유지평의 전개에 기여할 수 있는 단서나 한국 현대철학이 나아갈 바를 제시하여 준다. 이런 일반론을 기초로 하여 이제 한국에서 서양철학의 수용과 연구의 방식, 그 다음 동아시아의 철학 전통이 제시하는 방향을 논의해보기로 하자.

수용 연구되는 서양철학은 대략 흔히 두 부류로 나눈다. 고대, 중세, 근대의 서양철학사의 영역에 속하는 부분과 현대철학이다. 하지만 현대 서양철학은 철학적 사유의 대상과의 관계에서 독자적으로 형성된 것이 아니라 서양철학사를 토대로 성립한 서양철학사의 한 부분이다. 더구나 동양인들의 입장에서는 현대 서양철학은 서양철학사의 일부이다. 그러므로 양자를 구분함이 없이 일반화해서 논의할 수 있으리라 본다. 서구 철학자들이 자신들의 철학사를 연구하는 방식은 대략 네 가지이다.

첫째, 철저히 문헌학적인 연구.

둘째, 지성사적인 연구.

셋째, 철학사적 연구.

넷째, 창조적 변용.

문헌학적인 연구

철학사 연구의 주류를 이루는 것은 훈고학적이고 문헌학적인 연구와 철학사적인 연구의 두 부류로 나눌 수 있다. 전자는 서지학, 문헌학, 역사학, 언어학, 금석학, 문헌전승사 등을 동원하고 꼼꼼히 연찬하여, 고전 철학자들, 가령 플라톤, 칸트 등의 저술 텍스트에 관한 표준 원전을 확립하고 그의 해석을 위한 기초자료를 마련하기 위한 연구이다. 고전철학 연구에서 가장 토대적인 작업으로서, 오랜 세월 전승되고 복사되어 오는 과정에서 변형, 왜곡된 텍스트의 다양한 異本들을 비교 검토하여 표준 원전을 확립하는 일은, 고도로 전문적이고 꾸준한 노력을 필요로 하는 작업이면서도 빛은 나지 않는 일이다. 철학자의 텍스트를 확정하고 기초자료를 마련하는 이런 작업에 철학적인 사유 능력도 필요하기는 하나, 이런 일들은 문헌학적인 지식이나 기술을 많이 요하기에 대체적으로 철학자의 일이라기보다는 문헌학자나 고전학자의 소관사라 할 수 있다.

이 분야에서 대표적인 문헌학자로는 J. Burnet와 H. Diels를 들 수 있다. 버넷은 Oxford대학에서 발간한 서양 고전의 대표적인 원전총서인 Oxford Classical Text의 일부인 플라톤 전집을 편집하였다. 우리는 서양철학 초기의 자연철학자들을 연구함에 있어 딜즈에게 거의 절대적으로 힘입고 있다. 그는 수많은 고대문헌들 속에 산재해 있던 자연철학자들의 단편들을 밝혀내고, 이들을 텍스트 비평하여 가급적 원전에 가깝게 복원하고 뽑아내어, 『전기 소크라테스 단편집』라는 기념비적인 저술을 발간하였다. 자연철학자들에 대한 모든 문헌학적인 연구는 물론 철학적인 연구도 그의 단편집에서 출발한다. 플라톤 텍스트가 여럿 있기는 하나, 버넷의 것이 가장 권위 있는 것으로 여겨지며, 플라톤에 대한 연구에서 학자들은 그에게서 해석을 위한 가장 단단한 기초 텍스트를 빌리고 있다.

한국에서도 서양 고대철학, 나아가 근현대철학의 수용과 연구에서 이런 류의 문헌학적인 연구를 기초로 해야 한다고 주장하는 사람들이 있다. 이들을 우리는 훈고학파 또는 문헌학파라 부를 수 있을 것이다. 이런 연구태도에 대해 필자는 회의적이다. 고전의 경우에서는 물론 문헌학적 연구가 기초를 이루기는 하나, 서양에서도 고전 철학에 대한 문헌학 또는 고전학적 연구가들과 철학적 연구가들이 분리되어 있다. 위의 두 학자들 중 버넷은 철학적인 연구도 병행하고 있으나, 딜즈는 전적으로 문헌학자라 볼 수 있다.

서양의 대표적인 고전철학자들은 문헌학적 접근보다는 철학적 접근을 취하여, 근현대철학에 대한 지식을 배경으로 고전철학을 연구하는 부류가 주류를 이루고 있다. F.M. Cornford, G. Vlastos, G.E.L. Owen, J. Burnyeat 등이 그런 학자들이며, 근대철학 연구에서는 흄에 관한 저술을 갖고 있으면서 칸트의 『순수이성비판』에 대한 표준적인 영역본을 낸 K. Smith 등을 들 수 있다. 영국의 철학자 W.D. Ross는 아리스토텔레스의 텍스트전집을 편집하고 번역하고, 나아가 주석서를 낸 전문적이고 탁월한 문헌학자이면서도, 고유의 윤리이론을 전개한 독창적인 윤리학자이다. 그는 예외적으로 문헌학과 철학의 양 분야를 어우르는, 학문적인 폭과 역량이 대단한 학자이다.

서양에서의 연구상황이 그러할진대, 한국에서 서양 고전을 연구함에 있어 문헌학을 해야한다는 주장은 연구인력의 제한성을 고려하지 않은 과도한 이상론이거나, 철학과 문헌학의 구분을 간과한 고집이다. 서양의 고전텍스트를 문헌학적으로 연구해서 표준 원전을 확립하는 일은 서양의 문헌학자들에게 맡겨두는 것이 보다 적절하며 시간을 절약하는 일이다. 한국에서 서양 고전문헌학을 해서 그들 이상의 기여를 하기도 힘들거니와 그런 만큼의 많은 연구인력을 가지고 있는 것도 아니다. 한국에서는 서양 학자들이 확립한 텍스트를 이용해서 그에 대해 보다 창의적이고 철학적인 연구에 주력하는 것이 바람직하다. 우리는 서양 고전을 연구함에 있어 플라톤, 칸트 등이 우선적으로는 철학자라는 사실을 잊지 말아야 한다.

지성사적인 연구

문헌학적인 연구를 하더라도 보다 한국철학의 정립에 기여할 수 있는 방법이 있다. 그것은 B. Snell과 J.P. Vernant[24] 식의 방식으로, 고대 문헌학적인 사실들로부터 지성사적인 함의를 이끌어내는 것이다. 스넬은 호머시대의 어휘 사용방식을 분석하여, 그 시대 사람들에게는 근현대적인 의미의 신체나 정신의 개념이 없었다는 사실을 밝혀내어, 정신과 신체의 개념이 흔히 생각하듯이 원초적인 개념이 아님을 보여주었다. 또 하나 중요한 발견은 호머의 문헌에는 '보다', 'see'에 해당하는 어휘가 없다는 문헌학적인 사실이었다. 이 사실은 보다, 듣다와 같은 감각적 경험이 인식의 기초가 아님을 시사하는 것이다.

---

24) Snell B., *Die Entdeckung des Geistes,* Goettingen, 1955(김재홍 역, 까치) ; Vernant, J.P., *Myth and Thought among Greeks,* Routledge and Kegan Paul, 1983.

서양에서 고대와 근현대의 정신이나 신체관이 다를 수 있다면, 그리고 시각과 청각과 같은 감각이 인식의 기초가 아닐 수 있다면, 서양과 동양 간의 그 차이는 더욱 클 것이다. 고대의 심리철학이나 인식론이 근현대의 그런 연구와 다를 수 있을 것이며, 같은 이유에서 동양의 철학적 사유에서는 심리철학이나 인식론이 성립할 수 있는 맥락을 결여할 수 있다. 스넬의 연구는 문헌학적인 연구가 어떻게 철학적 사유에 기여할 수 있는지를 잘 보여주는 사례이다. 그들의 문헌학적이고 지성사적인 연구는 플라톤의 문제, 근현대의 서양철학의 문제들이 그들 정신사의 문맥에서 형성된 문제로서, 흔히 생각하듯이 영원하고 보편적인 문제인지의 여부를 재고하게 해준다. 그렇다고 한다면 서양고대 이래의 형이상학, 독일의 관념론, 현대의 심리철학이 한국에서 어떤 의미를 지닐지는 심사숙고되어야 한다. 특히 존재론이나 형이상학은 서구 인도유럽어의 be동사 위주의 문장구조와 밀접한 관계에 있을 가능성이 있다. 서구어와는 달리 한문에서나 한글에서 서구어의 be동사에 해당하는 어휘는 동사가 아니라 형용사나 조사이며, 그리 편재적이지도 않음은 시사적이다.

철학사적인 연구

서양 철학자들의 사상을 원전에 의거해서, 가령 플라톤과 칸트의 '정확한' 교설을 밝혀내어 한국 철학계에 공급하는 것을 한국에서의 서양철학사 연구의 한 과제라 생각해 볼 수 있다. 한국 철학계의 연구발표회에서의 발표나 토론이 특정 철학자의 정확한 이론이 무엇이냐는 식의 논쟁을 맴도는 경우가 많으며, 우리는 그 특정의 서양 철학자의 추종자에 머물거나 대변인 노릇을 하려는 논자들을 자주 접할 수 있다. 중요한 것은 그 이론의 내용이 무엇이건 간에, 그 이론이 주제나 문제에 비추어 옳은 것, 정당한 것, 생각해볼 만한 것이냐일 것이다. 더구나 이런 식의 논쟁이, 철학사에 분명한 족적을 남긴 일급의 철학자들을 대상으로 해서가 아니라 서구학계의 2급 아류 철학자들이나 그들의 논문에 대해서 이루어진다면, 한국 자생의 철학을 운위하기에 앞서 식민성을 벗어나는 일이 선급의 일일 것이다.

서양 고전철학자들의 사상을 정확히 그들 자신의 의도에 비추어 이해하는 일은 매우 중요할 것이다. 견강부회로 해석하거나, 우리 입맛에 맞추어 변용하는 것은, 외래 철학을 수용하고 이해하려는 한 중요한 이유, 즉 새로운 시각과 관점을 수용하여 우리의 시각을 교정하고 풍부히 해야 한다는 목적에도 맞지 않는 것이다.

외래 철학이나 이질적 사상을 그 자체의 관점이 아니라 해석자의 관점에서 이해하는 일은 매우 빈번하게 일어나며, 어느 정도 불가피한 측면도 있다. 이해나 해석이란 허공에서 이루어지는 것이 아니라 해석자의 사유틀을 기반으로 할 수밖에 없기 때문이다. 이런 변용적 해석의 대표적인 것이 역투사적인 해석이다. 현대인이 고대인의 정신세계를 이해하고자 할 때, 그는 현대적인 개념틀이나 관점에서 이해할 수밖에 없을 것이다. 이런 관점의존성은 해석행위의 구조적 일부이다. 번역은 반역이라 했지만, 서양인들이 자신의 고전적 전통을 연구하는 경우에도 희랍철학의 arete, eudaimonia, psyche 등을 각각 'virtue' 'happiness' 'soul' 등으로 번역하기도 하는데, 이는 원어의 상당부분을 희생하는 것이며, 또 플라톤의 Idea론을 관념론으로 이해하는 학자들도 있는 바, 이들은 희랍적 정신의 기본을 간과하고 있는 것이다.[25] 서구인들이 이러함에야 동양인들이 서양 고대를 이해하는 경우에는 그런 오해와 변용이 더 심할 것은 당연할 일이다.

이런 오류를 피해 이해 대상 자체의 관점에서 철학과 사상을 해석하려는 노력을 함으로써만이 고대철학, 서양철학 연구가 우리의 시각을 높이고,

---

25) 고대 희랍에서는 관념론이 있을 수 없었다는 논의에 관해선 다음 논문 참조 : Burnyeat, M.F., 'Idealism and Greek Philosophy : What Descartes Saw and Berkeley Missed', pp.19~50, in G.Vesey, ed., *Idealism : Past and Present,* Cambridge Univ. Pr., 1982. 희랍적 사고에서는 아직 근대적 의미의 자아, 주관적 의식의 개념이 형성되어 있지 않았다. 관념론은 이런 자아나 주관을 전제로 해서만 등장할 수 있는 입장이다.

시야를 넓히는 데에 기여할 수 있다. 유념해야 할 점은, 그들이 우리와 같은 시각과 같은 범위의 시야를 지니고 있다면 구태여 언어의 높은 장벽을 넘어서 외래 사조를 연구할 필요가 없다는 것이다.

해석자의 시각과 관점을 벗어나 타인의 사상과 철학을 그들의 입장에서 이해할 수 있을까? 이는 위에서 잠시 언급한 바와 같이 아마도 서로 다른 생각을 지닌 두 쌍방이 대화할 수 있다는 일상의 사실, 그리고 낯선 외국어를 학습할 수 있다는 사실에서 그 답의 단서를 찾을 수 있을 것이다. 외래 철학의 이해 가능성은 대화의 논리와 구조를 지니고 있다. 대화의 논리와 구조에 대한 논의는 다음 기회로 미룬다.

서양철학을 이해함에 있어 우리의 시각을 벗어나야 하며, 할 수 있다고 해서 서양 철학자들의 철학이 하나의 단일한 모습을 지니고 있다고 결론내린 다면 너무 성급한 일이다. 서구의 철학사 연구에서도 고전 철학자들은 끊임없 이 다양한 방식으로 재해석되고 있다. 플라톤이나 칸트 또는 공자사상에 대한 하나의 정통적인 이해방식이 있다는 믿음은 일종의 구속적인 신화이다. 중세시대 기독교권이나 이슬람권의 플라톤 해석은 상이하였을 것이나, 그렇 다고 기독교적 해석이 보다 정통적이라 말할 수도 없을 것이며, 공자에 대한 퇴계의 이해와 율곡의 이해 중 어느 한쪽이 옳은 것이라 판정하기는 쉽지 않을 것이다.

현대에서도 플라톤 철학에 대해 다양한 해석의 스펙트럼이 있는데, 그 어느 것이 정통이라 말할 수 있는 기준을 찾기는 매우 어렵다. P. Shorey와 H. Cherniss의 통일론, F.M. Cornford, I.M. Crombie 등의 발전론, H. Kraemer의 비의적 해석, Leo-Strauss의 정치철학적 해석, 승계호의 주체적 해석 등은 플라톤 철학의 다면성과 풍요함을 증거해주는 것일 뿐이다. 역사에 하나의 모습이 없듯이, 철학사가 명확히 규정할 수 있는 체계들의 연쇄인 것은 아니며, 그 역사를 구성하는 철학자들의 사유 내용도 하나의 단일한 체계의 모습으로 존재하는 것은 아니다.

철학적 사유는 그 자체가 인간과 세계에 하나의 모습을 부여하려 노력한

64

결과라는 점에서 철학자들의 사상에 대한 해석은 어느 정도는 제약적일 것이다. 그러나 인간의 역사나 정신사는 미지의 세계에로의 탐험이며, 삶의 세계를 구성해가는 과정이다. 특히 철학은 연구의 대상마저 분명하지 않은 작업으로서, 단지 저편 멀리 어디엔가에 인간의 물음들을 종료시킬 수 있는 무엇이 있으리라는 전망 하에서 이루어지는 바, 본질적으로 탐구요 모색이며, 항상 후대인들에 의해 계속되어야 할 미완의 작업으로 다음 세대에 전해진다. 그런 점에서 항상 그들의 어휘와 문장들은 후대의 사유에 의해 지속되고 재해석되어야 할 것, 미규정의 것, 애매모호한 것으로, 새로운 규정에 당위적으로 열려 있으며 그런 것에 의해 보완 계승되어야 한다. 선대 철학자들에 대한 후대 철학자들의 수용 이해 해석은, 그 자체가 하나의 철학적 활동으로서 이들의 철학을 계승하고 지속한다. 철학사에서 철학함의 활동은 골인지점이 분명치 않은, 조만간 끝나기 힘든 릴레이이다.

동양적 사유의 전통에 있는 우리가 플라톤, 칸트 등의 서양 철학자들을 이해하려 노력한다는 것은 우리도 그런 철학적 릴레이에 동참한다는 의미가 있다. 동양의 철학적 사유도 나름의 흐름을 형성하고 있는 만큼, 東江과 西江의 合水에 의해 서구의 릴레이가 궤도 수정을 할 수도 있으며 새로운 릴레이를 시작하거나 병행할 수도 있을 것이다.

창조적인 변용

서양철학사가 하나의 릴레이로, 과거 철학자들의 사상이 뒤이어 달리는 철학자들에 의한 다양한 해석에 열려 있다고 한다면, 전자는 본질적으로 창조적 변용의 대상이다. 서양철학에서 고전의 연구는 오랜 동안 정통적인 교과과정이었다. 서구 주요 철학자들의 상당수가 서양 고전철학에 대해 깊은 지식을 지니고 있다. M. Heidegger는 중세철학을, D. Davidson은 플라톤을 학위논문의 주제로 하였다. G.E. Moore, G. Ryle, J.L. Austin 등은 고전철학에 관해 나름의 전문가적 권위를 지니고 있을 뿐 아니라, 고전철학을 원용하여 그들의 사상을 전개하기도 하였다. B. Russell의 서양철학사는 철학사로서는 가장 널리 읽히는 저서 중의 하나일 것이다.

좀더 구체적으로 라일은 *Plato's Progress*라는 플라톤 철학의 발전과정에 관한 단행본을 출간할 만큼 고대철학에 대해 전문성의 경지에 이르렀다. 그의 대표적인 저서이자 일상언어학파의 고전이라 할 *The Concept of Mind*의 주요 부분은 아리스토텔레스의 철학적 개념틀인 energeia, entelecheia, dynamis 등의 개념을 새로이 조명하여 이루어진 성과이다. 옥스퍼드 출판부 간행의 아리스토텔레스 번역 및 주석 총서의 초대 편집책임자는 J. L. Austin이 었다. 그는 전문적이고 균형잡힌 고전학자이면서도 역시 언어행위론이라는 독창적인 철학이론을 전개하여 20세기 언어철학의 한 기초를 제공하였다. 화이트헤드는 물리학자로 출발하였지만, 서양철학사는 플라톤 철학의 주석 에 불과하다는 평가를 할 만큼 플라톤철학과 서양철학사에 대한 높은 전망을 하고 있는 철학자이다. 그는 플라톤의 사상에 영향을 받아 그의 후기 과정철학 을 전개하였다. 이상의 철학자들은 고전 철학에 대한 연구에서 출발하여 독창적인 철학을 개진함으로써 현대 철학계를 풍요히 한 철학자들이다.

위와 같은 독창적인 철학자들만이 아니라 다소 보수적이라 할 수 있는 철학사들에게서도 창의적인 시각은 풍요한 성과를 낳는다. 20세기 후반 플라톤 연구의 대표적인 학자들을 들라 하면 G. Vlastos와 G.E.L. Owen이다. 이들은 위의 학자들과는 반대로, 현대철학의 시각을 고전연구에 적용한 사람들이다. 블라스토스는 분석철학의 논리분석적 방법과 성과를 원용하여 플라톤 철학을 새로이 해석함으로써 현대 플라톤 연구의 한 범형을 제시하였 다. 역시 현대철학의 개념틀이 생산적으로 원용된, 플라톤과 아리스토텔레스 에 대한 깊은 통찰력이 담긴 오웬의 연구 논문들은 20세기 후반 고전 연구의 한 주요 흐름을 형성하게 하였다. 플라톤과 아리스토텔레스의 텍스트에 대한 번역과 현대적 주석을 담은 Oxford Clarendon Series는 이들의 연구방식 의 영향을 준 결과라 평가 할 수 있다. 이 시리즈는 번역이나 주석의 방식에서 현대 분석철학과의 대화를 다양한 주제에 걸쳐 시도하여 고전철학을 현대에도 살아있는 철학으로 해석하고 현대 분석철학을 철학사의 흐름 속에 정위하려 한 성공적인 프로젝트이다.

6. 한국현대철학을 위한 방향 정위

위에서 우리는 서양 현대철학에서 핵심 화두는 언어임을, 언어적 전회를 통해서 서양철학의 흐름이 새로운 곳으로 방향을 바꾸어 가고 있음을 논하였다. 동아시아의 언어관은 비트겐슈타인 이후의 서구 철학의 추세와 연결될 수 있다. 서구의 철학자들이나 철학사가들은 그들 자신의 전통을 현대적 관점에서 새로이 해석함으로써 서양 현대철학은 물론 고전 철학도 풍요히 하였다. 그들이 그러할 수 있다면 동양적 전통에 서있는 우리는 더욱 유리한 입장에서 새로운 철학의 흐름을 시작할 수 있다.

위에서 본 바와 같이 서구 현대철학에서 새로이 대두되는 언어관이나 사고방식은 앞으로의 철학적 사유의 주요 전제를 변경할 것을 요구하고 있는데, 이런 방향은 동양 전통의 사유와 부합하는 면이 있다고 생각된다. 21세기의 새로운 사유를 전개하는 데에 동양적 사유가 적극적인 기여를 할 수 있으리라 기대해 볼 수도 있다. 이제 동양적 관점에서 취할 수 있는 창조적 사유의 방향을 몇 가지 추가로 검토해 보기로 한다.

(1) 자연과 인간 간의 관계를 재정위하려는 과정에서 동양사상에서 생태학적 사유를 발견하고 이에 눈을 돌리는 서구의 사상가들이 많으며, 이들에 의해 이미 상당한 연구성과가 축적되고 있다.26) 서구인들은 대체적으로 인간과 자연과의 대립적 관계 속에서 철학적 사유를 전개하고, 나아가 문화 전체를 발전시켜왔다고 볼 수 있다. 자연과 문화, 자연과 도시 간의 배타적 이분법, 자연은 야만이며, 도시는 문화라는 도식이 서양의 고대에서부터

---

26) Tucker, M.E. & Williams, D. *Buddhism and Ecology,* Harvard Univ. Press, 1997 ; Tucker, M.E. & Williams, D. *Confucianism and Ecology,* Harvard Univ. Press, 1998.

지배적이었으며, 그런 사고는 근대에 이르러 절정에 이르렀다. 자연과학은 기본적으로 인간의 이성에 의해 자연을 이해하려 하는데, 이성적 이해는 인간이 자연을 자신의 것으로 전유화(appropriation)하려는 태도에서 출발한다. 자연을 인간의 소유물이나 도구로 생각하는 인간 중심의 사고방식은 20세기 후반에 이르러 환경문제들의 대두와 함께 생태학적인 전회를 이루게 하고 있다는 사실은 익히 알고 있는 바이다.

동양적 사유는 인간과 자연과의 관계를 서구와는 전혀 다른 방식으로 정위하여 왔다. 이는 불교, 도교, 유교에서 공통적인 측면이다. 동양의 철학도 인간의 철학인 한에서 인간 중심적이라 할 수 있을 것이다. 그러나 동양적 사유는 자연을 극복이나 이용의 대상으로 간주하기보다는 인간과 대등한 관계에 있는 생명체이거나 인간을 포함하는 보다 큰 원리로 파악하고, 양자 간의 관계를 하나의 전체 속에서 정초하려 한다. 동양적 사유는 총체적이고 생태주의적이다.[27]

(2) 서구 전통 언어관에 대한 비판은 동아시아 언어권의 상형문자적 언어관과 같은 방향을 지시하고 있음을 지적한 바 있다. 이미 동아시아, 특히 중국 철학사를 새로운 언어관의 관점에서 조명하려는 시도가 이루어지고 있다. 미국의 중국철학사가 C. Hansen은 비트겐슈타인적인 언어관에 힘입어 중국 철학사를 새로이 해석하고 있다. 그의 해석에 따르면, 중국에서는 언어활동을 세계를 인식한 결과를 표현하고 전달하는 수동적 기능을 수행하는 활동이기보다는 언어행위적인 역할을 하는 능동적인 것으로 파악했다. 따라서 중국인들은 언어가 행위계도적인 기능을 지닌 것으로, 사회적 관계에서 타인에게 영향을 주고 설득하여 행위를 유발하게 하는 데에 그 존재이유가 있다고 보았다는 것이다.[28]

---

27) 동서의 자연관의 비교와 생태주의적 인문학의 이념에 관해서는 필자, 「생태주의 인문학 서설」, 『기호학연구』, 한국기호학회, 2001 소재.

28) 다음 참조 : Hansen, C., *A Daoist Theory of Chinese Thought : A Philosophical Interpretation,* Oxford Univ. Pr., 1992.

언어의 이런 특성에 주목할 때, 철학의 주축은 서구 정통 철학에서 중심을 차지하던 형이상학, 존재론, 인식론 등의 분야에서 보다 실천적인 분야로 이동해야 할지 모른다. 앞으로 철학의 중심은 동양 전통에서와 같이 윤리학, 정치철학 등 실천철학이 주도적이 될 가능성이 있으며, 언어는 그림이나 표상적 기능보다는 행위 규제력이나 사회구성력이 중시된다.

인간의 사고와 실천, 삶 전반에서 언어의 중심성은 아마도 유교보다는 불교가 보다 더 포괄적이고 근원적으로 통찰한 것으로 보인다. 20세기 들어서 서구 철학에서 진지하게 논의되고 있는 무실체성, 연기설, 사유 또는 언어의 존설 등은 불교의 중심적 교리들이다. 불교의 一體唯心造라는 테제에서 '心'을 '언어'로 대체하면 바로 현대의 언어게임론 또는 언어적 관념론의 입장에 이를 수 있다. 불교와 유교의 차이는 전자가 실재는 언어에 의존하고 있으니, 모든 것은 공하고 헛되다는 비판적 입장인 반면, 유교는 실재가 언어에 의존하고 있다면 언어가 바로 실재이며(正名論) 중요하다는 현실 긍정적인 입장을 취한다는 차이일 것이다.

(3) 서양철학의 중요한 차이이자 장점으로 간주되어 온 것은 소위 방법의 정립이었다. 서구 철학의 대표적인 방법은 분석, 환원, 연역, 논리적 분석 등이다. 그런데 이 방법은 소위 존재의 진상을 드러내기 위한 방법이라곤 하지만, 이미 존재의 모습에 관해 아주 중요한, 그리고 기본적인 전제를 하고 있다. 논리적 분석이나 연역은 보편자나 추상적 존재가 실재한다는 가정 하에서만 타당한 방법이다. 분석의 대상이 되는 것, 그리하여 그로부터 연역하여 하위의 존재자나 개념을 이끌어 낼 수 있는 그런 것으로서 보편자나 추상적 존재를 가정하고 있는 것이다. 나아가 이런 방법, 특히 환원의 방법은 존재계가 원자적 부분들로 구성되어 있는, 부분들의 전체라는 존재론적 가정 하에서 구사된다. 아르케, 수, 뿌리들(rhizomäta), 同質素, 원자, 형상, 실체, 논리적 원자, 또는 물리적 원자 등은 서양철학사에서 존재론적 환원을 통해 제시된 원자들이다. 서구의 철학자들은 존재자들이 그 자체로서 하나의

모습을 지니고 있다고 믿어왔으며, 존재론이란 바로 그런 모습을 드러내는 것, 또는 그런 모습을 지닌 존재자를 발견하는 작업으로 믿어왔다.

서구 존재론의 역사는 환원주의의 역사이다. 질의 양으로의 환원, 다수의 소수에로의 환원, 가치적인 것의 자연적인 속성에로의 환원, 심리적인 것의 물리적인 것에로의 환원, 등 다양한 방면에서 환원이 이루어져 왔으며, 다양한 모습의 원자들이 실재계의 구성요소로 제안되곤 하였다. 철학에서 존재론이나 이론과학의 목표는 기본적으로는 세계의 궁극적 원소들을 찾는 데에 있다.

이제 그런 추상적인 보편자나 의미체와 같은 것들이 존재한다는 믿음은 서구에 특유한 형이상학적 신화라고 한다면, 우리는 존재론적 탐구의 방향을 달리하거나 존재론적 작업 자체를 포기해야 할지도 모른다. 서구 철학이 존재론적 분석이라고 믿어왔던 활동은 결국 일종의 개념 분석, 그리고 개념들 간의 의미연관을 드러내는 작업에 불과할 수 있다. 존재자라는 것이 있다면 그것은 실체적인 것으로 다른 것과 독립적으로 존재하면서 스스로의 본질을 지닐 수 있는 그런 것이 아니라, 타자와의 총체적 연관 속에서만 존재하고 모습을 지닐 수 있는 것일 수 있다. 이런 입장을 총체주의라 이름할 수 있다.

(4) 이론과 인식의 영역에서만이 아니라, 실천의 영역에서도 이런 총체주의는 타당한 듯하다. 근대 이후의 서구자유주의는 개인 실체론을 전제한다. 개인들이 자연상태에서도 인간적인 인간으로서, 인간의 본성을 지닌 실체로서 있다는 것이다. 이런 개인들이 자연상태의 불편함을 극복하기 위해서 국가를 구성하였다는 것이 전형적인 근대 국가론의 입장이다. 동양적 사유는 이런 식의 사유에 익숙하지 않다. 인간들은 오직 공동체 속에서 진정한 인간으로서 존재할 수 있으며, 인간이 되어 갈 수 있다. 동양적 전통에서는 자유, 개인, 권리, 사적인 공간(privacy), 주체, 불가침성, 의지, 실존, 고독 등의 개인주의와 연관된 어휘들이 거의 없다. 한문적인 어법에서 주어가

잘 사용되지 않는 사실, 그리고 한국에서도 '우리'라는 주어는 빈번하게 사용되어도 '나'라는 일인칭 주어는 거의 사용되지 않는다는 사실은 동아시아의 사회가 공동체주의적이라는 사실의 한 증거일 것이다.

한국어에서 '우리'라는 복수 일인칭대명사는 일인칭 주어 '나'의 복수를 의미하기보다는 공동체성을 표현하는 대명사라는 점을 우리는 주목할 필요가 있다. 공동체 의식은 아직까지도 현대 한국인들의 정신 깊숙이 자리잡고 있어 우리가 아직도 전통의 조선인임을 드러내 주는 것으로 보인다.

연전에 남한에 정착한지 수삼년이 되는 탈주 북한인이 자신의 심정을 표현한 말은 시사적이었다. 그는 말하기를, 남한에 살면서 '남한'이니 '한국'이니 '대한민국'이니 하는 표현은 이제 쉽사리 쓸 수 있게 되었지만, 아직도 '우리'라는 표현은 쉽사리 입에서 나오지 않는다는 것이었다.

이런 고백이 전하는 바는 무엇인가? 그는 자신이 아직도 함께 사는 남한의 동포들과 공감대, 동질성, 공동체 구성원임을 느낄 수 없다는 것, 의식의 저변에서는 자신이 아직도 주변인이거나 국외자로서 남한에 소속되어 있지 못하다는 소외감을 피력하고 있는 것이다. '우리'라는 표현은 그러므로 일인칭 복수가 아니라 공동체의 불가분적인 일원이 되어 있다고 느낄 때만이 비로소 사용할 수 있는 어휘이다. 그래서 '우리 아이들', '우리 가족들', '우리 마누라', '우리 마을', '우리끼리 놀자', '우리가 남이가' 하는 표현이 나오는 것이다. 한국인들은 일상의 언어생활에서 의외로 '우리'라는 표현을 많이 사용하는데, 이 표현은 폐쇄적이라고 여겨질 정도로 내적으로는 情緒的으로 밀착되어 있으나, 외부인에게는 배타적이고 폐쇄적으로 여겨지는 한 집단을 지시한다. 그래서 남한 정착 북한인들은 주위 남한인들이 사용하는 '우리'라는 표현에서 소속감보다는 소외감을 느끼는 것이다. 이런 사실들은 한국인들이 한편으로 실제는 공동체적으로 행동하지 않고 그리 살지 않을지는 모르나, 일반적인 평가보다 더 강한 공동체적 의식 속에서 그런 삶을 지향한다는 사실을 말해준다. 그러나 다른 한편으로 '우리'라는 표현은 한국인들이 공동체의 밖에 있는 사람들에게는 소외감을 느끼게 할 정도로 배타적이고 폐쇄적인 분리주의적 공동체주의자들임을 보여준다. 북한인이 그리 느낌에야 피가 다른 외국인들은 어떠 하겠는가?

이런 폐쇄성만을 걷어내면 '우리'의 공동체주의는 동양과 서양의 정치철학이 만날 수 있는 하나의 중요한 접점을 마련해 줄 수 있다. 서구 정치철학에서는 근대 이래로 개인실체론에 근거한 자유주의나 개인주의가 주류를 이루어 왔다. 사회주의와의 70여년 간의 대결에서 승리한 이후, 자유주의는 더욱 보편적인 이념이 되면서 확고한 이념적 지배력을 확보하고 있는 것으로 보인다. 그러나 이에 대한 반성과 함께 근간에는 R. Taylor, A. MacIntyre, M. Sandel 등의 공동체주의가 새로운 대안으로 논의되어 오고 있으며, 서양의 고대에서도 동양과는 다소 유형이 다르기는 하나 공동체주의의 한 유형을 찾고 있다.

(5) 서구적 보편주의의 지양 : 철학은 보편적이고 영원한 문제를 다루고 만인에 타당한 보편적인 이론과 답을 제시한다는 것이 우리 철학도들의 확고한 신념이며 자부심의 근원이기도 하다. 하지만 그 보편주의나 영원성의 믿음은, 우리가 서구 철학을 수용하고 연구하면서 암암리에 주입받은, 서양철학을 포함한 서구 문화의 확장주의적 이데올로기의 일부일 가능성이 있다. 우리는 대략 다음의 논리를 생각해 볼 수 있다.

철학의 문제와 이론들은 보편적이다.
우리가 수용하고 있는 서구철학의 문제와 이론들도 철학적인 한에서 보편적이다.
그러므로 서구철학의 문제와 이론들도 우리의 문제와 이론이 될 수 있다.

이렇게 보면 보편주의나 영원성의 이념은 서구를 철학적 사유지평의 중심에 놓고자 하는 서구중심주의에로 유도하는 매개적 이데올로기일 가능성이 있다. 우리는 서구 철학을 수용하는 과정에서 보편주의를 암암리에 당연한 것으로 간주해 왔다. 인간은 모두 이성적인 존재이며, 이성적인 존재로서 동등한 존재이고 자유로운 존재라는 것이 우리가 서구의 철학에서 배운 가장 중요한 명제 중의 하나일 것이다. 이성의 발휘에 따라 인간은 진화하고 진보할 수 있으며, 한국을 포함한 동아시아의 후진성은 이성이 덜 계몽되어서라는 것이 그동안의 평가이었다. 서양에서 이성은 자연과학과 자유주의에 이르러 그 절정에 이르렀다는 것이다. 20세기 이후 동아시아의 과제는 근대화인데, 이 근대화는 합리화, 이성에 의한 계몽, 동양적 사유를 버리고 서구적 사유를 배우라는 것으로 요약된다. 이성의 신화는 보편성의 신화를 함의한다.

서구 철학의 역사는 이성의 역사이다. 이성의 가장 중요한 특질은 보편성이나 증명가능성이다. 이성의 보편성은 이성이 획득한 가장 탁월한 성취로 여겨지는 바 자연과학과 기하학에서 명확하게 드러난다. 서구 철학 역시 동양의 사유에 비해 이성적이고, 그런 점에서 보다 보편적이다. 우리는 서양 철학을 수용하고 학습하는 과정에서 암암리에 서구의 철학적 문제들이 그들의 문화에서 독립하여 존재 자체를 대하고서 던져진 물음이자 모색된 해답들이므로, 보편적이고 영원한 사유법이라고 생각해 왔다. 그들의 물음과 답은 우리의 것이 될 수 있다는 것이다.

서양철학의 저변에 제국주의적인 저의가 있을 수 있다는 의심의 눈초리는 공정하지 않을 수도 있다. 분명 철학은 다른 분과학문과는 문제와 이론에서 다른 특성이 있으며, 그것은 어떤 종류의 보편성이나 근원성과 같은 것일 것이다. 시대적 차이와 공간적 거리를 넘어서 모든 인간들이 진지하게 제기해야 할 어떤 문제가 있으며, 만인에 타당한 해답이 있다는 믿음은 고귀한 것이다. 하지만 믿음의 고매함이 그 정당성을 보장하지는 않는다. 철학은 보편학이며, 영원한 문제가 있다는 믿음은 이제까지 무비판적으로 수용되어 왔던 것으로 이제는 반성과 검토의 대상이 되어야 한다. 위에서 논한 사고의 언어의존성은 서구 철학이 유포해온 보편주의를, 적어도 전통적 유형의 보편주의는 떨쳐버릴 것을 요구한다. 이는 우리가 서구 철학에 의한 정신적 식민성을 벗어나기 위해서도 선행적인 조건이다.

철학사는 정신사의 일부이며, 정신사는 발전하고, 시대와 지역에 따라 달라지는 것이다. 물론 인간의 정신이 역사의 발전에 따라 점차 보편성을 향해서 나아가고 있음은 사실이고 당위일 것이다. 불교나 기독교는 지역 종교에서 각각 아시아의 종교, 유럽의 종교가 되었으며, 다시 세계적인 종교로 설득력을 확대해 가고 있다. 다른 문화권의 사유들이 서로 의사소통을 하면서 주제와 문제를 공유하고 함께 고민해 갈 수 있는 대화의 장과 지평을 마련하고 그 장을 점차 넓혀가는 과정이 인간 정신사나 철학사의 방향일 것이다. 그런 과정에서 가장 주도적이며 핵심적인 역할을 해온 것이 철학이다. 철학은 모든 인류들이 시대와 지역적 차이를 넘어서 문제와 주제를 공유하고, 같은 개념들의 인도를 받아 사유할 수 있다는 것을 보여준 대표적인 정신활동이다.

서구 철학이 보다 보편적이거나 그럴 수 있는 가능성을 우리는 부정하지 않는다. 그러나 그 논거는 재고되어야 한다. 보편적이라는 평가의 논거는 그것이 이성의 소산이기 때문에, 또는 문화계를 벗어나 존재 자체에 던져진 질문이기에 그러한 것이라는 것이었다. 우리는 위에서 이성의 선험성이나 초월성, 그리고 인간의 언어와 사유를 떠나 독립적으로 존재하는 것으로 믿어지는 존재계의 개념에 의문을 던진 바 있다. 서구적인 것이 보편적인 것일 수 있는 이유는 그것이 이해가능한 것이라는 점에서, 그리고 언어적 활동의 소산이라는 점에서이다. 언어는 본질적으로 대화이며, 대화란 본질적으로 나와는 다른 사람의 생각, 감정 등을 이해하는 과정으로서, 언어는 보편화의 가능성과 원리, 그리고 그러한 구조를 지니고 있기에 대화가 가능한 것이다. 서구 문화가 동양인들에 의해 이해되는 만큼 그것은 보편성을 증대한 것이며, 역으로 동양 문화가 서구 문화에 의해 이해 수용되는 만큼 동양의 문화 역시 보편화될 수 있는 것이다.

필자는 보편성의 이념을 버리라고 주장하지는 않는다. 그러나 보편성의 기준은 선험적인 것으로 여겨지는 원리라기보다는 시간과 경험의 테스트일 것으로 생각된다. 보편성의 기준은 하향적이라기보다는 상향적이고, 선험적이라기보다는 구성적이다.

74

(6) 동아시아적 이성 개념 : 이성은 포기될 수 없다. 이성은 객관성, 원리, 원칙의 이념을 표현한다. 어느 사회이건 간에 그 사회를 규제하고 인도하는 원리로서 이성개념은 유용할 뿐 아니라 주축적이다. 우리는 심지어 신화적 이성을, 비합리성의 이성을 말할 수도 있다. 그런 점에서 포스트모더니즘의 사상가들이 주장하듯이 이성을 파기하거나 포기하기보다는 새로운 이성개념을 모색해야 한다. 우리는 새로운 이성의 개념을 유가적 理나 한국어의 결의 개념에서 찾을 수 있을 것으로 보인다. 필자는 이를 생태학적 합리성이라 규정한 바 있다.[29]

29) 이에 대한 논의는 다음 참조. 필자,『말의 질서와 국가』제2부, 이화여자대학교 출판부, 1997 ; Nam, K-H., 'Gyul : Ecological Reason', Cam P., Cha I-S., Tamthai M., & Reyes R., eds. *Philosophy, Culture and Education : Asian Societies in Transition*, Korean National Commission for Unesco, 1999 ;「말과 몸 : 정보통신사회의 삶과 규범」, 철학연구회편,『정보사회의 철학적 진단』, 철학과 현실사, 1999. 3.

일제퇴각 이후 한국에서의 헤겔 철학 연구사

이병창

1. 서론

이 논문의 주제는 일제 퇴각 이후 한국에서 전개된 헤겔의 연구사이다.[1]
한국 철학 전반, 독일철학 또는 헤겔의 연구사를 정리하려는 논문들이 최근
쏟아져 나왔다.[2] 그래서 이제는 연구사 관련 논문의 역사가 가능할 정도가

---

1) 원래 필자는 독일 고전철학 전체에 대한 평가를 부탁 받았으나, 필자의 능력이나
   허용된 지면 상 감당하지 못하여, 필자는 이 논문에서 오직 헤겔만 대상으로 삼았다.
   양해해 주기를 부탁한다.
2) 필자가 조사한 바에 의하면 헤겔 연구사에 직간접적으로 관련되는 논문이나 글들만
   해도 이렇게 많다.
   장일조, 「박종홍 철학에 있어서의 현실의 문제, 현재의 창조적 건설과 그 이론
      정립을 위한 시고」, 『신학연구』 12, 1971.
   박영식, 「인문과학으로서 철학의 수용 및 그 전개과정」, 『연세대 인문과학』 26,
      1972. 2.
   조희영, 「현대 한국의 전기 철학사상 연구-일제하 철학사상을 중심으로」, 『전남대
      용봉논총』 4, 1975.
   조희영, 「현대 한국의 중기 철학사상 연구1-박종홍과 전원배의 철학사상을 중심으
      로」, 『철학연구』 44, 1988. 11.
   조희영, 「서구 사조의 도입과 전개-철학 사조」, 『한국 사상사 대계』 6, 정문연,
      1993.
   조요한, 「한국 사상의 전환기」, 『고대문화』 19, 1979. 5.
   조요한, 「우리의 삶, 우리의 현실 ; 한국철학 언어로의 모색」, 『월간조선』 1982.
      2.
   진교훈, 「서양 철학의 수용과 전개」, 『한국 철학사』 하, 동명사, 1987.

되었다. 이것은 연구사를 통하여 지금까지의 연구성과를 반성하고 앞으로의
방향을 모색하려는 철학의 역사의식에 기인하는 것이 아닐까 생각한다.
그러나 지금까지 대개의 연구는 사상사적 연구이거나 제도적 측면의 조사
또는 주제의 통계적 분류이어서, 신남철이나 박종홍 같은 한국 철학계의
위인들에 대한 분석을 제외하면, 연구내용 자체에 대한 충분한 반성은 없는
것으로 보인다. 그래서 이 논문에서 필자는 기왕에 간과되어 왔던 연구내용
자체에 대하여 헤겔에 한정하여 정리하고자 했다.

필자는 헤겔 연구의 시기를 주로 일제 퇴각 이후 최근까지로 잡았는데,
불가피하게 일제강점하 헤겔 연구도 그 前史로서 언급하였다. 필자는 세대의
역사적 의미를 고려하여, 헤겔 연구자들을 세대에 따라 구분하고자 했다.
일제하에서 교육받고 1950년대 활동했던 제1세대, 그 밑에서 배우고 1960~
70년대 주로 활동했던 제2세대를 나누고, 이어 제2세대로부터 교육받고,

정순복, 「미학의 의미와 그 실제-한국에서의 미학의 수용과정과 그 발전논리의
    문제를 중심으로」, 『미학』 12, 1987.
신귀현, 「독일 근세철학의 수용과 그 문제점」, 『철학』 39, 1993 봄 ; 임홍빈, 「21세기
    의 길목에서 한국철학을 반성한다-실천철학의 현대적 자기전개과정을 중심으
    로」, 『사회비평』 10, 1993.
이 훈, 「연구를 위한 자료의 통계적 분석」, 『서울대 철학사상』 4, 1996.
백종현, 『20세기 한국의 철학』, 철학과 현실사, 1998.
백승균, 「실존철학의 수용성 문제」, 『철학연구』 71, 1999. 8.
김석수, 「맑시즘과 실존주의 수용에서 본 한국 현대 정신의 갈등구조」, 『카톨릭철
    학』 1, 1999.
김석수, 『현실 속의 철학과 철학 속의 현실-박종홍 철학에 대한 또 하나의 해석』,
    책세상, 2001.
위상복, 「한국에서 헤겔의 연구 및 수용과 반성-그의 '논리학'을 중심으로」, 『철학연
    구』 68, 1998. 11.
김윤구・이동희, 「헤겔 연구문헌 목록」, 『철학논총』 17, 1999. 6.
이동희, 「한국의 헤겔 연구사」, 『철학논총』 20, 2000. 3.
김윤구, 「헤겔 이론철학에 관한 연구사-'정신현상학', '논리학'을 중심으로」, 『철학
    논총』 20, 2000. 3.
김재현, 『한국 사회철학의 수용과 전개』, 동녘, 2002. 3.
강영안, 『우리에게 철학은 무엇인가』, 궁리, 2002. 3.

1970~80년대 민주화운동에 직간접적으로 참여한 제3세대를 구분했다.[3] 그런데 앞의 두 세대는 대체로 이미 은퇴했거나 지금 은퇴할 시기여서, 필자는 그들의 성과를 개별적으로 평가하려 했다. 그러나 제3세대는 지금 한창 연구 중이므로, 개별적 평가가 불가능하여 주제별로 평가하려 했다. 헤겔 연구가 주로 그의 주요 저서를 중심으로 이루어지므로, 그 주제의 분류는 헤겔의 저서를 기준으로 하였다.

2. 전사

한말 이 땅에 서양철학이 소개된 이후 일제의 강점이 끝난 직후까지 헤겔 연구는 그 절대적인 수에서는 많지 않았다. 그런데 당시 소수의 철학 연구자, 빈약한 연구 환경에 비해서 본다면 그 수는 결코 적지 않았다 할 것이다.

일제하부터 미군정기까지 발표된 헤겔 연구논문들의 주제를 일람해 볼 때,[4] 이 논문들의 상당수가 1931년 헤겔 서거 백년제와 연관되어 있음을 쉽게 짐작할 수 있다. 이 백년제는 '국제헤겔연맹'이 주관하여 1931년 11월 14일 헤겔 서거일에 베를린에서 개최되었다. 이 기념제는 생의 철학자 딜타이(W. Diltey)에 의해 제기된 신헤겔주의의 결실이었다. 딜타이는 1906년『헤겔

---

3) 사실 이런 구분이 좀 억지 같다. 한 연구자가 대학졸업 후 30대 초부터 연구활동을 산출하기 시작하면, 대개 30년간 걸쳐 연구한다. 그러다 자연히 뒷 세대와 중첩될 수밖에 없는데, 그래서 문제의식이나 영향을 주고받을 수밖에 없다. 더구나 한국사회처럼 50년만에 서구 300년간의 역사가 흘러가 버린 폭발적인 발전 속에서 이런 구분은 무의미할 수도 있다. 하지만 역시 세대란 역사적 경험을 공유한다는 면에서 적어도 연구사에서는 주요한 단위가 될 것으로 생각된다.

4) 지금까지 발견된 당시의 헤겔 연구 논문으로 다음과 같은 것들이 있다.
신남철, 「헤겔 백년제와 헤겔부흥」,『신흥』5, 1931.
신남철, 「신헤겔주의와 그 비판」,『신흥』6, 1931.
신남철, 「역사의 발전과 개인의 실천」,『학술』1, 1945.
김달인, 「헤겔과 파씨즘(강의)」,『비판』3-1, 1933. 1.
안호상, 「헤겔의 시초와 논리학의 시초」,『보전학회논집』1, 1934.
안호상, 「헤겔에서 판단의 문제」,『경도제대 철학연구』, 1941.
김계숙, 「헤겔사상의 前史-헤겔 백년제를 당하여」,『신흥』5, 1931.

청년시대(Die Jugendgeschichte Hegels)』를 통해서 헤겔이 생의 철학의 선구이었음을 헤겔의 청년시대 신학논문들의 분석을 통해 보여주었다. 딜타이의 혁신적인 시도를 통해 헤겔은 사변적인 체계철학이면서 프러시아 절대주의를 옹호하던 보수주의 철학이라는 오명에서 벗어나서, 무한히 생동적인 정신을 역사 속에서 실현하려는 젊고 이상주의적인 철학, 프러시아의 개혁을 옹호하는 자유의 철학으로 다시 태어나게 되었다. 딜타이는 자신의 제자 놀(H. Nohl)을 시켜, 『헤겔의 청년기 신학논문집(Hegels Theologische Jugendschriften)』(1907)을 발간하게 했으며, 그 이후 '헤겔로 돌아가자'는 헤겔부흥 운동이 전개되기 시작했다. 신칸트주의자 빈델반트(W. Windelwand)가 '헤겔주의의 부흥'이라는 강연을 통해 신헤겔주의를 호소하게 된 것도 이런 맥락이었다 하겠다.

이 백년제를 주관한 '국제헤겔연맹'의 핵심이었던 크로너(R. Kroner), 글로크너(H. Glockner), 라숀(G. Lasson), 호프마이스터(J. Hoffmeister), 해링(T.H. Haering), 그리고 이태리의 크로체(B. Croce) 등은 모두 딜타이의 생의 철학에 깊게 영향받은 학자들이었다. 이들은 헤겔 사후 그의 친구 및 제자들에 의해 편찬된 헤겔 저서들을 새롭게 편찬하면서, 출판되지 않았던 청년기 초고들을 편찬했다. 신헤겔주의는 헤겔 철학에서 새로운 연구주제를 발생시켰는데, 그것은 바로 청년 헤겔에 대한 연구이었다. 그리고 그에 못지 않게 주요한 것은 역사를 정신의 자기 실현의 역사로 보는 역사의 목적론적 관점의 재등장이었다.

이런 이론사적 맥락과 달리 엉뚱하게도 신헤겔주의는 그 당시 유럽의 역사 정치적 투쟁 속에 얽혀 들어감으로써 이데올로기적 투쟁의 빌미가 되어 버렸다. 일제강점기 1931년 한국의 헤겔 연구자에게 문제되었던 것은 바로 이런 역사 정치적 맥락이었다. 그렇다면 이 맥락은 어떤 것이었을까?

1931년은 단순히 헤겔 서거 100주년을 의미하는 것만은 아니었다. 전후 독일 바이마르 공화국은 1920년대 내내 휘청거리다가 끝내 히틀러의 나치 앞에 무릎을 꿇고 말았다. 그것이 바로 1932년 7월 총선에서 이었다. 이때

나치는 의회의 다수당이 되었다. 1933년 1월 30일 히틀러는 대통령 힌덴부르크에 의해 독일총리로 임명되었으므로, 이미 1931년말은 히틀러의 정권장악이 목전에 다가왔던 시기이었다. 바로 이 시기에 헤겔 서거 백년제가 열렸다는 것은 당시 나치와 정치적 각축을 벌였던 사회주의 진영의 편에서 보면 결코 단순히 학문적 의미를 지닌 것만으로 여겨질 수는 없었다. 특히 당시 소비에트에 본부를 두었던 제3차 인터내셔날 즉 '코민테른'은 극좌적인 사상가들에 의해 지배되면서, 민족주의자와 자유주의자조차도 파시즘의 동조세력으로 몰아붙이고 있었다. 겨우 1935년에 이르러서야 코민테른은 파시즘에 대항하는 광범위한 인민전선, 그리고 민족통일전선의 개념에 도달하게 되었다. 그보다 훨씬 이전인 1931년, 이 시기 사회주의자들의 눈에는 신헤겔주의에 의해 지배되는 헤겔 백년제는 헤겔이 파시즘에게 독일정신의 세례를 내리는 자리로 의심받지 않을 수 없었다.

이런 역사적 정신사적 상황에 따라서 헤겔 백년제를 즈음하여 신헤겔주의에 대한 대대적 비판운동이 전개되었다. 그 비판운동의 한 끝이 일제의 강점 하에서 점차 민족해방운동에서 이탈해 가는 우파진영을 대신해서 민족해방운동을 주도적으로 전개했던 한국의 좌파 지식인들에게 나타났던 것이다. 당시 헤겔에 관한 연구에서 핵심적인 위치를 차지한 연구자는 누구보다도 신남철이었다. 신남철은[5] 기념제의 내용에 관한 한 주로 일본에서 발간된 잡지 『이상』 52호에 소개된 '헤겔 사후 백년제 기념특집'에 의존하였다. 그는 신헤겔주의에 대한 이해를 크로너와 레뷔(H. Levy)[6]의 설명에 의존했

5) 여기서 이 논문이 발표된 잡지 『신흥』의 성격을 천명하는 것은 신남철 논문의 배경을 이해하는데 도움이 될 것이다. 이 점에 관해서 김재현, 「신남철의 마르크스주의 철학 수용과 그 한국적 특질」, 『한국사회철학의 수용과 전개』, 동녘, 2002, 98~99쪽 참조. 김재현이 설명에 따르면 그는 경성제대 대학원 재학시 '조선사회사정연구회'의 회원이 되어 三宅 교수 지도하에서 연구했으며, 당시 이들이 주축이 되어 발간한 잡지가 곧 『신흥』이었다. '조선사회사정연구회'를 주도한 연구자들은 이강국, 최용달, 박문규, 정재식 등 후일 경성 콩그룹의 핵심이 되고, 일제 퇴각 이후 박헌영의 조선공산당의 핵심 멤버가 되었다.
6) 신남철은 주로 일역을 참고했다. R. Kroner, 「현대에 있어서의 헤겔의 의의」, 『이상』 헤겔부흥호, 1926 ; H. Revy, 「독일에서 헤겔 르네상스」, 『철학연설집』 30, 칸트협회

82

다.

신남철은 헤겔이 생의 철학자이었고, 청년시대 생명적 유동적 순정적 요소를 강조했다고 말했다.[7] 그의 논문은 생의 철학과 헤겔의 연관을 비교적 선명하게 설명해준다. 그런 설명은 20세기 독일에서 헤겔 연구전통이 어떻게 항상 딜타이, 가다머, 그리고 헨리히로 이어지는 해석학적 전통과 밀접하게 얽혀 있는지를 이해하는 단서를 제공해준다. 그러나 그 논문은 정작 그의 논문이 목표로 했던 바 헤겔과 파시즘과의 사상적 연관성을 보여주지는 못한다. 그는 생의 철학자 중의 한 연구자이었던 프라이어(H. Freier)가 『우익으로부터의 혁명』(1931)이라는 책에서 파시즘을 옹호했다는 간접적 방증을 제시해 줄뿐이다. 아니 어떻게 보면 이것을 계기로 신헤겔주의가 신남철에게 깊이 각인된 것은 아니었을까 생각된다.

이미 신헤겔주의에 대한 비판에서 보듯이 신남철은 자신을 사회주의적 관점에 선 민주주의 및 민족주의자로 간주하고 있다. 그의 철학적 연구도 자기의 이념을 역사적으로 실천하는 것과 관련하여 전개되었다. 그는 이런 관점에서 한편으로는 실존주의나 신헤겔주의에 대해 이데올로기적 투쟁을 전개하기도 하고, 새로운 사회의 이념으로서 진보적 민주주의나 민족주의의 일반적 원리를 천명하기도 했다. 새로운 사회는 한편으로는 노동계급이 주인인 사회이지만, 다른 한편 보편적 휴머니즘의 원리가 구현되는 사회이어야 했다. 그에게서 철학적으로 가장 관심 있는 문제는 바로 역사의 원리, 역사를 추동하는 주체를 밝히는 것이었다.[8]

그는 이미 일제하에서 역사철학의 기초로서 '신체적 인식론'을[9] 전개하기도 했다. 여기서 그는 의식과 세계의 관계에서 신체의 매개적 역할을 포착하려

간, 1927.
7) 이 시기 발표된 김계숙, 그리고 김달인의 논조를 비교해 볼만하다. 김달인의 논조는 신남철 보다 더 비판적이지만, 정작 그는 헤겔을 충분히 이해하지 못하는 것 같다. 김계숙은, 필자가 그의 논문을 찾지 못했지만, 해방 이후 그의 연구경향으로 보아, 이미 이 시기에도 신헤겔주의를 받아들였을 것 같다.
8) 김재현, 앞의 글 참조.
9) 신남철, 「역사철학의 기초론-인식과 신체」, 『신흥』 37.

했으나, 그 시도는 그리 높은 평가를 받을 것 같지는 않다. 오히려 그의 역사철학에서 흥미로운 것은 역사원리에 대한 그의 독특한 입장이다. 일반적으로 마르크스주의에서 역사의 원리는 계급투쟁이다. 신남철 역시 마르크스의 일반론을 받아들인다. 그럼에도 불구하고 그의 역사철학에서 독특한 측면이 엿보인다. 특히 헤겔과 연관하여 주목하지 않을 수 없는 개념이 바로 역사적 개인의 개념이다.

그는 일제강점이 끝나고 미군정이 시작되기 전에 잠시 열렸던 일시적 해방공간에서 「역사의 발전과 개인의 실천」[10]이라는 주목할 만한 논문을 발표했다. 이 논문에서 신남철은 헤겔의 역사철학에 대한 해석에서부터 출발했다. 그는 우선 딜타이가 전개했던 청년헤겔의 상을 받아들인다. 그래서 청년헤겔은 칸트의 의무와 경향의 분리를 비판하고, 전체성으로서 생이라는 개념에 도달하게 되었다 말한다. 그런데 청년헤겔에서 전체적 생을 통일하는 원리는 愛인데 이것은 너무나 비합리적인 것이어서 헤겔은 마침내 『정신현상학』에서 개념적 사유를 통하여 대립의 통일을 모색하려 했다는 것이다.

여기서 신남철은 헤겔의 역사철학에 대한 설명으로 이행한다. 역사철학에서 헤겔은 현실의 대립의 통일을 이끌어 가는 원리가 정신이라 말한다. 이 정신의 시간적 생성 속에서의 자기 전개가 곧 역사이다. 역사를 이해하려는 자는 역사를 '개개 사건의 우연적 현상의 집성'으로 이해해서는 안되며, 역사를 개념적으로 파악해야 한다. 그것은 이성의 눈을 가지고 역사를 투시하면서 '온갖 것을 통해서 현재적인 영원자'를 보는 것이다. 헤겔의 역사철학에 대한 신남철의 설명에서 딜타이 등의 신헤겔주의적 해석을 간취할 수 있다. 일제하 스스로 파시즘으로 매도했던 신헤겔주의가 엉뚱하게도 그의 역사철학에 살아남아 있는 것이다.

---

10) 이 논문은 일제강점이 끝난 후 신남철이 백남운 등과 더불어 만든 '조선학술원'의 기관지 『학술』 1호에 발표되었다. 그는 당시 조선학술원의 서기국 위원으로서 기획과 조직을 담당하는 등 과학 및 학술 운동을 활발하게 전개했다. 동시에 그는 1946년 2월 9일 전국문학자 대회 특별 보고에서 「민주주의와 휴매니즘」을 발표하면서, 미래 사회가 계급적 원칙에 서지만 보편적 휴머니즘을 담지해야 한다고 주장했다.

그러나 이 지점에서 신남철은 놀랄 만하게 비약한다. 그는 헤겔에서 역사의 원리인 정신 개념을 유물론적으로 해석한다. 그것은 다름 아닌 역사의 주체로서 '개인 인간의 사회적 노동(계급의 투쟁을 의미한다)'이라는 것이다. 그에 따르자면, 헤겔이 관념적으로 발견한 것을 마르크스가 실제적으로 재구성했다는 것이다. 헤겔의 정신 개념을 이처럼 마르크스 역사철학에서 계급투쟁 개념과 연결시키는 것만으로도 이미 마르크스주의에 대한 독특한 해석이 되지만, 여기서 그는 한 걸음 더 나가게 된다.

헤겔은 역사철학에서 정신이 보편적 이성을 역사 속에 실현하는데 수단으로 삼고 있는 것이 개인의 정열에 가득 찬 행위라 하면서, 개인은 자기도 모르는 사이에 보편적 이성을 실현한다고 하여 이를 이성의 간지라 이름 붙였다. 신남철은 헤겔의 이 개념을 받아들여, 개인의 주관적 의도가 아무리 이상적이라도, 냉혹한 현실에 좌초하여 환멸로 변한다고 말한다.

신남철이 이처럼 열정적인 톤으로 역사이성의 필연적 자기 전개의 엄숙함을 강조하는 것은 결코 개인적 비애에 감상적으로 빠지기 위한 것은 아니었다. 그는 오히려 바로 그러므로 역사적 필연을 받아들여야 한다고 말한다. 엥겔스의 말대로 필연의 인식 그것이 곧 자유라는 것이다. 그는 헤겔의 세계사적 개인의 개념을 빌려, 이념과 세계정신이 개인에게 침투되어 있으면 있을수록 더욱더 진실한 개인이 된다고 말한다. 사실 이것이 그가 말하고 싶었던 주장이다. 그는 일제강점이 끝나고 다시 미군정이 시작되는 시점에서, 지도자를 따르는 무리로서 군중이 아니라, '사회변혁의 주체적 시원자로서 비판적 개인'을 요청한다. 비판적 개인은 '현실을 비판하며 부정적으로 전화 통일시키는 과정에서 자기를 헌신 방기하는 개인'을 말한다. 신남철에 의하면 이런 개인은 곧 죽음을 무릅씀으로써 새로운 생명을 얻는 존재이다.

신남철의 고민은 여기서 끝나지 않았다. 이처럼 역사적 필연의 엄숙성을 말하면서도 따뜻한 인간의 눈물을 잊지 않는다. 그래서 역사는 행복을 위한 지반이 아니며, 세계사는 '끝끝내 부질게게 고뇌를 가져다주는 지반'인데, 사실 인간인 한에서 누구나 행복을 원하는 것이 아니냐고 반문한다. 그는 이것이 인간의 운명적 비극이라 한다. 바로 여기서 그는 신의 속죄 개념을 상기시킨다. 인간은 신의 은총을 갈망한다. 개인과 신의 유화는 '무한한 고뇌를 통한 조화'라고 말한다. 물론 그가 여기서 신이라 하였을 때, 그것이 역사적 이성, 이념임은 말하지 않아도 분명하다.

신남철의 역사철학은 결국 신헤겔주의가 바탕이 되어 있다. 그는 이를 마르크스주의와 결합시킨다. 그리고 마침내 역사적 신의 속죄라는 정신적 높이에 이르게 된다. 그의 헤겔 해석은 이런 점에서 아직도 그 의미가 살아있다. 전후 50년간 지속된 헤겔 연구사에서 이토록 높은 정신적 비상을 이루었던 적이 없었다.

역사의 주체에 관해 이 같은 해석으로 볼 때 신남철의 마르크스주의는 20세기초 서구를 지배했던 속류 유물론이나 자연법칙적 역사전개를 주장하는 기계론자와는 명확히 구분되는 입장임은 틀림없다. 해방 당시 박헌영을 비롯한 일단의 사회주의자들이 조선공산당을 구성하여 사회주의 진영에서 정치적 헤게모니를 장악했을 때, 그는 그 속에 참가하지 않았다. 어떻게 보면 박헌영의 사단에서 중핵을 이루었던 경성 콩그룹의 이론가들이 경성제대에서 그와 더불어『신흥』이라는 잡지를 발간하던 '조선사회사정연구회' 팀이었다는 것을 고려해 볼 때 그의 고립은 이상하게 보인다. 정치적으로 보면 그는 역사학자인 백남운과 더불어 활동하였다. 그래서 미군정기 그는 중국공산당에서 활동했던 연안파의 조선신민당과 연결되어 활동한 것으로 생각된다. 그의 이러한 정치적 행보에 다른 실제 이유도 있었겠지만, 역사에 대한 그의 철학적 해석이 박헌영 등의 입장과 구분되었다는 것도 한가지 이유는 되지 않았을까 생각한다.

이 시기 헤겔 연구사에서 신남철만 부각한다면 그 시기를 너무 단순화하는 것이리라. 후일 열렬한 민족주의자가 되었던 안호상은 당시로서는 역사보다는 오히려 논리학에 더 관심을 가졌다. 당시 그는 일역을 통하지 않고, 독일어 원전을 직접 읽어 논문을 쓴 탁월한 학자였다. 그는「헤겔의 시초와 논리학의 시초」(1934)라는 매우 고답적인 논문을 쓰면서, 그 시대 이데올로기 논쟁에

86

대해 얼마나 무신경한지를 드러냈다. 다만 민족주의자답게 그는 철학용어를 우리말로 사용하려 했다.

그는 여기서 시초(Anfang)라는 헤겔의 개념에는 두 가지가 있음을 주장한다. 양자가 혼동됨으로써 헤겔 철학체계 전체가 뒤흔들리고 있다 한다. 특히 최근에 국제적으로 더욱 많은 물음의 대상이 되는 주제인 『논리학』과 『정신현상학』과의 관계의 문제가 그렇다. 그가 벌써 그 시기에 이런 문제에 想到했다니 감탄할 뿐이다. 그러면 그가 제시하는 그 두 가지 시초는 무엇인가? 그 하나는 철학함의 시초(Anfang)이고, 다른 하나는 철학서술의 시초(anfangen ; 그는 '시초함'이라 번역했다)이다. 철학의 시초는 물론 『정신현상학』에서 말하는 직접적 확실성이다. 그러나 철학서술의 시초는 무엇인가? 그는 헤겔 『논리학』에서 시원의 문제를 상기시키면서 그것은 무규정적이며 직접적인 존재라 했다.

그의 주요 관심은 바로 이 직접적 존재이다. 이 직접적 존재는 그냥 직접적(감각적)으로 인식되는 모든 존재자들을 포괄적으로 지칭하는 것이 아니다. 그것은 『정신현상학』에서 도달한 순수지에서의 존재이다. 순수지에서 앎과 대상의 구분이 사라진다. 즉 순수지는 '저의 대상을 저의 밖에 가진 것이 아니라 도리어 제 자신 안에 갖고 있다'. 그러므로 직접적 존재는 앎과 통일된 것으로서 존재이며, 그런 점에서 그것은 곧 개념이다. 개념 자체는 아니고 개념임을 감추고 있는 존재라는 것이다. 그렇다면 『논리학』은 존재로서의 개념에서 마침내 개념으로 인식된 개념에 이르는 과정이다. 개념으로서 개념은 사물의 실재근거이다. 반면 존재로서 개념, 즉 직접지는 실재의 인식 근거이다. 그러므로 직접적 존재는 실재근거에 이르는 논리적 서술의 시초이며 모든 사물의 논리적 근거인 실재근거는 아닌 것이다.

『논리학』의 구조에 대해 이 정도로 정리해 두고 마침내 안호상은 이렇게 묻는다. 헤겔은 『논리학』을 보통의 논리학이 그렇듯이 실재근거에서부터 시작할 수도 있었는데, 왜 인식의 근거인 직접적 존재로부터 시작했을까? 그는 이에 대해 이것이 현실의 순서이기 때문일 거라고 가정한다. 실천적으로 보아, 존재는 결국 자유의 실현을 지향한다. 실천은 됨(생성)을 향하는 것이므로, 실천의 과정에서 존재가 시초가 된다. 또 이론적으로 보아서, 철학자가 알고자 하는 대상은 물리학자가 말하는 원자처럼 단순한 것이 아니라, 복잡한 것이다. 그러므로 역시 직접적 존재가 출발이다.

안호상이 30년대 보여주었던 精緻한 논리적 분석은 그의 시대에는 비상한 것이었으리라. 그러나 그는 그 이후 민족주의에 빠져 들어감으로써 더 이상 그 같은 학적인 수준을 보여주지 못했다.

3. 일제하 세대

6·25 전후 폐허 속에서 한국 사회를 지배하는 것은 오직 기아와 질곡뿐이었다. 전후 미국의 원조를 매개로 하여 결합된 매판자본, 관료-군부, 국제자본 사이의 결탁은 한국사회를 왜곡과 파행으로 몰아넣었다. 원조물자를 처리하는 속에서 三白산업으로 일컬어지는 소비재 산업 중심의 공업화가 진행되었다. 이 과정에서 중소 민족자본은 말살되었고 농촌은 수탈당하여 무수한 소작농이 다시 출현했다. 이승만과 정치군인, 그리고 반공 기독교의 결탁으로 자행되는 피비린내나는 테러가 횡행했다. 온 나라는 북진통일이라는 구호 하나로 통치되었다. 거리는 생존에 내몰린 실업자와 상이군인, 거지와 고아들로 들끓었다. 이승만을 정점으로 하는 매판 관료세력에 대항할 수 있는 유일한 힘을 지녔다고 평가되던 민주당은 그러나 이미 몰락의 운명에 처한 구 지주 세력의 집단에 불과했다. 민중은 그들을 신뢰하지 않았다.

역사는 살아있는 생명이다. 어둠이 깊어지면 다시 새벽이 다가온다. 이런 시대에는 항상 민중의 감추어진 울분과 꿈도 꾸지 못하는 염원을 대신하는 세력이 나타나는 법이다. 1950년대 말 한국사회에서 그 역할은 조봉암의 진보당이 맡게 되었다. 1956년 11월 10일 진보당은 평화통일, 혁신적 민주주의, 계획경제, 민족자본 육성, 사회보장 국가보장 교육제도, 새민족문화를 강령으로 내세웠다. 조봉암이 주장했던 피해대중의 해원과 평화통일의 구호

는 테러와 반공이데올로기의 백주 테러에 대해 한 가닥 숨쉴 희망을 보여주었
다. 그러나 그것도 잠시뿐 조봉암의 사형 이후 나라는 깊은 절망에 빠졌다.

a. 박종홍

이런 시대 현실에 대한 관심을 철학 연구의 근간으로 삼고 있는 헤겔
연구는 어떻게 전개되었는가? 이 시기 한국철학사에서 대표적인 철학자
박종홍은 일반적으로 알려진 인상과 달리 헤겔에 대한 연구를 거의 남기지
않았다. 그의 박사학위 논문 「부정의 연구」(1960)는 1950년대 그의 학문적
성과를 총괄하고 있다. 그는 여기서 먼저 러셀과 에이어의 언어의 논리적
이론에서 부정명제의 의미를 분석하고, 사르트르의『존재와 무』를 참고하여
명제적 부정 이전에 무화의 작용이 전제되고 있음을 밝힌다. 그러나 그는
사르트르가 무화의 근원을 자기의식에 두었던 것과 달리 하이데거가 말하는
존재의 개시 작용에서 그 근거를 추구하고자 한다. 그래서 그는 존재의
개현이 동시에 은폐이며 무는 이런 존재의 은폐에서 나온다는 하이데거의
주장에 도달하게 된 것이다. 이런 섭렵을 통해 최종적으로 그가 제시하는
것이 헤겔『논리학』에서 전개된 부정의 의미이다. 이 지점에서 박종홍은
하이데거에서 존재의 개현과 은폐의 이중성을 헤겔의 존재와 무의 동일성,
자아의 자기부정성을 통해서 이해한다.

"개현성과 은폐성의 상호투쟁적 본질의 대립이 헤겔에 있어서는 하나의
주체의 순수 부정성에 의해 전개된다."[11]

헤겔에서 자기 부정성을 지니는 자아가 하이데거에서 자기를 개시하면서
동시에 은폐하는 존재와 일치한다는 박종홍의 주장에서 그의 탁월한 통찰력
이 드러난다. 그러나 유감스럽게도 박종홍은 자신의 통찰을 충분히 근거지우
지 않는다. 그에게는 그럴 여유가 없다. 그가 이 연구에서 최종적으로 목표로
하는 것은 바로 자기 부정성을 지니는 자아가 역사적 현실을 전개시키는
역사적 주체라는 점이다. 그래서 그는 결론적으로 이렇게 말한다.

---

11) 박종홍, 「부정에 관한 연구」,『박종홍 전집』2, 668~669쪽.

"헤겔에게서 이와 같이 부정적인 것은 이성적인 것, 그리고 나아가서 정신이기 때문에, 부정성이 주체로 되는 것이다."12)

사실 박종홍의 철학적 관심은 역사의 창조에 있다. 그의 사고는 창조와 개척 그리고 건설이라는 테마에 집중되어 있다. 필자는 이것을 행위에서 '역동주의(activism)'라 이름 붙이고자 한다.13) 그의 철학은 '안타까이 살기 위해 허덕이며 싸우는 곳'에서 이루어진다. 철학은 이런 현실 앞에서 '주체적 실천적 태도로의 전향의 기술'이다. 즉 철학은 현실에 대한 비판과 자기반성을 매개로 해서 행동과 새로운 건설에 나서도록 만든다. 이런 점에서 그는 관조적 태도나, 허무주의에 대해 비난해 마지않는다. 물론 건설을 위해서는 지적인 로고스와 행동을 위한 파토스가 결합되어야 한다. 이런 파토스를 찾기 위해, 그는 실존주의 철학에서 성실성의 개념을 끌어들이거나, 주자학과 퇴계철학에서 誠敬의 의미를 다시 되새긴다.

박종홍이 일생을 두고 모색했던 창조의 논리는 일반논리, 인식논리, 변증법적 논리, 역의 논리, 창조의 논리로 구성된다고 한다.14) 필자는 이 논문에서 다른 것은 제쳐두고, 그 가운데 변증법적 논리와 창조논리 사이에 어떤 연관이 있는지에만 주목하고자 한다. 그의 저서 『변증법적 논리』 전체는 헤겔의 『철학 강요』 논리학 부분에 대한 간단한 해설로 이루어져 있으나, 그는 해설에 들어가기 전에 간단하게 변증법의 기본태도를 규정하는 가운데 변증법이 추상적 오성, 부정적 이성, 긍정적 이성이라는 3가지 계기로 이루어져 있음을 천명하고 있다. 오성은 구별하는 능력이다. 그런데 부정적 이성은

---

12) 위의 글, 675쪽.
13) 박종홍 철학에 대한 여러 분석들은 한결같이 박종홍의 철학이 역동적 성격을 지니고 있음을 주목하고 있다. 대표적으로 김수수, 『현실 속의 철학, 철학 속의 현실』, 책세상, 2001 참고.
14) 박종홍, 「간행사」, 『변증법적 논리』(『박종홍 전집』 2), 383쪽 참고. 현재 『변증법적 논리학』은 그의 사후 그가 남긴 강의노트와 초고를 중심으로 제자들이 77년 발간한 것이다. 그런데 이 강의노트와 초고가 정확히 어떤 시기에 이루어졌는지 알 수 없다. 사후에 유고로 남겨진 것을 보면, 퇴임 직전에 해당되는 1960년대 말경이 아닐까 짐작한다.

자기를 넘어서는 능력이다. 이 부정은 자기의 본성에 의한 것이므로, 내인적 초월이며, 자기 소외이다. 긍정적 이성은 모든 대립을 지양하여 구체적이고 전체적인 것으로 복귀한다. 이는 특수에 대립하는 추상적 보편이 아니라 특수를 포함하는 구체적 보편이다.

이런 설명에서 눈에 띄는 것은 내인적 초월이라는 자기부정성의 개념이다. 이 개념이 박종홍에서 창조, 개척, 건설의 주체성을 의미한다는 것은 분명하다. 헤겔의 철학, 특히 변증법이 이처럼 창조의 논리로 이용되는 것은 전혀 새로운 것은 아니다. 박종홍의 역동주의는 실용주의를 빼다 닮았다. 그런데 사실 실용주의는 헤겔의 철학에 영향을 받은 것이다. 그러나 실용주의적 헤겔 해석에 대해 헤겔이 책임이 없는 것은 아니지만 이런 해석들은 헤겔과 변증법을 너무 범속화시킨 것이 아니냐는 비판을 면할 길이 없다.

어떻든 박종홍의 창조 개척 건설의 논리 즉 역동주의는 그의 시대의 암울한 분위기에 대한 도전으로 보인다. 그의 역동주의는 이승만 시대의 부패하고 정체되는 듯한 느낌, 늪에 빠진 듯 헤어나갈 길이 보이지 않는 시대적 분위기에 비추어 보아야 할 것이다. 그러나 역사에서 이런 역동주의는 대체로 역사적 영웅의 출현을 대망하는 논리로 빠져들게 된다. 1960년대 잘 살아보자는 소망으로, 하면 된다는 신념으로 인간의 이기적 욕망과 계산적 이성에 불을 지른 박정희가 박종홍의 이중자아(Doppelgaenger)가 아니었을까?

b. 김계숙

이 시기 헤겔을 본격적으로 연구했던 대표적 학자는 김계숙이다. 그의 관심사는 청년헤겔의 사상이었다. 이 관심의 방향이 곧 그가 딜타이로부터 비롯되는 신헤겔주의에 깊은 영향을 받고 있음을 말해준다. 그의 연구의 총결산은 『헤겔 연구-청년시대 사상을 중심으로』(일조각, 1959)이다.[15] 이

---

15) 청년헤겔에 대한 그의 연구는 이미 「헤겔의 청년시대-철학적 모색의 태동기」(『철학』 1, 1955)이라는 논문으로 발표되었다. 이 논문은 『헤겔 연구』(1959)의 기초가 되었던 것으로 판단된다. 그는 자신의 주장을 다시 『헤겔의 철학과 자유의 정신』(서울대 출판부, 1967)에서 확산시켰으며 그 내용을 논문 「헤겔에서 생의 문제」(『철학

책 자체가 사실은 딜타이의 『헤겔의 청년시대』에 상당히 의존하는데, 이
서문에서 그는 헤겔의 청년시대에 대한 그의 관심의 동기를 드러내 보인다.

김계숙은 헤겔의 청년기 종교사 연구는 단순히 신학적 연구는 아니고,
오히려 "독일의 근대적 전환기에서 정신적 변혁을 위한 귀중한 사색의 결
과"16)이었다고 한다. 중세적 기독교의 권위주의도 벗어나고, 근대 계몽사상
의 추상적 사유도 벗어나서, 순전한 심정과 자율적 행동을 통해서 독일의
역사를 전환시킬 수 있다는 것이다. 그러므로 그는 헤겔의 청년기 사상을
보면 헤겔이라는 철학자 뒤에 숨어 있는 '사람의 자유를 위하여 바치는
그 열정과 희생'을 역연히 느낄 수 있다고 한다. 그는 헤겔의 청년시기 사상으
로부터 느껴지는 이 정신적 고투야말로 그의 시대에 절실히 요구되는 바라고
말한다.

그렇다면 김계숙도 그의 시대를 헤겔처럼 근대화에의 갈망으로 파악하는
가? 어떻게 보면 헤겔 당시의 독일적 상황에 그의 시대적 상황이 비견될
수 없을 것은 아니지만, 엉뚱하게도 김계숙은 그의 시대를 과학시대를 향하여
급진하는 중이라 파악한다. 그래서 "한편으로는……악착하게 매어 달리는
현상 속에서 헤매고 있는가 하면 또 한편에 있어서는 현실에서 도피하여
허무를 동경하고있다"17)고 평가한다. 김계숙의 이런 평가 속에는 전후 한국
지식인에게 불어닥친 실존주의의 영향을 찾아볼 수 있다. 과학적 이성과
삶의 허무주의를 대립시키는 이분법의 원천이 바로 실존주의 사상에 있지
않은가? 그러나 1950년대 한국의 시대적 상황이 이 같은 실존주의적 이분법에
의해 포착될 수 있을 것인가?

그 역사적 의미야 어떻든 김계숙은 평생 학자로서 딜타이의 논조를 충실하
게 따르고 있다. 청년헤겔의 사상 발전에 관한 기본적 구도는 김계숙에
의하여 이렇게 정리된다. 우선 헤겔은 튀빙엔 시대부터 독일의 통일과 자유를

연구』 5, 1970)에서 설명한다. 그의 연구에서 시기적 발전이나 변화는 엿보이지
않는다.
16) 김계숙, 「서문」, 『헤겔 연구』, 일조각, 1959, 3쪽.
17) 위의 글, 4쪽.

위하여서는 실정화된 기독교를 비판하고자 했으며, 베른시대에 이르러 헤겔은 본격적으로 칸트연구와 종교사 연구를 통해 자기 문제에 몰두하였다. 그래서 헤겔은 예수의 정신을 칸트의 실천이성에 의한 도덕법칙을 기초로 한 자율적 도덕의 원리와 동일한 것으로 파악하면서, 외면적인 권위와 율법적인 실정 종교는 이제 자율적이고 이성적인 도덕적 신앙으로 복귀해야 한다고 주장했다. 그런데 예수는 주관적인 심정의 변혁에만 그치고, 이성법칙을 구체적으로 규정하여 계몽을 하지 않았으므로, 민중은 예수의 진실을 이해하지 못하였고, 더구나 유태인의 인간성이 이미 파괴되어 예수조차 신의 아들로 받아들여짐으로써 도덕 신앙으로서 예수의 종교가 다시 실정화 되고 말았다. 이런 실정화는 중세에 들어 교단이 성립하고 국가와의 결탁함에 의해 더욱 극심해졌다고 한다.

헤겔은 베른시대 말기에서 프랑크푸르트시대에 이르러 휠더린의 영향 및 쉘링의 범신론적 사상의 영향을 받아, 칸트의 의무론적 도덕관을 극복하게 되었다. 여기서 사물 파악에서 역사적 발전이 중요시되고 역사를 이끌어나가는 무한한 생의 개념이 출현하게 되었다. 이 생은 공동체 전체의 집단적 삶이다. 생명의 운동은 통일과 분열의 운동이며 활동하는 전체적 생명이다. 생명체의 유기적 통일을 이끄는 근본원리는 사랑이다.

이런 생철학의 입장은 예나시대에 들어가서 헤겔이 쉘링의 철학을 극복하게 됨으로써 변화하게 되었다. 예나에서 헤겔은 낭만주의의 비합리적 경향과 무차별적 근원적 동일성의 개념을 비판하고 절대자는 자기 구별을 통해 자기 통일로 되돌아오는 원환운동을 전개하며, 이런 절대자는 개념적 사유에 의해 파악되어야 한다고 주장하게 되었다. 이런 개념적 사유의 강조는 프랑크푸르트시대 유기적 생명체를 통일하는 원리인 사랑이 너무 감정적이어서 전체 민중을 계몽하는데 불충분하기 때문이며, 또한 자유가 단순히 요청에 그치지 않고 인륜적 현실로 실현되어야 한다는 현실적 요구 때문이다.

    c. 최재희

50년대 헤겔 연구에서 빠질 수 없는 성과물이 최재희의 「헤겔 법철학강요의 한 비판」(철학연구회 편, 『박종홍 박사 환력 기념논문집』, 1963)이다.[18] 최재희의 철학적 관심의 주된 대상은 칸트로 보인다. 특히 칸트의 저서의 번역인 『순수이성비판』(부분번역 신태양사, 1960/완역 박영사, 초판 1972), 『실천이성비판』(박영사, 초판 1959, 재판 1975)은 한국에서 칸트 연구의 定典으로 받들어져 왔다.

그러나 최재희의 철학적 관심의 핵심은 사회적인 데 있는 것으로 생각된다. 헤겔 『법철학』에 대한 일련의 연구가 이런 관심을 단적으로 보여준다. 그런데 그의 사회적 문제에 대한 관심의 바탕에 휴머니즘에 대한 요구가 깔려 있음이 최근 주목받았다.[19] 사실 많은 그의 저서와 논문들이 휴머니즘을 탐구하고 있다.[20] 그에게서 휴머니즘이란 르네상스 문화에서 유래하는 개인적 휴머니

---

18) 이 논문은 헤겔 『법철학』에 대한 재검토이다. 그는 본문 중에 이에 앞선 검토로서 그 자신의 저서 『법철학 강요연구』를 인용하고 있다. 유감스럽게도 이 저서를 찾을 수 없었다. 그러나 있었던 것만은 틀림없다. 그는 이 논문을 바탕으로 박사학위 논문 「헤겔 법철학 비판」(서울대, 1965)을 작성했다. 그의 저서 『헤겔사상』(정음사, 초판, 1966/중판 1983)의 제2편이 그의 박사논문이라고 그 자신 밝히고 있다. 그런데 이 책의 제1편의 내용은 양심, 국가, 역사를 다루는데, 서문에 밝힌 바에 따르면, 1장 양심은 『백성욱 박사 송수 기념논문집』에 기고했던 것(1959. 7)이고 2장 국가는 『서울대 논문집』 6집(1957. 12)에 발표한 것이라 밝히고 있다. 이런 점에서 그가 이미 1950년대 말부터 헤겔을 연구해 왔음을 알 수 있고, 이를 바탕으로 해서 그의 저서 『법철학 강요 연구』가 그 뒤 발간되었으며, 1963년도 논문은 그것에 대한 보완으로 짐작된다.
19) 이 점은 특히 백종현이 강조하고 있다. 백종현, 『20세기 한국의 철학』, 철학과 현실사, 1998, 129쪽 참조.
20) 저서 : 『휴머니스트 인간상』. 청림사, 1968.
   역서 : M. Heidegger, 『휴매니즘론』, 최재희 역, 박영사, 1959.
   논문 : 「사상으로서 휴머니즘적 자유주의」, 『새벽』, 1955.
       「이성 간의 윤리와 휴머니즘」, 『새윤리』, 1956.
       「휴머니즘과 애국주의」, 『한국』, 1967.
       「역사철학과 한국의 휴머니즘」, 『한국』, 1967.
       「휴머니스트 인간상」, 『역사와 현실』, 1968.
       「휴머니즘의 현대적 위치」, 『새물결』, 1974.
       「휴머니즘 철학의 본질」, 『의맥』, 1979.

즘보다는 독일 이상주의의 고전적 휴머니즘에 가깝다. 그래서 그는 휴머니즘
에 관하여, '민족적인 사회정신[21]'을 강조하는 것이다. 이 같은 휴머니즘의
의미는 다음과 같은 글에서도 파악된다.

"국가를 인간의 신체에 비유하면 개인은 신체의 각 부위들이다. 각 신체의
부위들이 신체의 유기적 조직에서 떨어져 나가면 미구에 사멸하고 말듯이"[22]
또한 "자율적이고 윤리적인 의식을 가진 국민으로서 개인은 단지 국가의
일부분으로서 국가에 예속된 존재가 아니라 국가를 지키고 키워나가는 국가
사회의 주인이기도 하다. 이런 국민들의 실천적 힘에 의해 일시적으로 소멸한
듯한 국가라도 회생할 수가 있다."[23]

이 글은 개인이 자발적으로 국가에 봉사해야 한다는 것을 강조하므로,
윤리적 개인, 유기적인 국가를 강조하는 독일이상주의를 빼다 닮았다. 그렇다
면 이제 그가 헤겔의 『법철학』을 연구하게 되는 맥락도 어렴풋하게나마
손에 잡히게 된다. 그의 분석을 구체적으로 들여다보자.

헤겔 『법철학』에 대한 그의 분석은 독특한 방식으로 서술된다. 그는 헤겔의
『법철학』의 내용을 순서에 따라 간략하게 설명하면서, 각 단락마다 문제되거
나 논란이 벌어지는 점이 있다면 그것을 소개한다. 일종의 주석이라 볼
수 있는데, 특징적인 것은 헤겔이 『법철학』에서 마지막을 세계사로 끝내는
것에 이어서 최재희는 이 부분을 헤겔의 역사철학에 대한 설명으로 보완한다
는 점이다. 그래서 최재희는 그의 책을 객관정신 개념 전체에 대한 주석으로
확장한다.

그가 참고했던 주요 저서는 마르쿠제(H. Marcuse)의 『이성과 혁명』(1954),
핀들레이(J. N. Findlay)의 『헤겔 ; 재검토』(1958), 레이번 (Reyburn)의 『헤겔의
윤리이론-법철학 연구』(1921) 등이다. 여기서 그가 이미 뒷세대 헤겔 연구자

---

21) 그는 『휴머니스트의 인간상』(청림사, 1968) 서문에서, 근대화를 위하여 무엇보다도
    필요한 것이 인간성인데, 여기서 그는 개인적 양심과 국민적 양심에 이어서 민족적
    사회정신을 거론한다.
22) 『최재희 전집』 VI, 397쪽/백종현, 앞의 글, 128쪽에서 재인용.
23) 『최재희 전집』 VI, 400쪽/백종현, 앞의 글, 128쪽 재인용.

에게 깊은 영향을 미치는 신좌파 철학자 마르쿠제의 책을 참조하고 있음은 눈에 띄는 대목이다.

헤겔의 법철학을 이해하는 데 핵심적인 것은 그 서문에서 제기된 주장, 즉 '이성적인 것은 현실적이고 현실적인 것은 이성적'이라는 주장일 것이다. 최재희는 하임(R. Hyme)이 주장하는 것처럼 헤겔이 '독일학생연맹'을 탄압하고, 메테르리히의 칼스바드 결의를 옹호하는 반동주의자라는 견해를 반박한다. 그는 마르쿠제의 설명을 쫓아 당시 낭만주의적 '독일학생연맹'의 주장은 민족의 자연적 통일을 강조한다는 점에서 오히려 파시즘적이었으며, 그래서 헤겔의 비판은 정당했으며, 또한 헤겔은 이성과 보편타당한 법에 의한 통치를 주장했다는 점에서 결코 메테르리히의 봉건적 지배를 옹호한 것은 아니었다고 설명한다.

헤겔에 있어서 근대사회는 자연적 공동체가 아니며, 재산을 자유로 소유하는 자들의 경제적으로 일반적 상호의존관계로 나타난다. 이런 관계는 전체의 영속성이 맹목적 우연성에 의해서만 유지되는 사회이다. 따라서 이런 특수한 이해들의 충돌을 넘어서 있으면서 특수 이익의 실현에서 그 지반이 되는 국가, 개인들의 무질서한 전체를 이성적 사회로 통합하는 국가가 필요하다. 바로 이것이 헤겔의 『법철학』의 목표인 한 최재희는 헤겔이 낭만주의적 개인주의도 아니고, 봉건적 절대주의자도 아닌 독일이상주의의 전통에 충실한 철학자였다고 말한다.

독일적 이상주의, 고전적 휴머니즘, 그리고 공동체의 지반으로서 국가라는 개념들이 최재희의 사고를 지배해왔다. 이런 사고들은 그렇다면 최재희가 처해있던 당시 현실에 무슨 의미를 지니는 것일까? 그의 사고방식 속에서 이승만, 그리고 박정희로 이어지는 관료국가체제가 독일이상주의의 정신을 계승하는 것으로 보는 것은 아니었을까?

이렇게 본다면 1950년대 헤겔 연구가 한국사회에서 역사적으로 어떤 의미를 지녔는지 그 대략의 윤곽이 드러난다. 김계숙, 최재희, 박종홍, 이들은 모두 국가주의를 지지한다. 그리고 위로부터의 개혁이라는 독일적 근대화방식에 동의한다. 그러나 김계숙이 보다 자유주의적이며 박종홍이 보다 영웅주의적이었다면 최재희는 보다 국가주의적이었다.[24)]

4. 제2세대

1) 역사적 배경

1060년 4·19혁명은 미완의 혁명으로 그쳤다. 타올랐던 민주화의 햇불은 박정희의 군사 쿠데타에 의해 꺼져버렸다. 그러나 민주화가 시대적 요청인 한 그 염원의 불길이 사그라진 것은 아니었다.

이제 4·19에서 민중이 요구하던 밑으로부터의 코스가 아니라, 위로부터 즉 매판 세력과 군부관료세력의 결탁에 의해 국제자본의 하청 생산기지로 편입됨에 의해 근대화가 추진되었다. 근대화는 정체된 사회를 하루아침에 바꾸어 놓았다. 그러나 그 코스 자체가 민중의 참여를 배제한 채 이루어진 것이었으므로, 이로부터 다양한 문제점이 등장하였다. 그 가운데 가장 커다란 문제는 바로 인간의 소외라는 문제였다. 야비한 원시적 축적에 기초하여 급속하게 성장한 주변부형 국가독점자본주의는 그 반대 급부로 전통적 공동체 사회를 해체하면서 추방당한 소외된 민중을 만들어냈다. 민중적 소외의 고통스러운 체험은 4·19 이후 민중의 가슴 속에 깊이 간직되었던 민주화의 열망과 결합되었다. 이제 민중의 심층의식을 포착하는 새로운 이념의 출현이 필요할 때이다. 헤겔적 표현을 빌리자면 이 시대정신을 개념적으로 포착해내는 과제가 미네르바의 올빼미로서 당시 철학자들의 등에 지워진 사명아니었을까?

바로 이 시기 1960년대에 세계 자본주의의 중심이었던 서구사회에도 새로

---

24) 이 시기 말미에 서동익을 언급하지 않을 수 없다. 그는 특히 헤겔의 『철학강요』(을유문화사, 1972)를 번역함으로써 자기의 역할을 다하였다고 하겠다. 아마도 헤겔에 관련된 그의 유일한 논문인 「헤겔의 무한론」(『철학탐구』 1, 1965)은 헤겔『논리학』에서 무한 개념에 대한 충실한 요약 정리를 목표로 하였으나, 유감스럽게도 그는 논문을 마무리하지 못했다.

운 저항운동이 출현하게 되었다. 서구는 1950년대에 걸쳐 경제적으로 풍요로
운 사회, 그리고 정치적으로는 민주주의적 사회를 완성하였다. 그러나 1960년
대 들어와 1950년대식 사회의 문제점이 들추어지기 시작했다. 군산복합체,
산학협동체의 관료적 결탁, 기계의 노예로 전락된 소외된 군중, 대중을 소비
동물로 전락시키는 값싼 대중문화 등이 폭로되었다. 이로부터 1960년대
서구에서 새로운 저항운동이 전개되었다. 이 새로운 저항 세력이 학생 지식인
들이었다. 이들은 20세기초 저항운동의 주축이었으나, 이제 풍요롭고 자유로
운 사회에 안주하게 된 노동자들을 대신하여 이 사회에 도전하기 시작했다.
이들은 기업과 학교 및 사회전반의 참여적 자치를 요구하며, 상상력의 해방에
기초한 문화혁명을 일으키고, 미제국주의에 대항하는 반전운동을 전개하면
서 점차 사회 혁명운동으로 집중되기 시작했다. 그 운동의 정점에 68년
5월 혁명이 있었고, 바로 이들의 사상을 지배하던 핵심적 사상이 신좌파의
사상이었다.

　신좌파의 사상은 동구에서 루카치, 코르쉬(K. Korsch) 등의 철학에 기초하
였다. 이들은 마르크스의 사회 역사이론을 해석하는 데서 헤겔적 총체성의
개념이 주요하다는 것을 강조했다. 그러면서 그들은 자본주의 사회, 그리고
사회주의 사회에서도 나타날 수 있는 인간의 물화현상을 비판하였다. 이들에
영향을 받아 서구사회에서도 신좌파가 출현했다. 그 대표가 프랑크푸르트
연구소에 포진한 일단의 학자들인데, 그 가운데 특히 호르크하이머, 마르쿠
제, 아도르노는 헤겔에 많은 기대를 걸고 있었다.

　그들은 먼저 사회과학에서 실증주의적 방법론에 반대하여 변증법적 파악
을 강조했다. 실증주의적 파악이 오성에 기초하여, 사물을 고립적으로 파악하
는 것이라 한다면, 변증법은 이성을 통하여 사물에 대한 총체적인 파악을
강조한다. 사물에 대한 변증법적 파악이라는 개념은 물론 헤겔의 변증법의
개념에서 유래했지만, 이들은 변증법을 개념의 사변적인 자기 전개로 이해하
기보다는 유물론적으로 즉 사물 자체의 본질적 발전적 연관을 사유를 통해
반영하는 것으로 해석하였다.

그들의 사회이론의 핵심은 루카치로부터 영향을 받아 등장한 주객의 동일성의 개념이었다. 자본주의 사회에서는 인간의 사물화를 통하여 주객이 분열하고 대립하므로, 그들의 사회적 실천의 근본목표는 주객의 동일성의 회복에 있었다. 그런데 여기서부터 그들은 루카치와 헤어졌다. 루카치에게서 노동계급은 계급의식을 통하여 스스로 혁명세력으로 등장할 수 있는 반면, 이제 이들에게서 노동계급은 더 이상 혁명계급이 아니었다. 주객동일성은 정통마르크스주의나 루카치에게서 나타나듯이 결코 주체가 객체를 지배하는 물화된 노동이나 실천을 통하여 회복되는 것은 아니다. 신좌파에게서 주객동일성이란 오히려 서로의 차이가 인정되면서 혼융에 이르는 관계이다. 여기서 동일성 개념에 못지 않게 차이와 대립의 개념이 긍정되고 있음을 망각해서는 안 된다. 그러므로 마르쿠제는 주객동일성의 회복은 영육의 결합을 의미하는 에로스에 기초한 진정한 사회적 노동과 실천에 의거해서만 가능하다고 주장했다. 아도르노는 여기서 한 걸음 더 나아가서 주객 동일성의 회복은 대상을 지배하려는 지적인 태도를 넘어선 미적인 태도에서 가능하다고 본다. 미적 태도의 핵심은 실제 자체에 대한 미메시스(mimesis)에 있다.

프랑크푸르트학파를 중심으로 하는 신좌파는 헤겔 연구의 새로운 부흥을 불러일으키면서 신헤겔주의에 대립하는 새로운 방향을 제시했다. 이제 헤겔에서 가장 핵심적인 문제로 떠오른 것이 바로 소외의 개념이었다. 많은 헤겔 연구자들은 특히 마르쿠제에서 강조된 에로스에 기초한 사회적 실천 개념에서 시사 받아서, 헤겔의『정신현상학』에서 물질적 노동을 넘어서는 정신적 노동개념에 주목하게 되었다.

서구에서 전개된 신좌파의 사상은 4 · 19혁명에 의해 사회적 의식에 눈을 뜨고, 급속한 주변부형 국가독점자본주의화에 대해 비판적 시각을 가진 한국의 지식인에게 깊은 영향을 주었다.25) 비록 그 본질은 다르더라도, 그 현상에서 거대한 관료제, 소외된 인간군상의 모습은 닮았기 때문이다. 그러므

---

25) 이 같은 영향을 보여주는 단적인 예가 마르쿠제의 대표적 저서인『이성과 혁명』(청구, 1965)이 이미 그 시대 철학자 김종호에 의해서 번역되었다는 사실일 것이다.

로 한국의 지식인들과 철학자들은 신좌파의 개념틀을 통해 한국사회를 개념
적으로 포착하려 했다. 이런 시도들은 한국에서 헤겔 연구를 촉진하고 새로운
문제의식을 제기하게 하였다.

그렇다면 이제 이 시기 헤겔 연구는 어떤 모습을 보이는지 살펴보자.
해방 이후 1950년대 한국에서 일제하 세대로부터 배우면서 새로운 철학의
세대가 성장하게 되었다.26) 이들은 대체로 6·25를 소년 및 청년기에 경험하
였으며, 4·19를 대학 또는 대학원 시절 경험하여 그러기에 그 직접적인
영향 속에서 철학을 연구했다. 이들은 소수를 제외하고는 외국유학 경험을
가지지 않았으며, 대개 1960년대 말, 그리고 1970년대 초 대학의 양적 팽창에
따라 강단에 자리잡게 되면서, 그 뒤 헤겔에 대한 학문적 연구를 주도하게
되었다. 이들의 학문적 성과는 빠른 경우 이미 1960년대 초부터 등장하지만,
대체로 1970년 말부터 1980년 초 사이에 집중적으로 발표되었다. 물론 이들은
현재까지도 여전히 왕성한 연구를 진행하고 있다.

그런데 이들 가운데 아무래도 6·25의 직접적 영향권에 있었던 연구자들
과 4·19의 흥분을 감추지 못하는 연구자들을 구분해야 되지 않을까 생각한
다. 이런 세대적 구분과 이들의 학문적 성과의 발표순서는 반드시 일치하는
것은 아니다. 후자가 전자보다 먼저 그 성과를 발표하는 경우도 다반사이어서
양자는 서로 착종되어 있음에 유의해야 된다.27)

---

26) 이들 가운데 대표적인 헤겔 연구자들을 손꼽아 본다면 다음과 같다. 전두하(48년
서울대 입학), 유준수(48년 서울대 입학), 김기곤(32년생 부산대), 이상철(50년 서울
대 입학), 이서윤(53년 서울대 입학), 최성묵(54년 서울대 입학), 황분수(37년생,
고려대), 이강조(56년 서울대 입학), 이영호(57년 서울대 입학), 하일민(58년 서울대
입학), 권기철(41년생, 중앙대) 윤노빈(59년 서울대 입학).

27) 이들이 청년기에 받았던 시대적 영향만을 고려하는 것은 역사를 너무 단순화하는
것일 것이다. 이들은 일제하에서 교육받은 세대에 의해 교육받았으며, 그 뒤 1980년
대 그리고 1990년대 불어닥친 여러 가지 사상적 영향에 노출되어 있었다는 점도
고려해야 할 것이다. 또한 무엇보다도 1960년대 비판적 의식은 당대의 유행사상인
실존주의에 깊은 영향을 받았으므로, 실존주의적 영향이 헤겔 연구에 다시 반향을
일으켰다는 점도 고려해야 한다. 이런 포괄적 연구는 다른 분야에서의 연구성과를
기다려야 할 것이다.

2) 1950년대 초 학번들
- 6 · 25의 직접적인 영향하에서 성장한 연구자들

이 시대에 등장한 연구자들에게서 흥미로운 것은 헤겔에 대한 연구에 있어서 이들이 이데올로기나 사상에 의해 지배되기보다는 오히려 학적인 관심에 의해 지배되었다는 것이다. 그 결과 전 세대와 달리, 아니 그 뒤의 어느 세대에도 못지않은 탁월한 학적 연구성과를 남길 수 있었다. 물론 그런 가운데서도 그들의 연구 속에는 전후의 실존적 체험이 진하게 배어 있다. 전쟁의 참화에 시달린 세대적 공통경험이 그들을 아카데미즘의 틀 안으로 몰아넣었던 것일까?

a. 전두하

이 가운데 전두하의 연구는 매우 흥미롭다. 박력 있게 전개된 그의 연구는 거의 대부분 헤겔의 철학과 퇴계의 철학 사이의 닮은 점을 찾아내려는 데 있는 것을 보인다. 1980년 이후는 주로 퇴계 연구가 중심이고, 헤겔 연구는 주로 1970년대 초에 이루어졌다.[28] 그의 핵심적 생각은 『정신현상학』에서 두 가지 방식의 운동이 결합되어 있다는 주장이다. 그는 이것을 '횡적인 소외'와 '종적인 소외'로 규정한다. 그가 일단 정신의 운동을 소외라고 규정하는 데서, 그 시대 신좌파의 사상의 영향을 엿볼 수 있다. 그러나 신좌파의 문제의식과 그의 문제의식은 무관하다. 그에게서 소외란 정신의 운동에

---

28) 전두하의 주요 헤겔 연구 논문들은 다음과 같다.
　「'정신현상학'에서 횡적 소외」, 『철학』 4, 1970.
　「'정신현상학'에서 종적 소외-시간적 역사적 의식 및 세계로의 소외」, 『철학연구』
　　5, 1970.
　「헤겔의 LOGIC에서 상호매개적 통일에 관한 논의」, 『철학연구』 7, 1972.
　「헤겔 '정신현상학'의 비판」, 『철학』 7, 1973.
　「헤겔 법철학의 요체」, 『국민대 한국학논총』 3, 1981. 7.
　「헤겔의 존재론에 있어서의 모순의 체계」, 『국민대 한국학논총』 5, 1983. 2.
　「헤겔의 철학강요 및 철학체계에 있어서의 삼중성의 구조 및 그것에 관한 논의」,
　　『국민대 한국학논총』 11, 1989. 2

대한 규정에 지나지 않는다. 그의 글에서 흥미로운 것은 오히려 종적 횡적이라
는 구분이다. 사실 『정신현상학』은 역사적 운동과 논리적 운동이 交織되어
있다. 이 점을 염두에 둔다면 그가 이를 종적 횡적 운동으로 구분한 것은
상당히 흥미로운 착안이 아닐 수 없다. 그의 주장에 따르면 횡적 소외는
정신의 두 계기로서 주관성과 대상성의 대립과 그 지양을 의미한다. 반면
종적 소외는 정신의 형태들의 역사적 발전을 의미한다. 헤겔 연구의 초창기인
1970년 초에 이런 단서를 포착한 것은 연구사에 기억되어야 할 것이다.
하지만 그가 이 두 가지 소외 운동이 결합하여 일어나는 구체적 운동과정을
보여주지는 못하였다는 점에서 아쉬움이 남는다.

그런데 그는 이 지점에서 더 이상 헤겔에 머무르지 않았다. 이어서 그는
헤겔에 대한 거창한 비판에 착수하면서 이를 퇴계의 철학에 비추어 보려
했다. 그에게서 가장 흥미로운 논문이라 할 「헤겔의 논리에서 상호매개적
통일에 관한 논의」(1972)는 부제로 '퇴계 사상의 관점에서 본 헤겔의 존재론'
이라는 이름을 붙이고 있다. 제목 자체에서 그는 그 자신의 철학적 야심을
드러내 보인다. 그의 주장에 따르면 헤겔은 주체와 실체를 통일시키되, 주체
의 관점에서 통일시켰다는 것이다. 그러나 하이데거에서 나타나듯이 '형이상
학에서 서구적 운명'은 실체를 중심으로 하는 주체와 실체의 통일이다. 즉
예를 들어 하이데거가 존재가 자기를 개명시키고 은폐시키는 시원적 투쟁
속에 있다고 주장할 때 그것은 이런 '서구적 운명'을 보여준다. 헤겔의 존재론
과 서구적 운명의 형이상학과 달리 퇴계의 존재론은 理氣가 서로 대치하고
균형하는 관계에 있는데 바로 이 점이 퇴계 존재론의 탁월성이라는 것이다.
여기서 퇴계의 존재론에 대한 그의 해명을 더 자세히 들어보거나 그 의미를
규정할 여유가 없다. 그러나 동양철학과 서양철학의 대화가 절실하게 필요한
이즈음, 헤겔에서 동양철학으로 도약하는 전두하의 정신적 고투는 귀감이
되기에 충분하다.

b. 이석윤

제2세대 헤겔 연구자들 가운데 이석윤은 가장 아카데믹하다는 평을 받을 만하다. 전두하가 거창한 형이상학의 꿈을 꾸고 있었다면, 이석윤은 한 걸음 한 걸음 전진하는 스타일이다. 그는 무엇보다도 변증법적 논리 자체의 정당화에 관심을 가졌다.[29] 그의 이런 스타일은 그의 세대 다른 연구자들보다는 1970년대 독일에서 등장한 헤겔리안(Hegelien)들의 연구스타일을 닮았다. 헤겔리안의 분석적 연구경향은 1990년대 이후에야 유학생들에 의하여 한국에도 도입되는데, 이런 점에서 그는 선구적이다.

이석윤의 이런 스타일은 그의 석사 학위논문이라 할 「헤겔에서 무한판단의 문제」(1966)에서부터 엿보인다. 여기서 그의 주요 작업은 헤겔의 무한판단을 칸트의 제한판단이나 피히테의 당위판단과 구별하여 헤겔의 무한판단의 의미를 드러내려는 데 있다. 그의 분석에 따르면 결국 헤겔에게서 무한판단은 주어와 술어 사이에 무한한 분리와 동시에 단순한 동일성을 언표하고 있다. 그러므로 이 판단은 '不同의 동일'로 의미를 지니며, 생명이나 세계의 심령이 그것에 해당된다고 본다. 그는 이런 무한판단이 헤겔의 사변적 논리학의 핵심을 드러낼 것이라 말한다.

이석윤은 이처럼 헤겔 논리학의 정당화에 관심을 가졌다. 그의 논문 중에 가장 눈길을 끄는 논문은 「변증법에 관한 방법론적 고찰」(1972)이다. 그는 여기서 헤겔의 변증법으로부터 일체의 사변적 신비를 벗겨 버리고, 하나의 학적 방법론으로서 재구성할 수 있을지를 탐문한다. 그렇다면 변증법에서 모순율의 폐기가 문제로 제기된다. 왜냐하면 포퍼가 말하듯이 변증법처럼 모순된 명제를 동시에 인정한다는 것은 학문적 방법으로서는 인정될 수

---

29) 이석윤의 헤겔 연구논문으로 다음과 같은 것이 있다.
　　「헤겔에서 무한판단의 문제」, 『철학연구』 1, 1966.
　　「das Problem des Anfangs bei Hegel」, 『철학연구』 3, 1968. 3.
　　「변증법의 방법론적 고찰」, 『철학』 6, 1972. 5.
　　「헤겔에서 철학체계와 역사철학」, 『충남대 논문집』 13, 1977. 12.
　　「헤겔에서 이성의 간계」, 『동서철학』, 1979.
　　「헤겔에서 사변의 본질」, 『철학』 15, 1981.

없기 때문이다. 그러므로 그는 이런 곤란을 제거하기 위하여 헤겔의 모순 개념을 재검토한다.[30]

이석윤은 이 문제가 헤겔의 모순개념이 사실은 대립개념에 지나지 않는다고 말함으로써 해결될 수는 없다고 주장한다. 왜냐하면 헤겔은 모순과 대립의 개념들을 충분히 구분하기 때문이다. 그런데 그의 분석적 칼날은 여기서 모순율에 대한 헤겔의 표현에서 해결의 단서를 찾아낸다. 헤겔은 개념적 모순 즉 A=nonA를 모순율의 표현으로 보았는데, 이것은 아리스토텔레스가 원래 제시했던 모순율의 형식은 아니었다. 아리스토텔레스는 모순을 명제적 모순(p와 -p)으로 표현하면서, 사유와 존재는 일치하므로, 모순은 존재하지도, 사유할 수도 없다고 본다.

이석윤의 분석에 따르면, 명제적 모순을 개념의 모순으로 표현하게 되는 데는 칸트가 결정적 역할을 수행했다. 칸트에게서 사유와 존재는 분리되면서 논리는 이제 사유의 법칙에 제한된다. 칸트에게서 각각의 판단형식은 고유한 선험적 의미를 지닌다. 그런데 모순율은 동일률과 마찬가지로 선험적 의미를 지니지 않는다. 그것은 분석판단의 원리이다. 분석판단은 사유의 소극적 원리이며, 다시 말해 선험적 판단형식의 가장 기본적인 제약조건인 셈이다. 그러므로 칸트에 의해 모순율은 '어떤 주어에도 그것에 모순된 술어가 귀속되지 않는다'는 표현방식으로 바뀌게 되었다.

헤겔은 칸트의 선험철학과 더불어 칸트의 모순율의 표현을 받아들였다. 그러나 헤겔은 이제 이런 의미에서 모순을 인정하게 된다. 이 점에 관해 이석윤은 다음과 같이 헤겔을 정당화한다. 즉 참된 모순은 하나의 사유공간에서 성립하는 것이다. 만일 서로 다른 공간에서 성립하는 모순이라면 진정한 모순이 아니다. 명제적 모순은 전자를 의미한다. 개념적 모순은 후자를 의미

---

30) 모순 개념은 헤겔의 논리학을 이해하는 데서 핵심적이기 때문에 헤겔 연구자는 누구나 한번 이 문제를 검토한다. 이석윤과 같은 시대에 속하는 전두하, 이강조 역시 모순 개념을 빠뜨리지 않고 검토했으나, 이석윤의 문제제기에는 미치지 못했다. 전두하, 「헤겔의 존재론에서 모순의 체계」, 『국민대 한국학논총』 5. 1983 ; 이강조, 「모순에 관한 소고」, 『철학연구』 15, 1972. 12.

한다.

오성적 논리적 사유는 고립된 사유공간 내에서 활동하지만 이성적 학적인 사유(이것이 곧 변증법적 사유이다)는 별개의 사유공간을 넘나든다. 따라서 헤겔은 이성적 학적인 사유에서는 필연적으로 모순에 부딪히는데, 그것은 개념적 모순이며, 따라서 이것은 모순의 가상에 지나지 않는다. 이석윤에 의하면 변증법적 사유는 이처럼 개념적 모순을 모순의 가상임을 밝혀내어 이 모순을 해소하는 데 본질적인 기능이 있다고 한다.

따라서 이석윤은 헤겔의 변증법을 학문적 방법으로 받아들이는데 무리가 없다고 결론짓는다. 오히려 헤겔의 사변적 방법은 모순을 보다 큰 개념으로 종합하는 것인데, 이는 실험적 사유나 발견적 방법으로서 의미를 지닐 수 있으리라 주장한다.

치밀하게 전개된 이석윤의 분석력은 「헤겔에게서 사변의 본질」(1981)에서는 상당히 후퇴하게 된다. 그는 여기서 사변이란 개별자를 전체적 연관 속에서 고찰하는 방식이라 말한다. 그는 먼저 헤겔의 사변철학이 어떤 과제를 가지는지 음미한다. 그는 헤겔에게서 사변은 칸트가 경험될 수 없는 영역에서 이론적 인식의 범주들이 적용될 때 사변이라고 규정했던 것과는 사뭇 다른 의미를 지니고 있다고 주장한다. 헤겔의 목표는 실체에 대한 개념적 인식이다. 그런데 이는 형이상학적 방법으로도, 경험론적 방법으로도, 그리고 칸트의 비판철학에 의해서나 낭만주의의 직관지에 의해서도 도달할 수 없다. 이런 목표를 위해 헤겔이 제시한 것이 바로 사변적 방법이다. 그렇다면 사변적 방법이 과연 실체의 개념적 인식을 가능하게 할 것인가? 이석윤의 분석은 이 문제를 회피하고 만다. 그는 헤겔의 사변은 비합리주의를 포함하는 합리주의라는 설명으로 사태를 얼버무리고 한다.

치밀하게 전개되던 이석윤의 문제의식, 즉 '방법론적으로 변증법이 타당한가'라는 물음은 여기서 중단되고 만다. 앞으로 헤겔 연구사에서 변증법과 연관된 다양한 논증을 만나게 될 것이다. 특히 변증법의 구조의 문제, 그리고 진리의 문제 등등. 그런데 이 문제들은 이미 이석윤이 1970년 초에 고심했던 문제였다. 문제를 문제로서 안다는 것만 해도 얼마나 탁월한 것인가?

c. 이상철과 황문수

이 두 연구자는 헤겔에 관해서만 보면 많은 수의 논문을 남기지는 않았다. 한 연구자는 아까운 나이에 요절했고, 다른 연구자는 셀 수 없이 많은 번역에 그의 재능을 쏟느라고 그랬다. 하지만 한두 편 남긴 그들의 논문은 탁월한 수준을 보여줄 뿐만 아니라 두 연구자는 똑같이 실존철학에 깊은 매력을 느끼면서, 헤겔의 역사철학에 관한 논문을 남겼다. 이런 공통성으로 인해서 이 두 연구자는 함께 다루어 볼 만하다.

이상철이 헤겔을 연구한 것은 1970년대 후반으로 짐작된다.[31] 「헤겔에서 시간론」(『서울대 인문논총』 6, 1981)에서 그는 헤겔의 시간 개념에 대한 하이데거의 비판을 문제삼는다. 그는 하이데거의 비판은 헤겔이 자연철학에서 전개한 시간 개념을 표적으로 한다고 말한다. 헤겔은 자연철학에서 탈자존재(Aussersichsein)로서 개별자들의 외면적 관계인 공간 개념에 대해, 시간은 개별자의 자기관계하는 부정성을 의미한다고 한다. 그것은 '직관된 생성'이다.

그에 반해서 하이데거에서 시간성은 인간실존의 근본기구이며, 이 시간성이 인간실존의 時熟에서 발생하며, 자유와 초월을 가능하게 하는 근거이다. 이런 점에서 하이데거는 헤겔의 시간 개념을 연속적인 시간의 흐름으로 이해하면서, 이는 통속적 시간관을 반영할 뿐이라고 비판한다. 즉 헤겔의 시간개념은 '수평화된 세계시간'이라는 것이다. 따라서 히이데기는 헤겔이 정신이 시간적이라고 말할 때, 이는 정신을 연속적 흐름으로만 규정하는 잘못을 범하며, 정신의 본질로서 근원적 시간성 즉 시숙으로서의 시간성을 망각한 주장이라 본다. 이상철에 의하면 하이데거의 이런 비판은 헤겔의 자연철학에 나오는 시간개념만을 염두에 두고 있다는 점에서 정곡을 찌르지

---

31) 이상철의 유고집 『역사철학 연구』(종로서적, 1987)를 보면, 그는 야스퍼스를 전공하면서, 역사철학에 관심을 가져서 딜타이, 키에르케고르의 역사철학을 연구했다.

는 못한다고 한다.

그는『정신현상학』에 나오는 구절을 통하여, 헤겔에서 시간은 '공허한 직관으로서 의식에 표상하는 定在하는 개념'으로 규정되어 있다고 한다. 헤겔에서 시간은 실체의 개념으로서 정신의 자기실현으로부터 유래한다. 그런데 자기실현이 즉자적으로 나타날 때 자연적 시간이지만, 그것이 대자적으로 나타날 때 역사적 시간이 드러난다고 한다. 그렇다면 즉자적 시간과 대비되는 대자적 시간 즉 역사적 시간이 구체적으로 어떤 것인가? 그가 말하는 대자적 시간은 역사의 합목적성을 의미하는 것으로 보이며, 이런 점에서 대자적 시간은 하이데거의 시숙으로서 근원적 시간성과 연결된다 하겠다.

이상철에 따르면 헤겔에서 정신의 대자적 실현으로서 역사적 시간조차 아직 외면성과 추상성을 완전히 벗어나지 못했다. 그에 반해서 개념 그 자체는 시간을 벗어나 있다. 그것은 영원하다. 그러므로 여기서 영원으로서 개념과 그것의 대자적 실현으로서 역사적 시간과의 관계가 문제될 것이다. 그는 지금까지 역사철학에서 다양한 입장을 개념과 시간의 관계라는 기준에 비추어 분류하며, 그 가운데 헤겔의 입장은 영원의 현재라는 입장에 속한다고 본다.

이상철의 헤겔 시간 개념에 대한 규정은 흥미진진하다. 헤겔 시간 개념에 대한 그의 이해 속에는 딜타이의 역사주의의 흔적이 남아있다.

이상철과 마찬가지로 황문수 역시 헤겔에 전적으로 매달린 학자는 아니다.[32] 황문수의 연구 가운데「헤겔의 역사의식과 운명의식」(『헤겔 연구』 1, 1984)는 그 관점의 독특성 때문에 주목하지 않을 수 없다. 헤겔 연구 가운데 아마도 6·25 이후의 실존주의적 의식을 가장 잘 보여주는 것이

---

32) 황문수는 수많은 번역으로 유명하다. 그가 실존주의적 서적을 많이 번역했음은 우연이 아닐 것이다. 그는 1970년초 역사와 실존의 연관에 의문을 품었다. 헤겔 연구논문은 그 결실이 아닐까? 그는 최근 칸트에 관하여 연구하는 것으로 보인다. 황문수,「칸트와 물자체」,『경희대 인문학연구』1, 1976. 8 ; 황문수,「칸트의 변증법 연구-순수이성비판을 중심으로」,『경희대 논문집』14, 1985.

아닐까 생각한다.

황문수가 이 논문에서 문제삼는 것은 헤겔 역사철학에서 그 유명한 이성의 간지라는 개념이다. 이미 앞에서 보았듯이 신남철은 이 개념을 가지고 혁명적 전위 개념으로 이행하였다. 그런데 이 개념에 관한 황문수의 입장은 그것과 크게 구별된다. 황문수는 이성의 간지를 개별자가 자신의 특수한 이해를 추구하면서도, 오히려 결과적으로 그것을 전체의 계기로 만드는 것, 또는 자기 스스로는 아무 것도 하지 않는 것처럼 보이지만 타자로 하여금 움직이게 하여 자기의 목적을 수행하도록 하는 것 등으로 해석한다.

황문수는 헤겔의 간지 개념의 원천을 청년기 신학 논문집에서 찾는다. 프랑크푸르트시대 헤겔은 주객의 합일을 생의 원리에서 찾으려 하였다. 생은 자기 스스로 분열되고 사랑을 통하여 합일에 이른다. 사랑은 생을 움직이는 영혼이다. 이 같은 분석은 이미 딜타이, 그리고 한국에서는 김계숙이 충분히 분석해 놓은 바이다. 그런데 이성의 간지를 해석하려는 황문수의 출발점은 바로 여기 생과 사랑의 개념에 있다.

그에 따르면, 헤겔은 생과 사랑의 원리가 실현된 사회가 바로 그리스 인륜적 공동체로 파악한다. 여기서 개인은 인륜적 목적을 자기의 목적으로 삼아 활동한다. 그런데 이 사회에서 개인의 의식이 자각되어 자신의 특수한 주관적 목적을 추구하게 되면, 인륜적 공동체는 이런 개인을 희생시켜가면서 자기를 필연적으로 관철시킨다. 바로 이것이 그리스 비극에 나타나는 운명의 개념이다.

황문수에 따르면 그리스에서 운명은 맹목적인 것이 아니라 합리적인 것이다. 그것은 신들의 정의이다. 반면 인간은 자유로우므로 그 운명에 저항하고 이는 필연적으로 복수를 부른다. 이것은 자유로운 인간의 본래적 비극성이다. 인간은 운명에 직면해서 비로소 자신의 본질을 자각한다. 그는 이제 진정한 의미에서 자유롭다. 따라서 운명은 한편으로는 초월적이지만 다른 한편으로는 내재하는 힘이다.

자기를 초월하는 듯이 보이는 운명이 사실은 내재적이며, 그러므로 운명과

108

의 화해를 통해 인간은 자기의 행위가 일정한 목적을 향한 필연적 과정의 일부임을 자각하게 된다. 그는 여기가 인간의 역사의식이 출현하는 곳이라 하였다. 이렇게 정리해 놓고 보면 이성의 간지라는 개념의 의미가 드러나게 된다. 황문수는 이성의 간지란 운명의 필연적 힘에 대한 자각을 내포한다고 본다. 이 운명의 힘을 합리적 이성의 간지로 깨닫는 것은 운명에 대한 화해를 의미한다. 이것이 헤겔 역사철학에 대한 황문수의 실존적 분석의 결론이다.

d. 이강조

마지막으로 이 세대의 학자 가운데 빼놓을 수 없는 연구자가 이강조이다. 그는 평생을 걸쳐 헤겔을 연구해온 학자이다. 1980년대 후반에 들어 그는 주로 헤겔의 객관정신의 철학(역사, 법)에 관심을 보였으나,[33] 그가 쓴 여러 논문 가운데 오히려 초창기에 쓴 「헤겔의 '정신현상학'에서 변증법의 본질」 (『철학』 15, 1981)이 주목할 만하다. 이 논문의 핵심은 헤겔의 『정신현상학』에서 감각적 확신과 지각에서 변증법적 과정을 재구성하는데 있다. 그는 이를 위해 먼저 변증법의 개념을 우선적으로 확립하고자 한다. 이 논문의 흥미로움은 바로 이 지점에서 나타난다.

그는 헤겔에서 사변적 변증법은 대립된 두 규정의 통일에 있다고 파악한다. 그런데 그는 변증법을 존재의 논리로서는 부당하다고 보아, 인식의 논리에 제한하고자 한다. 왜냐하면 존재 자체는 모순을 가지지 않기 때문이다. 반면

---

33) 이강조의 주요 헤겔 연구논문은 다음과 같다.
　　「헤겔 '정신현상학'에서 변증법의 본질」, 『철학』 15, 1981.
　　「헤겔의 '정신현상학'에 있어서 변증법과 역사성」, 『경북대 인문논총』 12, 1987. 12.
　　「헤겔 이성사관의 기본구조」, 『철학논총』 6, 1990. 11.
　　「헤겔의 '정신현상학'에서 관찰하는 이성의 변증법」, 『철학논총』 7, 1991. 11.
　　「헤겔 '법철학'에서 자유의지와 법」, 『철학논총』 10, 1994.
　　「변증법적 방법론과 역사연구」, 『철학연구』 55, 1995.
　　「이성과 역사」, 『철학연구』 70, 1999.
　　「'객관적 정신'의 변증법적 전개」, 『철학연구』 78, 2001.

사유는 존재를 있는 그대로 포착해야 하는데, 이를 위해서 사유는 다양한 관점에서 존재를 보게 되고, 그러므로 모순적 인식에 도달하게 된다는 것이다. 그러나 존재에는 모순이 없으므로, 사유는 인식된 모순을 긍정하지 않는다. 사유는 이제 사변의 논리에 따라서 모순적 인식을 보다 포괄적으로 종합하면서 점차 진리에 다가간다.

여기서 헤겔의 사변적 변증법에서 형식논리학의 모순율이 지켜지며, 그리고 사유의 과정 자체는 변증법적이라는 주장은 앞에서 변증법의 모순 개념을 분석한 이석윤의 입장과 비록 접근방향은 달리하지만 그 논지는 근본적으로 동일하다.

그는 이런 사변, 즉 모순 지양의 논리가 헤겔이 개념의 자기운동이라고 말할 때 그 의미와 동일하다고 본다. 왜냐하면 개념의 자기운동이란 곧 사유의 사변적 운동 외 다른 것이 아니기 때문이다. 다만 전자는 사유의 필연적 전개의 측면을 말하는 것이고 후자는 모순의 지양의 측면을 말하는 것일 뿐이다.

그렇다면 이런 사변적 변증법은 『정신현상학』에는 어떻게 나타나는 것일까? 여기서 이강조는 『정신현상학』의 전개는 숙지된 것으로부터 인식된 것으로의 이행이라 말한다. 전자는 불확실한 것이며 후자는 확실한 개념적 인식이다. 이 과정이 헤겔이 『정신현상학』 서론(Einleitung)에서 말하는 현상지의 운동 즉 '의식의 경험'이다. 현상지는 자연적 의식에서 절대지로 이행한다. 그는 이런 이행의 대상과 의식 사이의 대립이 극복되고 통일에 이르는 과정을 매개로 한다고 말한다. 이 과정을 그는 다음과 같이 표현한다.

"의식은 대상의 의식인 동시에 그와 같은 대상의 지를 자각한다. 이와 같이 진과 지라는 두 계기가 의식에 의존함으로써, 의식은 이 두 계기의 일치 여부를 음미함에 의하여 점차 이 양자의 일치라는 보다 높은 입장에로 나아간다."[34]

---

34) 이강조, 「헤겔의 '정신현상학'에서 변증법의 본질」, 『철학』 15, 1981, 『철학영인본』 3권, 2282쪽 참조.

110

이강조가 『정신현상학』의 구조를 이해하려고 고투하는 모습은 아름답다, 비록 성공하지 못했다 하더라도. 그는 의식경험의 개념에 도달하였지만, 그러나 왜 그것이 진리에 이르는 길인지에 대한 분석을 보여주지 못했다.[35]

3) 1950년대 후반의 학번-4·19를 경험한 세대

여기에 포괄되는 대표적인 연구자로 임석진, 윤노빈, 권기철, 하일민 등을 들 수 있다. 이들이야말로 앞에서 서술한 바, 4·19를 목격하면서 그리고 박정희의 개발독재를 겪으면서 새로운 사상의 빛을 갈구했던 연구자들이다. 그리고 이들은 당시 서구에서 불어닥친 프랑크푸르트 학파의 사상에 세례를 받아 헤겔을 연구하게 되었다. 헤겔의 소외이론과 총체성 개념은 그들이 자기 시대를 개념적으로 파악할 도구가 되었다.

a. 임석진[36]

임석진의 핵심적 연구는 그의 박사학위 논문이다.[37] 그의 박사논문은

---

35) 여기에서 유준수나 최성묵 그리고 김기곤을 잠시 언급할 필요가 있겠다. 우선 유준수는 헤겔 청년시대의 기독교 사상을 연구해왔다. 그는 헤겔을 천명하는데 관심이 있기보다는 자신의 기독교관을 설득하는 데 더 많은 관심을 가진다. 김기곤은 1980년부터 1990년대 말까지 연속적으로 서구철학에서 이성 개념을 연구하고 있다. 그는 마침내 헤겔의 이성 개념에서 서구적 이성개념이 완성되는 것으로 파악한다. 김기곤, 「이성개념에 관한 연구 6-헤겔변증법적 이성의 성립」, 『부산대 인문논총』 46, 1995 참조. 최성묵 역시 한눈 팔지 않고 지속적으로 헤겔을 연구한 학자였다. 『논리학』에서부터 시작하여 『정신현상학』을 거쳐 『법철학』에 이르기까지 그가 건드리지 않은 문제는 없었다. 이 논문이 성격이 연구사이므로, 이 분들이 충분히 언급되지 못하여 아쉽다.
36) 임석진은 1956년 독일로 유학간 이후 프랑크푸르트 학파의 성장을 눈으로 보면서, 그러한 문제의식에서 헤겔 철학을 연구했다. 그의 스승이 아도르노였음은 기억할 만하다. 1961년 독일에서 학위를 받아, 귀국한 이후 뒷세대에 상당한 영향을 미쳤다. 그 영향은 뒷세대의 글에 남아있다. 불행하게도 임석진의 사상적 역할은 여기서 중단된다. 그러나 그 뒤로도 그는 학문적 헤겔운동의 중심이 되었다. 특히 그가 각고의 노력 끝에 이루어 낸 헤겔 『정신현상학』과 『논리학』의 번역은 아직도 다른 누구도 감히 손대기 어려운 과제를 풀어주었다.

헤겔『정신현상학』에 나타나는 노동개념을 다루고 있다. 헤겔 연구에서 그가 결정적으로 기여했던 것은 노동개념의 의미를 확산시켰다는 것이다.

노동은 의식과 대상을 매개하는 과정이다. 그런데 포괄적인 의미에서 정신의 노동은 의식과 물질의 관계의 발전에서 각 단계마다 다양한 형태로 나타난다. 그 최하의 단계에서 물질적 노동으로 나타난다. 이는 욕망을 충족하기 위해 대상을 가공하는 노동이다. 그러나 여기서 의식과 물질은 서로의 대립에서 벗어나지 못한다. 그러므로 정신의 노동은 이 단계에서 소외되어 있다.

다음 단계에서 정신의 노동은 주인과 노예의 관계로 나타나는 사회적 인정투쟁의 형태로 나타난다. 이제 물질적 노동은 자기의 단순한 욕망의 만족이 아니라 타자의 욕망을 만족시키는 과정이 되면서 물질적 노동은 개별적인 것에서 사회적인 것으로 발전한다. 즉 사회적 노동의 출현이다. 그런데 주인과 노예의 관계에서 사회적 노동은 일방적이다. 즉 상호적이지 않다. 그러므로 이는 노예적 노동이라 규정된다.

이제 여기서 인식을 통하여 대상 속에서 자기를 발견하는 이성의 관념적 노동이 출현하면서, 노예적 노동의 일방성이 보완된다. 그럼으로써 상호적

---

37) 임석진은 전문적 논문을 발표하기보다는 저널리즘적 글 속에 자기의 연구를 드러낸다. 이것은 글쓰기에 관한 임석진의 독특성일 것이다.

「프랑스 혁명 2백년과 변증법적 철학」,『신동아』346, 1988.

「헤겔-마르크스를 정점으로한 철학과 실천의 갈림길」,『한양대중소연구』36, 1987. 12.

「헤겔과 마르크스, 철학과 실천의 갈림길」,『신동아』326, 1986. 11.

「역사변증법과 총체적 현실인식의 길」,『사상과 정책』6, 1985.

「유한, 무한히 변증법과 이성의 혁명 ; 칸트의 변증론의 전개를 통해서 본 헤겔의 사상적 의의」,『철학』37, 1984.

「헤겔의 근본문제, 특히 역사주체로서 인간의 노동과 실천을 중심으로」,『신동아』165, 1978. 5.

「한국철학의 새로운 정립을 위한 과제, 특히 독일 관념론철학의 한국적 수용과 관련하여」,『명지대 논문집』10, 1977. 12.

「한국철학, 새 정립의 과제」,『정경연구』151, 1977. 9.

「정신의 자기운동으로 본 헤겔의 제문제」,『창비』66, 1966 가을.

인정이라는 보편적 노동의 진정한 의미가 형성된다.

그러나 이 단계에서 사회적 노동은 아직 관념적인 상호관계에 지나지 않는다. 이제 정신은 역사를 거쳐 나가면서 이성에 의해 관념적으로 도달한 보편적 노동을 구체적으로 실현하게 된다. 이것은 이성적 상호관계에 대응하는 현실적 사회가 출현함으로써 가능해 진다. 이 같은 실현운동이 곧 역사적 정신의 노동이다.

정신의 최종적 단계에서 정신은 감각적 형태에서 개념으로 고양하는 자기 자신을 통한 자기의 실현이라는 단계에 이른다. 이것이 절대정신의 노동이다. 마침내 이 단계를 거쳐 정신의 노동은 완성된다. 여기서 주관과 객관은 통일에 이르며, 개인은 사회와 화해한다.

임석진에 의해서 서술된 이런 다양한 노동개념은 그저 헤겔의『정신현상학』에서 의식의 발전단계를 학문적으로 규명했다는 의미만을 지니지 않는다. 임석진의 노동개념은 이미 마르쿠제 등에 의해 전개된 바, 자본주의 사회에서 소외된 물질적 노동에 대체되는 진정으로 주관과 객관을 통일하는 사회적 실천 개념을 회복한다는 문제의식의 선상에서 서있다. 그러므로 그의 노동개념은 사회적으로 소외된 노동을 극복하는 새로운 대안을 보여준다는 의미를 가지게 되는 것이다.

그러나 임석진의 연구가 그런 사상적 의미를 지닌다 하더라도, 학적으로 보아서 헤겔의『정신현상학』을 너무 단순화했다는 생각이 든다. 이미 전두하는 헤겔의『정신현상학』에서 종적 소외와 횡적 소외라는 두 가지 형태의 소외, 즉 노동이 존재한다는 것을 밝힌 바 있다. 그렇다면 임석진이 계열화한 노동의 발전형태 뒤에는 보다 복잡하고 풍부한 정신의 활동이 존재하고 있음을 의미하는 것은 아닐까?

b. 윤노빈

임석진의 헤겔 해석이 학적으로 문제된다 하더라도 그 사상적 의미는 대단한 충격이라 아니할 수 없다. 해방 이후 한국철학사에서 메시아적 기대에 가장 충만 되어 있었던 윤노빈도 그런 영향권에서 있었다. 윤노빈의 철학적 연구의 본령은 헤겔에 있지는 않았다.[38] 다만 그의 석사학위논문에 해당되는 「정신의 창조적 자기소외에 관한 연구」(『철학연구』 2, 1967)는 임석진의 영향[39]을 보여준다.

윤노빈은 이 논문에서 헤겔에 있어서 소외는 정신이 자기 자신에 되돌아오기 위하여 필연적으로 겪어야 하는 자기 부정에 해당된다고 본다. 그는 이어서 소외라는 개념이 헤겔의 사상발전에서 어떤 위치를 지니는지 검토하면서, 예나시대에 들어와서 근대사회의 경제적 소외는 단순히 부정적인 것이라기보다 인간이 자기해방에 이르기 위한 필연적 도정으로 해석되었다고 한다. 『정신현상학』에서 경제적 소외 개념을 넘어서서 이제 정신의 소외로서 소원화(entfremdung)라는 개념이 출현하는데, 여기서 구체적 노동개념이 심화되어 보편적 정신활동이라는 차원에서 파악되었다. 나중에 『법철학』에서 경제적 소외 개념이 다시 출현하지만, 그 외에 다시 이 개념이 나타나지는 않는다. 오히려 이제 헤겔에서 정신의 소외 개념이 핵심을 차지하면서 변증법적 전개의 근본구조로 규정되었다.

윤노빈은 이 같은 관점에서 예나의 『실재철학』에 대한 분석을 통하여 경제적 소외의 형태로, 인정투쟁과 사회적 노동의 단계에서 나타난 경제적 소외를 찾아내었다. 이어서 그는 정신의 소외형태를 찾는데 이는 주로 『정신현상학』의 분석을 통해서 얻어낸 결과이다. 그는 여기서 정신의 소외형태로 교양과 언어의 형태와 자기 소외된 근대정신의 제 형태(권력의 현실적 힘들),

---

38) 윤노빈, 『신생철학』, 학민사, 1989 참조. 그는 1980년 초 그의 사회현실에 대한 깊은 관심에 비추어 보면 기이하게도 고대철학을 연구하고 있었다.
  「플라톤 연구-플로티누스 편에 관하여」, 『부산대 문리과 논문집』 16, 1978.
  「플라톤 연구-고르기아스 편에 관하여」, 『부산대 논문집』 31, 1981.
  「아리스토텔레스의 형이상학의 성격에 관하여」, 『부산대 인문논총』 21, 1982.
39) 두 연구자의 직접적 만남에 대해서는 증거가 없다. 그러나 1960년대 중반 서울대에서 두 연구자가 공존했고, 당시 막 귀국한 임석진이 강재륜, 이삼열 등 후배들과 더불어 활발하게 헤겔에 관해 토론했다고 한다. 이 같은 정황 증거가 다는 아니다. 무엇보다도 논문에서 문제의식과 전개방식이 너무 흡사하다는 데 이런 판단이 기초한다.

그리고 절대정신의 소외형태가 있다고 한다. 이런 절대정신의 소외 중 최고의 형태가 예수의 죽음을 통한 신 자신의 자기회복이다.

윤노빈이 이처럼 다양한 소외의 형태를 찾아내는 것은 이 소외가 정신의 필연적 자기 전개에 속하는 것으로 보면서, 여기에 긍정적 의미가 존재한다고 보기 때문이다. 소외는 역사의 진보, 사회적 관계의 발전, 인간의 자기교육을 의미하는 것이다. 그의 이런 소외 개념에 대한 분석은 임석진의 노동 개념에 대한 분석에 대응된다. 양자의 소외나 노동 개념은 서로 통하는 바가 있다. 물론 그 형태나 종류는 다르다. 하지만 양자의 분석은 물질적 노동을 넘어서 주관과 객관이 통일되는 매개를 찾으려는 시도라는 점에서 공통된다 하겠다.

c. 권기철

여기서 잠시라도 권기철을 언급하지 않고 지나치기는 너무 아쉽다. 권기철 역시 본격적인 헤겔 연구자는 아니다. 그는 비판철학에 많은 관심을 가진 것으로 보인다.[40] 그의 대표 논문이 「정신, 자연, 노동」이라는 제목을 가지고 있는 것으로 보아, 이 역시 신좌파, 임석진, 윤노빈으로 이어지는 노동개념 연구 라인에 연결된다.

그는 이 논문에서 노동 개념이 헤겔에서 구속으로부터 해방이라는 계기임을 주장한다. 권기철은 우선 노동개념이 헤겔사상에서 어떻게 발전했는지를 예나시대 헤겔 초고 연구를 통하여 밝히고자 한다. 이 부분은 이미 윤노빈도 그와 유사한 주장을 전개했으므로, 이 자리에서 다시 되풀이 할 필요는 없을 것이다.

필자가 주목하는 것은 오히려 권기철은 『정신현상학』에서 정신의 자기 매개운동이 두 가지 운동의 상호작용으로 규정된다고 주장했다는 것이다. 그 하나는 대상의 실천적 변화이며 다른 하나는 의식의 이론적 자기변화이다.

---

40) 헤겔에 관한 권기철의 연구논문으로 다음이 눈에 띈다.
　　「정신, 자연, 노동」, 『철학』 15, 1981.
　　「변증법 논리와 모순」, 『중앙대 대학원논문집』 3, 1984.

그런데 그는 양자가 서로 밀접하게 연관되어 있다고만 말하며, 실제로 어떤 연관을 지니는지를 보여주지는 않았다. 하지만 이론적 실천적이라는 개념 쌍은 앞에서 전두하가 말한 횡적 종적 소외라는 개념 쌍과 더불어 정신현상학의 구조를 이해하는데 주요한 단서가 될 수 있다는 생각에서 필자는 권기철이 문제를 충분히 전개하지 못한 데 대해 아쉬움을 느낀다.

d. 하일민

4·19 혁명의 주역 중의 하나였던 하일민은 헤겔 연구에서도 탁월한 독창성을 드러냈다. 그의 연구성과는 1980년 초에 쏟아지는데, 그는 자기의 연구를 '이론과 실천의 문제에 관한 연구'라는 제목으로 연속적으로 발표하였다.[41] 1970년대 말 그는 헤겔의『논리학』에서 「개념론」, '이념' 장과 「본질론」, '본질' 장에서 '반성규정' 절에 대한 충실한 독해를 해두었다. 이어 그는 헤겔의『논리학』의 「개념론」에 나오는 이론적 태도와 실천적 태도의 개념을 중심으로 헤겔에 대한 분석을 전개한다.

하일민은 헤겔에 있어서 주관의 객관에 대한 관계에 있어서, 자연적 삶에서의 양자 관계는 정신에서의 양자 관계와 단적으로 구별되는 것으로 파악한다.

---

41) 하일민의 논문은 다음과 같다.
  「헤겔 변증법적 사유에 드러난 이념의 논리적 구조에 관한 연구」,『부산대 문리과대 논문집』16, 1977. 12.
  「헤겔 변증법의 논리적 구조-본질론을 중심으로」,『부산대 논문집』27, 1979. 6.
  「이론과 실천에 관한 연구 1-헤겔의 Lebendige 개념을 중심으로」,『부산대 인문논총』25, 1984. 6.
  「이론과 실천에 관한 연구 2-헤겔의 Herrschaftsdenken 개념을 중심으로」,『부산대 인문논총』27, 1985. 6.
  「이론과 실천에 관한 연구 3-헤겔의 인간의 존재방식을 중심으로」,『부산대 인문논총』29, 1986. 6.
  「이론과 실천에 관한 연구 4-서구의 근대정신을 중심으로」,『부산대 인문논총』39, 1991. 12.
  「이론과 실천에 관한 연구 5-실존과 논리를 중심으로」,『부산대 한국민족문화』9, 1997. 10.

자연적 삶에서 주관과 객관은 서로 대립적인 것으로 관계 맺는다. 여기서 그 관계는 이중적인데 즉 이론적이며 동시에 실천적이다. 하지만 그 어느 관계에서도 근본적으로 주관과 객관이 대립하므로 한계에 부딪히고 근본적인 통일에 이르지는 못한다.

실천적 태도에서 주관의 욕망은 자연적 대상을 무화(無化 ; vernichten)시킴으로써 자기에 동화시키고자 하나, 자연적 대상의 자립성에 부딪혀 이런 무화는 제한된다. 반면 이론적 태도에서 인식주관은 객관적 대상을 전제하고 그것을 모사하고자 하나, 항상 객관적 대상의 표면을 모사하는 데 그치고 만다. 주관이 객관과 관계함은 자유를 얻고자 하는데 이처럼 이론적으로나 실천적으로 객관의 한계에 부딪히므로 이런 자연적 삶에서 주관의 자유는 제한되지 않을 수 없다. 자유가 자립성을 의미한다면, 주관은 결국 스스로의 자립성을 획득하지 못한다. 거꾸로 객관 역시 자립성을 얻지 못하기는 마찬가지이다. 실천적으로 객관적 대상은 주관에 의해 그 자립성을 부정당하며, 이론적으로도 객관적 대상은 인식주관에 의해 왜곡되어 반영된다. 그러므로 객관은 비자립적인 것으로 부정된다.

양자는 원래 서로 자립적인 것으로 관계를 맺었다. 그러나 이제 양자는 서로 비자립적인 것으로 드러나게 됨으로써 헤겔에서 자연적 삶의 태도는 변증법적으로 지양되고, 정신에서의 관계가 출현하게 된다.

하일민은 헤겔에서 주관과 객관의 진정한 통일이 일어나는 영역이 아름다움의 영역이라 보고 있다. 헤겔에서 아름다움은 자유의 이념의 감각적 실현이다. 그러므로 여기서 정신은 욕망을 통해 대상을 무화하던 태도를 지양하면서 대상을 있는 그대로 놓아둔다. 대상은 이제 자립성을 획득한다. 그럼에도 불구하고 대상은 정신의 본성인 자유의 실현태이므로, 그 속에서 주관은 자기를 발견하며 자유롭다. 주관 역시 자립성을 획득한다. 주관과 객관은 자립적이면서도 서로에 대해 대립적이지 않다. 서로 대립적이지 않으므로, 여기서 이론적 태도와 실천적 태도 사이의 대립도 사라진다. 그러므로 하일민은 하이데거에서 빌려온 개념을 사용하며, '아름다움의 본질은 그 자체 내에

조용하게 쉬고 있는 존재의 진리로서 그 자립성에 있다고' 갈파한다.

헤겔에 관한 하일민의 문제의식은 언뜻 노동이나 소외개념의 문제의식과 차이 있는 듯 보인다. 그러나 그 어느 것이나 주관과 객관의 진정한 통일을 모색한다는 점에서 신좌파적 문제의식이라 할 수 있다.

헤겔의 절대정신은 미학에서 종교를 거쳐 마침내 철학에 이른다. 하일민 역시 처음 아름다움의 영역에서 발견했던 주관과 객관의 통일을 이제 철학의 영역 속에서 발견하고자 한다. 그는 헤겔에서 철학은 개념적 인식인데, 이런 개념적 인식은 이론과 실천의 통일이라 말한다. 개념적 인식은 한편으로는 개별적 존재자를 보편적 개념에 포섭함으로서, 대상을 능동적으로 변화시키는 실천적 계기를 포함한다. 그런데 또한 하일민은 하이데거의 용어를 빌려, 개념은 존재자의 존재라 한다. 그러므로 존재자가 인간의 개념 속에 들어올 때 존재자의 진리가 개시되는 것이므로 여기에 이론적 계기가 있다고 한다.

하일민은 여기서 아름다움의 영역과 개념의 영역이 어떻게 구분되는 지에 대해서는 상관하지 않는다. 그의 관심사는 주객의 통일이 회복되는 영역에 대한 집요한 추적에 있다. 하일민의 이런 추적은 인간론에 관해서도 마찬가지로 펼쳐진다. 그는 '장인으로서 인간'과 '이념의 반영자로서 인간'을 구분한다. 전자는 자연적 삶에서 인간의 존재방식이다. 이는 대상 속에 자기를 대상화함으로써 작품을 만들어내는 삶이다. 하일민은 여기에 노동의 활동뿐만 아니라 언어적 표현도 포함시킨다. 그런데 이런 장인적 삶은 대상에 대립되어 한계에 부딪히고 따라서 영원한 존재 즉 대상의 불변하는 본질을 포착하려는 학문적 의식과 대립된다.

그러나 인간은 이념의 반영자이기도 하다. 여기서 이제 인간은 실천적 욕구로부터 벗어나서 '마치 휴일에 눈을 지상으로부터 천상으로 고양하듯이', 영원성과 신성을 인식한다. 그것은 넘어섬 즉 존재자를 넘어서서 그 근저에 있는 존재의 진리 속에서 체류하는 것이다. 하일민은 이것이야말로 진정한 철학의 본령이라 말한다. 그런데 신성과 존재의 진리는 인간의 본질과 무관한 것이 아니다. 인간의 본질이 그 자체 신적인 것과 연관되어 있으며 사유는 인간의 신적인 근원에 대한 징표이다. 이처럼 사유가 신적이므로, 이 사유 속에 신성이 개시한다. 그는 여기서 아름다움과 신성, 그리고 철학적 사유의 동일성에 이르게 된다.

5. 제3세대

1) 역사적 연구사적 배경

1980년 이후 한국에서 헤겔 연구는 새로운 부흥을 맞이하게 되었다. 이런 부흥은 1980년 이후 이 땅에서 처절하게 전개된 민주화 투쟁과 직결되어 있었다. 1980년 봄의 광주민중항쟁의 피비린내 나는 패배에서 다시 태어난 민주화 세력들은 패배의 원인을 1970년대 저항의식에서 찾았다. 그들은 이를 낭만주의적이었다고 반성하면서 과학적 사유에 기초한 운동을 요청했다. 이제 혁명의 과학이란 이름으로 정통 마르크스주의의 사회이론과 혁명이론이 받아들여졌다. 그런데 여기서 과학이란 실증주의적 자연과학적 방법을 의미하는 것이 아니었다. 과학은 오직 하나뿐이고, 그것은 사회를 물질적으로 그리고 총체적으로 인식하는 유물 변증법의 방법이었다. 그런데 레닌이 『철학노트』에서 밝히듯이 유물 변증법은 헤겔의 변증법을 뒤집어 놓은 것이므로, 변증법을 이해하려면 헤겔로 거슬러 올라가야 했다.

이렇게 되어 1970년대 말 그리고 1980년 초 한국 사회에서 이른바 '헤겔운동'이 등장했다. 전 시대 신좌파의 세례를 받은 헤겔 연구자, 특히 임석진이 이 헤겔운동을 여러가지 면에서 지원했다. 그의 박사 학위논문인 『헤겔에서 노동개념』(이을호 역, 지학사, 1981)이 이 시기 번역되었다. 임석진은 헤겔 원전의 번역에 착수했다. 헤겔의 대표적인 저서 『정신현상학』과 『논리학』이 그에 의해서 번역되었다. 『논리학』의 「본질론」이 「존재론」에 앞서서 1982년 번역되었을 때, 그 서문에서 임석진은 제2권에 해당하는 본질론이 첫 번째로 출간하게 되는 이유는 철학 전공자만이 아닌 '사회과학 전 분야'를 의식한 데서 취해진 순서배열이었다고 말한다. 여기서 사회과학이란 사회에 대한 총체적 인식을 주장하는 마르크스주의적 입장이라 짐작된다.

변증법에 대한 이해를 돕기 위해 많은 헤겔 해석서가 번역되었다. 英美의 헤겔리안의 책, 그리고 프랑스의 실존주의적 헤겔 해석자인 이뽈리트(J. Hyppolitte)의 책, 그리고 신좌파의 책도 번역되었지만, 그 가운데 압도적 다수는 1970년대 독일의 헤겔리안들 즉 헨리히(D. Henrich), 페겔러(O. Poeggeler), 리델(M. Riedel), 호르스트만(R-P. Horstmann), 베커(W. Becker), 마르크스(W. Marks), 리터(J. Ritter) 의 책들이었다.

이들은 대체로 前세대의 신헤겔주의자들의 인도에 의해서 헤겔을 연구하게 되었다. 특히 그 중 상당수가 하이델베르크에 재직했던 가다머(G. Gadamer)의 제자이거나 이런 저런 인연으로 그와 관련된 연구자들이었다.42) 이들은 1960년대 초부터 두각을 나타내면서, 1962년 '국제헤겔연맹(International Hegelvereinigung)'을 조직해43) 격년 차로 '헤겔회의(Hegel Congress)'를 개최하면서, 1953년부터 활동하며 「헤겔연보(Hgel Jarhbuch)」를 발간하던 '국제헤겔협회(International Hegelgesellscaft)'에 대립했다. 후자는 동독의 뉴른베르크 시에서 지원을 받으므로, 아무래도 좌파적 성격이 강했다.

이들은 이전부터 신헤겔주의자(크로너, 하임조에트)들이 이끌었던 '헤겔 자료실(Hegel Archive)'에 관련되었다. '헤겔자료실'은 1968년 보쿰대학교로 이전했고, 이 자료실은 딜타이시대부터 기도되었던 헤겔전집 재발간 작업(현재 Felix Meiner 판)에 착수했다. 그런 가운데 이들은 1970년대 초반 헤겔의 예나시대 초고들을 완전히 새롭게 편집 발간했다. 이는 청년헤겔의 사상의 변화를 이해하는 데 새로운 자료가 되었다. 예나시대 헤겔에 대한 많은 해석학적 연구가 이로부터 쏟아져 나왔다.

보쿰의 '헤겔 자료실'은 잡지 『Hegel Studien』을 발간하였으며, 헤겔 연구를

---

42) 이점에서 이들을 하이델베르크 학파라 부르기도 한다. 이는 이들 자신이 공인한 이름은 아니지만, 이들에게 공통된 고유한 특성이 있으므로, 이들을 묶기 위해 그렇게도 불려 진다. 필자는 그들이 헤겔에 열광하고, 헤겔에 집착한다는 의미에서 헤겔리안이라 부르는데 그치기로 한다.
43) 엄격히 말하면 20세기초 '국제헤겔연맹'의 재건이 아니었나 생각된다.

촉발시켰다. 이 잡지는 여전히 신헤겔주의적 입장에 선 것이지만, 이제 새로운 변화가 나타났다. 그 변화는 분석철학의 압력으로부터 나타났다. 1960년대 독일에 소개된 영미분석철학을 독일에서 투겐트하트(Tugendhat) 같은 철학자가 적극 수용하면서 독일철학의 전통에 깊은 충격을 주었다. 헤겔 연구자들 가운데서도 헨리히 등은 영미 분석철학과 적극적인 대결을 시도했다. 한편으로 영미분석철학의 날카로운 논증의 힘을 헤겔 연구에도 수용하면서, 그러나 영미분석철학과 다른 독일철학의 전통을 재구축하고자 했다. 그것이 바로 헨리히를 비롯한 헤겔리안들이 제기하는 자기의식의 문제이었다. 그들은 자기지시적 대명사의 존재를 들어서 의식을 외부적으로 관찰하는 언어로 환원될 수 없음을 입증하며, 독일고전철학의 전통에 따라서 의식의 본성을 자기의식에서 찾으려 했다.

결과적으로 이들의 연구는 신헤겔주의적 입장에 분석적 논증의 힘이 가미되며, 그리고 헤겔철학의 생성사 연구가 중첩되어 전개되는 독특한 모습을 보여주게 되었다. 이들이 1970~1980년대 초에 전개했던 헤겔 연구의 성과들이 10년 정도 지연되어 한국의 헤겔 연구자들에게 수용되었다.

바로 이런 배경 하에서 한국 철학계에서 새로운 세대의 헤겔 연구자들이 출현하였다. 이들은 1970년대 학번들에서부터 1980년대 학번에 이르기까지 광범위하게 펼쳐져 있다. 이들은 1980년대 한국사회에서 전개된 저항운동에 직간접적으로 관계하면서 동시에 앞에서 말한 국제적 헤겔리안들의 책들을 통하여 헤겔을 이해해 나갔다. 그들의 작업은 1980년대 후반부터 등장하기 시작하며 본격적으로는 1990년대 후반에 들어와서 발표되었다. 이런 연구사적 배경으로 한국에서 헤겔 연구자의 성격은 매우 복합적이었다. 한국에서 헤겔 연구는 유물 변증법의 입장에서부터 독일 헤겔리안의 헤겔 해석까지 중첩적 성격을 지니고 전개되었다. 하지만 그 경향성에 있어서 약간의 구별이 없었던 것은 아니다.

유물 변증법적 경향의 연구자들은 헤겔 연구를 주요 과제라기 보다 부차적인 과제로 삼았다. 따라서 지금까지 양적으로나 문제의식에서 상당히 제한적 성과만을 이룩했다. 그들의 성과는 헤겔의 실재철학 분야에 집중되었다. 반면 특히 1980년대, 독일 유학을 통해 형성된 헤겔 연구자들은 그 성향에 있어서 보다 헤겔리안적 성격을 지니고 돌아왔다. 아무래도 이들이 한국사회의 현실운동과 시공간적 거리를 두고 있었고, 독일에서 받은 영향 때문이 아닐까 생각한다. 이들은 귀국 후에 헤겔 연구에 몰두하여 그 주도적 역할을 담당하게 되었다. 어느 쪽의 연구자들이나 간에 이들 새로운 세대 중 상당수는 1980년 초부터 임석진을 중심으로 헤겔학회라는 이름으로 간간이 모임을 가져오다가 1990년대 들어 외국유학생들의 귀국과 더불어 본격적으로 학회 활동을 전개했으며, 1984년부터 학회지로서 『헤겔 연구』를 발간하여 지금까지 10호에 이르렀다. 그러면 이제 이들의 연구성과를 앞에서 약속했듯이 그 주제에 따라서 분류하여 정리해 보자.

2) 헤겔의 청년기 사상에 관한 연구

딜타이가 정신사적 관점에서 청년헤겔의 사상에 주목한 이래, 루카치는 청년헤겔의 사회 정치적으로 진보적인 사상을 찾아내려 하였으며, 1960년대에 예나시대 헤겔의 초고들이 재편집되는 것을 계기로 독일에서 페겔러나 헨리히 등에 의해 청년헤겔사상에 대한 영향사적 연구가 활발하게 전개되었다. 이들의 연구는 헤겔을 넘어서서 독일고전철학의 역사적 의미를 이해하며, 이것은 독일근대사의 의미를 이해하려는 시도와 연관되어 있을 것으로 짐작된다.44)

국내에서는 이미 1950년대 말 김계숙에 의해 청년헤겔의 사상이 연구된바 있다. 하지만 이 연구는 딜타이에 너무 의존하는 것이었다. 그래서 그

---

44) 독일 헤겔리안의 청년헤겔에 대한 연구에서 이데올로기적 냄새를 맡는 것은 무리일까? 사민당과 달리 독일 기민당은 1848년 혁명을 자신의 정통으로 삼는다. 독일 삼색기가 그것의 단적인 상징이다. 1848년 혁명이 독일 이상주의에 영향을 받은 독일 학생운동의 결실이었다는 점에서, 필자는 그렇지 않을까 하고 추측한다. 이 문제에 관한 한 다른 전문가들의 도움을 바란다.

이후 새로운 성과를 반영하는 작업이 요청되었다. 헤겔 연구에서 이 역할은
한동원[45])과 윤병태,[46]) 그리고 안재오[47])의 몫이었다. 우선 한동원은 1980년
대 초에 헤겔사상의 발전을 연대기에 충실하게 재구성하는 데 관심을 가진다.
그의 연구성과 중 주목을 끄는 것은 예나시대 헤겔의 체계 계획이 변화했다는
주장이다. 그는 킴머를[48])의 주장에 따라 1801~2년 최초의 체계 안에서
철학의 체계는 논리학과 형이상학, 자연철학, 예지의 철학, 절대적 무차별점
의 철학으로 구성되었으나, 1804년에서부터 논리학, 자연철학, 정신철학의
3부로 단순화되었다고 한다. 여기서 한동원의 분석에 따르면 1801년의 체계

45) 청년 헤겔에 관한 한동원의 연구는 4~5년에 걸친 방대한 작업이었다.
「청년헤겔에 관한 연구 1 : Tuebingen 시대(1770~1793)」, 『고려대 철학연구』 7,
1982. 4.
「청년헤겔에 관한 연구 2 : Bern 시대(1793~1796)」, 『부산여전 논문집』 13, 1982.
7.
「청년헤겔에 관한 연구 3 : Frankfurt 시대(1797~1800)」, 『부산여대 논문집』 14,
1983. 1.
「헤겔 최초의 체계 : Jena시대 헤겔에 관한 연구」, 『부산여대 논문집』 15, 1983.
6.
「Jena 시대 헤겔의 논리학 1 : Systementwuerfe ll를 중심으로」, 『고려대 철학연구』
8, 1983. 8.
「Jena 시대 헤겔의 논리학 2 : Systementwuerfe ll를 중심으로」, 『부산여대 논문집』
16, 1984. 1.
「Jena 시대 헤겔의 정치사상에 관하여」, 『부산여대 논문집』 17, 1984. 6.
46) 청년헤겔에 관한 윤병태의 연구 논문은 다음과 같다.
「헤겔 사상의 생성 : 베른에서의 계몽과 형식주의의 실천적 비판」, 『연세철학』
5, 1993. 8.
「청년 헤겔과 욕구」, 『연세대 인문과학』 71, 1994. 6 ; 윤병태, 「산다는 것의 인륜적
구조-예나시대 헤겔을 사로잡은 문제」, 『헤겔연구』 5, 청아, 1994. 12.
「안다는 것의 의식적 구조-헤겔 의식이론과 시대정신의 비판적 수용1」, 『헤겔연구』
5, 청아, 1994. 12.
윤병태는 헤겔 사상의 발전사보다는 헤겔의 주요 개념의 원형에 대해 관심을
가진다. 이는 후일의 개념은 원형 개념에 대한 이해로부터 올바르게 해석될 수
있다는 일종의 기원적 사유에 속한다.
47) 안재오, 『청년 헤겔, 통일의 철학』, 한울 아카데미, 2001. 12.
48) Kimmerle, "Zur Chronologie von Hegels Jenaer Schriften", 'Hegel Studien' Bd4, 1967.

는 절대자를 실체로 파악하였으나, 1804년에서는 절대자를 이제 주관성으로
파악했다. 그는 이것이 헤겔이 쉘링의 영향권에서 벗어나는 것을 의미한다고
본다. 그리고 1801년에서 논리학은 형이상학과 구별되면서, 사유의 유한한
형식을 무한한 형식으로 고양시키는 데 그 의미가 있었으나, 1804년 경우
논리학은 이제 처음부터 무한성의 영역에서 시작하는 형이상학으로서 의미
를 지닌다고 했다. 여기서 논리학의 서론으로서 자연적 의식을 순수지에로
고양시키는『정신현상학』이 계획되었다는 것이다. 한동원은 자신의 분석은
『정신현상학』의 체계적 위치를 이해하는데 도움이 될 것이라고 주장한다.

　한동원의 연구보다 거의 20년 뒤에 안재오는 헨리히 등의 독일고전철학
연구 특히 피히테, 쉘링, 횔더린, 싱클레어, 쯔빌링 등에 대한 연구성과를
적극 반영하였다. 그 중 가장 눈에 띄는 것은 헤겔사상에 미친 횔더린의
역할에 대한 평가이다. 원래 헨리히는 헤겔이 피히테주의로부터 벗어나는데
횔더린의「판단과 직관」이란 작은 문서가 결정적이었다고 주장했다.[49] 여기
서 횔더린은 '나는 나이다'라는 횔더린의 정립명제는 이미 그 속에 자기를
자기로부터 구별하여 대상화하는 자기의식의 활동이 개입하고 있음을 주장
했고, 헨리히는 이 주장이 헤겔의 차이와 동일성의 통일로서 변증법의 개념의
발전에 주요한 단계적 의의를 지닌다고 보았다. 안재오는 이에 대해서 몇
가지 반박을 전개했다. 그의 입장은 횔더린에서 헤겔에 이르는 과정에는
피히테, 쉘링, 횔더린, 싱클레어, 쯔빌링 사이에 아주 복잡한 상호작용이
있었다는 것이다. 필자는 지금 그의 주장을 여기에 옮겨 놓고 싶은 생각은
없다. 다만 청년시대 헤겔 상에 대한 정확한 복원이라는 과제는 한국인으로서
시도하기는 상당히 무리한 작업임에도 불구하고, 한동원과 윤병태, 안재오가
그런 일을 한다는 것에 놀랄 뿐이다.

3)『논리학』에 관한 연구

---

49) D. Henrich, "Hoelderin ueber Urtei und Sein", 'Hoelderin-Jahrbuch' 14, 65/66.
　　D. Henrich, "Hegel und Hoelderin", 'Hegel im Kontext', F/M, 71.

124

a. 헤겔 『논리학』의 구조와 전개

헤겔의 『논리학』을 이해하는 데 가장 근본적인 문제 중에 하나는 『논리학』의 구조나 전개 자체를 어떻게 이해하는가 하는 문제이다. 헤겔은 이런 『논리학』이 개념의 자기전개라 말하며, 헤겔 『논리학』의 시원은 무규정적인 직접적 존재에 있고, 『논리학』은 객관논리(존재론과 본질론)와 주관논리(개념론)로 구성된다. 그런데 『논리학』의 자기전개, 시원, 구성에 관한 기본적 문제 자체가 아직까지 시원스럽게 해결되지 못하고 있다. 헤겔을 분석적으로 이해하려는 최근의 경향에서 볼 때 이는 심각한 문제가 될 것이기에, 최근 독일에서도 이 문제들에 관하여 헨리히를 비롯하여 대표적 학자들이 연구논문들을 발표하였다.

국내에서도 이는 새로운 세대의 등장과 더불어 활발하게 연구되는 연구주제 중의 하나이다.50) 이 가운데 대부분은 헤겔 『논리학』의 시원의 문제를 다룬다. 그 가운데 가장 포괄적이 설명은 역시 한동원(1993)으로부터 나온다. 그는 이 문제에 관하여 트렌델렌부르크(A. Trendelnburg), 헨리히, 바그너(H. Wagner)의 연구를 비판한다. 그리고 그는 시원의 문제에 관한 한 말루슈케(G. Maluschke)의 편에 선다. 말루슈케는 헤겔 『논리학』에서 시원에 해당하는 존재와 무의 절대적 동일성과 그 절대적 차이를 순수사유 규정과 단순한 사념 사이의 대립으로 파악했다. 한동원은 이점에 동의한다.

그리고 그는 그렇게 되면 『논리학』도 『정신현상학』과 마찬가지로 관찰하

---

50) 이런 주제를 다룬 연구논문으로 전 세대의 것까지 포함하면 다음과 같은 것들이 있다.

안호상, 「헤겔의 철학의 시초와 '논리학'의 시초」, 『보전학회논집』 1, 1934.
이석윤, 「das Problem des Anfangs bei Hegel」, 『철학연구』 3, 1968. 11.
위상복, 「헤겔 '논리학'에서 논리학의 개념」, 『전남대 논문집』 33, 1988. 12.
임재진, 「헤겔 '논리학'과 시원의 문제」, 『범한철학』 8, 1993. 5.
한동원, 「헤겔 '논리학'에 관한 연구」, 『강원대 논문집』 31, 1993.
이창환, 「헤겔 '논리학'에서 나타난 긍정적 변증법의 출발에 관하여」, 『서울대 인문논총』 31, 1994. 6.
김준수, 「헤겔의 방법론에 대한 몇가지 비분석적 언어철학적 해석과 그 문제점」, 『철학논총』 12, 1996. 11.

는 주관적 관점인 즉자적 규정과 순수한 우리의 관점인 대자적 규정 사이의 차이에서 추진력을 얻는다고 한다. 그러므로『논리학』의 시원은 즉자적으로는 직접적인 존재이지만, 절대이념의 자기규정의 관점에서는 그것은 이념의 부정이다. 따라서『논리학』의 운동은 한편으로는 직접적인 것의 근거인 절대이념으로 복귀하는 후진운동이며, 다른 한편으로는 추상적인 존재가 구체적으로 규정되는 전진운동이다.

『논리학』의 시원의 문제 밑에 깔린『논리학』의 전개과정에 관한 문제에 있어서, 김준수의 논문(1996) 역시 독일에서의 성과를 일단 충실히 소개한다. 그는 특히『논리학』의 전개과정에 관한 언어철학적 해석에 관심을 가진다. 헨리히, 풀다(H. F. Fulda), 뢰트게스(H. Roettges)는 헤겔의『논리학』에서 하나의 논리적 개념에서 다른 개념에로의 이행은 논리적 개념의 의미의 이행을 뜻한다고 해석해왔다. 그런데 헨리히는 선행하는 개념의 표면적 의미에 감추어진 잠재적 의미를 분석하면 그 다음 개념의 의미에 도달한다고 보아, 이 과정을 내재적으로 파악한다. 반면 풀다는 하나의 개념의 의미가 존재론적 대상을 포착하지 못함으로써, 보다 올바르게 그 대상을 포착하는 다른 개념으로 변화한다고 본다. 그러므로『논리학』의 전개과정은 개념과 대상 사이의 대립에서 그 원동력을 얻는다고 본다. 뢰트게스의 관점은 양자의 종합이다. 그는 풀다에서 개념과 대상의 대립을 통상적 문장형식과 사변적 내용 사이의 대립으로 치환하면서 이 과정은 양자의 대립을 원동력으로 진행하지만, 이미 통상적 문장형식 내부에 이런 사변적 내용이 잠재적 의미로 담겨있으므로, 그 과정은 동시에 내재적이라 말한다. 논리학의 시원과 전개과정에 관한 이런 연구들은 그 문제의 긴박성에도 불구하고 아직 시원스러운 해결에 이르지 못하였다. 그것은 헤겔『논리학』연구자들이 칸트의 선험적 연역 개념에서부터 헤겔의 사변논리의 개념에 이르는 과정에 대한 분석을 간과하기 때문이 아닐까 생각한다.

b. 모순 개념에 관한 연구

아마도 한국의 헤겔 연구자가 가장 많이 관심을 가지는 문제는 모순 개념이 아닌가 한다. 이 개념에 관해서는 전 시대 이석윤 등의 분석도 있었지만, 새로운 세대에게도 여전히 모순 개념은 주요 화두가 된다.51)

이런 가운데 이창환(1993)은 모순 개념을 분석하기 이전에 그 기초로서 헤겔의 대립 개념을 분석했다. 그는 상이성의 개념으로부터 시작하는 헤겔의 대립 개념에서 필연적으로 모순 개념으로 이행함을 입증하려 했다. 이때 그는 아마도 볼프(M. Wolff)52)에게서부터 유래하는 '반성논리학적 기층'이라는 흥미로운 설명의 보조장치를 도입하였다.

그는 예를 들어 노란색과 푸른색이 서로 상이한 색깔들이지만, 그러나 특정한 관계 즉 단순보색이라는 관계에서는 배타적인 대립을 이룬다고 한다. 이 경우는 명제 p와 -p와 같은 논리적 술어의 대립이 아니라 실제적 술어의 대립이다. 그러므로 여기서 노란색과 푸른색이 실제로 대립(배타적 대립)하

---

51) 새로운 세대의 모순 개념에 대한 연구논문으로 다음과 같은 것들이 있다.
　　박인성, 「헤겔의 모순론에 관한 소고」, 『고려대 철학연구』 9, 1984.
　　이창환, 「헤겔의 대립개념 분석」, 『서울대 예술문화연구』 3, 1993. 11.
　　위상복, 「헤겔의 본질 논리학에서 반성규정들에 관한 연구 I」, 『철학연구』 56, 1996. 5.
　　위상복, 「헤겔의 본질 논리학에서 반성규정들에 관한 연구 II-1」, 『철학연구』 61, 1997. 6.
　　위상복, 「헤겔의 본질 논리학에서 반성규정들에 관한 연구 II-2」, 『범한철학』 20, 1999. 12.
　　위상복, 「헤겔의 본질 논리학에서 반성규정들에 관한 연구 III-1」, 『철학연구』 78, 2001. 5.
　　윤병태, 「헤겔의 동일성 개념」, 『철학』 47, 1996 여름.
　　윤병태, 「헤겔 '논리학'에 나타난 구별 개념의 구조와 그 체계」, 『헤겔연구』 7, 1996.
　　윤병태, 「반성규정과 모순 1-헤겔 '논리학'을 중심으로」, 『철학』 50, 1997 봄.
　　강순전, 「헤겔의 전통 형이상학 비판-존재논리와 본질논리의 부정형식의 차이를 통한 고찰」, 『철학』 61, 1999 겨울.
　　강순전, 「모순의 논리학」, 『헤겔 연구』 8, 1999.
52) M. Wolff, 'Der Begriff des Widerspruchs, Eine Studie zur Dialektik Kants unde Hegels', Koenigstein/Ts, 1981.

는 지반 즉 단순보색이라는 관계를 그는 반성논리학적 기층이라 규정했다. 이런 반성논리학적 기층이 전제되므로, 노란색과 푸른색은 서로에 대해 부정의 의미를 지니게 된다.

이 반성논리학적 기층은 노란색도 푸른색도 아닌 즉자적 세계이다. 그러므로 노란색과 푸른색이라는 차원은 그것에 단적인 타자인 즉자적 세계인 반성논리학적 기층에 외면적으로 관계한다. 헤겔에 의하면 이 단계가 외면적 반성의 단계이다. 그런데 헤겔에서 이 단계를 넘어서 규정적 반성의 단계가 출현한다. 여기서 노란색과 푸른색의 대립은 즉자적 세계 자체의 일정한 자기규정의 결과이다. 예를 들자면 보색이라는 규정이 그것이다. 그러므로 이 단계에서 즉자적 세계와 노란색 및 푸른색이라는 세계가 필연적으로 연관된다. 이에 따라서 노란색과 푸른색은 이제 서로를 전제로 하여 성립한다. 노란색은 푸른색을, 푸른색은 노란색을, 그러므로 노란색과 푸른색은 서로에게로 넘어간다. 이 같은 관계를 통하여 헤겔에게서 모순이라는 개념이 출현한다.

강순전(1999)은 모순 개념의 기초가 되는 부정성 개념을 통하여 헤겔 『논리학』에서 「존재론」과 「본질론」에서 운동의 형식적 차이를 훌륭하게 보여주었다. 이는 모순 개념의 이해와 『논리학』의 구조에 대한 이해를 결합시킨 연구로 기억될만하다.

그는 존재논리에 운동을 규정하는 부정의 형식은 이행(uebergehen)이라 한다. 이는 자신에게 낯선 것, 즉 타자에로 단적으로 넘어가는 것을 말한다. 반면 본질논리에서 운동은 본질의 현상(scheinen), 또는 반성(reflexion)이다. 이는 타자에게로 이행하는 것과 타자를 부정하는 것의 이중성이다. 그러므로 여기서 부정성은 모순으로 나타난다. 헤겔은 주관논리에서는 자기부정하는 부정성을 운동의 형식으로 제기한다. 이것이 곧 개념의 운동이다.

강순전에 의해 분석된 이런 부정성의 다양한 형식은 『논리학』을 구성하는 3부의 차이점을 밝혀준다. 이를 기초로 앞으로 『논리학』이 왜 그리고 어떻게 이런 3부로 구성되는지가 밝혀질 수 있다는 기대감을 가지게 한다.

c. 『논리학』의 주요 범주에 대한 연구

새로운 세대의 헤겔 연구는 분석적 힘을 가진다. 즉 텍스트에 준해서 세부적인 연구를 쌓아올리려 한다. 이런 입장에서 헤겔의『논리학』에 대해서 다양한 세부적 연구가 등장했다.53) 그 가운데 가장 집중되고 있는 곳은 역시 객관논리에서 주관논리로의 이행, 헤겔이 실체에서 주체에로의 이행이라 이름 붙였던 곳이다.

그 가운데 이광모(1999)는 헤겔은『논리학』에서 개념의 개념을 묻는다는 특이한 주장을 전개한다. 여기서 개념이란 사물의 객관적 본질을 의미한다. 개념의 개념이란 그러므로 개념의 객관적 본질을 의미하는데, 헤겔은 칸트의 선험철학의 원리를 이어받았으므로, 개념의 객관적 본질은 그 선험성에 있다. 즉 헤겔『논리학』은 대상에 대립된 추상적 개념에서 대상을 자기 내부에서 산출하는 선험적 개념으로의 이행이라는 것이다. 전자가 객관논리학이고 후자가 주관논리학에 해당된다.

이광모의 주장은 새겨보면 그럼직한 주장이다. 그는 여기서 더 나아가서 직접적 개념에서 선험적 개념으로의 이행은 두 가지 과정의 종합이라 파악한다. 즉 하나는 개념의 생성의 과정이고 다른 하나는 개념의 현시의 과정이다. 전자는 직접적 개념이 자기의 본질이 되는 선험적 개념으로 즉 근거로 복귀하는 과정이며, 후자는 선험적 개념이 논리적 개념에서 자기를 규정하여 구체적 대상에 적용하는 즉 자기를 산출하는 과정이다. 이광모는 주관논리학에서 개념의 의미를 묻지만, 사실은 이를 통하여『논리학』전체의 전개과정에 대해 대답하려는 대담한 야심을 드러냈다.

---

53) 이 시기 등장한 세부연구 논문으로 다음과 같은 것이 발견되었다.
　　최재근, 「헤겔에서 현실성의 문제」, 『전남대 용봉논총』17-8, 1989. 12.
　　이광모, 「개념이란 무엇인가」, 『철학』59, 1999.
　　김준수, 「필연성에의 통찰」, 『헤겔연구』8, 1999.
　　윤병태, 「삶의 이념과 현실-헤겔 '논리학'을 중심으로」, 『철학』58, 1999 봄.
　　윤병태, 「헤겔의 '논리학'에 나타난 가상 개념의 구조와 그 체계」, 『철학』66, 2001 봄.
　　윤병태, 『개념 논리학』, 철학과 현실사, 2000. 9.

김준수(1999)는『논리학』상호작용 개념에서 실체의 필연성이 개념의
자유에로 이행한다는 헤겔의 주장을 검토한다. 그에 의하면 상호작용하는
실체들은 이 관계 속에서 실제로는 이미 자유롭지만 이를 자각하지 못한다고
한다. 상호작용은 이미 내적 동일성을 의미하므로, 여기서 타자관계는 자기관
계로 지양되었고, 따라서 사실은 자유이다. 그러나 이런 상호작용 속에 있는
개별자에게 타자의 관계는 자기의 관계로 인식되지 않는다. 그러므로 이
관계는 그에게 필연적인 것으로 나타날 뿐이다.

그러므로 헤겔은 주체성은 자기자신에 대한 반성적 앎에서 나온다고 한다.
자신이 타자와 관계 맺는 것처럼 보이지만, 사실은 순수하게 자기 자신과
관계 맺는 것이라는 점을 앎으로써 비로소 관계의 외적 필연성이 자각된
자기관계의 자유로 지양된다는 것이다.

김준수는 이런 분석을 통하여, 아도르노와 엥겔스의 해석을 반박한다.
엥겔스의 주장은 필연의 인식이 자유라 할 때 마치 헤겔의 입장을 반복하는
것처럼 보이지만, 여기서 필연이란 자연과학적 필연을 의미할 뿐, 헤겔이
말하는 실체에서의 필연성을 의미하지 않는다는 점에서 전적인 오해라는
것이다. 아도르노는 헤겔의 주장이 전체주의적 입장을 보였다고 비판하지만,
헤겔에서 자유가 주관의 지배를 의미하는 것은 아니며, 상호작용을 전제하는
것임을 간과했다는 것이다.

김준수의 이런 분석은 객관논리학에서 주관논리학으로의 이행을 인식의
문제로 보는 것이 아닌가 하는 우려를 자아내지만, 헤겔에 대한 엥겔스와
아도르노의 오해를 간명하게 풀어주었다는 미덕을 발휘한다.

d. 변증법의 정당화

마지막으로 임홍빈의 변증법 연구를 평가할 필요가 있겠다 생각된다.
그는 새로운 세대의 다른 연구자들과 달리 일찌감치 텍스트를 분석적으로
연구하려는 태도를 집어던지고 변증법을 거시적 차원에서 내려다보면서
그 정당화를 시도해왔다는 점에서 특이한 자리를 차지하고 있다.[54] 그는

헤겔에 대한 문헌학적 이해나 도구적 이해를 비판한다.

그는 헤겔『논리학』은 체계적인 측면에서는 개념의 자기전개로서 사변적이지만, 그 방법에서는 변증법적이라 본다. 그런데 변증법적 방법의 핵심은 자기 부정성에 있다. 이 개념은 달리 표현하자면 절대적 차이로도 표현되며, 변증법의 다른 여러 방법적 개념들, 예를 들자면 '즉자—대자—즉자 차 대자'라든가 '상이성—대립—모순', 그리고 '제한적 부정성' 등보다 우선적이며 기초적인 개념이라 말한다. 그는 자기관계적 부정성은 자기준거적이고, 역동적으로 불안정한 구조를 지니며, 구조나 과정의 상보적 복합성으로 이루어진 체계의 개념(또는 중심)을 이루고 있다고 한다.

그가 이 개념에 주목한 것은 헨리히로부터 받은 영향으로 생각되는데, 하여튼 그는 이제 이 개념으로부터 '깨어있는 형이상학'으로 비상하고자 한다. 우선 그는 변증법은 결코 대상에 대해 외면적인 논리적 형식이거나, 대상에 뒤집어씌우는 방법적 도구가 아니라 한다. 변증법은 어디까지나 철학적 방법 즉 '철학적 사유의 근거지움'이다. 이 말은 변증법이 사물의 내면으로 뚫고 들어가서 그 본질을 사유하는 철학의 태도라는 의미일 것이다. 그는 이런 변증법적 철학은 다른 철학적 태도를 자기 내에 포함한다고 간주한다. 그래서 그는 철학의 단계가 선반성적 방법에서 선험적 단계로 그리고 마지막으로 생성론적이며 사변적 방법에 도달한다고 본다.

헤겔 철학의 목표는 형이상학의 수립이었다. 헤겔의 형이상학은 초월적 형이상학이 아니라 합리적 형이상학 즉 논리학이다. 이는 논리적 사유범주들을 변증법 즉 자기부정성의 개념을 통해 체계화한다. 임홍빈에 의하면 헤겔의 형이상학은 범주들의 의미가 완전히 파악되지 않은 채 사용되는 상황을 지양함으로써 '깨어있는 사유'에 도달하려는 것이다. 이 깨어있는 사유는 모든 규정성의 근거에 기체를 설정하는 실체적 형이상학을 극복한다. 이런 형이상학은 술어적 판단형식이라는 언어의 일반적 구조로부터 비롯된 오류

---

54) 1990년대 초 그의 연구의 성과는 최근『근대적 이성과 헤겔』(고려대, 1996)라는 책으로 발간되었다.

이다. 깨어있는 사유는 사유범주들의 자기부정적 체계이므로 이런 오류를 벗어난다. 그럼으로써 자기준거적 구조들의 역동적 활성화로서 관계의 형이상학에 이르게 된다.

4) 『정신현상학』에 대한 연구

a. 주인과 노예 관계의 연구

헤겔의『논리학』만큼이나 많은 연구의 대상이 된 것이『정신현상학』이었다. 그 전세대가『정신현상학』가운데 주로 노동이나 소외 개념에 집중했다면, 새로운 세대는 관심의 폭을 넓혀나갔다. 새로운 세대는『정신현상학』에 관해 보다 세부적이고 분석적 연구를 전개했다. 그 가운데『정신현상학』의 자기의식 장에서 전개된 주인-노예의 관계는 1980년대 초부터 자본주의 사회에서 자본과 노동 관계의 혁명적 변화의 모델이 된다는 점에서 많은 관심의 대상이 되었다. 특히 주인과 노예 관계의 해석은 실존주의적 헤겔리안인 이뽈리트의 설명을 주로 참고한다.

b. 『정신현상학』의 방법과 구조

그러나 새로운 세대는 이에 그치지 않고,『정신현상학』의 방법과 구조에 관한 물음을 던지기 시작했다.『정신현상학』이라는 이 탁월한, 그러나 유례없는 저서는 무엇을 목적으로 쓰여진 것인가? 학문의 체계의 서론이며 그 일부라는『정신현상학』의 위치는 무엇인가?『정신현상학』이 전개되는 방식은 무엇이며, 이것은 헤겔이『논리학』의 전개방식으로 규정한 사변논리와는 어떻게 구분되는가?『정신현상학』은 구체적으로 어떻게 구성되어 있는가? 하나의 의식에서 다른 의식으로의 이행의 동력은 어디에서 나오는가? 등등 난해한 질문은 결코 쉽게 해답이 주어지지 않았다.[55]

---

55) 한동원, 「'정신현상학'의 방법에 관한 연구」,『철학』23, 1985 봄.
　　한동원, 「헤겔 '정신현상학'의 구조에 관한 연구-실질철학과의 대응관계를 중심으

『정신현상학』의 방법과 구조에 관한 물음을 처음 제기했던 연구자는 한동원(1985)이었다. 그는 『정신현상학』은 자연적 의식에서 학문적 의식에 이르기까지 의식의 내적인 자기운동에 대한 서술이라 본다. 이 과정은 현상적 지에서 객관적 진리에로 이르는 도정인데, 이 도정은 인식주관이 자기의 한계를 스스로 깨달아 가는 자기비판의 과정이어야 한다. 그런데 자기비판은 현상적 지를 진리의 척도로서 즉자 존재와 비교할 수 있어야 비로소 가능해진다. 하지만 진리의 척도가 인식주관의 외부에서 주어질 수는 없다. 왜냐하면 그렇다면 즉자 존재는 의식 너머 있으므로 의식에는 그 현상만이 나타날 뿐, 본래적 즉자 존재는 나타날 수 없기 때문이다. 따라서 의식의 비교는 불가능해진다.

이런 문제를 헤겔은 『정신현상학』 서론에서 '의식의 변증법적 경험'이라는 개념을 통해 해결하였다. 한동원은 여기서 헤겔이 말하는 '즉자의 의식에 대한 존재(Fuer es Sein des An Sich)'라는 개념에 주목한다. 그는 이 개념의 의미가 객관적으로 존재한다고 가정되는 즉자존재가 사실은 의식에서부터 독립되어 있는 것이 아니라 의식에 대해서 있는 존재임이 밝혀지는 것이라고 해석한다. 그는 바로 이런 개념적 계기가 있으므로, 의식에서 현상지와 진리의 척도 사이에 비교가 이루어지고 자기비판이 가능하다고 본다.

로」, 고려대 박사학위논문, 1986. 10.

한동원, 「'정신현상학'의 구조에 관한 연구」, 『헤겔연구』 4, 1988. 7.

우기동, 「'정신현상학'의 논리구조의 특성」, 『헤겔연구』 4, 1988. 7.

박인성, 「헤겔에서 철학의 학문성 문제」, 『범한철학』 6, 1991.

박인성, 「'정신현상학'의 제 해석」, 『철학연구』 55, 1995. 11.

박인성, 「헤겔 '정신현상학' 비판」, 『철학논총』 12, 1996.

최신한, 「헤겔의 학문의 개념과 변증법적 파악의 논리」, 『연세대 인문과학』 67, 1992. 6.

최신한, 「칸트의 연역에서 헤겔의 서술에로-사변적 자기의식이론의 현실성」, 『철학』 42, 1994 가을.

윤병태, 「헤겔에서 주관과 객관의 문제」, 『철학』 44, 1995. 가을.

유헌식, 「새로운 의식의 출현과정과 그 서술의 문제」, 『헤겔연구』 8, 1999.

임홍빈, 「헤겔에서 피로니즘과 '정신현상학'의 이념」, 『철학』 62, 2000 봄.

한동원이 이처럼 '즉자의 의식에 대한 존재'라는 개념에 주목한 것은 거의 동물적 감각에 속하는 매우 적절한 파악이었지만, 아직 그 의미의 분석은 충분하지 않다. 즉 어떻게 즉자가 의식에 대한 존재로 전환되는지가 궁금하기 때문이다. 그는 이 선결적 문제는 뒤로 미룬 채, 『정신현상학』의 구조를 파악하는 데로 나아갔다. 그는 풀다의 해석에 따라 1807년의 『정신현상학』이 통일적인 구조를 가지고 있고, 그 구조는 1812년의 『논리학』이 아니라 당시의 『논리학』의 체계에 대응하는 것으로 파악한다. 풀다는 이런 관점에서 『정신현상학』을 1808~9년 뉴른베르크 시대의 『예비논리학』과 대응시켰다. 그러나 한동원은 오히려 1805~6년의 『논리학』에서 그 해답을 얻으려 하였다. 하지만 당시 『논리학』은 구체적 형태를 갖추지 못하였으므로, 그 형태를 반영하는 실재철학과 비교하였다. 그 결과 『정신현상학』의 원래 초안은 의식/자기의식A/자기의식B/이성/인식하는 지(wissendes Wissen)/정신/예술, 종교, 학으로 이루어졌다고 보고, 여기서 그는 『정신현상학』의 구조를 이루는 정-반-합의 변증법적 도식을 발견한다.

그런데 헤겔 자신이 언급한대로, 『정신현상학』과 『논리학』 사이의 대응관계에 관한 풀다의 지적은 올바른 것이었지만, 그렇다고 양자가 동일한 구조를 가지는 것은 아닐 것이다. 『정신현상학』은 단연 역사적 순서를 가진다. 반면 『논리학』은 논리적 계기들 사이의 필연적 연관이다. 그렇다면 양자 사이의 차이와 대응관계를 밝혀야 하지만 아쉽게도 그는 여기서 중단하고 만다.56) 그럼에도 불구하고 한국에서 헤겔 연구에 『정신현상학』의 방법과 구조의 문제를 제기했던 공적은 잊혀지지 않을 것이다.

이후로 이런 焦眉의 관심문제에 관한 여러 논문이 출현했지만, 특히 주목을 끄는 것은 최신한(1992)이다. 최신한은 헤겔이 『정신현상학』에서 말하는 비학문적 의식과 학문적 의식의 차이를 이렇게 규정했다. 즉 전자는 대상과

---

56) 필자는 이점에 관해 헤겔의 형태와 계기의 변증법에 주목해야 한다고 생각해왔다. 이병창, 「헤겔의 '정신현상학'에서 정신 개념에 관한 연구」, 서울대 박사학위논문, 2000 참조.

직접적으로 통합된 의식이어서 대상의 타자성에 함몰되어 있으나, 후자에서
반성을 통하여 대상은 이제 구성되어지는 것으로 나타난다는 것이다. 그러므
로 절대지에 이르면 대상성이나 외면성이 극복되고, 주관과 객관은 통일에
이른다고 한다. 이런 생각 속에는 즉자존재가 의식에 대한 존재로 전환된다는
의식경험의 개념에 대한 놀랄만한 이해가 감추어져 있다. 최신한에 의하면
대상의 대상성 자체가 사실은 자기의식의 산물이라는 의미일 것이다. 하지만
그 역시 이런 전환의 계기가 구체적으로 무엇인지를 말하지는 못하고 있다.
그는 헤겔이『정신현상학』에서 말하는 수많은 모순과 전도의 계기에 주목하
지 못하는 것이다. 따라서 그는 이런 모순과 전도를 야기하는 역사적 실천의
역할을 간과하고 말았다.57)

c. 사변적 자기의식의 개념

최신한(1994)은 이어서『정신현상학』을 이해하는 데 초석이 되는 자기의
식의 개념에 관해 천착해 들어갔다. 이 때 그는 헨리히를 중심으로 1980년대
독일에서 전개되었던 자기의식에 관한 논쟁을 참고로 한다. 헨리히는 여기서
인간의 의식은 물질로 환원 가능하다는 분석철학적 유물론자의 주장에 대립
하여, 의식의 궁극적 본질은 자기의식에 있음을 확립하고자 했다. 이는 칸트
-헤겔로 이어지는 독일 관념론의 근본입장에 대한 옹호였다. 최신한은
이런 논쟁과 연관하여 헤겔의 사변적 자기의식의 개념을 정확히 규명하고자
한다. 그는 이를 위해 헤겔의 개념을 칸트의 자기의식 개념과 비교한다.
칸트에서 통각(자기의식)의 종합통일에 의해 대상의 객관성이 구성되지만,
통각의 통일은 다만 형식적일 뿐이다. 왜냐하면 그 내용은 직관을 통해서
주어져야 하기 때문이다. 그러나 헤겔에 있어서 자기의식은 자기 스스로를
구별함으로써 내용을 산출하고, 이 내용을 다시 자신에게로 복귀시킴으로써

---

57) 필자는 헤겔의 의식의 경험 개념에서 역사적 실천과 노동의 역할, 외적 모순의
내적 모순으로의 전환, 즉자존재의 의식에 대한 존재로의 전환, 대상성의 극복이라
는 계기들의 연관에 주목했다. 이병창, 「헤겔의 '정신현상학'에서 정신 개념에
관한 연구」, 서울대 박사학위논문, 2000 참조.

통일에 이른다. 헤겔의 자기의식은 이런 자기매개적 활동을 전개하므로 사변적이라 규정된다. 칸트에서 주어지는 내용에 사유의 범주를 적용하는 판단작용이 곧 연역이다. 그러나 헤겔에서 자기의식은 자기매개적 활동을 전개하므로, 여기서 자기의식은 자기를 드러내는 서술이다.

최신한이 구별한 연역과 서술, 선험적 자기의식과 사변적 자기의식의 개념은 매우 적절하다. 하지만 그는 여전히 내용이 어떻게 자기의식으로부터 스스로 나올 수 있는지에 관하여 의문을 품지 않는다.[58] 그는 딜타이로부터 내려와 최근 독일 헤겔리안에까지 전승되는 신헤겔주의적 해석을 아예 당연한 것으로 받아들였다. 그가 종교에 깊은 관심을 가지고 있기 때문일까? 그러나 헤겔의 철학에서 합리적 핵심을 발견하고자 하는 관점에서 본다면, 그런 개념은 너무 신비하고, 여전히 의문스러울 뿐이다. 이제 자기의식의 개념이 명확하게 되어야 한다. 여기서 더 나아가서 헤겔의 자기의식과 헤겔의 정신 개념과의 차이점이 밝혀져야 한다. 이로부터 이론적 자기의식, 실천적 자기의식, 개별적 자기의식, 보편적 자기의식 등의 개념이 분류될 수 있을 것이며, 이를 통해 거꾸로 『정신현상학』의 전체적 구성이 밝혀질 수도 있지 않을까 생각한다.

d. 회의주의의 계기

『정신현상학』의 방법을 이해하는 데 독특한 관점은 고대 회의주의 (Phyrronism)의 계기에 주목하는 것이다. 이는 임홍빈의 착상이었다. 의식은 자기가 진리로 생각했던 참된 존재가 사실은 그 같은 믿음을 지닌 의식의 눈에만 그렇게 보인다는 사실을 깨달음으로써 확실성이 붕괴되고 새로운 경험의 지평으로 인도된다고 한다. 이런 점에서 그는 의식경험의 자기비판의 과정은 회의주의의 논변의 형식에 따른다고 본다. 여기서 그는 의식경험에서

---

58) 필자는 칸트의 선험철학에서 헤겔의 사변철학으로 이행에서, 직관도 자기의식의 일종이며, 자기의식의 자기한계 때문에 대상의 대상성이 성립된다는 명제가 주요하다고 생각해 왔다. 앞의 졸고 참고.

136

암암리에 의식이 외적인 모순에 부딪히고, 이 외적모순을 의식 자신의 한계에서 비롯된 내적모순으로 이해하는 계기를 염두에 두고 있는 것으로 보인다. 이런 점에서 그 누구보다 헤겔의 의식경험의 개념을 정확히 이해하는 것 같다.

그럼에도 불구하고 그는 이런 의식경험의 개념에서 역사적 실천이나 노동의 개념에 주목하지 못했다. 1960년대 신좌파는『정신현상학』에서 노동과 소외 개념이 매우 주요한 역할을 담당하고 있음을 밝혔다.『정신현상학』의 방법이 의식경험이라면 노동과 소외가 의식경험 개념과 어떻게 연관되는지 파악했어야 하지 않았을까 생각한다.

e. 이성, 정신, 절대정신

전세대의 연구가 통사적이었다면 새로운 세대의 연구는 랑케(L. Ranke)적 세부사인데,『정신현상학』에 관해서 새로운 세대는 그 이전에 간과되었던 주제로 관심을 확산시키고 있다. 그래서『정신현상학』가운데 이성 장, 정신 장, 종교 및 절대지 장에 관해서도 과감히 분석의 칼날을 겨누어 왔다.[59] 아직은 대체로 텍스트 재구성에 그치고 있는 것으로 보이지만, 그 가운데서 헤겔의 정신 장에 대한 연구에 주목할 필요가 있다고 생각한다. 그 연구의 문제의식은 최근 모더니즘과 포스트모더니즘 사이의 논쟁에서 비롯되었다.

---

59) 이러한 연구들로 최근 다음과 같은 논문들이 발견되었다.
최재근,「헤겔에 있어서의 자기의식의 무한성」,『전남대 용봉논총』12, 1982.
박인성,「헤겔 '정신현상학'에서 이성」,『철학논총』18, 1989.
한동원,「헤겔 '정신현상학'에서 종교 분석」,『부산여대 논문집』24, 1987.
한동원,「헤겔 '정신현상학'에서 절대지에 관한 연구」,『강원대 논문집』27, 1989.
윤병태,「헤겔의 의식과 자기의식」,『연세대 인문과학』73, 1995.
백종현,「헤겔의 자기의식의 변증법」,『칸트와 독일이상주의』, 철학과 현실사, 2000. 11.
백종현,「헤겔에서 이성의 현상학」,『서울대 철학사상』11, 2000. 12.
이병창,「헤겔의 아름다운 영혼 개념에 관한 연구」,『동아대 대학원 논문집』26, 2001.

이런 대결은 결국 근대성의 개념을 중심으로 선회할 수밖에 없다. 그런데 헤겔이 정신 장에서 전개한 근대정신에 대한 비판적 분석, 특히 계몽주의와 고전주의와 낭만주의에 대한 헤겔의 비판은 문제가 되는 근대성의 정체를 이해하는 데 많은 시사점을 줄 것으로 기대된다.

6. 헤겔의 실재철학과 절대정신에 관한 연구

유감스럽게도 필자에게 이제 더 이상의 허용된 지면이 없다. 아직 새로운 세대의 헤겔 연구 가운데 가장 활발한 부분들에 대해 소개조차 하지 못했는데 말이다. 불가피하게 간단히 그 흐름만 짚어 보는데 그칠 수밖에 없다는 점을 양해해 주기 바란다. 대체적으로 말하자면 이 같은 헤겔의 실재철학 연구에서 지배적인 시각은 좌파적 내지는 유물 변증법적 시각이다. 이는 신헤겔주의자, 그리고 독일 헤겔리안들이『논리학』과『정신현상학』에 집중하는 것에 대비된다.

새로운 세대의 헤겔 연구자들이 사회에 대해 깊은 관심을 가지고 있으니 만큼 헤겔의『법철학』은 당연히 주목의 제일 대상이라 하겠다. 특히 여기서 헤겔의 시민사회이론이 주요 분석대상[60]이었다. 그리고 하버마스, 호네트(A. Honeth)가 헤겔의 예나시대 인정투쟁 개념에 주목한 이후, 사회계약을 대체하는 새로운 상호주관성의 모델로서 인정투쟁(승인이론)[61]이 주목받았다. 이것은 그 전세대의 연구자들이 헤겔의 법 개념과 자유의지의 개념,

60) 대표적 연구만 들어보자.
  강철구,「헤겔의 국가이념에 관하여, '법철학'을 중심으로」,『청주사대 논문집』 9, 1980. 6.
  임재진,「헤겔의 시민사회이론」,『조선대 인문과학연구』14, 1992. 12.
  임재진,「헤겔에서의 시민사회와 국가」,『범한철학』12, 1996. 4.
61) 김준수,「근대 소유권 이론의 자연법적 근거와 그 유형들」,『중앙대 인문학연구』 25, 1996.
  김준수,「헤겔 예나 철학에서의 승인 이론의 사회 윤리학적 의미(1)」,『중앙대 철학연구소철학탐구』11, 1999. 11.

그리고 도덕성을 뛰어 넘는 인륜성의 개념에 주목한 것과 대비된다 하겠다.[62]

헤겔의 역사철학은 앞에서 살펴보았듯이 전 세대의 연구에서 중심주제가 되었다. 이석윤, 이상철, 황문수, 임석진, 이강조 등 거의 모두가 역사철학에 관한 논문을 남겼으나, 새로운 세대에게는 헤겔의 역사철학이 흥미를 유발하지 않는 모양이었다.[63] 하기는 이미 마르크스의 과학적 역사관에 비추어 보면 자유의 역사로서 헤겔의 역사관이 너무 낭만적으로 보일 것이다.

유물 변증법적 관점은 그 전에 무시되었던 헤겔 자연철학에 대한 새로운 관심을 야기시켰다.[64] 그러나 헤겔의 자연철학 또는『논리학』존재론에서 전개된 변증법은 유물 변증법의 선구로서 특히 마르크스의『자본론』의 구조와 비교되어 많이 연구되었지만, 최근 생태주의적 관점에서 헤겔의 목적론적 또는 유기체적 자연개념을 다시 되살리려는 시도가 등장했다.

헤겔의 종교철학에서도 역시 진보적인 시각에서 많은 연구가 등장했다.[65]

1980년대 한국사회에서 지배적이었던 리얼리즘 미학의 연구는 당연히 헤겔 미학의 연구를 바탕으로 하고, 또 그것을 요청하였다. 왜냐하면 한국에

---

62) 물론 전시대의 문제의식은 여전히 지속되었다. 그러나 이번에는 논증적 힘이 개입한다.

나종석,「법철학에서 형벌의 철학적 정당화 논변에 관하여」,『헤겔 연구』10, 2001.
63) 다음은 예외적이다.

최재근,「헤겔에 있어서의 역사적 이성의 본질」,『전남대 용봉논총』13, 1983. 12.

위상복,「역사에 있어서 이성의 체계(1)」,『철학연구』42, 1986. 3.

이동희,「헤겔과 부정적 중국세계론」,『철학』48, 1996. 8.
64) 이병창,「헤겔 자연철학에 대한 연구」,『시대와 철학』6, 1993. 4.

이병창,「헤겔 수개념-미분계산의 철학적 정당화(량의 변증법)」,『경남대 철학논집』9, 1997. 11.

임홍빈,「헤겔의 자연철학-그 현대적 의의에 대하여」,『근대적 이성과 헤겔』, 고려대, 1996. 6(초고는 제3회, 한국철학자 연합학술발표회에서 발표, 1990. 10).

양우석,「헤겔의 자연철학과 생태학적 위기」,『철학연구』62, 1997. 9.
65) 최신한,「종교적 진리와 철학적 진리-헤겔에 있어서 화해의 종교적 표상과 철학적 파악」,『헤겔연구』5, 1994. 12.

이동희,「헤겔의 불교이해」,『헤겔 연구』7, 1996.

박영지,『헤겔의 신개념』(학위논문 총서 9), 서광사, 1996.

서 리얼리즘은 헤겔 미학에 깊은 영향을 받았던 루카치의 비판적 리얼리즘의 경향이 지배적이었기 때문이다. 특히 사회적 실천에 대한 관심이 최근 문화와 예술에 대한 관심으로 전환하는 미학적 전회가 일어나자 헤겔 미학은 새로운 관심의 대상이 되었다. 그것은 헤겔 미학이 경직화된 사회주의적 리얼리즘의 대안으로 탐구되었기 때문으로 보인다.[66]

7. 결론

이제 이 논문을 마감하면서, 불필요할 것임이 틀림없는 췌언을 한마디 덧붙여야 하겠다. 이 논문에서 언급되지 않았다고 하여 그 성과가 없다는 의미는 아니다. 이 논문은 연구사이므로, 아무래도 문제제기나 독특한 관심 등을 주로 찾았다. 그러다 보니 묵묵히 헤겔의 텍스트를 천착해 들어가는 연구자들의 성과가 묻혀지고 말았다. 어떻게 보면 후대에게 더 도움이 되는 것은 그런 연구들일 것이다. 이 점에서 최성묵, 김기곤, 그리고 제3세대로서 윤병태, 위상복, 박인성 등의 노력이 재평가되어야 할 것이다. 그들은 인간적으로 헤겔을 가장 닮은 헤겔 연구자들이다. 그리고 필자는 아직 준비 중인 더 젊은 세대들의 출현도 멀지 않았다는 것을 필자는 충분히 예감하고 있다.

결론적으로 필자는 앞으로 헤겔 연구의 과제나 방향에 관한 간단한 소견을 간단히 피력하고 싶다. 먼저 20세기에 헤겔을 이해하는 데 신헤겔주의의 영향이 압도적이었다. 이는 헤겔을 생동적으로 연구하는데 커다란 영향을

---

66) 이와 연관된 주요 논문으로 다음과 같다.
  이창환, 「예술의 철학으로서 헤겔 미학」, 『미학』 17, 1992.
  김광명, 「헤겔미학에 있어 가상과 현실의 변증법」, 『숭실대 논문집』 22, 1992.
  윤병태, 「Fr. Schlegel의 낭만적 아이러니의 개념과 그 역사성」, 『헤겔연구』 10, 2001.
  권정임, 「베를린 미학강의에서 상징적 예술형식의 체계」, 『헤겔연구』 10, 2001.
  안재오, 「인륜성의 비극-예나 시대 헤겔의 자연법 논문에 나타난 고대 그리스 비극 개념 연구」, 『헤겔연구』 10, 2001.
  이정은, 「시문학과 산문의 비교와 철학과 예술의 관계」, 『헤겔연구』 10, 2001.

미쳤지만 다른 한편 헤겔을 신비화하기도 했다. 그러므로 헤겔의 합리적 핵심을 파악하는 것이 주요하리라 생각된다. 헤겔은 현실이 이성적이라고 강조해왔다. 그것은 자기의 철학도 이성적이라는 점을 역설하려는 뜻이 아니었을까?

헤겔에 대한 합리적 이해를 위해 우리는 결국 칸트의 선험철학에서 출발해야 한다. 그의 선험철학이 어떤 사유의 단계를 건너서 사변철학으로 전개되었는가? 헤겔은 그 이행과정을 어떻게 정당화했는가? 이런 문제가 긴박한 과제로 대두될 것이다.

헤겔 철학은 최근 포스트모더니즘과 모더니즘의 대결을 종합하는 사유체계로 다시금 주목받고 있다. 이런 점에서 신좌파에 의해 파악된 헤겔 철학에 다시 주목할 필요가 있으리라 생각하면서, 이제 이 논문을 마치고자 한다.

실존철학과 현상학의
수용과 전개

한국 전통철학의 개념과
정신에 따라 살펴본 수용사

한자경

1. 들어가는 말 : 현대 한국철학을 어떻게 읽을 것인가?

2000년을 전후하여 지난 한 세기 동안 한국에서 수행된 학문의 역사를 반성하고 정리하는 많은 연구들이 행해졌는데, 철학 분야 역시 예외는 아니다. 지난 한 세기는 해방을 기점으로 전반기에는 일제 식민통치 아래 또는 그에 저항하는 민족해방의 기치 아래, 후반기에는 한국의 근대화와 산업화, 민주화의 구호 아래 서양의 과학기술과 정치경제체제 그리고 철학사상이 수용되었다.

일본의 강제에 의해서든 한국 스스로에 의해서든 서양식 정치경제체제와 과학기술, 교육체제와 철학사상 등이 한국에 수용 확산되는 과정은 그 이전까지 한국 역사 속에서 개인과 사회와 국가를 유지시켜온 전통사회 체제와 사상을 무력화하고 대체하는 과정이기도 하였다. 따라서 그 과정은 곧 전통과 현대, 동양과 서양, 한국과 외래가 서로 대립하고 갈등하면서 서로 배척하기도 하고 또 서로 제휴하기도 하는 그런 과정이었다.

이 시기의 한국에서의 철학을 우리는 과연 어떤 식으로 이해해야 하는 것일까? 서양철학 연구자들이 흔히 주장하듯 이 시기의 철학은 단적으로 '전통철학의 배제'이며, '서양철학의 수용사'이기만 한 것인가?1) 낯선 서양

---

1) 한국 현대학문의 철학분야 연구사에서 우리는 이러한 관점을 흔히 발견할 수 있다. 이진우는 『한국 인문학의 서양콤플렉스』(민음사, 1999, 172쪽)에서 "서양철학

144

철학적 개념들이 수용되고 번역·학습됨으로써 비로소 우리는 보편적인
철학적 문제제기와 논의를 할 줄 알게 되었고, 비로소 철학적 사고와 철학적
체계를 갖출 수 있게 된 것일까?[2] 현재 우리의 문화는 이미 서양적 언어와
서양적 사고를 따라 형성된 서양적 문화이기에, 그렇게 우리의 것이 되어버린
그 문화의 뿌리를 알기 위해, "오늘날 한국에서 주체적으로 철학하는 사람은
'서양'철학을 할 수밖에 없다고 말하는 것이 더 합당"[3]하다고 할 것인가?

　　해방 이전부터 활동하기 시작하여 1970년대에 이르기까지 동서를 넘나드
는 광범위한 철학저술을 남긴 박종홍은 서양철학을 수용하되 민족의식을
갖고 주체적으로 철학함으로써 오늘날 우리로 하여금 현대한국철학의 역사
가 단순히 서구철학사의 수용에 그치는 것이 아니라고 말할 수 있는 기반을
제공한다.[4]

　　의 수용사와 다를 바 없는 한국 현대철학"이라고 말한다. 강영안은 『우리에게
　　철학은 무엇인가』(궁리, 2002)에서 "철학을 한다는 것은 곧 서양 철학자들이 했던
　　방식으로 생각하고 글쓰는 일[이다]"(28쪽), "현재 한국 철학은 서양 철학 수용을
　　떠나서 생각할 수 없다"(175쪽)라고 말하며, 남경희도 「한국현대철학의 문제의식과
　　서양철학의 수용」(『동아연구』 제37집, 1999, 3쪽)에서 "20세기 한국현대 '철학'의
　　학문사[로서] 서구적 의미의 학문의 정착과정에서 그 내용을 채우고 활동을 구성하
　　는 것은……서양의 철학이었다. 이런 성격으로 해서 한국현대철학의 초기는 서양철
　　학의 수용과정이라 규정할 수 있다."라고 말하고 있다.
　2) 이런 관점에서 서양철학 연구자들은 다음과 같이 말한다. "동양인들은 서구인과는
　　언어가 다른 만큼 전혀 다른 사유틀을 지니고 있었을 수 있으며, 그들과는 문제
　　제기의 방식이 다르고, 전혀 다른 시각에서 인간, 사회, 세계를 전망할 수 있다.
　　동양에서는 서양과는 달리 진리개념이 그다지 중요하지 않을 수 있으며, 동양이나
　　한국의 철학을 논할 때 과연 서구적 의미의 존재론, 인식론, 의미론을 전개할
　　수 있는지 회의적이다." (남경희, 『동아연구』 37, 1999, 30쪽) ; "이때의 철학은
　　한마디로 서양철학이었다. 문제의식과 문제제기 방식, 그것을 표현하는 언어와
　　사고, 글쓰기 방식이 모두 서양철학의 모범을 따라 규정되었다는 말이다."(강영안,
　　『우리에게 철학은 무엇인가』, 28쪽).
　3) 이것은 백종현이 「서양철학 수용과 한국의 철학」(『철학사상』, 제5집, 7쪽)에서
　　한 말이다. 『철학사상』은 서울대 철학연구소에서 간행하는 잡지로 몇 년간에 걸쳐
　　한국철학 100년을 정리한 작업 결과가 실려 있는데, 그 중 독일철학 수용사는
　　백종현이 정리하고 있다.
　4) 이런 문맥에서 권용혁은 "그[박종홍]는 철학함의 역사를 서구 철학사의 수용사로
　　파악하기를 거부하면서, 식민지 시대에 주체적인 철학함의 새로운 시각을 제시하고

그것은 박종홍이 단지 철학적 문제들을 주체적 내지 능동적으로 사유했다
거나 철학의 기반으로서의 '우리의 현실'을 강조했다는 것만을 말하는 것이
아니다.[5] 또는 그가 '우리는 한국사람이므로 우리의 사상을 먼저 알아야
한다'라는 당위적 주장과 더불어 서양철학뿐 아니라 한국철학도 함께 연구하
였다는 것만을 말하는 것도 아니다. 오늘날 주요한 철학적 개념들이 모두
서양철학용어의 번역이라고 주장하는 이가 많지만, 박종홍은 이에 대해
전혀 다르게 말한다.

> 현상학에서 쓰는 서양 술어를 번역함에 있어서 거의 모두가 불교에서 써온
> 학문 술어를 적용[한 것이었다].[6]

흔히 주장되듯 언어와 개념이 우리의 사유방식과 사상체계를 규정한다는
점을 감안한다면 위의 인용으로부터 다음과 같은 결론이 가능하다. 송대
성리학은 불교적 개념과 사유틀의 영향을 받았고 조선의 유학은 주희 성리학
의 한국적 수용과 전개이기에, 서양의 현상학을 불교적 개념으로 읽어내고
해독할 수 있다는 것은 곧 현상학 그리고 실존철학을 불교와 유학으로 이어지
는 한국 전통사상의 기반 위에서 읽어낼 수 있다는 것이다.[7] 서양의 현상학적

있다"고 말한다. 권용혁, 「서구 철학의 수용과 '현실' 개념」, 『한국현대철학 100년의
쟁점과 과제』, 362쪽.

5) 단지 '우리의 현실'을 중사했다는 그런 소극적 의미만으로는 박종홍 철학이 가지는
주체적 사유의 깊이를 다 드러낼 수 없다고 본다. 박종홍을 언급하는 많은 사람들이
이 '우리의 현실'을 서양정신에 따라 근대화되고 서구화된 현실로 간주하면서,
그 현실의 문제들을 성확히 읽어내고 바르게 해결할 수 있기 위해서는 역시 서양철
학적 개념이나 문제의식에 따라 사유해야 한다고 주장하며, 그것이 '주체적 사유'인
듯이 말하지만, 그것은 박종홍의 정신이 아니기 때문이다. 박종홍 철학의 주체성은
그가 우리의 현실을 사유대상으로 삼았다는 데에 놓여 있는 것이 아니라, 그 현실을
사유하는 사유개념과 사유방식과 사유체계에 있어 우리의 전통적인 사유체계와
단절이 아닌 연속을 이루면서 사유했다는 데에 놓여 있기 때문이다.

6) 박종홍, 「지눌의 사상」, 『한국철학사』(『박종홍전집』 제4권, 민음사, 1998년 증보판,
190쪽).

7) 하이데거, 사르트르, 메를로뽕띠 등의 현대 실존철학은 후설 현상학의 영향 하에서
그 발전 및 비판으로 전개된 것이다. 따라서 현상학의 용어가 불교개념에 따라

또는 실존철학적 문제제기와 그 문제에 대한 사유방식은 우리의 전통 사상을 형성하고 있는 불교 및 유학적 언어와 사상체계에 따라 그 연속성 위에서 이해되고 해석될 수 있다는 것이다.

본 연구는 시기 상으로는 해방후부터 오늘날까지, 영역 상으로는 서양철학 중 현상학과 실존철학에 국한하여 그 수용과 전개과정을 살펴보는 것이다. 그런데 이 반세기 또는 이를 포함한 1세기 동안의 실존철학과 현상학의 수용과 전개, 그리고 그 과정에서의 주요 논점들에 대해서는 이미 여러 학자들이 연구·정리하여 놓았으므로,[8] 여기에서는 이미 논의된 것들을 다시 반복할 필요는 없을 것이다. 그들은 실존철학 수용을 논하면서 어김없이 박종홍을 언급하고 그의 향내적 현실읽기와 향외적 현실읽기의 구분 및 종합을 논하지만, 아무도 그것을 불교나 유학의 한국전통철학의 문맥 안에서 다루고 있지는 않다.[9]

따라서 본 연구는 반세기에 걸친 실존철학과 현상학의 수용 및 전개를

번역되었다는 것은 곧 실존철학 역시 그러하다는 것을 말해준다. 이 실존철학과 현상학은 한국에서 1980년대 마르크스주의가, 1990년대 포스트모더니즘이 한창 유행할 때에도 변함 없이 대표적인 유럽의 현대사상으로 논의되고 연구되어왔다.

8) 이에 대해 지금까지 필자가 확인한 것만을 언급하자면 다음과 같다. 한전숙, 「한국에서의 현상학 연구」, 『현상학과 한국사상』, 철학과 현실사, 1996. ; 김석수, 「맑시즘과 실존주의 수용에서 본 한국 현대」, 『동아연구』 제37집, 1999. ; 이기상, 「한국의 해석학적 상황과 초월론적 자아 : 현상학·실존철학의 수용과 한국철학의 정립」, 『철학연구회 1997년 춘계발표회』, 1997. ; 백종현, 「독일철학의 유입과 수용전개」, 『철학사상』 제5집, 1995. ; 백종현, 「독일철학의 유입과 그 평가」, 『철학사상』 제6집, 1996. ; 백종현, 「독일철학 수용과 한국의 철학」, 『철학사상』 제7집, 1997. ; 강영안, 『우리에게 철학은 무엇인가』, 궁리, 2002. ; 김재현, 『한국 사회철학의 수용과 전개』, 동녘, 2002.

9) 박종홍에 대한 관심이 늘어나 많은 사람들이 그의 철학을 연구·분석하고 있지만, 그에게 있어 동양철학과 서양철학이 어떻게 연결되고 있는지, 서양으로부터 수용된 현상학이나 실존철학을 어떤 동양사상의 기반 위에 해석하고 있는지 등을 밝히는 작업은 아직 없다고 본다. 심지어 "박종홍의 철학 방식도 서양 철학과 다르지 않았다. 철학의 방법과 전형은 역시 그에게서도 서양 철학이었다"(강영안, 『우리에게 철학은 무엇인가』, 33쪽)라는 말이 나올 정도이다. 박종홍에 대한 본격적 연구서로는 1998년 열암기념사업회에서 출판한 『현실과 창조』와 김석수의 『현실 속의 철학 철학 속의 현실』(책세상, 2001)을 꼽을 수 있겠다.

논의하되 지금까지의 연구사 논의에서 제외된 부분을 기존의 연구사 서술방식과는 완전히 다른 방식으로 서술해보기로 한다. 즉 우리의 전통철학적 개념과 사상체계, 불교나 유학적 문제제기와 사유방식에 입각하여 서양 실존철학과 현상학의 수용·논의·전개 과정을 살펴볼 것이다. 다행히 우리는 박종홍에서뿐 아니라, 다른 몇몇 학자들의 비교철학적 글을 통해서도 그들이 어떤 동양철학적 개념과 사유틀을 가지고 실존철학과 현상학을 해석하고 있는지를 읽어낼 수가 있다. 놀라운 것은 그들 각각의 비교에 있어 공통적인 문제의식, 유사한 문제제기의 틀이 발견된다는 것이다.10)

여기에서는 우선 실존철학과 현상학을 이해할 수 있는 해석학적 지평을 박종홍의 철학체계 내에서 찾아내어 그 기반 위에서 실존철학 및 현상학의 논쟁거리들을 논하기로 한다. 그렇게 함으로써 실존철학과 현상학의 해석이 크게 두 가지 관점으로 구분됨을 살펴보고, 이를 다시 여섯 명의 비교철학자들의 비교철학 작업의 검토를 통해서 확인해볼 것이다. 그리하여 궁극적으로는 스스로 동양철학과의 연관성을 도외시한 채 오로지 순수 서양철학적 용어와 서양철학적 사유방식에 따라서만 철학할 수 있다고 생각하는 오늘날의 서양 철학 연구자들의 현상학 논의조차도 실은 동양철학적 논의지평 안에 포용되고 그 안에서 심화될 수 있는 것임을 밝혀보고자 한다.

2. 실존철학과 현상학의 수용기반으로서의 한국철학의 정신 : 박종홍의 철학

한국에서 실존철학과 현상학이 어떤 사상적 기반 위에서 받아들여졌는지

---

10) 이기상은 「한국의 해석학적 상황과 초월론적 자아 : 현상학·실존철학의 수용과 한국철학의 정립」에서 현상학·실존철학과 동양철학을 비교철학적 관점에서 함께 논의한 고형곤, 전두하, 신오현의 연구결과를 소개하고 있지만 그들의 책의 내용을 정리요약하는 데 그쳤다는 점에서 본 연구가 서술하고자 하는 방식과는 구분된다고 생각한다. 한전숙은 「한국에서의 현상학 연구」에서 현상학과 동양철학에 관한 더 많은 연구가들의 연구성과물의 제목을 소개하고 있는데, 본 연구에서 논의되지 못한 더 많은 비교철학적 연구 성과는 그 제목에서 찾아볼 수 있을 것이다.

를 박종홍의 철학을 통해 살펴보기로 한다. 이는 박종홍이 한국에서 아주 이른 시기에 실존철학을 체계적으로 깊이 있게 소개하면서, 강의와 저술을 통해 한국철학계에 광범위한 영향을 미쳤다는 것 때문만이 아니라, 무엇보다도 그 스스로 실존철학의 문제를 한국 철학정신과의 연관 하에 사유하면서 그 둘간의 공통점과 차이점 또한 분명히 제시하고 있기 때문이다.

우선 실존철학과 현상학은 그것이 '향내적'이라는 점에서 불교와 일치한다.11) 물론 박종홍에 따르면 향내적이라는 것은 철학의 한 우연적 특징이 아니라, 어떤 사유든지 그것이 철학이고자 하는 한 반드시 갖추어야만 하는 기본요건이다.12) 즉 그는 철학의 본질적 특징을 '주체의 자각'으로 본 것이다. 세상을 또는 자기 자신을 인식할 때 그 인식이 성립하기 위해서는 인식대상이 있어야 할 뿐 아니라, 그 대상을 객관화하여 바라보는 주체가 활동하고 있어야 한다. 바로 이 주체에 대한 자각이 철학이다.

> 이 [객관화하는] 작용으로서의 주체가 주체 자신을 주체적으로 파악하는 것이 다름 아닌 자각인 것이요, 이 자각을 통하는 주체적 파악을 가졌다는 점이 철학이 근본적으로 과학과 다른 특색이라고 하겠다.13)

이처럼 의식대상을 향해 그 대상을 주목하는 것이 아니라, 평상시 대상화방

---

11) 그의 철학의 중심개념이 되는 '향내적 현실파악'과 '향외적 현실파악'은 단순히 융(G. Jung) 식의 심리학적 의미 또는 개인적인 관심방향의 의미만으로 해석되어서는 안 된다. 그 궁극적 의미는 향내의 '내'와 향외의 '외'가 무엇을 뜻하는지, 즉 그 두 현실파악방식을 통해 박종홍이 이해한 현실이 과연 어떤 현실인지, 한마디로 박종홍의 존재론이 무엇인지를 드러냄으로써만 그 풍부한 의미가 다 살아날 수 있는 것이다. 이하 본장의 작업은 박종홍의 한국 불교와 유학에 대한 이해를 분석함으로써 그의 존재론을 밝혀내는 것이다.

12) 따라서 '향내성'을 갖추지 않은 채, 대상세계로만 향한 탐구, 즉 오로지 '향외적인 현실파악'은 그것이 자연적 대상으로 향한 것이든 사회적 대상으로 향한 것이든, 그 자체가 철학일 수는 없는 것이다. 따라서 향외적 현실파악으로서의 과학철학이나 프라그마티즘 또는 마르크스주의 등은 그것이 실존철학적인 향내적 현실파악을 보완하고 완성하는 한에서만 엄밀한 의미에서 '철학적'이라고 말할 수 있는 것으로 간주된다.

13) 박종홍, 「철학개론강의」, 『박종홍전집』 제2권, 민음사, 1998, 14쪽.

식으로 작용하는 주체의 활동성 자체에 주목하는 것이 바로 향내적 현실파악이다. 그는 원효의 '歸一心門'이나 지눌의 '返照', 나아가 현상학에서의 환원의 방법 등이 모두 그러한 향내성을 가진다는 점에서 서로 상통한다고 본다.

> 返照니 寂照니 하는 것, 定慧라는 것까지도 현상학에 있어서 이른바 환원의 방법과 상통[한다].14)

향내적 사유라는 점에서 "후설에 있어서 자연적 태도를 괄호치고 무력하게 한 후 다시 순수의식 속으로 환원한 것, 또는 하이데거에 있어서 대상적인 현존재나 유용성으로부터 본래성으로서의 귀환현시"15) 등은 불교에서의 반조, 귀일심문과 상통한다고 보는 것이다.

그러면서도 그런 향내적 전환을 통해 무엇을 궁극적 현실로 발견하는가에 있어서는 불교와 실존철학 간에 다음과 같은 큰 차이가 있음을 주장한다.

> 근본적으로 가장 중요한 차이점이라고 지적 아니할 수 없는 것은 지눌에 있어서 보광명지의 밝음은 나 아닌 타자로부터 얻어진 광명이 아니다. 나 자신이 佛이기에 佛知가 곧 나의 지요, 비춘다 하여도 내가 나를 비추는 것이므로 밖을 향하여 나갔던 빛을 나 자신에게로 되돌리는 회광반조인 것이다. 동굴 밖에 태양이 따로 있어서 나에게 빛을 던지는 것도 아니요 빛은 본래가 나와 하나이다. 지눌은 二體설을 철저히 배격한다.16)

그는 한국철학의 근본 정신을 "광원은 다름 아닌 나 자신"17)이라는 자각, 즉 현상 존재와 인식의 궁극적 근원이 바로 인간 자신이라는 자각으로 간주한다. 그것이 한국 불교와 유학의 특징이기도 하며, 바로 그 정신이 동학의

---

14) 박종홍, 「지눌의 사상」, 『한국사상사』, 『박종홍전집』 제4권(불교사상편), 민음사, 1998, 190쪽.
15) 위의 글, 190쪽.
16) 위의 글, 191쪽.
17) 위의 글, 191쪽.

'인내천'으로 절정화되었다고 보는 것이다. 이에 반해 서양정신은 광원을 인간 너머의 神이나 善의 이데아 또는 존재 자체로 간주한다. 빛이 나 너머에서 나를 향해 다가오는 것으로 보는 것이다. 철학이기에 향내적으로 인간 자신의 내면으로 향하는 것은 동서가 마찬가지이지만, 그 내면에서 다시 인간을 넘어서는 타자를 발견함으로써 인간 유한성의 확인으로 끝나는 실존철학과 그 내면에서 중생이 곧 부처이고 人心이 곧 道心이며 사람이 곧 하느님임을 깨닫는 한국정신 간에는 큰 차이가 있다고 보는 것이다. 박종홍은 이 차이가 결국 서양 기독교와 동양 내지 한국철학 정신의 차이가 된다고 본다.

> 순전히 사상적으로만 본다면 유불도 삼교를 융합귀일시킨 동학사상과 신래의 천주교의 사상이 그 근본에 있어서 다르다고 할 점은 과연 무엇인가? 간단하게 다루기 힘든 문제이나 '사람 섬기기를 하느님과 같이 하라'(事人如天)하며 '사람이 곧 하느님이다'(人乃天)하는 동학사상과 인류의 원죄를 신앙의 밑받침으로 삼는 서학과는 서로 쉽사리 용납되기 힘든 점이 있었으리라.……사람의 본성을 그대로 착하다고 보려는 유학의 가르침이라든가 더구나 일체중생이 시방제불과 더불어 동일한 법성을 가졌고 모든 미혹은 실제로 있는 것이 아니라 몽환에 불과하여 누구나 깨치면 그대로 곧 불이라는 불교사상이라든가, 그런 것에 입각하여 귀천부귀를 막론하고 사람이 곧 하느님이라고까지 철저하고 대담하게 단적으로 외친 천도교의 사상이, 저 독생자의 속죄로써 비로소 구원을 얻게 되었다는 서학의 원죄사상과 대번에 융화되기는 곤란하였을 것이다.[18]

이처럼 박종홍은 한국사상의 특징을 "인간의 평등한 존엄성"의 사상, 주체성의 사상으로 간주하며, 그 전형을 동학의 "인내천"으로 본다. 그리고 불교의 불성, 견성, 회광반조, 유가의 극기복례, 成己成物, 퇴계의 理發 등을 다 그와 같은 문맥으로 이해한다. 현상의 궁극적 근원을 신이나 존재 자체나

---

18) 박종홍, 「반발·섭취와 민족적 자각 : 이조에 있어서의 서양사상의 도입에 따른」, 『한국철학사상논고』, 『박종홍전집』 제5권, 민음사, 1998, 542쪽.

물질 등 인간 너머의 타자로 설정하는 것이 아니라 그것이 바로 인간 자신의 내면의 빛이라는 것을 강조하는 것이다.

그렇다면 과연 인간 안의 무엇이 성인이나 부처의 성품, 존재를 밝히는 광원, 빛으로 파악된 것일까? 인간 내면의 빛은 곧 마음의 빛이다. 이 빛을 밝히기 위해 마음은 흔히 거울에 비유된다. 거울의 비유가 나오는 지눌의 『절요사기』를 박종홍은 다음과 같이 요약한다.

> 진심본체에는 이종의 용이 있어서 첫째는 자성본용이요, 둘째는 수연응용이다. 동경에 있어서 동의 질은 이 자성체요 동의 명은 이 자성용이며, 명이 나타내는 바 그림자는 이 수연용이라 그림자는 곧 연을 대하면 바야흐로 나타나 그 나타남이 천 가지로 다름이 있으나 명은 언제나 명이라, 명은 오직 일미니 써 심상적은 이 자성체요 심상지는 이 자성용임을 비유한 것이다. 이에 능어언, 능분별 등은 이 수연용임을 알 것이다.[19]

이렇게 구분된 명경의 체와 용, 자성본용과 수연응용은 다음과 같이 정리될 수 있다.

명경의 체 = 자성체 : 心常寂

용 ┌ 自性本用 : 거울의 明 : 心常知=空寂知
　 └ 隨緣應用 : 거울의 相 : 언어 · 분별지

마음이 보는 일체의 것은 마음이라는 거울에 비친 상에 해당한다. 상은 여러 기지로 나다날 수 있지만, 거울 자제는 언세나 동일한 하나로 거기에 있다. 거울이 상을 포용하듯, 마음은 마치 빈공간처럼 만물을 포용한다. 그러면서도 마음이 단순한 빈 공간으로서의 허공과 구분되는 것은 마음의 아는 작용 때문이며, 이것이 거울의 비침, 밝음, 명에 비유된 것이다. 그리고 거울에는 여러 가지 것들이 비쳐져 상이 나타난다. 거울의 상은 곧 마음이

---

19) 박종홍, 「지눌의 사상」, 『한국사상사』, 『박종홍전집』 제4권(불교사상편), 민음사, 1998, 175쪽.

대상을 아는 작용을 뜻한다.

그런데 여기서 중요한 것은 거울의 아는 작용은 緣, 즉 대상에 따라 거기 응해서 일어나는 수연응용 이외에 대상에 응함이 없이 그 자신의 본성에 따라 일어나는 본래적 용인 자성본용이 있다는 것이다. 거울은 거울 앞의 상, 대상만을 아는 것이 아니다. 거울 자체의 빛은 거울 자신에 대한 앎을 의미한다. 마음은 대상을 아는 것과는 전혀 다른 방식으로 이미 마음 자신에 대한 앎을 가지고 있다. 만물을 포용하며 비어있는 고요한 허공과 같은 마음이 마음으로 불릴 수 있는 것은 바로 그 공적에 어둡지 않은 밝음, 자신에 대한 신묘한 앎이 있기 때문이다. 이를 "性自神解", "空寂靈知", "대지혜광명", 또는 모든 중생에게 이미 갖추어진 앎이란 의미에서 "本覺"이라고도 한다.[20)]

이 공적영지, 대지혜광명을 자신의 빛으로 자각하지 못함이 無明이며, 이것이 곧 우리 중생의 不覺이다. 반면 스스로 자신의 마음을 깨쳐서 그 자신의 본각을 바로 그런 것으로서 깨닫게 되는 것을 始覺이라고 한다. 시각은 자신 안의 본각을 바로 그런 것으로서 자각하는 것이지, 새로운

---

20) 박종홍, 「원효의 철학사상」, 『한국사상사』, 『박종홍전집』 제4권(불교사상편), 민음사, 1998, 112쪽 이하 참조. 거울에 상이 비치는 경우와 마찬가지로 무색의 맑은 구슬이 빛에 따라 다양한 색으로 드러나는 경우를 생각할 수 있다. 이 경우 구슬 자체의 투명한 빛과 다양한 색으로 드러난 구슬의 빛에 대해 다음 세가지 관점이 구분가능하다.
(1) 북점종 : 구슬은 본래 공적의 무색일 뿐이므로, 일체의 빛은 허구일 뿐이라고 간주.
(2) 홍주종 : 빨강, 파랑의 다양한 빛으로 구슬이 드러나므로 그 모든 빛을 구슬의 빛으로 간주.
(3) 신회/대혜종 : 구슬 자체의 빛과 빨강, 파랑 등의 빛을 구분함.
(1)에서는 공적의 체만 인정되고 일체의 용이 허구로서 부정되고 있다. (2)에서는 용이 인정되되, 수연응용만 그렇고 자성본용이 간과되고 있다. 둘 다 수연응용과 구분되는 것으로서의 자성본용을 알지 못하는 것이다. (3)만이 자성본용을 수연응용과 구분되는 차원의 것으로 인정하고 있다. 즉 마음이 자기 자신을 자각하는 見性이 가지는 知의 성격은 마음이 대상을 인식하는 識과는 질적으로 다른 것임을 강조하는 것이다. 지눌을 따라 한국 간화선은 신회, 대혜 계통을 잇는다.

빛을 만들어내는 것이 아니다.[21] 이처럼 본래적 빛을 자기 자신의 빛으로 자각하고자 하는 활동을 廻光返照 또는 간단히 返照라고 말한다.[22] 회광반 조하여 자신 안의 광원, 자신 안의 본각을 자각함이 곧 본성의 깨달음, 見性에 해당한다.[23]

박종홍은 바로 이와 같은 본각과 시각 내지 반조의 차원에서 후설 현상학과 하이데거 실존철학을 읽어낸다. 본각을 자각하고자 하는 지관의 수행, 회광반 조 등을 현상학의 "환원의 방법", "자연적 태도를 괄호"치며 "순수의식 속으로 환원하는 것", 하이데거의 "본래성으로서의 귀환현시" 등과 비교하는 것이다. 그러면서도 박종홍은 "광원이 다름아닌 나 자신"이라는 자각, "바로 네가 부처니라"의 깨달음은 서양 정신, 특히 실존철학에는 결여되어 있는 것으로 본다. 그것이 바로 앞서 인용한대로 원죄 및 인간 유한성의 자각에서 출발하는 서양 형이상학과 불교와의 본질적 차이를 이루는 것이다. 그럼 이 차이는 어디에서 드러나는가?

---

21) 본각, 불각, 시각 등은 『대승기신론』에 등장하는 개념으로, 박종홍은 원효의 『대승기 신론소』에 따라 『박종홍전집』 제4권, 111쪽 이하에서 상세히 설명하고 있다.

22) 반조, 회광반조 등은 지눌철학의 핵심개념이다. 박종홍, 「지눌의 사상」, 『한국사상 사』, 『박종홍전집』 제4권(불교사상), 민음사, 1998, 158쪽 이하 참조.

23) 이하 계속 논의되는 바 광원의 빛, 성자신해, 공적영지 등은 중생 누구나의 심성 안에 이미 갖추어진 마음의 자기자각능력으로서의 佛性·本覺을 의미하며, 반조· 회광반조 등은 그 불성 또는 본각을 스스로 자각하고 확인하는 철학적 깨달음으로서 의 見性·始覺을 의미한다. 전자가 인간 마음인 아뢰야식의 근본적 활동성, 자기 자각적인 활동성으로서의 아뢰야식의 자증분에 해당한다면, 후자는 그 자증분의 활동을 다시 확인하여 자각하는 아뢰야식의 증자증분에 해당한다고 볼 수 있다. 이처럼 본성 내지 본긱과 견성 내시 시삭은 서로 구분되어 이해되어야 한다. 본각의 차원에서는 누구나 부처이지만, 시각의 차원에서 보면 부처와 중생은 하늘과 땅 차이이다. 그러므로 중생은 본각불이되 아직 시각불은 아닌 것이다. 평상심이 곧 도라고 간주하며 밥먹고 일하는 일상 행위 자체를 깨달음의 발현이라고 보는 마조 도일 이후의 선이나 홍주종 또는 默照의 수행행위 자체를 깨달음의 발현으로 보는 묵조선 등은 본각불의 관점에 선 본각문이라면, 본각에도 불구하고 그것을 가리고 있는 미혹으로 인해 중생심이 不覺 상태에 있음에 주목하여 마음공부(화두 선)를 통해 비로소 미혹이 제거된 깨달음(시각)에 이를 수 있다고 보는 화두선은 시각불의 관점에 선 시각문이 된다. 전자에서는 수행 자체가 깨달음의 표현이고 발현인데 반해, 후자에서는 수행은 깨달음에 이르기 위한 수단이고 방법일 뿐이다.

후설의 선험적 환원은 객관세계를 그 자체 실재로 상정하는 '일반정립'의 부정, 즉 자연적 태도에서의 소박한 실재론의 부정을 의미한다. 다시 말해 객관세계 사물을 거울(의식)에 비친 상으로 간주하는 것이다. 우리가 인식하는 대상은 우리 의식에 대해 대상으로 존재하는 것, 대상으로 현현하는 것이다. 거울은 상을 가지며, 상은 거울을 떠난 존재가 아니다.[24] 의식과 의식대상, 주관과 객관은 불가분리의 본질적 연관 하에 있다. 이것을 '의식의 지향성'이라고 한다. 의식은 대상이 있는 한에서만 의식이며, 의식으로 작용한다. 의식이 의식 자신을 의식할 때도 그 자신을 대상화하여 주객의 지향적 관계에 들어섬으로써만 의식으로 작용할 수 있는 것이다. 대상이 없는 의식, 무엇을 의식하는가에 있어 그 무엇이 없는 의식, 그것은 의식이 아니다.

지향적 의식의 활동방식은 개체적 사물을 시공간 내 사물로 고정화하여 고찰하는 객관화방식일 수도 있고, 그런 개체에 주의집중 하기 이전 전체적 지평을 총체적으로 의식하는 지평적 의식방식일 수도 있다. 전자의 지향적 의식에서의 의식대상은 객관적 자연세계이며, 후자의 지향적 의식에서의 의식대상은 일상적인 생활세계가 된다. 후설 현상학 전기사상은 주로 전자의 의식활동의 분석에 치중했다면, 후기 현상학은 생활세계가 분석대상이 된다.

여기서 의식의 지향성을 주-객의 본질적 상호연관성으로만 해석하면 대상을 가지지 않은 의식활동은 부정되게 된다. 결국 마음의 수연응용만 인정되고, 대상 없이 마음 자체를 자각하는 자성본용은 부정되는 것이다.

---

24) 거울의 상과 구분되는 거울 앞의 사물 자체가 있지 않는가? 이런 생각에서 사물 자체의 존재를 그대로 인정한 후에 의식을 거울로 비유한다면, 그것은 소박한 실재론에 기반한 '모사론'에 지나지 않는다. 그러나 의식 또는 마음을 거울로 비유하는 진정한 의미는 우리가 인식하는 대상 세계 자체를 거울의 상으로 간주하는 것이다. 의식과 의식대상 간의 지향성을 말할 때, 그 대상은 우리가 지각하는 사물 자체를 의미하지 그 사물의 심리적 상을 뜻하는 것이 아니기 때문이다. 우리가 일상적으로 사물 자체로 간주하는 것이 그 비유에 있어 거울의 상으로 간주되는 것이다. 따라서 거울의 상 너머에 다시 사물 자체를 설정한다면, 세계의 이중화가 될 뿐이다. '존재정립'의 괄호치기를 사물 존재를 괄호 바깥에다 계속 인정하고 단지 그 의미만을 문제삼는 것이라고 읽으면, 즉 환원이 존재론적 논의가 아니고 단지 인식론적 논의일 뿐이라고 읽으면, 핵심을 놓친 것이 된다.

그러나 지향성이라는 것을 의식과 의식대상의 본질적 연관관계의 의미만으로 읽지 않고, 의식에 의해 의식대상이 구성되는 능동적인 의식활동의 의미로 읽을 경우, 의식의 지향적 구조를 통해 후설 현상학이 밝히고자 하는 핵심은 마음의 수연응용을 넘어 자성본용을 본질로 하는 초월적 주관성의 해명이 된다. 물론 그럴 수 있으려면 의식의 대상구성적 활동이 단지 의식의 형식구조에 따른 무의식적 활동으로 간주되어서는 안 되고, 인간 스스로 그 마음의 활동을 자각할 수 있는 허령불매의 靈知로 이해되어야 하는 것이다. 그리고 이는 곧 의식의 지향적 구성의 가장 근본층을 이루는 지향적 시간 구성에 있어 구성의 주체로서의 주관성의 활동을 지평초월적인 생생한 현재로서 인정하는 것이 된다.

이처럼 의식 지향성의 의미를 어떻게 이해하는가의 문제는 의식활동에 있어 수연응용 이외에 자성본용을 인정하는가 아닌가의 문제가 되며, 이는 곧 지향된 대상세계 및 생활세계에 대해 구성주체로서의 자아의 초월성을 인정하는가 아닌가의 문제가 된다. 이렇게 해서 현상학을 대상세계 및 생활세계 지평을 구성하는 '초월적 주관성의 학' 내지 '초월적 관념론'의 체계로 볼 것인가, 아니면 주관 자체도 생활세계 내에서 형성되는 산물로 간주하는 '생활세계의 학'으로 볼 것인가의 두가지 관점이 성립하게 된다. 전자가 후설 자신의 현상학적 관점이라면, 후자는 현상학을 단지 방법론적으로만 수용하면서 오히려 주관과 객관, 주체와 세계의 공속성을 강조하는 실존주의적 관점 나아가 주체의 해체 또는 죽음을 주장하는 포스트구조주의적 관점이라고 볼 수 있다.

실존주의자들처럼 의식의 지향성을 단지 주관과 객관의 본질적 상호연관성, 자아와 세계와의 공속성 내지 동근원성으로만 이해한다면, 결국은 그 둘을 포함하며 그 둘을 발현시키는 하나의 절대적 근원이 자아 너머의 절대적 타자로서 설정되게 된다. 따라서 '실존'이란 인간 내면에서 그와 같은 절대 타자와 직면하여 인간 자신의 유한성과 피규정성을 확인하는 과정이 될 뿐이다. 이러한 실존철학의 정신을 조가경의 『실존철학』에서 그대로 확인해 볼 수 있다.

    실존은 근원적으로 초월하는 행위인 것이다. 그것은 세계적인, 즉 자연적 · 직접적인 현존재의 상태를 항상 벗어나며 자기 자신에 대하여 자각적으로 반성하는 태도를 취하는 모습으로 나타난다. 그러나 자신과의 관계에만 끝내 머물고 만다면 실존은 '넘어서는' 행위라고 말하기 어려울 것이다. 실존 자체를 넘어서, 나 자신인 실존을 초월해 있는 절대자와 궁극적으로 부딪히게 되는 초월의 행위에서부터 비로소 실존은 그의 필요충분조건을 부여받는다. 실존과 이에 대한 타자인 초월은 마치 동일한 공간 속에 우연히 병존하는 두 개의 실체처럼 서로 무관한 위치에 있는 것이 아니다. 실존 역시 자기를 넘어서는 하나의 관계개념이다. 따라서 실존에는 항상 타자와 상관관계가 따른다. 그 타자는 키에르케고르에게는 신이었고, 야스퍼스에게는 일반적으로 '초월'이라고 불리는 것이었으며, 하이데거에게도 모든 존재자와는 구별되는 '단적인 초월'로서의 '존재' 자체였다.[25]

    이처럼 조가경에 있어 실존의 진정한 의미는 나를 넘어선, 나 아닌 타자와의 부딪침에 있다. 실존은 1) 일상적 자아를 넘어서는 초월이면서 2) 다시 실존을 초월한 타자와의 부딪침이라는 것이다. 그리고 그 타자는 신, 타인, 존재 자체 등이 된다. 조가경은 이런 타자와의 부딪침을 초월의 본질적 의미라고 보지만, 그러나 이는 조가경 자신이 서양 실존철학적 관점에서 사유하기 때문이다.[26] 그리고 여기에는 박종홍이 강조하는 바와 같은 인간 자신이

---

25) 조가경, 『실존철학』, 박영사, 1995년 개정판, 89~90쪽. 한국 실존철학 연구자들에게 많은 영향을 미쳤다고 평가되는 이 책은 1961년에 초판이 나왔다.
26) 실존의 의미를 조가경처럼 이런 식으로 규정하면 한국사상에 그런 의미의 실존사상이 없는 것은 오히려 당연한 것이 된다. 자성본용의 공적지를 논하며 인내천을 주장하는 한국정신에 있어 인간 너머의 절대적 객관 존재, 절대 타자는 존재하지 않기 때문이다. 그는 그의 『실존철학』에서 "학문의 성격이 추론적이라는 사실을 깨닫는다면 우리는 아직도 많은 보행연습이 필요하다.……자기 자신을 올바로 인식하려면 일단 자기 자신을 벗어나야 한다"고 말함으로써 우리에게 필요한 보행연습은 곧 우리의 바깥, 동양철학 바깥으로 나아가는 것이라고 주장한다. 반면 서양철학은 "정신이나 의식의 자기반성으로서의 추론과정과 그 활동의 전체성을 기반으로 하지 않는 한 진리의 타당한 표준을 세울 수 없다고 생각"하여 그들 스스로 대상인식을 위해 자기 밖으로 나아가는 보행을 감행하고 다시 자신으로

광원이라는 자각, 허령불매의 공적지 내지 本覺에 대한 의식, 회광반조의 흔적은 찾아보기 힘들다.27)

그러나 향내적 회광반조에 투철한 한국인의 정신에 있어서는 항상 그 광원이 빛나고 있었기에, 문제가 되는 제일의 화두는 언제나 인간 자신의 마음이었다. 수연응용을 넘어서는 마음의 자성본용, 허령불매의 공적지를 인정하느냐 아니냐의 문제는 조선시대에 와서 유학적 개념으로 바뀌어 다시 본격적으로 논의된다.28) 마음의 수연응용은 마음이 대상에 感하고 應해서 發하는 것을 의미한다. 대상에 감하고 응하는 것은 마음의 氣이다. 따라서 수연응용의 작용은 곧 氣發이다. 만일 대상세계와 감응하지 않은 상태에서의 마음작용이 있다면 그것은 기발이 아니고, 마음의 자성 자체의 자각적 활동일

되돌아와 자신을 "풍부하고 완전하게" 규정해왔다고 보는 것이다. 그에 반해 동양의 도가는 "분석보다는 종합으로, 사유보다는 직관으로 흘렀던 동양의 옛사상"으로서 "무의 원리"에 따라 "자아를 무규정성 내지 불가규정성의 차원 속에 침잠"시킬 뿐이었으며, 따라서 "그러한 입장에 머물러 있는 한 우리는 우리 자신의 근원에 대해 참된 인식을 가질 수 없다"고 주장한다. 결국 "현대 구라파의 지배적인 사조들을 검토하는 것은……우리 자신을 발견하는 데에 필요한 타산지석으로 생각된다"고 결론내리는 것이다. 어쩌면 조가경은 자신이 걱정한 대로 이미 오래 쓴 "색안경" 때문에 "본래의 자기 자신의 모습을 발견하기가 아예 불가능"했는지도 모른다. 이상의 인용은 모두 『실존철학』, 16~17쪽에 실려있다.

27) 이 점에서 보면 조가경을 박종홍 철학정신의 계승이라고 평가하는 것은 근본을 놓친 평가이다. 그의 박사학위논문이 하이데거와 노자를 비교한 것에서도 볼 수 있듯이 그가 동양철학 중에서도 주체성과 자각능력을 강조하는 불교나 유가사상이 아니라, 자연주의적 사고가 지배적인 도가사상 연구로부터 출발하여 거기에 머물러 있었다는 것이 박종홍 식의 주체성의 자각으로부터 멀어지게 된 원인인지도 모른다.

28) 중국 송대 유학은 외래 종교인 불교 형이상학의 자극을 받아 원시 유가를 형이상학화한 체계인데, 유학자들은 불교에 대해 유학과의 공통점보다는 차이점을 강조하여 신랄하게 비판한다. 그들이 가장 큰 차이로 강조하며 비판하는 것은 불교가 空寂에 빠진 허무의 가르침이라는 것이다. 그와 더불어 인간 심이 가지는 공적의 자각으로서의 공적지 또는 그 공적지에 이르려는 지관이나 無心의 수행 등을 비현실적인 공부방식이라고 비판한다. 심원으로의 보다 철저한 복귀는 양명학에서 비로소 이루어지지만, 처음부터 일심의 허령지를 인간 본질로 자각하여 알던 한국인은 유학을 받아들이면서 다시 그 문제를 문제삼았는데, 그것이 곧 사단칠정론으로 전개되는 이발기발논의이다.

것이며, 이는 곧 마음의 性인 理의 활동이란 점에서 理發이 된다.

따라서 문제는 특정 상황에서 마음이 대상에 감응하여 발하는 기발 이외에 마음 자체의 자기 자각, 리의 활동성, 리발이 과연 있는가이다. 구체적 대상이 의식내용으로 떠오르지 않은 無念 상태, 특정한 일이 발생하지 않은 無事 시에도 마음은 자기 자신을 회광반조하여 자각할 수 있는가? 리발을 인정하는 것이 퇴계이고, 리발을 부정하는 것이 율곡이다. 박종홍은 다음과 같이 말한 다.

> 주기론적 경향과는 달리 리도 발하는 것이라고 하여, 리의 자발적인 능동성 을 분명히 주장한 이는 이퇴계이다.……마음공부로부터 성리학에 들어간 것이요, 그것이 敬사상을 중심으로 전개된 것이다.……따라서 능동적인 이발 을 주장한 것[이다].29)

퇴계는 리발을 긍정하므로 리발 결과의 情인 四端과 기발 결과의 정인 七情을 본질적으로 서로 다른 정으로 구분한다. 반면 율곡은 리발을 부정하고 기발만을 인정함으로써 사단과 칠정을 본질적으로 같은 류의 것으로 간주한 다. 어떤 근거에서 율곡이 리발을 부정하는가를 박종홍은 다음과 같이 정리한 다.

> [율곡은] 사단도 기발이이승지 이외의 것이 아니라는 것이니, 가령 맹자가 인용한 예로서 어린애가 우물에 빠짐을 보고 측은한 마음을 내는 것은 사단 중의 하나인 인지단이라 한다면 이미 외물에 감하여 움직이는 것, 즉 기발이다. 감함이 없이 흉중으로부터 자발하는 정이 천하에 있을 수 있단 말인가. 성인의 마음이라도 감함이 없이는 자발할 수 없을 것이다. 따라서 리 자신이 홀로 속으로부터 발하는 것이 아니라, 발하는 것은 외물에 감하는 기일 뿐, 거기에 리가 타는 것이라고 한다. 리지발이니, 리발이기수지니 하는 것은 성립할 수 없다. 발하는 것은 기요, 발하는 까닭은 리다. 사람의 마음만이 그런 것이

---

29) 박종홍, 「한국유학의 역사적 추이와 그 영향」, 『한국사상사』, 『박종홍전집』 제4권 (유학사상편), 225쪽.

아니라 천지의 조화가 또한 그러한 것이라고 하였다.[30]

이 두 가지 설에 대해 박종홍은 리의 능동성을 인정하는 퇴계의 리발설을 타당한 것으로 인정한다.

> 이퇴계뿐만 아니라 대체로 유학사상이 인간관계, 나아가 내면적인 마음공부로부터 출발한 것이 사실이라면, 理의 능동성을 주장함이 타당하다고 인정된다.[31]

리의 능동성을 인정해야 그 마음의 활동성인 허령지 또는 본각을 인간 자신의 광원으로서 자각하는 것이 가능해지기 때문이다. 진정한 철학 또는 진정한 마음공부는 마음 안에서 바로 그 광원을 자기 자신으로 발견하는 것, 인간 심에 내재된 하늘, "한울, 한울님, 하느님"을 자신으로 발견하는 것이기 때문이다. 박종홍은 바로 이것을 한국정신으로 규정한다.

> 한국의 유학으로써 볼 때……인간을 중심으로 마음공부에 의하여 천인합일의 경지를 생각하려는 경향이 강하였고, 따라서 천을 밖에서 찾는다기 보다는 내면적인 戒愼에서, 그리고 敬에 있어서 찾으려고 한 것이 대체로 본 주류였다고 할 수 있다.[32]

그리고 바로 이 정신이 천도교로 이어졌다고 보는 것이다.

> 하늘을 밖에서 찾는 것이 아니라, 사람 자신에 있어서 찾으려는 것이 동학의 근본사상이다. 하늘의 마음이 곧 사람의 마음인 것이요, 따라서 타력에 의지하려 함이 아니라, 어디까지라도 자력으로 수행하며 깨치려는 사상이다.[33]

---

30) 박종홍, 『철학개설』, 『박종홍전집』 제2권, 344쪽.
31) 박종홍, 「한국유학의 역사적 추이와 그 영향」, 『한국사상사』, 『박종홍전집』 제4권(유학사상편), 225쪽.
32) 위의 글, 226쪽.
33) 박종홍, 『철학개설』, 『박종홍전집』 제2권, 민음사, 1998, 353쪽.

이처럼 반조하여 인간 자신의 마음이 곧 하느님의 마음임을 깨닫는다면, 즉 인간 자신 안에서 광원을 발견한다면, 그로써 향내적 사유는 궁극에 이른 것이다. 궁극에 이른 것은 다시 되돌아가게 된다. 근원에 이르지 않고 어떻게 되돌아갈 수 있으며, 심연에 맞닿지 않고 어떻게 회향할 수 있겠는가. 향내가 충실히 완성됨으로써 비로소 다시 향외로 전환할 수 있는 것이다.

이로써 박종홍은 "향내적인 자각을 통하여 무에 부딪쳐 다시 향외적으로 돌아오는 창조의 길"[34]을 강조한다. 철학의 출발점은 향내적 사유이되 철학의 완성은 향외적 실천이 되는 것이다. 이와 같이 추구되는 바는 결국 향내와 향외의 종합이다. 향내는 일상적인 대상적 사유의 부정으로서 내적 근원으로 향함이라면, 향외는 도달된 그 근원으로부터 다시 현상으로 되돌아옴이기에 "부정의 부정"이 된다.[35] 향내적 부정이 일상의 색을 부정하는 '色卽是空'이라면, 향외로서의 부정의 부정은 다시 일상의 색을 긍정하는 '空卽是色'이 된다. 이로써 색은 공의 실현, 근원의 현현, 광원의 빛 속에 피어나는 현상, '眞空妙有'가 된다.

결국 진정한 의미의 향외는 향내가 완성됨으로써만 가능한 것이다. 실존철학은 불교에 비해 그 향내성에 있어 투철하지 못하다. 따라서 향외적 실천력이 결할 수밖에 없는 것이다. 현상의 근원이 인간 자신이 아니고 타자라면, 현상을 완성시키는 힘은 인간 밖의 타자로부터, 신이나 자연 또는 존재 자체로부터 오는 것으로 간주되며, 인간의 향외적 실천의지는 약화될 수밖에 없는 것이다.

향내와 향외의 진정한 종합을 박종홍은 유학에서 발견한다. 유학은 불교와 더불어 향내에 충실하지만 불교처럼 공적에 머무르지 않고 부정의 부정, 物極必反의 정신에 투철하다고 본 것이다. 유학의 克己復禮, 內聖外王 등이 향내와 향외의 종합을 말해준다. 박종홍은 특히 『중용』에 나오는 誠에

---

34) 위의 글, 368쪽.
35) 1939년 "현실파악"이라는 글에서 이미 이러한 "부정의 부정"의 운동성을 말하고 있다. 『박종홍전집』 제1권, 425쪽.

입각한 成己成物의 정신에서 그 종합의 완성을 본다.

> 오직 천하 지성이라야 능히 그 성을 다하나니 능히 그 성을 다하면 능히 사람의 성을 다하고 능히 사람의 성을 다하면 능히 물의 성을 다하고 능히 물의 성을 다하면 가히 천하의 화육을 도울 것이요, 가히 써 천지의 화육을 도우면 가히 써 천지와 더불어 나란히 셋이 된다.36)

향내적 자기통찰 및 자기수양이라고 할 수 있는 誠으로써 자신을 완성하면, 그것이 곧 자신 이외의 만물을 완성하는 것이 되고, 그것이 곧 천지의 화육을 돕는 것이 된다는 것이다. 천지의 화육을 도우면 천지와 더불어 셋이 된다는 것은 천·지·인이 나란히 하나가 된다는 것을 의미한다. 이처럼 "성인의 도가 양양하게 만물을 발육하여 놓음이 하늘에 극한다"고 보는 유가사상에 대해 박종홍은 "서양 실존철학에 비하여 얼마나 그 스케일이 크고 철저한 것인가"37)라고 감탄한다. 그는 유가적 성실의 誠이 실존의 實과 통하기는 하지만, 그것이 향내의 극에 달하여 향외로 전향함으로써 만물과 천하로 확장되는가 아니면 그렇지 않고 단지 내적 고독과 한계의식 안에 머물러 있는가에 있어 큰 차이가 있다고 보는 것이다.

> 성을 밑받침으로 하는 사상인 점에 있어서 실존철학은 동양의 유학사상과 공통된 점이 있음을……짐작할 수 있거니와 동양사상은 그 성을 자아의 고독한 실존문제에서만 보는데 그치지 않고 다시 확충하여 만물에까지, 아니 천하에까지 이르는 점이 더욱 철저하다.38)

박종홍에 따르면 실존철학은 불교에 비해 향내적 자각이 덜 철저하고, 유가에 비해 향내적 자각에 기반한 향외적 실천이 부족한 것이 된다.

---

36) 박종홍, 「실존철학과 동양사상 : 특히 유가사상과의 비교」, 『철학논고』, 『박종홍전집』 제2권, 503쪽.
37) 위의 글, 503쪽.
38) 위의 글, 502쪽.

이상은 서양의 현상학과 실존철학을 수용함에 있어 한국적 철학정신의
바탕은 어떠한가를 박종홍을 따라 살펴본 것이다. 이는 곧 현상학과 실존철학
이 어떤 기반 위에서 어떤 방식으로 수용되었는가를 말해주는 것이기도
하다.

3. 실존철학과 현상학 수용의 방향을 결정짓는 두가지 관점

현상학이나 실존철학을 이해하고 해석하며 수용하는 데 있어 중요한 것은
해석자 자신이 인간에 대해 그리고 인간을 논하는 철학에 대해 어떤 관점을
가지고 있는가 하는 것이다. 원효적 一心의 철학이 강조하는 대로 인간의
성불가능성을 기약하는 성자신해 · 허령불매의 본각 · 공적지를 인정하는
가 그렇지 않은가, 퇴계의 유가적 심학(心學)이 내포하는 인간 본성인 리(理)
의 자발성, 즉 스스로 발할 수 있음, 또는 기(氣)적인 대상연관성을 넘어서는
리의 근원적 활동성을 인정하는가 아닌가가 외래 사상을 수용함에 있어
그 해석의 틀을 규정하는 것이다.[39]

본각을 인정하는 관점에 서면 후설 현상학은 전 · 후기를 막론하고 초월적
주관성의 지향작용에 의한 현상세계의 구성을 논하는 초월적 관념론의 학으
로 해석된다. 반면 그것을 인정하지 않는 관점에 서면 후설의 후기 현상학은
전기의 초월적 관념론과 달리 초월적 주관성 자체를 생활세계 내에서 역사적
으로 구성되는 산물로 간주하는 생활세계 현상학으로 방향 전환한 것이
되며, 이런 의미에서 세계 내적 존재로서의 인간의 피규정성, 유한성을 강조
하는 실존철학이 오히려 인간존재에 대한 보다 더 설득력 있는 통찰로 간주된

---

39) 물론 이는 외래 사상을 수용하기에 앞서 한국철학사상을 먼저 공부하여 철학에서
도대체 무엇이 문제가 되는 것인가를 제대로 알고 있을 경우에 해당할 것이다.
대개는 이 문제의식이 없다. 그러면서 진정한 의미의 철학적 문제의식, 보편적인
철학적 사유 등이 서양철학을 통해 비로소 우리에게 전해졌다는 듯이 말하며
그런 식으로 현대한국철학의 연구사를 기술한다. 철학의 역사는 철학 해석의 역사
이다. 바로 잡지 않는다면, 그게 당연시되면서 역사는 그런 식으로 고정될 것이다.
그러나 우리가 왜 그런 식으로 우리 정체성을 스스로 부정한단 말인가?

다.

이는 또한 인간 의식활동에 관한 현상학적 논의를 형이상학 내지 존재론적 차원의 논의로 받아들이는가 아니면 존재 자체는 인간 의식 너머의 객관 실재로 남겨놓으면서 단지 세계의 의미 또는 존재의 의미만을 논하는 인식론적 논의로만 받아들이는가의 차이가 되기도 한다. 이는 곧 주관과 객관의 상호연관관계로서의 현상적인 의식 지향성에 대해 그 지향적 관계의 근원을 주체의 지향적 구성작용에 두는가 아니면 주객을 포괄하는 제 3자적인 신 또는 주객미분의 질료 등 타자에다 두는가의 문제이다. 요컨데 현상세계에 대해 초월적 관념론의 입장을 취하는가 아니면 실재론의 관점을 취하는가의 문제가 되는 것이다.

이하에서는 인간의 마음을 현상의 근원으로 보면서 그 마음의 본질적 작용으로서 空寂靈知 또는 理發을 인정하는 전자의 관점을 自性本用의 관점이라고 하고, 반대로 그러한 마음의 공적영지 내지 리의 활동성을 부정하면서 인간의 마음 작용을 오직 대상세계와의 연관 하에서만 깨어있는 것으로 간주하는 후자의 관점을 隨緣應用의 관점이라고 칭하기로 한다. 자성본용의 관점에서 현상학과 실존철학을 수용 소개하는 철학자로 전두하, 신귀현, 신오현을 들 수 있으며, 수연응용의 관점에서 현상학과 실존철학을 수용 소개하는 철학자로 고형곤, 김형효, 신옥희를 들 수 있을 것이다.

1) 자성본용의 관점 : 전두하, 신오현, 신귀현

(1) 전두하

전두하의 서양철학에 대한 관심은 현상학 내지 실존철학에만 국한되어 있지 않다. 900쪽이 넘는 방대한 양의 비교철학 저서『한국사상과 독일철학』은 크게 두 부분으로 나뉘는데, 전반부에서는 퇴계와 헤겔이 비교되고 후반부에서는 율곡과 하이데거가 비교되고 있다. 퇴계와 헤겔, 율곡과 하이데거가 각기 동일 지평 위에 놓일 수 있는 근거를 그는 다음과 같이 정리한다.

164

　대체로 이퇴계의 이기론이 이와 기의 '대립적 측면'을 강조한다는 점에서 헤겔의 논의와 대비할 수 있는 것이라면, 이율곡의 이기론은 이와 기의 '융합적 측면'을 역설한다는 점에서 하이데거의 논의와 대비할 수 있는 것[이다].40)

　리와 기가 대립적 측면을 가진다는 것은 인간 심성에 있어 리가 단지 기의 활동의 추상적 원리로서만 작용하는 것이 아니라 리 자체가 기의 작용과 독립적으로 스스로 발하는 자발성을 가지고 그 자체로 자각됨으로써, 리발의 결과와 기발의 결과가 서로 다른 것으로 인지된다는 것을 의미한다. 리발은 기의 활동에 근거한 대상적 인식 차원으로 환원될 수 없는 주체의 자발적인 자기 자각을 의미하며, 이 점에서 마음의 수연응용이 아닌 자성본용을 의미하는 것이다.

　이렇게 이해된 자성본용의 마음은 현상세계를 구성하는 후설 현상학의 초월적 주관성의 활동성과 비교될 수 있지만, 전두하는 후설에 앞서 초월적 주관성의 능동적 활동성을 가장 철저하게 분석하여 절대적 관념론의 체계를 완성한 헤겔에게서 그 전형을 발견한다. 즉 퇴계의 리의 자발성 내지 공적영지는 헤겔에 있어 절대자의 자기인식 내지 절대지와 비교된다. 리의 자발성은 리가 단지 추상적 원리에 그치는 것이 아니라, 그 자체로 개체적 인격의 활동적 원리로서 자각된다는 것이다. 인간의 마음이 단지 그 안에 각인된 추상적 이치에 따라 움직여지는 수동적 존재에 그치는 것이 아니라, 스스로 그 이치를 자각하고 자발적으로 활동한다는 것은 곧 그 마음 자체가 리의 근원이 된다는 것을 의미한다. 즉 마음을 떠나 리가 따로 있는 것이 아님을 의미한다.41) 이 점에서 인간의 마음 내지 이성은 신적 마음, 절대자의 모습을

40) 전두하, 『한국사상과 독일철학』, 정훈출판사, 1992, 580쪽.
41) 이것은 곧 '성즉리'의 유가사상이 심학으로 발전할 때 당연하게 귀결되는 '심즉리'의 원리이기도 하다. 중국에서 주희 성리학이 '심즉리'의 양명학으로 전개되었다면, 한국에서도 그와 마찬가지의 '심즉리'적 함의를 갖는 퇴계의 심학으로 발전했다고 볼 수 있다. 이는 또한 신유학이 불교와 대립하여 심 너머의 객관적 리를 강조하면서 도가적인 자연주의에 보다 가까워진 것이라면, 양명학 내지 퇴계적 심학은 그와 같은 객관주의 또는 자연주의로부터 다시 유심론적 사고로 방향 전환한 것이라고 볼 수 있다. 하늘이 부여한 성을 추상적인 우주적 이치로서 심 너머에 설정하는

띠게 되는 것이며, 바로 여기에서 퇴계의 심학과 헤겔의 절대관념론이 통하는
바가 있다.

> 퇴계의 생각처럼 리가 '스스로 발하는 것'이라면, 그것은 존재론적 측면에서
> 보면 이미 논리적 합법칙성이 아니라 이를테면 절대자인 헤겔적 이성에서
> 그 원형을 찾을 수 있는 형이상학적 실재일 것이고, 인성론적 측면에서 보면
> 사람의 이성으로서 나타난 헤겔적 절대자의 여러 면모일 것이다.42)

반면 리와 기의 융합적 측면이란 인간 심성에 있어 리는 이미 개체적
기질 속에 떨어져 기의 작용과 더불어 기의 원리로서만 작용할 수 있다는
것을 의미한다. 이 경우 개체에 있어 리는 단지 기의 원리 내지 형식으로서
기와 분리되지 않은 융합된 하나로 간주되며, 따라서 기 독립적 리의 자발적
활동성인 리발은 인정되지 않는다. 리와 기, 주관과 객관의 "상호매개적
통일"은 오히려 "객관=실체, 기, 현상의 전체, 인간을 매개로 하는 초월적인
것, 자연 및 세계의 근거"43) 등에서 구하게 되는 것이다. 이런 근거에서
전두하는 율곡의 이기 不離의 관점을 하이데거의 존재와 비교한다.

> '리와 기를 완전히 하나에 합쳐서 본다면', 율곡의 '리기'란 하이데거의
> 후기의 '존재'와 유사한 것이 되지 않을 수 없다.44)

"'주객이 아직도 갈라지기에 앞서서 있는 것'으로서의 하이데거의 존재와

유학적 성즉리의 관점이 심 너머의 객관이치를 부정하며 일체를 심으로부터 설명하
는 심학적인 심즉리의 관점을 배척하는 것은 서양 중세 스콜라철학에 있어 유한세계
너머에 절대 무한인 신을 객관실재로서 상정하는 정통 기독교가 무한을 유한자의
영혼 안에 내재화시키면서 유한과 무한, 상대와 절대의 이원론을 철폐하고 인간
모두의 神性과 靈知를 주장한 신비주의를 이단으로 배척한 것과 서로 상통하는
것이다.
42) 전두하, 앞의 글, 176쪽.
43) 위의 글, 601쪽.
44) 위의 글, 702쪽.

율곡의 이기"라는 제목의 장에서 전두하는 율곡의 리기와 하이데거의 존재를 "인간과 세계가 혼연일체가 되어 있는 경지"[45]로 해석한다. 바로 이 근원적 존재로부터 인간과 세계, 주관과 객관이 생성된다고 보는 것이다. 즉 주객미 분적 근원은 인간 너머의 어떤 것, 혼연일체의 어떤 것이며, 그것은 또한 "성스러운 혼돈"[46]으로 칭해지기도 한다.

> 리는 이일분수로서의 이치며 기는 물리학적 에네르기, 생명력 등등을 포괄 한 형이상학적 기운[이다].……율곡은 이런 의미의 리와 기에서 인간도 생겼고 사물도 생겼다고 한다. 따라서 '리와 기를 하나에 합쳐서 본다면' 율곡의 리기란 그것에서 사람과 사물 즉 주체와 객체가 나올 수 있는 근원이다. 이에 대하여 하이데거의 존재란 주객이 갈라지기에 앞서서 있는 통일이다. 그러므로 여기에서 우리는 하이데거의 '존재'와 ('이와 기를 하나에 합쳐서 본다면') 율곡의 '리기'가 지극히 흡사한 것임을 알 수 있다.[47]

이상과 같이 전두하는 인간 마음의 작용에 있어서 현상세계의 인식차원을 넘어선 심성 자체의 자기 자각인 자성본용의 측면과 현상세계 인식 상에서의 마음작용인 수연응용의 측면을 구분하면서, 전자를 인정하는 퇴계를 헤겔과 비교하고, 전자를 배제하고 후자만을 인정하는 율곡을 하이데거와 비교하고 있다고 볼 수 있겠다.

(2) 신귀현

신귀현은 "퇴계의 거경궁리의 성리학과 후설의 본질직관의 현상학에 관한 비교고찰"이라는 논문에서 퇴계의 敬사상에 입각하여 후설 현상학을 해석한 다. 그는 퇴계를 인용하여 性과 明德을 설명하면서, 그러한 명덕을 갖춘 인간 마음이 발함에 있어 사단과 칠정이 구분됨을 다음과 같이 논한다.

---

45) 위의 글, 834쪽.
46) 위의 글, 846쪽.
47) 위의 글, 702쪽.

성은 사람과 사물이 부여받은 공평하고 공통적이며 깊고 미묘한 이치이며, 밝은 덕은 사람이 얻은 신령스럽고 밝으며 모든 것을 포괄하는 명칭을 가리키는 것[이다].[48]

마음은 허령하면서도 지각활동을 하고 있으며 그 본체는 발하지 않은 리이며 그 작용은 발한 정이다. 이러한 마음이 일신을 주재하는데 그것이 발하여 사단과 칠정이 된다.[49]

이상 내용은 다음과 같이 정리될 수 있다.

심체(발하지 않은 리)   -- 성
심용(발한 정)   ┌리(理)가 발하면=사단 -- 명덕 : 허령한 지각활동
                  └기(氣)가 발하면=칠정

이는 곧 앞서 지눌에 따라 구분했던 대로 자성체로서의 심체와 자성본용과 수연응용으로 구분되는 두 가지 심용의 구분과 일치한다. 여기에서도 중요한 것은 역시 기발의 칠정과 구분되는 리발의 사단이 존재하며, 그것이 바로 심의 허령한 지각활동이라는 것이다. 이것이 곧 명덕에 해당하는 리발이다. 심의 용이 이처럼 두 가지 차원으로 구분되기에 이에 따라 마음 공부 역시 두 가지가 있는데, 인간의 본성에 따른 공부인 본원공부와 인간의 기질에 따른 공부인 심지공부가 그것이다. 전자는 인간 본성(본연지성)의 실현을 위한 공부라고 할 수 있으며, 후자는 기질(기질지성)의 순화를 위한 공부라고 할 수 있는데, 퇴계가 강조하는 마음공부는 본원공부이며, 이 본원공부가 곧 마음의 허령한 지각활동에 이르기 위한 공부, 명덕을 밝히기 위한 명명덕의 공부, 한마디로 敬공부이다. 경공부에 대한 퇴계의 설명으로부터 우리는

---

48) 신귀현, 「퇴계의 거경궁리의 성리학과 후설의 본질직관의 현상학에 관한 비교고찰」, 현상학회 편, 『현상학과 한국철학』, 철학과 현실사, 1996, 38쪽.
49) 위의 글, 39쪽.

168

퇴계의 경공부가 지눌의 회광반조하는 無心의 수행법과 다르지 않다는 것을
확인할 수 있다.

> 敬은……마음을 거두어들여서 하나의 잡념도 그 속에 들어오지 못하게
> 하는 것을 의미한다.……항상 마음이 또렷또렷하게 깨어있는 상태이다. 이
> 상태는 평상시에 아무 일이 없을 때의 마음의 상태인데 이것은 우리가 마음의
> 근본뿌리를 기르는 곳이다. 아무 일이 없는 평상시에 우리는 마음을 잡아
> 두고 기르는 존양을 필요로 한다.50)

마음을 거두어들여 하나의 잡념도 마음 속에 들어오지 못하게 한다는
것은 마음 안에 마음이 사념하거나 느낄 수 있을 마음의 대상을 하나도
남겨놓지 않는다는 것, 즉 無念이 되는 것을 의미한다. 의식으로부터 의식의
대상을 지우는 것이다. 대상이 없는 의식, 후설 식의 지향적 의식상태를
넘어서는 것이다. 그런 의식이 과연 가능한가? 지향성이라는 규정에 충실하
면, 의식 대상이 없는 의식은 더 이상 의식이 아니며, 의식은 멎어버리게
된다. 의식이 멎는다는 것은 의식이 더 이상 깨어있지 않고 잠든다는 것을
뜻한다. 생각하지 않고 느끼지 않는 의식은 잠든 의식이다. 그런데 경공부에
서는 마음이 무념이 되되, 잠들지 않고 또렷또렷하게 깨어있어야 한다고
말한다. 바로 이것이 고요하되 깨어있기를 유지하는 수행법, 즉 '寂惺等持門'
또는 무심법이다. 이와 같이 경공부는 마음의 허령자각에 이르고자 하는
공부이며, 이는 곧 수연응용을 넘어선 마음 자체의 자성인 본연자성을 깨닫고
자 하는 공부인 것이다.

인간 마음의 본연자성과 그것의 각성을 위한 경공부에 입각하여 신귀현은
후설 현상학을 수용함에 있어서도 그 근본정신을 바로 그러한 인간 심성의
초월성에 대한 자각으로 간주한다. 즉 현상학을 "절대적 주관성"을 논하는
초월적 관념론의 철학으로 해석하는 것이다.

---

50) 위의 글, 45쪽.

[후설에 따르면] 세계존재는 지양할 수 없는 우연성을 지니고 있는 반면, 자아존재는 어떤 회의에도 부정될 수 없는 명증성과 필증성을 지니고 있다. 따라서 엄밀한 학문으로서의 철학의 단초는 우리의 의식과 그 근거를 이루는 자아 존재의 절대적 주관성이어야 한다. 그런데 이러한 의식과 주관성을 자연화하지 않고 그 선천적인 본질구조를 탐구하는 학문은 바로 현상학이다.51)

(3) 신오현

진정한 철학은 주체성의 철학이며 절대의 철학이어야 한다는 것을 철저하게 자각하고 그 관점에서 동서를 섭렵하고자 하는 신오현에게 있어서도 주체란 바로 공적영지의 주체, 자성본용의 마음 이외의 다른 것이 아니다. 대상세계를 인식하는 자아가 그 자신을 대상적이 아닌 직접적 방식으로 따라서 명증적으로 자각할 때, 그 자아가 곧 주체이다. 이 주체의 자각이 곧 자신 안에서 광원을 발견하는 깨달음에 해당한다. 그가 「한국철학사상연구의 방법론적 반성」에서 제시하는 철학의 방법은 바로 그와 같은 주체의 자기 자각을 의미한다.

'주체성의 진리'는 '주체에 관한 진리'나 '주관적 진리'와는 엄격하게 구별되어야 한다. 주체가 자기 자신을 대상적으로 파악하거나 자기 체험을 자신의 것으로 소유하고 있다면 여기에서는 주체 속에 다시 주관과 객관이 구별되어 있는 것이며, 이러한 진리는 정신분석학이 보여주듯이 결코 자기명증적인 절대확실성을 보유할 수 없다. 주·객 분리의 극복은 주관이 자신의 시선을 자기 밖의 대상으로부터 전향하여 자기 내부로 향하는 데서 성취되는 것이 아니라 오히려 규정과 내용을 가진 자기 존재에서부터 완전히 벗어나서 자기 자신을 비추는 빛이 바로 자기 자신이며 동시에 모든 존재가 그 빛 속에 함께 드러나는 '위대한' 만남에서 이루어진다.52)

---

51) 위의 글, 60쪽.
52) 신오현, 「한국철학사상 연구의 방법론적 반성」, 심재룡 외 저, 『한국에서 철학하는 자세들』, 집문당, 1986, 66~67쪽.

주관과 객관, 사유와 존재가 일치하는 위대한 만남이란 곧 주체의 직접적 자기자각을 의미한다. 그것은 서양철학에 있어서 현상세계의 존재사실과 존재방식에 대해서는 의심하되 그렇게 의심하는 자기 자신의 존재만은 의심 불가능한 확실성으로 깨닫는 초월적 자아의 자기자각이며(데카르트), 주관과 객관, 자아와 비아의 현상적인 대립과 갈등에 대해 그 현상성을 넘어서는 절대적 자아의 자기직관 내지 지적 직관이다(피히테). 이 절대적 자아에 대한 철학적 직관을 신오현은 다음과 같은 불교적 개념으로 설명한다.

> 무명에서 비롯되는 연기에서 해탈하여 아집이 낳은 망경계와 이 현상계와 주·객을 이루는 생멸심의 識相이 멸진되어, 일심진여의 心源으로 귀입하여 진아와 법이 여일한 보리를 증득하는 것을 철학적 직관이라 부를 수 있을 것 같다.[53]

일심진여의 심원으로의 귀입은 곧 원효의 귀일심문이며 그렇게 회귀하여 깨닫는 것이 바로 주·객, 능·소의 분별을 넘어선 허령불매의 공적지인 것이다. 이 공적지와의 위대한 만남, 회광반조에서 무명이 멸하여 明이 되며, 이것이 바로 자신의 본성을 자각하는 見性이다.

신오현은 『절대의 철학』에서 誠 개념을 통해 그 위대한 만남을 마음의 자기자각으로 설명한다. 즉 誠을 그 중의 言이 我의 의미로 사용될 수 있다는 점에 근거해서 '我+成', 즉 자아·자기의 완성으로 해석하며, 이를 장자에 따라 "견을 견하고 문을 문하는 자견자문의 自知", 곧 "明"으로 해석한다. 나아가 "주자는 명을 '無不照者'라 주석했거니와, 이는 곧 자조자 즉 자기반조에 다름 아니다"[54]라고 하여, 誠을 明 내지 自照의 활동으로 밝히는 것이다.

이러한 자지, 명, 자기반조의 주체는 '형이상학적 주체'이고 '철학적 자아'이다. 신오현은 비트겐슈타인을 따라 "철학적 자아는 인간도 아니며 사람의 몸도 아니며 심리학의 대상인 바 사람의 영혼도 아니고, 형이상학적 주체이며

---

53) 위의 글, 67쪽.
54) 신오현, 『절대의 철학』, 문학과 지성사, 1993, 191쪽.

세계의 일부가 아닌 세계의 한계이다"[55]라고 강조한다. 반조를 통해 밝혀지는 철학적 자아는 처음부터 세계의 한계에서 세계를 바라보며 세계를 의식하고 있던 주체이며, 이는 곧 세계 내에서 보여지는 현상적 자아로 다시 환원될 수 없는 절대적 주체인 것이다.

이처럼 일상적 현상세계 속에서 객관을 필요로 하는 주관으로서의 현상적 자아와 구분하여 주객분별을 넘어서는 절대적 주체, 현상적 세계 지평을 넘어서는 초월적 주체를 진정한 철학의 주체로 간주하고 있기에 신오현에게 있어 현상학은 바로 이러한 절대적 자아의 철학이며 초월적 관념론의 철학이다.

> 선험적·절대적인 주체성을 해명하는 선험현상학 또는 현상학적 철학은 모든 상반되는 철학적 입장을 극복할 수 있다. 왜냐하면 전래의 모든 철학은 상대적인 것을 절대적·궁극적인 것으로 잘못 보는 자연적 태도 아래 머물러 있기 때문이다. 현상학적·선험적인 환원을 거치지 않고는 일체를 현상화하고, 일체에게 존재의미와 존재 타당성을 부여하는 주체인, 항상 자아·정신·의식으로 존재하면서 선험적 직능을 수행하는 주체인, 수행하고 가동하는 절대적 자아를 명증적·필증적으로 증득할 수 없겠기 때문이다. 선불가적 표현을 빌자면, '直指人心' 또는 '直旨人心'하지 않고는 '견성성불'할 수 없겠기 때문이다.[56]

이상은 인간의 본질을 허령불매의 공적지, 마음의 자성본용으로 간주하는 철학자들에게 있어 현상학과 실존철학이 어떤 의미로 수용 해석되는가를 살펴본 것이다. 이제 이와는 달리 초월적 지이를 인정하지 않는 경우, 즉 인간 심성을 오로지 대상연관성, 세계와의 지향적 상관관계로서만 이해하여 마음의 자성본용은 간과한 채 수연응용만을 인정할 경우, 실존철학 내지 현상학이 어떤 의미로 받아들여지는지를 살펴보기로 한다.

---

55) 위의 글, 221쪽.
56) 위의 글, 270쪽.

2) 수연응용의 관점 : 고형곤, 김형효, 신옥희

(1) 고형곤

박종홍의 철학이 일상적 자신에서부터 출발하여 그것의 부정으로 자신의 내면으로 향하였다가(향내) 다시 그 부정의 부정으로 외적 현실세계로 향하는(향외) 이중부정의 운동을 보이듯이, 고형곤의 『선의 세계』도 깨침이 없는 "미혹의 세계"에서부터 출발하여 그것의 부정으로서 "적멸의 세계"로 나아가는 과정과 다시 그러한 부정의 부정으로서 선의 궁극적 경지인 "寂照의 세계"[57]로 나아가는 과정을 이중 부정의 운동으로 묘사하고 있다.

미혹의 세계는 일상적인 상식의 세계와 그런 경험을 일반화하고 수리논리화한 과학적 세계를 포괄하는데, 고형곤은 이를 『경덕전등록』에 따라 "산은 산이요, 물은 물이다"의 세계로 표현한다. 그 다음 적멸의 세계는 아공과 법공을 깨달아 철저한 無念을 실행함으로써 "산은 산이 아니요 물은 물이 아니다"가 통하는 세계이며, 다시 그 다음의 적조의 세계는 현실적으로 현전하는 "적조현전의 현행", "일제평등"의 세계로서 여기에서는 다시 "산은 산이요 물은 물이다"가 인정된다.

이렇게 이중 부정에 있어 그 첫 번째 부정은 일상적 망집의 주·객분리로부터 내적 적멸의 세계, 무념의 경지로 나아가는 것임에도 불구하고 본 연구는 고형곤의 철학을 자성본용이 아닌 수연응용의 관점으로 분류한다. 이는 불교에서 마음의 자성본용이 뜻하는 바 성자신해, 허령불매의 공적지는 현상적인 주와 객, 자아와 세계의 분별을 넘어선 차원에서의 마음의 활동성, 마음 심층의 광원에 대한 자기자각을 의미하는데 반해, 고형곤에서는 그처럼 존재 근원에 이르러 그것을 자기 자신으로 자각하는 마음의 활동성은 인정되고 있지 않기 때문이다. 이는 고형곤이 현상존재의 근원을 마음 또는 초월적 주체성에서가 아니라 마음 너머의 현실 세계, 자연적 존재 자체로 간주하고 있기 때문이라고 본다.

---

57) 고형곤, 『선의 세계』, 삼영사, 1976, 16쪽.

현상적 대상세계로 향한 일상적 자아의 부정으로서 心源으로 향할 때, 자성본용을 주장하는 관점에서의 심원은 현상세계의 인식과 존재를 가능하게 하는 최후의 근원으로서의 심원이다. 따라서 그것은 존재를 비추는 빛의 광원이고, 우주의 이치가 그 안에서 자발적으로 활동하는 근원이며, '네 마음이 곧 내 마음이다', '인간이 곧 하느님이다'라고 말할 수 있는 궁극 근원인 것이다. 일체 현상세계가 구슬에 비친 다양한 상들이라면, 그런 상들을 가능하게 하는 구슬 자체의 빛, 밝음은 그 안에 그려지는 상들로부터 독립적으로 존재하며, 또한 그 밝음 자체가 마음의 빛이기에 그 자체로 자각될 수 있는 것이다. 수연응용으로서 존재하는 구슬의 상은 우리가 경험하는 실재 현상세계이며, 자성본용으로서의 구슬의 빛은 바로 그 세계를 가능하게 하는 존재론적인 궁극 근원인 것이다.

이에 반해 고형곤에 있어서는 인간의 마음 작용과 독립적으로 "현전하는 현실 세계"가 따로 존재한다. 일체 평등의 여여한 자연세계를 마음 바깥의 실재 자체로 상정하고 있는 것이다. 따라서 일상적 미혹의 세계는 현상적 자연 세계를 그 자체로 인식하지 못하고 그 사물들에 대한 주관적 마음의 상[心緣相]을 만들어 인식하는 것이고, 그것의 부정으로서의 참된 적멸의 세계는 그러한 심연상이 세계 자체가 아니라 주관적 허구이며 공이라는 것을 깨달아 아는 경지를 말한다. 그리고 다시 되돌아오는 궁극적 실재로서의 적조의 세계는 세계를 바로 있는 모습 그대로 여여하게 아는 것을 뜻하는 것이다. 고형곤은 이 삼단계를 다음과 같이 정리한다.

> 첫째 경우는 주객대립에서 그때 그때 의식에 의하여 허구된 대상사물을 항구불변의 자성을 가지고 실재하는 양 망령되이 믿는 상집이요, 둘째 경우는 대상일체의 세계는 허구에 불과한 것이라 하여 멸단하는 것까지는 좋으나, 현실적 세계까지도 통틀어서 허무화하고 다만 무념무위의 적멸에만 침잠하는 단집인 데 대하여, 셋째 경우는 현실을 현실 있는 그대로 여실하게 보는 了悟의 경지이다.[58]

---

58) 위의 글, 55쪽.

이처럼 적멸 너머에 존재하는 적조의 세계로서 "현실적 세계" 자체를 상정하고 있으므로, 일상의 부정으로서의 적멸 내지 공의 깨달음은 진정한 아공과 법공의 깨달음이 아니라, 단지 실재 세계에 대해 잘못된 허상을 만들어내는 주관적인 마음작용에 대한 자각일 뿐이다. 결국 고형곤이 도달한 心源은 진정한 空觀에서 밝혀지는 우주의 근원으로서의 존재론적 심원이 아니라, 단지 주관적 허상을 만들어내는 근원, 심리적 또는 인식론적인 심원일 뿐이다. 그러므로 현실세계는 그 심원 바깥에 그 자체로 존재하는 것이 되며, 우리는 단지 인식 상의 허상인 주관적 관념적 허구만 멸하면 되는 것이다.

> 무념—적멸은 관념적 허구인 대상의 세계를 단멸한다는 것을 의미한 것이
> 요, 결코 현실적으로 생동하는 우리의 현실적 세계를 말살하는 것을 의미하는
> 것은 아니다.[59]

이것은 유심론적 깨달음의 불교가 중국에서 자연주의적 도교에 의해 지나치게 자연주의화되어 나타난 모습, 禪의 일면일 것이다. 심 너머에 현실적 실재 세계를 설정하면서 주관적 분별의식만 없애면, 그 때 비로소 세계는 그 자체로 비대상적으로 현전하게 된다고 보는 소박한 실재론과 상통하는 관점이다. 주객대립의 의식과 주객대립의 심연상이 제거된 뒤, "생멸이 멸진 해버린 뒤에 寂照가 현전한다"[60]는 것이다. 현실이 그 자체로 의식에 현전하며 의식은 그것을 "비대상적으로 아는 지"가 된다고 보며, 이를 "반야"라고 해석한다. 이는 "개별적인 대상을 분별하는 지가 아니며 대상을 표상하는 지가 아니"[61]라는 것이다.

---

59) 위의 글, 38쪽.
60) 위의 글, 40쪽.
61) 위의 글, 43쪽. 고형곤이 말하는 현전세계의 지는 불교식으로 말해 근본 無分別智 이후 현상적 차별상을 인식하는 후득분별지를 의미한다고 볼 수 있다. 여기서 강조하고 싶은 것은 후득지로써 근본 무분별지의 의미를 약화시켜서는 안 된다는 것이다.

그럼에도 불구하고 지와 경은 따로 있단 말인가? 이에 대해 그 둘은 둘도 아니고 하나도 아니라고 말해질 뿐이다. 주객대립이 없는 비대상적 지를 "內智寂寂 外境如如"라고 하며, "내지적적을 無緣의 지 즉 대상을 攀緣[지향]하지 않는 지로서 無緣常智라 하고, 외경여여를 심연상을 떠난 불생불멸의 無相常境이라고 한다."62)고 설명한다. 대상을 연하지 않는 지, 상이 없는 경, 그렇다면 지와 경이 과연 따로 있는 것인가, 아닌가? 이를 주객대립이 없는 경지로서 "境智冥一의 妙存"63)이라고 한다.

그러나 이는 주객의 인식 자체를 우리 심성이 빚어내는 허구적 분별로 보면서, 그러한 분별적 인식에 대해 무분별적 존재 자체를 대립시키는 것이라고 볼 수 있다. 즉 지와 경을 불일불이로 설명하되, 우리 마음 속의 인식과 마음 밖의 존재는 서로 별개의 것으로 대립시키는 것이다. 따라서 인간은 마음이나 의식작용으로써 존재를 인식하려 하는 한, 자기 모순적 분별에 빠질 수밖에 없으며, 분별적 마음 작용 없이 그냥 존재할 때, 무분별적 존재와 일치하는 것이 된다. 부정되는 세계는 우리 마음의 작용에 따라 주객대립으로 이원화된 표상세계일 뿐이며, 그 주객대립을 넘어선 세계 자체는 바로 그런 것으로서 우리에게 현전한다는 것이다. 세계는 그 자체로 現前 또는 現行한다. 그것은 "여실한 세계", "심경일여"로서 현전하는 "현실적 세계"64)인 것이다.

이처럼 인간 심성 너머에 설정된 궁극 실재에 대해 인간은 단지 수동적이고 피규정적일 뿐이다. 바로 이런 이유에서 고형곤은 선의 사유를 "존재와 인간은 상호 공속의 일체이다"65)라고 주장하는 하이데거 사상과 연관짓는다. 하이데거가 전통적 형이상학의 대상적 사유를 비판하며, 존재와 사유가 일치하는 비대상적 사유로서 "본질적 사유"를 강조한 것에 대해 고형곤은 그 본질적 사유를 심경일여의 현전으로 해석하는 것이다.

---

62) 위의 글, 55~56쪽.
63) 위의 글, 57쪽.
64) 위의 글, 54쪽.
65) 위의 글, 63쪽.

인간 마음의 활동성에서 존재근원을 발견하려 하는 독일관념론 내지 후설의 초월적 관념론에 대해 하이데거는 그것을 "관념적 태도"라고 비판하며, "이러한 태도는 자재의 사물을 솔직하게 받아들이지 않고, 인간자신의 목적지향을 기준하여 조정하는 것이요, 이때의 사물은 목적지향의 투영도인 표상형태 이외의 아무 것도 아니다"66)라고 말한다. 하이데거는 자연을 인간 마음과 독립적으로 존재하는 "자재하는 사물"로 보기 때문이다. "자재의 존재사물은 제 스스로 현발하여 스스로를 개현하는 것"67)으로서 이것이 곧 "개현으로서의 피시스"이다.

피시스는 존재 그 자신이다.68)

고형곤은 이처럼 현상의 근원을 마음의 활동성 또는 초월적 주관성이 아닌 존재 자체 또는 자연 자체로 간주하며 따라서 현실 세계를 그 자체 자명한 실재 세계로 인정하는 관점에 서서 불교도 그 방식으로 이해하고 바로 그 점에서 하이데거철학과 공통점을 찾아내고 있는 것이다.

(2) 김형효

김형효는 세계와 자아, 몸과 마음, 보이는 것과 보이지 않는 것이 내적으로 서로 교차하고 얽혀있는 방식으로 존재를 이해한다. 우리는 세계를 통해 자아를 보고, 몸을 통해 마음을 읽을 수 있을 뿐이지, 자아를 자아 자체로, 마음을 마음 자체로 경험할 수가 없다는 것이다. 따라서 그의 생각과 일치하는 철학자는 리발을 주장하는 퇴계이기보다는 기발만을 인정하는 율곡이며, 초월적 주관성의 후설이기보다는 몸과 애매성의 철학자인 메를로뽕띠이다. 「율곡 이이와 메를로뽕띠」라는 글에서 그는 그 둘의 공통점을 다음과 같이

---

66) 위의 글, 86쪽.
67) 위의 글, 88쪽.
68) 위의 글, 93쪽.

요약한다.

> 그[율곡]의 이기론은 사유하는 인간이 순수하고 선험적인 주체로서 살아가
> 지 않고, 그를 둘러싸고 있는 세계 속에 짜여져 있고, 그가 살고 있는 세계라는
> 직물과 함께 엉켜 있음을 말하고 있다. 즉 그의 이기론은 메를로뽕띠가 말한
> 사이세계의 현상을 뜻하기에, 그 이기론은 동시에 리와 기의 '사이세계'를
> 표현하는 관계론일 수밖에 없다.[69]

율곡이 순수한 초월적 주체를 부정하며 인간을 세계 속에 짜여진 존재로
이해했다는 것은 율곡이 리발을 부정하고 기발만을 인정하는 것에 대한
해석이다. 리는 기의 작용을 따라서만 기의 의미로서 드러날 수 있을 뿐,
그 자체는 활동적이지 않고 현상화되지 않으며 따라서 경험될 수 없는 것이다.

> 리와 성이 스스로 자가발전을 할 수 없다는 것이 이이의 입장이다. 언제나
> 발하는 것은 기의 작용에서 가능해진다.[70]

그러나 율곡이 유학자로서 '기질지성'과 '본연지성'을 구분하고 '인심'과
'도심'을 구분하여 말할 때는 본연지성인 리의 직접적 자각으로서의 도심을
말한 것이 아닌가, 결국 리의 직접적 자각을 인정한 것이 아닌가 라는 물음이
가능하다. 이에 대해 김형효는 '사실의 차원'과 '법적 차원'을 구분함으로써
이 문제를 해결한다. 즉 사실의 차원을 분석하는 철학자로서의 율곡과 법적
차원에서 윤리적 당위성을 말하는 도학자로서의 율곡을 구분하는 것이다.

> 본연지성과 본연지리 그리고 심지미발의 개념들은 그의 성리학의 도학적
> 관할에 속하고, 기질지성, 유행지리(또는 승기지리)와 심지이발의 개념들은
> 철학적 또는 현상학적 영역에 배속된다.[71]

---

69) 김형효, 「율곡 이이와 메를로뽕띠」, 한국현상학회 편, 『현상학과 한국사상』, 철학과
    현실사, 1996, 87쪽.
70) 위의 글, 96쪽.

다시 말해 본연지성, 리, 리의 자각으로서의 도심 등은 우리가 구체적으로 지각하고 경험할 수 있는 사실차원의 것이 아니라는 것이다. 그것은 단지 윤리적 차원의 당위로서 개념적으로만 구분가능한 것이지, 사실차원에서는 본연지성이 기질지성과, 리가 기와 얽혀있고 도심이 인심과 섞여 있기에, 후자 없는 전자만의 자발적 활동성 또는 의식적 자각이란 있을 수 없다는 것이다. 이는 곧 마음은 대상세계와의 상호관계성 안에서 대상을 연함으로써 만 마음으로 작용할 수 있을 뿐이지 마음 자체의 본성에 대한 자기 자각은 있을 수 없다는 것을 의미한다. 즉 마음의 수연응용만을 인정하고 자성본용은 부정하는 것이다. 마음이 일체 현상세계를 포괄하는 적연부동의 공이면서도 그 스스로 자기 자신을 자각하는 성자신해의 일심, 허령불매의 공적지임을 인정하지 않는 것이다. 김형효는 현상학의 지향성개념에 입각하여 그러한 부정을 정당화한다.

> 본연지성은 기질지성과 달라 사실의 문제가 아니기에 현상학적으로는 의식의 활동성에 실존할 수가 없다. 현상학적으로는 인간의 의식은 언제나 어떤 것의 의식인만큼 그것은 그 어떤 것으로 향하는 지향성일 수밖에 없다. 그러므로 의식의 세계에서 성리학이 말하는 '심지미발'로서의 '적연부동'은 성립되지 않는다. 인간의 의식은 그것이 살아 있는 한에서 잠시라도 적연부동의 휴지상태에서 잠을 자지 않는다.[72]

이렇게 해서 김형효에서는 대상에 의해 촉발되어 내용적으로 규정된 경험적 자기의식과 구분되는 허령한 빈마음으로서 자신을 자각하는 초월적 자기의식이 부정되고 있다. 우리로 하여금 대상세계에 완전 매몰되지 않게 하고, 경험적 규정성을 넘어설 수 있게 하는 자유와 자발성의 깨어있는 의식이 부정되는 것이다.

우리가 경험하는 현상세계가 연속적인 시간적 지평, 파지와 예지의 지향성

---

71) 위의 글, 97쪽.
72) 위의 글, 97쪽.

으로 구성된 시간적 지평 위의 현상이라면, 그처럼 지향적 시간 지평을 구성하되 그 자체는 비시간적 비연속적 찰나, 근원현재의 순간으로서 작용하는 구성자 자신은 바로 현상초월적인 '초월적 주관성'이다. 그것은 현상세계 전체를 바라보는 주체이기에 현상 속에 보여지는 경험적 자아와는 구분되는 것이다. 따라서 초월적 주관성을 부정하는 것은 곧 세계를 보는 눈은 자기 자신은 볼 수 없다고 말하는 것이 된다. 세계 내의 사물을 바라보는 경험적인 감성적 직관과는 다른 방식으로 자신을 볼 수 있는 가능성, 지적 직관의 가능성을 부정하는 것이다. 이렇게 해서 김형효는 "리의 자가발전적 측면을 거부"하는 것이다.[73]

> 보는 자는 자기를 보지 못한다. 이처럼 보는 것과 보이는 것과의 사이에 시간적 차이가 생기고 공간적 거리가 있다. 이것은 존재의 세계에서 안보이는 것과 보이는 것, 보는 것과 보이는 것과의 사이에 지울 수 없는 시공적 어긋남이 존재세계의 운명으로서 이미 개재되어 있음을 뜻한다.[74]

초월적 주관성 또는 마음의 자성본용으로서의 공적지를 부정하며 마음은 오로지 수연응용으로서만 작용한다는 관점에 있기에 김형효는 『하이데거와 마음의 철학』에서 하이데거의 철학을 唯識과 비교할 때도 유식의 아뢰야식의 식 자체분인 自證分이나 證自證分을 고려하지 않고, 오히려 見分과 相分에 입각하여 자아와 세계, 주관과 객관의 상호연관성, 상호결속성만을 강조하고 있다.

> 유식학적으로 마음의 견분으로서의 연려심의 반연이 없으면 상분으로서의 세상이 성립하지 못하듯이, 하이데거의 사상에서도 현존재의 관심으로서의 초월이 없이는 세상이 존재할 수가 없다.[75]

---

73) 위의 글, 118쪽.
74) 위의 글, 121쪽.
75) 김형효, 『하이데거와 마음의 철학』, 청계, 2000, 82쪽.

그러나 우리가 자아라고 집착하는 견분과 세계라고 집착하는 상분은 유식에 따르면 아뢰야식 자체분이 현상화하여 드러난 변현 결과일 뿐이며, 현상적 자아와 현상적 세계의 공통 근원으로서의 식 자체분은 이미 그 자체 自證적으로 알려져 있고, 그 자증성은 다시 한번 더 반조하여 증자증분으로서 확인될 수 있는 것이다. 이와 같이 인간 마음의 주체적 자각을 강조하는 유심론적 유식에서의 핵심부분인 아뢰야식의 자증분과 증자증분을 제외시키고서, 단지 일상적인 경험적 의식이 자아와 세계로 분별 집착하는 견분과 상분만을 취해 그 둘이 불가불리의 상호연관관계 속에 있다는 것만을 강조하는 것은 편파적 독법일 뿐이다. 자아와 세계, 견분과 상분의 공통근거로서의 아뢰야식의 자체분 내지 증자증분까지 이르지 못했기에, 현상의 근거를 주객 너머의 제3자로서 신이나 존재 자체, 자연이나 순수질료 등으로 간주하면서 그점에서 유식을 하이데거의 존재 사유와 비교하게 된 것이라고 본다.

만일 철학을 "견분의 학"[76]으로 이해하지 않고, 우리 마음의 자성본용에 해당하는 '자증분'을 스스로 회광반조하여 자각하고자 하는 '증자증분의 학'으로 읽었다면, 유식으로부터 그리고 현상학으로부터 더 많은 것을 얻을 수 있었을 것이다.

(3) 신옥희

박종홍은 한국의 철학정신을 주체성의 자각으로 보며 동학의 '인내천'에서 그것의 절정을 발견한다. 그것은 곧 원효의 一心에서 빛나는 성자신해이고, 지눌의 회광반조로 드러나는 공적지이며, 퇴계의 敬으로 닦여야 할 理發의 四端이다. 한국철학정신에 있어서 이 모든 주체성의 자각을 빼버린다면, 무엇이 남겠는가?

현상세계 일체를 포괄하는 적연부동의 空을 그냥 무정의 허공이라고 하지 않고 일심이라고 하는 것은 그것이 자기 자신의 본성을 스스로 자각하는 성자신해의 靈知를 가지고 있기 때문이다. 그 주체적인 자기 자각성이 인간

---

76) 위의 글, 27쪽.

각자의 현상적 차별성을 넘어선 인간 모두의 보편적 본질이기에 하나의 마음, 일심이라고 하는 것이다. 따라서 한국적 사유에 있어 인간 각자는 하나의 개체이면서 동시에 보편이다. 바로 이 보편적 일심에 근거해서 나와 너의 마음이 하나의 마음이 되고, 나의 세계와 너의 세계가 하나의 세계가 되는 것이다.

그러므로 나와 너, 주관과 객관이 이원적 대립이 아닌 융합된 하나로 이해될 경우에도 그 융합의 근거는 어디까지나 일체를 포괄하는 일심 내지 일심의 주체적 자기자각이어야 하는 것이다. 이 자각의 측면이 간과되면, 남는 것은 무차별적이고 무자각적인 자연주의적 동일성이 되며, 이는 한국적 주체성의 철학정신과는 거리가 먼 것이다. 불교를 이와 같은 자연주의적 범신론으로 읽는 경우를 신옥희에서 발견할 수 있다.

> 불교에서는 인간 존재의 차원은 우주적 존재 전체의 차원 속에 흡수되고 인간과 자연 사이의 이원론적 대립이 없다. 불교에서 실존적·인격적 자아는 우주적 지평 속에 해소되고 있다.……결국 불교는 '천지동근 만물일체 물아일여'를 말하는 동양적 신비주의에 속하는 것이다.[77]

이와 같이 신옥희가 원효의 일심사상을 "인간과 자연의 원초적 미분화 상태, 즉 자연이라고 하는 모태로 인간을 돌려보내는 불교적 우주론"[78] 또는 "인간의 자유와 초월이 절대적 동일성 속에 해소되어 버리는 신비적 합일"[79] 등으로 규정하는 것은 일심사상에 있어 일심이 가지는 성자신해와 공적영지의 측면, 즉 마음의 본성에 대한 자기자각으로서의 사성본용의 측면을 간과하기 때문이다. 마음의 자성본용, 허령불매의 공적영지를 보지 못하고 마음을 오로지 대상세계와의 연관관계 안에서만 발하는 수연응용으로만 간주할 때, 마음내용 없는 마음 자체, 무념의 마음, 무심지심의 경지,

---

77) 신옥희, 『일심과 실존』, 이화여자대학교출판부, 2000, 160쪽.
78) 위의 글, 162쪽.
79) 위의 글, 177쪽.

그 지극한 주체성의 자각은 간과되고 마는 것이다.

적연부동 허령불매의 공적지인 자성본용은 우리의 일상적인 수연응용의 마음 작용을 넘어선 것이며 따라서 일체의 현상세계를 넘어선 초월적 주체성을 의미한다. 그것을 자각하는 것이 곧 개체의 인격적 자유의 의식이고 일체 평등의 의식인 것이다. 이처럼 한국철학정신에 있어서의 초월성은 인간 마음의 현상초월성을 의미하며, 우리는 이를 '내적 초월성'이라고 말할 수 있다. 이것은 서양적인 '외적 초월성', 즉 인간 심성 너머에서 현상의 근원을 구하여 그것을 신이나 물질 또는 존재 자체라고 칭하는 그러한 외적 초월과는 구분되어야 하는 것이다.

외적 초월의 서양적 관점에 따르면 실존은 단지 일상적 자아를 벗어나 자신의 내면에서 자기와 대립된 또 다른 타자를 직면하고 그 앞에서 자신의 유한성과 한계성을 확인하기 위한 과정에 지나지 않는다. 서양 실존주의는 신옥희의 말대로 "인간 실존의 유한성과 제한성을 나의 운명으로 받아들이는 적극적 관심"[80] 이외의 다른 것이 아닌 것이다. 그리고 우리는 여기에서 다시 박종홍이 말한 대로 원죄의식에서 출발하는 서양적 사고와 '인내천'을 주장하는 한국적 사유의 근본적 차이를 발견할 수 있는 것이다.

4. 한국철학 정신에 따라 살펴본 현상학의 논쟁거리

한국에서의 현상학 수용·연구·전파에 큰 기여를 한 한전숙은 「한국에서의 현상학 연구」라는 글에서 한국에서 현상학 연구가 본격화된 후 연구자들이 전념한 주요 물음을 후설 현상학이 과연 정초주의인가 아닌가, 그리고 후설의 후기 현상학도 전기 현상학과 마찬가지로 '초월적 관념론'인가 아닌가의 문제로 정리한다.

정초주의란 문자 그대로 모든 인식을 최후적인 기초, 절대 명증적인 기초로

---

80) 위의 글, 166쪽.

까지 소급해가서 정당화하는 것을 말한다. 이런 '모든 인식형성의 궁극적 원천에로 되돌아가려는 동기'를 후설은 '선험적'(transzendental)이라고 불렀다. 따라서 이 '궁극적 원천'인 주관은 선험적 주관이며 이 주관에 의해서 모든 것이 설명되므로 후설의 현상학은 선험적 관념론이 되는 것이다. 후설에서의 정초주의를 옹호하는 사람들은 대체로 후설 현상학을 선험적 관념론 체계로 생각한다.[81]

정초주의는 초월적 관념론으로서 가능하므로, 위의 두 물음은 결국 하나의 물음이 된다. 정초주의 내지 초월적 관념론의 관점에 설 경우 후설 후기의 생활세계 역시 초월적 주관성에 의해 구성된 지향적 지평으로 간주된다. 지향적 지평을 형성하는 초월적 주관은 그 지평 안에서 영향 받는 경험적 역사적 측면을 가지지만, 구성된 지평 내용으로 다 환원될 수 없는 지평초월적 본질을 가지는 것이다. 그리고 현상학이란 궁극적으로 바로 그러한 경험지평 초월적인 또는 세계현상 초월적인 인간의 초월적 주체성을 밝히는 학이 된다.

> 생활세계는……소박한 자연적 태도에 머물러 있으므로 다시 그 구성원천으로 되돌아가서(현상학적 환원) 선험적 주관에 의해서 구성된 세계임이 밝혀져야 한다. 선험적 관념론의 이런 체계에서는 생활세계는 '현상학적 철학함'의 종착점이 아니라 중간 통과점이다.[82]

반면 후설 현상학을 전후기로 구분하여 후기사상은 초월적 관념론이 아니

---

81) 한전숙, 「한국에서의 현상학 연구」, 한국현상학회 편, 『현상학과 한국사상』, 철학과 현실사, 1996, 337쪽. 그는 이 글에서 다른 현상학 연구자들과 마찬가지로 '초월적 관념론' 대신 '선험적 관념론'이라는 개념을 사용한다. 초월적 내지 선험적이란 transzendental의 번역이다. 우리는 이 개념을 앞에서 계속 초월적이라고 말해왔으므로 여기에서도 초월적 관념론이라고 하기로 한다. 물론 이 때의 초월이란 인간 내면성 안의 현상초월성이란 의미에서 내적 초월을 뜻할 뿐이지, 그 단어를 피하고자 하는 자들이 염려하듯이 인간의 지향적 의식 영역 너머의 실재인 외적 초월을 의미하는 것이 아니다.
82) 위의 글, 338쪽.

라고 보는 관점은 생활세계에 대해 그것을 초월적 주관성에 의해 구성된 것으로 보지 않고, 그것을 더 이상 어떤 다른 근원으로 환원될 수 없는 궁극적인 것으로 간주한다.[83)

　　'모든 과학에 앞서 직접적 경험에서 언제나 이미 체험되고 주어져 있는 세계'로서의 생활세계를 그 이상 더 소급해서 올라갈 수 없는 종착점이라고 해석한다.[84)

　그러나 이처럼 생활세계 자체를 궁극적인 것으로 간주하는 것은 현상의 근거를 자연이나 존재 자체 또는 순수 질료 등으로 간주하는 객관주의적 또는 자연주의적 관점과 상통하는 면이 있다. 특히 후기 현상학이 전기의 지향적 구성에서 남겨놓았던 질료를 문제삼음으로써 전개된 사상이라는 점을 고려한다면, 인간의 자연적 본능, 신체적 경험 등과 연관되는 생활세계를 궁극적인 것으로 간주하는 것은 곧 순수 질료 또는 최초의 혼동 등을 현상세계의 근거로 간주하려는 서양적 유물론 내지 자연주의적 사고의 귀결이라고 볼 수 있다.

　　질료의 발생을 추구하여 결국 선술어적인 수동적인 원초적 작용으로 소급해 간다. 이 원초적 영역은 바로 신체적 주관이 직접 체험한 세계요 이것이 생활세계이다.[85)

　초월적 주관성을 궁극적 근원으로 볼 것인가 아니면 그 주관성이 몸담고 있는 생활세계를 궁극적 기반으로 볼 것인가의 문제는 생활세계와 본질적 연관관계, 즉 지향적 관계에 있는 우리의 의식 내지 마음에 대해 그 마음

---

83) 한전숙 자신은 바로 이런 관점을 취한다. 그는 현상학을 동양사상과 연관시켜 논의하지 않지만, 만약 그의 사상을 앞에서의 개념틀에 따라 판단해본다면 수연응용의 관점에 선다고 할 수 있겠다.
84) 한전숙, 앞의 글, 338쪽.
85) 위의 글, 339쪽.

자체의 자기 자각을 인정할 것인가 아닌가의 문제가 된다. 마음은 세계 내 대상에 의해 촉발됨으로써만 발하는 대상연관적 존재일 뿐인가, 아니면 그렇게 대상연관적인 지향적 지평을 구성하는 주관으로서 활동하면서 그 활동성 자체를 스스로 자각할 수 있는 초월적 존재인가 하는 것이다.

이러한 초월적 주관성의 활동성이 바로 일체 현상세계를 거울의 상으로 비유함에 있어 거울의 밝음 또는 빛 자체에 해당하는 것이다. 경험적 주관(견분)과 경험적 현상세계(상분)와의 본질적 연관성인 지향적 관계는 바로 마음의 수연응용에 해당한다. 그런데 그러한 지향적 지평 자체가 마음의 근원적 작용인 자기직관력, 빛의 방출, 자성본용에서 비롯되는 것이다. 생활세계를 포괄하는 공으로서의 마음의 자기직관력이 바로 허령불매의 공적영지, 관조의 빛인 것이다. 이 허령지는 생활세계와의 연관관계 안에서 氣의 작용에 따라 촉발되는 마음 작용과는 독립적으로 마음 자체의 본성인 理의 활동성, 마음의 자발적인 능동적 활동성이다.

이런 의미에서 이종관은 「마지막 탱고가 끝난 후 : 주체의 에로틱 - 현상학적 정초주의의 옹호」라는 글에서 현상학적 정초주의를 옹호하기 위해 "주관적 인식행위의 투명성"을 강조한다. 그는 탈근대주의 철학자들이 그러한 주체의 자기인식의 투명성을 부정하는 것에 대해 비판적이다. 주체의 자기투명화 능력은 곧 주체적 자아의 경험적 규정불가능성, 현상초월성, 한마디로 자유를 의미하기 때문이다.

> 자아의 자기투명화 능력을 전제하는 것은 자아에는 자아를 결정하고 있는 것으로부터 스스로 벗어나 자신을 들여다보고 투명하게 명증적으로 인식할 수 있는 초월적 차원이 잠재하고 있다는 자아의 중층적 구조를 인정하는 것이다.[86]

후설의 지향성 개념이 흔히 이러한 주체의 자기활동적 자각능력을 부정하

---

86) 이종관, 「마지막 탱고가 끝난 후 : 주체의 에로틱-현상학적 정초주의의 옹호」, 한국현상학회 편, 『현상학의 근원과 유역』, 철학과 현실사, 1996, 133쪽.

고 자아와 세계와의 본질적 상호의존성을 증명하기 위해 자주 동원되는
데 반해, 이종관은 후설이 의식의 지향성을 논하는 근본의도는 오히려 지향적
구성작용의 주체로서의 초월적 자아의 자기인식의 투명성에 있다는 것을
강조한다. 대상연관성으로서의 의식 지향성에 해당하는 마음의 수연응용을
넘어서서 자기인식의 투명성에 해당하는 마음의 자성본용을 주장하는 것이
라고 볼 수 있다.

> 우리의 일상적 의식은 그 자신이 갖고 있는 지향적 구조에 의해 필연적으로
> 자신을 잃어버리는 객관주의적 도그마에 빠져 그 자신이 아닌 다른 많은
> 것에 의해 조작당한다. 그러나 의식에는 자기인식의 투명성이 원리적으로
> 배제된 것이 아니라 실현가능한 것이라는 점을 후설은 보여주고 싶은 것이
> 다.87)

마음의 현상초월성과 자기자각성을 인정하는 초월적 관념론과는 반대로
일상의 실재론적 관점은 의식의 활동성 안으로 다 포섭될 수 없는 객관적
실재, 의식을 촉발하는 선소여의 영역을 '형식없는 재료', '순수 질료'로서
남겨놓으며 그것을 자연 자체, 존재 자체 내지는 생활세계적 실재로 인정한
다. 그리하여 실재론적 객관주의나 자연주의 또는 물리주의를 주장하게
된다.

이에 대해 이선관은 「'현상학적으로 사유함'이란 무엇을 말하는가」라는
글에서 그와 같은 순수 객관으로서의 선소여 내지 '형식없는 재료'의 개념을
비판한다. 그 것 역시 의식과의 연관성, 나아가 의식의 현상구성적 종합기능
을 벗어나 있는 것이 아니라고 보는 것이다.

> 선소여라는 것 역시 실은 이미 '의식된 선소여'로서만 가능하다. 달리 표현하
> 면, 수동적 선소여도 '의식의 형식에서' 비로소 선소여로서의 의미를 가질
> 수 있으며, '의식의 매개'없는 선소여란 사실 생각할 수 없다. '형식에 의해

---

87) 위의 글, 133~134쪽.

형성되지 않은 채 앞서 주어져 있는' 혹은 '형식없는 재료'라는 표현은 엄밀한
의미에서 난센스에 속한다. 후설의 현상학에서 촉발이라는 개념은 '의식적
자극'이며, 그리고 선소여란 이제 의식의 연관성 안에서 의식된 것으로서
자아(능동적 자아)를 독특한 방식으로 끄는 것을 의미한다. 이렇게 촉발하는
대상성으로서의 수동적 선소여의 문제와 관련해서, '수동적 의식' 혹은 '수동
적 지향성'의 선구성적 종합기능이 중요한 의미를 가지게 된다.[88]

이처럼 이선관은 후설 후기 생활세계 현상학에서의 '수동적 지향성' 논의
를 소위 선소여적 대상도 의식의 지향적인 구성작용을 벗어난 것이 아님을
논하는 초월적 현상학의 확립으로 해석한다. 따라서 후설 현상학은 전후기를
일관하여 순수 초월적 주관성의 학이라는 것이다.

후설의 현상학은 모든 객관적인 의미형성과 존재타당성의 원천적 장소로서
선험적 주관성에로 소급해가는 철학이다. 현상학에서 '선험적'이라는 말은
'가능한 인식의 목표와 인식의 길에 대한 인식주관의 가장 근본적인 자기성찰
에 의거해서, 모든 의미의 부여와 자아의 작용의 근원인 순수한 주관성에로
소급하는 연구'를 지칭한다.[89]

이남인 역시 후설 전·후기 사상이 분명히 구분됨에도 불구하고, 두 시기
모두 현상학의 근본관점인 초월적 관념론으로 해석되어야 함을 강조한다.
전기의 정적 현상학에서 의식의 지향적 작용 안에 포섭되지 못하고 남겨져
있었던 질료가 후기 발생적 현상학에서 수동적 지향성을 통해 의식작용
결과로 설명됨으로써, 오히려 초월적-현상학적 관념론이 보다 더 철저화되
었다고 보기 때문이다. 「발생적 현상학과 지향성개념의 변화」라는 글에서
그는 이 점을 다음과 같이 설명한다.

---

88) 이선관, 「'현상학적으로 사유함'이란 무엇을 말하는가」, 한국현상학회 편, 『현상학
    의 근원과 유역』, 철학과 현실사, 1996, 51~52쪽.
89) 위의 글, 58쪽.

정적 현상학의 "파악 작용—감각 내용의 도식"에 의하면 감각 내용은 파악 작용이 가해지기 이전에는 자기동일적 대상과 어떤 관계도 가지지 못하는 단순한 질료적 체험으로 간주되었다. 그런 한에서 감각내용은 자기 동일적 대상과의 의식적 관계를 형성시켜주는 지향적 체험과는 구별되는 비지향적 체험으로 분류된다. 그러나 이미 살펴보았듯이 발생적 현상학의 분석이 심화되면서 감각 내용은 단순한 비지향적 체험이 아니라 이미 대상적인 내용을 포함하는 감각자료와 그를 향한 수동적인 형태의 지향성의 통일체임이 드러났다.[90]

전기의 정적 현상학이든 후기의 발생적 현상학이든 현상학이 의식과 세계, 주관과 객관의 상호연관성을 의식지향성으로 논하는 것은 궁극적으로 그와 같은 지향적 구성작용의 주체를 초월적 주관성으로 밝혀내기 위한 것이며, 이는 곧 초월적 주관성의 자기 자각의 투명성을 확보하기 위한 것이다. 이것이 바로 원효가 일심의 성자신해로, 지눌이 일심의 자성본용으로, 퇴계가 리발의 활동성으로 밝히고자 한 것이며, 바로 그러한 주체성의 자각이 동학의 인내천으로 표현된 것이다.

5. 마치는 말

한국에 있어서의 현상학과 실존주의라는 서양철학의 수용과 전개과정을 이처럼 한국철학 내지 동양철학의 개념과 사유틀에 따라 읽어보는 것이 무슨 의미가 있을까? 세계가 하나로 통하며 철학이 보편을 지향하는 오늘 이 시대에 군이 한국철학의 정신을 찾아내야 할 이유가 무엇인가?

여기에서 논한 한국철학의 정신이라는 것도 결국은 인도로부터 전해온 불교 또는 중국으로부터 수입된 유가나 도가 사상이기에 그와 마찬가지로 서양으로부터 들어온 서양철학에 대해서만 군이 외래사상이라고 달리 규정할 필요는 없을 것이다. 동양 전통사상이라고 해도 그것이 과거의 것이라는

---

90) 이남인, 「발생적 현상학과 지향성 개념의 변화」, 한국현상학회 편, 『세계와 인간 그리고 의식지향성』, 1992, 279쪽.

점에서 현재의 우리와 다르므로, 서양사상이 서양의 것이라는 점에서 현재의 우리와 다른 것과 별 차이가 없을 수도 있다.

그러나 굳이 본질적 차이를 찾는다면, 하나는 이미 우리의 역사를 형성하고 있기에 그것을 취하면 그 안에서 우리의 사상사의 정신적 연속성을 찾을 수 있지만, 다른 하나를 취할 경우에는 우리의 정신의 흐름에 단절이 발생한다는 것이다. 만일 우리 자신의 정신적 연속성 안에서는 결코 발견할 수 없는 위대한 사상이나 절대적 진리가 그 다른 하나 안에 들어 있어서 그러한 단절을 통해 오히려 우리 자신이 다른 모습으로 성장하고 발전할 수 있는 것이라면, 물론 그러한 과감한 단절과 비약이 우리 자신을 위해서도 바람직한 것일 수 있을 것이다.

그러나 과연 그런가? 과연 서양의 철학정신 안에 동양 내지 한국인이 2000년 넘도록 결코 생각하지 못하였던 인생과 존재 전반에 대한 보다 근원적인 통찰, 진리와 삶의 의미에 관한 보다 명료한 철학적 자각이 들어있단 말인가? 도대체 과연 그런지 아닌지에 대해서조차 우리가 신중히 판단한 적이 있는가? 그 판단을 위해서라도 우리는 우리 자신의 전통적 사상을 제대로 알아야만 한다.

우리의 전통 사상이 물론 완벽하지 않을 수도 있을 것이다. 어딘가에서 새로운 역사 창조를 위한 새로운 비약이 절실히 요구될 수도 있을 것이다. 그러나 어디서 어떤 방식으로 새로운 비약을 감행할 것인지를 판단하기 위해서라도 전통사상을 알아야 하는 것이 아닌가? 그 연속성 위에서만 우리는 주체적으로 사유할 수 있다. 동양철학개념으로 서양철학을 읽어내면 그것은 격의서양철학이 될 것이다. 그러나 그것은 우리가 우리 말로 우리 사상의 전통 위에서 사유하고자 하는 한 피할 수 없는 것이며, 피해서도 안되는 것이다. 그것이 서양 전통 안에서의 서양철학과 구분되는 한국 사유전통 내에서의 주체적 사유일 것이기 때문이다.

한국철학을 이미 끝난 사상, 현실과 무관한 공론으로 간주하며, 보편적인 철학의 중심문제에 이르지 못한 변방적 담화정도로 여기는 한국의 철학자들,

그래서 인생을 다바쳐 오로지 서양철학 배우기에 一以貫之하는 그들에게 박종홍은 다음과 같이 말한다.

> 동양사상에 관하여 별로 공부하여 본 일도 없이 처음부터 얕잡아 헐뜯기만 하는 것은 삼가야 할 것이다. 우리는 서양 것을 배우는 데 허비하는 시간과 노력에 비하여 우리의 것을 알기 위하여 도대체 얼마나 힘을 들여본 일이 있었던가. 우리는 한국 사람이다. 동양 그 중에서도 우선 우리 한국의 것을 먼저 알아야 하겠다. 우리의 선인들은 어떤 사상을 가지고 살았던가. 무엇을 알려고 애써 왔던가. 그리하여 어떤 면에서 어느 정도로 그들의 특색을 발휘하였던가.[91]

그런데 이 말은 그 후 수십 년이 지난 오늘의 우리에게도 그대로 적용될 수 있는 말일 것이다. 그래도 "나는 이렇게 생각했다. '내가 전혀 이해할 수도 상상할 수도 없는 사유를 선인들이 창안했을까, 더구나 그 사유를 놓고 조선의 전 지적 에너지가 진지하게 투입됐을 리는 없다. 다만 내가 그 입구를 찾지 못하고 헤매고 있을 뿐이다'"라고 고백하는 동양철학자가 있고, 또 "나는 이렇게 생각했다. 인생에서 한 번은 데카르트를 읽었을 때만큼의 열정과 수고를 우리나라의 고전에 바치리라"라고 고백하는 서양철학자도 있기에,[92] 우리 한국의 철학정신은 언젠가 그 깊이와 폭이 다 드러나 결국은 하나의 맥으로 이어지는 사상흐름으로, 하나의 한국철학사로 밝혀질 날이 있을 것이다. 다만 그것이 너무 먼 훗날이 아니기를 바랄 뿐이다. 우리가 사는 이 시기에 그 철학흐름이 끊어진 단절로 남게 된다면, 그것은 결국 우리 철학하는 자들의 책임이 아니겠는가.

---

91) 박종홍, 『철학개설』, 『박종홍전집』 제2권, 민음사, 1998, 328쪽.
92) 앞의 동양철학자는 『주희에서 정약용으로』(세계사, 1996)를 쓴 한형조이고, 뒤의 서양철학자는 『풍자와 해탈 혹은 사랑과 죽음』(민음사, 2000)을 쓴 김상환이다. 각 문장은 그들 저서의 머리말에서 따온 것이다. 책의 내용을 논하지는 않으면서 이렇게 머리말의 문장 하나만 인용하려니 어쩐지 미안한 느낌이 들지만, 공감이 가는 아름다운 구절이기에 끌어다 썼다.

해방 이후 한국 사회철학의 전개 과정

김재현

1. 서론

한국사회에 서양철학이 수용된 지 100여 년이 넘었지만 본격적인 서양철학 수용은 일제시대 경성제대의 설립 이후의 일이다. 그동안 서양철학 수용에 대한 연구가 부분적으로 상당히 진행되었지만 역사적, 체계적 연구는 아직 미흡한 편이다.

본고의 과제는 해방 이후 한국철학계에서 '사회철학'이 어떻게 수용, 변화, 발전되었는가를 살펴보는 것이다. 여기서 우리는 잠정적으로 사회적, 정치적 현실과 역사에 대한 철학적 고찰을 모두 포괄하여 사회철학으로 간주하고 한국사회철학의 역사에 대한 기존의 연구를 바탕으로 해방후 1990년대 까지의 사회철학을 개괄하고자 한다.1)

---

1) 한국사회철학의 수용과 발전에 대한 연구로는,

김석수, 「맑시즘과 실존주의 수용에서 본 한국현대(1920-60년대) 정신의 갈등 구조」, 『동아연구』 제37집, 서강대학교 동아연구소, 1999. 6.

김석수, 「네오마르크스주의, 마르크스-레닌주의, 주체사상을 통해서 본 한국의 사회철학」, 『동아연구』 제41집, 2001. 6.

김석수, 『현실 속의 철학 철학 속의 현실』, 책세상, 2001.

김재현, 「월북 철학자들-생애와 저작」, 한국철학사상연구회편, 『시대와 철학』 제1호, 1990.

김재현, 「소련철학에서 '인간론'의 지평」, 『시대와 철학』 제2호, 1991.

김재현, 『한국사회철학의 수용과 전개』, 동녘, 2002.

김창호(엮음), 『한국사회변혁과 철학논쟁』, 사계절, 1989.

구체적으로는 우선 해방 이후 한국사회에서의 사회철학의 역사적 발전을
이해하기 위해 일제 하부터 해방 3년간의 한국철학계의 흐름을 살펴본다.
다음으로 한국전쟁 이후 오늘날까지의 사회철학의 전개과정을 1950, 60년대
는 하나로 묶어 파악하고 나머지는 약 10년 단위로 구분하여 파악하고자
한다. 이렇게 하는 이유는 1950, 60년대는 뚜렷하게 구분할 기준이 없고
또 사회철학적 성과가 적기 때문이고, 1970년대는 군부독재체제 하에서의

김창호, 「80년대 이후 진보적 철학연구사」, 한국산업사회연구회 편, 『현대 한국인문
　　사회과학 연구사』, 1994.
김창호・서유석, 「페레스트로이카와 철학논쟁-사회주의 모순 논쟁과 인간론을
　　중심으로」, 학술단체협의회 편, 『사회주의 개혁과 한반도』, 한울, 1990.
백종현, 「서구철학 수용과 한국의 철학」, 『철학사상』 제5호, 서울대 철학사상연구
　　소, 1995.
백종현, 「독일철학의 유입과 수용전개」, 『철학사상』 제5호, 서울대 철학사상연구
　　소, 1995.
백종현, 「서양철학의 수용과 서우(曙宇)의 철학」, 철학연구회 편, 『해방 50년의
　　한국철학』, 철학과 현실사, 1996.
백종현, 『독일철학과 20세기 한국의 철학』, 철학과 현실사, 1998.
백종현, 「20세기 한국사회와 사회철학 그리고 그 과제」, 『사회철학대계 5』, 민음사,
　　1998.
백종현, 「20세기 한국의 철학계」, 『철학과 현실』 1999년 봄호.
엄정식, 「안호상의 종교적 민족주의」, 『철학과 현실』, 1998년 봄호.
엄정식, 「식민지시대의 한국철학과 민족주의」, 『동아연구』 제37집, 서강대 동아
　　연구소, 1999.
엄정식, 「남북한 철학체계의 비교와 통합 전망」, 『동아연구』 제39집, 서강대 동아연
　　구소, 2000.
엄정식, 「분단시대의 한국철학과 민족주의」, 『동아연구』 제41집, 서강대 동아연구
　　소, 2001.
윤형식, 「맑스-레닌주의, 정통주의의 시대」, 『1980년대 이후 맑스주의 연구』, 과학과
　　사상, 1995.
이 훈, 「연구를 위한 자료의 통계적 분석」, 서울대학교 철학사상연구소 엮음,
　　『철학사상』 제4호, 1994.
이 훈, 「북한 철학의 흐름」, 『시대와 철학』 9호, 1994.
이 훈, 「맑스주의 수용 50년사」, 『예속과 해방』(한국철학회 해방50주년 기념 정기학
　　술발표회 논문집), 1995 ; (한국철학회편, 『해방의 철학』, 1996으로 재발간)
등의 글이 있다.

'근대화'와 '산업화'의 부작용과 '민주주의'와 '정의'에 대한 철학적 논의가
나오며, 1980년에는 소위 '광주민중항쟁'이 발생하고 이어서 신군부의 등장
으로 사회철학적 논의가 매우 활발했고, 그 후 10년이 지나 동구권이 무너지고
소련이 해체되는 역사적 사건이 일어남으로써 한국에서의 사회철학의 흐름
이 10년간 단위로 상당히 변해 왔기 때문이다. 그러므로 이러한 시대적
변화와 함께 1990년대 말까지의 사회철학의 변화를 살펴보고자 한다.

2. 식민지 시대와 해방 3년간 사회철학의 전개

분단 이후 사회철학의 수용과정을 제대로 이해하려면 일제 하의 사회철학
수용과정과 해방후 3년간의 철학계의 동향을 우선 파악해야 한다. 일본제국
주의는 식민지 지배의 강화를 위해 문화·교육·종교정책 등을 통해 지배이
데올로기를 강화·확산시킨다. 일제 하에서 유일한 4년제 대학이었던 경성
제대의 설립 자체가 당시 민족운동의 일환으로 등장한 민립대학 설립운동에
대한 대응으로 이루어졌으므로 아카데미 내에서는 식민지 현실과 무관한
강의들이 주로 행해졌고 철학의 경우 독일관념론 철학에 대한 편식이 심했다.
그러나 철학을 배우고 수용하는 입장에서는 식민지 현실을 무시할 수 없었고
더구나 청년학도들은 식민지 지식인으로서의 고통과 울분을 감수하면서
아카데미 바깥에서의 사회운동·민족해방운동 등에 관심을 가지지 않을
수 없었다. 그러므로 민족해방운동의 이론적 뒷받침을 했던 사회주의 사상의
영향이 상당히 컸으며 사회주의를 수용하지 않더라도 민족의식은 강했다.
우리는 이 당시의 철학자들의 철학사상적 경향을 단순화시켜 크게 두
가지로 구분할 수 있다. 우선 관념론적 경향[2]의 철학자들로 박종홍, 한치진,
이종우, 안호상, 고형곤, 김두헌, 김계숙, 최재희, 갈홍기 등을 들 수 있는데

---

2) 여기서 관념론적 경향이란 것은 식민지 현실의 사회경제적, 정치적 조건을 자신의
철학함에 중요한 토대로 고려하지 않는 철학적 경향을 개괄해서 총칭하므로 개인적
인 차가 있다 하더라도 비맑스주의적 경향의 철학자들 대부분이 이 경향에 포괄된
다.

196

이들은 일정한 민족주의적 성향을 갖지만 식민지 현실의 민족모순과 계급모순에 대한 자각이 거의 없었으며 있었다 하더라도 추상적 수준에 머물러 소박한 현실파악에 머무는 경향이 강했다. 이들의 서양철학 학습과 수용은 다양하다. 이들은 헤겔에 대한 관념론적 이해와 현상학, 하이데거, 야스퍼스 등의 실존철학, 막스 쉘러의 가치론, 관념론적 윤리학 등을 수용하기도 하고 민족문화와 교육문제 등 다양한 차원에서 글을 쓰기도 한다. 한편 한치진, 갈홍기에 의해 미국의 실용주의나 실증주의, 종교철학, 회의주의 등도 수용되었으며 일제 말에는 실용주의, 회의주의, 실존주의를 수용했던 일부 철학자들이 소위 '황도철학'에 참여하기도 했다.

다른 하나는 유물론적 경향의 사회철학자로서 신남철, 박치우, 전원배 등을 들 수 있는데 이들은 아카데미 철학을 하면서도 교우관계와 다른 조직활동을 통해 현실운동과 일정한 연관을 가지면서 마르크스─레닌주의 철학을 수용 소개한다.

이들은 헤겔에 대한 유물론적 독해, 마르크스─엥겔스, 레닌, 스탈린의 이론들을 부분적으로 수용하면서 식민지 현실의 요구 때문에 '실천'을 강조하면서 실천적 전투적 유물론적 입장에서 다양한 글을 쓴다. 파시즘 비판, 마르크스주의에 기초한 철학사 해석과 민족문제 해명, 일본제국주의의 지배적인 철학에 대한 비판, 당시의 부르조아적 관념론적 철학들 즉 신칸트학파, 신헤겔주의, 현상학, 실존주의, 존재론 등에 대한 비판, 사회학의 논리적 구조, 역사철학의 연구와 문예비평 또는 시평 등의 글, 그리고 식민지시대 사회구성체, 조선연구 방법론 등에 대한 글들도 썼다. 이들은 당시의 백남운, 이청원 등의 사회경제사 연구성과 및 김태준의 문학사연구 등을 수용하는 등 학제적(interdisciplinary) 연구태도를 보여주기도 했다. 일제하 식민지시대에는 민족문제와 계급문제의 해결이 완전히 분리된 것은 아니었고 따라서 관념론적 경향과 유물론적 경향의 철학자들이 배타적이지는 않았으며 공통적으로 민족주의적 입장이 근저에 있었다고 볼 수 있다.

해방 후 3년간의 철학계의 동향은 분단국가 성립 이후의 남북한 철학계와 철학사상의 흐름을 이해할 수 있는 토대가 된다. 일제하 민족해방운동의 사상적 토대가 민족주의와 결합된 사회주의 사상이었고 또 이에 대한 탄압도 심했으므로 해방 직후 마르크스-레닌주의 종류의 책이 상당수 번역 소개되면서 사상·학문·정치활동의 자유가 구가되었다. 그러나 남북분단의 과정은 통일된 민족국가의 수립이라는 민족적·민중적 염원이 일부 친일파와 지배계급 및 이들을 뒷받침한 제국주의의 폭력적 탄압에 의해 좌절되면서 이데올로기의 폭넓은 지형이 축소·왜곡·재편되는 과정이었다. 관념론적 경향의 철학과 유물론적 경향의 철학이 공존·갈등·대립하다가 미군정의 지배력이 강화되고 문화, 교육, 이데올로기적 정책에 의해 관념론과 미국의 이데올로기가 선택적으로 수용되고 유물론적 철학과 사상이 폭력적으로 배제되면서 남한에서의 서양철학의 판도는 상당히 달라지게 된다.

유물론적·실천적 입장에서 철학사상을 전개했던 신남철은 해방이 되자 일제 하에서의 이론적 실천적 활동과 인맥을 기초로 매우 적극적인 활동을 한다.3) 그는 해방 직후의 당면한 문제였던 반제 반봉건의 과제를 해결하고 자주적 통일국가의 수립을 위해 이론적 조직적 활동을 한다. 그는 '조선학술원'의 서기국 위원으로서 기획과 조직을 담당하고 '민족문화연구소'의 연구원으로서 민족문화, 민족교육의 올바른 건설을 위해 활동하면서 '과학운동' '문화운동'을 이론적 실천적으로 전개한다. 특히 「역사의 발전과 개인의 실천」, 「현하의 과학 정세와 과학자의 임무」는 이러한 활동의 이론적 근거를 잘 밝히고 있다. 그는 서울대 사범대 교수이면서 조선학술원 대표로 '조선민주주의 민족전선'의 중앙위원으로 활동하다가 1948년 4월 '남북회담지지 108인 성명'에 서명을 한 후 월북한 것으로 추측된다. 월북후 그는 김일성대학 철학과 교수와 최고인민회의 제1, 2기 대의원을 지낸 것으로 알려진다. 그의 저작으로는 『역사철학』(1948), 『전환기의 이론』(1948)이 있는데, 이 책들은 지하로 돌아다니면서 1950년대에 지식인과 학생들, 철학도들에게 일정한 영향을 미쳤다고 한다.

---

3) 신남철에 대해서는 졸저, 『한국사회철학의 수용과 전개』, 동녘, 2002, 3장 참조.

박치우는 마르크스주의적 입장에서 식민지 현실의 문제와 부딪치면서 당파적 입장에서 이론과 실천의 통일을 통해 노력하다가 해방이 되자『현대일보』를 창간하여 주필로 활동하면서 박헌영과 일정한 관계를 가진 것으로 추측된다.4) 그는 조선문화협회의 대표로 '조선민주주의 민족전선'의 중앙집행위원으로 활약하다가 1946년 박헌영이 해주로 피신할 즈음에 월북하여 해주의 남로당 임시 당본부에서 박헌영을 돕다가 1949년 9월 인민유격대 정치위원으로 남한에 내려와 빨치산으로 전사한 것으로 알려졌다. 저작으로는『사상과 현실』(1946)이 있다.

이들 외에 유물론적 경향의 철학자들은 해방 직후 마르크스－레닌주의 관련서적을 번역·소개하면서 일정한 활동을 하다가 남한에 남은 경우는 전향을 하거나 그렇지 않은 경우 월북 또는 사망한 것으로 추측된다. 전원배는 1948년에 엥겔스의『반듀링론－철학편』, 레닌의『유물론과 경험비판론』을 번역했다가 나중에 전향서를 쓰고 대학에서 쫓겨났다가 한참 후에 다시 대학에 자리잡는다.5)

한편 독일과 일본 동경에서 주로 독일관념론을 공부한 안호상은 1942년에 한글로 된『철학강론』을 써서 철학계에 영향을 줬으며 해방 후 이 책은 베스트 셀러가 됐다고 한다.6) 그의 관념적 민족주의 성향은 유물론적 경향에 반대하는 복고적·전체주의적 민족주의의 색채를 띠면서 민족지상·국가지상주의인 一民主義(족청계의 공식이론)를 주창하게 된다. 그런데 이 당시의 민족주의는 제국주의로부터 해방된 제3세계에서 일반적으로 그렇듯이 민족해방운동에 적극적이었던 사회주의세력을 배제하는 우익적·파시즘적 요소가 강했는데 안호상은 국대안 실시를 강력히 찬성하고『유물론 비판』

---

4) 박치우에 대해서는 위의 글, 2장 참조.
5) 전원배의 철학에 대해서는 조희영, 「현대한국의 중기철학 연구-박종홍과 전원배의 철학을 중심으로」,『철학연구』44호, 대한철학회, 1988 참조.
6) 안호상에 대해서는 엄정식, 「안호상의 종교적 민족주의」,『철학과 현실』, 1988 봄, 132~146쪽 ; 엄정식, 「식민지시대의 한국철학과 민족주의」,『동아연구』제37집, 서강대학교 동아연구소, 1999. 6, 58~69쪽 참조.

(1947), 『민족이론의 전망』(1948)을 통해 보수적 우익의 이데올로그, 즉 이승만 정치사상의 대변자로 활동하면서 초대 문교부장관이 되어 좌익계 교수들과 이념적 싸움을 하는 데에 앞장서고 학원의 사상통일을 위한 교사의 대숙청을 실시하고 학도호국단을 만들어 학원을 병영화한다. 그는 당시의 자유주의자들에게 전체주의자라는 비판을 받았으며 이러한 성향 때문에 철학계에서는 별로 환영받지 못했으며 따라서 크게 영향을 주지 못했다.

박종홍은 해방 후 민족적 양심을 가지고 '민족문화연구소' 주최의 강연회 강사로도 참여한다. 1946년 박치우의 『사상과 현실』이 출간되자 "이 책의 전체 내용은 우리 민족이 나가야 할 正道를 제시한다"는 내용의 긍정적이고 호의적인 서평을 쓴다. 또한 박종홍은 국립 서울대 철학과 교수로서 당시 군정의 지원 하에 이루어진 '조선교육심의회'에서도 약간 활동한 것으로 알려진다. 그러나 그는 해방 후 현실의 급격한 정치적 변화에 따라 소극적인 현실참여에서 더욱 순수한 연구와 강의에 스스로를 한정시켜 1948년에 『일반논리학』을 간행한다. 그는 한국전쟁 후에 실존철학적 분위기의 등장과 지식인의 빈곤 등의 원인으로 인해 한국철학계의 주도 인물로 등장한다.

최재희는 『우리 민족의 갈 길』(1946)에서 '발전적 자유주의' 혹은 '발전적 사회주의'를 내세웠지만 당시의 좌파 지식인에게 '관념적 진로' '공상적 사회주의'로 평가되었다. 최재희의 이러한 경향은 나중에 자유와 휴머니즘론에 대한 연구와 헤겔연구 등을 통해서 다시 나타난다고 볼 수 있다.[7]

3. 1950, 60년대의 사회철학의 동향

해방 직후, '이데올로기의 지형'이 폭넓게 형성되었다가 제국주의의 강력한 힘을 매개로 내부적인 계급투쟁을 거쳐 남한에서 '억압적 국가기구'가 유혈적으로 확립된다. 그러나 지배헤게모니는 아직 형성되지 않은 상태에서

---

7) 최재희에 대해서는 백종현, 「서양철학의 수용과 서우(曙宇)의 철학」, 철학연구회편, 『해방 50년의 한국철학』, 철학과 현실사, 1996 참조.

200

일종의 내전적 특성을 갖는 전쟁이 국제전화되어 휴전 후 남한에서 극우·반
공·친미적 이데올로기가 지배적으로 되면서 '이데올로기적 지형'이 매우
좁아지게 된다. 휴전 이후로 마르크스주의는 공개적으로 철저한 불온사상으
로 금기시된다. 그러나 일제시대부터 전해오던 일본어판 마르크스주의 문헌
들과 해방 직후 번역된 마르크스주의 관련 서적들 그리고 신남철, 박치우
등 월북한 마르크스주의자들의 저술들이 지하에서 읽히면서 비판적 지식인
이나 대학생들에게 영향을 미쳤다고 한다.

이처럼 마르크스주의가 철저히 배제되고 비판되면서 그 외의 관념론적
서구철학과 미국철학이 점차 확산되기 시작한다. 일제 때 이미 수용되었던
실용주의는 해방 후 형식적 자유민주주의와 함께 남한의 가장 지배적인
이념과 철학으로 자리잡는데 특히 교육의 기본이념으로 모든 교육기구에
침투하여 관료적 자본주의의 발전과 함께 우리의 사고와 생활을 상당히
지배한다.

50년대에 나온 마르크스주의에 관한 글은 대부분『사상계』[8]에 실렸다.
『사상계』는 '민주'와 '인권'이라는 이념에 기초한 자유민주주의에 입각하여
당시 이승만 독재정권에 대해 비판적인 글을 싣는 동시에 공산주의, 마르크스
주의에 대해서도 비판적이었다.

미국은 1950년대부터 교육원조의 일환으로 당시 지도적인 인사들을 미국
으로 초청, 재교육하였는데 철학계에서는 박종홍·김태길 등이 유학하여
귀국 후 도구주의적 과학철학과 듀이의 실용주의 윤리설 등을 도입, 소개했다.
특히 박종홍은『철학개설』(1954),『지성의 방향』(1956),『철학적 모색』(1959)을
발간하고 변증법에 관한 연구인「否定에 관한 연구」(1959)를 발표함으로써
남한사회에서 주도적인 철학자로 활동한다.

50년대에 민주주의 발전을 억압해 왔던 이승만 독재를 무너뜨린 4·19는

---

8)『사상계』에 대해서는 김건우,「1960년대 후반 문학과『사상계』지식인 담론의
관련 양상 연구」, 서울대 문학박사 논문, 2001 ; 한상구,「1950년대 지배이데올로기
의 내용-사상계를 통해 본 1950년대 지식인들의 지적 구조와 그 내용」, 미발표
논문, 1991 참조.『사상계』는 서양철학의 소개에 상당히 많은 지면을 할애했다.

남한사회 전반에 새로운 희망과 활기를 불어 넣었지만 곧이어 5·16쿠데타가 일어남으로써 민주사회로의 꿈은 좌절되었다. 1961년 이후 군사정권에 의해 소위 '근대화'와 '산업화'가 본격적으로 추진되면서 경제성장 과정에서 필연적으로 생겨나는 인간의 소외, 도덕성의 타락, 전통적 생활양식의 파괴에 대한 철학적 대응이 있었다. 문학자와 철학자들은 실존철학적 입장에서 인간의 문제를 파악하기도 하고, 인간소외라는 위기의 근원을 서구적 안목을 빌어 과학기술의 지배에 의한 인간성 상실로 파악하기도 하여 이의 회복을 도덕적 차원에서 주장했으나 사회정치적 현실에 대한 비판적 고찰은 부족했다.

실존철학적 경향과는 달리 1960년대에는 듀이의 철학책이 여러 권 번역되고 실용주의·경험주의·과학주의 등이 철학 교과과정에 들어온다. 이와 함께 마르크스주의 비판, 자유주의에 대한 소개와 수용이 눈에 띤다.

60년대 중반에 주목할 만한 것은 실용주의 철학자로 알려진 『듀이』(1967)의 출간이다. 이 책에서 김태길은 듀이 철학의 '실험적 방법'과 '사회이론'에 비중을 두면서 한국이 바람직한 '근대화'와 '민주화'를 이룩하기 위해 존 듀이의 철학에서 권위주의와 절대주의를 배격하는 가치론, 과학을 존중하는 합리주의적 신념, 의사소통에 대한 개방적 태도, 교육에서 개인의 성장과 사회의 진보를 동시에 성취하려는 교육이념등을 잘 배울 필요가 있음을 지적한다.[9] 이러한 지적은 당시 사회에 대한 적절한 비판이라고 할 수 있다. 그러나 이러한 비판은 제대로 영향력을 발휘하지 못했다.

앞에서 잠시 언급한 박종홍은 전후 한국철학의 대표자로서 일제 하에 이미 실존철학과 하이데거철학을 수용했고 1950년대 중반에 서구와 미국을 돌면서 도구주의적 과학철학 등을 수용하여 근대화이론과 군사정권을 뒷받침하는 데에 큰 역할을 한다. 박종홍은 5·16을 4·19 이후의 방종에 대립하는

9) 김태길, 『존 듀이의 사회철학』, 명문당, 1989, 234~242쪽(초판은 『듀이』, 1967). 프래그머티즘 수용에 대해서는 엄정식, 「프래그머티즘과 미국문화의 수용」, 한국 철학회 편, 『해방의 철학』, 철학과 현실사, 1996 ; 소흥렬, 「과학기술문명과 프래그 머티즘」, 『변화하는 시대와 철학의 과제』, 천지, 1991.

'국가에의 자유'로 찬양하면서 대외 의존적인 군사정권의 등장을 환영했으며 한일회담이 벌어지자 "이제 대등한 입장이 되었다"고 기뻐하였고 강화되는 박정희 군사독재체제의 이데올로그로서 '국민교육헌장'을 기초하면서 유신 체제의 등장을 이론적으로 뒷받침했다. 한국철학과 서양철학에 대한 박종홍의 연구가 현실연관 속에서 집대성된 것이 '민족중흥'과 '반공민주주의'를 핵심 내용으로 하는 '국민교육헌장'이라 생각할 수 있다. 박종홍의 현실참여는 당시 지식사회와 철학계에 큰 화제가 되었지만 대체로 부정적인 평가를 받았다.[10]

다른 한편 현실에 대한 철학적 관심의 표현으로 헤겔철학에 대한 소개와 프롬류의 소외론과 휴머니즘론이 부분적으로 수용된다. 프롬류의 소외론과 휴머니즘에 대한 관심은 이전부터 강하게 내려오던 실존철학적, 관념론적 영향 탓이기도 하지만 정치경제학이나 마르크시즘이 제대로 수용되지 않은 상태에서 한국의 현실을 선진자본주의의 철학적 관점 그대로 현실을 파악한 결과이기도 하다. 그러므로 이러한 위기의 극복방안도 개인 차원의 도덕적, 실존적, 존재론적 결단이나 인간사랑이라는 피상적인 수준에 머무는 정도였다.

1960년대에 나온 사회철학의 주요 저술들로는 박종홍의 『새날의 지성』 (1961), 『현실과 구상』(1963), 『지성과 모색』(1967), 최재희의 『사회철학』 (1963), 『헤겔의 철학사상』(1966), 김계숙의 『헤겔 연구』(1969), 이규호의 『현대철학의 이해』(1964), 『사람됨의 뜻』(1967) 등이 있다.

한편 전후에 거의 완전히 단절되었던 실천철학적 흐름인 마르크스주의는 1960년대와 1970년대의 헤겔연구와 비판이론을 통해 우회적 비판적으로 수용・소개된다.

---

10) 박종홍에 대한 비판적 연구로 김석수, 『현실 속의 철학 철학 속의 현실』, 책세상, 2001 ; 홍윤기, 「박종홍철학 연구」, 『역사비평』, 2001 여름 ; 백종현, 「20세기 한국 사회와 사회철학 그리고 그 과제」, 『사회철학대계』 5권, 민음사, 1998 등이 있다. 김석수 책의 문제점에 대해서는 필자의 「서평」, 『아카필로』, 2001, 89~100쪽 참조.

4. 1970년대의 사회철학의 동향

1970년대에는 국가주도의 급속한 '근대화'와 '산업화' 정책에 따라 노동자, 농민, 일반 시민의 기본권이 상당히 제약되었다. 개인의 자유와 인권이 무시되고 사회적 불평등이 증대하고 인간소외 현상이 심화되어 갔다. 따라서 이러한 사회상황을 반영하는 사회철학적 논의가 나타나기 시작한다. 그리고 이러한 논의가 가능하게 된 배경에는 철학계에서 연구인력이 증가하고 또 외국유학을 한 철학자들이 각 분야에 등장하기 시작했다는 점이 있다.

1970년대부터 헤겔철학의 소개와 수용이 활발해지고 이와 함께 현실에 대한 철학적 대응으로 비판이론도 수용된다. 에릭 프롬을 통해 비판이론이 처음으로 소개되다가 마르쿠제의 『이성과 혁명』의 번역(김종호역, 1963)을 통해 부분적으로 수용되기 시작한다. 그러다가 1970년대 들어 이규호, 차인석, 김종호, 김형효, 신일철, 유준수, 황문수, 박순영, 장일조, 정문길 등에 의해 본격적으로 수용되는데 이를 계기로 한국에서 사회철학이 본격적으로 전개된다고 해도 과언이 아닐 것이다.[11]

70년대에 비판이론가들의 여러 서적들과 논문들이 번역되었는데 그 중에서도 프롬과 마르쿠제의 책과 논문이 가장 많이 번역, 소개되었다. 그리고 호르크하이머와 아도르노, 하버마스의 책과 글들도 일부 소개되고 또 대학에서 강의도 있었으며 1979년에 나온 신일철편, 『프랑크푸르트학파』와 마르틴 제이의 『변증법적 상상력』을 통해 비판이론에 대한 전반적 소개가 이루어졌다.

비판이론을 통해 자본주의 사회와 기술문명사회 그리고 전체주의사회에 대한 직접적인 현실비판 외에도 특히 사회철학과 사회과학 방법론의 문제를 중심으로 영미철학(분석철학, 과학철학)과 서구철학(현상학, 해석학, 비판이론) 사이의 논쟁이 활발히 수용되고 이들 이론들의 한국현실에 대한 적합성에 대한 여러가지 논의가 있었고 인간소외, 사회정의에 관한 담론들도 있었다.

---

11) 비판이론의 수용과정과 문헌들에 대해서는 문헌병, 「쁘띠부르조아 이데올로기로서의 비판이론의 한국적 수용」, 『철학연구』 제24집, 천지, 1988 겨울 참조.

인간소외의 문제는 실존주의의 논의를 이어받은 것으로 1970년대 초 새로 도입되기 시작한 비판이론에 의해 활성화되었다. 비판이론은 인간의 위기를 과학기술문명의 위기로 파악하는 데서 한 걸음 더 나아가 초기 마르크스를 수용하면서 자본주의 문명비판을 시도했다. 인간해방을 위한 부정적·비판적 이성(변증법)의 역할을 강조하면서 '위대한 거부'를 주장한 마르쿠제의 사상은 사상적으로 빈곤했던 억압적인 군사독재 아래서 민주화운동의 사상적 뒷받침이 되었다.

다른 한편, 서구사회로부터의 비판이론의 수용과 비슷한 시기에 또는 앞서서 이미 한국사회의 억압적 현실과 이 속에서 형성·발전되어 온 '한국의 비판이론'이라고 할 수 있는 여러 이론들이 등장한다. 즉 민족경제론, 분단시대의 역사학 내지 민중사학, 민중신학, 분단시대의 사회학과 민중사회학, 민중문학 등이 등장하여 한국사회에 대한 비판의 역할을 담당했다고 볼 수 있다. 물론 비판이론이 종래 미국 일변도의 학문수입에서 탈피하여 서구의 현대이론을 접하도록 기여하고, 기능주의적·행태주의적 사회과학에서 비판적·메타이론적 시각을 수용하게 했으며, 철학계에서는 실증주의 비판을 야기했고 또 마르크스주의가 수용되는 데에 일정한 기여를 한 것은 인정할 수 있지만 비판이론은 기본적으로 선진자본주의의 현실을 토대로 한 문명비판에 머무는 것이었으므로 우리의 구체적 현실과는 거리가 있었다.

비판이론을 수용한 대표적 철학자인 차인석·이규호·백승균의 경우, 이들의 이론적 입장 차이와 정치현실에 대한 태도는 비판이론 자체에 원인이 있다기보다는 이들의 현실인식과 연관 학문에의 관심, 삶의 태도의 차이에서 기인한다고 할 수 있겠다.12)

차인석은 1970, 80년대를 통해 비판이론을 수용, 소개한 대표적인 철학자로 사회과학방법론과 사회철학, 이데올로기 문제 등에 대한 여러 가지 편저와 저술로 한국사회철학의 발전에 크게 기여를 했다.13) 이규호는 비판이론의

---

12) 문헌병, 앞의 글 참조.
13) 차인석에 대해서는 백종현(1998. 가), 『독일철학과 20세기 한국의 철학』, 1998,

수용에 일찍이 기여를 했지만 비판이론의 과제를 교육혁명으로 해석하고 이를 비판적 성찰을 위한 교육이론으로 발전시켜 정치교육에 적용시키고, 1980년대 들어서는 스스로가 전두환 정권에 참여하여 이데올로기 비판교육에 앞장섬으로써 비판이론이 가졌던 비판의 기능을 완전히 무시하게 된다. 이러한 정치참여는 논리적으로 일관된 철학자로서의 실천으로 보기 어렵다. 백승균은 비판이론을 정리한『변증법적 비판이론』(1982)과 블로흐의 희망의 철학 등을 소개함으로써 사회철학의 발전에 기여했다.[14) 김형효는 프랑스철학에 대한 연구를 토대로 한국전통사상을 사회현실에 연관시켜 한국사회를 철학적으로 해석하면서 소위 박종홍과 마찬가지로 소위 '개발 민족주의'의 이데올로그로 활동했다.[15)

서구에서 도입된 비판이론이 다루는 영역이 매우 넓었으므로 연구자의 관심에 따라 수용하는 내용과 차원이 달랐기 때문에 당시 비판이론은 한편으로는 정치이데올로기로 이용되기도 했고 다른 한편으로는 학생운동의 사상적 기초가 되는 부정적 비판적 사유를 가능하게 한 이론적 토대가 되었다고 할 수 있다.

1970년대에는 비판이론 외에도 급격하게 사회적 문제로 부상한 사회적 분배의 문제와 연관하여 존 롤즈의 정의론이 도입되고 포퍼, 노직, 니버 등의 사상도 수용된다.

그러나 롤즈의 정의론은 분배의 문제가 생산의 문제와 직결됨을 무시한 계약론적 전통에 기초한 것으로 사회적인 합의의 과정만 공정하면 분배의

199~206쪽 ; 백종현(1998. 나), 「20세기 한국사회와 사회철학 그리고 그 과제」, 『사회철학대계 5』, 민음사, 1998, 57~63쪽 참조(둘 다 같은 내용임). 또한 차인석의 철학적 회고라 할 수 있는 「종교에서 실존 그리고 사회사상」, 『철학과 현실』, 2001 가을, 173~197쪽 참조.

14) 백승균에 대해서는 문현병, 앞의 글과 백승균의 철학적 인생론인 「실존철학과 사회이론 그리고 인간생명」, 『철학과 현실』, 2001 겨울 참조.

15) 엄정식은 박정희 정권과 전두환 정권에 참여한 철학자들을 '개발 민족주의'의 입장에서 파악한다. 엄정식, 「분단시대의 한국철학과 민족주의」, 『동아연구』 제14집, 서강대 동아연구소, 2001. 8.

정의가 가능하다는 비역사적인 이론으로서 현실의 구체적인 경제정의의 문제와 거리가 먼 것이며, 따라서 롤즈의 정의론은 결국 분단되고 종속된 우리 현실에 대한 비판의식을 무디게 한 것이라는 비판도 있었다.[16)

앞에서도 언급했듯이 프랑크푸르트학파의 이론에 기초한 여러 논의들이나 종속이론 등은 한국사회 현실에 대한 역사적, 사회과학적 성과에 토대를 둔 것이 아니고 외국이론을 그대로 수용하는 차원에 머무는 경우가 많았지만 이론적으로 빈곤했던 한국사회에서 나름대로 비판적 역할을 한 것도 사실이다.

1970년대의 사회철학 저술들로는 최재희의 『역사철학』(1971),.소광희편 『정의의 철학』(1977), 김태길의 『소설문학에 나타난 가치관』(1977), 박종홍 의 『변증법적 논리』(1977), 임석진의 『시대와 변증법』(1979), 이규호의 『현대 철학의 이해』(증보판, 1979), 김형효의 『현실에의 철학적 접근』 등이 있다.

종속적 자본주의화의 문제점과 분단구조에 대한 철학계의 문제인식은 1970년대 후반에 와서 민주화운동의 진전과 함께 학문적 종속화를 벗어나려는 과정에서 젊은층 내에서 구체화되기 시작했다. 특히 유신시대의 정치적 억압을 겪은 젊은 철학도들은 사회비판의식이 매우 강했으며 이들은 1980년 대에 사회철학자로서 활발한 역할을 하게 된다.

5. 1980년대 사회철학과 마르크스주의의 수용
: 헤겔철학에서 비판이론, 정통마르크스주의
그리고 주체사상에로

70년대 후반부터 민주화운동의 진전과 함께 종속적 자본주의화의 문제점과 분단구조에 대한 문제인식이 젊은 세대에서 구체화되기 시작하면서 마르크스주의에 대한 관심이 급증하고 유신체제의 붕괴와 '서울의 봄', 1980년

---

16) 이병창, 「철학에 대한 반성과 전망」, 『서울대 인문대 대학원 자치회 학술토론회
   자료집』, 1987.

'광주민중항쟁'을 거치면서 마르크스주의가 실천철학적 담론에서 가장 중요한 위치를 차지하게 된다. 따라서 1970년대의 비판이론에 대한 관심도 약화되거나 '쁘띠부르조아 이데올로기' 또는 "불철저한 반민중적 이론으로 비판되어 그 의미가 축소되었다."[17] 그러므로 "1980년대 한국철학은 가히 '사회철학의 시대'라 할 만 했는데, 그 '사회철학'이라는 것은 마르크스주의 내지 좌파적 사회철학을 뜻했다"[18]는 지적은 타당하다.

1980년에서 1987년까지의 기간에 현실의 정치적, 사회적 요구 때문에 그리고 사상과 출판의 자유가 조금씩 확장되면서 그동안 금기시되어 왔던 마르크스-레닌주의, 주체사상이 이론적 논의의 중심으로 등장한다.[19]

80년대 초반은 비판이론의 비판적 수용과 더불어 실천적 관심에 의한 헤겔연구가 이전의 연구성과와 번역작업(임석진 등)을 토대로 새로이 나타나면서 변증법에 대한 관심이 증가되었다. 1980년 이후 변증법 관계 서적이 대량으로 쏟아져 나왔으며 헤겔 변증법으로부터 네오마르크시즘에 이르기까지 다양한 경향의 변증법이 거의 동시적으로 수입 소개된다.[20] 이는 변증법적 유물론에 대한 간접적 이해를 위한 것이지만 동시에 현실에 대한 총체적 인식을 위한 방법론을 제공해주는 이론으로서 수용되기도 했다. 헤겔철학에서 '총체성'과 '변증법' 개념은 한국사회를 총체적이고 역동적으로 보는 시각을 제공했고 루카치, 코직, 비판이론 등이 수용되면서 마르크스주의 수용의 토대를 제공한다. 특히 루카치를 통해 자본주의 사회의 총체성에 대한 인식은 노동계급의 당파성에 의해서 가능하다는 변증법적, 총체적 문제의식을 받아들이게 되었다.

---

17) 박정하, 「'프랑크푸르트학파의 사회비판이론'에 대한 서평」, 『시대와 철학』 제6호, 1993, 259쪽.
18) 백종현(1998. 가), 140쪽 ; 백종현(1998. 나), 48쪽.
19) 1953년에 창립된 한국철학회의 기관지인 『철학』의 창간호(1955)부터 1981년까지 마르크스나 좌파적 사회철학 관련 논문은 한 편도 없다가 1982년 이후에야 비로소 등장한다. 백종현(1998. 나), 52쪽.
20) 1980년대의 변증법 수용에 대해서는 이병창, 「1980년대 변증법의 수용과정」, 『시대와 철학』 제1호, 까치, 1987 참조.

특히 1980년대 전반기에는 헤겔적 마르크스주의[21]의 영향이 컸다. 헤겔에 대한 유물론적, 실천적 독해, 연구와 마르크스의 토대—상부구조론에 입각해서 현실에 대한 총체적 인식을 획득하는 것을 마르크스주의 철학의 핵심으로 파악한 '총체성'의 변증법, 그리고 계급적 당파성이 과학성의 기초라는 루카치의 해석은 마르크스주의—레닌주의의 수용에 큰 영향을 미쳤다.[22]

1980년대 초부터 사회철학적 연구를 공동으로 해 온 젊은 철학도들이 중심이 되어 1987년 6월에 『시대와 철학』을 창간하여 철학의 실천적 자세를 강조하며, 주체적 철학의 형성을 위한 근원적 실천과 생산자적 철학, 비판적 철학을 표방하면서 '분단'과 '민중해방'의 문제를 철학적 과제로 제기한다. 이러한 문제제기는 기존 철학계의 아카데미즘에 대한 비판의 의미도 있다. 1988년 3월에는 사회철학연구실과 헤겔학회 소장파가 '한국철학사상연구회'(이하 한철연)로 통합된다. 한철연은 "과학적 세계관을 확립하고 이를 확산·심화시킴으로써 한국사회발전에 이바지할 것"을 목적으로 삼고 대중과의 결합을 강조한다. 한철연의 출현은 기존 철학계(한국철학회·철학연구회 등)에 신선한 자극이자 도전이기도 하지만 완전한 단절은 아니다. 창립대회에 조요한 한국철학회장, 학술단체협의회 공동대표, 전민련 편집실장 등이 참여한 것은 이 철학회의 성격을 잘 보여준다. 1980년대에 들어 기존 철학계에서도 자유·정의·국가 등 현실문제를 철학적으로 다루는 철학발표회가 어느 정도 활성화된다. 그리고 김태길 교수를 중심으로 한국철학계의 중진들이 참여하여 『철학과 현실』을 창간(1988년 봄)함으로써 현실과 거리가 먼 한국철학을 반성하고 철학의 사회적 역할을 강조하면서 철학의 대중화 작업을 시도하기 시작했다.

---

21) 캘리니코스는 마르크스주의를 헤겔적 마르크스주의, 알뛰세적 또는 구조주의적 마르크스주의, 분석적 마르크스주의로 나누는데 이러한 구분은 마르크스주의 담론을 이해하는 데 적절한 구분으로 생각된다. 한국에서의 마르크스주의는 1980년대 초부터 헤겔적 마르크스주의의 수용에서 알뛰세적 마르크스주의 다음으로 분석적 마르크스주의 순으로 수용된다고 볼 수 있다.

22) 한국에서의 루카치 수용에 대해서는 설헌영, 「현실변혁과 변증법」, 『철학연구』, 천지, 1988 겨울 참조.

이처럼 한국철학계에서 사회철학에 대한 관심이 증대되면서 철학연구회는 1988년에 '한국에서의 마르크스주의 수용'이라는 주제로 「일제하와 해방 직후의 마르크스주의 수용-신남철을 중심으로」(김재현), 「쁘띠부르조아 이데올로기로서의 비판이론의 한국적 수용」(문현병), 「현실변혁과 변증법-루카치 수용의 의미에 대한 검토」(설헌영)가 발표되었다. 또한 1989년에는 '주체사상의 철학적 조명'을 주제로 「북한의 사회주의 건설과 주체사상의 이해(1)」(최종욱), 「원리 체계에서 본 주체사상의 철학적 정치적 문제」(유초하), 「80년대 사회변혁운동과 주체사상」(김재기) 등의 글이 발표되었다. 특히 후자의 글에서는 1980년대 사회변혁운동 과정에서 주체사상이 상당 부분 수용되고 영향을 미쳤음을 밝히고 있다. 또한 한국철학회에서도 분배의 정의를 주제로 자유주의 입장과 정통마르크스주의 입장이 같이 발표되어 활발한 논의를 하기도 했다. 기성 철학회의 정기 학술대회에서 이러한 발표가 이루어졌다는 것은 1980년대 후반의 사회적 분위기를 반영할 뿐만 아니라 기존 철학계의 사상적 수용폭도 상당히 넓어졌다는 것을 의미한다고 할 수 있다.

한철연이 주도한 『철학대사전』(1989)의 출간은 마르크스주의 수용에서 특기할 만한 업적이라 할 수 있으며, 이외에도 소련철학계의 동향(서유석), 페레스트로이카와 마르크스주의의 새로운 해석, 마르크스주의에서 인간과 실천문제 등에 대한 연구(송두율·홍윤기), 동독에서의 마르크스주의 논쟁사(안규남) 그리고 이들 연구와 주체사상에 대한 연구를 통해 마르크스주의의 발전과정에서의 논쟁을 정리하여 주체사상을 마르크스주의의 발전으로 파악한 이정길의 『철학의 새로운 단계』, 월북 철학자들에 대한 연구 등 진보적인 입장의 연구들이 나왔다.

80년대 후반부터 마르크스주의에 대한 관심이 본격적으로 대두하기 시작했으며 이러한 관심은 마르크스 원전에 대한 연구로 구체화되기 시작했다. 이에 따라 마르크스 저작에 대한 번역 작업들이 집중적으로 진행되어 마르크스주의 철학 중에 가장 핵심적인 저작들이라고 할 수 있는 『자본론』, 『독일이데올로기』,『정치경제학 비판』 등이 번역되었고 그 외에도 마르크스-레닌 주의 관련 서적이 상당수 출간된다. 이와 함께 마르크스의 유물론적 세계관, 역사적 유물론, 그리고 그것에 기초한 정치경제학의 방법론들이 연구, 학습되기 시작했다. 이것은 주로 소련, 동구에서 출간된 기존의 마르크스주의 '교과서'를 통해서 이루어졌다.[23] 87년 6월 항쟁 이후 마르크스주의를 본격적으로 다루는 글들이 많이 나오고 주체사상에 대한 논쟁도 활발했으며 '민족적 민중적 학문'에 대한 논의가 활발해졌다.[24]

1987년 말부터 본격적으로 시작된 변혁사상과 이론을 둘러싼 대중노선, 철학의 근본문제에 관한 논의가 주체사상의 수용과 함께 철학적 논의의 핵심문제로 제기되어 마르크스-레닌주의와 주체사상의 관련 등이 논의되었다.[25] 그리고 사회구성체 논쟁, 사회과학 방법론 논쟁, 역사법칙 논쟁, 과학의 '과학성' 논쟁, 진리를 둘러싼 논의, 모순론 논쟁, 인간론 논쟁, 포스트모더니즘 논쟁, 해체론 논쟁, 근대성 논쟁, 생태학적 세계관 논쟁 등에서 철학적 담론들이 나타난다고 볼 수 있다. 그러나 한국의 사회철학계에서는 이들 문제를 주체적으로 다루지는 않았으며 주로 사회과학이나 문학 쪽에서 사회철학적 논쟁을 주도한 경우가 많았다.[26]

이처럼 마르크스주의는 한국사회의 변혁에 대한 요구와 함께 한국사회에 적용될 수 있는 이론으로 발전되어 갔다. 특히 85년 CNP논쟁을 시작으로

---

23) 김창호, 「80년대 이후 진보적 철학 연구사」,『현대한국 인문사회과학 연구사』, 한울, 1994, 142~143쪽.

24) 1988년 6월 3, 4일 양일에 걸쳐 처음으로 '학술단체연합 심포지움'이 열렸다.이 때의 주요 개념이 '학술운동'과 '민족적·민중적 학문'이었다. 학술단체협의회편, 『80년대 한국인문사회과학의 현단계와 전망』, 역사비평사, 1988.

25) 이병창, 「80년대의 한국사회와 사상운동」,『사회와 사상』, 1989년 1월호 ; 김재기, 「80년대의 사회변혁운동과 주체사상」,『철학연구』, 25집, 천지, 1989. 1980년대의 사회변혁과 관련된 철학적 논쟁에 대해서는 김창호 편,『한국사회변혁과 철학논쟁』, 사계절, 1989 참조.

26)『창작과 비평』은 30년간 한국사회에서의 주요 쟁점들을 부각시키고 논의를 심화시키는데 중요한 역할을 했지만 특히 최근 10여 년간 문학, 철학, 사회과학의 차원에서 중요한 논쟁들을 주도해왔다고 할 수 있겠다. 김동춘, 「한국사회과학과 창비 30년」,『창작과 비평』, 1996 봄 참조.

해서 몇 년간 사회성격논쟁, 사구체논쟁, 모순론, 방법론, 과학성과 당파성, 이론과 실천, 주체사상논쟁 등 다양한 논쟁들 속에서 여러가지 철학적인 문제들이 제기되었고 논쟁들도 활발했다.27)

특히 주체사상논쟁은 사회구성체논쟁과 사회성격논쟁에서 제기된 제국주의의 규정력 문제를 둘러싸고 민족해방의 전략적 차원에서 수용되었다. 특히 정서적으로 민족주의에 호소하면서 일제 하부터 민족해방의 '정통성'을 주장하는 주체사상이 학생운동권에 강력한 영향력을 행사하면서 비공개적인 논쟁의 핵심으로 떠오르게 된다.28) 민족해방의 문제의식은 86년 경에 주체사상의 창조적 계승과 적용이라는 문제가 제기되면서 소위 '주체사상논쟁'이 불붙었다. '정통노선'과 '주체사상' 간의 소위 '철학' 논쟁, '인간론' 논쟁이 지속되다가 89년 전후로 『주체사상 총서』 10권이 모두 출간되고 주체사상에 대한 비판이 지배적이 되고 정치노선상의 문제로 흡수됨으로써 생산적인 논의로 발전하지 못했다고 할 수 있다.29)

한편으로 『계몽과 해방』(1988)을 비롯하여 송두율 교수의 저작과 글들도 한국사회에 큰 영향을 주었으며, 언어철학 쪽에서도 영미·서구철학의 제국주의적 성격을 밝히면서 언어철학의 올바른 방향을 위해서는 언어적 실천의 의미를 물질적 구조와 관련시켜야 한다는 마르크스주의적 언어철학의 주장도 나왔다.30) 이처럼 1980년대는 사회운동의 발전에 영향을 받으면서 구체적 현실에로 접근하려는 노력들이 뚜렷이 전개되면서 마르크스주의를 올바로 수용하여 우리 현실에 적합한 사회철학을 생산하고자 하는 움직임이 본격적으로 전개되었다고 할 수 있다.

---

27) 이 논쟁들의 구체적 내용에 대해서는 김창호, 앞의 글 ; 윤형식, 「맑스-레닌주의, 정통주의의 시대」, 『1980년대 이후 맑스주의 연구』, 과학과 사상, 1995. 그리고 졸저, 앞의 글, 6장 등 참조.
28) 윤형식, 앞의 글, 14쪽 참조.
29) 김창호엮음, 『한국사회변혁과 철학논쟁』, 사계절, 1989 ; 이정길, 『철학의 새로운 단계』, 도서출판 녹두, 1989 ; 이진경엮음, 『주체사상비판 1·2』, 벼리, 1989 등 참조.
30) 이훈, 「현대철학과 제국주의」, 『월간 사회와 사상』 1989년 1월호, 한길사.

   그런데 우리는 모든 저작들에 일반화시켜 적용하기는 어렵지만 1980년대 한국에서 마르크스주의 수용의 몇 가지 특징적인 현상을 발견할 수 있다. 첫째는, 남북분단이라는 특수한 상황 때문에 서구 마르크스주의의 경우와 반대로 우리의 경우는 비판이론의 수용이 어느 정도 이루어진 후 마르크스-레닌주의가 관념적이면서도 실천적 힘을 가지고 단기간에 전폭적으로 수용된다는 것. 둘째, 마르크스주의는 정치적 억압 약화와 현실적 실천의 요청 때문에 비교적 단순한 차원에서 수용된 반면, 비판이론은 충분한 이해와 논쟁과정을 거치지 않고 수용됨으로써 비판이론이 갖는 실천적 의미가 제대로 인식되지 못했다는 것이다. 셋째로, 마르크스주의에 대한 충분한 이론적 축적 없이 논쟁이 격화되고 마르크스주의적 '실천'이 관념화되었던 경향을 들 수 있다. 그 이유는 시대적 배경 때문에 '이론의 실천화'에 대한 요구가 너무 강했기 때문이 아닌가 생각된다.

   또한 1980년대에는 앞에서 언급한 주류 마르크스주의적 경향들 외에도 다양한 사회철학적 성과들이 단행본으로 출간된다. 1981년대에 나온 사회철학적 저술로는 김태길 외『현대사회와 철학』(1980), 차인석 교수가 주도하여 한국사회과학연구소에서『현대사회과학 방법론』,『현대의 사회사상가』,『사회과학의 철학』(1980),『사회와 인식』등이 간행되었다. 그리고 임석진의 『헤겔 변증법의 모색과 전망』(1985), 이한구의『역사주의와 역사철학』 (1986), 이상철의『역사철학연구』(1987), 정문길의『에피고넨의 시대』(1987), 차인석의『사회인식론』(1987), 차인석편『19세기 독일사회철학』(1986), 이삼열의『평화의 철학과 통일의 실천』(1990), 김형효의『구조주의의 사유체계와 사상』(1989) 등이 간행되었다.

   특히 차인석의『사회인식론』은 현상학과 마르크스주의의 결합, 마르크스에서의 과학적 인식, 인간과 실천문제를 다룸으로써 정통 마르크스와는 다른 해석 즉 현상학적이며 인간학적인 마르크스 해석을 하고 있다. 김태길의 『변혁시대의 사회철학』은 한국사회에 대한 사회윤리적 해명에 머물러 내용이 책명과 잘 맞지 않으나 직접 한국현실을 논의대상으로 했다는 점에서

상당한 의의가 있다고 하겠다. 그리고 이삼열은 평화의 철학을 통한 통일의
실현을 위해 이론적 실천적 작업을 활발하게 해 왔다.[31]

이들 다양한 저술들은 서구와 영미의 사회철학과 윤리학, 역사철학 등을
어느 정도 충실히 수용한 연구업적이라 할 수 있지만, 한국현실에 대한
철학적 해명에는 미흡했다고 평가할 수 있다.

6. 1990년대 전반기의 사회철학
: 사회주의권의 붕괴와 마르크스주의의 변화

1989년부터 시작된 동독의 붕괴, 동구권의 변화, 1991년 소련의 해체와
함께 마르크스주의 운동과 이념은 현실적 기반을 상실하면서 한국의 진보적
지식인들에게도 엄청난 영향을 준다. 또한 1993년 '문민정부'의 등장으로
'운동권'이 가졌던 활력과 정당성도 약화되면서 마르크스주의는 급속히
영향력을 상실하게 된다. 그러므로 이전 시기의 마르크스—레닌주의와 주체
사상에 기초한 혁명적 실천적 담론은 이러한 사회주의권의 붕괴현상이 나타
나면서 변하기 시작하여 마르크스주의의 위기가 나타나고 마르크스주의에
대한 논의의 방향도 달라진다. 물론 사회주의권의 붕괴 이전에 이미 서구에서
나타났던 마르크스주의 위기론과 새로운 이론들이 국내에도 부분적으로
소개되긴 했지만, 한국에서는 현존 사회주의권의 몰락으로 마르크스주의의
새로운 활로를 찾는 과정에서 보다 뚜렷한 몇 가지 이론적 모색이 나타난다.

우선 1980년대 중반 소련의 페레스트로이카 과정에서 제기되었던 문제들
에 대한 한국에서의 담론들은 사회주의 위기 또는 페레스트로이카에 대한
논쟁으로 특히 페레스트로이카의 철학에 대한 검토로 나타났다.[32] 여기서

---

31) 이삼열에 대해서는 백종현(1998 가), 206~207쪽 ; 백종현(1998 나), 64~65쪽. 그리
   고 그의 철학적 인생론이라 할 수 있는 「철학과 현실참여의 사이에서(1)(2)」,『철학과
   현실』 2000년 겨울, 2001년 봄호 참조.
32) 김창호 엮음,『한국사회변혁과 철학논쟁』, 사계절, 1989 ; 한국철학사상연구회,
   『시대와 철학』 1 · 2호, 천지, 1990 · 1991 ; 한국철학사상연구회 편역,『페레스트로

쟁점이 됐던 주제는 '프롤레타리아 독재와 민주주의 문제', '소유 및 생산력－생산관계의 변증법', '사회주의 모순론', '사회주의 인간론' 등이었으며 사회주의 개혁에 대한 논쟁의 쟁점은 페레스트로이카가 사회주의의 강화·발전이냐 아니면 붕괴냐 하는 것이었으나 소련의 붕괴 후 이 논의는 사라지고 '마르크스주의 위기'에 대한 담론들이 등장한다.

현실사회주의의 몰락 이후 그리고 사회주의 논쟁과 연관하여 1991년 초 리영희 교수는 사회주의, 공산주의의 역사적 패배를 인정하면서 초기 마르크스 인간학의 사상적 설득력 만을 인정하고 후기 마르크스주의를 전기 마르크스주의와 구분해야 하며, 더 나아가 인간의 이기주의적 생물학적 동물성을 인정하여 동물적 인간의 한계를 인정해야 한다고 말한다. 그는 인간을 도덕적으로 완전히 개조하는 것이 가능하다고 본 사회주의의 인간관이 사회주의 실패의 원인이라 말하면서 "인간성의 회복을 지탱해주는 이론적 근거로 '전기 마르크스주의'의 존재론적 인간학은 이후에도 철학·윤리학 지침으로 남을 것"으로 내다보고 또 환경·공해·평화·발전·인간가치·평등·소외·시민운동·저항 등은 제도와 체제 내의 이의제기 요소로서 사상적인 효용성을 유지할 것으로 보는 반면, 계급혁명이론 전략과 결합된 마르크스－레닌주의의 효용성은 20세기를 끝으로 사라질 것으로 전망했다.[33] 리영희 교수의 고백을 둘러싸고 약간의 논쟁이 있었지만 인간론의 문제는 페레스트로이카 과정에서도 중요하게 문제되었던 것으로서 여전히 논쟁이 되는 문제이다.[34]

또한 이미 1980년대부터 인간과 생명에 대한 사랑에서 전지구적인 전망을 가지고 인간과 자연의 구체적인 삶을 바탕으로 살림운동을 전개하던 김지하

이카와 철학논쟁』, 녹진, 1990.

33) 리영희, 「사회주의의 실패, 지식인의 사명」, 『신동아』 1991년 3월호, 314~324쪽 ; 『말』 1991년 3월호 참조.

34) 리영희에 대한 전체적인 논의로는 박병기, 「리영희-휴머니즘으로서 이데올로기 비판」, 『시대와 철학』 제13호 참조. 페레스트이카 과정에서 인간론에 대한 논의는 졸고, 「소련철학에서 '인간론'의 지평」, 『시대와 철학』 2호, 1991 참조.

가 1991년 5월 학생들의 분신사건이 연속되자, '생명론'을 바탕으로 혁명적 의식에 빠져있는 세력들의 저항을 "고전적인 마르크스-레닌주의나 주사파의 스트레오 타입"이며 하나의 이탈적 儀式化로 신랄하게 비판하여 당시의 운동권이나 비판적 지식인들에게 상당한 충격을 주었다.[35] 이 두 사건이 암시하듯이 마르크스주의의 위기와 해체의 경향은 다양하게 확산된다.

마르크스주의의 위기는 이론적, 현실적 차원에서 제기되었고 이를 둘러싸고 많은 논쟁들이 있었다. 마르크스주의 위기는 이론적으로는 마르크스주의가 헤겔적 총체성 개념에 입각한 목적론적 역사관과 경제주의적 관점을 갖고 있었기 때문에 현실사회의 다양한 지배 권력관계를 해명할 수 있는 이론틀이 결여되어 있다는 것, 그리고 실천적으로는 마르크스시대 이후 현실적인 사회구성체의 변화 때문에 고전적인 정치경제학적 이론들의 타당성이 의문시되고 노동운동과 마르크스주의의 결합관계도 의문시되면서 제기되었다.

한편으로 마르크스주의의 위기 극복을 위해 헤겔주의적 마르크스주의가 가진 한계들을 비판하면서 나온 '알뛰세적 구조주의적 마르크스주의'에 대한 논의가 사회과학, 특히 정치경제학 쪽에서 활발해 지고 동시에 알뛰세의 이데올로기론을 토대로 하는 이데올로기의 물질성에 대한 논의, 유물론적 문화이론이 등장하면서 마르크스주의의 새로운 방향에 대한 모색이 이루어진다.

다른 한편으로 마르크스주의의 위기에 대한 다른 대응으로서 포스트 마르크스주의 담론을 들 수 있다. 포스트 마르크스주의에 포함되는 사상조류들이 어떤 것들인가에 대해서는 다양한 견해가 있다. 그러나 사회를 분석하는 데서 사회경제적 토대와 계급의 결정력을 부정하며 사회의식이나 생활에서 담화나 의미를 중시하는 점에 공통점이 있다. 포스트 마르크스주의를 둘러싼 논쟁의 핵심은 포스트 마르크스주의가 방법과 내용에서 마르크스주의의 한 형태인가 아니면 마르크스주의의 포기인가였다.[36]

---

35) 김지하, 「젊은 벗들, 역사에서 무엇을 배우는가」, 『조선일보』 1991년 5월 5일자.

이병천은 현실사회주의 붕괴 이후 추구되어야 할 새로운 민중운동의 이념틀은 마르크스의 객관주의적 합리주의, 경제주의적 사회관과 계급관, 결정론적 역사철학이 아닌 "비본질주의적—비객관주의, 비경제주의, 비환원주의, 비목적론적, 비진화론, 비결정론적"[37]인 이론틀이어야 한다고 주장한다. 그는 노동계급의 헤게모니를 부정하고 시민사회, 신사회운동을 강조하는 경향을 대표하는 라클라우와 무페의 이론과 비판이론을 수용하여 한국에서의 정통마르크스주의를 본격적으로 비판했다. 이병천은 포스트 마르크스주의가 라클라우와 무페의 이론뿐만 아니라 "마르크스의 죽은 것과 산 것을 분별하여, 마르크스의 산 것을 계승·보존하고 이것과 비마르크스주의적 진보이론의 풍부한 유산들을 올바르게 흡수·통합한 이론의 총체"[38]를 가리킨다는 점을 강조한다. 이에 대해 다양한 비판과 논쟁들이 있었다.[39]

또한 포스트 마르크스주의의 한 경향으로 코엔과 엘스터로 대표되는 '분석적 마르크스주의'에 대한 연구도 나왔다. 그런데 분석적 마르크스주의는 탈헤겔적 마르크스주의 시각, 탈알뛰세적 마르크스주의 시각을 갖는 것으로 마르크스주의의 근본 패러다임인 총체성과 계급투쟁 등의 문제의식을 희석시킨다는 비판들이 많이 제기되었다.

사회과학계의 이러한 전반적인 변화는 사회철학계에도 큰 영향을 미쳤다. 1980년대 후반까지 정통마르크스주의와 주체사상들에 대한 관심들이 지배적이었지만 사회주의권의 붕괴는 마르크스주의의 수용에도 커다란 변화를 가져왔다. 한철연 중심의 사회철학자들의 공동저술인 『현대사회와 마르크스주의의 철학』(동녘, 1992)에서는 정통마르크스주의의 틀을 넘어 현대마르크스주의의 다양한 경향들을 수용하여 폭넓게 소개하고 있다.

---

36) 이수훈, 「한국사회 맑스주의 논의의 회고와 전망-1980년대를 중심으로」, 『경제와 사회』 1992 여름 32~41쪽. ; 김동춘, 「80년대 이후 한국 맑스주의이론의 성격변화」, 『창작과 비평』 1993 겨울호.

37) 이병천, 「맑스 역사관의 재검토」, 『사회경제평론』 제4집, 한울, 1991, 163쪽.

38) 위의 글, 114쪽.

39) 보다 자세한 논의는 이수훈, 앞의 글 ; 김동춘, 앞의 글 ; 윤형식, 앞의 글 ; 김창호, 앞의 글 참조.

다른 한편 해외유학파인 윤평중과 이진우의 저술이 1990년대 초반에 활발하게 나온다. 윤평중은『푸꼬와 하버마스를 넘어서』(1990),『포스트모더니즘의 철학과 포스트마르크스주의』(1992)를 통해 푸코 등 다양한 포스트모던적 사회철학들을 소개하고, 이진우는『탈이데올로기 시대의 정치철학』(1993),『탈현대의 사회철학』(1993)에서 마르크스를 탈현대적으로 재구성함으로써 '약한 마르크스주의'로서 포스트마르크스주의를 수용하고 소개한다. 또한 1990년대 중반에 해외유학파들을 중심으로 한국철학회 산하에 '사회와 철학 연구회'가 창립되어 사회철학 세미나를 지속적으로 해왔으며 최근에는 단행본도 출간하고 있다.

1990년대 한국사회철학의 수용과 전개과정에서 주목할 만한 것은 1990년대 초반까지의 한국에서 사회철학의 이론적 수용과 전개를 집대성한『사회철학대계』의 출간을 꼽을 수 있다. 1993년 말에『사회철학대계1 : 고전적 사회철학사상』,『사회철학대계2 : 사회주의와 자유주의』,『사회철학대계3 : 사회원리에 관한 새로운 모색들』이 출간되었는데 이 작업에는 한국의 사회철학자 대부분과 사회윤리학자 등 사회현실과 관련된 학자들 외에도 여러 분야의 철학자들이 다수 참여하였다.

7. 1990년대 후반 - 사회철학적 주제의 다양화

사회주의 체제의 몰락과 마르크스주의의 위기에 대한 논의에서 '주체'에 대한 논의가 새롭게 등장한다. 마르크스주의적 입장에서 변혁주체는 생산관계에 의해 형성되는 계급적 주체임에 반해 다양한 개인들, 집단들의 주체형성 과정에 대해서는 주목되지 않았다. 그러나 구조주의에서 인간주체의 죽음을 언급한 이후 주체형성, 주체소멸 문제가 심각하게 제기되고 주체의 생산양식에 대한 담론이 활발해 진다. 특히 근대성의 문제와 관련해서 데카르트에서 시작하여 헤겔을 거쳐 마르크스에 이르는 '근대적 주체'에 대한 비판이 나온다. 이러한 경향 속에서 라캉, 푸코, 데리다, 들뢰즈, 료따르 등의 이론이 수용되고 니체와 프로이트에 대한 관심이 증대되면서 후기구조주의, 포스트모더니즘에 대한 논의가 심화된다.

이 때부터 서구의 모더니티가 옹호했던 이성과 합리성, 합리적 주체에 대한 비판으로서 해체론적 담론, 포스트모더니즘 담론이 지배적이 되기 시작한다. 포스트모더니즘을 마르크스적 입장에서 비판했던 캘리니코스도 "포스트모더니즘은 이제 자신을 정상과학으로 확립했음"[40])을 인정했다. 1990년대 후반이 되면 한국에서도 인문학과 사회과학의 주요영역에서 포스트모더니즘이 '정상과학'의 지위를 획득한 것처럼 보인다.

료따르는 『포스트모던적 조건』(1979)에서 정보사회에서의 지식의 위상을 검토하면서 고전적 모던적 사회에서 정립된 지식개념이 포스트모던적 사회에서 어떻게 변화되고 이해되어야 하는가를 밝힌다. 그는 소쉬르와 비트겐슈타인 이후의 언어학 및 언어철학을 수용하여 사회적 화용론 입장에서 전통이론을 비판한다. 특히 "정신의 변증법, 의미의 해석학, 사유 혹은 노동하는 주체의 해방, 부의 발전"[41]) 등을 인간의 삶을 지배하고 통제하는 '큰 이야기'의 대표적 예로 규정하면서 포스트모던 사회는 '큰 이야기' 또는 '메타이야기'가 효력을 상실한 사회라고 단정한다. 료따르는 "하버마스가 생각하듯이 토론을 통해 획득된 합의는 어떠한가? 그것은 언어게임의 이질성을 침해한다. 그리고 창조는 항상 이의 속에서 일어난다. 포스트모던적 지식은 단순히 권력의 도구가 아니다. 그것은 차이에 대한 우리의 감수성을 세련시키고 불가공약적인 것에 대한 우리의 인내력을 강화시킨다. 그것은 전문가들의 일치에서가 아니라 창안가들의 불일치 속에 근거를 두고 있다."[42])고 주장한다.

1990년대 들어 마르크스주의 이외의 다양한 경향들 특히 상대주의적, 다원주의적 더 나아가 해체적 경향을 갖는 모스트모던적 사상의 특정을

---

40) 정성진, 「포스트모던 마르크스경제학 비판」, 『이론』 16호, 1996겨울 · 1997봄 합본호, 71쪽에서 재인용.
41) 료따르, 이현복 옮김, 『포스트모던적 조건』 서광사, 1992, 13쪽.
42) 위의 글, 15쪽.

몇 가지 들면 다음과 같다. 첫째, 목적론적이고 진화론적인 역사발전관을 거부하며 둘째, 역사의 연속성보다는 불연속성, 필연성보다는 우연성을 강조하며 셋째, 근대적 이성적 주체의 죽음과 반인간주의를 표방하고 넷째, 노동해방이나 역사발전 등과 같은 '큰이야기'를 폐기하고 '조그만 이야기'를 강조하면서 다원주의와 차이를 옹호한다.

모더니티에 대한 논쟁을 통해 하버마스는 의사소통행위이론에 기초해서 사회적 합리성, 합의, 해방, 연대 등과 같은 근대적 가치를 보존·확대하고자 하는 확고한 이성주의자로서 포스트모더니즘에 대항하여 합리성에 기초한 사회비판이론을 옹호한다.[43] 그러므로 하버마스 이론은 '합리성'과 '근대성'을 수호하려는 많은 사회철학자들이 포스트모더니즘에 대한 비판이론으로서 관심을 갖고 수용하게 된다.

1996년 봄 하버마스의 한국 방문을 전후해 하버마스에 대한 여러 연구들이 나왔는데 이 중『하버마스의 사상 : 주요 주제와 쟁점들』(1996)의 '책머리'는 사회주의권 붕괴 이후, 하버마스의 사상이 수용되는 과정에 대한 언급을 통해 한국사회철학계의 변화를 잘 설명해 주고 있다.

"1970년대 중반부터 소개되기 시작한 하버마스의 사상은 처음에는 마르크스사상에 대한 우회로로서 수용되었다. 합법적으로 마르크스의 저작을 접할 수 없었던 사람들은 마르크스에게 영향을 준 사상이나, 영향을 받은 사상이라도 공부하고자 하였다. 그래서 한편으로 헤겔을, 다른 한편으로는 서구마르크스주의를 공부하였다. 그후 1980년대 중반경부터 마르크스주의 계열의 서적

---

43) 여기서 우리는 포스트 모더니즘에 대한 하버마스의 철학적 개입이 띠고 있는 정치적 성격을 강조하는 것이 중요하다고 생각한다. 1970년대 후반부터 그의 연구는 근(현)대성의 일부 또는 전체를 거부하는 다양한 갈래의 보수주의적 사고가 서구 자본주의 전체에 걸쳐서 되살아나고 있는 것에 주목하고 있다. 하버마스가 2차 대전 이전의 유럽 우파가 가졌던 비합리주의라고 여겼던, 이러한 사고의 재등장은 분명하게, 특히 독일연방공화국 내에서 아주 위협적인 의미를 가지고 있었다. 특히 자유민주주의에 대한 반동적인 도전에 대한 공포는 하버마스로 하여금 포스트모더니즘 논쟁에 적극 참여하도록 만들었다. (캘리니코스, 임상훈·이동연역,『포스트모더니즘 비판』, 성림, 1994, 92~93쪽).

에 대한 접근이 비교적 자유로워지면서 그런 우회로들은 불필요한 것이 되었다. 마치 마르크스주의의 전통을 단숨에 만회하려는 듯이, 마르크스뿐만 아니라 레닌과 모택동의 글, 그리고 동구권에서 출판된 책들이 다투어 번역되었다. 이에 병행하여 마르크스주의적인 소장학자들은 엄청난 열정과 에너지를 투여하면서 이론논쟁을 진행시켰다. 그러나 이런 노력들이 미처 스스로의 성과를 정리하고 새로운 이론을 수용할 필요를 자각하기 전에, 1980년대 말부터 동구권의 체제변동이 닥쳤다. 사회주의권의 변동을 더 나은 사회주의를 위한 자체 개혁으로 이해하려 했던 시각마저 더 이상 유지될 수 없게 되자 비판적 지식인들의 이론적 지향점은 극도로 불투명해 졌다. 뒤이어 수용된 포스트모더니즘은 마르크스주의뿐만 아니라 모든 진보적 사고를 의심의 대상으로 만드는 것이었다.

이런 상황에서 자기수정의 태세를 갖추고 다양한 이론적 조류들과의 접점을 잃지 않으려는 비판적 지식인들이 하버마스의 사상에 다시 주목하게 된다. 마르크스의 정치경제학처럼 학문성과 실천적 함의를 동시에 갖는 비판적 사회이론을 새롭게 세우려는 하버마스의 작업이 이제 비로소 진지한 고려의 대상이 된 것이다."44)

1990년대 들어 다시 본격화된 하버마스의 수용은 한국사회철학의 전개과정을 역설적으로 보여준다고 할 수 있을 것이다.

그러나 이러한 하버마스의 이론을 토대로 포스트모더니즘을 비판하는 것에 대해 비판적인 입장도 강하다. 이들이 볼 때 하버마스의 비판과는 달리 포스트모더니즘에서 주장하는 욕망의 해방이나, '나'라는 중심을 해체하는 작업은 이성적 주체라는 획일적 가치체계의 거부로 통하는 면이 있다. 즉 차이와 비동일성을 강조하고, 작은 이야기를 중시함으로써 전체주의적 이성의 횡포를 비판한다는 점에서 '해방'에 대한 요구를 갖고 있다고 볼 수 있다.

"포스트 모더니즘에는 유물변증법 같은 거대이론, 총체성, 일사분란한 단일 전망, 프롤레타리아트 같은 통합주체는 없지만 그럼에도 자본, 권력 등 사회

---

44) 장춘익외, 『하버마스의 사상-주요 주제와 쟁점들』, 나남출판, 1996, 10~11쪽.

안의 특권구조와 관료제의 침투에 대항하여 생활세계의 자율성, 차이의 놀이, 시민사회의 다양성, 평등, 참여, 분산, 연대 등을 관철해 나가는 나름의 변혁 에너지가 있는 것이다."45)

즉 포스트모더니즘 문화가 미국 등에서 소수인종, 여성, 흑인운동 등의 '소규모 정치'에 활용되는 측면과 서구 중심적 근대화에 제동을 걸면서 비서구문화에 대해 공정한 취급을 요구하는 등의 저항적 해방적 요소가 있다고 보는 입장이 상당히 있다.46) 이러한 입장 차이 때문에 포스트모더니즘 논쟁이 활발하게 전개되었다.

이처럼 한국에서의 포스트모더니즘 논의는 지배적인 패러다임으로서의 마르크스주의가 비판되면서 다원주의와 상대주의의 분위기와 함께 급속하게 수용되고 확산되었으나 사실상 이 논쟁은 서구에서의 논쟁을 소개하고 되풀이하는 수준을 크게 넘어서지 않았다고 볼 수 있다. 최근에 와서 한국역사 와 사회에서 '근대성'에 관한 관심이 심화되고 구체적인 연구들이 늘어나는 것은 이러한 문제의식이 구체화되기 때문이라 볼 수 있다.47)

그리고 1990년대 초에 이루어졌던 『사회철학대계』 1, 2, 3권의 후속 작업으로 1998년 말에 『사회철학대계 4 : 기술시대의 사회철학』, 『사회철학대계 5 : 현대문화와 사회철학』이 간행되었다. 여기서는 다양한 주제가 폭넓게 다루어졌으며 이는 세계화와 한국사회의 변화에 따른 한국 사회철학계의 새로운 연구분야와 관심폭, 연구 역량을 보여주는 것이라 하겠다.

---

45) 한상진·김성기, 「포스트 모더니즘 이렇게 보아야 한다」, 정정호·강내희 편, 『포스트 모더니즘의 쟁점』, 도서출판 터, 1991, 298쪽.
46) 피들러, 료따르, 핫산, 후이센 등이 그들이다. 정정호·강내희 편, 『포스트모더니즘론』, 도서출판 터, 1989.와 김욱동 편, 『포스트모더니즘의 이해』, 문학과 지성사, 1992 참조. 포스트모더니즘적 경향을 옹호하는 한국의 철학자들은 대체로 이러한 입장에 동의한다.
47) 역사문제연구소 편, 『한국의 '근대'와 '근대성'』, 1996 ; 한국공간환경학회, 『공간의 근대성과 근대성의 공간』, 1996 ; 백영서, 손호철, 유재건, 김호기 좌담, 「근대성의 재조명과 분단체제 극복의 길」, 『창작과 비평』 1995년 봄 ; 백낙청, 「민족문학론, 분단체제론, 근대극복론」, 『창작과 비평』 1995년 가을 등 참조.

『사회철학대계 4』에서는 컴퓨터의 발달에 따른 기술혁명이 일으킨 사회철학적 문제들을 검토한다. 특히 '정보화 시대'의 바람직한 사회문화 형태의 모색과 현대기술문명의 발달이 가져온 자연과 환경의 파괴와 변이에 대한 대응방안을 검토한다. 이러한 논의는 현대 사회비판이론의 주요 과제로서 이미 여러 철학자들에 의해 다양한 방식으로 검토되어 왔다. 대표적으로는 기술문명과 정보통신기술, 정보사회, 전자미디어, 새로운 매체 등에 대한 철학적 논의로서 임홍빈의 『기술문명의 철학』(1995), 한국철학회편 『문화의 진보와 정보통신기술』(1997), 한국철학회편 『기술문명에 대한 철학적 반성』 (1998), 김상환외 『매체의 철학』(1998), 철학연구회편 『정보사회의 철학적 진단』(1999) 등이 나왔다.

'현대문화와 사회철학'이라는 부제로 나온 『사회철학대계 5』는 '탈주체' 속의 사회철학, 대중문화와 사회철학, 성의 정치학을 각 장으로 하여 다양한 글을 싣는다. 특히 4장에서는 여성해방운동과 관련하여 페미니즘에 대한 논의, 육체와 욕구, 성, 포르노그라피에 대한 관심들이 철학적으로 표현된다. 페미니즘 철학은 이미 서구 사회철학에서도 주류를 차지하고 있는 것으로서 1990년대 들어 한국사회에서도 활발하게 전개되어 왔다. 특히 여성철학 모임을 중심으로 지속적인 세미나가 이루어지고 『여성과 철학』(1999), 『여성의 몸에 관한 철학적 성찰』, 『철학의 눈으로 읽는 여성』(2001)등의 다양한 연구결과들이 나오고 있다.

다음으로 1990년대 들어 근대적 이성, 과학적 이성의 산물인 기술에 대한 반성으로서 기술철학, 생태학에 대한 철학적 관심이 증가되면서 하이데거, 요나스 등의 기술과 인간존재, 환경과 생태에 대한 철학적 성찰 등도 나온다.[48] 생명과 생태주의에 대한 다양한 철학적 논의들이 활성화되었는데, 그 대표적인 예로 이진우는 『녹색사유와 에코토피아』(1998)에서 인간과

---

48) 1980년대부터 93년까지의 실천철학적 경향을 갖는 서양철학 연구동향에 대해서는 임홍빈, 「21세기의 길목에서 한국철학을 반성한다」, 『사회비평』 10호, 1993 겨울 참조.

자연의 자유로운 관계의 가능성을 탐색하면서 생명과 생태에 대한 철학적 작업을 보여준다. 1990년대 후반에 들어 특히 주목되는 것은 한국철학의 자기정체성 확인 노력이 특수성과 보편성의 문제와 함께 철학계의 현실적, 역사적 자기성찰과 자기반성에 대한 문제제기와 성찰로 다양하게 나타난다는 것이다. 이러한 문제제기는 개인과 조직, 또는 학회 수준에서 제기되고 연구되면서 민족문화, 민족문제, 통일문제 등에 대한 철학적 고찰로 나타나고 또 한국사회의 정치이념, 사회상황과의 직접적 대결의식을 갖고 현실상황을 철학적으로 분석하는 작업들도 나타난다. 또한 한국철학자들의 서구철학 수용에서 서구철학의 방법론에 대한 검토도 이루어졌으며,[49] 다른 한편으로 해방 50년을 기점으로 '한국철학 50년'에 대한 반성적 고찰로서 한국철학회에서『해방의 철학』(1996), 그리고 철학연구회에서『해방 50년의 한국철학』(1996) 등을 간행한다.

또한 서양철학 수입의 재생산 구조에 대한 반성과 한국철학의 새로운 모색과정에서 한국지성사에 대한 철학적 고찰이 나타나고,[50] 서양철학 수용사에 대한 지속적이고 포괄적인 연구논문들이『철학사상』(4호~8호)에 발표되기도 했다. 이와 함께 한국사회와 역사에 대한 철학적 성찰과 포스트모더니즘 문제와 연관하여 철학계에서도 '근대성', '탈근대성'에 대한 논의를 심화시켜『근대성과 한국문화의 정체성』(1998),『전통·근대·탈근대의 철학적 조명』(1999) 등이 나왔다.

앞에서 살펴보았듯이 1990년대에는 철학저서들이 폭발적으로 증가하며, 이러한 국내 저서와 논문들에 대해『철학』과『철학연구』,『철학과 현실』,『시대와 철학』등에서 서평을 통해 소개 및 본격비평을 하는 분위기가 생겨나기 시작했다는 것은 매우 바람직한 일이다. 특히『아카필로』는 본격적인 철학비평과 서평문화 조성을 위한 작업을 주도했지만 여러 가지 사정으로

---

49) 철학연구회,「특집 : 철학의 방법과 성과」,『철학연구』제32집, 1993, 봄 ; 철학연구회,「특집 : 현대철학에 있어서 방법론 논쟁과 그 성과 분석」,『철학연구』제33집, 1993, 가을 참조.
50)「특집 : 변혁시대의 지성사」,『시대와 철학』제13호, 시철 참조.

현재 나오지 않고 있다. 그러나 아직도 본격적인 서평 및 비평 작업을 통한
주체적인 논쟁이나 철학함은 미흡한 편이라 할 수 있다. 1990년대의 사회철학
적 관심과 세부적인 동향, 구체적 성과 등은『철학과 현실』,『시대와 철학』에
나타난 특집과 좌담, 논문, 서평 등을 통해 잘 알 수 있으므로 이 글에서는
생략한다.

　앞에서 언급된 저서들 외에 1990년대에 나온 사회철학 저작들로 다음을
들 수 있다.[51] 김태길의『변혁시대의 사회철학』(1990), 송두율의『현대와
사상』(1990),『전환기의 세계와 민족지성』(1991),『역사는 끝났는가』(1995),
한정선・안드레아스 호이니,『현대와 후기 현대의 철학적 논쟁』(1991), 김창
호,『마르크스의 역사적 유물론과 인간론』(1991),차인석의『사회의 철학』
(1992), 임석진의『변증법적 통일의 원리』(1992), 크리스챤 아카데미 편『대화
의 철학』(1992), 문현병의『프랑크푸르트학파의 사회비판이론』(1993), 김진
석,『니체에서 세르까지』(1994), 김동식의『로티의 신실용주의』(1994), 김형
효의『데리다의 해체철학』(1993),『메를로-뽕띠와 애매성의 철학』(1996),
김상환의『해체론 시대의 철학』(1996), 이정우의『담론의 공간』, 손봉호의
『고통받는 인간』, 김형석의『역사철학』, 이광래의『프랑스 철학사』(1992),
박정호외『현대철학의 흐름』(1996), 표재명외『헤겔에서 리오타르까지』
(1994), 신일철 편『현대철학과 사회』(1991), 김형효 외『데리다의 해체철학』
(1993),『현대사상의 경향』(1992), 정문길의『마르크스의 사상형성과 초기저
작』(1994), 남경희의『주체, 외세, 이념 ; 현대국가 건설기의 사상적 인식』
(1995),『이성과 정치존재론』,『말의 질서와 국가』(1997), 이구슬의『해석학과
비판적 사회과학』(1996), 김영민의『컨텍스트로, 패턴으로』(1996), 강영안의
『주체는 죽었는가』(1996), 윤평중의『담론이론의 사회철학』(1998), 이진우의
『이성은 죽었는가』(1998),『한국 인문학의 서양콤플렉스』(1999), 권용혁의

---

51) 이하에서 제외된 사회철학 저술들은 필자가 어떤 이론적 입장에서 뺀 것이 아니라
　　연구와 조사가 부족해서 빠진 것이므로 양해바란다. 다음 연구에서 보완해야 할
　　것이다.

해방 이후 한국 사회철학의 전개 과정 | 225

『이성과 사회-실천철학1』(1998), 문성원의 『철학의 시추』(1999), 『배제의 배제와 환대』(2000), 홍기수의 『하버마스와 현대철학』(1999), 선우현의 『사회비판과 정치적 실천 ; 하버마스의 비판적 사회이론』(1999) 등이 있다.

6장과 7장에서 살펴본 1990년대의 한국사회철학의 특징을 우리는 전체적으로 다음과 같이 정리할 수 있을 것이다.

첫째, 1990년대 사회철학의 전개과정에서 가장 특징적인 것으로 1980년대 활발했던 마르크스주의적 담론의 약화와 퇴조 경향이 뚜렷하고, 마르크스주의 위기가 본격화되면서 마르크스주의에 대한 비판적 검토가 다양하게 이루어진다.

둘째, 마르크스주의 담론의 퇴조는 곧 포스트모던 담론의 등장과 담론의 다양화로 나타난다. 마르크스주의가 가졌던 한국사회에 대한 설명력과 실천적인 힘이 약화되면서 그리고 세계적으로 1970년대부터 나타난 새로운 니체주의, 반근본주의, 상대주의적 경향들이 1980년대 말부터 서서히 수용되다가 사회주의권의 몰락에 따라 마르크스주의를 대체해 1990년대 한국사회에 급속히 수용된다.

셋째, 이러한 상대주의의 확산에 따라 비판철학 또는 사회철학적 전망의 해체현상이 나타나면서 새로운 실천철학의 정립을 위한 다양한 시도들이 나타난다. 알뛰세적 마르크스주의, 포스트마르크스주의, 하버마스와 푸코, 들뢰즈 등 다양한 사회비판 이론가들에 대한 모색들은 노동해방이라는 문제의식과 함께 또한 이 근대적 문제틀을 넘어 성·지식·인종·환경 등 탈근대적 문제의식을 접합시키려는 새로운 시도들로 볼 수 있을 것이다.

넷째, 한국사회에 대한 철학적 담론들이 증가한다. 이제까지의 한국철학의 전개과정에 대한 자기반성이 나타나고 탈식민지적, 주체적인 철학적 담론의 요구가 확대되면서 서구철학 수용 일변도에 대한 비판과 반성 그리고 철학적 글쓰기에 대한 문제제기도 활발하다.[52]

---

52) 김영민, 『탈식민성과 우리 인문학의 글쓰기』, 민음사, 1996 참조.

8. 결론

이제까지 해방 후 1990년대까지의 사회철학의 전개과정을 개괄적으로
살펴보았다. 일제 하와 해방 3년 그리고 남북분단이 가져온 억압적인 현실은
1970년대 후반까지 큰 변화가 없었으므로 사회철학적 논의가 충분하고도
활발하게 전개되기 어려운 상황이었다. 1970년대에 비판이론의 수용 등을
통해 부분적으로 사회철학적 논의가 생겨나고 1980년대에 신군부의 억압적
정치 현실 때문에 마르크스주의적 혁명적 사회철학이 등장했다가 1990년대
초 사회주의권의 몰락에 따른 사회철학의 다양한 변화와 변모는 나름대로
한국사회의 현실에 대한 철학적 해명을 하려 했던 노력들의 표현이었다.
그러나 이제까지 한국에서의 사회철학의 전개과정을 돌이켜 볼 때 우리
스스로 자기반성을 하면서 몇 가지 문제제기를 할 수 있을 것 같다.

첫째, 서양철학 특히 사회철학의 수용과정에서 서양사회철학이 갖는 사회
역사적 맥락과 정치적 현실이 충분히 고려되지 않고 이론적 형태만, 그것도
상당히 추상화된 형태로 수용되는 경우가 많았으므로 이를 한국 현실에
직접 적용할 경우에 많은 문제가 있다. 그러므로 국문학계에서 이미 논의되고
논쟁되었던 '移植文學論'의 경우처럼 철학계에서도 '이식철학'이라 할 수
있는 문제가 남아있다.

이 경우 서양사회철학의 방법론과 내용을 우리 사회에 적용할 때 발생하는
문제점에 대한 충분한 검토가 이루어져야 할 것이며 이를 위해서는 서구사회
와 우리 현실 사이의 유사성과 차이에 대한 비교 분석이 선행되어야 할
것이다.

둘째, 해방 이후 한국사회철학의 전개과정을 살펴보면 남북분단이라는
정치사회적 현실이 매우 뿌리깊게 작용해 왔음을 알 수 있다. 남북분단과
정치적 억압에 따른 연구와 표현의 자유가 제한된 상태에서 1970년대까지
온전한 사회철학의 발전이 거의 불가능했고 또한 1980년대 들어 활성화된
마르크스주의와 주체사상에 대한 연구와 수용은 이전의 억압적인 조건과
당시의 정치적 현실의 영향으로 충분하게 성숙한 형태의 발전을 가져오지

못했다.

셋째, 이제까지 우리의 사회철학계가 나름대로 사회과학과 역사학 등에서의 연구성과를 참조하려 했지만 아직도 이 부분에 대한 노력은 미흡하다. 사회철학이 사회에 대한 다른 연구분야와 폭넓게 교류하고 대화하면서 스스로의 문제의식과 역할을 분명히 해 나가야 함에도 불구하고 사회철학계가 스스로 폐쇄적이지 않았는지 반성할 필요가 있다.

넷째, 앞의 세 가지 문제점은 우리 사회철학계가 세계사의 전개와 한국사회의 변화에 대한 충분한 조망을 갖지 못했기 때문이라고 볼 수 있다. 주체적 입장에서 세계사의 흐름을 읽어내고 우리 사회의 현실을 철학적으로 해명해야 할 과제는 사회철학에 주어진 과제임에 틀림없다.

다섯째, 철학계만이 아니라 한국의 인문학과 사회과학계의 지적 기만과 비주체성을 극복할 필요가 있다. 이를 위해 우선 국내의 담론 주도자들의 담론이 외국이론의 단순 소개인 경우 어떤 문헌에 근거해 있는지를 정확히 밝힐 필요가 있으며 나름의 독자적 해석인 경우 도움받은 자료와 이론들에 대한 성실한 기술이 필요하다. 그리고 국내에서의 담론들의 변화, 발전, 문제점, 현실과의 관계 등에 대한 보다 정확한 정리와 평가, 활발한 논쟁이 필요하다.

2000년대에 들어선 오늘날 그동안 몇십 년의 서양사회철학 연구의 축적과 사회과학, 역사학의 성과가 있고 또 현실에 대한 문제의식이 살아 있으므로 이제 자생적·주체적 철학함의 학문적 토대나 분위기가 형성되어 있다고 판단되므로 앞으로 보다 창조적이고 비판적인 사회철학적 작업들이 나올 수 있을 것으로 기대된다. 이러한 작업들이 올바른 성과를 거두기 위해서는 우리의 역사적 상황과 사회철학의 변화·발전과정에 대한 비판적 이해가 필요하다.

한국 서양고대철학의 학술사적 전개

학술연구자를 중심으로

이정호

I. 들어가는 말

서양고대철학은 일반적으로 고대 그리스 소크라테스 이전의 자연철학에서부터 플라톤, 아리스토텔레스의 철학을 거쳐 헬레니즘 로마 사상까지를 일컫는다.[1] 두말할 나위 없이 서양고대철학은 서양사상의 뿌리를 이루면서 그 이후 오늘날까지 인류의 제반 철학적 사상적 문제의식과 학문적 성과들의 모태가 되어왔다는 점에서 그 지성사적 의의와 가치는 아무리 강조해도 지나침이 없을 것이다. 특히 서양고대철학은 그 문제의식의 고전적 시원성 때문에 오늘날에 와서도 인문, 사회, 자연과학 등 제반 학문 영역에서 가치있는 역사적 典據로서 여전히 조회되고 있을 뿐만 아니라, 근원적이고도 심오한 지적 통찰력의 단초를 풍부하게 제공해 줌으로써 인류지성의 영속적이고도 항시적인 寶庫로 여겨지고 있다. 그러므로 서양고대철학의 학술적 연구는 철학의 어느 분과 영역보다도 광범위하고도 보편적으로 분과과학 전반에 관계되어 있으며 그만큼 다른 학문 영역의 발달에 큰 영향을 미친다.

본 논문은 이와 같이 학술사에 있어서 중요한 위치를 차지하는 서양고대철학이 우리나라에 어떻게 유입되고 어떻게 학술적으로 발전 전개되어왔으며

---

1) 이에 따라 우리나라 서양중세철학분야 학술연구자 및 연구성과는 본고에서 다루지 않았다. 그 분야에 관한 학술사적 논의는 아래의 강상진의 논문을 참조.
강상진, 「학문발달사, 한국에서의 서양고중세 철학의 수용」, 학술원, 2000.

232

현재는 어떤 수준에 있고 앞으로 어떠한 과제를 안고 있는가를 다룬다. 사실 본고와 같은 취지에서 이미 훌륭한 두 편의 연구논문이 발표된 바 있다.[2] 양문흠은 서양고대철학의 수용과정을 개관한 후 초기 학술연구사에 중요한 위치를 차지하는 세 사람의 학자를 중심으로 1980년도까지의 우리나라 초기고대철학연구사의 사상적 추이를 추적 정리하고 있고, 강상진은 그간의 연구성과에 대한 통계적 자료들을 근거로 주로 1980년도 이후 2000년까지의 학술적 추이를 분석하고 있다. 특히 강상진은 서양고대철학 뿐만 아니라 처음으로 우리나라 서양중세철학의 수용과 그 연구사까지도 비교적 소상히 다루고 있다. 이런 점에서 본고는 일정하게 위 두 논문의 후속 연구로서 그 연구성과를 종합하는 성격을 갖는다. 그러나 본고는 그 성과를 이어받되 후속적인 연구로서 보다 발전적인 가치를 가질 수 있도록 다음의 논의방식을 택하고자 한다.

우선 본고는 기본적으로 선행 연구에서 다소 미흡하게 다루어진 학술사의 흐름을 동적으로 파악할 수 있도록 학술연구자의 계보 및 연구배경, 학술활동을 시기별로 좇아가며 살피는 방식 즉 인물사적 이해방식을 논의의 기본축으로 삼고자 한다. 이러한 접근방식은 주요 학술연구자들의 사상적 경향을 탐문하는데 중점을 둔 선행연구의 공시적 이해를 학술사의 동적 흐름의 측면에서 통시적으로 보완해줄 수 있을 것이다.

그러한 논의 기저 위에서 본고는 논의의 목적상 연구 대상을 단적으로 고전 그리스어와 라틴어 텍스트를 해독할 수 있는 서양고대철학전공 학술연구자로 한정하고자 한다. 그리고 논의의 기초 자료 또한 그들에 의해 생산된 자료들로 제한하고자 한다.[3] 물론 2차 자료 및 번역된 자료로서도 서양고대철

---

2) 양문흠, 「서양고대철학의 수용과 한국철학에 미친 영향」, 『철학사상』 제6호, 서울대학교 철학사상연구소엮음, 1996 ; 강상진, 위의 글, 주 1 참고.
3) 이러한 취지에 따라 초창기 원로연구자 그리고 1979년 출범한 한국서양고대철학연구회 혹은 한국서양고전학회 회원으로서(고인이 된 회원 포함) 서양고대철학관련 논문(중세철학 논문 제외)을 2회 이상 발표한 다음의 56명의 학술연구자 및 그들이 논문형식으로 학회 또는 학회지에 발표한 연구자료 448편을 본고의 기본적인 연구대상으로 삼는다.

학에 대한 가치있는 연구가 일정 부분 가능할 것이다. 그러나 강상진도 앞의 논문에서 강조하고 있듯이 서양고전의 연구가 텍스트의 올바른 이해로 부터 출발해야한다는 근본적인 전제에서 볼 때, 관련 연구 자료들에 대해서 그 내용이 텍스트의 내용에 부합하는 것인지 아닌지를 조회하고 확인할 수 있는 능력이 없이는 엄밀함을 생명으로 하는 학술적인 연구 자체가 원천적 으로 한계가 있다.

따라서 본고는 구체적으로 우리나라에서 고전어 텍스트 연구능력을 갖고 있는 서양고대철학전공자들이 총망라하여 몸담았거나 현재 소속해있는 서 양고전철학회, 서양고전학회 소속 연구자들과 그 연구자들에 의해 수행된 연구 성과물들을 연구의 기초 자료들로 삼아 논의를 전개하고자 한다. 이러한 접근은 비록 그간 우리나라에서 발표된 서양고대철학과 관련한 온갖 종류의 모든 자료를 다 포함하지는 않을 지라도 우리나라 서양고대철학의 학술사적 흐름을 추적하는 본고의 목적에 오히려 훨씬 합당하고 객관적인 해석치를 가져다 줄 것이다. 왜냐하면 그 이외의 자료들을 내용까지 모두 살펴보지 않은 상태에서 그 엄청난 양의 자료들을 단순 양화하여 논의대상으로 삼을 경우, 그에 기초한 논의는 우리가 목적으로 하는 학술사적 논의와 해석을 오도할 수도 있기 때문이다.

이와 같은 방식으로 살펴본 연후, 본고는 논의의 편의상 앞서 수행된 연구와 중첩되지 않는 범위 내에서 앞에서의 기준에 따라 수집된 자료들을 최대한 본고의 논의 목적에 부응하는 유효한 기준에 따라 통계화하고 분류한 다음, 서양고대철학이 처음 유입된 1930년대부터 2002년 현재까지 우리나라 서양고대철학연구의 연구자별, 시기별, 대상철학자별 내지 주제별 특징과

강상진, 강철웅, 권창은, 기종석, 김귀룡, 김남두, 김내균, 김대오, 김상봉, 김성진, 김영균, 김완수, 김윤동, 김인곤, 김재홍, 김주일, 김태경, 김혜경, 나종원, 남경희, 노희천, 박규철, 박우석, 박윤호, 박전규, 박종현, 박홍규, 박홍태, 박희영, 손명현, 손병석, 송영진, 양문흠, 염수균, 유원기, 윤구병, 윤명로, 이강서, 이경직, 이기백, 이상인, 이재경, 이정호, 이창대, 이창우, 이태수, 장경춘, 장영란, 장 욱, 정준영, 조대호, 조요한, 조우현, 주광순, 최정식(필명 최화), 한석환(총 56명).

흐름을 살펴보고자 한다. 그런 다음 마지막으로, 서양고대철학연구사의 기본 관건일 뿐만 아니라 개별 분과영역에서의 고전에 대한 기초적 접근과 학술적 조회를 가능하게 하고 나아가 장차 고전 및 인문학 교육수준의 향상과 발전의 토대가 되는 고전 텍스트의 번역수준과 현황을 살펴보면서 현재 우리나라 서양고대철학계가 당면하고 있는 근본과제를 논의해보고자 한다.

II. 서양고대철학의 학술연구사 개관

1. 시기별 학술연구 인물사를 통해본 연구사 개관

1) 초창기(1946~1964)

우리나라에 서양고대철학이 소개된 것은 구한말에 省窩 李寅宰(1870~ 1929)가 일본학자들의『哲學要領』,『希臘三大哲學家學說』을 기초로 쓴 『希臘古代哲學攷辨』이 처음이고, 저작의 직접적인 내용으로는 일제시대인 1931년 柳瀅基가 플라톤의 몇몇 대화편을 초역한 것 그리고 1932년에 池昌夏가 플라톤의 프로타고라스편을 "쏘크라테스의 도덕론"이라는 제목으로『新生』지에 여러 차례 나누어 초역 소개한 것이 처음이다.[4] 그리고 이후 신남철이「헤라클레이토스의 단편어」라는 제목으로 1933년『철학』첫 호에 논문을 발표하였다.[5] 그러나 이들이 이후 서양고대철학을 학술적으로 연구한 기록이 없고 번역 역시 이미 일본어역에서 중역 소개하였다는 점에서 그들을 우리나라 서양고대철학의 학술사적 출발점으로 설정하기는 어렵다. 사실상 역사적으로 근대서양학문의 상당 부분이, 일찍이 서구근대화에 힘을 기울여온 일본을 통해 유입되었다는 것은 주지의 사실이다. 서양고대철학과 관련하여서도 우리나라에서 처음으로 서양고대철학을 연구하고 강의한 학자로서

---

4) 이현구,「개화기 유학자와 계몽운동가들의 서양철학 수용」,『철학사상』4, 서울대 철학사상연구소, 1994, 247쪽 ; 양문흠,「서양고대철학의 수용과 한국철학에 미친 영향」,『철학사상』6호, 서울대학교 철학사상연구소, 1996, 105쪽.
5) 김재현,「일제하, 해방직후의 맑시즘 수용-신남철을 중심으로」,『철학연구』24집, 1988, 참조.

박종홍, 손명현, 박홍규를 들 수 있는데 그들 역시 각각 일제치하 경성제대, 일본 와세다대학에서 공부한 학자들이다. 그런데 박종홍이 서양고대철학을 전공하였다기 보다는 우리나라에 서양철학 일반을 주도적으로 소개하고 연구해 온 우리나라 철학계의 태두라고 말할 수 있다면, 손명현과 박홍규는 줄곧 서양고대철학 분야에 대한 연구를 수행해왔다는 점에서 학술사적으로 명실공히 우리나라 최초의 서양고대철학 전공자들이었다고 말할 수 있을 것이다. 손명현은 고려대에 몸담은 이래 주로 아리스토텔레스를 강의하면서 이미 해방전부터 아리스토텔레스는 물론 아낙시만드로스에 이르기까지 여러 주제의 논문을 발표하였으며, 1975년에는 아리스토텔레스의『시학』을 우리나라에서 처음으로 원전을 토대로 번역 출간하기도 하였다. 1974년 출간된 그의 회갑 논문집『哲學論攷』(고려대출판부)는 이러한 그의 서양고대철학관련 연구논문 수편을 재수록하고 있다.6) 이 점은 비록 그의 학문적 활동자료가 위의 자료 이외에 거의 확인되고 있진 않을지라도 우리나라 서양고대철학 수용기에 있어서 그의 선구적 면모를 잘 보여주는 것이라 하겠다. 한편 박홍규는 와세다 대학과 일본 '아테네 프랑세'에서 서양고대철학과 희랍어, 라틴어 등 고전어 과정을 정식으로 이수한 이후 법학부에서 줄곧 서양고대철학을 연구해왔고, 해방 직후 서울대에 부임해 온 이래 우리나라에서 그리스 철학 고전어 원전강의를 지속적으로 개설해 오면서, 차후 본고에서도 자세히 기술되는 것처럼, 초기 우리나라 서양고대철학 연구자의 대부분을 양성함은 물론 스스로의 사유체계까지 구축해 냄으로써, 이후 서양고대철학 발전은 물론 그 연구 기반을 마련하는데 심대한 역할을 하였다. 이런 점에서 박홍규는 학술사적인 측면에서 우리나라 서양고대철학 연구의 본격적인 토대를 구축한 이 분야의 태두로서 평가되고 있다.

　그러나 서울대에서 박종홍의 지도로 1949년 김보겸이 플라톤 관련 논문으

---

6) 서양고대철학 관련 논문과 발표시기.
　손명현, 「아리스토텔레스의 귀납법의 문제」, 1942. 3.
　손명현, 「변증법과 윤리-아낙시만드로스 1단편」, 1954. 9.
　손명현, 「미토스와 로고스-생존의 모험성」, 1955. 6.

로 석사학위를 받은 이후 1964년까지 근 15년간, 국내외를 막론하고 서양고대 철학으로 석사 이상의 학위를 받은 사람은 고작 1957년 서울대에서 「초기 희랍철학에 있어서의 동방사고의 영향」이란 제목으로 석사학위를 받은 조요 한과 1960년 연세대에서 「플라톤의 이데아론」이란 제목으로 석사학위를 받은 박영식 등 2명에 불과했다.7) 이것은 무엇보다도 서양고대철학을 연구함 에 있어 필수적으로 요구되는 고전희랍어 학습상의 어려움이 가져다주는 특수한 사정 때문으로 판단된다. 고전희랍어의 습득은 서양의 체계적인 교육과정에서조차 상당한 훈련과정을 요하는 것임에도 초창기 우리나라에 는 박홍규, 손명현, 이재훈 정도만이 원전해독에 기초한 연구가 가능한 수준 이었고 강의의 경우는 오직 서울대에서만 박홍규에 의해 이루어졌을 뿐이었 다. 박홍규가 고전희랍어와 라틴어를 익히고 그 토대 위에서 서양고대철학을 연구할 수 있었던 것은 일찍이 19세기 말부터 학술적으로 발전해 온 일본 서양고대철학계의 성과 위에서 가능했다. 이런 측면에서 이 긴 태동기를 뒤돌아보면, 몇 사람의 선구자들이 황무지나 다름없는 토양에 서양고대철학 의 씨앗을 뿌려야만 했던 우리나라의 경우, 그야말로 연구자 자신의 각고의 노력과 길고도 긴 준비의 시간이 필요했던 것이다.

이 긴 기간 동안 박홍규는 일본유학 시절부터 생을 마감할 때까지 평생의 철학적 과제로 씨름하게 될, 존재와 생성의 형이상학적 문제를 치열하게 고민해 온 것으로 보인다. 사실 박홍규는 그 기간 동안 강의에 별로 힘을 기울이지 않고 자기 연구에만 몰두하여 주위로부터 눈총을 받기까지 한다. 그러나 박홍규는 초창기 우리나라 서양고대철학의 연구수준에서는 잉태되 기 힘든 수준의, 이미 일본의 발전된 서양고대철학적 성과 위에서 형성된 자기 나름의 철학적 문제의식을 새롭게 더욱 심화 전개시켜가고 있었고, 이러한 사유의 긴 여정은 1965년 이후 열정적인 강의를 통해 제자들에게 표출되기에 이른다. 난해하면서도 심오함을 느끼게 하는 박홍규의 강의는

7) 인접 관련연구논문으로까지 확대해도 서울대 교육학과에서 1964년 「푸라톤 교육철 학과 듀이의 교육철학의 비교연구」로 석사학위를 받은 이돈희가 유일하다.

이후 서양고대철학에 입문하는 후학들에게 깊은 영향을 주면서 우리나라 서양고대철학을 이끌어 가게 될 다음 세대들을 대거 등장시킨다.

한편 우리나라에서 서양고대철학으로 석사학위를 받은 후 철학계에 진출한 조요한은 박홍규와 더불어 우리나라 초창기 서양고대철학연구사에 중요한 한 축을 맡는다. 박홍규가 서양고대철학에서 발원하는 존재와 생성의 문제를 플라톤, 베르그송을 대척점으로 하는 존재론적 문제의식 하에서 씨름하였다면, 조요한은 아리스토텔레스에 주목하면서 특히 아리스토텔레스를 특정의 논쟁적 주제에서보다는 신화와 예술영역까지 포함하는 그리스의 전체적인 정신사적 연관하에서 바라보고자 하였다.

이 시기에 활동한 서양고대철학 1세대 학자로서 연세대 조우현도 언급해야 할 것이다. 조우현은 연희전문을 나와 모교 연세대에서 서양고대철학을 가르치면서 연구물보다는 플라톤의 대화편 번역서를 펴내는데 힘썼다. 물론 그 번역서는 비록 중역에 기초하고 있지만 플라톤의 대화편을 직접적으로 접하고자 하는 초창기 제반 인접 학문영역에서의 요구에 시의적절하게 부응하였으며, 그와 관련한 철학적 문제의식의 저변확산에 중요한 역할을 하였다. 한편 이재훈이 고전어에 깊은 조예를 가지고 고전어 텍스트를 연구하였다고 전해지나 그의 고전에 관한 학술활동은 확인되고 있지 않다.

2) 준비기(1964~1980)

1960년대 중반 이후는 박홍규가 기나긴 사색의 내용을 강의로써 펴내기 시작하는 즈음이면서 동시에 오래 기간 동안 땅 속에서 묵묵히 스스로 내실을 기하며 자라고 있었던 서양고대철학 차세대 연구자들이 표층을 뚫고 땅 위로 나오기 시작하는 시기이다. 박홍규, 손명현, 조요한에 이은 후속 세대 중 우리나라 서양고대철학계를 앞서서 이끌어가게 될 박종현이 박종홍의 가르침과 박홍규의 지도 아래 「플라톤 사상의 출발점과 귀착점」이란 논문으로 석사학위를 받는 것도 1964년이다. 그리고 바로 연이어 1965년에는 박전규가 「헤라클레이토스의 로고스에 관한 해석」이란 논문으로, 1966년에는 이창대, 고처황, 임종규가 각각 「플라톤의 소피스트편에 있어서 새로운 존재론의 전개」, 「Aristotle의 「實有」에 대한 연구」, 「Platon의 국가편에 나타난 Idea론」 이란 논문으로, 그리고 1968년에는 서울대에서 이태수가 「고대 원자론의 인식문제에 대한 고찰」이라는 논문으로, 그리고 사립대에서는 처음으로 중앙대에서 임혁재가 「Aristoteles의 중용에 관한 연구」라는 논문으로, 1969년 에는 서울대에서 김완수가 「Aristoteles의 De Anima에 전개된 인식의 문제」로, 그리고 1970년에는 동국대에서 김광영이 「Aristoteles에 있어서 중용사상」으로, 그리고 1972년에는 서울대에서 윤구병이 「Epicurus의 자연철학에 있어서 원자의 자유운동의 문제」로, 이수영(지도교수 김태길)이 「Aristoteles 윤리학에 있어서 덕과 행위의 문제에 관한 연구」라는 논문으로 석사학위를 받는다.

이전 시기에 비해 놀랄 정도로 증가된 추세로 그것도 연이어 배출된 이들 중 박종현, 박전규, 이창대, 이태수, 김완수, 윤구병은 모두 1960~70년대는 물론 그 이후에도 우리나라 서양고대철학계를 이끌어가는 중견학자로 발돋움한다.

지난 시기 15년 동안 2명에 불과했던 서양고대철학전공 석사학위자가 몇 년 사이에 11명이, 그리고 그 중 서울대에서만 9명이 연이어 배출된 것은 두말할 나위 없이 박홍규의 영향이다. 특히 박홍규는 제자들이 늘어나기 시작한 이즈음부터 우리나라 서양고대철학의 학술적 기반을 마련하기 위해 서양고대철학의 가장 중심이 되는 플라톤의 대화편들에 대한 집중적인 텍스트 분석을 구상한다. 1972년 이후 1984년 퇴직할 때까지 박홍규는 학부에서 아리스토텔레스를 강의하고 대학원에서는 오직 플라톤의 대화편을 고전어 원전강독 형식으로 진행하되, 해당 대화편을 주제로 논문을 쓸 학생으로 하여금 몇 학기 동안이건 처음부터 끝까지 읽도록 하여 철저하게 고전 그리스어를 익히는 훈련을 병행하였다. 박홍규는 자신의 존재와 생성에 대한 평생의 형이상학적 문제를 플라톤의 텍스트를 통해 考究해 가면서 동시에 후학 양성을 통해 장차 우리나라 서양고대철학의 학술적 기초를 마련하고자 했던 것이다.

이즈음부터 박홍규의 강의는 한편으로는 그간의 사색을 후학들에게 전하고자 하는 열정으로 학기 중이건 방학이건 간에 상관없이 강도 높게 진행되었고 다른 한편으로 후학들에게 모진 고전어 훈련과 그에 기초한 정확한 텍스트 분석 능력을 요구하였다.

1973년부터 박홍규가 퇴임하는 1984년까지 그 자신의 몇 안되는 논문[8])과 그의 지도로 이루어진 플라톤의 주요 대화편들에 대한 시리즈 형식의 석사학위논문들은 하나같이 철저히 원전에 입각한 텍스트 분석이 골간을 이루는 것들로서, 박홍규가 우리나라 초창기 서양고대철학의 선구자로서 우리나라 서양고대철학의 장래를 위해 후학들로 하여금 무엇부터 준비시키고자 했던가를 단적으로 보여준다. 이 플라톤의 주요 대화편에 관한 시리즈 형식의 논문들은 초창기 이후 우리나라 서양고대철학학술사의 일정한 성과를 보여주는 것이자 그 후의 우리나라 서양고대철학의 전개를 가늠케 해준다는 측면에서 박홍규의 것을 포함하여 그 제목과 필자들을 기술하면 다음과 같다.[9])

김남두, 1973, 「플라톤의 파이드로스편 연구」
남경희, 1973, 「플라톤의 파이돈편에 나타난 영혼의 문제」
양문흠, 1974, 「플라톤의 테아이테토스편 연구」
기종석, 1974, 「플라톤에서의 인식의 문제 : Euthyphron편과 Menon편에서」
박희영, 1975, 「플라톤의 Gorgias편 연구」
박홍규, 1976, 「프로타고라스편에 대한 분석(1)」『철학연구』, 철학연구회
박홍규, 1977, 「플라톤 대화록 소피스트편의 분석(1)」, 『철학연구』, 철학연구회

---

8) 주 7)에서의 논문 외에 「근원적 자유에 관한 연구」 중 베르그송 부분, 『철학연구』 제10집, 1975 ; 「희랍철학소고」, 『서울대 인문논총』 제5집 ; 「티마이오스편의 필연에 대한 Archer-Hind의 견해를 음미함」, 『서울대 인문논총』 제8집, 1982 등이 있다. 이상 『박홍규전집』 1권, 민음사, 1986, 13쪽 참고.
9) 본고는 논문의 발표연도 표기에 있어 시기별 흐름을 한 눈에 살필 수 있도록, 본문 중에서는 이름 뒤에다 연도를 표기하기로 한다(이하 동일). 또한 각주에서도 시기별 흐름을 알 수 있게 인용한 논문들은 연도를 먼저 명기하거나, 이름 뒤에 연도를 표기했다.

박홍규, 1978, 「플라톤의 대화편 유티데모스의 분석」, 『인문논총』, 서울대
박홍태, 1979, 「플라톤의 소피스트편 연구」
이정호, 1980, 「플라톤의 티마이오스편에 관한 연구」
염수균, 1982, 「플라톤의 대화편 필레보스 연구」

서울대 이외의 대학에서 이 시기에 이루어진 이 분야 연구로서는 서양고대철학과 관련하여 동국대 교수로 재직하면서 시간에 관한 철학적 문제와 씨름한 김규영이 1964년 동국대 논문집에 발표한 「아리스토텔레스의 시간관」과 1975년에 발표한 「플로티노스의 시간관」이 있고, 서울대로 근무지를 옮기기 전, 동국대에서 현상학과 서양고대철학을 가르친 윤명로가 1968년 같은 대학 논문집에 발표한 「아리스토텔레스에 있어서 분석론 후서의 위치와 논증사상」이 있다. 그리고 숭전대에서는 조요한과 최명관이 서양고대철학 연구에 종사하면서 조요한은 아리스토텔레스의 연구와 강의에, 최명관은 플라톤 대화편의 번역소개에 힘쓴다. 조요한은 1957년 서울대에서 석사학위를 받은 후 아리스토텔레스 연구에 주력하여 1974년 그 연구결과를 묶어 숭전대에서 「아리스토텔레스 철학의 해석상의 문제」라는 논문 제목으로 서양고대철학관련 최초의 국내 박사학위를 수득한다. 최명관은 연세대 조우현과 더불어 비록 중역에 기초한 것이긴 하지만 우리나라에 선구적으로 플라톤의 작품들을 번역소개한 대표적인 학자로 꼽힌다. 플라톤의 대화편 번역으로는 1949년 김은우가 『소크라테스의 변명』을 번역소개한 것이 처음이기는 하지만 초창기에 「향연」, 「국가」 등 플라톤의 대화편을 번역소개한 학자로서는 위의 최명관, 조우현 두 사람이 대표적이다. 이후 1973년에는 최민홍이 중역본으로는 가장 큰 규모로 10여 편의 대화편을 번역한 『플라톤 전집(1~5권)』(상서각)을 펴냈지만 오역이 너무 많아 학술적 가치를 갖는 것으로 평가되지 않았다. 그러나 이들 중역본 대화편들은 비록 학술적 인용본으로서의 가치에는 미치지 못하는 것이었으나 앞서 지적한 바와 같이 초창기 서양고대철학을 소개하고 그 문제의식을 알리는데 크게 기여하였다.

그리고 1970년 이후부터는 서서히 박종현이 1970년 「희랍인들의 탐구정신

의 전개과정」(『철학연구』 제5집)을 발표하는 것을 필두로 박홍규의 제자들의 본격적인 학술활동이 시작되고 박전규, 이태수, 남경희, 김남두, 김완수 등은 서양고대철학을 연구하기 위해 구미 각국으로 연이어 유학을 떠난다.

박홍규의 제자들 중 윗 세대에 속하는 박종현, 이창대, 김완수는 이 시기에 가장 활발한 학술활동을 편 사람들이다. 특히 성균관대에 몸담은 박종현은 사립대로선 처음으로 대학원에 고전어 원전강의를 개설하고 1980년대에 이르러 본격적으로 서양고대철학 연구자를 배출하기 시작함으로써 서울대 중심으로 이루어지던 서양고대철학의 연구와 연구자 양성의 폭을 넓히는데 크게 기여하였다. 그리고 무엇보다도 박종현은 서양고전 텍스트의 고전어 원전번역이 하루빨리 우리나라에 소개되지 않는 한, 단지 철학영역에서 뿐만 아니라 학문일반의 기초가 조성되기 힘들다는 판단 아래 플라톤 텍스트의 원전번역과 주석작업에 심혈을 기울였다.

박종현의 이러한 노력과 그 이후의 성취는 이로부터 30년이 지난 오늘날 우리나라 고전번역사와 주석연구에 일획을 긋는 것으로 평가되기에 이르지만 이미 그의 이러한 노력은 1975년 우리나라에서 중역이 아닌 고전어 원전번역서로서는 초유인 『소크라테스의 최후』(박영사)와 그 다음해 『파이돈』, 『국가』(『세계의 대사상 1-플라톤』, 휘문출판사)의 출판으로 예고되고 있었다.

그리고 박종현은 서양고대철학 연구자들의 연구역량 향상과 상호교류에도 관심을 기울여 박홍규, 조요한과 더불어 1979년 10월 우리나라 서양고대철학 관련 학회로서는 처음으로 한국서양고전철학회의 창립에 앞장서 서양고대철학의 연구기반을 확충하는데도 큰 기여를 했다.

한국서양고전철학회는 이후 연 2회의 정기발표회를 열어 우리나라 서양고대철학자들의 연구발표 및 교류의 터전이 되어왔으며, 부정기적인 학회지의 형식으로 회원들의 논문을 묶어 1980년 『문제를 찾아서』(종로서적), 1988년 『희랍철학의 연구』(종로서적), 1995년 『서양고대철학의 세계』(서광사). 그리고 2001년에 『플라톤 철학과 그 영향』(서광사) 등 총 50여 편의 논문이 실린

4권의 논저를 발간하였다.

그리고 현재 인하대와 서강대에 각각 몸담고 있는 이창대와 김완수는 박종현과 더불어 이 시기에 발표된 논문들의 반 이상이 그들이 발표한 논문일 정도로 이 분야 초기 단계의 학술적 기초를 쌓는데 크게 기여하였고[10] 이 시기 이후에도, 이 분야 중진급 학자로서 후학들의 귀감이 될 정도로 왕성한 연구활동을 계속하고있다.

우리나라 서양고대철학의 학술사에서 이 시기는 우리나라 전체 학문의 발달 수준과 비교할 때 그 성과에 있어 연구물이 주로 플라톤에 편중되어 있었고, 무엇보다도 고전어 원전 번역본이 고작 한 권에 불과할 정도로 여전히 걸음마 수준에 머물러 있었던 시기라고 볼 수도 있다. 그러나 서양고대 철학연구에 있어 기본 요건으로 요구되는 장기적인 고전어 훈련 과정상의 특수성을 고려한다면 한편으로는 이 시기는 비록 서울대 중심의 극히 소수의 연구 인력에 의해서 나마 우리나라 서양고대철학의 기본토대가 착실히 준비 되고 있었던 시기라고 평가할 수 있을 것이다.

---

10) 1970~80년대 김완수의 주요논문.
   1988, 「아리스토텔레스의 『형이상학』에 나타난 실체개념을 중심으로 본 형이상학 의 제문제」, 『희랍철학연구』, 종로서적.
   1984, 「플라톤의 도덕교육론(I)」, 『서울교대논문집』, 서울교대.
   1984, 「플라톤의 초기대화편에 있어서의 이데아론」, 『철학연구』, 철학연구회 ;
   1980, 「소크라테스의 방법론」, 『문제를 찾아서』, 종로서적.
   1973, 「인식의 범주적 고찰-플라톤을 중심으로」, 『서울교육대논문집』.
   1972, 「Platon의 『파이돈』에 나타난 이데아論考」, 『철학연구』, 철학연구회
   1970~80년대 이창대의 주요논문.
   1981, 「Platon의 Theaetetus편 분석(II)」, 『철학연구』, 철학연구회.
   1981, 「Platon의 지각론」, 『철학연구』, 철학연구회.
   1980, 「Platon의 Theaetetos편 분석(I)」, 『철학연구』, 철학연구회.
   1980, 「Platon의 Timaeus편에 있어서 필연과 공간의 문제」, 『문제를 찾아서』, 한국철 학회 고전분과위원회.
   1978, 「Platon의 변증법에 관한 소고」, 『철학연구』, 철학연구회.
   1976, 「Platon의 이원론적 세계관과 Psyche」, 『철학』, 한국철학회.
   1976, 「Platon의 존재에 관한 분석적 고찰」, 『철학연구』, 철학연구회.
   1975, 「Platon의 지각과 Psyche 철학논구」, 서울대철학과.

3) 확장기(1981~1990)

이 시기는 기본적으로 연구자의 측면에서 볼 때 해외유학을 떠났던 서양고대철학연구자들이 박사학위를 취득한 후 속속 돌아와 대학에 자리잡으면서 서양고대철학의 연구수준 및 영역의 폭을 확장시켰고, 나아가 그들 및 기존의 박종현, 조요한 등 국내학자들의 지도에 힘입어 장차 서양고대철학계를 이끌어 갈 신진 연구자들이 양적으로 크게 증가한 시기로 특징지을 수 있을 것이다.

이 시기에 국내에서 그리고 구미에서 서양고대철학으로 학위를 취득한 후 귀국한 연구자들과 그들의 학위취득 대학과 논문제목을 살펴보면 다음과 같다.

> 이태수, 1981, 독일 Univ. Goetingen, 「고대후기 아리스토텔레스 삼단논법의 희랍적 전통 Die griechische Tradition der aristotelischen Syllogistik in der Späetantike : eine Untersuchung üeber die Kommentare zu den analytica priora von Alexander Aphrodisiensis, Ammonius und Philoponus」
>
> 김완수, 1981, 그리스 Univ. of Athens, 「플라톤에 있어서 이데아와 감각경험과의 관계」
>
> 남경희, 1982, 미국 Univ. of Texas at Austin, 「플라톤의 『테아이테토스』편과 『소피스트』편에서 로고스, 인식, 그리고 형상 Logos, Knowledge, and Forms in Plato's Theaetetus and Sophist」
>
> 김남두, 1984, 독일 Albert-Ludwigs Univ. Freiburg, 「플라톤의 『국가』에서 정의와 선 Die Gerechtigkeit und das Gute in Platon's 'Politeia'」
>
> 양문흠, 1984, 한국 서울대, 「1과 타자를 중심으로 한 파르메니데스편 연구」
>
> 권창은, 1985, 그리스 The National and Kapodistrian University of Athens, 「아리스토텔레스의 귀납추리 정당화의 문제」
>
> 김내균, 1985, 그리스 Univ. of Athens, 「플라톤과 주희의 인간개념 비교」
>
> 기종석, 1987, 한국 서울대, 「플라톤의 테아이테토스편에 나타난 앎의 문제에 관한 연구」
>
> 나정원, 1987, 프랑스 Univ. de Paris IV (Paris-Sorbonne), 「플라톤 정치철학의 개체성과 전체성-플라톤 정치철학의 존재론적 분석 Individualite et Totalite chez Platon」

244

박희영, 1987, 프랑스 Univ. de Paris IV (Paris-Sorbonne), 「플라톤의 테아이테토스
편과 소피스트편에서 존재에 대한 정의 La definition de l'etre dans le thetete
et le sophiste de Platon」

김성진, 1988, 독일 Albert-Ludwigs Univ. Freiburg, 「플라톤의 파르메니데스편에
서의 모순과 판단의 문제 Der Widerspruch und das Urteilsproblem im Plat.
Dial. Parmenides」

이들 해외유학파 및 국내 박사학위 취득자들의 연구주제를 철학자별로
보면 플라톤 9편, 아리스토텔레스가 2편으로 플라톤이 압도적으로 많다.
이들 중 이태수, 김완수, 김남두, 남경희, 양문흠, 기종석, 박희영은 서울대
박홍규의 제자들이고 권창은, 김성진은 고려대 손명현의 후학 그리고 김내균
은 숭실대 조요한의 제자이다. 나정원만이 고려대에서 정치학 학사, 석사를
마치고 유학을 떠났던 비철학계열 연구자이다. 특히 이 중 이태수의 학위논문
은 서양고대철학분야에서 가장 권위있는 국제적인 학술지『Phronesis』에
논평문이 실리고 아직도 해당 주제와 관련한 주요 참고문헌으로 인용될
정도로 국제적으로도 높은 평가를 받았다.11) 이후 이태수, 김남두는 박홍규
의 뒤를 이어 서울대에 몸담으면서 우리나라 서양고대철학계를 이끌어 가는
중추적인 역할을 수행하게 된다. 그리고 김완수는 서울교대를 거쳐 서강대에
서, 남경희는 이화여대에서, 양문흠은 동국대에서, 권창은은 고려대에서,
기종석은 건국대에서, 박희영은 외국어대에서, 나정원, 김성진은 한림대에
서, 김내균은 중앙대에서 후학 양성에 매진하게 되고 이들의 지도에 의해
서양고대철학연구자들이 늘어나면서 서울대에 편중되었던 연구자의 배출
도 여러 대학으로 확대되기에 이른다. 그리고 이 시기에 시행된 대학졸업정원
제정책에 따른 대학교원 수요의 급증은 대학원 진학률을 촉진시켜 타 분야뿐
만 아니라 서양고대철학 분야에서도 국내 연구자의 배출을 크게 확대시키는
계기를 가져다 주었다. 그리고 국내에서도 이 시기에 박홍규의 지도로 서울대
에서는 최초로 1984년 양문흠이 「1과 타자를 중심으로 한 파르메니데스편

---

11) Henry Maconi, "Late Greek Syllogostic", *Critical Notice, Phronesis V. XXX No.1*, 1985.

연구」로, 그리고 이어서 1987년 기종석이 「테아이테토스편에 나타난 앎의 문제에 관한 연구」로 박사학위를 취득하고, 1989년에는 지방대 최초로 경북 대에서 김윤동이 「플라톤에 있어서 로고스와 인식의 문제」로 박사학위를 취득한 후 모교에 몸담는다. 그리고 이 시기에 윤구병이 서울대에서 1972년 에피쿠로스 논문으로 석사학위를 받은 후 문화계와 출판계에 진출, 중견으로 활동하다가 1978년 서울대 박사과정으로 복학한다. 그는, 박홍규가 그간의 고구한 내용을 가장 활발하게 후학들에게 전수하던 1978년에서 1985년 사이, 양문흠, 기종석, 박희영과 더불어 그의 가르침을 가장 가까이서 가장 잘 배운 연구자로 평가된다. 그가 충북대에 몸담으면서 1993년에서 1997년 사이 한국철학사상연구회 기관지『시대와 철학』에 게재한 7편의 「존재론 이야기」는 박홍규의 가르침의 정수가 윤구병의 사색으로 잘 풀어져 정리된 글로 높이 평가되고 있다. 그리고 그는 플라톤과 아리스토텔레스에 관한 논문이 거의 대부분이었던 이 시기에 처음으로 소크라테스 이전 철학에 관련된 연구도 수행하여 1980년 「아닌게 아니라 없는 것이 없다」(『문제를 찾아서』, 종로서적), 1982년 「제논의 여럿(多)에 관한 분석」(『충북대논문집 (인문사회과학)』)등의 논문을 발표한다. 그러나 그는 1992년 평소 꿈꾸던 농생 공동체의 실현을 위해 학계의 만류를 뒤로 하고 서양고대철학계를 떠나, 현재 진보적인 지식인이자 농업인으로서 활동하고 있다.

이태수, 윤구병, 김남두와 더불어 박홍규의 핵심 직계 제자들인 양문흠, 남경희, 기종석, 박희영 또한 이미 1980년도부터 지속적이고도 활발한 후진 양성과 연구 활동에 매진해 오면서 우리나라 서양고대철학계의 학술적 기반 을 쌓아온 연구자들로서 현재에도 학계의 중추적인 역할을 맡고 있는 중진급 의 학자들이다. 양문흠과 기종석은 플라톤 연구와 관련하여 각각 플라톤 및 그리스 사상과 수학과의 관계에 관한 문제, 인식의 문제 등 줄곧 일관된 주제에 대해 집중적으로 연구해 들어가는 경향을 보이고 있는 데 비해, 남경희와 박희영은 서양고대철학을 기반으로 다양한 철학적 문제의식과 서로 연계하여 논의의 폭을 확장해가는 경향을 보이고 있다. 양문흠은 최근 들어 그리스철학에서 수학사상의 얼개와 그 사상사적 의의에 관심을 기울이면서 자신의 연구내용을 국제적인 수준의 토론과 비평을 통해 더욱 고양하고자 서양고대철학과 관련, 국제학술지로 정평을 얻고 있는 『Ancient Philosophy』지에 논문을 발표하는 등 수학사상 관련 자신의 연구주제를 보다 정치하게 논구해내고자 하는 노력을 계속하고 있고,[12] 기종석은 학계에 몸담은 이래 우리나라 서양고대철학연구자 중 플라톤철학의 핵심 주제의 하나인 인식과 진리의 문제를 일관되게 집중해서 연구해 온 거의 유일한 연구자로서 장차 그 분야에서의 심층적인 연구결과가 기대되고 있는 중견학자이다.[13] 한편 남경희는 플라톤철학은 물론 자신의 철학적 문제의식을 특정 분야에 국한시키지 않고 현대분석철학 및 현대정치철학의 영역에 걸쳐 다각적으로 논구해 들어가고 있는 학자로서 이 시기, 다양한 영역에 걸쳐 가장 많은 연구물을 생산한 학자들 중의 한 사람으로 꼽힌다.[14] 그리고 박희영은 플라톤의 존재

---

12) 2000, 「플라톤의 국가 편 선분의 비유 속의 수학적 탐구의 본성 : 특히 '가정'과 '영상'의 관계를 중심으로」, 『철학』, 한국철학회.

1999, 「The 'Square itself' and 'diagnose itself' in Republic」, 『Ancient Philosophy』 (Spring 1999), Duquesne University.

1998, 「서양고전학회 서양 그리스의 수학 및 철학적 전통과 유클릿 기하학」, 『서양고전학연구』, 한국서양고전학회.

1996, 「수학 기초론에서의 플라톤주의에 관한 입문적 고찰」, 『철학』, 한국철학회.

1995, 「형식 체계, 스콜램 역설, 그리고 플라톤주의」, 『동국대 철학사상』.

13) 1993, 「《Dissoi Logoi》에 관한 연구」, 『서양고전학연구』, 한국서양고전학회.

1988, 「프로타고라스의 지식론」, 『한국서양고전연구』, 한국서양고전학회.

1987, 「플라톤의 『테아이테토스』편에 나타난 앎의 문제에 관한 연구」, 박사학위논문.

1987, 「참된 Doxa로서의 앎과 오류가능성」, 『한국서양고전학연구』 창간호.

1986, 「『테아이테토스』편에서의 감각의 문제」, 『학술지』, 건국대.

1984, 「플라톤에 있어서 가설의 문제-파이돈편을 중심으로-」, 『인문과학논총』, 건국대.

1980, 「메논의 역설과 상기설」, 『문제를 찾아서』, 종로서적.

14) 2001, 「생태주의 인문학 서설」, 『기호학연구-생태주의와 인문학 특집』, 한국기호학회.

1999, 「한국 국가권력과 법규범의 철학적 기초」, 『법학연구』, 연세대 법학연구소.

1999, 「말과 몸 : 정보통신사회의 삶과 규범」, 『철학연구』 별책(특집 : 정보사회의

개념에 대한 연구를 기초로 서양철학의 기본개념들의 개념사적 발전의 문제
와 그리스철학의 사회문화적 조건 등에 초점을 맞추어 신화, 종교학, 인류학
적인 영역에까지 관심을 확대하고 있다.15) 박홍태, 이정호, 염수균도 이
시기에 박홍규의 가르침을 받은 제자들로 각각 동덕여대와 방송대, 조선대에
몸담는다. 이들 중 특히, 염수균은 플라톤의 실천철학적 문제영역을 집중적으
로 다루고 있는 유망한 학자로서 최근에는 그러한 그의 관심을 롤스의 정의론
등 현대 사회윤리학의 문제영역에로까지 확대하고 있다. 1966년 고처황의
석사학위 논문 이후 서울대에서 박홍규의 지도로 유일하게 아리스토텔레스
철학을 주제로 석사학위를 받은 이정우(「아리스토텔레스의 운동이론과 고
전역학에 있어서의 시간개념」)도 이 시기의 박홍규의 제자이다. 그는 이후
프랑스 철학등 다양한 분야에 걸친 철학적 관심으로 영역을 넓혀 가면서

철학적 진단), 철학연구회.

1995, 「귀고스의 반지 : 도덕적 행위의 은폐성과 비은폐성」, 『서양고대철학의 세
계』, 서양고대철학회, 서광사.

1992, 「존재와 윤리-비트겐슈타인의 「논고」를 중심으로」, 『성곡논총』, 성곡학술재
단.

1992, 「사유의 사유성(私有性)과 객관적 존재의 거처」, 『이화여대 한국문화연구원
논총』, 이화여대 한국문화연구원.

1990, 「권력과 권리」, 『철학연구』, 철학연구회.

1990, 「대학과 학문」, 『한국논단』.

1989, 「아리스토텔레스에서의 Demokratia」, 『서양고전학연구』, 서양고전학회.

1988, 「지성과 偶然的 必然-플라톤의 세계 제작론 II-」, 『희랍철학연구』, 종로서적.

1983, 「Plato's Conception of Knowledge in the Theaetetus and Sophist」, 『철학』, 한국철
학회.

15) 2001, 「디오니소스 신화와 의식의 철학적 의미」, 『인문학연구』, 한국외국어대학교.

1999, 「종교란 무엇인가?-고대신화와 의식에 대한 분석을 중심으로」, 『서양고전학
연구』, 한국서양고전학회.

1997, 「엘레우시스 비밀의식의 철학적 의미」, 『논문집』, 한국외대.

1996, 「그리스 정신이 인류지성사에 끼친 영향과 한계」, 『문명의 전환과 한국문화』,
한국철학회.

1994, 「Polis의 형성과 Aletheia의 개념」, 『우야 강성위박사 회갑기념논문집』, 이문출
판사.

일시 서강대에 몸담았다가 지금은 대중철학학교의 선구격인 철학아카데미에서 철학강좌를 운영하고 있다.

그리고 고려대를 졸업한 후, 독일로 유학하여 1988년에 돌아온 김성진 또한 플라톤과 관련하여 다양한 주제의 논문들을 왕성하게 발표하고 있는 중견학자로서, 자신의 철학적 문제의식을 고대철학 및 중국학, 신학과도 연계하여 현대의 생태 및 환경위기에 관한 철학적 문제 영역에까지 관심영역을 넓혀가고 있다. 위에서 언급한 바와 같이 이들 제2세대 연구자들은 이 시기에 왕성한 연구물을 생산하는 한편으로 후진 양성에도 힘써 1990년대 이후 우리나라 서양고대철학계를 활발하게 이끌어갈 차세대 연구자들을 대거 배출시킨다.

한편, 박종현은 앞서 언급한 바와 같이 성균관대에 몸담은 이후 지속적인 원전연구와 철저한 고전어 강독 형식의 강의를 운영함으로써 서울대에만 편중되었던 서양고대철학연구자의 배출통로를 크게 확대시킨다. 이 시기 후반 5년이라는 짧은 기간 동안 그의 지도로 석사학위를 받은 연구자가 아래에 기술한 바와 같이 6명에 이르고 그들이 모두 현재에도 적극적인 연구활동을 보이고 있다는 사실은 후진 양성을 위한 그의 노력이 얼마나 헌신적인 것이었는가를 보여준다. 그리고 그는 자신의 지속적인 원전연구를 바탕으로 이전에 출판된 번역까지도 다시 전면 수정 보완하여 1989년 『플라톤 : 메논, 파이돈, 국가』(서울대학교 출판부)를 출간한다.

> 김영균, 1985, 「형상들의 결합(Koinonia)을 중심으로한 Sophistes편 연구」
> 이강서, 1986, 「Theaitetos편에서 논의된 인식의 문제」
> 이기백, 1987, 「필레보스편에서 논구된 '좋은것과 훌륭한 삶'」
> 김태경, 1987, 「Politeia편을 중심으로 한 「훌륭한 삶」에 관한 연구」
> 정준영, 1989, 「플라톤 중기대화편에서 hypothesis와 Dialektikē」
> 김주일, 1990, 「파르메니데스에 있어서 존재와 Nous의 관계」

그리고 그 밖에 남경희 또한 이화여대에 몸담으면서 이 시기에 서양고대철

학전공 석사학위자를 배출하기 시작한다.16)

물론 서울대에서도 1984년에 정년 퇴임한 박홍규의 뒤를 이어 부임한 이태수와 김남두가 서양고대철학 연구 분위기를 크게 활성화시키면서 플라톤 연구자 역시 크게 늘어난다. 그들의 지도로 이 시기에 배출된 석사학위자를 개관하면 다음과 같다.

> 박윤호, 1985, 「플라톤의 정의론에 대한 고찰 : 국가 I~IV권을 중심으로」
> 배은실, 1985, 「플라톤의 국가편에 나타난 이데아와 문답법」
> 김인곤, 1988, 「플라톤 중기 대화편에서 지식 (epistemē)과 의견 (doxa)에 관한 고찰」
> 김혜경, 1988, 「플라톤의 「국가」를 통한 개인과 국가의 관계연구」
> 최원석, 1988, 「플라톤의 정의에 대한 고찰」
> 이창우, 1990, 「플라톤의 소피스트편 연구」
> 강상진, 1989, 「아리스토텔레스의 「형이상학」에 나타난 수학적 대상에 관한 연구」

그리고 서양고대철학연구자의 양성이 가장 활발하게 이루어지고 있던 서울대와 성균관대 이외의 대학에서도 이 시기 후반기에 이르면 앞서 언급한 유학파 학자들의 노력이 더해지면서 새로운 서양고대철학연구자들이 서서히 배출되기 시작한다.

국내에서 일찍이 원전연구를 통한 후학 양성에 힘을 쏟은 조요한이 숭실대에서 차세대 아리스토텔레스연구에 중심적인 역할을 하는 한석환을 이미 앞 시기 후반부인 1979년에 「아리스토델레스의 학(學)의 근본전세론과 그 기하학적 정초에 관한 논구」로 서양고대철학연구자로서는 첫 제자로 배출한 이후, 김재홍이 이 시기 후반인 1987년에 「아리스토텔레스의 양상개념에 관한 연구」로 석사학위를 취득한다. 그리고 연세대에서는 1987년 조대호가 「아리스토텔레스에 있어서의 존재 물음과 근거의 문제」로, 고려대에서는

---

16) 최순옥, 1984, 「허위판단에 관한 플라톤의 논의」.
    이연우, 1985, 「플라톤의 소피스트 편에서의 (einai)의 의미와 용법」.

권창은의 지도로 손병석과 노희천이 각각 「아리스토텔레스 정의관」과 「아리스토텔레스의 변증법에 관하여」로, 그리고 한국외국어대학에서는 박희영의 지도로 장영란이 1989년 「플라톤의 철학교육론 소고」로 석사학위를 받는다. 특히, 이 시기 후반부에 배출된 이들 모두가 1990년대 가장 왕성한 학술활동을 전개하는 대표적인 소장학자로서 우연찮게도 모두가 아리스토텔레스 연구에 주력함으로써, 플라톤에 편중되었던 우리나라 서양고대철학의 그간의 연구 경향을 아리스토텔레스에로 까지 확대시키는 데 중심적인 역할을 한다. 그리고 1989년에는 지방대학에서도 우리가 한정한 자료에 속한 연구자로서는 처음으로 김윤동이 경북대에서 「플라톤에 있어서 로고스와 인식의 문제」로 박사학위를 수득한다.

그리고 이와 더불어 주목할 것은 이전 시기에는 일찌기 박전규와 이태수의 석사논문[17]을 제외하면 거의 없다 시피 했던 소크라테스 이전철학관련 연구가 1980년 윤구병의 「아닌 게 아니라 없는 것이 없다」라는 제목의 엘레아사상 관련 연구물을 필두로 하나 둘 나타나기 시작한다는 점이다. 1981년에는 박희영이 「제논의 역리에 대한 고찰」을, 1987, 1988년에는 김내균이 연이어서 「헤라클레이토스에 있어서의 인간개념」과 「데모크리토스의 소우주로서 인간 개념」을, 그리고 1989년에는 김윤동이 「헤라클레이토스에 관한 소고」를 발표하고 있다.

그러나 무엇보다도 이 시기에 우리나라 서양고대철학 학술사와 관련하여 특기하지 않을 수 없는 것은 1986년 '한국서양고전학회'의 창립이라 할 것이다. 서양고전학회는 서양의 고대철학, 고대문학, 고대역사 각각의 영역이 초창기 수용이래 일정한 진전이 이루어지면서 관련 학자들 사이에 그 학문 영역들이 갖는 유기적 성격상 서양 고전인문학의 전체적인 연관하에서 학제적으로 연구되지 않으면 안된다는 공동의 문제의식과 그 연구성과의

---

17) 박전규, 1965, 「Herakleitos의 logos에 관한 해석 : 논리학의 시원을 찾아서」, 서울대 대학원.
　　이태수, 1968, 「고대원자론의 인식문제에 대한 고찰」, 서울대 대학원.

상호교류 필요성에 따라 이 분야의 원로들인 박홍규, 양병우, 지동식, 조요한 등의 발의에 의해 1986년 창립되었다. 한국서양고전학회는 창립 이후 매년 2회 꾸준히 학술대회를 개최하고 회원들의 연구성과를 묶어 우리나라 고전학 분야 유일의 학술지『서양고전학연구』를 발간하고 있을 뿐만 아니라 꾸준히 동일 주제에 대한 학제간 공동연구도 기획하여 그 연구결과를 발표함으로써 우리나라 서양고전학분야 전반의 공동발전을 뒷받침하는 중요한 기반이 되고 있다.[18] 학술지『서양고전학연구』는 연간으로서 창간이래 지금까지 16집이 발간되었고 그 안에는 제1집에 박종현의「플라톤의 결합이론」에서부터 제16집 한석환의「에피쿠로스와 진리의 기준」에 이르기까지 학술적 가치를 갖고 있는 총 50여 편의 서양고대철학 관련 연구물이 실려 있으며, 2001년에는 학술지 판정의 유수기관인 학술진흥재단에서 가장 신뢰할만한 학술지로 등재되기에 이른다.

이밖에 이 시기에는 서양고전철학과 관련한 저술들[19]도 일부 발견되고 여전히 고전텍스트의 중역본[20]이 지속적으로 발간되나, 우리가 학술사적 기준으로 한정한 자료 바깥의 것이다.

4) 발전기(1991~2002 현재)

---

18) 1988년『서양고전학연구』2집에 실린「공동연구 : 소피스트 운동」을 출발점으로 고전을 연구대상으로 삼는 철학자, 역사학자, 문헌학자, 법학자들 간에 이루어진 공동연구는 학술대회 발표와 학술지 기고로 그 모습을 나타낸다.
참고로 이후의 공동연구의 주제들을 살펴보면 다음과 같다.
「고대철학과 민주주의」,『서양고전학연구』, 1989.
「희랍 자연철학」,『서양고전학연구』, 1991.
「플라톤의『티마이오스』편」,『서양고전학연구』, 1992.
「베르길리우스의『아이네이스』」,『서양고전학연구』, 1993.
「아리스토텔레스」,『서양고전학연구』, 1994.
19) 박영식, 1984,『플라톤 철학의 이해』, 정음사.
강대석, 1987,『그리스철학의 이해』, 한길사.
20) 황문수역, 1984,『향연』, 박영사 ; 최호현역, 1997,『프로타고라스, 메논』, 두로 ; 최명관역, 1984,『니코마코스윤리학』, 서광사 등.

252

지난 시기가 박홍규의 제자들을 주축으로 서양고대철학 연구자의 양성
폭이 서울대에서 점차 다른 대학으로 확대되고, 연구 분야 또한 플라톤에
편중된 경향에서 벗어나 서서히 아리스토텔레스 및 소크라테스 이전 철학에
대한 연구로까지 확대되기 시작되는 시기였다면, 이 시기는 기존 학자들의
연구 진전에 따른 성과가 하나 둘 열매를 맺기 시작하고, 그들이 양성한
3세대 학자들 또한 1990년대 초반부터 해외유학 혹은 국내에서 박사학위과정
을 마치고 대거 학계에 진출하여 왕성한 학문적 활동을 폄으로써, 서양고대철
학이 연구수준에 있어서나 연구영역에 있어서나, 연구자의 출신학교에 있어
서나 눈에 띄는 변화와 진전을 이룩하는 시기라고 할 수 있겠다.

우선 이 시기에 가장 큰 특징으로는 해외유학을 통해서건 국내 박사과정을
통해서건, 이전과는 비교가 안될 정도로 대거 서양고대철학관련 박사학위
소지자가 배출된다는 점이다. 단적으로 2002년 현재까지 우리나라 서양고대
철학관련 박사학위자가 모두 49명(국내 29명, 외국 20명)인데,21) 그 중 3분의

---

21) 본고의 논의 목적상 이 통계에 포함되지 않은 비철학계 박사학위논문은 다음과
같다.
성기산, 1984, 「Platon의 교육이론에 관한 연구」, 중앙대 대학원.
황인창, 1980, 「교육에 있어서의 개인과 사회의 관계 : 플라톤의 「국가론」을 중심으
로」, 서울대 대학원.
이동건, 1993, 「플라톤의 체육사상에 관한 연구」, 한양대 대학원.
유철준, 1994, 「고전주의 모방론과 그 창조적 요소 : 플라톤 이래 모방론의 재해석」,
성균관대 대학원.
서영현, 1995, 「소크라테스의 교육론 연구」, 중앙대 대학원.
오윤심, 1996, 「플라톤 교육론에서의 예술의 위치」, 서울大 대학원.
임재훈, 1998, 「플라톤의 수학교육 철학 연구」, 서울大 대학원.
김회용, 1998, 「플라톤의 「메논」에 나타난 교수 연구」, 경상대 대학원.
강손근, 1998, 「플라톤 미학에 있어서 '미메시스'에 관한 연구」, 동아대 대학원.
손청문, 1998, 「플라톤의 예술사상 연구」, 원광대 대학원.
박영희, 2001, 「교사로서의 소크라테스 연구 : 고대 그리스의 교육적 이상」, 서울대
대학원.
김현주, 2002, 「가르치는 일의 의미 : 아리스토텔레스의 '프락시스'를 바탕으로
한 가르침의 이론과 실제에 관한 철학적 탐구」, 강원대 대학원.
박승렬, 1999, 「아리스토텔레스 윤리학의 초등도덕교육적 함의」, 한국교원대 대학

2가 넘는 34명이 1990년대 이후인 이 시기에 박사학위를 받은 사람들이고 그 중 24명은 국내학위를 취득한 사람들이다. 이들 연구자들의 연구주제는 1990년대는 물론 앞으로 우리나라 서양고대철학계의 경향을 가늠하게 하는 것이라는 측면에서 소개하면 다음과 같다

□ 국내

박성호, 1990, 「아리스토텔레스의 실천지에 관한 연구」, 영남대

김영균, 1991, 「플라톤의 티마이오스편에 있어서 생성(Genesis)에 대한 研究」, 성균관대

한석환, 1993, 「아리스토텔레스의 '범주론'에 전개된 존재론」, 숭실대 대학원

염수균, 1994, 「플라톤에 있어서 탁월성의 교육가능성에 관한 연구 : 「프로타고라스」편과 「메논」편을 중심으로」, 서울대

김재홍, 1994, 「아리스토텔레스의 학문 방법론에서의 변증술의 역할에 관한 연구」, 숭실대

노희천, 1995, 「아리스토텔레스의 언어관 : 의식내용 및 존재와의 관계를 중심으로」, 고려대

이기백, 1995, 「필레보스편을 통해 본 플라톤의 혼화 사상」, 성균관대

박윤호, 1995, 「자연의 질서와 무질서 : 플라톤의 『티마이오스』 연구」, 서울대

김인곤, 1995, 「플라톤의 파르메니데스편 연구 : 이데아론과 논리적 엘레아주의」, 서울대

이병담, 1996, 「초기 희랍 철학자들의 존재론적 사유에 나타난 '신적인 것'에 관한 연구」, 중앙대 대학원

문계석, 1996, 「아리스토텔레스에서 실체와 형상」, 동국대 대학원

김태경, 1996, 「플라톤의 후기 대화편들에 있어서 나눔(diairesis)의 문제」, 성균관대

이상봉, 1996, 「아리스토텔레스에 있어서 덕과 행복」, 경북대

김대오, 1996, 「플라톤의 후기 변증술 연구」, 서울대 대학원

편상범, 1996, 「아리스토텔레스 윤리학에서 실천적 인식의 문제 : 덕과 실천지의 관계를 중심으로」, 고려대 대학원

원.

김기수, 1994, 「자유교육과 지식의 가치 : 아리스토텔레스와 폴 허스트의 자유교육론을 중심으로」, 강원대 대학원.

장영란, 1997, 「아리스토텔레스의 감각 이론」, 한국외국어대

김귀룡, 1998, 「파르메니데스의 동일성 논리와 소크라테스의 논박법에 관한
연구」, 연세대

김은중, 1998, 「플라톤 이데아의 실재성 비판」, 연세대

이강대, 1999, 「플라톤의 인식이론에 있어서의 상기(anamnesis)설에 관한 연
구 : 「메논」편과 「Phaidon 편을 중심으로」, 원광대

김혜경, 1999, 「욕구와 이성 : 플라톤의 영혼론 연구」, 서울대 대학원

정준영, 1999, 「테아이테토스편에서 논의된 인식의 문제 : 지각, 판단, 로고스」,
성균관대

황호선, 2001, 「플라톤 중기 대화편에 나타난 지식성립의 일관성에 관한 연구」,
중앙대

김윤애, 2001, 「플라톤과 아리스토텔레스에서의 변증론」, 이화여대

김주일, 2002, 「파르메니데스 철학에 대한 플라톤의 수용과 비판 : 파르메니데
스의 '있는(~인) 것'의 해석과 결합의 문제를 중심으로」, 성균관대

ㅁ국외

최정식, 1992, 프랑스 Univ. de Paris IV (Paris-Sorbonne), 「플라톤 소피스트편에서
의 최고류에 관하여 Les genres suprêmes dans le Sophiste de Platon」

이강서, 1993, 독일 Ludwig-Maximilians-Universitäet Muenchen, 「플라톤에 있어
서 메트론 사상·『파이드로스』와 『제7서한』의 문자 비판과 연관하여 논문
Der Massgedanke bei Platon-Im Zusammenhang mit der Schriftkritik in und」

장경춘, 1995, 영국 St. Catharine's College, University of Cambridge, 「형상이론의
발달에 있어 플라톤 티마이오스편의 역할 The Role of Plato's Timaeus in
the Development of the theory of Forms.」

주광순, 1996, 독일 Univ. zu Köeln, 「플라톤의 햐르미데스-주석의 시도Platons
Charmides-ein Interpretationsversuch」

이상인, 1997, 독일 Philipps-Univ. Marburg, 「『메논』에서의 상기. 형상에 따른
지식매개의 가능성과 방법에 관한 플라톤의 고찰 Anamnesis im Menon.
Platons Üeberlegungen zu Möeglichkeit und Methode eines den Ideen gemaessen
Wissenserwerbes」

이창우, 1999, 독일 Friedrich-Alexander Univ. Erlangen-Nüernberg, 「오이케이오
시스 : 스토아 윤리학의 자연철학적 토대 Oikeiosis : The Stoic Ethics and
its Foundation on the Philosophy of Nature」

이경직, 1999, 독일 Univ. Konstanz 「플라톤의 공간개념. 티마이오스편에 나타난
　형이상학과 자연철학에 대한 연구 Der Begriff des Raumes im Zusammenhang
　mit der Naturphilosophie und Metaphysik in Platons 「Timaios」」

손병석, 1997, 그리스 The National and Kapodistrian University of Athens, 「아리스
　토텔레스에 따른 민주주의의 의미-doxa론을 중심으로 The Conception of
　Democracy according to Aristotle」

유원기, 1999, 영국 Univ. of Bristol, 「아리스토텔레스의 자동(自動) 운동에
　관하여 Aristotle on Self-Motion」

조대호, 2001, 독일 Albert-Ludwigs Univ. Freiburg 「아리스토텔레스의 형이상학
　과 생물학에서 본 우시아와 에이도스 Ousia und Eidos in der Metaphysik
　und Biologie des Aristoteles」

　이들을 포함한 현재까지의 서양고대철학 관련 박사학위논문 49편의 주제
를 종합적으로 살펴보면 여전히 전체적으로는 플라톤이 아리스토텔레스보
다 2배 가량 많지만, 1991년 이후와 이전을 비교해보면 플라톤이 그 이전
보다 두 배도 못 미치게 늘어난 데 비해 아리스토텔레스는 무려 4배 가까이
늘어난 것으로 나타남으로써 91년 이후로 넘어오면서 연구주제 또한 종래의
플라톤 편중에서 점차 벗어나고 있음을 보여준다.

<표 1> 박사학위 분야별 시기별 총괄표

구 분	주 제	국내학위	외국학위	합 계	계
90년대 이전	소크라테스이전	0	0	0	15
	플라톤	3	9	12	
	아리스토텔레스	1	2	3	
	기타	0	0	0	
91년 이후	소크라테스이전	1	0	1	34
	플라톤	14	6	20	
	아리스토텔레스	8	3	11	
	기타	1	1	2	
총 계		28	21	49	49

　서양고대철학 연구분야에서 아리스토텔레스 연구가 늘어나게 된 데에는

그리스철학연구사의 진행단계에 따른 필연적인 전개라고도 볼 수 있으나 그것을 촉진시킨 중요한 배경에는 숭실대 조요한이 꾸준히 아리스토텔레스에 관심을 가지고 대학원 강의를 통해 지속적으로 후진들을 키워온 공이 크고, 해외에서 아리스토텔레스로 학위를 받고 돌아온 이태수, 권창은 등이 각각 서울대와 고려대에서 대학원 강의를 통해 지속적으로 아리스토텔레스를 지도한 힘 또한 크다. 조요한은 이미 1988년에 그간의 아리스토텔레스에 대한 연구성과를 정리하여 우리나라에서 고대철학에 관한 첫 저술이라고 할 수 있는『아리스토텔레스의 철학』(경문사)을 출간하였고, 한석환과 김재홍을 지도하여 자신에 이어 두 번째, 세 번째의 아리스토텔레스 관련 국내박사학위 연구자로서 1993년과 94년 연이어 배출하였다. 한석환과 김재홍은 이후 우리나라의 아리스토텔레스 연구를 보다 발전적으로 진작시키는 중요하고도 선구적인 역할을 수행하는 학자들이다. 특히 김재홍은 우리나라에서 아리스토텔레스의 고전어 텍스트 번역에 가장 심혈을 기울이고 있는 연구자로서 이미 3편의 고전어 텍스트 우리말 역본을 내놓고 있고,[22] 지금도 수편의 고대철학관련 텍스트 번역작업을 진행 중에 있다. 조요한은 또한 서양고대철학 학자로서 그리고 1970년대 이후 5, 6공화국시절 암울했던 사회적 현실에 대해 일관된 비판정신을 지켜오다가 대학강단에서 해직되는 고통까지 감내한 양식있는 지식인으로서 존경을 받았으며 다시 대학강단으로 복귀한 후에는 숭실대 총장을 역임하기도 했다. 그리고 아리스토텔레스로 독일에서 박사학위를 받고 서울대에 부임한 이태수도 세계적인 수준의 연구자로서의 명망에 걸맞게 서양고대철학을 연구하고자 하는 학생들에게 깊은 영향을 주었다. 그는 이 시기 초반부 잠시 학내 대학본부 보직과 교육부 관리로도 봉사하다가 이 시기 후반부에 가서는 그가 지도한 6명의 대학원생들이 아리스토텔레스를 주제로 석사학위를 받을 정도로[23] 아리스토텔레스 연구분위

---

22) 현재 아리스토텔레스 고전어 텍스트 번역으로는『시학』,『영혼론』,『소피스트논박』,『토피카』등 4편이 번역되었는데 이 중『영혼론』을 제외한 3편을 김재홍이 번역했다.

23) 1990년도 초반기 김진성,「아리스토텔레스의 모순율에 관한 연구 : 형이상학 제4권

기를 이끌어 갔고, 권창은 역시 앞 시기말에 손병석, 노희천에 이어 1999년
주대중을 지도하여 아리스토텔레스를 주제로 한 석사학위논문을 생산케
하였다.[24] 앞 시기에 석사학위를 취득한 노희천과 손병석은 각각 1995년과
1997년 국외, 국내에서 나란히 아리스토텔레스로 박사학위를 받은 후 이
시기 후반 들어 국내학계에서 활발하게 아리스토텔레스 연구활동을 수행한
다. 이들의 스승 권창은은 서양고대철학자로서 특히 사회정의문제에 관심을
갖고 1980년대 이후의 사회 및 학원민주화 대열에 참여하여 우리 사회의
불합리하고 부정한 현실을 비판하고 개혁하고자 하는데도 힘을 썼다. 그가
이 시기에 남긴 주요 논문들이 플라톤과 아리스토텔레스의 정의관과 관련되
어 있다는 것도 그의 진지한 실천철학적 문제의식을 반영한다.[25] 그러나
안타깝게도 그는 지병을 얻어 2001년 한참 왕성한 연구활동을 펼 나이에
세상을 떠난다. 1985년에 이미 아리스토텔레스관련 저술로서는 최초라고
할 수 있는 「아리스토텔레스의 실천적 지혜」를 내놓은 박전규도 불행하게
불의의 사고로 2001년 프랑스에서 세상을 떠난다. 한편 한국외국어대에서는

(Γ)을 중심으로(1991)」를 필두로 다음의 아리스토텔레스 관련 석사학위 논문이
연이어 서울대에서 발표된다.
송유례, 1996, 「아리스토텔레스에 있어서 영혼과 몸의 문제 : De Anima 연구」.
이영환, 1998, 「아리스토텔레스의 시간론 연구」.
정유석, 1999, 「아리스토텔레스의 감각이론 : De Anima Ⅲ권 1-2장을 중심으로」.
백현우, 2000, 「아리스토텔레스의 자리(topos)이론에 나타난 자리의 존재와 아포리
　아」.
양호영, 2000, 「아리스토텔레스에서 실체와 하나」.
윤희조, 2001, 「아리스토텔레스의 행복에 대한 징의직 해식 : 『니코마코스 윤리학』
　을 중심으로」.
24) 손병석, 1990, 「아리스토텔레스의 정의관」, 고려대 석사학위논문.
　노희천, 1990, 「Aristoteles의 변증법에 관하여 : 쟁론적 성격을 중심으로」, 고려대
　　석사학위논문.
　주대중, 1999, 「아리스토텔레스의 개체우위 실체론과 형상(보편)우위 실체론의
　　조화문제」.
25) 권창은, 1993, 「소크라테스와 악법」, 『철학연구』, 철학연구회.
　권창원, 1994, 「소크라테스에 있어서의 정의와 준법」, 『철학연구』, 철학연구회.
　권창원, 1996, 「아리스토텔레스의 정의관」, 『서양고전학연구』, 한국서양고전학회.

장영란이 박희영의 지도로 1997년 아리스토텔레스를 주제로 박사학위를 받는데 장영란도 앞서 언급하였듯이 한석환, 김재홍과 더불어 대표적인 국내파 아리스토텔레스 관련 연구자로서 다수의 아리스토텔레스 관련 논문과 수종의 외국연구서의 번역을 내놓는 이 시기 소장 연구자로서 가장 왕성한 연구활동을 수행하는 사람 중의 한 사람이다. 그리고 동국대 양문흠 또한 이 시기에 문계석을 지도하여 아리스토텔레스철학분야 박사학위자를 배출하고 있고 숭실대 한석환 역시 아리스토텔레스철학 첫 석사학위 제자를 배출하면서,[26] 김재홍과 더불어 숭실대에서의 아리스토텔레스 연구전통을 이어가고 있다.

아리스토텔레스 연구는 2000년대에 이르러 유원기와 조대호가 외국에서 아리스토텔레스를 주제로 박사학위를 받고 귀국하게 되면서 더욱 활발하게 전개된다. 유원기는 서강대 철학과를 졸업하고 성균관대학에서 한국철학으로 석사를 마친 후 영국 글라스고우 대학에서 그리스철학으로 다시 석사를 받고 그 후 브리스톨대학에서 아리스토텔레스로 박사학위를 받은 특별한 연구경력을 가진 학자로서 귀국 후 짧은 시기에 「자연학」에 관련된 여러 편의 연구물을 발표할 정도로 왕성한 학술활동을 전개하는 유망한 학자이고, 연세대를 졸업한 조대호는 독일로 유학가기 전부터 이미 우리나라 서양고대 철학계를 이끌어 갈 유망한 연구자로 여러 사람들로부터 촉망받았던 사람으로서, 귀국 후 기대에 부응하듯 아리스토텔레스 생물학분야에 관한 최근의 연구경향을 반영하는 높은 수준의 논문 및 그리스사상의 뿌리를 다루는 논문을 연이어 내놓는 등 학계의 주목을 받고 있는 소장학자이다.

특히 이들 유학에서 돌아온 아리스토텔레스 연구자뿐만 아니라 기존의 아리스토텔레스 연구자까지 총망라, 참여한 2002년 전북대에서 열린 한국서양고전철학회 주최 아리스토텔레스 심포지움은 우리나라에서도 아리스토텔레스철학과 관련하여 그 연구주제에 있어서나 연구수준에 있어서나 이제 국제적인 수준에 견줄 만한 단계에 올라와 있음을 보여준 의미있는 학술대회

---

26) 유재민, 1999, 「아리스토텔레스의 토포스연구」, 숭실대 석사학위논문.

로 평가되었다.

위와 같이 이 시기에 들어오면서 아리스토텔레스연구는 이전과 비교가 안될 정도로 **빠르게** 발전한다. 그러나 이 시기에도 플라톤이 여전히 서양고대철학 연구분야에서 가장 많은 사람들의 연구대상이 되어왔음은 물론이다. 서울대에서 김남두의 지도로 플라톤을 주제로 논문을 쓴 석사학위자가 이 시기 초반부에 집중적으로 배출되고 있을 뿐만 아니라 장차 이 시기 후반기에 적극적인 학술활동을 펴는 염수균, 박윤호, 김인곤, 김대오, 김혜경이 그의 지도로 박사학위를 받는다.27) 이 시기에도 김남두는 1984년 퇴임한 박홍규의 뒤를 이어 후학들에 대한 엄격한 지도방식을 통해 서울대에서 서양고대철학 연구자를 배출하는 중추적인 역할을 수행해 왔을 뿐만 아니라 현재도 제자들과 별도의 플라톤 고전 텍스트 독회를 지속적으로 개설하는 등 박종현, 이태수, 양문흠, 기종석 등과 더불어 우리나라 서양고대철학계의 발전을 가장 앞장서서 이끌어 가는 역할을 수행하고 있다. 김남두의 첫 제자그룹이라고 할 수 있는 이들 중 박윤호는 경남대에 몸담은 이래 의욕적인 연구활동을 보이는 유망한 소장학자로서 현재 영국 옥스퍼드대 뉴 칼리지에서 2년째 연구생활을 하고 있고, 김대오 역시 한신대에 몸담은 이래 활발한 학술활동을 펴고 있는 기대되는 소장연구자이다. 그리고 김인곤은 2000년 고전텍스트의 전문적 강독과 주석연구를 목적으로 출범한 학술연구단체 '정암학당'의 상임연구원으로 부임하여 외부 출강도 마다한 채 오직 고전 텍스트의 강독과

---

27) 서울대에서는 이태수가 연구외 생활로 분주했던 이 시기 초반부의 석사학위논문은 플라톤이 주조를 이루고 있고 앞에서 살펴보았다시피 이 시기 후반부에는 아리스토텔레스가 주조를 이루고 있다.
　김 헌, 1991, 「플라톤의 파르메니데스편 연구」.
　이상민, 1991, 「플라톤의 소피스트 편에 있어서 not-being과 거짓진술의 문제」.
　김대오, 1992, 「플라톤, 「정치가」에서의 변증술」.
　강철웅, 1994, 「플라톤의 테아이테토스」편에서 logos와 형상 : 꿈 이야기의 내용을 중심으로」.
　이성훈, 2001, 「플라톤의 『정치가』에서 정치술과 변증술의 관계」.
　염수균, 박윤호, 김인곤, 김혜경, 김대오의 박사학위 취득연도 및 제목은 전술한 국내박사학위 취득자 목록 참고.

260

주석연구에 심혈을 기울이고 있는, 앞으로 가장 기대되는 소장연구자들 중의 한 사람이다. 그리고 김혜경은 여성연구자로서 플라톤의 영혼론을 토대로 욕구와 욕망의 문제에 대한 철학적 관심을 다룬 연구물을 지속적으로 발표하고 있다. 성균관대에서도 박종현의 지도로 석사학위자의 배출은 물론, 기존에 활발한 연구활동을 수행해오던 김영균, 이기백, 김태경, 정준영, 김주일 등 다수의 소장연구자들이 이 시기에 박사학위 연구자들로 배출된다. 이들 역시 이 시기에 적극적인 학술활동을 수행하는 촉망받는 플라톤 관련 소장학자들로서 김영균은 청주대에 몸담고 있으면서 박종현의 텍스트 번역 및 주석작업을 도와 2000년 플라톤의 대화편중 가장 중요하고 난해한 대화편 으로 꼽히는 「티마이오스」편을 박종현과 공역으로 펴낸다. 그리고 김태경은 스승 박종현에 이어 고전어에 기초한 텍스트 번역으로서는 처음으로 2000년 에 플라톤의 「소피스테스」편과 「폴리티코스」편의 우리말 번역본을 내놓는 다. 그리고 이기백 역시 지속적이고도 활발한 연구활동을 수행해 오고 있는 기대되는 국내파 소장연구자로서, 특히 그는 김인곤과 더불어 1997년부터 지금까지 강도 높게 진행되고 있는 소크라테스 이전 철학자들의 토막글 및 플라톤 고전텍스트의 강독 및 주석작업에 심혈을 기울여오고 있다. 정준 영, 김주일 또한 이기백과 더불어 스승 박종현의 플라톤 고전텍스트 기획에 참여하여 현재 원전 및 주석연구에 매진하고있는 유망한 소장학자들이다. 그리고 박홍규의 제자로서 프랑스철학을 연구해 오던 송영진 또한 이 시기에 들어와 관심영역을 넓혀 플라톤의 「파르메니데스」편을 『플라톤의 변증법』 이란 제목으로 번역 출간하였다. 또 연세대, 이화여대, 건국대, 한국외국어대 학에서도 박동환, 남경희, 기종석, 박희영의 지도로 각각 김귀룡, 고주희, 김길수, 손윤락 등 플라톤 관련 석사학위자가 배출되었다. 이 중 김귀룡은 이 시기 후반인 1998년 모교에서 박사학위를 받은 후 충북대에 몸담으면서 플라톤뿐만 아니라 소크라테스 이전 철학자들에게까지 관심을 넓히는 등 관련 소장학자로서 매우 활발한 학술활동을 전개하고있다.[28] 그리고 지방대학에

28) 김귀룡, 1991, 「파르메니데스와 플라톤의 중기변증법 이해」, 연세대.

서는 서양고대철학 전공으로서는 최초로 경북대에서 박사학위를 취득한
김윤동 또한 이 시기에 모교에 몸담은 이래 거의 매년 꾸준하게 플라톤
관련 연구 논문을 발표하고 있다.

플라톤 철학과 관련해서도 아리스토텔레스 철학의 경우와 마찬가지로
이 시기에 이르면 최정식을 필두로 이강서, 장경춘, 주광순, 이상인, 이경직
등이 속속 귀국하여 플라톤철학의 연구영역 및 연구수준 또한 더욱 확대
발전되기에 이른다. 최정식은 서울대 법대를 졸업하고 철학과 대학원에
진학한 이후 박홍규에게 크게 영향을 받은 제자로서 1985년 프랑스로 유학,
플라톤을 주제로 1992년 박사학위를 받고 돌아온 이후에도 박홍규의 말년의
강의에 빠짐없이 참석하는 등 박홍규의 사상을 가장 잘 전수 받은 제자의
한 사람으로 평가된다. 그는 서양고대철학 전공학자 중 박홍규가 그랬듯이
베르그송을 함께 연구한 드문 소장학자로서 김인곤과 더불어 이 시기 박홍규
전집의 출간을 위한 원고 정리 및 윤문 등 실무적인 일을 거의 떠맡다시피
하였고 경희대에 몸담은 이래 형이상학적 주제와 씨름하면서, 야심적인
학술활동을 계속하고있다. 전남대에 몸담고 있는 이강서는 박종현의 제자로
서 독일에서 돌아와 그간의 우리나라의 플라톤철학 연구경향에서 다루어지
지 않았던 플라톤의 문자화되지 않은 이론(agrapha dogmata)에 주목하여
그에 대한 논문을 연속적으로 발표함으로써 플라톤 연구영역의 폭을 새롭게
넓혔다는 평가를 받고있다. 부산대, 연세대에 각각 몸담고 있는 주광순과
이상인 역시 독일에서 플라톤을 연구하고 돌아와 이 시기에 활발한 학술활동
을 펴고있는 유망한 소장학자이다. 주광순은 이론 철학 쪽에 치중된 그간의
플라톤 연구경향에서 벗어나 연구자들 가운데 드물게 플라톤의 윤리학적
주제에 집중적으로 관심을 갖고 있는 학자이고, 이상인은 연세대에서 배출된
서양고대철학 전공 최초의 박사학위 취득자로서, 우리나라 중세철학 연구의

김길수, 1992, 「플라톤의 「프로타고라스」편에 나타난 '덕'의 문제에 대한 고찰」,
　　건국대.
손윤락, 1992, 「플라톤의 『정치가』 연구」, 한국외국어대학교.
고주희, 1997, 「플라톤의(고르기아스)편에서 윤리설 연구」, 이화여대.

새 지평을 연 박우석, 명망있는 재야철학자이자 서양고대철학에도 깊은 관심을 갖고있는 김상봉과 더불어 김귀룡, 김은중, 조대호, 박규철 등 연세대 출신 서양고대철학 연구자들의 선두그룹을 형성하면서, 연구영역 및 수준은 물론 연구자의 배출 폭을 확대시키는 데 크게 기여할 것으로 기대되는 소장학자이다. 그리고 장경춘은 서양고대철학연구역사가 가장 깊은 영국에서 플라톤을 전공하고 박사학위를 받은 최초의 그리고 유일한 연구자로서, 영국 서양고대철학의 태두 버넷(J. Burnet)이 몸담았던 세인트 앤드류대학을 거쳐 명문 캠브리지대학에서 수학한 장래가 촉망되는 소장연구자이다. 그는 귀국 후 우리나라 플라톤 연구사에서 그간 가장 비중 있게 다루어진 티마이오스편에 대한 국제적인 수준의 연구물을 연속 발표하여 플라톤 연구수준의 깊이를 더하는 등 장차 우리나라 서양고대철학계의 국제적인 교류와 수준향상에 크게 기여를 할 연구자로 주목받고 있다.

그리고 군산대와 가톨릭대에 각각 몸담고 있는 이경직과 이창우는 서울대에서 플라톤을 전공하고 독일에서 박사학위를 받은 소장 연구자로, 이경직은 귀국 이후 플라톤 철학과 기독교 사상을 연계하는 수편의 논문을 연이어 왕성하게 발표하고 있고, 플라톤 관련 주요 해외연구서 또한 연이어 번역 출간하는 등 정력적인 연구활동을 보이고 있는 유망한 연구자이다. 한편 이창우는 특히 우리나라에서 학술적으로 평가받을 만한 박사학위논문으로서는 처음으로 헬레니즘 철학 관련 박사학위를 받은 유망한 연구자이다. 그는 귀국 후 단 5년 사이에 그간 통틀어 9편에 불과했던 헬레니즘 관련 연구물에 6편을 더하는 왕성한 연구의욕을 보임으로써 장차 이 분야연구의 폭을 크게 확대하고 신장시키는 데 크게 기여할 것으로 기대된다.

본고에서 이 시기에 등장한 소장연구자들을 일일이 소개하는 것은, 물론 서양고대철학연구자가 여전히 소수에 불과하기 때문이기도 하지만 그 보다도 이들이 각각 자신들의 특징적 연구성향을 유지해 가면서 장차 우리나라 서양고대철학을 이끌어갈 것으로 크게 기대되기 때문이다.

한편 이 시기에는 이러한 소장학자들이 이끈 변화와 더불어 기존의 원로,

중견학자들에 의해서도 학술사에 한 획을 그을 만한 몇 가지 진전이 이루어진다. 그 중 무엇보다도 가장 먼저 거론해야할 것이 1995년 『박홍규 전집』의 출간이다. 1984년 서울대를 정년 퇴임한 박홍규는 이후에도 쉼없이 연구와 강의를 진행하면서 1994년 75세로 세상을 떠날 때까지 후진양성에 힘을 쏟아왔다. 그리고 제자들은 이러한 스승의 강의를 자신의 제자들과 함께 빠짐없이 참석하여 수강하였고 그 내용을 녹음기로 녹취했다. 사실 박홍규는 군사독재시절 교권탄압정책의 일환으로 악용 시행된 교수재임용제에 의해 의무적으로 1년에 한편 이상 논문을 강제로 쓰지 않으면 안 되었던 시절에 쓴 몇 편의 논문을 제외하고는 어떤 논문도, 저술도 집필하지 않고 오직 강의와 연구 외길만 걸어왔다. 이에 따라 제자들은 그의 강의를 녹취하지 않으면 그의 가르침이 전해질 수 없음을 느끼고, 이미 1976년부터 줄곧 박홍규의 강의를 녹취해왔다. 그리고 박홍규도 자신의 생각과 가르침이 유일하게 녹음으로밖에 남지 않는다는 것을 의식하여 말년에 이르러 녹음에 관심을 보였고 제자들은 마침내 1987년부터 장차 그 강의내용을 책으로 출판하기 위해 그간 녹취한 강의내용을 필사 윤문하는 일에 착수했다. 그러나 안타깝게도 이 내용을 책으로 펴내는 일은 당초 계획과 달리 박홍규의 생전에 이루어지지 못하고 1994년 박홍규가 세상을 떠난 다음해인 1995년 박홍규의 서거 1주기를 기념하여 마침내 출간되었다. 그러나 총 5권으로 기획된 『박홍규 전집』 모두가 발간된 것은 아니었고, 다만 박홍규의 몇 안되는 논문들과29)

---

29) 박홍규는 형이상학의 중심문제인 존재와 생성에 관해 플라톤과 베르그송을 그 논의의 양대축으로 삼아 씨름해여왔다. 그러므로 그의 전집에는 플라톤 관련논문뿐만 아니라 베르그송 관련 논문 및 강의내용이 함께 실려있다.
   1975, 「베르그송에 있어서의 근원적 자유」, 『철학연구』, 철학연구회.
   1976, 「프로타고라스편에 대한 분석(1)」, 『철학연구』, 철학연구회.
   1977, 「플라톤 대화록 소피스트편의 분석(1)」, 『철학연구』, 철학연구회.
   1978, 「플라톤의 대화편 유티데모스의 분석」, 『서울대 인문논총』, 서울대(『문제를 찾아서』 재수록).
   1980, 「희랍철학소고」, 『인문논총』, 서울대 인문대(『희랍철학연구』에 재수록).
   1982, 「티마이오스편의 필연에 대한 Archer-Hind의 견해를 음미함」, 『인문논총』, 서울대 인문대.

264

그간 필사 윤문한 강의내용 일부를 묶어 각각『박홍규 전집 제1권 : 희랍철학
논고』,『박홍규 전집 제2권 : 형이상학강의』란 제목으로 출판되었다. 전집의
나머지는 박홍규의 서거 10주년을 기해 출간할 목적으로 지금도 최정식,
김인곤을 실무책임자로 하여 격주간격으로 제자들이 방송대 이정호 연구실
에 모여 녹취 윤문작업을 진행하고 있다. 이 전집의 발간은 우리나라 서양고대
철학의 태두인 박홍규의 평생에 걸친 독자적인 형이상학적 考究의 내용을
담고있다는 점에서 간행위원회도 서문에서 밝히고 있듯이 우리의 사상과
철학도 이제 철학의 단순한 수용의 단계를 넘어 스스로 조회와 탐구의 대상이
될 원전을 갖게 되는 역사적 계기를 마련해 준 것으로 평가된다.[30]

  그리고 두 번째로 거론해야 할 것은 이 시기에 박종현에 의해 고전어
원전에 기초한 플라톤의 대화편 번역 및 주석 작업이 본격적으로 착수되고
그 열매가 나타나기 시작하였다는 점이다. 박종현은 1970년대 이후 줄곧
우리나라에서 서양고대철학분야는 물론 학문일반의 기초적인 학술기반이
구축되기 위해서는 원전에 기초한 서양고전 텍스트의 번역 및 주석 작업이
반드시 필요하다는 것을 인식하고 기초적인 플라톤의 대화편을 번역 출간하
는 등 착실하게 그 준비작업을 해오다가 이 시기에 와서 도서출판 서광사와의
종합적인 기획 하에 본격적으로 그 구체적인 성과를 펴내기 시작한다. 2000년
에 출간된『플라톤의 국가 : 정체』는 이전에 이미 출간된『국가』의 번역을
전면 수정보완하고 추가적인 주석작업을 거쳐 종합적인 기획 하에 나온
그 첫 번째 열매이다. 박종현의 이 책의 출간은 서양고대철학연구에서 뿐만
아니라 제반 학문분야의 기초적 연구에 있어 필수적으로 요구되는 학술적
탐구와 조회가 가능한 고전어 역본의 본격적인 출간이라는 점에서 우리나라
서양고대철학학술사에 일획을 긋는 사건으로 평가된다. 특히 박종현의 책은

30) 최정식(『과학과 철학』7), 박희영(『철학과 현실』1995 가을호), 양문흠(『철학』43,
    1995 가을), 민찬홍(『시대와 철학』11, 1995) 등 이 책에 대한 서평 참고.
    한편, 이 책에 담긴 박홍규의 사상에 대한 고찰은 서두에 소개했던 양문흠, 「서양고
    대철학의 수용과 한국철학계에 미친 영향」,『철학사상』제6집, 서울대 철학사상연
    구소 참조.

전문연구자가 자기 연구경력 초두의 시도 차원에서 하는 번역이 아니라, 연구경력의 정점에서 자기 연구성과의 총체적인 집적물로서 내놓은 번역이라는 점에서 더욱 획기적이다.[31] 박종현의 이와 같은 시도는 그 해에 『플라톤의 티마이오스』의 출간으로 더욱 그 의의를 더했고 지금도 종합적인 기획에 의거, 플라톤의 초기대화편 및 대화편 몇 편의 번역 및 역주 작업이 김영균, 이기백, 정준영 등 제자들과의 공동작업 하에 열정적으로 지속되고 있다. 이러한 박종현의 고전텍스트 번역 및 주석 작업은 그 시급성과 중요성에 기초하여 여타의 연구자들에게도 큰 자극이 되면서 고전텍스트만을 전문적으로 강독연구하며 그 초고를 작성해 가는 연구모임도 나타났다. 2000년 3월 이정호가 사재를 기초로 출범시킨 정암학당은 그와 같은 취지 하에 결성된 학술단체로서 김인곤을 중심으로 뜻을 같이 하는 몇 명의 소장학자들이 모여 매주 2회의 정기독회 연 2회의 방학중 집중독회를 운영하면서 장차 플라톤 전집의 출간을 목표로 지금도 구슬땀을 흘리고 있다.

　서양고대철학분야에서 이 시기에 이루어진 대표적인 학술적 진전은 지금까지 우리가 살펴보았듯이 소장학자들의 대거 등장과 그들의 활기찬 연구활동에서 비롯된 연구수준 및 연구성과의 급신장 그리고 앞에서 살펴본 박홍규와 박종현에 의해 이루어진 학술사적 성과로 요약될 수 있을 것이다. 그리고 조요한이 서양고대철학분야의 국제적 교류에 힘을 써온 이래 이 시기에 박종현이 선진 서양고대철학 연구자들과의 국제적인 학술교류에도 힘을 기울임으로써 한국서양고대철학의 위상이 국제적으로 제고되기에 이르렀다는 것도 일정한 진전으로 기록해둘 만하다. 이밖에도 플라톤과 아리스토텔레스가 주류를 이루던 그간의 연구경향에서 연구주제가 소크라테스 이전 철학, 헬레니즘 로마 철학의 연구에로 까지 확대되어 가고 있다는 점이 성과일 것이다. 소크라테스 이전 철학은 플라톤과 아리스토텔레스를 정점으로 하는 고전기 그리스사상의 기본 토대이자 서양사상의 뿌리가 된다는 점에서 우리나라 서양고대철학 연구사에 있어 그 동안 소크라테스 이전

---

31) 강상진, 2000, 「학문발달사 : 한국에서의 서양 고중세 철학의 수용」, 학술원.

철학에 대한 연구가 부진했다는 것은 우리나라 서양고대철학의 연구기반이
아직 기본적인 안정성을 갖추고 있지 못하다는 것을 보여준다.

　이 시기 이 분야의 연구자로서 단연 부각되는 연구자는 김내균이다.32)
김내균은 조요한의 제자로 숭실대 철학과를 졸업하고 칸트를 주제로 서울대
에서 석사를 마친 후 그리스 아테네대학에 유학, 플라톤과 주자의 인간개념을
주제로 1985년 박사학위를 취득한 후 귀국하여 중앙대에 일시 몸담은 이래
꾸준히 이 분야 연구에 힘을 기울였다. 그 결과 김내균은 서양고대철학과
관련하여 우리나라에서 논문 모음 형태의 논저가 아닌 저술 형태로서는
처음으로 1996년『소크라테스 이전의 그리스철학』(교보문고)라는 책을 펴낸
다. 물론 이 책은 이 분야의 권위있는 해외 연구서에 의존해 저술된 것이기는
하지만, 개론서에서 초보적으로만 소개되었던 소크라테스 이전 철학자들에
대한 비교적 상세한 기술과 그들의 토막글들을 인용 소개하고 있다는 점에서
이 분야에 관한 우리나라 학술연구사의 기초를 닦는 선구적인 의미를 갖는
것으로 높히 평가되었다.33)

　사실 이 분야에 대한 연구가 우리나라에서 연구가 미진했던 것은 근본적으
로는 우리나라 서양고대철학 연구사의 일천함 때문이긴 하지만 근본적으로
소크라테스 이전 철학에 대한 철저한 연구 없이는 기본적으로 플라톤과
아리스토텔레스의 철학에 대한 올바른 접근과 이해 또한 어렵다는 점에서
이 분야에 관한 철학적 문제의식의 신장과 연구인력의 확대는 장치 우리나라
서양고대철학계가 해결해야 할 과제라고 하겠다.

　이런 측면에서 한국철학사상연구회 그리스철학분과가 1998년부터 소크

---

32) 김내균, 1991, 「소크라테스 이전 철학자들의 정의 개념에 대한 고찰」,『서양고전학연
　　구』, 한국서양고전학회.
　　김내균, 1992, 「초기 희랍 철학자들의 존재론에 나타난 정치 철학적 사유」,『중앙대
　　학교인문과학논문집』35.
　　김내균, 1993, 「철학적 사유 이전의 신화적 사고」,『중앙대철학탐구』10.
　　김내균, 1994, 「헤라클레이토스 ; 조화와 통일을 지향하는 철학」,『철학과현실』
　　20.
33) 양문흠의 이 책에 대한 「서평」,『철학』47, 1996 여름호, 342~349쪽 참고.

라테스 이전 철학자들의 토막글 고전어 강독모임을 가져오다가 1999년 대우재단 고전번역 지원대상으로 선정된 이후 김인곤, 이기백, 김재홍, 강철웅, 주은영 등 소장연구자들이 토막글들 중 직접전승 토막글들의 번역에 착수, 머지 않아 출간을 앞두고 있는 것은 이 시기에 눈여겨볼 만한 또 하나의 학술사적 진전이라고 할 것이다.

특히 이들은 이러한 그간의 연구를 기초로 '소크라테스 이전 철학'이라는 주제로 2002년 한국철학사상연구회 춘계심포지움을 개최하였는데 소크라테스 이전 주요철학자가 거의 총망라되어 각각 연구주제로 발표된 이 심포지움 또한 소크라테스 이전 철학을 주제로 한 학회로서는 우리나라에서 처음이라는 점에서 앞에서 언급했던 2002년 서양고전철학회 주최 아리스토텔레스 심포지움과 더불어 이 시기의 매우 의미있는 학술사적 사건으로 평가할 만하다.34)

학술연구자를 인물사적인 측면에서 탐구하는 방식으로 살펴본 이상에서의 우리나라 서양고대철학 관련 학술사 개관을 마무리하면서 비록 서양고대철학을 전공한 학자는 아니지만 빼놓을 수 없는 한 사람이 있다. 다름 아닌 단국대의 천병희이다. 그는 서울대 독문학과를 졸업한 후 일찍이 1963년, 1964년에 우리나라에서 처음으로 북바덴 문교성이 시행하는 독일 희랍어, 라틴어 검정시험에 잇달아 합격한 이래 지금까지 주요 그리스고전문학 고전어 텍스트를 꾸준하고도 지속적으로 우리말로 번역 소개해온 우리나라 초창

---

34) 이 날 발표된 논문은 아래와 같다. 이 7편의 논문수는 95년 이래 발표된 이 분야 논문 15편 모두의 반정도에 해당하는 것이다.
  『시대와 철학』, 2002, 한국철학사상연구회 참고.
  김인곤, 「아낙시만드로스의 아페이론」.
  김주일, 「엘레아 학파의 성립과 전승」.
  강철웅, 「파르메니데스의 노에인과 레게인」.
  양호영, 「헤라클레이토스에서 삶과 죽음」.
  주은영, 「엠페도클레스의 뿌리들」.
  이기백, 「필롤라오스의 세 가지 근본 원리와 수」.
  이정호, 「데모크리토스 인식 관련 토막글 연구」.

기 서양학술사에서 독보적인 그리스고전문학 학자이다. 그가 번역 소개한 고전텍스트는 호메로스, 소포클레스, 에우리피데스, 아리스토파네스, 아이스퀼로스 등 주요 고전 텍스트는 물론 아리스토텔레스의 시학, 정치학등 철학분야에까지 이를 정도로 그는 이 분야에 가히 초인적인 노력을 기울여온 사람이다. 그리스고전이 인문학의 기초는 물론 학문일반의 학술적 기반을 쌓는데 필수적인 것이라고 한다면 이와 같은 천병희의 노력은 우리나라 초기 고전학 학술사에 있어 큰 족적이자 성취라 하지 않을 수 없다.

2. 분야별 학술연구실적을 통해 본 연구사 개관

본고는 서두에서 학술사적 흐름과 경향을 다루는 본고의 목적상 일정 기준에 따라 본고가 다룰 학술사적 자료로서 학술연구자 56명의 논문 448편을 한정한 바 있다. 앞 절의 논의에서는 시기별로 학술연구자의 학술활동을 중심으로 학술사를 통시적으로 개관해 왔다면 이제부터는 그와 같은 기준에 따라 한정된 학술자료를 통계적으로 분석하면서 그간의 학술적 성과들의 분야별, 주제별 특징과 경향성을 개관해 보기로 하자.

우선 위의 자료들을 기초로 그간의 학술활동들이 전체적으로 어떠한 추세와 경향성을 가졌는지를 시기별 분야별로 발표논문수의 흐름을 종합적으로 개관하면 다음과 같다. 분야 구분은 기본적으로 소크라테스이전 철학(B), 플라톤 철학(P), 아리스토텔레스 철학(A), 헬레니즘 로마 철학(H), 그리고 기타 그리스철학일반(G)으로 단순 구분하였다.

<표 2>를 보면 1950년 이후 1980년까지 근 30년 동안 총 52편에 불과하고 그 중 32편이 플라톤에 편중되어 있음을 알 수 있다. 이는 1980년도까지만 해도 서양고대철학계가 아직 초창기 걸음마 수준에서 벗어나지 못했음을 보여준다. 특히 이 32편 중 절반 정도가 박종현, 이창대, 김완수 세 사람에 의해 이루어졌다는 점은 당시의 연구자 수가 극히 소수에 불과했다는 점과 더불어 초창기 우리 나라 서양고대철학계의 기초가 소수의 선구적 연구자들

<표 2> 분야별 시기별 연구논문편수 총괄표

| 시기 | 분 야 | | | | | 계 |
	G	B	P	A	H	
1950~1970	2	2	2	4	0	10
1971~1980	7	1	30	3	1	42
1981~1990	7	7	63	29	0	106
1991~1995	6	12	51	18	5	92
1996~2002	30	14	92	50	12	198
	52	36	238	104	18	448

에 의해 이루어지고 있음을 보여준다. 그러나 1980년대에 오면 1981년부터 1990년까지 10년 사이에 모두 106편으로 크게 늘어난다. 이는 1980년에서부터 서양고대철학계의 학술활동이 크게 활기를 띠기 시작했다는 것을 보여준다. 이 시기를 분야별로 보면 그리스철학 일반에 관한 논문이 7편, 소크라테스 이전 철학관련 논문이 7편, 플라톤 관련 논문이 63편, 아리스토텔레스 관련 논문이 29편으로 나타나고 있다. 이는 여전히 이 시기까지도 플라톤이 연구의 주요주제가 되고 있음을 보여주지만 이전 시기에 비해 아리스토텔레스 관련 연구가 크게 진전되었다는 것도 함께 보여준다. 그러나 이 시기까지도 학술사적으로 가치있다고 판단되는 헬레니즘 로마철학관련 논문은 1972년 윤구병의 석사학위논문 1편만이 발견될 뿐이다.

1990년대를 살펴보면 이 시기 초반인 1991년에서 1995년까지 88편, 그리고 1996년에서 2002년 현재까지 198편의 논문이 발표되어 총 285편의 논문이 발표되었음을 알 수 있다. 이는 우리가 대상으로 한정한 총논문수 448편의 반을 넘는 것이다. 이것은 이 시기에 들어와 학술활동이 더욱 급속하게 늘어나고 있음을 단적으로 보여주는 것이다. 세부적으로는 이 시기의 총논문 290편은 서양고대철학 일반에 관한 논문 36편, 소크라테스 이전 철학에 관한 논문 26편, 플라톤에 관한 논문 143편, 아리스토텔레스에 관한 논문 68편 그리고 헬레니즘 로마철학 관련 논문 17편으로 분류된다. 여전히 플라톤에 관한 논문이 가장 많지만 아리스토텔레스와의 격차는 갈수록 줄어들고

있음을 보여준다. 특기할 것은 1990년대 들어와 이전에 전무했던 헬레니즘
로마철학 관련 논문들이 하나 둘 나타나 이 시기 후반부에 갈수록 늘어나고
있다는 점이다. 이 점은 비록 본고에서는 다루지 않고 있지만 우리나라
중세철학 연구자 및 연구영역의 확장추세와 더불어 매우 고무적인 일로
평가된다.

  종합적으로 볼 때 학술사적으로 가치있다고 평가되는 연구물이 1980년
이전 근 50년 동안 모두 합해 158편인데 비해, 1991년 이후 10년 동안의
총 연구물이 앞에서 살펴보았다 시피 286편에 이르고 이 중 197편이 소장학자
들의 연구가 활발해지는 1995년 이후에 발표되었다는 사실만 미루어 보아도
이들 소장학자들의 등장이 얼마나 우리나라 서양고대철학계에 변화를 가져
왔는가를, 그리고 앞으로 학계의 발전에 얼마나 큰 기여를 할 것인지를
충분히 짐작케 해준다.

<표 3> 연구논문편수 분야별 총괄표

분야	G	B	P	A	H	계
편수	52	36	238	104	18	448

  분야별로 보면 <표 3>에서 보는 바와 같이 플라톤철학이 전체의 반 이상을
차지하고 있으나 앞 절에서도 살펴보았듯이 1980년대 후반 이후 꾸준히
아리스토텔레스 연구도 증가하고 있고 타 분야 또한 비록 미미하지만 점차적
으로 늘어나고 있음을 알 수 있다.

  그러면 그리스철학사 및 그리스철학 일반의 철학적 문제를 다룬 분야(G)를
제외한 나머지 분야를 분야별로 살펴보자.

1) 소크라테스 이전 철학

  소크라테스 이전 철학에 대한 연구는 박홍규의 처음 제자군에 속하는
박전규와 이태수의 석사학위논문에서 처음 다루어진 이래 거의 연구주제로

다루어지지 않다가 1980년대에 와서 윤구병, 김내균이 각각 두 편씩 쓴 4편의 논문을 포함 1990년에 이르기까지 근 20여 년 동안 모두 10편 정도 발표된 것이 고작이다. 앞 절에서도 언급했지만 이 분야에서는 김내균이 선구적이다. 그러나 여전히 소크라테스 이전 철학연구분야는 거의 볼모지나 다름없다.

<표 4> 소크라테스 이전철학 주제별 시기별 철학자별 분류표

구분/시기	1950-1970	1971-1980	1981-1990	1991-1995	1996-2001	계
자연철학자					2	2
Herakleitos	1		2	4		7
Zenon			2		1	3
Parmenides		1			5	6
Atomist	1		1	2	4	8
Pythagoras				1	1	2
기타			2	5	1	8
계	2	1	7	12	14	36

다만 1990년대에 오면 이 시기 초반부인 1991년에서 1995년 사이 12편, 그 이후 지금까지 15편의 논문이 발표되는 등 점차 증가추세를 보인다. 이것은 최근 들어 소크라테스 이전 철학연구의 중요성이 인식되면서 김인곤, 이기백, 김재홍, 강철웅 등 소장학자들이 소크라테스 이전 단편들을 강독연구해 온데서 비롯된 것이다. 앞 절에서도 언급하였듯이 이들이 2002년 한국철학사상연구회 심포지움을 통해 집중적으로 발표한 연구논문은 이 시기 발표논문의 반을 자지하고 있다. 헤라클레이토스와 데모크리토스가 이 분야에서는 가장 많이 다루어져 왔으나 최근 들어 특기할 것은 김남두와 그의 지도로 파르메니데스를 박사학위논문으로 준비 중인 강철웅이 최근의 연구경향과 수준을 반영한 5편의 파르메니데스 토막글 관련 논문을 연이어 발표하고 있는 점이다.[35]

---

35) 강철웅, 2001, 「파르메니데스 철학에서 퓌시스의 의미와 위상」, 『서양고전학연구』 제17집, 한국서양고전철학회.

272

각 시기별로 소크라테스 이전 철학관련 주요 논문을 정리하면 다음과 같다.

이태수, 1982, 「고대 원자론의 운동근거 에 대한 논의」, 『서울대 철학논구』
윤구병, 1982, 「제논의 여럿(多)에 관한 분석」, 『충북대논문집(인문사회과학)』
김내균, 1988, 「데모크리토스의 소우주로서 인간 개념」, 『희랍철학연구』, 종로서적
김성진, 1991, 「피타고라스 학파의 수학과 자연철학」, 『서양고전학연구』
박희영, 1991, 「데모크리토스의 원자론에 관한 고찰」, 『서양고전학연구』
이창대, 1995, 「헤라클레이토스 철학에 대한 새로운 이해」, 『철학』, 한국철학회
주광순, 1998, 「Zenons Paradoxien」, 『철학논총』 제14집, 새한철학회
이상인, 1998, 「데모크리토스의 비웃음과 장난의 미학」, 『범한철학』, 범한철학회
김남두, 2001, 「파르메니데스의 단편에서 탐구의 길과 존재의 규범적 성격」, 『서양고전학연구』
강철웅, 2001, 「파르메니데스 철학에서 퓌시스의 의미와 위상」, 『서양고전학연구』
김주일, 2001, 「『파르메니데스』에 나오는 제논의 역설의 의미」, 『플라톤철학과 그 영향』, 서광사
김인곤, 2002, 「아낙시만드로스의 아페이론」, 『시대와 철학』, 한국철학사상연구회
이기백, 2002, 「필롤라오스의 세 가지 근본 원리와 수」, 『시대와 철학』, 한국철학사상연구회
이정호, 2002, 「데모크리토스 인식 관련 토막글 연구」, 『시대와 철학』, 한국철학사상연구회
조대호, 2002, 「카오스와 헤시오도스의 우주론」, 『철학』, 한국철학회

강철웅, 2001, 「파르메니데스에서 퓌시스와 앎」, 제14회 한국철학자대회 발표문(원광대).
김남두, 2001, 「파르메니데스와 앎의 실정성」, 『과학과 철학』, 과학사상연구회.
김남두, 2001, 「파르메니데스의 단편에서 탐구의 길과 존재의 규범적 성격」, 『서양고전학연구』, 한국서양고전학회.
강철웅, 2002, 「파르메니데스의 노에인과 레게인」, 한국철학사상연구회 봄 심포지움 발표문(6월).

한편 이 분야 관련 저술은 앞에서도 언급한 바있는 김내균의『소크라테스 이전의 그리스철학』(교보문고)이 유일하고 고전 텍스트의 번역 또한 그 책 가운데 철학자별로 포함되어 번역 소개된 소크라테스 이전철학자들의 토막글들이 유일하다. 비교적 원전에 기초해서 번역되었다는 평가를 받고 있으나 토막글들의 수가 많지 않다. 앞에서 언급한 소장학자들에 의해 최근 마무리 작업이 이루어지고 있는『소크라테스 이전 철학 토막글 모음집』이 계획대로 2003년 중에 출간이 된다면 이 분야에 획기적인 진전이 이루어질 것으로 보인다. 이 분야와 관련해서는 난해한 토막글 자료의 고전어 번역이 갖는 어려움 때문에 기본적인 해외연구서의 번역물조차 아직 출간되지 않은 실정이다.

2) 플라톤철학 분야

앞서 <표 1>과 <표 2>에서 확인 할 수 있듯이 전체 서양고대철학 연구논문 448편 중에서 반이 넘는 238편이 플라톤철학을 주제로 하고 있음은 우리나라 서양고대철학의 주제 영역 중 플라톤연구가 차지하는 비중을 단적으로 보여준다.

다음의 <표 5>와 <표 6>는 이와 같은 플라톤 관련 논문을 대화편별, 주제별로 분류해놓은 것이다. 이 표에 따르면 플라톤철학은 주요 대화편을 두루 다루고 있기는 하지만 티마이오스편, 국가편, 파르메니데스편, 소피스테스편, 테아이테토스편, 필레보스편 등이 가장 많이 연구되어 왔음을 알 수 있다.

그러나 이 다섯 대화편 정도 이외의 대화편에 관한 연구는 각 대화편별로 10편을 넘지 못하고 있어 우리나라에서의 플라톤철학의 연구 또한 제 궤도에 다다르려면 아직도 가야 할 길이 멀다고 판단된다. 그것은 플라톤철학 자체가 대화편별 논의로 특정 주제가 완결되는 것이 아니라, 대화편 전체의 내용과 저작시기상의 유기적인 연관하에서 접근할 때 올바로 이해될 수 있다는 점을 고려할 때, 플라톤 연구영역의 확대와 심화는 더욱 중대하게 우리에게

<표 5> 플라톤철학 연구논문 대화편별 시기별 분류표

대화편/시기별	51-70년	71-80년	81-90년	91-95년	96-02년	계
변명	0	0	1	1	0	2
크리톤	0	0	2	2	1	5
메논	0	2	0	1	2	5
유티프론	0	0	0	0	1	1
프로타고라스	0	1	3	2	2	7
향연	0	1	1	0	4	6
파이돈	0	3	3	0	0	6
국가	0	0	10	0	12	22
고르기아스	0	2	0	0	1	3
소피스테스	1	2	3	5	3	13
유티데모스	0	1	1	0	3	5
파르메니데스	0	0	2	8	7	17
테아이테토스	0	2	5	4	2	13
크라틸로스	0	0	1	1	0	2
필레보스	0	0	3	1	7	11
파이드로스	0	1	0	1	1	3
폴리티코스	0	0	0	1	2	3
티마이오스	0	3	6	4	11	24
법률	0	0	0	0	1	1
제 7서한	0	0	0	0	1	1
기타	1	12	24	18	33	88
합계	2	30	63	51	92	238

<표 6> 플라톤 철학 연구논문 주제별 시기별 분류표

주 제	45-70년	71-80년	81-90년	91-95년	96-02년	계
인식론	0	14	22	7	31	74
존재론	1	7	16	25	29	78
윤리학	0	3	9	13	17	42
정치철학	0	0	13	4	8	25
기타	1	6	3	2	7	19
계	2	30	63	51	92	238

요구되는 것이라 하겠다. 박종현의 고전어텍스트 역본 및 주석 작업의 첫

성과로서 국가편과 티마이오스편이 나올 수 있었던 것 역시 한편으로 그
대화편에 대한 그 간의 연구가 다른 대화편들에 비해 많이 이루어졌기 때문에
가능했다고도 할 때, 장차 플라톤 대화편의 충실한 고전어 번역, 나아가
전집의 번역이 나올 수 있기 위해서도 플라톤 대화편의 연구영역의 확대는
매우 중요한 앞으로의 과제라 하겠다. 플라톤철학의 성격상 연구논문들을
인식론, 존재론, 윤리학으로 구분하는 것이 별로 의미를 갖는 것은 아닐지라
도 일단 겉으로 드러난 연구논문의 주제를 기초로 개괄적인 주제별 연구성향
을 들여다 보면 존재론, 인식론 등 이론철학 분야가 윤리학 정치철학 등의
실천철학 분야의 두 배 이상으로 많이 연구되고 있음을 볼 수 있다. 크게
눈에 띄는 것은 아니지만 비교적 윤리학 분야가 다른 분야의 증가 추세에
비해 다소 강하게 나타나는 것을 알 수 있다. 각 시기 별로 플라톤 철학분야
주요논문을 정리하면 다음과 같다.

김완수, 1972, 「Platon의 파이돈편에 나타난 이데아논고」, 『철학연구』, 철학연구
　　회
이창대, 1975, 「Platon의 지각과 Psychē」, 『철학논구』, 서울대 철학과
박홍규, 1977, 「플라톤 대화록 소피스트편의 분석(1)」, 『철학연구』, 철학연구회
박종현, 1977, 「플라톤에 있어서의 만듦(創造)의 문제」, 『인문과학』, 성균관대
　　학교
박홍규, 1978, 「플라톤의 대화편 유티데모스의 분석」, 『인문논총』, 서울대(『문
　　제를 찾아서』 재수록)
박홍규, 1980, 「희랍철학소고」, 『인문논총』, 서울대(『희랍철학연구』에 재수록)
남경희, 1984, 「플라톤의 후기 존재론 연구-형상의 Physis와 Dynamis」, 『철학연
　　구』, 철학연구회
박종현, 1987, 「플라톤의 결합(Koinonia)이론」, 『서양고전학연구』 창간호, 한국
　　서양고전학회
기종석, 1987, 「참된 Doxa로서의 앎과 오류가능성」, 『서양고전학연구』 창간호,
　　한국서양고전학회
김남두, 1988, 「플라톤의 정의규정考」, 『조요한교수회갑기념논문집』, 종로서
　　적

박윤호, 1992, 「『티마이오스』에서의 무질서와 결속」, 『서양고전학연구』, 한국
서양고전학회

박종현, 1992, 「플라톤의 자연법 사상」, 『서양고전학연구』, 한국서양고전학회

기종석, 1993, 「『Dissoi Logoi』에 관한 연구」, 『서양고전학연구』, 한국서양고전
학회

최정식, 1993, 「플라톤의 기초존재론」, 『서양고전학연구』, 한국서양고전학회

권창은, 1993, 「소크라테스와 악법」, 『철학연구』, 철학연구회

이태수, 1995, 「플라톤 철학에 있어서 지각의 문제」, 『철학연구』, 철학연구회

김남두, 1995, 「좋음의 이데아와 앎의 성격」, 『서양고대철학의 세계』, 서광사

남경희, 1995, 「귀고스의 반지 : 도덕적 행위의 은폐성과 비은폐성」, 『서양
고대철학의 세계』, 서광사

박희영, 1995, 「희랍철학에서의 Einai, To on, Ousia의 의미」, 『서양고대철학의
세계』, 서광사

이정호, 1995, 「노동과 정치의 형이상학, 국가와 티마이오스를 중심으로」, 『서
양고대철학의 세계』, 서광사

이기백, 1995, 「『필레보스』편을 통해 본 플라톤의 혼화 사상」, 성균관대 박사학
위논문

김인곤, 1996, 「플라톤의 『파르메니데스』에서 가설적 방법」, 『서양고전학연
구』, 한국서양고전학회

양문흠, 1996, 「수학 기초론에서의 플라톤주의에 관한 입문적 고찰」, 『철학』,
한국철학회

이강서, 1996, 「'문자화되지 않은 이론'(agrapha dogmata)과 『필레보스』편」,
『서양고전학연구』, 한국서양고전학회

이기백, 1996, 「형상에 있어 하나와 여럿의 문제」, 『철학』 48집(1996 가을호),
한국철학회

김윤동, 1998, 「플라톤의 '국가'편에 나타난 정의 개념」, 『철학연구』, 한국철학
회

김태경, 1998, 「플라톤의 후기 변증술 철학연구」, 철학연구회

김귀룡, 1998, 「파르메니데스의 동일성 논리와 소크라테스의 논박법에 관한
연구」, 연세대박사학위논문

양문흠, 1999, 「The 'Square itself' and 'diagnonal' in Republic 510c」, 『Ancient
Philosophy』 19

이강서, 1999, 「플라톤의 언어관-『파이드로스』와 『제7서한』의 문자 비판을

중심으로」, 『서양고전학연구』, 한국서양고전학회
이상인, 1999, 「초중기 대화편에서의 플라톤의 상기」, 『철학』, 한국철학회
장경춘, 1999, 「Plato's Form of the Beautiful in the Symposium Versus Aristotle's Unmoved Mover」, 『철학』, 한국철학회
양문흠, 2000, 「플라톤의 국가 편 선분의 비유 속의 수학적 탐구의 본성 : 특히 '가정'과 '영상'의 관계를 중심으로」, 『철학』, 한국철학회
김영균, 2001, 「플라톤에서 지성(nous)과 인식」, 『플라톤 철학과 그 영향』, 서광사
정준영, 2001, 「프로타고라스와 자기 논박」, 『플라톤 철학과 그 영향』, 서광사
이경직, 2001, 「플라톤과 데미우르고스 : 세계 설명과 세계 제작」, 『서양고전학연구』, 한국서양고전학회
주광순, 2002, 「소크라테스의 행동에 대한 이해」, 『철학』, 한국철학회

한편, 이 분야의 저술로서도 박사학위논문을 저술로 펴낸 것을 제외하면 학술적 가치를 갖는 것으로는 『박홍규전집』(민음사, 1995), 박종현의 『플라톤 철학의 심층』(서광사, 2000) 정도이고 그 또한 단행본 형식으로 순수한 저술이라기 보다는 유고집 혹은 그 동안의 논문들을 정리하고 보완한 논저형식의 저술이다. 그리고 무엇보다도 중요한 의미를 갖는 고전어 텍스트 번역은 1974년에 박종현이 플라톤의 변론, 크리톤, 파이돈을 묶어 펴낸 『소크라테스의 最後』(박영문고)와 1987년에 플라톤의 메논, 파이돈, 국가를 상당 부분 초역하여 묶어 펴낸 『플라톤 : 메논·파이돈·국가』(서울대학교출판부)가 1990년대 이전까지의 유일한 고전어 텍스트 번역본으로 기록되어 있고 그 이후에는 앞 장에서도 언급하였듯이 박종현이 필생의 작업으로 진행하고 있는 플라톤 대화편의 체계적인 주석 및 번역 계획에 따라 그 첫 열매로서 2000년에 연이어 나온 『국가 : 정체』, 『티마이오스』가 있다. 그리고 김태경도 그 해 플라톤의 『소피스테스』와 『정치가』를 펴냈다. 이로써 현재까지 플라톤 대화편 중 모두 7편이 고전어 텍스트에 기초하여 번역 출간된 셈이다. 플라톤 철학이 이 땅에 소개된 지 80여 년이 지난 이 즈음에서야 우리는 30여 편의 플라톤 대화편 중에서 7편 정도의 고전어 번역본 대화편을 우리말로 갖게된

것이다.

3) 아리스토텔레스철학 분야

아리스토텔레스를 다룬 학술연구물들을 개관해 보면 플라톤철학 관련 연구물이 대체로 개별 대화편을 주제로 쓰여진 것에 비해, 대부분 철학적 주요개념을 중심 주제로 다루고 있고,
<표 7>에서도 볼 수 있듯이 그 상당부분이 『형이상학』과 관련되어 있다.

<표 7> 아리스토텔레스철학 연구논문 주제별 시기별 분류표

주 제	45-70년	71-80년	81-90년	91-95년	96-02년	계
인식론	2	1	3	4	15	25
형이상학	1	1	12	12	11	37
윤리학	0	0	4	1	12	17
정치철학	0	0	4	1	7	12
기타	0	1	6	0	4	11
계	3	3	29	18	49	102

이것은 아리스토텔레스의 여러 작품 및 철학적 문제영역들 중 『형이상학』이 갖는 비중이 워낙 크다는 데 기인하는 것이지만 한편으로는 우리나라의 아리스토텔레스철학 연구 분야가 플라톤철학 분야의 일정한 진전에 비해 아직 본격적인 고전 텍스트 연구에 진입하지 못한 채 2차 문헌을 토대로 한 문제 탐색이 주류를 이루고 있음을 보여주는 것이다. 이것은 1990년대 이전까지 근본적으로 아리스토텔레스 연구자들이 플라톤 연구자들에 비해 아주 드물었다는 점에서 불가피했던 것으로 보인다. 그러나 조요한과 그 제자 한석환, 김재홍 등 선구적인 아리스토텔레스 연구자들의 꾸준한 노력과 1990년 이후 이태수가 이끈 아리스토텔레스 연구 분위기의 확대는 1990년대 후반에 이르러 조대호, 유원기, 손병석, 장영란, 노희천 등 아리스토텔레스 전공 연구자들이 늘어나면서 그 연구수준은 물론 연구영역의 폭 또한 크게 진전되는 모습을 보이고 있다. 앞 절에서도 언급한 바 있는 2002년 한국서양고

전철학회 주최 아리스토텔레스 심포지움은 이러한 진전의 가능성을 확실하게 보여주는 것이었다.

각 시기 별로 아리스토텔레스철학 분야 주요논문을 정리하면 다음과 같다.

조우현, 1966, 「아리스토텔레스에 있어서의 echein의 문제」, 『인문과학』 14·15 합집, 연세대

윤명로, 1967, 「아리스토텔레스에 있어서의 분석론후서와 논증사상」, 『논문집』 3·4, 동국대

조요한, 1982, 「아리스토텔레스의 신관」, 『안병무박사화갑기념논문집』.

박종현, 1984, 「아리스토텔레스의 플라톤 비판」, 『성균관대인문과학』 13

이태수, 1984, 「Die griechische Tradition der aristotelischen Syllogistik in der Späetantike : eine Untersuchung üeber die Kommentare zu den analytica priora von Alexander Aphrodisiensis, Ammonius und Philoponus」, Göettingen : Vandenhoeck&Ruprecht, c1984. Hypomnemata ; doctoral-Universität Gottingen, 1981.

박전규, 1986, 「아리스토텔리스의 Phronesio」, 『철학』, 한국철학회

김완수, 1988, 「아리스토텔레스의 『형이상학』에 나타난 실체개념을 중심으로 본 형이상학의 제문제」, 『희랍철학연구』, 종로서적

조요한, 1988, 「아리스토텔레스의 심신문제」, 『희랍철학연구』, 종로서적

노희천, 1990, 「한국서양고전학회 아리스토텔레스의 변증법에 관하여」, 『서양고전학연구』, 한국서양고전학회

한석환, 1990, 「법, 정의, 덕-아리스토텔레스의 정의론」, 『서양고전학연구』, 한국서양고전학회

박전규, 1990, 「아리스토텔레스에 있어서 이론과 실천」, 『철학연구』 46

김재홍, 1993, 「아리스토델레스의 쉴로기스모스란 무엇인가?」, 『사색』, 숭실대 철학과

박전규, 1995, 「아리스토텔레스의 변증법」, 『서양고대철학의 세계』, 서광사

장영란, 1995, 「아리스토텔레스의 인식론에서의 판타시아의 역할」, 『철학연구』 36집(1995 봄호)

한석환, 1995, 「존재론의 아리스토텔레스적 변용」, 『서양 고대 철학의 세계-소은 박홍규선생 추모논문집』, 서광사

권창은, 1996, 「아리스토텔레스의 정의관」, 『서양고전학연구』, 한국서양고전

280

학회

권창은, 1996, 「아리스토텔레스에 있어서 추론으로서의 귀납」, 『논리와 사고』, 철학과현실사

이태수, 1997, 「아리스토텔레스의 니코마코스 윤리학」, 『철학과신학』 Vol.1 No.1

장영란, 1997, 「아리스토텔레스의 기억과 종합의 원리」, 『철학』 52집(1997가을 호)

박전규, 1998, 「아리스토텔레스와 헤겔의 민주주의로 가는 길」, 『범한철학』 17

김재홍, 1999, 「언어, 실재와 본질-'변증론'에서의 의미이론을 중심으로」, 『서양 고전학연구』, 한국서양고전학회

유원기, 2000, 「아리스토텔레스의 목적론과 선택(prohairesis) 개념의 문제」, 『철학연구』

강상진, 2001, 「아리스토텔레스 『토피카』편의 범주론 연구」, 『철학연구』

손병석, 2001, 「아리스토텔레스에 있어서 덕(aretē)의 통일성과 민주주의」, 『철학』

이창우, 2002, 「인간의 행복-아리스토텔레스의 『니코마코스윤리학』 제1권」, 『인간연구』, 가톨릭대학교 인간학연구소

이태수, 2002, 「아리스토텔레스 철학의 새로운 조명」, 한국서양고전철학회 전반기 학술대회 기조발제문

조대호, 2002, 「아리스토텔레스 본질론의 생물학적 측면」, 『철학연구』, 철학연 구회

한편 이 분야의 저술은 플라톤 보다 오히려 몇 권 더 된다. 학술적으로 가치가 있다고 평가되는 것으로선 우선 논저형식이긴 하지만 조요한의 『아리스토텔레스의 철학』(경문사, 1988)이 있고 순수저술 형식으로는 박전규의 『아리스토텔레스의 실천적 지혜』(서광사, 1985) 정도가 있다. 그리고 아리스토텔레스와 관련하여 철학분야가 아닌 문학전공자들에 의해 저술된 것으로서는 이상섭의 『아리스토텔레스의 「시학」 연구 : 본문·주석·해설·고전비평선』(문학과지성, 2001)과 이경식의 『아리스토텔레스의 「시학」과 신고전주의 : 16-18세기 영국과 유럽의 극비평』(서울대학교출판부 1997)을 꼽을

수 있을 것이다.

한편 아리스토텔레스 텍스트의 고전어 역본으로선 그간『시학』의 경우만 일찍이 손명현이 번역한 것을 포함, 특별하게 3종이 나왔고,[36] 그 바깥의 것으로선 김완수가 번역한『영혼론』(『세계의 대사상』2, 휘문출판사, 1976), 김완수·천병희가 공역한『정치학』(『세계의 대사상』2, 휘문출판사, 1976)이 있고 최근의 것으로는 김재홍이 번역한『토피카』(까치, 1998. 책제목은『변증론』으로 되어 있다.) 및『소피스트적 논박』(한길사, 1999)이 있고, 유원기가 번역한『영혼에 관하여』(궁리, 2001)가 있다. 물론 중역으로는 대표적으로 최명관이 번역한『니코마코스윤리학』등 수 종이 있지만 아리스토텔레스 역시 고전어 역본으로서는 이제까지『시학』,『정치학』,『영혼론』,『토피카(변증론)』,『소피스트 논박』등 4편 정도만 갖고 있는 셈이다.

4) 헬레니즘 로마철학 분야

헬레니즘 로마철학 분야는 그야말로 우리나라 철학연구 분야에서 가장 미진한 분야라고 말할 수 있다. <표 1>, <표 2>에서도 확인할 수 있듯이 그 성과를 모두 합해야 18편에 불과하다. 학술적으로 가치있다고 판단되는 성과는 1990년대 이후에나 이루어지고 있고 그 성과 또한 미미하다. 김상봉, 박우석, 이창우, 김재홍 등의 스토아관련 논문이 6편으로 가장 많고 플로티노스관련 논문도 3편 포함되어있다.

그 중 주요 논문을 소개하면 다음과 같다.

윤구병, 1972, 「Epicurus의 자연철학에 있어서 원자의 자유운동의 문제」, 서울대 석사학위논문
이태수, 1993, 「『아이네이스』6권에 나타난 로마인의 가치관 ; 아이네아스의 변신과 pietas」,『서양고전학연구』, 한국서양고전학회

---

36) 아리스토텔레스 저, 손명현 역,『시학』, 박영사, 1975.
   아리스토텔레스 저, 천병희 역,『시학』, 문예출판사, 1994(삼성출판사, 1981).
   아리스토텔레스 저, 김재홍 역,『시학』, 고려대학교출판부, 1998.

김상봉, 1993, 「스토아 철학에서의 지각과 진리의 문제」, 『희랍철학의 문제들』, 현암사

조요한, 1994, 「플로티노스의 예술관」, 『학술원회보』 35

박희영, 1998, 「헬레니즘 시대의 교육과 철학」, 『서양고전학연구』, 한국서양고 전학회

박우석, 1999, 「스토아학파의 언어철학」, 『서양고전학연구』, 한국서양고전학 회

이창우, 1999, 「세네카의 자연탐구」, 『서양고전학연구』, 한국서양고전학회

이창우, 1999, 「스토아 윤리학의 아리스토텔레스적 해석-두가지 길」, 『철학연 구』, 철학연구회

이창우, 2000, 「'코스모폴리스' 이념 : 견유파의 유산」, 『철학연구』, 철학연구회

이창우, 2000, 「행복의 윤리학 : 키케로의 『최고선악론』」, 『철학과 현실』, 철학 문화연구소

김재홍, 2001, 「상식의 철학자 에픽테토스와 스토아 윤리학」, 『서양고전학연 구』, 한국서양고전학회

이창우, 2001, 「헬레니즘-정치적 공동체에서 탈정치적 공동체에로」, 『서양고전 학연구』, 한국서양고전학회

한석환, 2002, 「에피쿠로스와 진리의 기준」, 『서양고전학연구』, 한국서양고전 학회

한편 이 분야에 있어서는 저술이건 고전어 텍스트건 간에 아직 철학연구자들에 의해 생산된 연구물은 발견되지 않는다. 다만 서양고대사학자인 허승일이 최근 키케로의 『의무론』(서광사, 1989)을 번역하여 내놓았을 뿐이다. 물론 이 분야에서도 마르쿠스 아우렐리우스, 에픽테토스 등의 저작 내지 글들이 여러 종 나와 있으나 중역들이라는 점에서 학술적으로 조회하고 인용하기에는 미흡하다.

이 헬레니즘 로마철학은 서양중세철학 분야와 더불어 우리나라 서양고전철학계가 개척하고 확대해 나가야 할 중요한 학술분야임은 두말할 나위가 없다. 최근 들어 이 분야와 관련하여 가톨릭대 이창우가 연이어 여러 편의 논문을 발표하고 있는 것은 특기할 만하며, 본고에서 다루고 있지 못한 서양중세철학 영역에서도 박우석, 신창석, 박승찬, 강상진, 이재경 등 촉망받

는 학자들에 의해 최근 들어 새로운 활기를 더해가는 것은 우리나라 철학계의 균형있는 발전을 위해 매우 바람직스러운 일이라고 아니할 수 없다.

III. 맺음말

본고는 앞에서 학술사의 흐름과 주요 특징을 알아보기 위해 서두에서 밝힌 바 일정 기준에 따라 한정된 자료를 토대로 우선 그 자료의 생산에 참여한 학술연구자의 인물사적 흐름을 살피는 방식으로 우리나라 서양고대 철학사의 학술연구사를 통시적으로 개관한 후, 그 자료들을 분야별로 분류하여 공시적인 관점에서 우리나라 서양고대철학의 주요 주제와 연구의 경향 등을 살펴보았다.

결론적으로 말해 서양고대철학이 우리나라에 소개된 지 근 80년이 지난 지금, 그 분야 연구에 몸담았거나 몸 담고있는 학술연구자가 50여 명에 이른 지금, 그리고 이 분야와 관련한 검색어로 검색되는 일반논문 및 학위논문, 저술, 해설서, 역서 등 모든 종류의 연구물들을 총망라하여 1000종 가까이[37] 나와있는 지금, 이 분야 연구의 가장 기초이자 지표가 되는 고전 텍스트의 고전어 역본이 10여 편 정도에 불과하다는 사실은 단적으로 우리나라의 서양고대철학 학술영역이 여전히 초기 단계에 머물러 있음을 보여준다. 이러한 서양고대철학 학술분야의 현재 모습은 서양철학의 다른 분과 영역보다 정도가 더 심해 보인다. 그러나 이러한 더딘 모습은 본질적으로 서양고대철

---

37) 이훈의 연구결과에 따르면 1915년 이후 1992년까지 서양고대철학 관련 연구물은 책, 학위논문, 일반논문을 합해 484편이 발표되었다. 2002년 8월 현재 국회도서관 웹 검색창을 통해 플라톤이란 검색어로는 석박사논문 164건, 단행본 95건, 국내학술 잡지 273건, 총 432건이며, 아리스토텔레스라는 검색어로는 석박사논문 83건, 단행본 95건, 국내학술잡지 218건, 총 370건, 전체 802건이 검색된다. 이 두 가지 검색어로만 해도 10년 사이에 서양고대철학 관련 연구물이 두배 가까이 대폭 증가된 것을 알 수 있다. 플라톤, 아리스토텔레스 관련 이외의 서양고대철학연구물까지 포함한다면 1000건이 넘을 것으로 추정된다. 이훈, 1994, 「연구를 위한 자료의 통계적 분석」, 『철학사상』 제4집, 서울대학교 철학사상연구소.

학연구가 갖는 근본적인 특성과 연구환경상의 기본적인 한계에 기인한 것이
라 할 것이다. 우선 서양고대철학의 학술적 연구에 기본전제가 되는 고전
그리스어 및 라틴어를 텍스트 해독 수준의 정도로까지 익히려면 매우 고단하
고 긴 훈련기간이 소요될 뿐 아니라 그것을 배울 수 있는 기회마저 거의
없었기 때문이고, 게다가 기존의 고전에 대한 무관심은 연구자의 학계진출마
저도 어렵게 했기 때문이다. 앞에서도 살펴보았지만 서양고대철학분야에서
원전 텍스트로 수업이 이루어진 곳은 다른 철학분야와는 달리 1980년에
이를 때까지 서울대에서밖에 이루어지지 않았다고 해도 과언이 아니다.

그러나 앞에서 살펴보았듯이 초창기 선구적 서양고대철학분야 학술연구
자들은 참고할 만한 문헌조차 제대로 갖추어지지 않은 열악한 연구환경에서,
혼자서 원전을 소화하고 외국의 참고문헌 등을 통해 자신의 해석을 검증하면
서 지속적으로 사유를 발전시켜왔고 그에 기초하여 텍스트 연구와 강의를
통한 후진 양성에도 꾸준히 힘써왔다. 그 결과 서양고대철학분야는 준비기간
의 장구성이라는 그 연구분야의 특수성을 증명이라고 해주듯이 1980년대
이후부터는 과거와는 비교가 안될 정도로 연구자의 수에 있어서나 연구영역
에 있어서 큰 진전이 이루어졌고 그러한 진전은 마침내 주석 작업을 병행한
고전어 텍스트의 역본을 생산하는 단계에 이르렀다.

사실 서양고대철학 학술분야에서 고전텍스트의 주석을 병기한 우리말
역본의 생산은 학계의 항시적인 당면 과제로서 너무도 오랫동안 고대해오고
열망해오던 숙제였다.[38] 왜냐하면 고전어 텍스트의 우리말 번역본은 좁게는
우리 서양고대철학연구자들 상호간의 연구 신장과 후진 양성에도 크게 도움
이 될 뿐만 아니라, 넓게는 인문 · 사회 · 자연과학 등 학문 제반 영역의
학술적 기반을 단단히 하는 데 없어서는 안될 필수적인 기본요소가 되기
때문이다. 사실 서양고전의 올바른 텍스트 역본의 부재가 가져다주는 학술상
의 부실은 우리가 미처 깨닫지 못할 정도로 크고 심각하다. 이를테면 제반

---

38) 박종현, 1968, 「서양고전연구의 의의와 당면과제」, 『서양고전학연구』, 한국서양고
    전학회 참고.

학문영역에서 그 분야의 학술사 내지 문제의식의 뿌리를 살피는 것은 기본이고, 그 대상으로 필수적으로 조회되는 것이 서양 그리스로마 고전임에도 불구하고 인접분야 연구자들은 여전히 학술적으로 신뢰하기 힘든 중역 내지 해설서의 자료에 크게 의존하고 있는 실정이다. 물론 외국어 자료를 자유롭게 이용할 수 있는 학술연구자는 외국어 번역본을 참조할 수도 있으나 우리말 개념을 통한 합당한 이해에 일정한 한계가 있을 것이고 이해 속도나 읽는 양에 있어서는 더욱 제한적일 수밖에 없다. 필자는 수 년전 유망한 교육학자가 매우 높은 수준의 관점을 담은 논문을 쓰면서 그 고전적 전거로써 오류 투성이의 1970년대 중역본을 여러 곳에서 인용하는 것을 보고 서양고전철학 연구자로서 깊은 충격과 자괴감에 빠진 일이 있다. 그야말로 좋은 쌀을 담을 가마니를 썩은 짚으로 엮고 있는 것으로 여겨졌기 때문이다. 게다가 학술연구의 발전이 장차 젊은 학생들에 대한 우수한 교육을 통해 이루어지는 것이라면, 총기와 호기심이 넘치는 학생시절에 그들로 하여금 가히 지적 상상력과 문제의식의 보물창고라고 할 수 있는 수많은 서양고전을 하루에도 몇 권씩이라도 접할 수 있게 해주는 일은 무엇보다도 시급하고 중요한 일이 아닐 수 없다.

그런 점에서 앞에서 언급한 것처럼 서양고대철학 수용 이후 80년 만에 겨우 몇 권의 고전어 역본이라는 성과는 실망스런 것일 수 있다. 그러나 그 성취가 어느 한 시기 특별한 연구자의 출현에서 가능했던 것이 아니라 그 동안의 우리 연구역량이 축적된 결과로서 나타난 것이라고 본다면, 우리가 살펴본 80년이라는 긴 기간은 눈에 보이는 꽃을 피우기 위한 기나긴 땅속에서의 준비기간이라고도 말할 수 있을 것이다.[39] 그렇게 본다면 비록 지금은 학술적 성과에 있어 여전히 초기상태이지만, 머지 않은 시기에 우리나

---

39) 참고로 일본의 경우를 보면 1968~1973년에는 이른바 토쿄 그룹을 중심으로 17권으로 된『아리스토텔레스 전집』번역을, 1975~1978년 사이에는 쿄토 그룹을 중심으로 14+1권으로 된『플라톤 전집』번역을 출간하기에 이른다. 이는 일본에 그리스철학이 본격 소개된 지 100년 정도 후의 일이다. 정준영, 「인문학적 탐구로서 서양고전 번역의 의미」,『시대와 철학』제12권 2호, 2001, 38쪽.

라 서양고대철학분야의 학술적 연구수준 및 영역은 그 발전 속도와 폭에
있어 최근에 이룬 큰 진전조차도 비교가 안될 정도로 더욱 빨라지고 넓어질
것으로 보인다. 마치 양동이에 빗물이 떨어져 채워질 때까지는 바깥에 흘러나
오는 물은 한 방울도 보이지 않더라도 일단 채워진 다음에는 모래 한 알만
던져도 흘러 넘치는 이치와도 같다고 할 것이다.

분석철학의 한국적
수용과 입론

이좌용

I. 개 관

한국에서 분석철학은 30년 남짓의 역사를 지닌다. 잘 알다시피, 분석철학은 지난 세기 이래로 오늘의 영미철학에서 주류에 해당하는 흐름 또는 사조의 철학이다. 그 영어권 분석철학의 역사는 대략 100년 정도를 거치고 있다. 지난 세기 중엽까지 그 철학적 흐름을 형성한 중심 무대는 미국보다는 영국이었다. B. 러셀, G. E. 무어, L. 비트겐슈타인, G. 라일, J. L. 오스틴 및 K. R. 포퍼 등의 기라성 같은 철학자들이 영국의 캠브리지와 옥스퍼드에서 철학이 분석적 작업임을 나름의 방식으로 실천하였다. 그들은 분석철학이라는 산맥의 전반부를 특징짓는 두드러진 巨峰들이라고 할 수 있다. 지난 세기 중엽 이후 그 중심무대는 미국으로 옮겨진다. C. S. 퍼스와 J. 듀이의 프래그머티즘, 그리고 R. 카르납과 C. 헴펠의 논리적 실증주의의 전통 속에서 오늘의 W. V. 콰인, D. 데이비슨 및 H. 퍼트넘 같은 미국의 철학자들이 분석철학이라는 산맥의 후반부를 특징짓는 고봉들이라고 볼 수 있다.

이 땅에서 분석철학이 계몽적 소개를 거치며 수용되는 시기는 지난 1960년대 말에서 1980년대 초까지일 것이다. 그리고 분석철학의 연구와 실천을 본격화하는 시동이 걸리는 것은 1980년대 중엽에 이르러서일 것이다. 이때 가서 비로소 상호적인 연구와 토론이 가능한 분석철학의 의미 마당이 열린다고 할 만큼 관련 연구자와 연구논문 수의 비약적인 증가를 볼 수 있다.

그리고 우리가 분석철학적인 창조적 입론을 갖는, 미국에서 벌이는 분석철학을 연구하는 자세로만 임하지 않고 어떤 의미에서 분석철학을 실천하기 시작한 것은 1990년대 후반에 가서 볼 수 있다.

그럼, 분석철학의 한국적 수용의 특성은 무엇인가? 그리고 그 철학적 입론에는 무엇이 있는가? 나는 여기서 우리가 특히 비트겐슈타인 철학의 연구를 통해 분석철학을 학습하고 수용하는 면이 비교적 강했다는 사실을 지적해 보이고자 한다. 아울러, 분석철학을 실천해 보인 우리의 철학적 입론들 중에도 비트겐슈타인적인 논거가 중요한 역할을 맡는 경우가 비교적 많았다는 사실을 드러내어 보이고자 한다. 우리의 분석철학이 이 땅에서 철학적 이해를 더 넓히고 심화시킨 내용은 무엇일까? 나는 형이상학에서 실재론의 의미와 그 성립 논거, 의미론과 인식론에서 자연주의의 성립가능성, 그리고 마음에 관한 물리주의의 가능성에 대한 다양한 논의와 입론이 바로 그 두드러진 철학적 기여의 내용들이라고 생각한다. 바로 그 내용을 간략히 밝혀보려 한다.

우리에게 분석철학은 현대영미철학에 관한 연구의 일환으로 다가온 것이다. 독일철학에 관한 텍스트 연구가 서양철학 연구의 일색이었던 1960~70년대에 영미철학을 공부하고 미국에서 돌아온 정말 몇 안 되는 대학교수들의 철학활동은 대체로 분석철학을 소개하는 계몽적 전도활동이었던 것같다. 그런데 그 당시 그렇게 분석철학을 우리에게 소개하고 보급했던, 이 땅에서 분석철학의 선구자에 속하는 이한조, 박영식, 김여수, 이명현, 엄정식, 그리고 정대현 교수와 같은 분들은 모두 비트겐슈타인철학에 관한 연구에 관심이 가장 높았던 것 같다. 실은 가장 먼저 발표한 연구논문 또는 학위논문도 비트겐슈타인철학에 관련한 것이었다.

여기서 잠시 비트겐슈타인철학의 분석철학에서의 위치를 점검해보자. 그가 직접 저술한 것은 1920년 초에 출간된 『논리철학논고』와 1950년 초에 출간된 『철학적 탐구』의 두 권 뿐이다. 이 두 저술에 나타난 언어관은 아주 상반적이다. 『논고』에서 언어는 정태적인 논리적 풍경화이다. 그리고 그 그림의 언어적 단위는 명제이다. 그 의미론은 원자주의적이다. 『탐구』에서 언어는 동태적인 인간적 놀이들이다. 그리고 그 놀이들의 의미론은 전체주의적이다. 『논고』에서 원자명제들 또는 요소명제들은 사실에 대한 한 그림 한 그림으로서 그 의미가 서로 논리적으로 독립해 있다. 『탐구』에서 언어적 발언들은 자연적이고 문화적인 문맥을 갖는 인간적 실천들로서 일종의 놀이 한마당 속에서만 그 의미가 살아 숨쉴 수 있는 것들이다.

상반된 이 두 언어관은 비트겐슈타인철학을 전기와 후기로 나누어 보는 철학적 연구관행을 갖게 했다. 언어관은 근본적으로 바뀌었지만 그의 철학관은 애초와 별로 변함이 없었다. 그것은 언어의 명료화 또는 그것의 진정한 조건의 밝힘이 철학의 할 일이라는 것이다. 우리의 언어와 개념에 대한 반성적 작업이 철학함의 가장 근본적이고 중요한 방법이라는 분석철학의 철학관은 비트겐슈타인의 철학관에서 가장 간명하고 명쾌하게 드러난다. 아마도 영미철학의 분석철학 100년사에서 비트겐슈타인의 언어관과 철학관만큼 광범하면서도 강한 영향을 미친 것은 없을 듯하다. 어찌 보면, 비트겐슈타인철학의 전기와 후기에 맞추어 분석철학 100년사의 전기와 후기를 내용적으로 크게 분류해 볼 수도 있을 것이다. 원자주의적 의미론이 풍미했던 분석철학 전기와 전체주의적 의미론이 득세하고 있는 분석철학 후기라고 분류할 수 있을 것이다.

엄정식은 분석 형이상학이 "대체로 비트겐슈타인의 철학을 중심으로 해서 크립키(S. Kripke)와 데이비슨(D. Davidson), 그리고 더메트(M. Dummett)와 퍼트넘(H. Putnam)을 중심으로 전개되었다"[1]고 말하면서 다음과 같이 주장한다.

……한 가지 분명한 것은 반형이상학적인 실증주의적 경험론의 논박이 흄의 전통 위에 서 있는 것만은 분명하고 이에 대한 응전이 칸트적인 특성을

---

1) 엄정식, 「분석형이상학의 전개와 그 과제」, 『21세기와 분석철학』, 철학과 현실사, 2000.

292

나타내었으며, 때로는 스트로슨이나 크립키 같은 철학자들에 의해 아리스토
텔레스와 라이프니츠적인 양상을 드러내기는 했으나, 결국 비트겐슈타인적인
경향으로 수렴되었다는 점이다.[2]

여기서 분석 형이상학의 중심인물로 거론된 비트겐슈타인은 『탐구』를
저술하는 후기 비트겐슈타인이다. 『논고』를 저술한 전기 비트겐슈타인은
오히려 反형이상학적인 실증주의와 논리적이고 실제적인 친화성을 갖고
있기 때문이다.

엄정식이 통찰한 분석철학의 형이상학 배척과 재수용은 비트겐슈타인의
전기 철학과 후기 철학의 자세와 무척 잘 맞는 것으로 보인다. 또한 이명현은
분석철학 속에서 해체와 개조의 두 국면을 이렇게 발견한다.

언어분석이 전통적 철학의 형이상학적 난문들을 해체(해소)시킬 수 있다는
신념을 우리는 비트겐슈타인의 저술과 논리실증주의자들의 저술 속에서 발견
할 수 있다. 시기적으로 보면, 1920년대로부터 50년대에 이르는 시기가 바로
분석철학의 해체적 국면이 우세했던 시기였다. 그러나 그 이후로부터 오늘
80년대에 이르러 분석철학은 해체적 국면으로부터 재건의 국면으로 바뀌어
가고 있다. 최근 퍼트넘, 데이비슨, 크립키의 경우가 그 대표적 사례이다.[3]

여기서 언급된 분석철학의 해체적 시기에 등장하는 비트겐슈타인의 저술
은 그의 초기 저술임은 두말할 나위가 없을 것이다. 그리고 1950년대 이후
재건 시기에 중요한 인물로 거론된 퍼트넘과 데이비슨이 후기 비트겐슈타인
의 철학적 색채를 띠고 있다는 것도 잘 알려진 사실일 것이다. 이렇게 보면,
비트겐슈타인의 철학은 서양영미철학의 최근 100년의 주류인 부정과 긍정의
분석철학을 퍽 간결한 방식의 양면 작전으로 대변한다고 말할 수 있다.
이런 뜻에서 분석철학의 역사적 황무지인 한국에서 정말 소수의 인력으로
그것을 일궈내려면 비트겐슈타인 철학의 연구만큼 효율적인 철학 공부는

2) 위의 글, 83쪽
3) 이명현, 『비트겐슈타인과 분석철학의 전개』, 서광사, 1991, 302~303쪽

없었을 것이라는 결론을 내릴 수 있다.

그럼, 한국에서 1960년대 이래의 영미철학 수용에 관한 인물별 주제별 통계자료에 근거하여 분석철학의 한국적 수용과 입론의 대강을 살펴보기로 하자.

Ⅱ. 영미철학 수용의 한국적 특성[4]

김효명[5]에 따르면, 1960년대에 발표된 '영미철학'에 관한 연구 논문 편수는 모두 합쳐 보아야 12편에 지나지 않는다. 반면 그 기간에 발표된 '독일철학'에 관한 논문 편수는 130편에 이른다. 분량으로 보면 영미철학 연구는 독일철학 연구의 고작 10분의 1에도 못 미치는 셈이다. 논문 편수의 증가는 있었지만, 이 사정은 1970년대에도 별로 달라지지 않는다. 1970년대에 발표된 독일철학 관련 논문의 수는 320편 정도인데, 영미철학의 그것은 40편 정도에 그친다. 그러나 이훈[6]에 따른 김영정[7]의 보고에 의하면, 1960년대 독일철학 관련 논저는 대략 총 210편이고 영미철학 관련 논저는 대략 총 57편, 그리고 1970년대에는 독일철학 관련 논저 총 502편, 영미철학은 총 187편이다. 분량과 비율의 큰 차이가 있지만, 아무튼 독일철학 보다는 영미철학에 관련한 연구가 훨씬 빈약했다는 것은 분명해 보인다. 1980~1992년의 독일철학과 영미철학 관련 논저 수의 비율은 여전히 3 : 1 정도에서 변함이 없다. 그럼에도, 김영정[8]의 통계 자료에 의거했을 때 영미철학 관련 논저는 1980~1989년

4) 이좌용, 「한국에서의 영미철학 수용의 특징과 과제」, 한국철학회 편, 『한국철학의 쟁점』, 철학과 현실사, 2000 참조.
5) 김효명, 「영미철학의 수용과 그 평가」, 『철학사상』 제6호, 서울대학교 철학사상연구소, 1996 참조.
6) 이훈, 「연구를 위한 자료의 통계적 분석」, 『철학사상』 제4호, 서울대학교 철학사상연구소, 1994 참조.
7) 김영정, 「영미철학의 수용과 그 평가(1980~1995)」, 『철학사상』 제7호, 서울대학교 철학사상연구소, 1997 참조.
8) 위의 글 참조.

294

에 총 493편, 1990~1995년에 총 389편이라는 괄목할 만한 분량 증가를
보인다. 아울러 1960~1970년에 견주었을 때 1990년대는 영미철학을 이끄는
주도적인 철학자들이 거의 한 번쯤은 논의되고 있음을 볼 수 있다.

　김효명,9) 김영정,10) 그리고 백종현11)의 조사 결과에서 드러난 하나의
흥미롭고도 중요한 사실은, 독일철학의 수용이 칸트철학과 헤겔철학의 연구
에서 비롯되고 영미철학의 수용은 비트겐슈타인의 연구에서 비롯되고 있다
는 사실이다. 이훈에 의거한 백종현12)의 보고에 따르면, 1960~1979년에
발간된 독일철학 논저에서 칸트에 관한 것이 158편, 헤겔에 관한 것이 100편이
다. 김효명13)에 따르면, 1960~1979년에 발간된 영미철학 논저에서 비트겐슈
타인 연구는 12편이지만 러셀, 무어, 카르납, 포퍼, 콰인 등의 중심 인물에
관한 것에 비하면 압도적인 분량이다. 김영정14)이 조사한 1980~1995년의
인물별 연구 총 376편 중에서 비트겐슈타인에 관한 것이 76편을 차지한다.
이는 포퍼(30편), 흄(21편), 러셀(17편), 데이비슨(17편), 콰인(16편)에 비하여
비트겐슈타인 연구가 여전히 압도적임을 보여준다. 영미철학에 관심있는
철학자들의 모임인 한국분석철학회가 정선하여 편찬한 논문집 제1집은『비
트겐슈타인의 이해』(1984)였으며, 제2집은『비트겐슈타인과 분석철학의 전
개』(1991)였다는 사실에 비추어 볼 때, 비트겐슈타인의 철학은 한국에서의
영미철학 수용과 전개에 가장 중요한 일차적 역할을 담당하였다고 할 수
있다.

　김영정15)의 1980~1995년의 '영미철학 수용'의 개인별, 주제별 분석 자료
를 보면, 영미철학의 중요한 철학자와 주제가 거의 모두 한국에서 연구되고

---

　9) 김효명, 앞의 글 참조.
10) 김영정, 앞의 글 참조.
11) 백종현,「독일철학의 유입과 그 평가」,『철학사상』제6호, 서울대학교 철학사상연구
　　소, 1996 참조.
12) 위의 글 참조.
13) 김효명, 앞의 글 참조.
14) 김영정, 앞의 글 참조.
15) 위의 글 참조.

있음을 알게 된다. 1960~1970년대가 분석철학 정신의 계몽적인 학습이나 보급 기간이라고 한다면, 이 시기는 그 철학의 관심 주제에 관한 본격적인 연구의 기간이라고 할 수 있다. 여기서는 그 시기에 100편 이상의 발표물이 있었다는 것으로 분류된 언어분석철학, 논리철학(존재론), 과학철학, 심리철학, 그리고 인식론 분야의 특징적인 연구 주제를 간략히 부각시켜 보기로 한다. 또한 이 시기에 가장 많이 연구 발표된 철학자는 비트겐슈타인, 포퍼, 듀이, 화이트헤드, 흄, 러셀, 데이비슨, 콰인, 로티, 프레게, 퍼트넘, 크립키의 순이었음은 지적해두고 넘어가기로 하자.

이 시기 영미철학 연구의 중심적 화두는 '체계(system)'였던 것 같다. 언어체계, 개념체계, 인식체계, 의미체계 및 논리체계의 구성에 관한 철학적 성찰과 그 함축이 중요한 철학적 논의에 올랐다. 영미철학에서 체계들이 철학적 시선의 중심에 등장한 것은 콰인이 의미 전체론(holism)의 논변을 내놓고 나서일 것이다. 콰인은 그 후 번역불확정론, 이론미결정론 및 존재론적 상대성과 같은 일련의 관련 논제를 제기함으로써 의미의 독립적 단위들이 문장들이라기보다 그 언어체계들이라는 생각을 철학계에 확산시켰다. 한국 철학계에서는 일찍이 1970년대에 그것에 대해 이명현의 「Quine의 원초적 번역의 불확정성론 ; 그 비판적 검토」(철학연구, 1974)라는 비판적 논문이 발표됐었으나 논의가 별로 진행되지 않다가 1980년대 들어가서 활발해 졌다. 그런데 한국의 분석철학자들은 체계들에 관한 논의에서도 비트겐슈타인 후기철학의 핵심인 '언어 놀이'를 원용하여 자신의 의견을 개진하는 경우가 많았다는 것이 아주 흥미로운 영미철학의 한국적 수용의 한 모습으로 보인다.

가) 이제 김영정[16]에 의거하여 1980년에서 1995년에 걸쳐 발표된 언어분석 철학 관련 논문 137편의 특성을 포착해 보자. 비트겐슈타인 관련 연구가 23편이다. 그 중에서 '사밀언어(private language)'와 '삶의 형식'에 관한 논문이 7편이나 눈에 띄는 것이 인상적이다. 그 다음으로 데이비슨 관련 논문이

---

16) 위의 글 참조.

15편이다. '원초적 해석론', '자비의 원리', '의미와 해석에 관한 콰인/데이비슨 논쟁', '비트겐슈타인의 규칙 따르기 논의와 콰인-데이비슨의 의미 불확정론' 및 '데이비슨과 개념체계의 문제' 등의 주제를 보건대, 원초적 번역과 해석의 상황이라는 사고 실험적 상황에서 한 개념체계가 어떻게 확정될 수 있는가에 관심의 초점이 쏠려있음을 본다. 이는 콰인 관련 논문 4편 중에 'Quine의 번역 불확정성 논제'와 '이론 미결정성 논제와 번역 불확정성 논제'가 들어 있음을 볼 때도 마찬가지이다.

원초적 번역과 해석의 상황은 번역자와 해석자에게 어떤 결단의 논리가 요구되는 상황이다. 그 상황은 주어진 감각 자료 또는 해석 자료만으로는 언어와 세계의 지시 관계가 확정될 수 없는 상황이다. 여기서 그 지시 관계의 실제적 확정은 배경 언어 또는 자비 원리와 같은 합리적 관계 원리의 도움으로 얻어진다. 이 상황은 비트겐슈타인의 규칙 따르기 상황에 비견될 수도 있다. 언어 생활은 규칙을 따르는 생활이다. 그런데 그 규칙을 어떻게 따를 수 있는가? 언어 학습자는 관찰 자료만으로는 어떤 규칙을 따라야 하는지를 숙고만으로는 확정하지 못한다. 그러니까, 규칙을 따르는 언어 생활은 이미 규칙을 따를 수 있는 실천의 원리를 앞서 갖고 있는 공동적 생활이다. 배경 언어와 자비 원리의 요청이 규칙을 따를 수 있게 하는 공동적 실천의 전제와 어떻게 다를 것인가?

지시 관계가 직접적 지칭 또는 인과적 지칭에 의해 확정돼 있다는 크립키의 이론에 관한 논문이 12편이나 나온 것도 주목할 만하다. 이 논의는 고유 명사의 고정 지시적 기능을 받아들이면, 본질주의가 다시 의미 있게 살아나는 전통적 마당이 열리게 되므로 본질철학의 종언을 고한 비트겐슈타인적 분석철학에 매료돼 있는 한국 철학자들의 관심을 다시 불러일으켰다. 아울러 양상논리, 특히 양화양상논리에 관한 철학적 흥미를 끌게 하였다.

경험이 지시 관계를 확정하지 못한다는 것과 언어적 의미의 독립적 단위가 전체적인 그 의미체계라는 것은 논리적으로 연결돼있는 생각이다. 이 생각은 우리가 사용하는 개념체계를 벗어난 독립적 세계를 경험할 수 있는가에 관한 실재론과 반실재론의 논의를 자연스럽게 불러 일으켰다. 「실재론과 진리 개념 : 퍼트넘과 더밋」, 「지시체 불가투시성과 퍼트넘의 실재론 논박」, 「실재론과 넓은 지칭」 및 「의미론과 실재론-반실재론 논쟁」과 같은 실재론 관련 논문 10편은 그 관심을 대변해 준다. 대체적인 논조는 퍼트넘의 반실재론, 더 정확히는 내재적인 실천적 실재론을 옹호하는 쪽에 섰다는 것이 또한 흥미로운 사실이다. 이 사실도 우리의 영미철학 수용이 비트겐슈타인 철학의 수용에서 본격적인 시작을 했다는 것과 무관하지 않을 것 같다. 개념에 관한 한, 비트겐슈타인의 통찰을 거의 그대로 계승한 대표적 철학자의 한 사람이 퍼트넘일 터이기 때문이다. 언어 놀이의 관점은 언어적 개념들을 언어 사용자의 능력이나 활동으로 보는 것이며, 이 관점을 퍼트넘도 취하고 있다고 생각된다.

나) 논리철학 관련 논문은 114편으로 분류돼 있다. 이 중 양상논리에 관한 논문이 26편으로 가장 많다. 앞서 말했듯이 '본질'과 '필연성'에 관한 의미론과 존재론에의 관심을 반영한 것이리라. 그 다음으로 '존재'에 관한 논리적 원자론의 관점을 연구한 논문이 25편이다. 여기서도 러셀에 관한 7편 보다 비트겐슈타인의 『논고』에 관한 것이 10편으로 더 많다. 역설과 모순에 관한 분석적 논문이 9편으로 그 다음이다. '에피메니데스의 역설'과 '단순 함의의 역설' 외에도 '비트겐슈타인의 모순과 크립키의 역설'과 '모순에 관한 튜링/비트겐슈타인 논쟁'처럼 비트겐슈타인에 관한 관심이 여기서도 돋보인다

다) 과학철학 관련 논문은 151편이다. 이 중 과학의 합리성에 관한 연구가 78편으로 가장 많다. 세분하면 칼 포퍼의 반증주의와 관련한 논문이 15편으로 또한 가장 많다. 헴펠 보다는 포퍼의 과학성 논의와의 비교를 통해서 T. 쿤의 패러다임 이론과 라카토스의 연구프로그램 및 파이어아벤트의 아나키즘적 과학론에 대한 연구가 진척됐다는 느낌을 갖게 한다. 과학적 실재론에

관한 논문도 15편이다. '과학적 성공과 실재론', '이론 용어의 존재론적 의미', '이론적 대상의 실재론적 해석' 및 '반프라쎈의 반실재론에 대한 비판적 고찰'과 같은 것이 있다.

라) 심리철학, 인지과학 관련 논문은 105편이다. '데이비슨의 행위론', '인간 행위의 합리성', '데이비슨의 의도이론' 등과 같은 행위 설명 논문이 8편이며, '심신수반이론', '심리 물리적 수반론' 및 '심리 물리적 수반론의 존재론적 기초'와 같은 김재권 교수의 논의를 다룬 논문도 8편이다. 그리고 '데이비슨의 심신론', '무법칙적 일원론' 및 '무법칙적 일원론의 선험적 논증'과 같은 데이비슨 관련 논문이 많은 편이다.

인지과학 관련 논문도 인공지능(5편), 기능주의(3편), 계산주의(4편), 그리고 연결주의(4편)에 관한 것으로 분포돼 있다.

마) 인식론 관련 논문은 120편이다. '지식과 정당화', '게티어 문제와 인식적 정당화', '골드만의 신빙성 이론과 인식론의 전망', 'L. Bonjour의 내재적 정합론', '앎의 기초론에 관한 논쟁', '증거론이란 무엇인가'와 같은 인식적 정당화와 관련한 논문이 18편으로 제일 많게 분류돼 있다. 다음으로 영국의 근세 경험론에 관한 연구물이 14편이다. 'D. Hume의 인과론', '흄의 인과 개념과 필연성 문제' 및 '원인에 대한 Hume의 두 정의'와 같은 흄의 원인 개념에 관한 논문을 포함시키면, 영국 경험론 연구도 제법 많아졌음을 볼 수 있다. 회의주의 관련 논문은 7편인데, 그 중에는 '비트겐슈타인에서의 확실성과 회의주의', '비트겐슈타인의 criterion 개념'과 같은 비트겐슈타인 관련 논문이 4편이어서 그에 대한 관심이 한국에서 가장 높았음을 다시 깨닫게 한다.

III. 비트겐슈타인적인 철학적 입론

비트겐슈타인의 글은 禪詩와 禪門答같이 검소하고 간결하다. 『논고』는 선시를, 『탐구』는 선문답에 더 닮아 있다. 그래서 비트겐슈타인의 철학적 뜻을 포착하려면 쓰여져 있지 않은 행간의 의미를 읽어내야 한다.

최근 이승종[17]은 비트겐슈타인의 철학을 논리철학적으로 탐구한 저서 『비트겐슈타인이 살아있다면』을 선보였다. 그것은 비트겐슈타인의 전·후기 철학을 철두철미 다음의 문제에 초점을 두어 밝혀내고 있는 탁월한 저술이다. 모순은 의미의 한계 밖에 있는가 혹은 그렇지 않은가? 그런데 왜 그것이 비트겐슈타인의 철학적 실천을 드러내 보여줄 수 있는 물음인가?

> 왜냐하면 비트겐슈타인은 철학이라는 과제를 모순이 어떻게 그리고 왜 발생하는가 하는 문제를 밝혀주는 것으로 자리매김하고 있기 때문이다. 이것은 말해질 수 있는 것과 없는 것 사이의 복잡하고 유동적인 관계를 인식하는 것을 포함한다.[18]

비트겐슈타인이 제기한 모순적 역설 중에서 한국 철학자의 관심을 가장 많이 받은 것은 무엇일까? 특히, 그들이 그 역설적 의미에 대한 나름의 창의적 성찰에 근거하여 자신의 독특한 관점과 입론을 세우게 기여한 역설은, 있다면 무엇일까? 내가 보기에, 크립키가 '회의론적 역설'이라고 부른 『탐구』 §201에 서술된 규칙따르기의 문제가 바로 그것인 듯하다. 비트겐슈타인의 언어관, 철학관, 과학관, 종교관, 의미론, 존재론, 가치론, 지식론 및 현대철학적 위치 등등에 관련한 수많은 한국적 저술은 대체로 그의 철학의 면면을 이해하기 위한 개괄적 해설들이었다. 그런데, 스스로 풀어보고 되새겨 봄으로써 그가 던진 문제에 대한 자신의 대답을 자신의 철학의 논거로 삼는, 한국에서의 비트겐슈타인적인 철학의 중요한 지적 원천의 한 곳은 바로 『탐구』 §201에 있었음을 본다. 『탐구』 §201을 놓고 논의를 전개해보자.

---

17) 이승종, 『비트겐슈타인이 살아 있다면』, 문학과 지성사, 2002.
18) 위의 글, 21쪽.

우리의 역설은 이것이었다. 모든 행위방식이 하나의 규칙과 일치하도록 만들 수 있기 때문에 규칙은 어떠한 행위방식도 규정할 수 없다. 대답은 이것이었다. 모든 것이 그 규칙과 일치하도록 만들 수 있다면, 또한 그 규칙과 모순되도록 만들 수도 있다. 그러므로 여기에 일치도 모순도 있을 수 없게 되고 만다.

여기에 하나의 오해가 생겨났는데 그것은 우리가 앞서의 논의들에서 하나의 해석 다음에 또 다른 해석을 제시한 데서 연유한다. 그 해석들은 잠깐 그럴 듯하게 보일 뿐 곧 또 다른 해석이 뒤이어 나타나곤 한다. 이를 통해 드러나는 것은 해석이 아닌 규칙의 파악이 있다는 점이다. 그 규칙이 드러나는 것은 우리가 "규칙을 따름"이나 "규칙을 위반함"이라고 말하는 실제의 경우에서이다(『탐구』§201).[19]

언어적 행위는 규칙을 따르는 행위이다. 그러니까 언어적 행위를 하려면 그 규칙을 알아낼 수 있어야 한다. 그 규칙을 어떻게 알아낼 수 있는가? 그 규칙을 알 수 있게 하거나 해석해낼 수 있게 해 줄 경험적 증거와 자료는 무엇인가? 그것은 우리가 관찰할 수 있는 행위 방식들 밖에는 없을 듯하다. 그런데 생각하기에 따라서, 모든 행위 방식들이 어느 규칙과도 일치하는 것으로도 모순하는 것으로도 해석될 수 있다. 과연, 행위 방식들에 관한 관찰자료를 근거로 삼아 어떻게 그것들이 따르고 있는 규칙을 확정하거나 알아낼 수 있을 것인가? 그럼에도, 우리가 언어를 배운다는 것, 언어적 행위를 실천하고 있다는 것은 부인할 수 없는 명백한 사실이다. 어떻게 그 사실이 가능한가? 규칙따름의 역설은 이렇게 반문하는 듯하다.

이 반문은 이론적으로 해결되어야 하는가? 다시 말해서, 규칙따름의 역설은 정당한 문제제기인가? 역설을 빚은 전제는 받아들일만한가? 긍정적인 한 해결방안은 이러하다. 언어들의 규칙, 곧 의미는 그 언어 공동체의 언어사용 문맥에서 성립한다. 그 문맥들을 벗어나서 독립적 행위자료와 사실만으로 그 규칙과 의미의 해석을 확정할 길이 없다. 우리가 그 문맥들에 익숙해 있기에 그 해석을 확정할 수 있고 바로 그 덕분에 우리는 언어를 배우고

---

19) 이 번역은 이명현,『비트겐슈타인과 분석철학의 전개』, 서광사, 1991에 있는 것임.

실천할 수 있는 것이다. 정대현은 이 공동체 문맥이론의 한국적 체계화를 '내재적 맞음'에 맞춰 꾀하고 있다. 한편, 부정적인 한 제거방안은 이러하다. 이 역설은 오해와 몽상의 산물이다. 언어들의 규칙, 곧 의미는 해석이 아닌 실천에서 성립한다. (추상적) 규칙이 있고, 다음에 그것의 (구체적) 실천이 별도로 있는 것이 아니다. 규칙은 규칙의 실천과 다른 것이 아니다. 규칙과 규칙 따르기를 다른 것으로 오해한 탓에 규칙을 해석해내고 그것을 실천한다는 어이없는 몽상이 생겨난다. 우리가 언어를 배우고 규칙을 따르는 사실은 우리가 그 규칙을 생각하고 해석하는 사실에 논리적으로 앞서 있는 원초적인 인간적 사실이다. 우리 인간은 생각하고 해석하기에 앞서 먼저 말을 주고받는 동물, 규칙을 따르는 동물인 것이다. 이런 뜻에서, 이명현은 규칙 해석이라는 유아론적 사유의 차원과 규칙 실천이라는 상호주관적 삶의 차원을 구분하고 §201의 '역설'은 나의 의식에서 해석된 규칙들 사이에 일어나는 역설임을 지적한다.[20] 그러니까, "그러한 해석에 의한 규칙과의 '일치' 또는 '모순'은 몽상적 일치 혹은 몽상적 모순에 지나지 않는다."[21] 그러나 언어의 토대는 '나의 의식'이 아니라 '우리의 삶'이고 삶의 형식의 일치라는 것이다.

규칙역설의 긍정론과 부정론의 차이는 이렇게 간추릴 수 있다. 긍정론은 규칙의 확정적 해석을 도모해 줄 새로운 이론을 요구한다. 규칙해석의 불확정성을 해결해버릴 개혁적 대안으로서 새로운 이론을 요구한다. 부정론은 규칙의 확정적 해석의 필요성을 인정하지 않는다. 규칙해석의 불확정성은 이론적 걱정거리가 아니다. 해석에 앞서 우리는 규칙을 실천하고 있기 때문이다. 우리가 규칙을 따른다는 사실은 규칙의 확정적 해석과 설명을 필요로 하지 않는 원초적 삶의 사실이다. 규칙을 따른다는 것은 다름 아니라 '말한다'는 것이다. 이명현은 '이런 말함의 사실이 바로 인간 존재의 모습'이라면서 이렇게 주장한다.

---

20) 위의 글, 129쪽 참조.
21) 위의 글, 128쪽 참조.

이 원초적 현상은 바로 모든 것의 출발점이다. 이것을 밑바탕으로 해서만 인간의 사유와 행동이 가동될 수 있다. 이런 의미에서 그것은 출발점을 형성한다. 물론 그것은 철학함의 출발점이다.[22]

규칙의 해석이 그 실천보다 논리적으로 앞서면, 다시 말해서 규칙의 실천에 앞서 그 해석을 위한 이론이 필요하면, 규칙역설은 이론적 해결을 요구하는 정말 심각한 문제상황을 보인 것이다. 바로 그 요구를 충족시키는 가장 그럴듯한 이론은 언어공동체의 문맥이나 관행에 의거해서 그 역설을 해소시키고 해석을 확정시키는 것일 것이다. 정대현은 이 방식을 따르는 것으로 보인다. 그런데 규칙의 실천이 그 해석보다 논리적으로 앞서 있다면, 규칙역설은 본말전도식의 허망한 문제상황을 연출한 것일 뿐이다. 그것이 허망한 상황인 것은 앞에서는 받아들인 '규칙의 해석이 그 실천에 앞서 있어야 한다'는 전제가 본말을 전도한, 논리적 선후를 혼동한 것이기 때문이다. 그런 혼동과 오해는 '나의 의식'을 철학적 사유의 아르키메데스 점으로 삼고 있는 데카르트 이래의 서양철학 전통에 일반적으로 깃들어 있다. 그러한 '나의 의식'이라는 철학적 거점이 실은 하나의 문법적 허구임을, 그래서 그것 위에 서 있는 관념의 집은 공중누각에 불과한 것임을 비트겐슈타인은 폭로한다고 이명현은 진단한다.[23]

언뜻 대수롭지 않아 보일지 모르지만, 규칙 역설의 회의론적 가치를 긍정하는가 부정하는가의 차이는 존재론적 의미를 띠고 있다. 그 가치를 긍정하는 정대현은 우리가 말을 주고받는 언어생활을 한다는 사실, 곧 우리가 언어규칙을 실천하고 있다는 사실을 설명이 필요한 사실로 보아야 한다. 그 가능성을 부인하는 규칙 역설의 정당한 문제 제기를 보고 있기 때문이다. 그러나 그 가치를 부정하는 이명현에게 말을 주고받는 언어적 사실은 인간 존재의 원초적 현상이다. 따라서 설명이 필요하지 않은, 거기에 대한 어떤 의심도 무의미한, 그래서 모든 철학적 설명의 출발점인 것이다.

---

22) 이명현, 「언어, 사유와 존재」,『실재론과 관념론』, 철학과 현실사, 1993, 402쪽.
23) 이명현,『비트겐슈타인과 분석철학의 전개』, 서광사, 1991, 134쪽 참조.

규칙역설을 보는 이 태도의 차이는 내재주의적 반실재론에로의 귀결을 달리한다. 규칙 역설은 규칙 외재적인, 규칙에 독립해 있는 사실들과 행태들은 결코 규칙의 해석을 확정할 수 없다는 것이었다. 언어의 이해는 그 규칙의 이해이므로, 이는 언어 외재적인 언어 독립적 사실이 언어의 의미를 확정하지 못한다는 것을 뜻한다. 그럼에도 우리는 의미있는 언어생활을, 규칙의 실천을 하고 있다. 이는 거꾸로 규칙의 해석을 확정시키는 것은 규칙 내재적인, 규칙에 의존해 있는 사실들과 행태들임을 귀류법적으로 증명해 준다. 이렇게 볼 때 언어공동체의 문맥이나 관행은 실은 언어적인 규칙적인 생활양식의 사실들이라고 할 수 있겠다. 결국 의미있는 언어 생활을 꾸려가는 우리가 보는 사실의 세계는 언어 내재적이다. 언어 독립적인 사실의 세계는 언어 생활에서 무의미한 것에 불과할 따름이다. 그런 뜻에서 언어 외재적인 사실과의 대응을 진리로 보는 전통적 진리대응설은 무의미한 꿈에 불과하다. 정대현은 이렇게 말한다.

······특정한 표현에 대한 해석의 가능성은 무한하고, 특정한 해석의 가능성을 위한 사실적 문제란 없다. 이러한 상황에서 비트겐슈타인의 처방은 주어진 표현에 대한 특정한 해석의 채택은 생활양식에 의하여 결정된다는 것이다.24)

규칙준수 여부에 대한 사실적 확정이란 크립키의 논문에서 보이는 것처럼 가능하지 않다. 이것은 콰인의 가바가이가 불확정성을 보이는 것과 같은 논리적 문제이다.······
비트겐슈타인은 콰인처럼 규칙준수와 규칙과의 관계를 대상과 기술과의 관계라는 관점으로 보는 것에는 희망이 없다고 생각하지만, 콰인과는 달리 그 관계가 '관용적 제도 안에서 안정적'일 수 있다고 보았다. 관용적 제도는 사실적 객관성을 부여하지는 않지만 공동체가 필요한 만큼의 객관성을 유지한다고 믿는다. 그리고 이것은 우리가 가질 수 있는 유일한 객관성이라고 생각하는 것이다.25)

24) 정대현, 『맞음의 철학』, 철학과 현실사, 1997, 228쪽.
25) 위의 글, 194쪽.

이 말에서 드러나듯이 여기서 확보한 객관성은 실재론적인 사실성을 결여한 상호주관성의 지평만을 갖는다. 정대현은 규칙역설의 의미를 받아들일 때 그것만이 우리에게 열려진 유일한 객관성이라고 보고 있다. 초월적인 존재 대상을 상정하는 외재주의적 '진리'보다는 공동체적인 인식대상을 상정하는 내재주의적 '맞음'에 의거한 그의 철학적 설명의 일관적 노력은 비트겐슈타인의 규칙역설에 대한 그 나름의 반성적 수용이 그 한 까닭이라고 하겠다.

정대현은 최근에 20세기 인식론들이 '언어적' 회의주의에 대한 나름의 대처방식들이라는 시대적 특성을 공유한다고 파악한다. 그 언어적 회의주의의 원본으로서 바로 비트겐슈타인의 규칙역설, 그리고 그 유사한 변형으로서 굿맨의 에메랄드 역설과 콰인의 번역불확정성을 들고 있다.

> 규칙역설이 어떤 방식으로 해소되지 않는다면, 이러한 상황은 인식 내용을 고정하여야 하는 인식론의 가능성에 대해 위협이 아닐 수 없다.……비트겐슈타인의 규칙역설은 인식 내용 자체를 고정할 수 없는 상황을 시사하는 것이다.26)

> 그렇다면 언어적 회의주의는 어떻게 극복될 수 있는가? 규칙역설의 문제를 간파한 비트겐슈타인이나 번역불확정성을 이야기한 콰인이 시사한 대로 공동체의 언어사용 실천에 의하여 언어의 안정성은 확보된다는 것이다.27)

> 현대 인식론이 공유하는 체계의 언어 공동체성은 미래 인식론의 특정한 전망을 가능하게 한다고 생각한다. 체계의 언어 공동체성은 다음을 함축하기 때문이다. 첫째, 어떠한 문제도 공동체 상대적이고 문제선정은 언어공동체에 의한 언어선정을 전제한다. 둘째, 언어공동체와 독립한 일반 인식체계는 가능하지 않다. 그렇다면 하나의 결론이 도출될 수 있다. 어떤 인식체계도 언어공동체의 관심에 의하여 결정되는 특수 체계다.28)

---

26) 정대현, 「인식론의 종언인가?」, 『21세기와 분석철학』, 철학과 현실사, 2000, 150쪽.
27) 위의 글, 170~171쪽.
28) 위의 글, 170~172쪽.

결국, 우리에게 의미있는 객관성은 언어 공동체의 특수한 관심 지평 안에서 누리는 반실재론적인 상호주관성일 뿐이라는 내재주의 철학을 정대현은 일관적으로 견지하는 셈이다. 내가 보기에, 그의 이런 일관적인 자세는 규칙 역설이 우리가 규칙을 준수한다는 사실, 우리가 말을 의미있게 주고받는다는 사실을 위협하므로 설명적으로 그 언어적 실천을 구제해야 한다는 믿음의 논리적 귀결이다.

그러나 이명현이 보기에, 우리가 말을 의미있게 주고받는다는 사실은 설명하거나 정당화할 필요가 없는 우리의 근원적 존재 조건이다. 그것은 모든 의심과 회의의 종점, 곧 모든 설명과 정당화의 출발점으로서 인간 사유의 근원적 지평이다.

> 내가 말을 주고받는 동안, 내가 말을 주고받는다는 사실처럼 나에게 투명한 것은 없다. 거기에 대해 어떤 의심도 불가능하다. 그리고 내가 그러한 말을 주고받는 존재, 대화할 수 있는 존재라는 사실도 나에게 투명하다.……나는 이것을 삶의 '원초적 현상'이라고 부르고자 한다.……그러면 이 원초적 현상이 함축하는 것은 무엇인가? 너의 존재이다.……그러므로 내가 말을 누군가에게 건넨다는 것은 타인의 존재를 함축하며, 동시에 그 타인이 나와 말을 주고받을 수 있는 그 어떤 능력을 가진 존재라는 것을 함축한다. 여기에 함축된 것은 타인의 존재이며, 그 타인과의 상호주관성이다.……상호주관성과 실재론이 바로 언어의 가동을 위한 전제조건, 즉 배경이라는 중요한 통찰에 우리는 여기서 도달한다.[29]

이명현은 '믿음의 사실'이라는 인간존재의 원초적 현상에서 객관성의 뿌리로서의 상호주관성과 실재론의 실마리를 찾아서 논하고 있는 셈이다.

규칙역설은 우리가 규칙들을 따르고 있다는, 언어놀이들을 하고 있다는 사실을 이론적으로 의심스럽고 불투명하게 만드는가? 그렇다면, 그 사실은 투명하도록 이론적으로 새삼 설명될 필요가 있다. 정대현의 반실재론적 언어공동체론은 그 설명의 길을 밟은 끝에 도달한 종점이다. 아니다. 그

---

29) 이명현, 「언어, 사유와 존재」, 『실재론과 관념론』, 철학과 현실사, 1993, 402~403쪽.

306

언어놀이의 사실은 너무나 투명한, 그래서 모든 회의의 종점인, 그러니까
오히려 모든 설명의 초석이어야 한다. 그럼, 우리의 언어놀이를 불투명하게
보이게 하는 규칙역설의 그 힘의 정체는 무엇인가? 그것은 규칙해석을 규칙실
천의 선행적 기초로 보는, 더 일반적으로는 나의 사유를 객관적 실천과
의미의 선행적 기초로 보는 서구정신사의 현대적 전통에 우리가 여전히
젖어 있기에 생기는 힘이다. 비트겐슈타인은 그 전통의 허구와 언어도단을,
이 규칙역설을 빌어 폭로하고자 한 것이었다. 우리에게 언어놀이가 투명하다
는 것은 놀이 참여자의 존재가 또한 투명하다는 것을 뜻한다. 설명이 필요없는
이 원초적 언어놀이에서 이명현은 실재론적 객관성을 본다.

남경희는 비트겐슈타인의 규칙역설에 대한 철학적 검토와 성찰을 중심으
로 삼은 한 논문에서 흥미로운 나름의 주장을 이렇게 내놓고 있다.

이제 마지막으로 비트겐슈타인의 규칙 준수론의 존재론적 함축을 이끌어내
보자. 그의 논의의 핵심은 내적인 것, 초월적인 것, 선험적인 것, 이성적인
것 또는 절대 객관적 사실(the superlative fact)은 그 모두가 사적인 것으로서
규칙준수와 언어사용의 객관적 근거를 제공하지 못한다는 지적이다.[30]

객관성에의 열망은 인간의 기본적인 성향이며 인간의 표징이다.……인간은
아마도 환상의 세계, 백일몽의 세계, 가상의 현실에 만족하지 못할 것이며,
그 이유는 객관성에의 열망이 인간의 생존양식의 본질적 특징임에도 이들을
통해서는 이 열망이 채워질 수 없을 것이기 때문이다.[31]

존재자의 필수조건은 그것이 우리 삶의 언어게임에서 쓸모가 있어야 한다는
것이다. 존재함이란 언어게임 속에서 특정 역할을 수행함이다. 그리고 그것이
쓸모가 있음은 그것이 우리와 同類의 모든 인식주체들, 즉 타인들에 의해
객관적으로 인식될 수 있음을 뜻한다.[32]

---

30) 남경희, 「사유의 사유성과 객관적 존재의 거처」, 『실재론과 관념론』, 철학과 현실사,
1993, 455쪽.
31) 위의 글, 460쪽.
32) 위의 글, 456쪽.

객관적 존재와 진리는 타인과 관계에서 구성되고 확보된다. 인간의 정치적 사회적 삶은 인간의 존재 세계이며, 정치·사회철학은 존재론적 측면을 그리고 존재론은 정치·사회철학적 측면을 갖고 있다.33)

남경희는 언어게임에서의 용도가 존재의 요건이라고 보는 점에서 내재주의적 존재론의 한 관점을 취한다. 그런데 게임에서의 그 용도는 객관적이다. 그리고 그 객관성은 타인과의 관계에서 확보된다고 보는 점에서 정치·사회적 측면을 갖는다는 관점을 취한다. 규칙역설을 소재로 우리의 객관적인 언어생활이 바로 곧 정치·사회적인 생활과 다른 것이 아니라는 놀라운 통찰을 하고 있는 셈이다.

비트겐슈타인 철학의 수용에서 시작하고 그에 관한 논의도 가장 알차게 영글었던 한국에서의 영미철학 수용의 창조적 결실을 보여주는 한국어 대작을 우리는 한 해에 동시에 이 땅에서 대면하는 기쁨을 갖게 됐다. 그것은 바로 정대현의 『맞음의 철학』,34) 남경희의 『말의 질서와 국가』,35) 그리고 이명현의 『신문법서설』이다.36)

정대현은 의사소통에 필요한 규칙 따르기는 생활 양식의 일치를 요구하며 이 요구는 언어에 선행해 있는 '맞음'에 의해 충족될 수 있다는 이론을 제시한다. 의미와 진리에 관한 기존의 주도적 이론들에 대한 비판과 '맞음'의 우리말 사용을 분석함으로써 그는 비트겐슈타인의 걸맞음과도 연관될 수 있는 '맞음'의 원초성을 논변으로 보여준다. 퍼트넘의 내재적 실재론을 연상시키는 그의 '맞음'의 내재적 실재성은 현금의 주도적인 철학 이론들이 갖는 여러 난점을 벗어날 수 있을 하나의 길을 새롭게 밝혀준다. 이는 비트겐슈타인철학 수용의 한 한국적 결실이라고 해도 지나치지 않다.

이명현의 『신문법서설』은 다차원적 사고의 열린 세계를 향한 문화철학의

---

33) 위의 글, 460쪽.
34) 정대현, 『맞음의 철학』, 철학과 현실사, 1997.
35) 남경희, 『말의 질서와 국가』, 이화여대 출판부, 1997.
36) 이명현, 『신문법서설』, 철학과 현실사, 1997.

서설이다. 그는 근대적 철학함의 출발점이었던 '나의 의식'이 가능한 언어의 조건, 사유 활동의 조건을 결여한 것이며 앞으로의 문화적 출발점은 '더불어 삶'이어야 함을 논변한다. 이 논변은 우리의 선택과 무관하게 주어져 있는 인간의 원초적 삶의 형식이 언어 가능성의 기반이라는 그의 오랫동안의 비트겐슈타인적 통찰에서 성립해 있다.

남경희는 '존재성과 정치성을 연결하는 연결 고리가 언어'라는 생각을 언어에 관한 비트겐슈타인의 이야기에서 얻는다. 그는 언어가 존재계의 전개, 권력과 규범의 기반, 이성의 구축 기반까지 제공한다고 여기고 그의 독특한 정치철학을 입론한다.

이러한 세 분의 창의적 철학이 여기서 논의한 규칙따르기의 역설에 대한 제 나름의 독특한 통찰과 깊은 관련이 있다는 것을 우리들은 쉽게 간파할 수 있을 것이다.

Ⅳ. 실재론과 관념론

미국 분석철학의 유력한 철학자 중 한 분인 김재권이 지난 84년 11월 경북대학교에서 「최근 철학의 칸트적 경향」을 발표했다. 그 요지인 즉, D. 흄을 역사적 대부로 삼은 논리실증주의운동이 퇴색하면서 1960년대부터 칸트철학이 분석철학 안에서 그 역할과 영향력을 증대시키고 있다는 것이다. 스트로슨, 롤즈, 셀라즈 및 치좀을 거론하고 나서 형이상학, 심리철학 및 언어철학에서 독특한 세력을 구축한 D. 데이비슨의 이론이 상당히 칸트적임을 이렇게 밝히고 있다.

칸트와 데이비슨의 공통점은 관념론적인 철학적 관점이라고 할 수 있다.……데이비슨의 주장은, 우리의 믿음이 전반적으로 참이라는 것은, 언어와 사고의 가능성의 전제조건이라는 것이다. 개별적인 믿음이 참이냐 아니냐는, 물론, 개별적으로 검증하여야 한다. 그러나 믿음이 일반적으로 참이라는 것은 선험적인 철학적 논증의 결론으로 증명할 수 있다는 것이 그의 주장이다.

이런 선험적인 논증이 칸트의 선험적 논증과 중요한 공통점이 있다.……37)

데이비슨은 오늘의 영미경험론철학의 대부격인 콰인의 제자였지만, 필적할만한 나름의 독자적 이론과 세력을 오늘날 또한 형성하고 있는 철학자이다. 그런데 데이비슨이 콰인과 그 이론을 달리할 때 그 이유는 빈번히 칸트적이라는 것이 김재권의 지적이었다.

김재권은 1984년 당시 한 학기 예정으로 서울대학교에서 '행동철학' 세미나를 열고 있었다. 그 영향이 가장 컸으리라 추측하는데, 1980년 중반 이후부터 한국에서도 콰인철학에서 머물던 연구가 데이비슨철학에로 진전하기 시작했던 것 같다. 김재권은 그 후에도 2000년 9월에 다시 서울대학교에서 '심리철학' 세미나를 한 학기간 맡아 주었다. 이 두 세미나의 영향이 컸으리라. 데이비슨과 김재권 철학의 이론적 갈등은 한국의 심리철학 논의에서 중요한 한 고랑을 이룬다. 그런데 한국에서 분석철학적 이론들의 새로운 수용과 이해는 여전히 비트겐슈타인적인 철학적 지평을 벗어나지 않고 있는 면이 강하다. 비트겐슈타인의 『논고』와 『탐구』 및 주요 저술을 훌륭한 우리말로 옮겨 놓은 이영철은 "데이비슨의 원초적 해석론에서 비트겐슈타인의 경우와 친화성을 지닌다고 말해질 수 있는 점들은 다음과 같다"고 이렇게 말한다.

(1)언어 이해의 문제는 언어 사용자의 행위들을 토대로, 그 행위들이 합리적 행동이 되게 만들어 나가는 방식으로 접근되어야 한다. (2)언어 이해는 본질적으로 공적이고, 또 상호주관적이라야 한다. 이해는 객관적인 세계에 대한 반응과 믿음에서 해석자와 피해석자 사이에 상당한 일치가 선행되어야 가능하다. (3)그 일치의 내용은 진리와 정합성을 광범위하게 포함하는 합리적인 것이어야 한다. (4)우리와 다른 개념들이나 믿음들을 가진 사람들이 존재할 수 있지만, 우리가 원리적으로 해석할 수 없을 정도로 근본적으로 다른 언어 또는 개념틀은 존재할 수 없다. 차이나 오류의 부여는 피해석자와 해석자 사이에 체계적 일치가 확립되기까지는 일어날 수 없다.38)

---

37) 김재권, 「최근 철학의 칸트적 경향」, 『실재론과 관념론』, 철학과 현실사, 1993, 27~28쪽.

해석이론을 접어두고 보더라도, 비트겐슈타인은 무릇 체계적인 이론 자체를 매도했던 철학자이다. 그런데 데이비슨의 체계적 해석이론을 구성한 그 중요한 원리들이 이렇게 비트겐슈타인적이라는 것은 무척 흥미로운 통찰이다.

최근 분석철학의 칸트적 경향을 데이비슨에 앞서서 비트겐슈타인에서 찾아보는 엄정식의 주장도 무척 흥미롭다.

> ……칸트와 비트겐슈타인 사이에는 놀라운 유사점이 있다. 이성에 대한 관심을 언어에 대한 관심으로 옮겨와서 그 한계를 설정했다는 점에서 그는 비판철학의 면모를 보여주었지만, 이것이 이론적 차원에서 머물러 있을 때 모순과 역설에 부딪히게 된다는 점을 인식하고 실천의 문제로 확장시켰다는 점에서도 역사 유사점을 보여준다. 칸트가 실천이성의 비판을 통해서 이성의 실천적 사용과 범위와 한계를 설정한 것처럼 비트겐슈타인은 언어적 게임을 철학적 탐구를 근거로 해서 그 실천적 활용을 더 중요시하고 있는 것이다.[39]

칸트와 데이비슨의 철학적 관점이 관념론적이라는 것은 그들의 철학적 논증방식이 선험론적이라는 것과 별로 다른 것이 아닐 것이다. 그런 뜻에서는 또한 칸트와 비트겐슈타인이 별로 다를 것이 없다고 하겠다. 칸트철학에서 우리의 인식 대상은 우리의 인식 체계에서 독립해 있을 수 없다. 여기서 '인식 체계'에 '언어(개념) 체계'를 대입시키면 비트겐슈타인과 데이비슨의 철학에서 다음이 성립한다. 우리의 언어(개념) 대상은 우리의 언어(개념) 체계에 독립해 있을 수 없다. 그렇다면, 인식 체계의 원리에 관한 선험적 논증을 통해 인식 대상의 일반적 구조를 드러낼 수 있듯이, 마찬가지로 언어(개념) 체계에 관한 선험적 논증을 통해 언어 대상의 일반적 구조를 드러낼 수 있을까? 내가 보기에, 비트겐슈타인의 언어 놀이들에 대해서 타당한 말은 아닌 듯하다. 그것들에서 드러나는 '가족유사성'은 비트겐슈타

---

38) 이영철, 「이해와 합리성」, 『합리성의 철학적 이해』, 철학과 현실사, 1998, 84~85쪽.
39) 엄정식, 「분석형이상학의 전개와 그 과제」, 『21세기와 분석철학』, 철학과 현실사, 2000, 104쪽.

인이 강조했듯이 경험적 관찰과 주목을 요구하는 것일 터이기 때문이다.

칸트는 인식할 수 없는 세계의 존재를 상정했다. 즉, 그런 세계에 대한 논의의 의미를 살려 놓았다. 그런 세계는 인식될 수 없지만 의미있게 말해질 수는 있다. 마찬가지로 언어화할 수 없는 세계의 존재를 상정할 수 있을까? 결코 언어화할 수는 없지만 의미있게 말해질 수 있는 세계는 모순적 존재로 보인다. 그럼에도, 세계가 언어에 외재하는가 내재하는가와 관련한 실재론 논쟁은 이렇게 우리의 관심을 받았다. '외재'와 '내재'에서 '외'와 '내'는 비유적 표현이다. 언어의 밖과 안을 가리는 공간적 경계가 있을 리가 만무할 터이기 때문이다. 더 명료한 이해는 '독립'과 '의존'을 빌어 이해하는 것이다. 세계가 언어에 외재한다는 것은 세계가 언어에 독립해 있다는 것, 즉 세계는 언어가 없이 존재할 수 있다는 것이다. 반면에 세계가 언어에 내재한다는 것은 세계가 언어에 의존해 있다는 것, 즉 세계는 언어가 없이 존재할 수 없다는 것을 뜻한다. 이렇게 이해하면, 세계가 언어에 외재한다는 실재론이 상식적으로는 당연하고 자연스럽다. 그러나 철학적 사정은 그렇게 쉽지가 않다. 문제는 '언어적으로 기술된 세계'에서의 그 '세계'가 그 '언어'에 정작 독립해 있을 수 있는가이기 때문이다. 그리고 이에 관한 한, 그 세계와 그 언어 사이에 맺어져 있는 '지칭'이나 '지시'의 관계가 과연 언어에 독립해 있을 수 있는가에 대한 콰인, 데이비슨 및 퍼트넘과 같은 유력한 철학자들의 깊은 의심이 도사려 있다. 비트겐슈타인의 규칙 역설이 아마도 이런 의심의 원본이고 뿌리일 것이라는 정대현의 추측은 앞 장에서 언급하였다.

김여수는 실재론과 관념론의 어느 쪽이 언어행위와 과학의 성공을 더 잘 설명하는 경험적 가설일 수 있는가를 평가하면서 이렇게 실재론의 손을 들어준다.

모든 명제의 참됨과 거짓됨은 초이론적 또는 초인식적 실재에 의해서만 결정될 수 있다는 실재론의 입장은 언어행위의 성공을 위하여 필수적인 배움의 신빙성이 어떻게 확보되는가를 선명하게 보여준다.40)

312

실재론에 의하면 확립된 과학이론에서 언급되는 대상들은 독립적으로 존재한다. 그렇다면 과학이론이 관련된 현상들에 대하여 성공적으로 설명하고 예측하는 데 성공한다는 사실에 대한 자연스런 설명은, 그 이론이 그 대상들에 대한 적어도 부분적으로 참인 기술이라는 것이다. 즉 그 이론을 구성하는 명제와 그 이론이 언급하는 대상들로 구성된 상응관계를 적절하게 나타내고 있다는 것이다.[41]

그러나, 김여수가 보기에, 이것은 경험적 이론으로서의 실재론의 충분조건이 될 수 없다. "과학이론을 포함하는 언어가 실재론에 대한 기술이 될 수 있기 위해서는 언어와 실재가 어떻게 상응하고 있는가, 즉 상응관계의 구체적 형태에 대한 설명이 전제"[42]돼 있어야 하기 때문이다. 그런데, 콰인이 내세우고 퍼트넘이 더 강화시킨 '지시관계의 불가해성 원리'는 상응관계를 보일 수 있는 확정적 지시관계의 가능성을 봉쇄한다. 언어성향의 총체 또는 모든 문장들의 진리치를 변화시키지 않는 조건에서 다의적 지시관계 또는 의도되지 않은 해석이 가능하다. 결국, 일의적 지시관계는 한 배경언어 또는 한 개념체계에 의존할 수밖에 없다는 것이 요즘은 정설처럼 받아들여지는 편이다.

언어 밖에 있는 세계에 대한 실재론은 언어행위와 과학의 성공을 잘 설명하지만, 그것이 전제한 언어와 세계의 지시관계는 관념론이 더 잘 설명한다. 그것은 결국 언어 안에서만 확정될 수 있기 때문이다. 이 딜레마에서 어떻게 빠져나올 수 있단 말인가? 김여수는 이렇게 말한다.

딜레마에서 빠져나가는 고전적인 방법은 딜레머의 다른 뿔을 잡는 것이다. 객관적 세계의 존재와 언어의 필연적 이론의존성을 세계 이해에 있어서의 제약요소가 아닌, 바로 세계의 기본 골격으로 보고자 하는 것이다. 퍼트넘이 제시하는 이른바 내재적 실재론에 따르면, "정신과 세계는 공동으로 세계를

---

40) 김여수, 「진리와 실재론」, 『실재론과 관념론』, 철학과 현실사, 1993, 202쪽.
41) 위의 글, 203쪽.
42) 위의 글, 205쪽.

만든다."……따라서 하나의 언어적 표현과 그것이 지시하는 대상은 다 같이
전체적 기술체계에 내재한다. 이 기술체계를 받아들였을 때 우리는 비로소
미분화된 세계를 대상들로 세분하고, 어떤 언어적 표현이 어떤 대상과 상응하
는가를 말할 수 있다.[43]

그럼, 여기서 그 기술체계를 받아들이는 우리는 그것에 내재하는가 외재하
는가? 그 우리는 미분화된 세계에 속하는가, 분화한 세계에 속하는가? 당혹스
럽게 하는 이 물음은 우리가 초월과 내재의 양면을 갖는 이성적 존재임을
보이는 원초적 반문일 뿐인가. 곰곰이 새겨볼 문제이다.

김동식에 따르면, 퍼트넘은『인간의 얼굴을 한 실재론』에서 자신의 '내재
적 실재론'이 내재주의와 외재주의의 이분법을 찬성하는 것이 아니라 오히려
사실과 가치, 사실과 규약의 이분법을 반대하는 것이라고 한다. 그는 퍼트넘
의 다음 말을 인용하면서 그 내재적 실재론을 이어서 이렇게 힐난한다.

우리는 '언어'나 '마음'이라고 부르는 것의 요소들이 우리가 '실재'라고
부르는 것에 아주 깊게 침투하여서 우리들 스스로를 '언어에 독립적인' 무엇을
'그려내는 자들'이라고 보려는 프로젝트 자체가 그 출발에서부터 치명적으로
위태롭게 된다는 것이다.[44]

사정이 이렇다면, 퍼트넘은 교묘한 줄타기를 하고 있는 셈이다. 그는 우리들
의 인식이 이른바 '사실'과 '규약'이 뒤엉켜진 것으로 이루어져 있다고 보고
있으며, 내재주의나 개념적 상대성을 주장할 때에는 규약이나 개념체계의
중요성을 강조하고, 상대주의를 비판할 때에는 '사실' 또는 '사실적 요소들'을
간과하지 말라고 이야기하고 있는 것이다.[45]

---

43) 위의 글, 208~209쪽.
44) Putnam, H. *Realism with a Human face*, ed., by James Conart, Harvard U. Pr., Cambridge, 1990, p.28.
45) 김동식,「퍼트남의 '내적 실재론'과 실재론 그리고 상대주의」,『실재론과 관념론』, 철학과 현실사, 1993, 295쪽.

그래서, 김동식은 내재적 실재론이 출발점에서 안고 왔던 한계와 문제를
이렇게 총평한다.

> 한편으로는 내재주의와 개념적 상대성을 인정하면서도 동시에 다른 한편으
> 로는 그러한 특징들로부터 귀결되게 마련인 상대주의를 뛰어넘는 합리성을
> 옹호하겠다며 두 마리의 토끼를 퍼트넘은 쫓아 왔던 것이다.[46]

개념적 상대성을 피할 길이 없는 선택사항으로 받아들이는 내재주의가
어떻게 정말 실재론일 수 있을까. 개념체계를 달리하는, 그러니까 문화체계를
달리하는 이들이 보편적 진리를 나누기 위한 합리적 논의를 꾀할 수 있을까?
실은 내재적 실재론은 형이상학적으로는 관념론이다. 어떻게 관념체계들의
객관적 논의규범 내지는 보편적 합리성이 거기에 있을 수 있는가? 이 문제는
무릇 우리의 언어 또는 관념이 번역 또는 해석될 수 있는가와 곧바로 관련된다.
김여수의 개념적 상대주의에 대한 데이비슨적 반론은 단순하지만 직관적
호소력을 지니고 있다.

> 개념적 도식들 사이의 동일성 또는 상이성에 대한 기준은 그들 사이의
> 번역가능성과 긴밀히 연결되어 있다. 상이한 개념적 도식이라는 표현이 의미
> 있기 위해서는, 우리의 언어로 원칙적으로 번역될 수 없는 한 언어 또는
> 우리의 언어로 번역될 수 있는 어떤 언어로도 번역될 수 없는 그러한 언어가
> 존재하여야 한다.
> 그러나 그러한 언어는 있을 수 없다. 일군의 표기들과 소리들을 언어이게
> 하는 것은 무엇인가? 우리 자신의 언어로 번역될 수 있다는 것 이외에 어떤
> 것이 언어인가에 대한 다른 기준이 있는가? 만약 일군의 표기들과 소리들이
> 우리 자신의 언어로 번역될 수 없다면, 그것들이 언어 사용자가 발화하는
> 단어와 문장이라고 가정할 이유가 없다. 그 사람이 언어 사용자, 사유하는
> 존재, 그리고 더 나아가 사람이라고 간주할 이유가 없을 것이다.[47]

---

46) 위의 글, 301쪽.
47) 김여수, 「문화주체성의 이념과 문화 상대주의의 문제」, 『언어 · 진리 · 문화 2』,
    철학과 현실사, 1997, 22~23쪽.

이 반론의 힘은 '해석될 수 없는 개념체계'가 '둥근 삼각형'처럼 결국은 모순적인 용어 또는 개념이 되고 만다는 데에 있다. 해석될 수 있는 것만이 '개념체계'로 불릴 수 있다는 것을 전제하고 있다. 과연 그러한가? 그렇다면, 이 반론은 상대주의의 자기반박 논변의 일종으로 보인다. 여하튼, 칸트의 '의식 일반'의 체계와 같이 데이비슨에게 '해석 일반'의 체계는 불가피하다. 단일한 개념체계 하에서도 개념적 상대성, 나아가서 내재적 실재론은 견지될 수 있다. 그 개념체계에 상대해서만 세계 논의는 의미로울 수 있다고 할 수 있기 때문이다. 이런 개념적 상대주의는 진리와 인식의 보편적 이상이나 규준을 원리적으로 배제하지 않는다.

V. 철학적 자연주의

지난 1960년대에 이르면서 서양의 분석철학이 흄적인 실증론에서 칸트적인 선험론으로 전환하는 경향이 두드러졌다는 김재권의 강연내용은 이미 간략히 소개했다. 이제까지 논의한 한국의 분석철학도 이 칸트적 경향의 시대 조류에 따른 것으로 보인다. 그러나 여기서 논의할 인식과 심성에 관한 자연주의는 흄적인 철학적 관점으로 보아야 한다. 자연주의의 문제는 믿음의 정당성과 마음의 지향성을 어떻게 자연화할 수 있는가의 문제로 모아진다. 이 오늘의 자연주의는 W. 콰인이 새로이 주창하고 보급시킨 것이라고 할 수 있다. 그는 흄의 원자주의를 버리고 전체주의적 경험론을 새롭게 발전시킨다. 그리고 철학이 과학과 방법론적 차이를 원리적으로 갖지 않는다고 주장한다. 철학은 과학과 동일선상의 학문이다. 이 철학관이 비트겐슈타인의 철학관을 정면으로 부정한 것임은 너무나 명백하다.

김효명은 '흄의 자연주의'를 이렇게 마무리하고 있다.

  ……흄은 인과와 귀납에 대한 믿음, 외부 대상의 존재에 대한 믿음, 인격의 동일성에 대한 믿음 등을 토대없는 믿음의 대표적인 경우들로 다루었는데,

316

앞에서 논의하였다시피 이러한 믿음들을 다룸에 있어 그는 한마디로 그러한 믿음들에 대한 합리적 정당화는 원천적으로 이루어질 수 없기 때문에 정당화 작업은 포기해야 하고, 그 대신 그럼에도 불구하고 왜 우리는 그러한 믿음들을 가지게 되었는지에 대한 자연적 내지는 발생적 설명에 초점을 맞추었다. 바로 이 점이 그의 철학을 인식론적 측면에서도 자연주의라고 볼 수 있는 요인이 된다. 따라서 흄이 자연주의적 입장을 취했기 때문에 회의주의로 빠질 수밖에 없었다는 칸트의 진단과는 다르게 오히려 자연적 믿음들에 대한 정당성의 회의가 자연주의로 귀결되었다고 보는 것이 흄 철학에 대한 더 정확한 평가가 아닌가 한다.[48]

아마도 이 평가는 자연화 프로그램을 실천하는 오늘의 콰인에게도 타당한 말일 것이다.

김도식에게 전통적인 규범적 인식론과 새로운 자연적 인식론은 서로 공존 하면서 서로의 가치를 살려나가야 한다. 그 이유는 다음 세 가지 물음의 논리적 관련에 관한 성찰에 의해 명쾌하게 밝혀진다.[49]

Q1) 우리는 어떠한 믿음을 가져야 하는가?
Q2) 우리는 실제로 어떠한 믿음을 갖는가?
Q3) 우리가 실제로 믿음을 형성하는 방식이 우리가 믿어야만 하는 믿음을 산출하는가?

규범적 인식론은 Q1을, 자연적 인식론은 Q2를 탐구 주제로 삼는다. 그 주제에 국한한 한, 상식적으로 그 두 종류 인식론이 논리적 갈등을 일으킬 소지는 없다. 그러나 Q1의 대답이 Q2의 그것과 논리적으로 독립한다는 규범적 인식론과 Q1이 Q2의 대답으로 대체되어야 한다는 자연적 인식론으로 미치면, 그 갈등은 죽자살자식으로 치달을 소지가 있다. 김도식이 보기에, 상호협력과 번영의 길은 간단하다. 각 진영이 Q1과 Q2의 고유한 가치와

48) 김효명, 「흄의 자연주의」,『철학적 자연주의』, 철학과 현실사, 1995, 33~34쪽.
49) 김도식, 「자연주의적 인식론의 한계」,『철학적 자연주의』, 철학과 현실사, 1995, 126~149쪽 참조.

업무를 인정하고 분업하면서 Q3의 긍정적 대답을 위하여 동업해 나가는
것이다. 그러나, 김도식의 논의가 긍정적 지지를 얻기 위해서는 Q2가 다음의
Q2*와 별로 다르지 않은 문제라는 것이 먼저 대체로 수용될 수 있어야
할 것이다.

Q2*) 우리가 실제로 믿음을 형성하는 방식은 무엇인가?

이 문제는 Q2처럼 무엇을 믿는가를 묻는 것이 아니다. 이것은 어떻게
믿는가를 묻고 있으며 바로 이 물음이 Q3와 직접적인 논리적 관련을 갖는
것 같다.

규범적 인식론은 믿음과 그 증거의 내용을 주목한다. 정당화 관계는 의미적
관련에서 성립하는 것이기 때문이다. 자연적 인식론은 그 증거가 그 믿음을
실제로 형성하는가에 주목한다. 한 사람이 그 믿음과 그 증거를 갖고 있더라도
그 믿음이 그 증거 때문에 형성된 믿음이 아니면, 그 믿음은 정당성을 갖지
못한다는 것이 자연적 인식론이 그 문제를 주목하는 이유일 것이다. 이
문제는 인식 정당화의 한 요소로서의 '연결'의 문제이다. 김기현은 이에
대한 주도적 인과론의 일방향적 견해가 우리의 중요한 실제적 추론과정을
무시하고 있는 편협한 견해라고 비판한다. 인과관계는 시간적 선후의 관계이
다. 이 때문에 전제 믿음에서 결론 믿음에 이르는 전진적 추론과정에 의거하는
일방향적 인과론이 주류를 이루는 편이다. 그러나, 김기현이 보기에 "인간의
추론의 한 특성은 전제로부터 결론을 연역하는 과정이 '원하는 결론에 민감한
방식으로' 이루어진다"[50]는 면이 강하다. 그래서 사람들이 결론으로부터
후진적으로 추론하는 사실은 비교적 흔한 일이다. 김기현은 그런 후진적
추론의 실제 과정에 의해 전제 믿음과 결론 믿음이 연결됨으로써 결론 믿음이
정당화되는 경우를 제시하면서 연결에 대한 반사실적 인과 분석의 잘못을

---

50) 김기현, 「자연화된 인식론과 '연결'」, 『철학적 자연주의』, 철학과 현실사, 1995,
    91쪽.

지적한다.[51] 김기현의 분석은 인식론의 자연화 시도의 좋은 본보기를 보여준다고 하겠다.

심성의 지향성에 관한 자연화 프로그램은 크게 나누어 인과적/정보적 접근 방식과 생물학적/목적론적 접근 방식의 두 가지 유형으로 볼 수 있다. 지향적 관계가 자연적 관계가 아니라는 것은 정말 자연스런 상식이다. 자연적 관계는 관계항의 존재를 전제한다. 그런데 귀신에 대한 두려움이나 죽은 남편에 대한 생각들처럼 '~에 대한 믿음'에서 그 빈 자리를 채울 대상 세계는 자연 세계를 벗어나 있다. '지향성은 심성의 지표이다'는 브렌타노의 유명한 말은 실은 심성이 자연성이 아님을 뜻하는 것이기도 하다. 자연물을 의미하지 않는 어휘나 기호가 그 의미를 가질 수 있는 것은 아마도 그 기호 사용자의 마음이 갖는 그 지향적 특성 덕분일 것이다.

무엇을 의미하는, 가리키는 인지적 심적 상태인 표상(representation)의 경우를 놓고 보자. 표상의 내용은 무엇에 의하여 결정되는가? 이에 대한 좋은 자연과학적 설명 후보는 어떤 것인가? 민찬홍은 "인과론적, 정보이론적 대답보다 더 자연스럽고 직관적인 대답을 찾지 못한다"고 고백하면서 다음의 개략적 정의를 소개한다.

> 어떤 표상 r이 s를 의미한다=r의 내용이 s다=def. s가 r의 내용을 인과하였다 =r은 s에 대한 정보를 담고 있다=r의 내용은 s와 법칙적으로 공변한다.[52]

그러나 민찬홍이 보기에, 이 정의는 기껏해야 자연적 의미에 대한 정의이다. 몸의 반점은 자연적으로 홍역을 의미한다. 그런데 거기에는 지향적 내재(inexistence)가 없다. 홍역이 없는데 반점이 홍역을 의미할 리는 없을 터이기 때문이다. 요컨대, 자연적 표상은 오표상(misrepresentation)일 수 없지만 심적 표상은 그럴 수 있다. 소를 보고 얻은 나의 표상이 말을 의미할 수 있는

---

51) 위의 글, 92~99쪽 참조.
52) 민찬홍, 「정보와 기능과 학습」, 『언어 · 표상 · 체계』, 철학과 현실사, 1999, 185~186쪽 참조.

것이다. 바로 이 오표상의 존재를 어떻게 자연화할 수 있는가가 실은 자연주의의 핵심 문제라고 민찬홍은 파악하고 있다.

민찬홍은 생물학적 기능과 법칙적 공변을 빌어 오표상이 어떻게 가능한가를 설명하려는 F. 드레츠키의 자연화 전략이 아직은 가장 설득력을 갖는다고 보고 있다. 그럼에도, 관계적인 의미 속성이 원인적 힘을 가질 수 있다는 것이 물리주의적 인과 개념 안에서 어떻게 안착할 수 있는지를 드레츠키는 여전히 보여주지 못했다고 보고 있다.

자연화 시도를 보는 민찬홍의 철학적 진단과 전망은 정말 자연스러워 보인다.

> 우리가 '철학적 반성'이라고 뭉뚱그려서 말하는 것에는……적어도 '형이상학적'인 반성과 '예비과학적(proto-scientific)' 반성이라고 구별할 수 있을 두 가지 다른 작업이 포함된다.
> ……지향성을 자연화하려는 작금의 시도들은 예비과학으로서의 성격을 강하게 드러낸다.……지향성에 대한 어떤 과학을 낳기 위한 산통인 것 같다. 이들의 노력이 성공적인 결실을 맺는다면……지향적 심리학은 물리주의적인 과학적 세계관 속에서 디딜 곳을 얻을 것이다.……과학사는 과학의 성공적인 이론들이 온갖 형이상학적 난점들에 대하여 대답한 것이 아니라, 오히려 이론의 성공에 맞추어 형이상학적 프레임이 변화를 겪었던 사례들로 가득차 있다.……지금의 상황이란 지향적 심리학을 자연주의적으로 이해할 만한 것으로 발전시키려는 하나의 프로그램이 우리가 가진 한 줌의 형이상학적 직관과 정합적이지 않다는 사실이다.[53)]

VI. 맺는말

최근 10년간 한국에서 가장 분석철학적 연구와 논의가 활발하고 알찼던 분야는 심리철학일 것이다. 미국 브라운 대학의 김재권 교수의 귀국 강연과 세미나, 그와의 토론 경험 및 그의 저서들의 번역 출간 등은 이 땅의 심리철학

---

53) 위의 글, 212~213쪽.

이 국제적 수준의 안목을 갖게 하였다. 그러나, '심리철학의 한국적 수용과 입론'을 여기서 논하지는 않겠다. 그것은 별도의 지면을 요구할 만큼 정리할 거리가 많을뿐더러, 아직은 더 논의의 진행과 추이를 더 기다려보는 것이 간추리기 쉬울 듯도 하기 때문이다.

그렇지만 한국의 심리철학자들의 마음을 대략 이렇게 촌평해 보는 것으로 이 졸고를 마치기로 한다. 환원론적 물리주의의 불가피성을 내세우는 김재권의 그 깨끗하고 정교한 논변을 우리는 마음 안에 새겨두고 있다. 그러나 그 환원주의가 우리의 마음에 썩 내키지 않는다. 무슨 허점 때문일까. 우리의 마음들은 서로 궁금해 하고 있다.

조선시대 유학연구 再讀

이봉규

1. 머리말

조선시대 성리학과 실학에 대한 연구사를 재검토하는 논문들은 역사학계
와 철학계에서 꾸준히 제출되어 왔다. 역사학계에서는 매년 회고와 전망의
형태로 정기적으로 제기되었고, 철학계에서는 1980년대 후반부터 윤사순,
금장태, 김승혜, 최영진, 최영성 등 여러 연구자들에 의해 검토되었다.1)

1) 주요한 선행연구들은 다음과 같다.
  鄭奎薰, 「사상분야에서의 한국학 연구의 회고」, 『國學研究』 제2집, 국학연구소,
  1988.
  高亨坤・柳承國, 「韓國哲學의 어제와 오늘(對談)」, 『韓國思想과 現代』, 서울 : 동
  방학술연구원, 1988.
  琴章泰, 「한국유학사 연구자료의 분석」, 『한국유교의 이해』, 서울 : 민족문화사,
  1989.
  金恒洙, 「조선후기 유학사상 연구현황」, 『韓國中世社會解體期의 諸問題(上)』, 서
  울 : 한울아카데미, 1991.
  金炫榮, 「실학연구의 반성과 전망」, 『韓國中世社會解體期의 諸問題(上)』, 서울 :
  한울아카데미, 1991.
  洪順敏, 「조선후기 정치사상 연구현황」, 『韓國中世社會解體期의 諸問題(上)』, 서
  울 : 한울아카데미, 1991.
  琴章泰, 「韓國儒學史 研究의 現況과 方向」, 『종교학연구』 제12집, 서울대 종교학연
  구소, 1993.
  한국역사연구회, 「조선시대 유학사상 연구」, 『역사와 현실』 제7호, 역사비평사,
  1992.
  尹絲淳, 「韓國儒學의 研究史的 檢討」, 『철학』 제39집, 한국철학회, 1993 ; 서울대학

이들 선행 연구성과를 기초로, 본 글은 해방 이후 시기에 이루어진 조선시대
성리학과 실학에 대한 연구성과들을 철학적 쟁점을 중심으로 살펴보았다.
　대상 시기는 해방후에서 현재까지로 잡았으며, 분석 대상은 단행본과
박사논문을 중심으로 하였다. 구성은 1945년~1969년, 1970~1979년, 1980
년~1989년, 1990년 이후 등 4시기로 구분하여, 1990년 이전은 단행본을
중심으로, 그 이후는 박사학위논문을 중심으로 연구된 쟁점들을 살펴보았다.
시기 구분은 서술분량과 관련한 편의상 구분으로 이 글의 논점과 상관이
없다. 본 연구에서 여말선초 성리학을 비롯한 조선이전의 유학, 예학, 근현대
유학사상에 대한 연구성과는 검토하지 못하였다. 추후에 기회가 있을 때
보완할 과제로 남긴다.2) 이하에서 언급된 자료들에 대한 자세한 서지사항은

　　교 종교문제연구소,『한국종교 연구사 및 연구방법』(한국인의 종교관Ⅰ), 1994.
　한국철학연구회(편),『해방 50년의 한국철학』, 서울 : 철학과 현실사, 1995.
　李翰雨,『우리의 학맥과 학풍』, 서울 : 문예출판사, 1995.
　宋甲準,「한국유학 연구의 현황과 과제」,『대학교육』제2호, 한국대학총장협회,
　　1995.
　安炳周,「韓國의 儒敎思想硏究 現況과 方向」,『儒敎學硏究』제1집, 유교학술원,
　　1997.
　李東俊,「광복 50년 한국유학의 思想史的 位相」,『광복 50주년 국학의 성과』, 한국정
　　신문화연구원, 1996/『유교의 인도주의와 한국사상』, 서울 : 한울아카데미, 1997.
　崔英辰,「해방 후 50년의 한국유교 연구사·박사학위논문을 중심으로」,『종교연구』
　　13, 한국종교학회, 1997.
　최재목,「韓國에서의 陽明學 硏究成果의 回顧와 展望」,『중국학보』38, 한국중국학
　　회, 1998.
　金勝惠,「한국유교연구 100년」,『한국종교문화연구 100년』, 서울 : 청년사, 1999.
　鄭聖植,「한국철학연구의 현황과 과제」,『동양철학연구』제21집, 동양철학연구회,
　　1999.
　崔在穆,「韓國陽明學硏究에 대한 回顧와 展望」,『哲學會誌』제21집, 영남대학교,
　　1997.
　강만길 편,『조선후기사 연구의 현황과 과제』, 서울, 창작과비평사, 2000.
　최영성,「동양철학 연구 五十年史」,『韓國思想과 文化』10, 한국사상문화학회,
　　서울 : 修德文化社, 2000.
　2) 예학에 대한 연구사는 졸고,「예송의 철학적 분석에 대한 재검토」,『대동문화연구』
　　31, 1996 ; 박종천,「조선시대 典禮論爭에 대한 재평가」,『韓國思想과 文化』11,

부록으로 제시한 목록을 참고하기 바란다.

2. 1945년~1969년

조선시대 유학에 대한 현대적 연구의 시작은 1890년대 애국계몽기로 거슬러 올라갈 수 있다. 애국계몽운동을 거쳐 일제 강점기 동안 진행된 조선 지식인의 조선시대 유학 연구는 기본적으로 抗日과 反封建이라는 운동사의 측면에서 진행되었다. 그리고 그 시각은 해방 이후에도 기본 시각으로서 영향을 미쳤다.[3] 일제강점기 反帝反封建 관념은 정치운동의 차원이 아니라 당시 근대적 지식에 접하였던 동아시아 진보적 지식인들이 공유하였던 시대적 관념이었다. 해방이후 국제적으로 냉전체제가 성립하면서 反帝 관념은 새롭게 변하였다. 외세의 개입과 좌우 정치체제의 분열로 인해 한반도가 냉전체제의 격전장이자 희생양이 되면서, 반제의 관념은 기본적으로 좌우정치체제를 대변하거나 비판하는 이데올로기의 성격을 지니게 되었다. 이것은 학문적 연구에 좌우정치체제의 압력이 작용하게 만들었고, 그 결과 연구의 범위와 깊이가 축소되고 왜곡되는 현상이 발생하였다. 현재에서 돌이켜볼 때 이 악영향은 남한의 연구에서보다 북한의 연구에서 더 깊게 나타났다.

1945년 張道斌(1888~1963)은 일제강점기 시절 저술하였던『朝鮮思想史』를 다시 간행하였고, 1949년에는 玄相允이『조선유학사』를, 1950년에는 김득황이『韓國思想의 展開』를 간행하였는데, 그 가운데 현상윤의『조선유학사』는 비교적 체계성을 지닌 최초의 본격적 연구서라고 할 수 있다. 현상윤은 저서에서 조선 이전의 유학은 매우 소략하게 다루고, 조선시대 유학을 각 시기별로 특징지우면서 인물별로 주요한 입장들을 드러내고자 하였다. 현상윤은 저서에서 먼저 유학의 사상사적 역할에 관해 긍정적인 면과 부정적인 면, 양측면이 있었음을 지적하였는데, 중종과 선조 대가 성리학 이념의

2001 등이 부분적으로 참고 될 수 있다.
3) 이우성, 「초기실학과 성리학의 관계」,『동방학지』58, 1988, 15쪽.

326

실천에서 볼 때 동아시아 역사에서 가장 탁월한 시기였다고 파악하고, 이후 당쟁에 빠지면서 조선이 붕괴되는 과정의 원인은 유교의 본질 자체에 있다기 보다 유교의 말폐에 있다는 시각을 제기하였다. 이것은 기본적으로 조선시대 유학에서 성리학의 발달을 긍정적 측면에서 이해하려는 입장으로, 당시 좌파 진영에서 성리학을 봉건주의의 핵심으로 간주하고 비판하였던 시각에 대한 대응이라고 할 수 있다.

현상윤은 조광조의 至治主義를 이어 전개된 퇴율시기 성리학을 세계사상 사에 기여한 조선사상의 핵심이라고 보았다. 그는 四七論爭을 중심으로 이황과 이이의 성리학을 기술하면서 이황에 대한 이이의 비판을 자세히 다루어 사칠논쟁을 대하는 자신의 시각을 간접적으로 드러냈다. 사칠논쟁과 관련한 입장을 주리파, 주기파, 절충파의 세 흐름으로 구분하였는데, 이는 다까하시 도루(高橋亨)의 독법과 같은 것이었다. 현상윤은 이기론을 중심으 로 한 성리학의 담론이 숙종 대 이후 현실과 유리되면서 실학파가 한 시대를 풍미하였지만, 서학과 관련한 정치적 탄압 등 집권세력의 당파적 반대로 정치에 반영되지 못하여 위축되었고, 이후 성리학이 다시 재연되었다고 해석하였다. 그는 당시 정인보 등이 유형원으로부터 실학파의 출발점을 삼는 시각과 달리, 유형원 이전에 김육에서 실학의 선구를 찾을 수 있다고 여기고 실학파의 서두에 김육을 배치하였다. 그리고 ① 利用厚生과 經國濟 民, ② 조선의 실정 연구, ③ 北學論, ④ 고증학의 연구 등을 실학의 정체성으로 제시하였다.

현상윤은 송시열이 이이의 학설을 이어받아 사칠론을 전개하면서, 주희의 학설을 고증적으로 밝혀 퇴계설을 비판하려는 의도에서『朱子言論同異考』 의 저술작업을 시작하였다고 본다. 그는 송시열이 이이의 입장을 이어받아 '心是氣'를 주장하였는데, 이것은 양명학의 '심즉리'설에 대한 대칭으로서 조선유학사에서 중요한 의미를 갖는다고 보았다. 또한 이 주장은 한원진에 이르러 더욱 강조되는데, 그로 인하여 영남학파와 대비하여 主氣派라고 불리는 구실이 되었다고 지적하고 있다. 현상윤은 아울러 우암의 '心是氣'

개념은 서경덕이나, 임성주가 氣一元論인 것과 달리 이기이원론의 입장으로 둘 사이를 구분해야 한다고 주장한다. 그는 김창협의 「畵像贊」을 인용하여 송시열에 대한 세간의 비판에 반대하는 입장을 보였다.

현상윤의 『조선유학사』는 기존 연구성과, 특히 좌파 진영의 연구성과들에 관해 학문적으로 대응하지 않았다. 또한 자신의 연구가 사상사적으로 어떤 계보 위에서 수립된 것인지 전혀 밝히지 않았다. 현상윤은 조선의 사회구조와 관련 없이 인물별로 성리학의 이론들을 중심으로 기술하였는데, 당시 여건상 불가피한 측면도 있었지만 한편으로 조선시대 유학에 대한 철학적 연구의 틀을 성리학의 이론 내적인 문제들로 협소하게 만드는 한 원인이 되었다고 말할 수 있다. 또한 현상윤은 조선시대 유학사 전체로 볼 때 이론사적으로 별 의미가 없는 서북 출신의 무명 학자들을 자신의 저서에서 소개하였는데, 조선시대 내내 주변부로서 소외당하였던 서북지역 지식인의 의식을 엿볼 수 있게 해준다.

조선시대 성리학과 실학에 대한 북한의 연구는 최익한, 백남운, 이청원 등 일제시기 좌파계열이 주도하였던 연구방식을 계승하였으며, 그 첫 결실은 최익한의 『실학파와 정다산』(1955)으로 나타났다.[4] 최익한의 저서는 60여 회(1938~1939)에 걸쳐 동아일보에 연재한 「여유당전서를 讀함」이라는 글들을 토대로 재구성한 것이었다. 전쟁으로 어려운 여건임에도 불구하고 상당한 분량의 책으로 나올 수 있었던 것은 6·25 이후 김일성이 추구한 탈소자주노선과 호응하였기 때문이었던 것으로 보인다. 김일성은 전쟁에 실패하자 자신의 노선을 지원할 수 있는 내적 기반을 강화하기 위하여 전통 가운데 진보적 유산들을 발굴해 애국주의를 고취시키자는 슬로건을 내세웠는데, 최익한의 책 서문에도 그대로 반영되었다.[5] 그러나 전체적으로 체제의 정치

---

4) 1920년~1999년 사이의 정약용 관계 저작 총목록은, 『다산학』 창간호(다산학술문화 재단, 2000) 부록에 실린 서영호 작성의 「다산관계저작목록」에 정리되어 있다.
5) 『실학파와 정다산』, 8쪽, 「서문」: "우리 인민의 위대한 수령이시며 모든 승리의 조직자이신 김일성 동지는 일찍이 문화일꾼들에게 대하여 '애국심은 자기 조국의 과거를 잘 알며 자기 민족이 갖고 있는 우수한 전통과 문화와 풍습을 잘 아는

328

적 이데올로기보다 실학사상에 대한 최익한 자신의 독법이 풍부하게 담겨
있어, 이후 체제의 정치적 이데올로기의 통제하에 집필된 북한의 저작물보다
훨씬 다양한 성찰을 보여준다.

최익한은 실학의 용어 기원과 개념, 실학파의 사적 발전 등에 대하여
먼저 다루고 정약용의 학문을 다양하게 조명하였다. 최익한은 백남운이나
이청원 등이 실학파의 사상을 중소지주의 입장에서 쇠퇴하는 봉건체제를
개량하는 수준에 그쳤던 것으로 평가하는 것에 반대하고, 선진인사들의
애국적 정신에 의거한 비판적 계몽운동으로 그리고 反封建 사상의 내적
전개 과정의 일부로서 적극적으로 이해하였다. 최익한의 이러한 입장은
이후 북한에서 제기된 공식 입장과 다소 배치되어 비판되었지만, 그의 저술은
실학에 대한 독법에서뿐만 아니라, 18~19세기 조선사회의 상황이나, 정약용
과 관련된 다양한 정보의 지적 창고로서 이후 북한의 연구뿐 아니라 남한의
연구자들에게도 영향을 미쳤으며, 현재에도 여러 각도로 음미해 볼 가치가
있는 역작으로 평가된다.[6]

최익한은 천주교와 서학을 구분하는 입장에서 조선 지식인들이 대응하였
음을 밝히면서, 敎로서 수용한 정약종, 황사영, 홍교만, 최창현 등과 달리
이익, 이가환, 정약용 등은 學으로서 수용한 입장이라고 재해석하였다.(288쪽
이하) 그는 특히 이벽 등의 영향으로 정약용이 초기에 천주교를 받아들였다가
신앙은 버리고 과학과 기술만을 섭취하였다고 보았다.(195쪽) 그는 또한
「原政」에 대한 분석을 통해, 정약용이 교육의 대상에서 인민을 제외한 것을
두고 근대보통교육의 이상까지 도달하지 못한 것이라고 보면서도, 그가
사용하는 王政의 개념이 정치적 균등의 기초를 경제적 균등에 둠으로써
전통적인 왕도론에서 벗어나 당시 생겨나기 시작한 자본주의 경제의 맹아인
상품자본이 시장의 확대를 요구하는 물질적 징후를 반영한 것이라고 평가하

데서만 생기는 것입니다'라고 말씀하였다." 이러한 김일성의 교시는 탈소자주노선
의 변하는 한 모습을 반영한 것으로 생각된다.

6) 宋贊燮, 「일제 · 해방초기 崔益翰의 實學研究」, 『韓國史學史研究』, 서울 : 于松趙
東杰先生停年紀念論叢刊行委員會, 1997, 594~613쪽 참조.

였다. 그는 또한『사암연보』에 근거하여『경세유표』가 43권본 외에 49권본이 있었으며 그것이 별도로 전해져 갑오농민전쟁의 지도자들에게 영향을 주었을 것으로 추정하였다.

북한에서는 1956년에『다산 정약용의 생애와 저작년보』가 간행되었고, 1962년에 정진석, 정성철, 김창원 등이 공동집필한『조선철학사』를, 과학원 철학연구소에서 정약용 탄생 200주년을 기념하여『정다산 연구』를, 1963년에 김광진, 김광순, 변락주 등이 공동집필한『조선경제사상사』를 간행하였다.『조선철학사』는 조선시대 유학사를 이해하는 북한의 공식적인 입장을 보여주는 것이었다.『조선철학사』는 고조선에서 해방이전까지 전 역사시기를 다루었는데, 삼국시대부터 봉건사회에 진입하여, 17세기를 전후한 실학파의 출현 시기로부터 봉건사회가 해체한다는 사적 유물론에 입각한 시대구분법을 제시하였다. 조선시대 유학에 관해, 서경덕을 기일원론의 유물론으로, 이황을 리일원론의 반동적 객관관념론으로, 이이를 이황의 리일원론에 수정을 가한 이기이원론으로 규정하였다. 실학파에 관해 계급적으로는 양반에 속하지만 사상적으로 자본주의로 나아갈 것을 지향하는 진보적 철학사상으로 규정하였다. 그리고 임성주에 관해, '理一分殊'를 주장하는 주자학에 대하여 '氣一分殊'를 제기하여 쇠퇴하는 주자학에 타격을 가한 기일원론의 유물론자로 평가하였다. 이와 같은 이해방식은 관념론과 유물론의 대립과 통일과정으로써 철학사의 전개를 해명하려는 구도로서, 객관관념론과 주관관념론에 대한 구분은『중국사상통사』에서 사용된 것과 같은 방식이었다.

『정다산 연구』에서 정진석은 실학의 특징으로 ① 주자학에 대한 비판, ② 자연과학에 대한 전통적 유산을 토대로 서양의 자연과학과 기술지식을 수용·연구한 것, ③ 진보적 정치경제적 개혁안을 제기한 것, ④ 사대주의를 배격한 것 등을 들었다. 김석형은 최익한의 논점을 이어서 정약용의 사상이 개화파나 갑오농민전쟁에 일정한 영향을 미쳤을 것으로 주장하였다. 정약용의 사상적 성격에 관해서는 민족적 자주사상 내지 애국주의의 관점을 강조하였는데, 이것은 김일성 체제의 정치적 지향을 반영한 것이었다. 정치적 이념에 의해 편향되기는 하였지만, 『정다산 연구』 가운데 국어와 자연과학 내지 기술에 대한 정약용의 연구를 밝힌 것은 최익한의 연구를 넘어서는 새로운 업적이었다.

남한에서는 1958년에 김득황이 『韓國思想史』를, 趙楨과 金知源이 『儒學史』를 간행하였고, 다음해 이병도가 『資料韓國儒學史草稿』를 간행하여 강의에 이용하였는데, 이병도의 저서는 한국유학사의 흐름을 이해하는 하나의 독법으로서 일정한 영향을 미쳤다. 이병도의 초고는 1986년 『韓國儒學史略』(한문본)과 1987년 『韓國儒學史』(한글본)로 보완되어 다시 간행되었다. 1959년 홍이섭이 『丁若鏞의 政治經濟 思想研究』를 간행하고, 1960년 김경탁이 『栗谷의 研究』를 간행하였는데, 남한에서 유학사 인물에 대한 최초의 전저로서 의미있는 저서들이었다.

이병도는 실증을 중시하는 역사학자로서 조선유학사를 이해하는 시각을 보여준다. 그는 역사발전에 대한 이론에 입각하기보다 조선시대의 제도와 정치사의 변화에 맞추어 유학의 흐름을 파악하였다. 그는 현상윤과 마찬가지로 성리학을 한국유학사의 주류로 이해하였는데, 이기론과 관련하여 이황을 理氣二元論으로, 이이를 이기일원적 이원론으로 이해하였으며, 主理와 主氣의 개념을 이용하지 않았다. 이는 다까하시의 독법을 넘어서는 좀더 진전된 이해방식이라고 할 수 있다. 그는 성리설과 관련하여 이이가 이론적으로 집대성하였다는 시각을 제시하였으며, 소론계의 절충적 입장을 독립시켜 다루지 않고 서인계 입장 안에서 다루었다. 이이의 경세론을 상당히 자세하게 소개한 것 역시 조선시대 유학을 대하는 이병도의 시각을 보여준다고 할 수 있다.

이병도는 『한국유학사』에서 17세기를 예학시대로 규정하고 예학의 흐름을 당색과 관련지어 계보학적으로 밝히는 한편, 예송의 역사적 진행과정을 당쟁과 관련하여 자세히 설명하였다. 그는 성리학의 심화로 인해 예의 실천이 중시되었던 것과, 임진왜란과 병자호란을 겪으면서 사회질서의 재확립이 필요하였던 것을 예학 발전의 원인으로 지적하였다. 그러나 예학에 대한 자세한 설명과 대조적으로, 이병도는 실학파가 발생한 사회적, 정치사적 배경이나 실학파의 전개과정에 관해서는 간략하게 취급하였다. 그는 유형원과 이익 시기는 經世實用의 성격으로, 영·정조 시기는 청의 고증학에 영향을 받은 實事求是의 성격으로 구분하면서, 실사구시적 실학의 전형으로 成海應의 학문을 상세히 다루었다. 그리고 정약용에 관해서는 四書 경학과 관련하여 간략히 다루고 三經에 대한 연구나 一表二書에 나타난 경세론에 관해서는 언급하지 않았다. 대신 김정희의 「實事求是說」과 고증학적 학문활동을 실학파의 마지막에 배치하였다. 정인보가 정약용과 관련한 학파적 흐름으로서 제시하였던 유형원－이익－정약용의 연관이 이병도의 저서에서는 고려되지 않고 있다. 이병도의 입장은, 경세치용과 이용후생의 측면에 중점을 두고 실학을 이해하려는 일반적 입장과 달리, 고증학을 배경으로 하는 실사구시적 학문방식에 더 중점을 두고 실학의 의미를 이해하려는 태도이며, 역사학에서 실증을 중시하는 자신의 입장에 기초한 것이라고 할 수 있다.

홍이섭은 『경세유표』와 『목민심서』를 중심으로 정약용의 경세론을 규명하였는데, 농촌경제의 안정을 이룬 바탕 위에서 국가 재정을 확립하는 것에, 특히 국가재정과 농민경제가 부패한 관료와 토호에 의해 농단되는 것을 막는 것에 정약용의 주된 문제의식이 있었다고 보았다. 그는 정약용이 『주례』의 체제에 기초하여 법제적 측면에서 중앙행정기구를 비롯한 제도적 개혁책을 『경세유표』로 제시하고, 『목민심서』를 통해 관료가 관할 지역을 효율적으로 파악할 수 있는 행정기술과 함께 관료로서 요청되는 유교적 덕성을 제고시키는 개혁책을 제시하는, 곧 법과 예가 결합된 개혁책을 제시하였다고 해석하였다. 이러한 해석은 막스 베버가 중국사회를 가산관료제로 유형화하여, 관료의 독립성에 한계가 있었음을 지적한 것에 대한 이론적 대응이었다. 홍이섭은 또한, 자신이 처한 상황 때문에 은폐하였지만 정약용이 일정부분 서학의 영향을 받았을 것으로 추정하였다. 그는 정약용이 일정부분 상업자본이 발달하고, 화폐경제의 농촌침투로 농민층이 분해되고 도시화가 진행되는

332

시대에 처하였으며, 그가 제시한 개혁책은 자본주의로 나아가는 방식이
아니라 정조의 사상과 정책을 계승하고, 실학파의 사유들을 흡수하여 유교적
국가체제를 재정비하는 것이었다고 해석하였다. 홍이섭의 이러한 해석은
최익한 등 근대지향적 사유로 정약용의 실학사상을 해석하는 시각과 달리하
는 것이었다. 홍이섭은 정약용이 유배시절에 자신의 사상체계를 집중적으로
수립하였다는 의미에서 茶山學이라는 용어를 사용하였는데, 이는 뒤에 이을
호 등에 의해 정약용의 사상을 실학파 중에서도 하나의 독자적 사상으로
파악하는 용어로 발전된다.

　김경탁은『율곡의 연구』에서 연보에 근거하여 이이의 생애와 정치적 주장
을 먼저 논하고, 다음에 성리설을 자세히 밝히고, 마지막으로 이이 이후의
기호학파 인물들의 사상을 간략히 논하였다. 김경탁은 이이의 성리학이
이론적으로 서경덕과 이황의 성리학을 '止揚統一'하였으며, 동양철학사에
서는 張載와 주희를, 그리고 유교와 불교를 지양한 위상에 있다고 주장하였
다. 따라서 그는 이황과 이이를 주리파와 주기파로 대별시키는 다까하시
등의 독법을 비판하고, 이이의 입장은 주기파로 부를 수 있는 서경덕과
주리파로 부를 수 있는 이황의 입장을 지양한, 철저한 이기이원론에 속한다고
규정하였다.7) 김경탁은 다까하시가 理發과 氣發의 문제에 관해 이이는
'發'의 의미사용을 비판한 것에 불과하다고 여긴 것에 대해서도 비판을
가하는 등,8) 다까하시의 조선 성리학에 대한 독법을 넘어서려는 노력을
보여주고 있다. 김경탁은 군주주의와 자본주의를 지양한 아시아적 민본사회
주의로 나아가기 위하여 이이의 학설을 생산적으로 되살릴 수 있다고 여기는
데,9) 저자 자신이 의식하듯, 이이의 학설을 지나치게 높이 평가한다는 비판을
면하기 어려울 정도이다.

　1960년대 후반의 유학 관련 저술로서, 1966년 간행된 이을호의『茶山經學

---

7) 김경탁,『栗谷의 硏究』, 서울 : 韓國硏究圖書館, 1960, 300~301쪽 참조.
8) 김경탁, 앞의 글, 154~155쪽 참조.
9) 김경탁, 앞의 글, 4쪽 참조.

思想硏究』와 1969년 간행된 유명종의『한국철학사』와 최민홍의『한국철학』
을 들 수 있다. 유명종은 북한에서 간행된『조선철학사』에 대한 대응으로서
『한국철학사』를 쓴 것이었지만, 새로운 독법을 제시한 바가 없고 도리어
일정부분 북한측의 연구를 답습한 수준이었다. 이에 저자 자신이 그 점에
대하여 불만스럽게 여기고 1981년『한국사상사』로 개정하여 다시 출간하였
다. 그러나 후자 역시 이전의 연구성과들에 대한 비판적 검토 없이 임의로
취사하여 서술한 것이어서 체계성이 떨어진다.

　이을호의 저서는 정약용의 실학사상을 경학의 측면에서 조명함으로써
경세론에 대한 연구에서 한층 시야를 확대하는 계기를 마련한 것이었다.
이을호는 성리학의 제 개념에 대한 정약용의 비판과 정약용 자신의 심성설을
중점적으로 밝혔는데, 上帝 개념에 대한 논의에서 서학의 영향을 인정하면서
도, 유교 내적인 전통 속에서 해명하고자 하였다. 이을호는 유형원—이익—정
약용으로 이어지는 학문적 계보를 인정함으로써, 이이로부터 이어지는 경세
론적 전통을 고려하는 입장과 달리하였다. 그는 또한 정약용의 사상이 이익으
로부터 이어지는 경세실용의 전통을 바탕으로 청대 고증학적 방법론을 수용
하면서도 漢學을 지향하거나, 한학과 송학을 절충하는 태도를 넘어서 독자적
인 입장을 수립하였다고 주장하였다. 이을호는 정약용 사상의 독자성이
'본래적인 공자학'을 드러낸 것에 있다고 보고 그것을 洙泗學이라는 용어로
특징지웠다. 그리고 정약용의 실학을 '수사학적 修己治人의 실학'이라고
규정하면서, 경세론과 고증학적 방법론에 중점을 두고 다산을 실학으로
규정하는 것에서 더 나아가려고 하였다. 그러나 이을호의 연구는 四書에
관한 정약용의 글들을 분석하는 수준에 그쳤을 뿐, 三經에 대한 저작을
비롯하여 경학 관련 글들을 다루지 못하였다. 또한 경전해석에 대한 경학사적
쟁점들을 다루지 못함으로써 청조 고증학에 대한 정약용의 수용방식을 객관
적으로 해명하지 못하였다.

3. 1970년~1979년

1) 1970년대 유학사 관련 연구

1970년대 이후 조선시대 유학에 대한 연구는 연구주제와 양적인 면에서 점점 증가하였다. 유학사 관련 대표적 저술로는 『한국문화사대계』(고려대학교 민족문화연구소 편, 1970), 『實學硏究入門』(역사학회 편, 1973), 『실학과의 철학사상과 사회정치적 견해』(정성철, 1974), 『實學思想의 探究』(고려대학교 아세아문제연구소 한국연구실, 1974), 『實學論叢』(이을호 편, 1975), 『韓國儒學史』(배종호, 1974), 『哲學思想의 韓國的照明 : 韓國思想의 새로운 創造를 위하여』(한국철학회 편, 1974), 『韓國哲學史』(최민홍, 1974), 『조선철학사상연구(고세~근세)』(최봉익, 평양, 1975), 『韓國思想散考』(김형효, 1976), 『韓國의 思想的方向』(박종홍, 1976), 『한국의 유교』(유승국, 1976), 『韓國思想의 傳統』(황원구, 1976), 『朝鮮後期 思想史硏究』(김용덕, 1977), 『韓國思想史論攷 : 儒學篇』(박종홍, 1977), 『韓國哲學硏究』上·中·下 (한국철학회 편, 1977), 『近世儒學思想과 退溪學』(退溪學硏究院 편, 1978), 『韓國儒學의 展開와 課題』(Ⅰ)(배종호, 1979) 등을 들 수 있다.

1970년 고려대학교 민족문화연구소에서 편찬한 『한국문화사대계』 제6권 (宗敎·哲學史편)은 성리학 부분을 성락훈이, 실학 부분을 천관우가 집필하였다. 성락훈은 종교사의 유교 부분과, 정치사의 당쟁부분도 기술하였는데, 다소 독창적이기는 하지만, 기존 연구에 대한 아무런 고려 없이 서술하였기 때문에 실학과의 연관성도 없고, 유학사의 체계성도 매우 부족한 개설에 불과한 수준이었다. 천관우 역시 근대지향의식과 민족주체의식을 실학의 정체성으로 내세우는 자신의 입장에 입각하여 실학의 개념을 기술하는 데 중점을 두고, 철학사나 경학의 측면은 다루지 않았기 때문에 불균형을 면할 수 없었다. 최민홍의 『韓國哲學史』는 유명종의 『한국철학사』에 이어 나온 한국철학통사로 이기론에 관해 다까하시의 구분법을 따르면서도 서경덕 등을 반주자학으로 분류하거나 또는 윤휴와 박세당을 漢學을 지향한 고증학적 학풍으로 분류하는 등, 독자적이기는 하지만 매우 피상적인 독법을 제시하였다. 최민홍의 입장은 이후 철학 연구자들에게 별 영향을 미치지 못하였다.

『實學硏究入門』(역사학회 편, 1973)은 역사학계의 실학연구 시각을 담고 있었는데, 그 가운데 이우성은 실학에 대한 개념 논쟁에서 나아가 실학 3파설을 제기하여 이후 실학연구의 기본 독법으로서 영향을 미치고 국사교과서에 반영되기도 하였다. 고려대 아세아문제연구소에서 편찬한 『實學思想의 探究』(1974)와 이을호가 편찬한 『實學論叢』(1975)은 1970년대 중반 실학연구의 흐름을 담고 있다. 두 저서는 철학적 측면에서 실학자들을 다루고 있는데, 근대지향과 민족주체라는 두 개념을 실학의 기본틀로 이해하는 시각에서 기술되고 있다. 당시 민족주체성을 강조하는 정권의 이데올로기와 호응하는 것이었다. 『實學論叢』 1부에는 당시 실학 개념에 대한 대표적 논의들이 제시되어 있다. 『실학의 탐구』에서 박종홍은 천주교와 서학에 대한 수용과 비판을 통해 실학사상의 주체적인 면을, 그리고 최한기의 학문을 경험주의로 해석하면서 근대성의 내재적 동인을 읽어냈다. 윤사순은 박세당과 이규경의 경학사상을 다루면서 이들이 성리학에서 이단시하는 他사상들을 포용하는 점에서 성리학과 대별되는 실학적 성격을 갖는다고 보았다. 윤사순은 실학의 성격을 '反朱子學'으로 규정하면서, 그 의미를 주자학에 대한 대립의 측면이 아니라 현실의 제문제를 극복하는 데 주자학적 성리학이 갖는 한계를 극복하려는 것으로, 주자학과의 결별을 의미하지는 않는다고 의미를 부여하였다.[10] 이을호는 경세실용과 실사구시 또는 務實力行(박종홍) 등의 측면에서 실학의 개념을 성격짓는 논점들을 들면서 정약용의 사상은 그런 특성을 종합한 洙泗學적 修己治人의 체계라고 자신의 입장을 되풀이하고 있다. 이들은 모두 1970년대 중반 한국철학 연구자들이 가졌던 실학의 개념에 대한 기본 경향을 그대로 보여준다.

배종호의 『韓國儒學史』(1974)는 이기론과 사단칠정론, 인심도심론, 호락

---

10) 고려대 아세아문제연구소 한국연구실 편, 『實學 思想의 探究』, 서울 : 현암사, 1975, 290쪽 참조.

논쟁 등에 대하여 먼저 정주성리학의 기본틀을 설명하고, 조선에서 전개된 학파적 흐름을 해명하였는데, 사칠논쟁과 인심도심논쟁에 관해 주리파, 주기파, 절충파로 구분하는 다까하시의 독법을 그대로 답습하였다. 그러나 호락논쟁(인물성동이론)을 시기별로 유형화하고, 임성주, 기정진, 오희상, 이항로 등의 학설을 그 연장선상에서 유형화한 것은 새로운 독법이다. 배종호는 所以然을 존재(sein) 개념에, 所當然을 당위(sollen)에 상응시키는 등 서양철학의 일부 개념을 엄밀한 고려 없이 끌어들여 성리학의 개념들을 설명하였는데, 이것은 성리학의 개념체계를 명확히 드러내기보다는 오히려 오도시키는 원인이 되었다. 이와 같은 설명방식은 배종호뿐만 아니라 1970년대 서양철학을 초보적으로 훈련받은 동양철학자들이 공통적으로 취하였던 일종의 유행 같은 것이라고 할 수 있다.

정성철의 『실학파의 철학사상과 사회정치적 견해』(1974)는 최익한의 연구를 진전시켜 실학파를 총체적으로 재구성한 것으로, 북한의 공식적 입장을 드러낸 것이었다. 17세기를 봉건사회가 해체되기 시작하는 시기로 파악하고, 실학을 계급모순이 증대되면서 필연적으로 생겨난 사회사상으로 자리매김하였다. 정성철은 사상은 계급의 이해를 반영한다는 계급론에 입각하여 실학자들이 진보적이기는 하지만 양반계층으로서 갖는 한계 때문에, 그리고 생산력과 기술수준의 제약 때문에 봉건유교 자체를 반대하지 못하는 한계를 갖는다고 해석하였다. 또 정성철은 실학이 탐구방법으로서 실사구시를 사물 일반에 확대하였다는 점에서, 그리고 내용적으로 실용의 학문을 추구하였다는 점에서 성리학과 구분되는 성격이 있다고 파악하였다. 이어 실학을 초기(17세기~18세기 상반기), 중기(18세기 후반기~19세기 상반기), 말기(19세기 후반기)로 구분하고, 초기에 유형원과 이익을, 중기에 북학파와 정약용을, 말기에 이규경과 최한기를 배치하였다. 정성철의 저서는 성리학 이론과 경학적 문제들, 그리고 예학에 대한 실학자들의 연구를 다루지 못함으로써 균형을 잃고 있는데, 이 부분은 이후에도 별다른 연구가 없어 북한학계의 취약한 결함으로 남는다.

유승국의『한국의 유교』(1976)는 한국유학사 내의 상이한 유파들을 모두 긍정적 의미에서 기술하려는 시각을 보였다. 유승국은 임진·병자 양란 이후 송시열 등의 尊明 주장을 춘추정신에 입각한 외세배척의 이념으로 해석하였고, 다까하시와 정인보의 연구를 토대로 양명학의 전래와 전개에 대하여 다루었다. 실학에 대해서 유승국은 주자학 내부에서 발생하여 淸朝 실증적 학풍의 영향을 받아 일어나, 학문의 실용화, 객관화, 근대화를 진전시 킴으로써 후일 근대지향적이었던 개화사상으로 이어진다고 해석하였다. 유승국의 저술은 대체로 정인보의 연구를 계승하면서도, 한편으로 성리학 전통에 대하여 긍정적으로 의미를 부여하고, 실학을 성리학과 대립적으로 이해하지 않으려는 시각을 견지하였다. 그러나 글 전체가 개설적 기술인데다, 조선 이전의 시대에 절반 이상을 할애하였기 때문에, 논증적인 설득력이 매우 미흡하였다.

박종홍의『韓國思想史論攷 : 儒學篇』(1977)은 불교사상편에 이어서 나온 것으로 기존의 발표 논문들을 중심으로 엮은 것이다. 한국유학사에 대한 긍정적 계발의 메시지를 담기는 하였지만, 기존의 연구성과들을 토대로 한 전문적 연구서는 못되었다. 다만「서구사상의 도입과 그 영향」부분은 19세기 후반 이후 지적인 상황을 이해하는 데 매우 유익한 개척적인 연구였다.

김용덕의『朝鮮後期思想史研究』(1977)는 1961년부터 발표해 온 논문들을 책으로 엮은 것이다. 김용덕은 조선의 체제가 붕괴되기 시작하는 것은 軍布制가 실시되고 職田制가 폐지되는 16세기부터이며, 16세기 이이, 趙憲, 李之菡 등에서부터 실학파가 시작된다고 보고 유형원에 이르기까지를 전기 실학파로 규정하는, 실학파에 대한 새로운 독법을 제시하였다. 그러나 그는 조선체제의 붕괴에 대한 해명은 하지 않았고, 다만 박제가가 조헌을 끌어들인 것을 실마리로 조헌, 이지함, 이이의 경세론에 대한 개략적 해명을 시도하였다. 김용덕의 연구는 실학의 시기를 상향시켜 이해할 수 있는 단서를 제공하였지만, 성리학과 대별해서 실학파의 성격을 이해하는 독법을 모호하게 만드는 원인이 되기도 하였다. 가령 박제가의 모화사상을 지적하고 있는데, 이는 실학의 특성으로서 민족주의를 내세운 시각과 마찰을 일으킬 소지를 다분히 갖는 것이었다. 그러나 김용덕은『北學議』를 중심으로 박제가의 사상을 파악함으로써, 김상헌 등의 반청존명적 모화사상과 다르다고 평가하고, 박제가가 만년 유배시절에 보인 사상적 변화는 다루지 않았다.11)

한국철학회에서 펴낸『韓國哲學硏究』3권(1978)은 남한의 철학계에서 그간의 연구성과를 바탕으로 한국철학에 대한 통사를 내놓기 위하여 준비한 작업의 결과였다. 근대 이전 전체 한국철학에 관해 관련 전공자들이 대거 참여하여 시기-주제별로 분담, 연구하였는데, 먼저 연구논문과 논평을 함께 엮은 일종의 논문집 형태로 간행한 다음, 본격적인『한국철학사』를 공동집필로 내놓을 계획이었다. 그러나 한국철학회에서 후속 작업으로 진행한『韓國哲學史』는 10년 뒤에야 출간되었다. 논문집 형태이기는 하지만,『한국철학연구』는 전 시기에 걸친 모든 주제들을 논문의 형태로 다루었다는 점에서 의미가 있었다. 한국철학사를 이해하는 일관된 시각을 갖지는 못하였지만, 박종홍의 서문처럼 전체적으로 철학사를 민족의 주체적 대응사로서 '내재적 발전'의 시각에서 이해하려는 의지들이 충만하였는데, 학문적인 객관성보다는 1970년대 남한 사회의 정치적 이념이 뒤섞인 요소도 다분하였다.

조선시대 유학사와 관련해 볼 때, 퇴율 이후 17세기 성리학에 대한 연구가 빠졌으며, 인물성동이논쟁을 제외하고는 19세기 이후 성리학에 대한 연구도 빠져 있고, 발표논문 역시 기존의 논문을 그대로 전재하거나, 재탕하는 것이 많아 새로운 성과를 보여주는 바가 적었다. 다만, 유명종은 양명학과 관련하여 정제두에서 정인보에 이르기까지 하나의 학파적 흐름 속에서 이해하는 독법을 제시하였는데, 비록 논증이 빈약하고 명청시기 사상사의 변천과 연관시켜 다루지는 못하였지만, 조선조 양명학의 이해를 철학사적으로 살필 수 있는 단서를 보여주었다. 실학과 관련해서는 정약용과 최한기를 다루었고,

---

11) 박제가 사상의 이중성에 대한 연구는 이남영에 의해 제시되었다. 이남영,「조선후기 실학의 이중성-초정과 다산의 비교를 중심으로-」,『韓國思想史 : 釋山韓鍾萬博士華甲紀念』, 釋山韓鍾萬博士華甲紀念論文集刊行委員會, 圓光大學校出版局, 1991.

당시 역사학계에서 논의되던 실학의 개념, 시기, 유파구분에 대한 쟁점들에 관해 아무런 검토도 보이지 않았다. 또한 정약용과 최한기에 대한 논문 역시 기존의 논문을 재탕한 것이었다. 서학 수용과 관련한 연구에서 금장태는 서학의 배척에는 自尊에 대한 自覺이, 그리고 수용하는 입장에서는 자기중심의 자각이 기본 태도로서 존재하였음을 강조하였는데, 이는 민족의 주체성을 강조하는 당시 연구 분위기를 보여준다.

2) 1970년대 개별연구

1970년대 저작된 조선시대 유학자들의 개별 연구로는 『鄭道傳思想의 研究』(한영우, 1973), 『退溪의 生涯와 思想』(이상은, 1973), 『栗谷의 生涯와 思想』(이병도, 1974), 『退溪思想硏究』(전두하, 1974), 『茶山學의 理解』(이을호, 1975), 『退溪 敎學思想 硏究 : 敎育人間學的考察』(정순목, 1978), 『儒敎와 그리스도敎 : 이벽의 한국적 신학원리』(이성배, 1979) 등을 들 수 있다.

한영우의 『鄭道傳思想의 研究』(1973)는 철학, 정치, 경제 등 정도전사상 전반에 걸쳐 조명함으로써, 조선초기 유학을 이해하는 데 기여하였다. 한영우는 정도전이 지방의 토호세력에 의한 민의 지배를 배격하는 중앙집권체제를 지향하면서도 군주 중심이 아닌 재상 중심의 정치체제를 수립하고자 하였으며, 그를 위해 『맹자』의 혁명론을 끌어들이고 성리학과 『周禮』를 기반으로 삼았다고 해석하였다. 한영우의 연구는 이후 보완되기는 하였지만, 무인집권기 이후 여말 지식인들이 갖는 정치적 문제의식이나, 원대 성리학의 흐름과 연관해서 살피지 못함으로써 정도전의 주장들이 개인의 독창적 사상으로 비쳐지는 한계를 갖는다.

이상은의 『退溪의 生涯와 思想』(1973)은 문고본의 작은 책이지만, 이황의 성리학설을 간결하고도 명증적으로 설명함으로써 이후 이황 연구에 한 길잡이가 되었다. 그는 이황의 「天命圖說」을 중심으로 성리설을 설명하였는데, 사칠설에 대해서는 양자의 입장을 객관적으로 드러내기만 하고, 평가는 유보하였다.12) 이상은은 이황의 은퇴 후 학문활동이나, 양명학 비판, 예론 등에 관해서는 밝히지 않았고, 대신 이황의 '敬'과 '神' 개념을 명료하게 드러내려고 하였다. 유정동의『退溪의 生涯와 思想』(1974) 역시 문고본이었지만, 사칠논변을 중심으로 이황의 성리설을 자세하게 밝혀 주었다. 유정동은 특히 理 개념에 대한 이해의 변천을 중심으로 이황의 사상을 사칠논변 이전, 사칠논변 시기, 理到說 주장 시기 등 세 시기로 구분하는 독법을 제시하였다. 한편 이병도의『栗谷의 生涯와 思想』(1974)은 이상은의 저서와 짝을 이루는 것으로 같은 출판사에서 다음해에 간행되었다. 그의 논점은 대체로『한국유학사』에서 기술한 것과 같은 맥락이었다.

이을호의『茶山學의 理解』(1975)는 정년을 기념하여 편찬한『實學論叢』(1975)과 함께 간행된 것으로 기존에 발표한 논문들을 함께 묶은 것이다. 정순목의『退溪 敎學思想 硏究』(1978)는 학위논문을 책으로 엮은 것인데, 이황의 학문활동을 교육의 측면에서 구체적으로 밝힌 것이었다. 이성배의『儒敎와 그리스도敎 : 이벽의 한국적 신학원리』(1979)는 서학과 관련하여 정약용에게 영향을 주었던 이벽의 사상을 신학의 측면에서 다룬 것이다. 저자는 이벽의「천주공경가」와「성교요지」를 통해 이벽을 배교자로 취급한 달레의 평가를 반론하면서 한국적 신학의 한 특성을 드러내려 하였는데, 저자의 의도와는 상관 없이 마테오리치의 유교에 대한 이해와 전파방식이 이벽에게 어떻게 영향을 주었는지 간접적으로 살펴볼 수 있다. 이성배 이전에 스팔라틴(Christopher A. Spalatin, S.J.)은 마테오리치의 저술들 가운데 에픽테투스의 글을 어떻게 활용하고 있는지 고증하는 학위논문을 발표하고, 그 요약본을「Matteo Ricci's Use of Epictetus」(1975)로 간행하였다.13) 마테오리치

---

12) 사칠설에 대한 언급은 간략한 편인데, 그 이유는 1973년 3월『亞細亞硏究』16호에 발표한「四七論辯과 對說·因說의 意義-退高論爭의 集點을 찾아서-」에서 자세히 밝혔기 때문일 것이다. 논문에서도 둘 사이의 차이점을 드러낼 뿐 평가는 하지 않았다.

13) Christopher A. Spalatin, S.J.,「Matteo Ricci's Use of Epictetus」, 왜관, 1975(서강대 도서관 소장).

는 유교와 유사한 성찰들을 풍부하게 담고 있는 스토아학파, 특히 에픽테투스
의 저서들을 이용하여 유학자들에게 거부감 없이 자신의 견해를 받아들이게
할 수 있었던 것인데, 이러한 전파방식에 관해 이성배는 물론이고 당시
연구자들이 주목하지 않았다.14)

4. 1980년~1989년

1) 1980년대 유학사 관련 연구

1980년대 간행된 유학사 관련 주요 저작으로는,『儒敎와 韓國思想』(금장
태, 1980),『朝鮮朝儒學思想研究』(김길환, 1980),『韓國儒學資料集成』전3
권(배종호 편, 1980),『韓國儒學의 展開와 課題』(Ⅱ)(배종호, 1980),『韓國儒
學論究』(윤사순, 1980),『韓國改新儒學史試論』(이을호, 1980),『韓國의 開
化思想』(강재언, 1981),『韓國陽明學研究』(김길환, 1981),『韓國思想史』(韓
國思想史 Ⅱ)(유명종, 1981),『韓國儒敎의 再照明』(금장태, 1982),『朝鮮時
代의 陽明學 研究』(윤남한, 1982),『韓國思想의 深層研究』(이을호 외, 1982),
『韓國 哲學思想 研究』(韓國精神文化研究院, 1982),『근대 한국사상사 연구』
(강재언, 한울편집부 역, 1983),『韓國의 陽明學』(유명종, 1983),『韓國實學槪
論』,(유원동, 1983),『朝鮮前期社會思想研究』(한영우, 1983),『Traditional
thoughts and practices in Korea』(Eui-Young Yu, Earl H. Phillips 편, 1983),
『韓國의 開化思想』(姜在彦 著, 鄭昌烈 譯, 1984),『高麗儒學史』(김충렬,
1984),『東西交涉과 近代韓國思想』(금상태, 1984),『儒學近百年』(금장태・
高光植 共著, 1984),『韓國의 傳統思想』(심재룡, 1984),『東洋思想과 韓國思
想』(윤사순, 1984),『한국의 사상』(윤사순・고익진 편, 1984),『高麗儒敎 政治
思想의 研究 : 高麗時代 天文・五行說과 孝思想을 中心으로』(이희덕,
1984),『韓國社會와 思想』(韓國精神文化研究院, 1984),『韓國의 近代思想』

---

14) 이원순,「解題 天主實義」,『天主實義 附 텬주실의』, 한국교회사연구소, 1972 등에서
   도 마찬가지였다.

(강재언, 1985),『東西哲學에 대한 主體的 記錄』(김형효, 1985),『한국사상대
계-성리학사상편』(대동문화연구원 편, 1985),『韓國儒學의 哲學的 展開』
上・中・下(배종호, 1985),『朝鮮後期 性理學』(유명종, 1985),『韓國儒學의
再照明 : 玄潭 柳正東博士 文集』(유정동, 1985),『朝鮮儒賢淵源圖』(윤영
선, 1985),『韓國精神史의 現在的 認識』(김형효, 1986),『韓國哲學思想論究』
1(동양철학연구회 편, 1986),『韓國의 儒佛思想』(송석구, 1986),『Confucian
rituals in Korea』(Spencer J. Palmer, 1986),『한국유학사상론』(윤사순, 1986),
『韓國儒學史略』(이병도, 1986),『朝鮮西學史研究』(이원순, 1986),『조선철
학사개요』(최봉익, 1986),『韓國實學思想研究』(금장태, 1987),『한국의 性理
學과 實學』(윤사순, 1987),『韓國儒學史』(李丙燾 저, 금장태 역, 1987),『한국
의 사회사상』(이우성 외, 1987),『조선철학사』2(정성철, 1987),『韓國哲學史』
전3권(한국철학회 편, 1987),『朝鮮朝 儒學思想의 探究』(권정안 외, 1988),
『朝鮮後期文化 : 實學部門』(檀國大學校 附設 東洋學研究所 편, 1988),『韓
國 儒學研究』(유명종, 1988),『西學에 대한 韓國實學의 反應』(최동희, 1988),
『조선철학사 연구』(최봉익, 1988),『한국 유교의 이해』(금장태, 1989),『韓國
經學資料集成』1~17(성균관대학교 대동문화연구원 편, 1989) 등을 들 수
있다.

이들 연구성과들을 개별적으로 살펴보면, 김길환의『朝鮮朝儒學思想研
究』(1980)와, 윤사순의『韓國儒學論究』(1980), 이을호의『韓國改新儒學史
試論』(1980) 등은 기존에 발표한 논문들을 책으로 엮은 것이고, 배종호의
『韓國儒學의 展開와 課題』(Ⅱ)(1980)는 기존에 발표한 논문에다 새로 보완
한 것이다. 김길환은 중국철학 전공자들이 육구연과 왕수인의 학문체계를
특징지워 사용하였던 心學이라는 용어를, 이기론과 심성론을 포함하는 유학
의 이론 일반을 지칭하는 용어로 확대하여 조선시대 유학에 적용하였는데,
이것은 1970년대 양명학을 연구하던 윤남한 등이 제기하면서 사용되기 시작
한 개념으로, 이후 조선시대 유학연구자들에게 다소 혼란을 일으키면서도
의미 있는 용어로 일부 사용되었다. 윤사순은『韓國儒學論究』에서 이황과

이이의 이기론을 주리론과 주기론으로 구분하고, 이황의 주리론은 맹자 이후 성선설의 전통을 이론적으로 철저화하려는 입장이며 그런 점에서 주자 학의 정통론이라고 해석한다. 반면 이이의 주기론은 비정통론의 특색을 지니기는 하지만, 주자학적 성리설에 약간의 수정을 한 것에 불과하며, 박세 당처럼 주자학 자체에 대한 반성과 비판이 아니라고 해석한다. 이를 토대로 이이를 실학의 시발자로 이해하는 시각에 반대한다. 경세론에서 務實을 중시하는 측면에서 실학과 연계되지만, 시대적 조건에서 볼 때, 그리고 實의 내용이 利用厚生이나 實事求是의 측면보다 일상사 중심의 實效를 의미하는 성리학적 경세의식을 담고 있다는 점에서 구분해야 한다고 주장한다.

이을호의『韓國改新儒學史試論』(1980)은 기존에 발표한 논문들을 책으 로 엮은 것인데, 천관우가 실학의 성격을 특징지우면서 사용한 바 있는 '改新儒學'의 의미를 확장하여 사용하였다. 이을호는 '개신유학'을 반신유 학(Anti-Neo-Confucianism)으로서의 한국적 유학, 그리고 그 내용은 先秦 유학을 직접 계승하거나 회복하려는 것으로 의미를 새롭게 부여하였다. 이을호는 그러한 흐름을 여말 선초의 성리학 수용시기와 기대승, 이이, 윤휴, 정약용, 이제마 등에서 추적하였는데, 다소 견강부회적인 독법이다.

배종호의『韓國儒學의 展開와 課題』(Ⅱ)(1980)는『韓國儒學의 展開와 課題』(Ⅰ)(1979)에서 이황과 이이의 이기론과 심성론을 중심으로 다룬 것에 대한 후속 작업결과였다. 배종호는 (Ⅱ)에서 퇴율 이후의 쟁점으로, 한원진과 이간의 인물성동이론, 호락논쟁의 심성론적 문제, 기정진과 임성주의 사상적 비교 등을 다루고, 박세당에 관한 글과 유학 일반에 대한 글들을 모아 놓았다. 그는 한원진과 이간이 인물성동이논쟁을 전개한 것은 주희의 理同氣異와 이이의 理通氣局에 얽매여 理一과 分殊를 분립시켜 이해하였기 때문이라고 해석하였다. 그리고 이러한 분립은 임성주의 氣一分殊에 입각한 唯氣論과 奇正鎭의 理一分殊에 입각한 唯理論으로 발전하였는데, 이 둘은 양극단적 입장이면서도 일맥상통하는 것이라고 본다. 배종호는 플라톤의 초월적 보편 관념과 아리스토텔레스의 개체에 내재된 보편 관념의 대비를 통해 두 입장을 설명하고, 특히 임성주의 기일분수는 주희의 이일분수보다 한단계 더 진전된 이론이라고 평가한다. 배종호는 주희의 체계에서 未發 및 性情 등 인물성동이논쟁과 관련한 개념들이 어떤 맥락에서 문제되고 있는지를 자세히 살피지 않고, 서양철학의 보편개념 문제와 대비시키는 등 다소 자의적 해석을 가하고 있는데, 여기에는 발전사적으로 논쟁사의 전개를 보려는 문제의식도 함께 작용하고 있는 것으로 생각된다. 이러한 이론적 탐구와 병행하여 배종호는 성리설에 대한 논의를 중심으로 한 관련 1차 사료들을 모아 『韓國儒學資料集成』 3책(1980)을 출간하였는데, 조선시대 유학을 연구하는 학생들에게 좋은 안내서 역할을 하였다.

『韓國思想의 深層研究』(1982 초판, 1986 개정증보)는 『월간조선』에서 「한국사상 재정리」라는 연재물로 1980년부터 발표된 글들을 모아 간행한 것이다. 정창렬은 「實學思想 연구의 爭點과 課題」에서 실학에 대한 연구를, 현실을 타개하기 위한 정책으로써 추구되던 단계와, 학문적 대상으로 삼아 객관적으로 연구하는 단계(1930년대 이후)로 구분하는 시각을 제시하였다. 그는 전자와 관련하여 고종대에 기정진이 정약용의 개혁안을 갖고 당시 사회적 모순을 해결하려는 구상을 가졌던 점, 유형원의 개혁안을 실시할 것을 건의하였던 이휘병의 주장, 그리고 북학파의 사상이 개화파에 영향을 주었던 것을 들었다.

금장태의 『한국유교의 재조명』(1982)은 종교적 측면에서 한국유학을 탐구한 논문들을 책으로 엮은 것이다. 금장태는 뒤이어 『東西交涉과 近代韓國思想』(1984)을, 또 고광식과 함께 『儒學近百年』(1984)을 펴냈다. 『東西交涉과 近代韓國思想』은 자신의 학위논문을 책으로 엮은 것인데, 서학과 대면하는 조선후기 유교전통의 반응을 살피면서 저자는 전통사상이 자기발견의 과정에서 서구적인 것을 수용하는 능동적 방식이었음을 강조한다.(205쪽) 부록으로 붙인 글에서 금장태는 정약용의 경학사상에 관해 유교이념을 천주교의 교리 구조에 대한 인식을 반영하여 재해석함으로써, 유교사상의 새로운 영역을 열었다고 평가하여, 기독교와 연계하여 기독교도 여부에 초점을 두는 연구방식을 지양하고 있다. 『유학근백년』은 화서학파에서부터 최근까지의 유학자들을 탐색, 발굴하여 학맥과 사상을 소개한 것으로, 뒤이어 1989년에 『續儒學近百年』을 펴내 보완하였다. 비록 이들의 사상적 연원과 내용을 깊이 드러내지는 못하였지만, 학계에서 연구하지 않은 유교전통의 마지막 세대에 대한 1차 보고서로서 매우 의미 있는 것이라고 할 수 있다.

70년대부터 발표하였던 조선시대 양명학에 대한 연구들을 윤남한, 김길환, 유명종 등이 책으로 묶어 80년대 초반에 간행하였다. 이로써 1980년대 초반에 조선시대 양명학에 관한 단행본 저작들이 집중적으로 나오게 된다. 김길환의 저서보다 늦게 출간되었지만, 연구시기나 논문 발표에서는 윤남한이 김길환보다 좀더 앞선다. 사후에 출간된 『朝鮮時代의 陽明學 研究』(1982)는 윤남한이 자신의 학위논문 「조선시대 양명학 연구」(1975)에 대한 미완성의 보완 형태라고 할 수 있다. 윤남한은 송대에서 명대로 이행하면서 학문의 경향이 존재론적인 理氣의 문제로부터 인식론적인 심성의 문제로 사유의 중점이 바뀌었고 그에 따라 인식론적 내지는 가치론적 사유에 보다 치중하는 心學化 현상이 나타난다고 본다. 동아시아 사상사의 변화에 대한 이 시각을 기초로 조선시대 정주학도 중기부터 심학화된다고 보고 그 심학화의 배경에 명대 양명학의 전개가 일정한 영향을 주었다고 해석한다. 윤남한은 자신의 시각을 정당화하기 위하여 정민정의 『心經附注』를 매개로 이황이 심학화를 열었다는 해석을 제시한다. 윤남한은 양명학의 전래시기를 명종 8년을 전후한 시기로, 양명학의 수용시기를 명종 말기에서 선조 초기로 파악하였고, 정제두에 관해서는 그의 사상체계가 주자학 연구시기(서울거주 시기)→양명학 연구시기(안산 거주시기)→경학과 경세학 연구시기(강화 은둔시기) 등의 변화과정을 거치면서 이루어지므로 심성학과 경학, 주자학과 양명학, 복고적 태도와 현실중시의 태도가 병존하는 중층적 성격을 갖게 되었다고 파악한다. 윤남한은 정제두의 사상에 관하여 겉으로는 주자학을 표방하면서도 실제로는 양명학에 경도된 '陽朱陰王'의 성격으로 이해하는 다까하시 등의 시각을 비판하고, 주자학과 양명학을 통일하여 경학적 층차에서 융회시키려는, 즉 양자의 통일성을 지향하는 구도에서 파악하여야 한다고 주장하였다. 心學이라는 용어의 사용방식은 다소 혼란을 일으키는 것이었지만, 윤남한의 고증적 연구는 이후 조선시대 양명학에 대한 연구를 진전시키는 데 크게 기여하였다.

김길환은 『韓國陽明學研究』에서 이능화, 정인보, 박은식, 유명종 등의 연구를 토대로 저술하였다고 하였지만, 그의 입장은 윤남한의 입장과 같은 것이었다. 김길환은 저서에서 정제두의 양명학을 집중적으로 분석하였는데, 정제두가 주자학 자체를 배척하지 않고 주자학의 방법론을 비판하면서 주자학적 심학과 양명학적 심학을 포섭하고자 하였다고 해석하면서, 학문적 방법론에서 정제두가 양명학적 방법론을 기반으로 삼고 있으며, 최종적으로 선진 시기 맹자까지 이어지는 心法의 학으로서 心學에 복귀하는 것이라고 해석한다. 이러한 해석방식은 윤남한의 심학화라는 해석방식과 맥을 같이하면서도, 先秦 유학으로 복귀하는 것을 지향하였다는 독법에서는 이을호의 개신유학과 마찬가지 독법을 보여준다. 그러나 김길환은 이을호나 윤남한의 연구에 대하여 별다른 언급을 하지 않고 있다.

유명종은 『韓國의 陽明學』(1983)에서 윤남한의 심학화론에서 한 걸음 더 나아가, 이정과 주희가 居敬을 강조하였던 것과 달리 이이는 務實을 강조하였는데, 이것이 이수광, 윤증, 홍대용 등에게 계승되었고, 誠을 중시하는 양명학의 사유를 수용할 수 있는 토대가 되었다고 주장하였다.(44~46쪽) 유명종은 정인보의 설을 보완하는 시각에서 조선의 양명학파를 수용 시기, 수립 시기, 강화학파, 실학파, 일제 독립운동 시기로 나누어 대폭 확대하였는데 다소 견강부회가 없지 않다. 그러나 정제두 이후 강화지역을 중심으로 형성된 지식인 그룹을 강화학파로 묶어서 다룬 것은 민영규의 연구[15]를 보다 구체화시킨 것으로 의미 있는 작업이었다. 다만 강화학파의 개별인물들의 사상이나 지적교류의 내용에 대하여 밝힌 바는 많지 않았다. 이후 강화학파에 대한 세부적 연구는 1990년대 들어와 정양완, 심경호 등에 의해 심화되었

---

15) 민영규, 「위당(爲堂) 정인보(鄭寅普) 선생의 행장(行狀)에 나타난 몇가지 문제 : 실학원시(實學原始)」, 『동방학지』 13, 연세대학교 국학연구원, 1972.

다.

김충렬의 『高麗儒學史』(1984)는 고려시기 유학사에 대한 최초의 전저로
서 신라 말기부터 조선 초기까지 포괄하였는데, 고려 초기 경주계 지식인들이
중심을 이루다가 사학 12도가 설립되는 시기에 이르러 개성 지역의 지식인들
이 주도해가는 것으로 기술하고, 최승로의 시무 28조에 대하여 정치를 종교로
부터 독립시킨 것으로 의미를 부여하였다. 그러나 김충렬은 안향 이전 송대
신유학과의 교류에 관해서는 언급하지 않았다.

윤사순과 고익진은 공동으로 『한국의 사상』(1985)을 펴냈는데, 인물별
사상에 대한 간략한 개요서라고 할 수 있다.

성균관대학교 대동문화연구원에서 펴낸 『한국사상대계-성리학사상편』
(1985)은 한국유학 관련 전공자들이 나누어 집필한 것으로 유학사의 측면에
서 보면 신라 말기부터 위정척사론 시기까지 포괄하고 있지만, 발표한 글을
그대로 옮겨 놓는 등 체계적 구성을 이루지 못하고 있다. 이동준은 이이의
성리설에 관해 집필하였는데, 화담 영향설(이병도)과 동시에 나흠순 영향설
(유명종)에 대해서도 반론을 제기하였다. 나아가 '機自爾' 등의 개념에 근거
하여 주기론으로 해석하는 시각에 대해서 機가 '所乘之機' 또는 '動靜之機'
의 機와 마찬가지로 주재자로서의 理를 전제하고 있기 때문에 합당하지
않다고 비판하고, 理氣之妙라는 개념을 중심으로 해석해야 한다고 주장하였
다.

윤사순의 『한국유학사상론』(1986)은 1981년 이후 발표한 논문들을 모아
책으로 엮은 것이다. 윤사순은 정약용의 사유가 주자학과 비교해 볼 때
상대적으로 자율적 주체와 이기적 욕구체로서, 실학을 형성하는 근대지향적
성격이 있다고 해석한다. 그리고 형이상학의 측면에서 실학을 주기론으로
특징지우면서 성리학의 주기론과 구분하는 방식을 제기한다. 그것은 곧
성리학의 주기론이 禮나 도덕적 행위의 필연적 자율 가능근거를 주장하기
위한 이론이지만, 실학의 주기론은 理의 실재성을 부인하고 氣의 작위에서
발견되는 질서로 위치지우며, 과거 절대시한 예나 도덕질서에 대해서도

상대화하는 경험론적 사유를 전개한다고 본다. 비록 이익과 안정복 등 주리적 경향을 보이는 실학자들이 있다고 해도 실학의 주류는 정약용과 최한기 등에서 보이는 주기론이라고 규정한다. 윤사순의 이러한 시각은 『한국의 성리학과 실학』(1987)에서도 다시 확인된다. 성리학과 실학에 대한 윤사순의 구분방식은 역사학계의 견해와 호응하는 방식이었다고 할 수 있다.

이원순은 1970년대부터 발표한 논문들을 모아 『朝鮮西學史硏究』(1986)로 펴냈는데, 이후 西學연구에 한 길잡이가 되었다. 이원순은 조선유학이 서학과 대응하는 과정을 접촉기(1601~1750), 탐구기(18세기 중엽), 실천기(1777~1800, 정조 재위시기 중심), 탄압기(1801년 이후)로 나누고, 서학과 실학의 관계에 관해서는 서학에 대한 탐구가 전교의 차원이 아니라 현실의 폐단을 타개하기 위한 실증적 진리탐구의 자율적 학문활동이었기 때문에 넓은 범위에서 실학의 한 양상으로 간주해야 한다고 보았다.

80년대 북한의 한국철학 연구로는 『조선철학사개요』(1986)와 『조선철학사 2』(1987)를 들 수 있다. 『조선철학사개요』는 1962년 『조선철학사』(상)를 주체사상에 입각해 최봉익이 재서술한 것이고, 『조선철학사 2』는 정성철이 조선시대 유학사를 기술한 것이다. 정성철은 15~16세기 사림파의 사상을 대지주의 성장으로 국가권력이 약화되는 상황에서 국가권력을 강화시키는 입장이었다고 평가하고, 사림파의 仁政論은 대지주를 비판하고 중소지주계급의 이해를 대변하였지만, 17세기 이후 송시열 등의 仁政論은 집권세력의 이해관계를 대변하였다고 구분하는 시각을 제시하였다. 17세기 이후의 성리학에 관해서, 송시열, 한원진, 기정진, 이진상 등을 관념론으로, 그리고 이수광, 장유, 윤휴, 박세당, 임성주 등을 관념론을 반대한 진보적 철학으로 배치하고, 유형원과 이익을 실학사상의 출발점으로, 홍대용, 박지원, 박제가, 정약용, 이규경, 최한기 등을 발전기 실학사상가로 배치하였다. 정성철의 저서에서는 사칠논쟁이나 인물성동이논쟁 등을 별도로 다루지 않았으며, 동학에 대해서도 다루지 않았다. 또한 실학자의 경학적 연구들을 소략하게 취급하는 것도 여전하였다.

  남한에서는 1987년 한국철학회에서 『한국철학사』 전3권을 출간하였는데 관련 전공자들이 분담 집필한 것으로서, 가장 방대한 규모로 저술된, 비교적 체계성을 갖춘 최초의 본격적 철학통사라고 할 수 있다. 이것은 1978년에 출간된 『한국철학연구』의 후속작업으로 이루어진 것이지만, 시각의 불일치, 대상항목과 집필의 불균형 등 근본적 문제들이 전혀 해소되지 않은 미완성의 결과였다. 조선시대 유학과 관련해서 보면, 김안국, 김인후 등 중종 대에서 명종 대에 걸쳐 활동하는 사림파 지식인들의 사상적 양상을 충분히 다루지 않았고, 서경덕에 대한 집필분량이 이황과 이이보다도 더 많았다. 17세기 성리학 가운데, 윤휴, 박세채, 윤증, 김창협 등 북인계와 소론계 학자들뿐 아니라, 인물성동이논쟁과 관련된 학자들의 사상에 관해서도 다루지 않았다. 실학에 관해서도 정약용이나 최한기에 대한 기술이 이제마에 대한 기술보다 적고, 실학을 이해하는 상이한 시각들이 병존하였다.

  『朝鮮朝 儒學思想의 探究』(1987)는 성균관대 유학과 출신들이 중심이 되어 조선시대 유학자들에 대한 개별적 연구를 책으로 엮은 것이다. 권근의 『예기천견록』에 대한 연구(권정안), 권극중의 성리설에 대한 연구(최일범), 조익의 성리설에 대한 연구(송석준) 등은 주제의 확대를 보여준다. 최영진은 이황이 理의 능동성을 주장하면서, 주희의 설명 가운데 이의 능동성을 부인하는 부분에 관해 체용론을 통해 모순을 해소한다고 분석하였다. 송석준은 조익의 성리설 이면에 양명학적 학문 태도가 바탕이 되고 있다고 분석하였다. 이해영은 이이가 주자학의 범주 안에서 장자적 자연인식, 불교의 이론, 서경덕의 기론 등을 폭넓게 수용하여 독창적으로 종합한 것과, 기일원론으로 나아가지는 않았지만 변화하는 현실에 입각하여 기의 생명력을 중시한 것이 개성적인 면이며, 한국철학사에서 높이 평가해야 할 대목이라고 해석하였는데, 안병주의 시각을 좀더 진전시킨 것으로 보여진다. 여하튼, 한 대학원에서 공부한 사람들이 모여 논문을 같이 쓰거나, 연구를 같이 하면서 그 결과를 책으로 엮어내는 공동작업이 1980년대 후반부터 성균관대학교와 고려대학교를 중심으로 활발하게 나타났다.

금장태의『韓國實學思想研究』(1987)는 발표한 논문들을 중심으로 재구
성한 것이다. 저자는 실학의 시기에 관해, 준비기(한백겸, 이수광), 맹아기(유
형원, 박세당), 학파 성립기(이익 이하 성호학파, 홍대용 이하 북학파), 실학파
철학 정립기(정약용, 김정희, 최한기) 등으로 구분하는 독법을 제기하고,
실학사상의 특성에 관해서는 개방성, 객관성, 실용성을 추구하면서 ① 고정화
된 형식적 도덕규범을 거부하고 신체적 욕망을 가진 구체적 인간에 대한
관심과 사랑을 고양시켰다는 것, ② 현실과 이념의 조화를 추구하면서 관념적
의리론자의 위선을 배격한 것, ③ 실제의 공효를 추구하는 실천성 등 세
가지를 들었다. 금장태는 정약용과 최한기의 사상을 분석하면서, 정약용
실학이 경학으로 복귀하는 방식이라면, 최한기의 경우는 탈경학적이고 근대
적 합리성을 추구하는 입장이라고 구분한다.

2) 1980년대 개별연구

80년대에 들어와서도 개별 연구는 이황, 이이, 정약용 등에 집중되었지만,
연구인력의 증가에 따라 이들 이외에도 개별 유학자에 대한 연구로 확대되었
다. 이황과 이이에 관련한 연구성과로『退溪哲學의 硏究』(윤사순, 1980),
『栗谷의 社會思想』(趙南國 編譯, 1983),『栗谷의 哲學思想』(송석구, 1984),
『栗谷思想 論文集』(Ⅱ)(柳宅馨, 1984),『退溪 栗谷哲學의 比較硏究』(1)(이
종술, 1985),『退溪 栗谷哲學의 比較硏究』(채무송, 1985),『栗谷의 哲學思想
硏究：誠意正心을 中心으로』(송석구, 1987),『퇴계평전』(정순목, 1987),『退
溪와 栗谷의 哲學』(유명종, 1987),『退溪哲學을 어떻게 볼 것인가』(윤천근,
1987),『李退溪 哲學 : 그 深層硏究 및 理解』(전두하, 1987),『栗谷哲學硏究』
(황의동, 1987),『退溪家年表』(退溪學硏究院 편, 1989),『退溪의 燕居와
思想形成：그 莊屋과 詩를 中心으로』(권오봉, 1989),『退溪學及其系譜的
硏究』(이가원, 1989),『李珥 哲學硏究』(황준연, 1989) 등을 들 수 있다. 정약용
에 관한 연구성과로는『韓國改新儒學史試論』(이을호, 1980),『茶山學 入門』

(이을호, 1983), 『丁茶山의 生涯와 思想』(이을호, 1985), 『(譯註)牧民心書』
Ⅰ~Ⅵ(丁若鏞 著, 茶山研究會 譯, 1985), 『丁茶山研究의 現況』(한우근
외, 1985), 『丁若鏞의 社會敎育思想』(정희숙, 1987), 『茶山紀行 : 朝鮮後期
의 社會變動과 思想』(박석무, 1988), 『丁茶山의 經學 : 論語·孟子·大
學·中庸 研究』(이을호 외, 1989), 『國譯與猶堂全書』(丁若鏞 저, 全州大學
校 湖南研究所 역, 1989~) 등을 들 수 있다. 이외의 인물에 대한 개별 연구로
는 그 주요한 것으로, 『星湖李瀷研究』(한우근, 1980), 『順庵 安鼎福 研究』(심
우준, 1985), 『南冥哲學과 敎學思想』(崔海甲, 1986), 『洪大容 評傳』(김태준,
1987), 『鄭汝昌研究』(鄭在景, 1987), 『星湖 李瀷의 哲學思想研究』(김용걸,
1989), 『權陽村思想의 研究』(도광순 편, 1989) 등을 들 수 있다. 그리고 각
문중에서 문중의 대표적 학자에 대한 기념사업회 등 학술적 연구에 재정을
지원한 것에도 크게 힘을 입어 『寒暄堂의 生涯와 思想』(1980), 『成牛溪
思想研究 論叢』(1988), 『栗谷學 : 韓國學의 正統思想』 2(1989) 등 다양한
성과들이 나왔다.

이들 연구성과를 개별적으로 살펴보면, 먼저 윤사순의 『退溪哲學의 研究』
(1980)는 기존의 발표 논문들을 책으로 엮은 것이다. 윤사순은 이황의 이기론
을 주리론으로 특징지우고, 그 학설이 사실의 측면에서 다소 문제가 있다고
해도, 본성의 자발적 發現과 자각을 통한 '주체적 인간의 확립'에 그 의도가
있음을 중시해야 한다고 보았다. 따라서 사실적이고 객관적인 의미에서
진리를 추구하는 것보다 주체적인 진리를 우선적으로 문제삼는 가치지향적
문제의식에 입각해서 해석해야 하며, 이황의 문제의식은 인간성 상실의
문제에 부딪치는 현대에 의의가 있다고 주장하였다.

80년대 이황과 이이의 사상적 비교와 관련한 연구성과로 이종술의 『退溪
栗谷哲學의 比較研究』 1(1985), 채무송의 『退溪 栗谷哲學의 比較研究』
(1985), 유명종의 『退溪와 栗谷의 哲學』(1987) 등을 들 수 있다. 이종술의
저서는 이황과 이이가 주고받은 문답을 자세히 소개하고 분석하는 데 힘을
기울였지만, 논점이 분명치 않다. 채무송은 이황이 주희를 계승하여 敬을

352

第一義로 삼는 수기 중심의 心學을 수립한 반면, 이이는 誠을 주로 하여 주희와 차이를 보이며, 실천을 중시하는 道學적 성격을 띤다고 유형화한다. 그리고 「聖學十圖」는 敬에 입각한 사상체계를 보이는 반면,『聖學輯要』는 誠 사상의 체계라고 해석한다. 敬과 誠 두 개념을 중심으로 이황과 이이의 사상적 차이를 구분하는 시각은 이전에도 있었던 것으로 좀더 구체화한 것인데, 도식적이고 주관적인 해석방식이라고 생각된다.

유명종의『退溪와 栗谷의 哲學』(1987)은 기존에 발표한 논문들을 책으로 엮은 것인데, 이황과 이이의 성리학을 이해하는 저자의 시각을 잘 보여준다. 유명종은 이황의 입장이 理를 초월적 실재와 내재적 실재라는 이중구조로 해명하여 渾淪과 分開의 방법을 모두 사용하는데 반해, 이이의 주기파는 渾淪無間의 내재만을 인정하는 내재관적 입장을 견지한다고 본다. 그리고 성혼을 비조로 하는 절충파는 우주론에서는 초월적 실재[超在]를 인정하지 않으면서도 성정론에서는 分開를 인정하는 입장을 취한다고 해석한다. 이것은 조선성리학의 유형을 주리파, 주기파, 절충파로 분류하는 시각을 수용하면서, 그 사상적 구분을 구체화함으로써 더 진전시킨 것이라고 할 수 있다. 이이가 理氣不相離를 주장한 것이 서경덕의 영향이라고 해석한 이병도의 입장에 대해서도, 유명종은 서경덕의 영향이 아니라 羅欽順의 이기혼륜설에서 영향을 받은 것이라고 반박하였다. 나흠순과 조선유학의 관계를 한 장으로 다루고 있는데, 조선성리학 연구의 새로운 진전이라고 할 수 있겠다.

송석구의『栗谷의 哲學思想硏究 : 誠意正心을 中心으로』(1987), 황의동의『栗谷哲學硏究』(1987), 황준연의『李珥 哲學硏究』(1989) 등은 모두 박사논문을 보완하여 책으로 엮은 것이다. 송석구는 이이의 이기론에 관해 理氣之妙는 논리적 차원에서 한걸음 더 나아가 화쟁의 차원에서 이념과 현실을 매개하는 이론이라고 이해한다. 그리고 이이 성학론은 誠意와 正心을 수기론의 근본으로 삼고 意에 대한 精察을 중시하며, 그 척도를 思無邪에서 찾는 입장이라고 해석한다. 그리고 이것은 居敬을 중시하는 이황의 입장과 일정한 차이가 있다고 본다. 또한 務實力行을 강조하는 이이의 입장이 실학적 목적에서 나온 것이 아니라 이기론의 독자적 입장에서 나온 것으로 실학으로 발전하는 계기는 되지만, 실학 자체와는 구별해야 한다고 주장한다. 황의동은 이이의 우주론, 인성론, 경세론을 理氣之妙 또는 理氣妙合이라는 개념을 중심으로 정합적으로 해석하고자 한다. 이것은 모든 존재에 理氣가 본래 妙合自在한 것으로 기를 떠난 관념적 이의 영역이나 이를 떠난 사실적 기의 세계를 인정하지 않는다는 입장이다. 황의동은 율곡이 이 시각에 입각하여 관념과 사실, 의리와 實利, 윤리와 경제, 이상과 현실 등을 합일시키는 사상을 구축하였다고 본다. 황의동은 자신의 해석이 유승국의 시각을 진전시킨 것으로 말하고 있는데, 이동준, 송석구 등 여러 연구자에게서 관찰된다. 그러나 이기묘합은 주희와 이이 사이에 이론적 차이보다는 오히려 동질성을 표징하는 개념으로 해석될 수 있기 때문에 이이의 독자적 정체성을 드러내기에는 다소 미흡하다고 생각된다.

실학파와 관련한 연구를 보면, 먼저 한우근은 이익의 학풍을 이을호와 유사하게 洙泗學적 修己治人의 학문으로 해석하면서, 이익의 국가운영론에 대한 견해들을 『星湖李瀷研究』(1980)를 통해 재조명하였다. 그러나 경학과 성리설 등에 관해서는 별다른 규명이 없었다. 이후 이남영, 이광호 등이 이익의 성리설과 경학에 관해 이황의 입장을 계승하는 주리적 경향으로 규명하는 논문을 발표하였고,[16] 김용걸은 자신의 학위논문을 토대로 『星湖李瀷의 哲學思想研究』(1989)를 출간하였다. 김용걸은 이익의 성리설을 주자학과 연속적으로 이해하는 방식에 대하여 이의를 제기한다. 그는 이익이 氣에 대한 理의 우위적 또는 회통적 지위를 인정하지 않고, 기와 1:1의 상응 관계에 있는 것으로 재정립하였다고 해석한다. 그리고 심성론에서도 이익은 심과 성에 독자성을 부여하여 心이 지식축기능을 갖는 근거를 세우고, 격물치지론에 대해서도 지식론적 방법으로 확대해석할 수 있게 하였다고 본다. 김용걸은 이익의 이러한 사유체계는 새로운 방법론을 필요로 하는

---

16) 이남영, 「星湖 李瀷의 退溪觀과 그의 實學論」, 『퇴계학보』 36, 1982 ; 이광호, 「星湖 이익의 思想-「孟子疾書」를 中心으로」, 『泰東古典研究』 2, 1986.

시대적 요구에 대응하는 것이라고 의미를 부여한다. 김용걸의 해석은 이익의 사상이 경세론에서 실학적 성격을 갖는 것과 한편으로 성리설에서 이황의 성리학적 입장을 계승하는 것 사이에 서로 배치되어 보이는 측면을 다시 정합적으로 해석하려는 시도라고 할 수 있다. 그러나 이익의 理 개념에 대한 김용걸의 해석은 자의적이어서 논란의 여지가 많다.

80년대 실학파 연구를 주도한 것은 역시 정약용에 대한 연구라고 할 수 있다. 대우재단의 지원을 받아 정약용 서거 150주년(1986)을 즈음하여 정약용 연구를 정리해 보려는 학계의 노력이 있었는데,『丁茶山硏究의 現況』(1985)은 그 첫 번째 결과로 1982년 광주에서 열린 다산학학술회의의 발표논문들을 모은 것이다. 뒤이어 1983년에 '정다산과 그 시대'라는 주제로 개최된 학술토론회 결과가『丁茶山과 그 時代』(1986)로, 1986년 3~12월 사이 진행된 월례발표회의 결과가『茶山學의 探究』(1990)로 간행되었다. 여기서는 1980년대에 간행된 앞의 두 책만을 살펴보기로 한다.

『丁茶山硏究의 現況』에서 새롭게 논의된 것 중 하나는 정약용 저술에 대한 고증 문제였다. 1972년『여유당전서보유』의 간행에 참여하였던 김영호는 정약용의 저술에 대한 고증을 통해, 간행된 정약용 관련 저술들의 체계적 정리와 定本의 확립이 필요함을 각성시켰다. 안병직 역시『목민심서』에 대한 판본과 시기 고증을 통해, 1817년 초고가 완성되고, 1821년 완성본이 성립된 이후에도『여유당집』의 편찬과정에서 보완되었다는 주장을 제기하였다. 이처럼『여유당전서』를 비롯한 정약용 관련 저술에 대한 재검토의 필요성을 환기시킨 것은 정약용의 사상을 객관적으로 이해하기 위한 기초작업인데, 당시 철학계의 연구는 이 부분에 관해 매우 소홀하게 접근하고 있었다. 따라서 역사학계를 비롯하여 일부 연구자들이 텍스트 고증의 필요성을 부각시킨 것은 철학사 연구자들에게도 자극을 주는 계기가 되었다. 박병호는『목민심서』와『흠흠심서』가 법철학서적 의미를 갖는다고 평가하고, 정약용의 법사상의 특징을 예와 법의 일치, 인격과 인명을 중시하는 欽恤의 정신에서 발견하면서, 탈주자학의 수사학적 수기치인의 학문적 의식을 바탕

으로 전개하였다고 해석한다. 이을호와 윤사순은 다산 실학에서 나타나는
수사학으로의 복귀가 이론적 복귀가 아닌 實際 지향의 방법론(윤사순) 또는
현실파악의 한 방편(이을호)으로써 제기된 것으로 해석하는 점에서 공통적
입장을 보였다. 정약용의 경세론의 성격에 관해서 강만길, 신용하, 신일철
등 대부분의 발표자와 토론자들이 근대지향적이지만 자본주의로 나아간다
는 생각은 갖지 않은 것으로 해석하였다.

『丁茶山과 그 時代』에서는 정약용의 시대 배경, 특히 정치 상황과 사회
경제적 변화 등이 검토되었고, 서학과 일본 고학파와의 관련성이 논의되었다.
정석종은 계층적 이해관계를 수반한 당파적 대립으로 파악하는 시각을 이용
하여, 당시의 정치적 상황을 대토지소유자 및 특권상인의 이해를 대변하는
노론 세력이 정치적 주도권을 장악해가는 상황으로 파악하고, 정약용의
입장은 노론세력에 맞서 왕권강화를 추구하는 정조의 입장과 연관되어 있다
고 해석하였다. 최석우는 정약용이 천주교 신앙을 가졌으며, 사상적으로
상제, 태극, 음양, 인성론 등 주요 개념들에서 천주교리의 영향을 받았다고
해석하고, 유학의 전통을 규명하는 과정에서 서학적 성격을 보여준 것이고
서학을 직접 옹호하거나 신앙한 것은 아니라는 금장태 시각에 대하여 반론을
제기하였다. 강재언은 일본에 대한 정약용의 인식을 다루면서, 『논어고금주』
속에서 다자이 순다이(太宰春臺)의 설을 비판하는 부분을 언급하였다. 그러
나 일본 고학파의 시각과 정약용의 문제의식을 비교하지는 못하였다.

『丁茶山의 經學 : 論語 · 孟子 · 大學 · 中庸 硏究』(1989)는 四書에 대한
정약용의 저술에 대하여 최대우(대학), 정병련(중용), 안진오(맹자), 이을호
(논어) 등 네 명이 그 경학적 구조와 성격을 분석한 것인데, 이을호의『茶山經
學思想硏究』를 한층 더 진전시킨 성과라고 할 수 있다. 그러나 오경에 대한
정약용의 경학적 연구들과 연계되지 않아 정약용의 경학사상 전모를 드러내
기에는 매우 미흡한 것이었다.

도광순이 편찬한『權陽村思想의 硏究』(1989)는 1982년과 1984년 한국인
문과학연구소에서 발표된 논문들과 마이클 칼튼과 사까이 다다오의 논문을

합해 간행한 것이다. 여기에는 권근의 사상에 대한 다양한 접근이 제시되었는데, 철학과 관련해서는 유인희, 배종호, 유정동 등이 참여하였다. 최해갑의 『南冥哲學과 敎學思想』(1986)은 이황과 비교하면서 조식의 사상을 사상과 문학 등 다양한 측면에서 개설적으로 밝힌 것이다. 최해갑은 이황이 중심이 되는 강좌학파와 강우학파의 성격을 崇仁 대 崇義, 主理 대 主氣로 대별하면서 그 연원을 정여창에서부터 개설적 수준에서 다루었다. 정재경의 『鄭汝昌 硏究』(1987)는 실록과 후인의 기술을 토대로 정여창의 활동과 사상을 복원하려는 시도로, 사상 내용을 복원하는 것에는 한계를 보이고 있지만, 관련된 기사들을 한 곳에 모은 것과 연보를 구성한 것만으로도 의의가 있는 성과라고 할 수 있다. 그러나 정여창의 글로 추정되는 것들이 『우득록』 등 후대 학자들의 문집에서 발췌한 것으로 보이는 등의 사실성 문제에 대한 객관적 검토작업이 빠진 것은 아쉽다.

1980년대 들어서 관련 1차사료의 영인 출간과 고전 국역작업이 급속히 확대되었는데, 이는 조선시대 유학 연구를 크게 촉진시켰다. 1980년 한국정신문화연구원에서 영인 간행한 필사본 『퇴계전서』는 이황 연구에서 1차사료의 재검토를 자극하는 계기가 되었다. 또한 1984년 창작과 비평사에서 간행한 『목민심서』 완역본은 1980년대 군사정권에 의해 해직된 교수들이 모여 이룬 성과로 정약용 연구에 도움을 주었다. 1988년부터 민족문화추진회에서 간행되기 시작한 『한국문집총간』은 조선시대 유학 연구를 한단계 진전시켰고, 1989년 성균관대 대동문화연구원에서 영인 발간하기 시작한 『韓國經學資料集成』역시 경학적 측면에서 조선시대 유학 연구를 심화시키는 데 크게 기여하였다고 할 수 있다. 또한 정순목의 『퇴계평전』(1987)과 김태준의 『洪大容 評傳』(1987) 등 평전류 역시 사상에 대한 추상적 연구의 한계를 넓히는 데 기여하였다고 할 수 있다.

5. 1990년 이후

1) 1990년대 유학사 관련 연구

1990년 이후 유학사 관련 주요 저작은 대체로 다음과 같다.『韓國近代의 儒敎思想』(금장태, 1990),『조선철학사』(3)(최봉익, 1991),『韓國性理學의 脈』(최완기, 1991),『朝鮮朝 性理學 硏究』(정대환, 1992),『韓國儒學思想硏究』(최근덕, 1992),『朝鮮哲學史』(하기락, 1992),『한국사상의 이해』(황준연, 1992.),『韓國儒學史의 理解』(금장태, 1994),『한국사상사의 인식』(유초하, 1994),『韓國哲學思想史』2(임균택, 1994),『韓國儒學思想史』1-5(최영성, 1994~1997),『朝鮮哲學의 流脈』(하기락, 1994),『한국사상사』(개정판)(유명종, 1995),『한국사상의 흐름』(전영배, 1995),『韓國哲學의 深層分析』1~3(정병련, 1995~1998),『강좌 한국철학』(한국철학사상연구회, 1995),『논쟁으로 보는 한국철학』(한국철학사상연구회, 1995),『한국의 유학사상』(황의동, 1995),『해방 50년의 한국 철학』(철학연구회, 1996),『조선 유학의 학파들』(한국사상사연구회, 1996),『한국인물유학사』(1~4)(한국인물유학사편찬위원회, 1996),『이야기 한국철학』(1~3)(한국철학사상연구회, 1996),『韓國思想史 方法論』(이기백 외, 1997),『유교의 인도주의와 한국사상』(이동준, 1997),『한국사상사의 과학적 이해를 위해』(한국역사연구회, 1997),『한국철학사상사』(한국철학사연구회, 1997),『조선 전기의 유학사상』(금장태, 1997),『조선 후기의 유학사상』(금장태, 1998),『한국유학사』1(김충렬, 1998),『조선 후기 학계와 지식인』(유봉학, 1998),『조선시대 성리학의 연구』(윤사순, 1998),『조선시대 사상과 문화』(지두환, 1998),『조선시대 사상사의 재조명』(시두환, 1998),『조선 유학의 사언철학』(한국사상사연구회, 1998),『조선시대 사상사를 어떻게 볼 것인가』(고영진, 1999),『한국유학의 탐구』(금장태, 1999),『한국사상의 길라잡이』(황준연, 1999),『원효에서 다산까지 : 한국사상의 비교철학적 해석』(김형효, 2000),『조선시대, 삶과 생각』(윤사순 외, 2000),『도설로 보는 한국 유학』(한국사상사연구회, 2000),『朝鮮朝 性理哲學의 構造的 探究』(최근덕, 2001),『한국사상사 : 유가경세사상편』(이진표, 2002),『자료와 해설 한국의 철학사상』(고려대 민족문화연구원 한국사상연구소, 2001), 『조선유학의 개념들』(한국사상사연구회, 2002).

금장태의 『韓國近代의 儒教思想』(1990)과 최봉익의 『조선철학사(3)』 (1991)은 모두 19세기 후반에서 해방전까지의 사상적 흐름을 다루었다. 금장태는 개항(1876) 이후 외세에 대한 유학자들의 대응을 국권수호운동, 민족종교와 공교 운동, 유교 개혁사상 등으로 나누어 살펴보고, 마지막으로 李承熙의 활동을 다루었다. 그는 동학, 증산교, 대종교 등의 활동을 中人 계층의 종교활동과 연관하여 분석하면서 동학과 대종교 등 민족종교적 특성이 강한 종교운동의 경우 중인 계층의 역할이 비교적 활발한 반면, 후천개벽사상 등 민중종교적 특성이 강한 종교운동의 경우는 매우 소극적으로 활동하였다고 해석한다. 그러나 대종교의 역사해석과 독립운동 등, 이들 종교운동이 외세에 대항하여 전개한 사상적 운동의 내용과 성격을 다루지 못하였다. 최봉익의 『조선철학사(3)』는 정성철의 『조선철학사(2)』(1987)를 이어 북한에서 간행한 한국철학사 시리즈의 마지막 권으로 보인다. 19세기 후반 동학사상에서부터 1920년대 전반기 김형직의 활동까지를 다루고 있는데, 봉건제의 몰락과 자본주의 생산양식으로 이행하는 과정으로 19세기 사회경제적 변화를 고증적으로 정당화한 다음, 반봉건과 반침략 투쟁에 초점을 두어 기술하였다. 그러나 별 내용도 없고 철학사적으로 무의미한 김형직의 활동을 부각시키는 등 객관적인 철학사의 요건을 갖추지 못하였다고 할 수 있다.

최영성의 『韓國儒學思想史』(전 5책)(1994~1997)는 한국유학사에 대한 가장 방대한 저작으로 이전의 유학사 저술에 비해 진일보한 성취라고 할 수 있다. 서술 범위를 삼국시대부터 현재 활동하고 있는 유학전공자들에 이르기까지 확대한 것이 특징이다. 최영성은 영남학파와 기호학파로 구분하는 것과 동시에 서경덕-이이로 이어지는 계열을 주기론으로, 이언적-이황으로 이어지는 계열을 주리론으로 구분하는 방식을 사용하였고, 다까하시가 절충파로 분류하였던 박세채 등 소론 그룹에 대해서는 주기절충파로 분류하였는데, 대체로 이전의 구분을 답습하는 형태였다. 최영성은 서원과 향약의 발달을 다루면서 이황의 서원창설운동이 과거를 통해 중앙에 진출하는 관료

들의 이념적 퇴락에 대한 대응적 의미를 지닌다는 이우성의 입장을 수용하였
다. 실학에 관해서도 경세치용, 이용후생, 실사구시 등 이우성의 삼파설을
수용하면서도 김정희 등 실사구시파로 분류되는 인물들을 북학파의 연속으
로 다루어 일정부분 다른 시각을 보였다. 또한 실학을 氣 중시적 사상으로
이해하는 윤사순 등의 견해에 대하여 성호학파의 경우 주리적인 점을 들어
반대하고(4책, 95~100쪽), 호락논쟁에서 인물성동론 계열이 북학파의 사상
발전에 영향을 주었다는 유봉학의 주장을 수용하였다. 이처럼 최영성의
서술은 불충분하지만 학계의 연구성과를 일정부분 수용하였다. 「성학십도」,
格物 해석을 통한 理到說,『성학집요』의 논지, 인심도심설을 둘러싼 조선시
대 논쟁의 흐름, 성혼과 이이의 논쟁 등 주요한 사항들이 다루어지지 않았고,
성혼과 이이 이후의 학파적 상황을 호락논쟁과 실학 다음에 배치하는 등
체제상의 문제점도 보이며, 연구성과의 수용도 매우 미흡한 한계가 있다.
그럼에도 불구하고, 유학사에 대한 통사로서 1990년대에 간행된 저서 가운데
가장 풍부한 내용을 담고 있으며, 해방 이후 활동한 학자들까지 기술 대상으로
포괄함으로써 유학사 기술의 영역을 한층 더 넓혔다.

『조선 유학의 학파들』(1996)은 조선시대 유학을 학파별로 묶어서 유형화
하고 정리한 것이다. 임성주와 임윤지당, 임정주 등 형제들을 녹문학파로
분류한 것은 새로운 방식이긴 하지만, 지나치게 세분된 모습을 보여준다.
반면, 이항, 노수신, 김인후, 기대승 등 호남의 유학자들이 학파의 분류에서
빠져 있고, 성호학파의 경우 우파만 다루어지고 권철신, 권일신, 이가환,
이승훈, 이벽, 정약용 등으로 이어지는 좌파는 다루어지지 않았다. 기술
대상이 충분치 않으며, 기존의 성과들이 충분히 반영되지 않은 한계가 있지
만, 학파로 유형화하려는 시도 자체는 개별연구의 수준을 진전시키는 의미
있는 작업이라고 할 수 있다.

금장태는 조선시대 유학사상에 관해『조선 전기의 유학사상』(1997)과
『조선 후기의 유학사상』(1998)의 두 책으로 정리하였는데, 정몽주에서 최한
기까지 인물들을 중심으로 유학사상을 다루었다. 조선전기 사림파, 이언적,

성혼, 유성룡 등 이황 문하 학자들, 김장생 이하 이이 문하 학자들, 홍대용을
비롯한 북학파 학자들, 인물성동이론과 관련된 학자들 등등 상당수 주요한
인물들이 다루어지지 않았다. 자신의 전공분야라고 할 수 있는 서학관련
연구, 특히 순조대 이후 천주교에 대한 조선 정부의 대응을 자세히 분석하면
서, 이질적인 사상체계와 문화형식이 전파, 수용되는 시기에서 전통가치를
고수하려는 태도나 문화적 독단에 치우친 신앙공동체 모두 문화적으로 고립
되는 폐쇄성에 빠지게 된다는 것을 깨닫게 해준다고 해석하였다. 아울러
금장태는 새로 발굴한 사료로 당시 천주교도를 처리하면서 刑曹에서 기록한
『邪學懲義』를 소개하였는데, 이기경의 『闢衛編』을 이어 형조의 관리가
개인적으로 관련 자료를 수집하여 정리한 초고라고 추정하였다. 금장태는
정약용과 최한기의 인간론을 비교하면서, 정약용이 心의 靈明을 매개로
성리학의 合一론적 세계관을 극복하지만, 최한기는 推測의 인식능력을 인간
의 고유성으로 간주하여 전통적 세계관 가운데 합일론적 전제를 계승하는
점에서 대비된다고 보았다(410~411쪽).

유봉학의『조선후기 학계와 지식인』(1998), 지두환의『조선시대 사상사의
재조명』(1998), 『한국사상사』(1999), 고영진의『조선시대 사상사를 어떻게
볼 것인가』(1999) 등은 역사학계에서 조선시대 사상사 전공자들이 유학사와
관련하여 발표해 온 논문들을 중심으로 정리한 것이다. 이 가운데 유봉학은
18세기 호락논쟁이 전개되면서 서울과 지방 사이에 학문의 경향이 분기되는
것을 밝혀, 전통적 주자학이 사회적 변동과 동아시아 학문의 변화과정에서
쇠퇴하고 새로운 학풍과 사상이 모색되는 과정으로 해석하는 시각을 제시하
였다. 그는 김조순을 통해[17] 서울지역 세력가의 보수적 성향을, 최한기를
통해 서울지역 사족 지식인의 개혁적 성격을 검토하였는데, 최한기의 가문이
낙론계와 교류하였음을 지적하고, 최한기의 神氣運化 이론은 인물성동론의
논리를 발전시킨 것으로 해석하였다. 즉 낙론계의 인물성동론이 홍대용과

---

17) 김조순에 대한 유봉학의 연구는『楓皐 金祖淳 연구』(서울대학교 한국문화연구소,
   1997)로 간행되었다.

박지원의 사상에서 사물연구의 철학적 토대가 되었던 것이 다시 최한기에서 재현되어 발전된다고 보았다.

김형효의 『원효에서 다산까지 : 한국 사상의 비교철학적 해석』(2000)은 원효, 지눌, 이황, 이이, 정약용 등을 서양철학과 비교한 연구이다. 그는 이황의 입장에 관해 정치적 경향보다 종교적 지향이 더 풍부한 자연신학으로 파악하고, 이이의 입장에 대해서는 메를로-퐁티의 현상학과 대비시키면서 통일성과 분열성이 함께 깃든 현상학적 사유의 한 형태로 파악한다. 그러면서, 이와 기의 관계에 대한 이황과 이이의 이해방식을 네오플라토니즘과 아리스토텔리즘으로 대비시킨다. 또한 정약용에 대해서는 의지와 행사의 철학으로 성격을 지우면서, 심신일원론적 지성의 실용학과 심신이원론적 의지의 실천학이 혼합되어 있다고 본다. 그리고 정약용의 실학사상이 혼합적인 이유를 유교와 서교의 본질 자체가 복합적 요인을 가지기 때문이라고 여긴다. 그러나 김형효는 다산을 지성적이면서 의지적 행사의 정신(doing spirit)을 가장 뚜렷이 고양시킨 철학자로 평가하고, 맹자의 사회과학적 한계를 순자적 경영학으로 조화시켜 근대의 지평을 열고자 하였던 진취적 사상가로 자리매김한다. 그러나 비교방식이 유럽철학의 관념을 중심으로 한국 전통철학의 의미를 읽어내는 형태이며, 그 점에서 유럽철학의 관념과 한국철학의 관념을 비교하는 방식이 일종의 주종관계로 진행되는 불균형을 면치 못하고 있다. 전통사상을 현대적 문맥으로 읽어내는 작업을 김형효는 꾸준히 개발해 왔는데, 작업들이 추상의 '散種'에 그치는 한 원인은 현대의 철학적 문제에 대한 共鳴에 경도되어, 전통사상의 문법에 대한 성찰을 안이하게 다루기 때문인 것으로 보인다. 동·서양의 철학이 고심하는 문법을 철학사의 문맥에서 해명하는 독법과, 동시에 연구자 자신의 세계에 대한 철학적 관점이 좀더 심화될 필요가 있다.

한국사상연구소가 편찬한 『자료와 해설 한국의 철학사상』(2001)과 한국사상사연구회가 편찬한 『조선유학의 개념들』(2002) 등은 조선시대 유학에 대한 총설류의 공동저작이다. 『자료와 해설 한국의 철학사상』은 원전을 통해 한국철학의 흐름을 개괄하는 총론의 성격을 띤다면, 『조선유학의 개념들』은 성리학의 주요 개념에 대한 해설을 통해 조선시대 유학의 정체성을 드러내는 일종의 개념사전에 해당한다. 두 저서는 모두 윤사순 교수의 퇴임에 맞추어, 문하에서 수학한 연구자들이 중심을 이루어 그간의 성과를 결산하는 성격을 갖고 있다. 전자의 서문에서도 밝히고 있듯이 성숙한 체계를 갖춘 한국철학사의 저술로 발전되기를 희망하면서 이룩한 성과들이다. 전자는 기존에 이미 간행된 성과들과 비교해 볼 때, 한국철학에 대한 주요 면모를 좀더 간명하게 파악할 수 있는 장점이 있다. 다만 발췌한 사료가 충분치 않고 편향적인 점, 불교의 경우 균여, 혜심, 휴정, 유정 등 주요 인물이 빠지고, 유교의 경우 조식과 남명학파가 다루어지지 않은 점, 연구자의 상이한 시각이 소화되지 않은 점 등이 아쉽게 생각된다. 『조선 유학의 개념들』은 이보다 약 반년 앞서 일본에서 나온 『中國思想文化辭典』과 같은 유형으로, 유학의 주요 개념을 조선유학사와 관련하여 이해할 수 있는 일종의 개념 안내서이다. 지금까지 해외에서 나온 사전들이 중국과 일본의 사상적 문맥에 초점을 맞추어 논의해온 것을 고려할 때, 이 책은 한국유학에 초점을 두고 기술되었다는 점에서 그 의의가 크다. 다만, 기존의 연구성과가 충분히 반영되지 않은 점, 한국사상사연구회라고는 하지만 연구자들이 다양하지 못한 점 등이 아쉽다.

2) 1990년대 개별 연구 : 조선전기

퇴율 이전의 개별 연구성과는 대체로 다음과 같다. 「朝鮮前期 政治思想 연구 : 君主・官僚論을 중심으로」(부남철, 1990), 「十六世紀 前半期 韓國 性理學의 天人觀」(정대환, 1990), 「三峰의 性理學 硏究」(장성재, 1992), 「權 近 哲學思想의 硏究」(구춘수, 1993), 「朝鮮初期 儒學思想에 관한 硏究」(김홍경, 1993), 「16世紀 朝鮮性理學의 特徵에 관한 硏究」(전호근, 1997), 「朝鮮 建國勢力의 思想的 背景에 對한 硏究」(한대희, 1998), 「朝鮮前期 禮學思想

研究』(도민재, 1999), 「정여립 연구 : 정치사적 의미와 사상을 중심으로」(배동수, 1999), 「李彦迪의 政治思想研究」(이지경, 1999), 「吉再와 鄭道傳의 儒敎倫理觀 比較研究」(길병완, 2000), 「조선전기 예제·예학 연구」(정경희, 2000), 「권근의『주역천견록』연구」(이기훈, 2002). 이상은 박사학위논문들이다.

『金宗直 道學思想』(신학상, 1990),『晦軒思想研究』(김병구, 1991),『李晦齋의 思想과 그 世界』(이지형 외, 1992),『冶隱 吉再의 學問과 思想』(金烏工科大學校 善州文化研究所 編, 1994),『休庵思想과 現代社會』(白休庵先生紀念事業會, 1994),『(思齊·文穆公)金正國의 生涯와 思想』(金仁植·金鍾錫 共編, 1995),『점필재 金宗直의 學問과 思想』(金烏工科大學校 善州文化研究所 編, 1996),『조선초기 관학파의 유학사상』(김홍경, 1996),『靜菴道學研究論叢』(정암논총간행위원회 編, 1999),『晦齋 李彦迪의 哲學과 政治思想』(묵민기념사업회 編, 2000),『조광조』(정두희, 2000) 이상은 단행본들이다.

이들 가운데 김홍경의『조선초기 관학파의 유학사상』(1996)은 학위논문을 책으로 엮은 것이다. 그는 태종대에서 세조대에 이르는 시기에 관료로 활동한 인물들을 관학파로 규정하여 그 사상적 성격을 규명하였다. 그는 이 시기 관료지식인들이 학문적으로 성균관에서 수업하였고, 지역적으로 기호지방 출신이 중심이며, 학맥에서 정몽주를 시발로 하는 도통계열과 달리, 이색의 문하로 조선왕조의 개국과정에 적극적으로 참여하는 정도전, 권근, 하륜 등으로 이어지는 학맥과 연관되고 있으며, 집현전을 중심으로 활동하는 특색이 있다고 분석하고, 그런 특색을 관학파로 규정할 수 있다고 주장하였다. 그는 변계량, 신숙주, 최항 등 文衡 출신과 권근, 하륜, 윤상, 김수온, 양성지, 강희맹 등 관료학자들을 대상으로 삼았는데, 이들의 성리학은 궁리 이전에 居敬을 우선시하는 실천유학적 성격을 지니며, 그것은 許衡을 중심으로 하는 원대 성리학의 반영이라고 해석한다.(162쪽) 김홍경은 관학파가 주자학에 비하여 이단 배척에서 온건한 태도를 보이는 사상적 포용성을 지니고 있으며(192쪽), 부국강병을 지향하는 실용주의적 경세론을 견지하였고, 祭天을 지속할 것을 주장하는 등 민족주의적 정서로 주자학적 명분론과 중화주의를 극복하려는 의지가 관통하고 있다고 해석하였다(3장 현실주의적 경세사상).

도민재는 「朝鮮前期 禮學思想 硏究」(학위논문, 1999)에서 현상윤 이래 17세기를 예학의 시대로 규정하여 성리학—예학—실학의 발전과정으로 조선유학의 흐름을 구분하는 방식에 대하여 반론을 제기한다. 17세기 가례의 연구가 광범위해지고 전례논쟁이 치열하게 전개되는 등 예학이 발달하였던 것은 조선 초기부터 성리학 이론이 실천적으로 전개되었던 것에 기인한다고 본다. 즉 개국 당시부터 유교적 예치 질서의 확립을 위해 전례체제의 정비와 유교 이념의 보급을 위한 정부의 노력이 크게 작용하였고, 16세기에 들어와 유교적 정치체제가 안정되면서 성리학적 사고에 입각한 예학을 사족들이 주도적으로 발전시키면서 예학의 발달을 가져왔다고 해석하였다. 그는 또한 기호학파가 『주자가례』의 체제를 준수하면서 주자의 예설을 그대로 따르려는 경향을 보인 반면, 영남학파에서는 가례의 규정을 폭넓게 해석하면서 古禮에까지 연구 영역을 넓혀가려는 경향을 보인다고 분석하고, 이는 유교 의례를 그대로 준수하는 차원에서 벗어나 예의 본질적 의미와 예 형식의 합리성을 추구하는 방향으로 예학이 심화되어갔음을 의미한다고 해석하였다.

정경희는 「조선전기 예제・예학 연구」(학위논문, 2000)에서 주희의 예학이 조선화되는 과정을 밝혔다. 그는 조선초 주희 예학이 의리론의 측면에서 개혁의 이념으로 적극 수용되었다가 세조 집권기에 왕실의 공리적 입장이 강화되면서 다소 퇴조하고, 16세기 들어와 주희 예학에 대한 士林 학자들의 연구가 시작되어 『주자가례』와 『儀禮經傳通解』의 체계에 대한 이해가 완숙해졌고, 16세기 후반기 이후 주희의 예학을 넘어서 古禮에까지 탐구하면서 주희의 예학이 조선화된다고 보았다. 그는 이 과정에서 율곡학파가 주희의 예학에 상대적으로 충실하려는 경향을, 퇴계학파는 주희의 예학에 근간하면서도 시속례를 중시하는 이황의 영향을 받는 경향을, 화담학파는 주희의 예학에서 상대적으로 자유로워 시속을 중시하면서도 일부 고례에 주목하는 경향을, 남명학파는 주희의 예학에 대한 학문적 탐구보다 시속을 중시하고 예의 실천을 중시하면서 주희의 예학에서 밝히지 않은 다수의 새로운 예까지 설정하는 경향을 보인다고 해석하였다.

정재훈은 「조선전기 유교정치사상 연구」(학위논문, 2001)에서 원대 성리학의 두 경향과 관련하여, 허형으로 대표되는 체제교학화된 관학이 여말선초 성리학에 주류로서 영향을 미쳤지만, 이제현－이색－권근 계열은 吳澄 등 朱陸和會적 성향을 반영한 사상적 입장을 견지하였다고 파악하였고, 정도전 계열은 주희 성리학에 충실하면서도 사공학파의 입장도 수용하였다고 해석하였다. 정재훈은 조선전기 이황과 이이에 이르는 시기 동안 군주성학과 관련하여『大學』에 대한 해석의 변화를 분석하면서, 조선전기 성리학의 흐름을 재조명하였다. 그는 선초 경연에서 자주 사용된 진덕수의『大學衍義』가 주희의 입장과 달리 군주의 수양뿐 아니라 군주주도적 통치술을 논하는 등 '尊君'의 요소가 적지 않았으며, 성종대 李石亨에 의해 찬술된『大學衍義輯略』은 존군적 입장에서 설명을 강화하였다고 지적하고 이것은 왕권을 중심으로 체제교학화된 성리학의 모습을 보여준다고 해석하였다. 그는 이러한 성향이 기묘사림 시기에 이르러 조광조를 중심으로 체제교학적 성리학에서 벗어나 주희의 성리학 자체에 입각한 새로운 군주성학을 모색하면서 변화되었다고 보고, 이언적의『大學章句補遺』,『續大學或問』,『中庸九經衍義』에 담긴 군주수양론적 논의를 분석하면서 해명하였다. 정재훈은 기묘사림 이후 군주성학론의 조선적 완성이 이이의『성학집요』를 통해 이루어진다고 본다. 그는 그 특징을 사대부 일반의 성학론 속에 군주의 성학을 포괄시키고, 존군의 입장이 아닌 군주권의 자의적 행사를 방지하는 것에 중점을 두었으며, 나아가 관료를 군주의 선택대상으로 다루는 시각에서 군주가 인재를 등용할 수 있는 안목을 갖도록 군주 자신을 수양하는 것에 중점을 두는 방식이었다고 해석하였다.

구춘수는「權近 哲學思想의 硏究」(학위논문, 1993)에서 권근의 철학적 입장을 朱陸和合적 성격을 지닌 것으로 해석하였다. 그는『중용』의 편장을 구분하는 방식에서 주희와 차이나는 점, 격물치지에 대하여 주희와 다른 점,『예기』해석에서 吳澄의 영향을 받고 있는 점 등을 논거로 들었다. 주륙혼합의 시각에서 권근의 사상을 이해하는 시각은 이전에 배종호가 권근의 격물치지설이 明德을 밝히는 것에 중점이 있고 그점에서 양명학적 성격을 지닌다고 지적하면서 제기된 적이 있다.[18] 김홍경은 조선 전기 관학파의 성리학을 분석하면서 존양공부가 강조되고 있고, 격물치지설이 중시되지 않는 점에서는 육학적 성격을 보이지만 主敬을 강조하는 점에서는 주자학의 성격을 보이는 등 혼합적 성격을 지닌다고 해석하였다.[19] 정재훈 역시「天人心性合一之圖」의 心 개념과 권근이 영향을 받은 陳澔의 학맥에 대한 유추를 통해, 권근의 성리학이 주륙절충적 성격을 지닌다고 해석하였다.[20]

그러나 이 시각과 다른 연구들도 제기되고 있다. 가령, 최영성, 조장연 등은『주역천견록』에 대한 분석을 통해 권근의 저술동기가 오징의『易纂言』에 포함된 불교적 해석을 비판하는 것에 있음을 지적하였다. 조장연은 권근이 『주역』해석에서 의리역과 상수역을 절충하는 시각에 입각해 있지만, 괘효사에 대한 해석에서 의리역의 입장을 취함으로써 주희의 해석과 일정한 차이를 나타내는 등 이정과 주희의 해석에 대하여 특정한 입장에 매달리지 않는 자유로운 경향을 보이고 또 실천적 성격을 보인다고 해석한다.[21] 권정안과 금장태는『예기천견록』의 편차가 진호의『禮記集說』과 편차를 달리한 내용을 밝히면서, 禮의 본질로서 敬을 내세우고 그것을 실현하는 문제의식이 기반이 되고 있다고 해석하였다.[22] 금장태는 나아가 권근의 경전과 경학

---

18) 배종호,「권양촌의 철학」,『權陽村思想의 研究』, 敎文社, 1989.
19) 김홍경,『조선초기 관학파의 유학사상』, 서울 : 한길사, 1996, 155~156쪽 참조.
20) 정재훈,「조선전기 유교정치사상 연구」, 서울대학교 국사학과 박사학위논문, 2001, 30~36쪽 참조.
21) 최영성,「『周易淺見錄』를 통해 본 權近의 經學思想(1)-易說을 통한 佛敎批判을 중심으로-」,『한국철학논집』3, 한국철학사연구회, 1993 ; 조장연,「權近의 易學思想 研究-『周易淺見錄』을 중심으로」,『유교사상연구』9, 한국유교학회, 1997 참조.

체계를 체용론적 구조로 해명하는 논리적 일관성을 유지하고 있으며, 해석방식에서 주희의 입장을 존중하면서도 얽매이지 않는 창의적 해석을 보여준다고 평가한다.23) 이정주는 권근의 '性發爲情 心發爲意'에 대한 논의가 외연적으로 朱熹・陳淳의 것과 일치하는 듯이 보이지만, 그 내포와 함의에 있어서는 주자학 일반과 다른 입장을 보인다고 해석하였다. 그는 논거로 권근이 『맹자』에 근거하여 '情'을 無有不善한 四端으로 한정하고, 道心의 경우만 情에 속하는 것으로 설명하는 점과, '意'에 人心과 七情을 대응시키는 점을 들었다.24)

대체로 권근의 성리학을 元代의 주륙화해적 성향과 연관해서 연구하는 방식은 유추적 해석의 수준에 머물러 있다. 원대 주륙화해적 성리학 성격 자체에 대한 해명과 그것의 여말선초 성리학자들에 미친 영향방식에 대하여 좀더 치밀한 연구가 필요한 것으로 보인다. 주희의 성리학체계와 다른 권근의 개성적인 해석들 역시 권근의 성리학 체계 전체에 비추어 정합적으로 조명하는 연구가 필요한 것으로 보인다.

『李晦齋의 思想과 그 世界』(1992)는 1991년 학술발표회에서 발표된 논문들을 모은 것이고, 『晦齋 李彦迪의 哲學과 政治思想』(2000)은 기존의 연구논문들을 책으로 묶은 것이다. 이지형은 『대학장구보유』와 『중용구경연의』는 독자적 학문수준을 보여주는 창의적 방식으로서 경학사적 의미를 갖는다고 보았다. 그는 또한 이언적이 『중용구경연의』에서 표방한 것은 '제왕의 학'으로서, 사림파가 지향하는 도학정치인 仁政을 제왕의 학으로 설정하였고, 군주와 인민이 부자와 마찬가지로 서로 의지하여 생존한다고 여김으로써 民을 최대한 고려한 것에 제왕론의 특성이 있다고 보았다.(앞의 책, 「晦齋의 經學思想」) 이완재는 無極・太極에 관해 조한보와 논쟁한 내용을 분석하면

---

22) 권정안, 「權陽村의 『禮記淺見錄』 研究」, 『동양철학연구』 2, 동양철학연구회, 1981 ; 금장태, 「陽村의 禮學思想」, 『東方哲學思想研究』, 1992.
23) 금장태, 「陽村 權近의 經學思想」, 『朝鮮前期의 儒學思想』, 1997.
24) 이정주, 「權近 '性發爲情, 心發爲意'論의 理論的 根據와 特徵」, 『민족문화연구』 33, 고려대 민족문화연구원, 2000 참조.

서, 철학사적으로 도가와 불교의 이단적 세계관을 일소하고 주자학적 세계관
과 윤리사상을 확립시키는 데 기여한 의미를 갖는다고 평가하였다. 이 논쟁에
관한 연구들은 매우 많은데 해석하는 시각은 대체로 유사하다. 최근의 연구로
는 황준연의 연구를 들 수 있다.25) 황준연 역시 논쟁과 관계된 孫叔暾과
趙漢輔의 인적사항을 추적하는 한편 조한보의 학문이 직접 上達을 추구하는
頓悟적 성격이 있음을 지적하여 논쟁을 통해 조한보와 이언적이 서로 사상적
으로 가까워졌다거나 또는 조한보가 이언적의 입장에 동의하였다는 해석26)
에 대하여 비판하였다. 그리고 논쟁을 통해 송대 성리학이 상당한 수준으로
소화되었고, 이후 사칠논변 같은 토론의 전통이 자리잡게 되었다고 평가하였
다.

3) 1990년대 개별 연구 : 조선 중후기27)

조선 중후기는 이전의 연구에서도 그러하지만, 1990년대 들어서도 조선시
대 유학연구의 중심을 이룬다. 이 가운데 조식과 남명학파에 대한 연구는
1990년대 들어와 활발하게 연구된 성리학 분야 중 하나다. 권인호는 「朝鮮中
期 士林派의 社會政治思想 硏究」(학위논문, 1991)에서 마르크스의 실천
개념인 혁명적 실천과 재생산적 실천의 두 유형을 토대로 조선 중기 사림파를
두 유형으로 구분하였다. 즉 재생산적 실천의 범주에 드는 보수적 사림파로
이언적, 이황, 이이, 심의겸, 정철, 성혼 등을 포함시키고, 혁명적 실천의
범주에 드는 진보적 사림파로 서경덕, 조식, 허엽, 정인홍, 이발, 김효원
등을 포함시켰다. 그는 이 가운데 조식과 정인홍의 사회정치사상을 다루었는
데, 광해군 즉위초기에 정인홍이 왕권강화를 꾀한 것은 민중을 위해 보수반동

---

25) 황준연, 「이언적의 무극태극설 논변-이언적(李彦迪)이 조한보(曹漢輔)에게 답한
    4편의 편지를 중심으로」,『동양철학연구』24, 2001.
26) 황준연은 그 사례로 이병도,『한국유학사』, 아세아문화사, 1989, 197쪽 ; 최영성,
    『한국유학사상사』Ⅱ, 아세아문화사, 1995, 255쪽 등을 지적한다.
27) 1990년대 조선 중·후기에 대한 개별 연구의 주요한 성과는 부록 해당부분을
    참고하기 바란다.

세력으로부터 왕권을 보위하려는 차원이었다고 해석한다. 그는 조식의 胥吏亡國論이 이익과 정약용의 胥吏의 폐해를 논하는 것과 같은 문맥으로 보고, 또한 文武를 균등하게 중시해야 한다는 입장이 실학파의 병농일치적 국방론과 같은 문맥에 있다고 보면서, 조선후기 실학의 한 근원이 남명학파에 기원한다고 주장한다.

신병주의 『남명학파와 화담학파 연구』(2000)는 학위논문을 책으로 엮은 것이다. 그는 處士형 사림의 대두와 성장이라는 관점에서 남명학파와 화담학파가 학문적, 정치적으로 공통적 특징을 가지는 점을 재조명하였다. 그는 두 학파가 정치적으로 처사의 입지를 견지한 현실비판자로 활동하였고, 학문적으로 다양하고 유연하게 성리학을 이해하는 점에서 주회 성리학에 중점을 둔 이황 등의 학풍과 대비된다고 본다. 또한 조식과 서경덕의 문인들이 己丑獄事(1589)에서 가장 큰 피해를 당함으로써 정치적 동류의식을 갖고 북인 정파를 형성할 수 있었다고 본다. 그는 조식의 간쟁방식을 理勢를 고려하는 이언적의 입장과 대비시키면서 당시 정치에 대한 비타협적 대응방식을 특징으로 읽는다. 그는 조식에게 나타나는 노장적 학풍은 사화기를 살아가는 처사형 지식인들의 일반적 현상이었음을 지적하고, 조식이 『性理大全』을 독서하면서 자신의 입지를 세우는 등 기본적으로 성리학자였다고 본다. 그는 퇴계학파가 義와 利를 대립적으로 파악하는 것과 달리 정인홍, 이지함 등 북인계학자들은 상호보완적으로 인식하는 개방적 성향을 지닌다고 해석한다. 그리고 노장사상을 흡수할 뿐 아니라 성리설 이외의 역사, 의학 등 다방면에 걸친 학문적 취향은 鄭逑와 許穆 등의 성리학에서도 발견되는 공통점으로, 남명학파의 학문적 특징이라고 읽는다. 신병주는 남명학파 가운데 퇴계학파로 흡수되는 인물들이 나오는 것에 대하여 金宇顒, 吳健, 정구 등을 사례로 들어 분석하면서 그 이유를 주회 성리학이 학계의 주류가 된 것과 붕당정치가 전개되어 현실비판자의 위치에만 있을 필요가 없게 된 사회적 변화에 따른 것이라고 해석한다. 신병주는 서울에 인접한 개성의 지역적 특성과 개성에 대한 정치적 차별의식이 처사적 위치에서 학문활동을 한 서경덕에게 일정한 영향을 주었을 것으로 추정한다. 그는 학문적으로 서경덕이 김안국과 일정한 연관성이 있음을 홍덕연, 허충길, 홍인우 등의 학맥으로부터 유추한다. 그는 서경덕과 화담학파의 학문적 특징으로 주역에 대한 중시, 북송대 학풍의 수용, 절충적이고 개방적인 학풍을 들었다. 그는 朴枝華, 徐起, 金謹恭 등 서울출신들이 서경덕의 문하에서 수학하는 등 그들이 보여주는 신분적 개방성은 침류대 학사들의 학풍에 영향을 주고 침류대에 모여든 이수광, 신흠, 임숙영 등 후대 실학풍의 기반을 형성하는 데에도 일정한 영향을 미쳤다고 해석한다. 그는 洪仁佑와 南彦經을 사례로 분석하면서 화담학파 안에 양명학이 흡수되었지만 양명학에 대한 이론적 천착은 발견되지 않는다고 지적하고, 양명학의 흡수는 화담학파의 개방적 성향을 보여주는 것으로 해석한다. 이러한 신병주의 연구는 고영진의 시각을 발전시킨 것이라고 할 수 있다.[28]

안진오의 『호남유학의 연구』(1996)는 기존에 발표한 논문들을 책으로 엮은 것으로 金麟厚, 奇大升, 高敬命, 河百源, 金漢燮, 田愚, 奇正鎭 등의 성리학을 소개하고, 호남지역 유학자들의 학풍에 관하여 기묘사림의 전통을 계승하는 측면과 기호학파의 선구를 형성하는 측면에서 특징을 읽고 있다. 정병련의 『高峯의 思惟構造와 哲學思想』(2000)은 조광조, 李恒, 김인후, 기대승, 기정진, 전우 등의 학맥을 개괄하고, 기대승의 성리학 전반에 관해 논하고 있다. 그는 기대승이 경연에서 강론한 내용을 모아 묶은 『論思錄』을 통해 경학사상을 분석하면서 정몽주로부터 시작되는 道統을 존중하고 『소학』을 중시하였음을 지적하였다. 또한 그는 나흠순의 『곤지기』에 대한 비판을 분석하면서, 이항 등이 수용한 理氣一物說의 비판에서 이황과 마찬가지 입장을 보이지만, 理를 기의 이로써, 그리고 기에서 認取하는 것으로 설명하는 것을 인정하고, 기를 이로 오인한 부분은 인정하지 않았다고 보았다.

---

28) 고영진의 연구로 「16세기 후반-17세기 전반 서울 枕流臺學士의 활동과 그 의의」, 『서울학연구』 3, 서울시립대 서울학연구소, 1994 참조. 고영진의 논문은 『조선시대 사상사를 어떻게 볼 것인가』, 풀빛, 1999에 재수록됨.

유명종은 『朱子文錄』의 구성을 분석하여, 조선에서 주희 저작 연구의 선구가 된다고 역사적 의미를 지적하였다.29) 하서기념회에서 간행한 『河西 金麟厚의 思想과 文學』(1994 ; 第2輯 2000) 역시 그동안 미진하였던 김인후의 사상을 밝히는 데 도움을 주었다. 정대환은 김인후의 「天命圖」 등 성리학을 분석하면서, 이기론의 입장이 분명하지는 않지만 理氣二元論적 입장을 보이고 있어 主理적 전통의 선구가 된다고 해석하면서도, 한편으로 김안국・김정국 등을 이어 기호 유학의 선구가 된다고 말한다.30) 서형요는 김인후의 「천명도」를 鄭之雲의 「천명도」와 비교하면서, 정지운에게는 敬이 그림의 바탕이 된 반면, 김인후의 경우는 『중용』의 中和 개념이 그림의 바탕이 되는 점을 지적하였는데, 그것의 의미에 관해서는 뚜렷이 해명하지 못하였다.31)

이황의 성리학에 대한 연구에서 늘상 문제된 것은 互發론 특히 理發論의 문제다. 김기현은 이발론에 대한 역대 연구를 검토하면서 1970년대 이후 이발론의 이론적 타당성에 대한 검토보다 이발론에 담긴 의도와 철학사적 의미를 연구하는 것에 중점을 두어왔다고 보고,32) 그 대표자로 윤사순을 든다.33) 그는 1980년대 이후 뚜웨이밍(杜維明) 등 해외학자들의 연구는 주자학을 중국 유학의 정통이 아니라 한 가지 유형으로 여기는 관점과 理의 자발성에 대한 이황의 주장은 주희 성리학과 다르다는 입장에서 접근하였다고 본다. 해외학자들의 연구는 이황의 성리학을 이해하는 시각을 넓히는 데 일정부분 기여하였음은 사실이다. 가령 傅偉勳 등은 양명학의 심성론과 종합할 수 있는 단서를 이황의 사칠론에서 읽어내기도 한다.34) 그러나 이들

---

29) 유명종, 「高峯 『朱子文錄』의 構造的 特質」, 『高峯思想의 本質과 그 現代的 照明』, 광주 : 고봉학술원, 2000.
30) 정대환, 「河西와 畿湖儒學」, 『河西金麟厚의 思想과 文學』(제2집), 하서기념회, 2000.
31) 서형요, 「하서 김인후의 「천명도」 구조와 성리학 연구」, 『동양철학연구』 28, 2002.
32) 김기현, 「퇴계의 이발설이 갖는 의의에 대한 검토」, 『철학』 60, 한국철학회, 1999.
33) 윤사순, 『退溪哲學의 연구』, 고려대학교 출판부, 1980.
34) 傅偉勳, 「儒家心性論의 現代化問題」(下), 『鵝湖』 116, 臺灣 : 鵝湖月刊社, 1985.

연구는 유학의 현대화를 지향하는 문제의식 속에서 접근하면서, 그 현대화
가능성 내지 필요성에 중점을 두는 연구들로, 철학사적 문맥과 벗어난 경우가
많다. 이들의 영향을 받아 최영진은 본체 개념이 역동성의 의미를 내포한다는
것과 체용론의 관점을 빌어 이발론을 재해석하였는데, 김기현은 최영진이
영향을 받고 있는 웅십력이나 모종삼의 유교론이 陸王 心學의 전통에 선
것으로, 이황이 논의하는 문법과 상이하다는 것을 들어 이의를 제기한다.[35]

90년대 들어와 이황의 성리학에 대한 연구는 사칠론 중심으로부터 예학,
경학, 도덕적 인간학 전체로 더욱 확대되었다.[36] 특히 이황의 저서와 삶,
퇴계학파에 대한 연구는 일정한 성과를 보여준다. 권오봉은 이황의 家書에
대한 연구로부터 퇴계의 연표를 재구성하였고,[37] 정석태는『퇴계집』의 연보
관련 자료들을 모으고 詩 부분의 저작년도를 고증하여 연표를 재구성하였는
데,[38] 이는『퇴계집』의 분석에서 우선되어야 할 것으로『퇴계집』의 완역(퇴
계학연구원, 2002)과 더불어, 가장 실질적인 성과라고 할 수 있다.『퇴계집』
자체가 처음 간행될 때부터 수록내용과 편차에 문제가 있었지만, 이후 중간되
면서도 근본 문제는 해소되지 않았다. 앞으로 이황의 사상을 체계적으로
연구하기 위해서는『퇴계집』에 대한 비판적 정본과 보다 상세한 연표가
구축되어야 할 것이다.

한덕웅의『퇴계심리학 : 성격 및 사회심리학적 접근』(1994)은 이황의 심성
론을 현대 심리학으로 재해석하고, 성격 및 사회심리학 이론과 비교한 것으로
성리학 연구가 인접학문으로 확대된 한 사례를 보여준다. 그는 사칠론을

김기현, 앞의 글, 12쪽 참조.

35) 김기현, 위의 글.

36) 1990년대 들어와 연구 방식과 범위의 변화를 주장한 글로는 다음이 참고된다.
금장태, 「퇴계학 연구의 회고와 전망-철학적 영역」,『韓國의 哲學』18, 경북대학교
퇴계연구소, 1990 ; 김기현, 「퇴계철학 연구의 반성과 과제」,『한국의 철학』20,
경북대학교 퇴계연구소, 1992.

37) 권오봉,『退溪家年表』, 퇴계학연구원, 1989 ; 권오봉,『李退溪家書の總合的研究』,
中文出版社, 1991 ; 권오봉,『가을 하늘 밝은 달처럼 : 퇴계선생 일대기』, 동인기획,
1994 ; 권오봉,『退溪先生日記會成』, 서울 : 創知社, 1994.

38) 정석태,『退溪先生年表月日條錄 1』, 퇴계학연구원, 2002.

정서 과정설로 재해석하면서, 서구 이론이 쾌－불쾌의 차원을 강조하는 경향인 데 반해, 이황의 사칠론은 선－악의 차원을 강조하며, 敬 개념은 정서의 자기조절이론과 유사하지만, feedback기제뿐 아니라 feedforward기제까지 강조하는 점이 차이난다고 본다. 그는 퇴계가 강조하는 상황에 맞는 정서의 표출과정은 서구이론에서 표현규칙이나 감정규칙과 상응한다고 해석한다. 그는 현대 심리학으로 환원하여 해석하는 대신 현대 심리학 체제에 비추어볼 때 나타나는 이황 심리학의 특징들을 드러내는 데 역점을 두었는데, 이는 비교연구의 한 방법을 제시한 것으로 평가된다. 그는 퇴계의 심성론이 현대의 심리학으로 발전시킬 수 있는 풍부한 요소를 갖고 있다고 전망한다.

이황의 심성론을 인지심리학의 측면에서 재구성하는 작업은 이후 유권종에 의해 다시 시도되었다. 그는 교육학, 인지심리학과 인공지능 등 전공자들과 이황의 심성론을 도덕교육의 모델로 재구성하는 학제간 공동연구를 통해서 논문화하였다.[39] 그는 성인의 인격을 성취하기 위한 聖學의 체계로 퇴계학을 특징지우고, 인격체의 자기생산(self producing) 과정에서 그 준거와 방법이 되는 것이 禮라고 본다. 따라서 인격의 생산양식으로서 예를 주목하고, 예설에 대한 연구에서 나아가 퇴계학 전체의 체계를 禮 개념을 중심으로 재해석하는 작업을 진행한다. 이 작업은 자기생산 내지 자기형성을 통한 자기초월의 진화방식으로서 이황의 인격수양론이 어떻게 구조화되어 있는지, 그 현대적 효용가치가 어떻게 설득적으로 설명될 수 있는지에 관한 연구의 형태로 공동연구 논문에서 초보적으로 제시되고 있다. 공동연구는 퇴계의 도덕 심성모델을 '자극 → 사단/칠정의 심신 일체의 조건 → 사려, 의지의 반성과정을 통한 행위선택 → 행위'의 구조로 정형화하고 있다. 그리고 도덕성을 함양하기 위하여 구성된 유교적 심성모델이 현대의 어린이 예절교육에 반영될 때 교육적 효과가 있음을 실험적으로 제시하고 있다.

---

39) 유권종, 「퇴계 예학 연구의 과제와 전망」, 『退溪學報』 109, 2001 ; 유권종·강혜원·박충식, 「性理學的 心性모델 시뮬레이션을 이용한 유교 禮 교육 방법의 효용성 분석」, 『동양철학』 16, 한국동양철학회, 2002.

그러면서, 理發의 체계를 바탕으로 積德의 기제를 강조하는 이황의 심성모델이 현대의 도덕교육에 기여할 수 있다고 주장하고 있다. 그러나 이황의 심성모델에 대한 분석은 소박한 수준이며, 그것이 도덕교육에 어떻게 연계되어 작동될 수 있는지 구체적 방법이 제시되지 않았다. 마음의 구조와 작용방식에 대한 이황 또는 유교의 이론을 인지심리학이나 인공지능에 대한 연구, 나아가 도덕교육방법론과 연계하여 연구하는 작업은 앞으로 더 진전시켜야 할 과제이다.

금장태는 1992년부터 1999년까지 '퇴계학파의 학문'을 주제로『퇴계학보』에 연재한 글들을 토대로『퇴계의 삶과 철학』(1998),『退溪學派와 理철학의 전개』(2000),『퇴계학파의 사상 Ⅱ』(2001),『『聖學十圖』와 퇴계철학의 구조』(2001) 등 이황과 퇴계학파에 관한 일련의 저작을 간행하였다. 이미 한국 유학에 관해 상당한 연구성과를 발표한 바 있지만, 저자의 경이로운 필력을 보여주는 성과들이다. 금장태는 퇴계학파의 지역에 따른 대표적 학맥을 ① 김성일 학맥(안동권), ② 유성룡 학맥(상주권), ③ 정구 학맥(성주권), ④ 정시한 학맥(원주권)으로 구분하여 학문적 특성을 유형화하였다. 그는 안동을 중심으로 한 김성일 학맥이 이상정, 유치명 등을 거쳐 김홍락에 이르기까지 성리설의 정통적 입장을 확립하고 수양론적 학풍을 강하게 유지하는 중심학맥을 형성한다고 본다. 유성룡 학맥은 정경세 등으로 이어져 예학에 두드러지는 특징을 보이지만 대체로 유성룡 가문의 가학적 전통이 우세하다고 본다. 강좌와 강우의 중간지대에서 활동한 정구 학맥은 조식의 문하와도 접촉하는 등 퇴계학파 내에서 독자적인 학풍을 형성하는데, 이는 장현광, 이진상, 곽종석 등에서 두드러진다고 본다. 정시한은 가학의 연원으로 볼 때 이황과 연계되며, 이만부를 거쳐 성호와 다시 연계되는 한 학맥을 형성한다고 본다.『성학십도와 퇴계철학의 구조』는 저자가 1970년대부터 연구하여 발표해온 논문들을 2001년도에 발표한「夙興夜寐箴」에 대한 논문과 함께 모아 묶은 것으로,「성학십도」에 대한 사상적 안내서라고 할 수 있다. 학계에는 퇴계에서 정약용에 이르는 학문적 정신 가운데 事天의 관념에서 연속성이 있음을 주장하는 견해가 있는데, 저자 역시 西銘圖에 대한 해석에서 이황의 事天 의식을 해명하고(47~53쪽), 이 「성학십도」가 성호좌파에게 영향을 주고, 천진암과 주어사에서 열렸던 강학회에서 수양적 실천에 이용되었음을 말하고 있다.(319쪽) 앞으로 이에 대한 관련 연구자의 반응이 주목된다.『퇴계학파의 사상 II』는『퇴계학파의 사상 I』의 후속 저작으로 李栽에서부터 20세기 퇴계학맥의 마지막 성리학자라고 볼수 있는 金榥까지를 다루고 있는데, 퇴계학파에 대한 기본 얼개를 모두 파악한 방대한 연구성과의 완성이라고 할 수 있다. 그러나 이 분야 관련 전공의 기존 연구성과에 대한 연구사적 검토나 반영이 분명치 않은 점이 아쉽다. 아마도 기존 논문을 모아 간행하는 형태여서 초래된 문제일 것이다. 현재 경북대학교 퇴계연구소를 비롯하여 관련 기관에서 활발히 확대 연구되고 있음을 볼 때, 우리 학계에서 체계적이고 정밀한 연구로 나아가는 기초적 성과라고 말할 수 있겠다.

이상익의『畿湖性理學硏究』(1998)는 발표한 논문들을 책으로 엮은 것이다. 그는 서경덕의 이기론이 不相離의 측면에 중점을 둔 설명으로 유기론[40]이나 기일원론으로 설명하는 방식[41]은 합당하지 않다고 생각한다. 다만 '湛一淸虛之氣'를 설정하는 것이 이황과 이이의 비판대상이 되었으며, 이후 임성주가 이이의 理通氣局론을 비판하면서 재해석된다고 본다. 이상익은 이기론에 대한 이황과 이이, 또는 영남학파와 기호학파의 차이를 主理와 主氣로 구분하는 다카하시 이래의 독법에 대하여, 배종호의 지적에 근거하여 그것은 퇴계학의 지평에서만 적용될 수 있다고 본다. 그는 이황과 이이의 차이는 이원론과 일원론 사이의 차이로서 이 특성을 드러내기 위해서는 互發論과 一途論으로 구분하고, 학파를 지칭할 때는 互發派와 一途派로 부를 것을 제안하였다. 그는 이이의 理氣之妙 개념이나 人心道心의 終始설은 모두 인간과 자연에 대한 일원론적 이해를 보여주는 것이며, 이황이 이와 기를 천리와 인욕, 所當然과 所不當然의 측면에서 논의한 것은 이원론

---

40) 현상윤,『조선철학사』(영인본), 현음사, 1982.
41) 이남영, 「徐敬德의 哲學思想」, 한국철학회편,『韓國哲學史』中, 동명사, 1994.

적 이해를 보여준다고 해석하였다. 그는 성혼 이하 조성기, 임영, 김창협
등을 이황과 이이에 대한 절충적 계열로 유형화하고, 이들은 이이의 一途說을
대전제로 삼는 일원론적 시각에서 이황의 호발론을 理의 순선과 주재성을
옹호하는 개념수준의 논리에서 수용한다고 해석하였다.

리기용은 이이의 사상에서 사칠론보다 인심도심론이 더 중심적 부분이라
고 여긴다. 그는 「栗谷 李珥의 人心道心論 硏究」(학위논문, 1995)에서 인심
도심론의 유형을 相對설－정지운, 이황, 성혼 등, 體用설－나흠순, 對待설－
이이 등의 세 유형으로 구분하고, 이이가 초기에 相對終始설의 입장에서
후기에 對待설의 입장으로 변하였다고 해석하였다. 그는 이이가 인심과
인욕을 구분하여 意에 대한 정밀한 省察을 통해 人心이 도심으로 될 수
있음을 말하는 것은 인심도심론을 실천상의 知覺 문제로 파악하여 矯氣質의
실천적 방법을 제시하려는 聖學적 문제의식과 연관된다고 해석하였다.

조남호는 「羅欽順의 철학과 조선학자들의 논변」(학위논문, 1999)에서
나흠순의 성리학이 조선학자들에게 해석되는 양상을 분석하였다. 그는 이황
이 나흠순을 양명학자로 비판하였고, 임성주와 한원진은 주자학적 요소가
있음을 인정하면서도 수용하지 않았다고 본다. 반면 이이는 이와 도심의
주재적 의미를 강화하려는 문맥에서 나흠순의 인심도심론을, 오희상은 인물
성동론으로써 도덕규범의 보편성을 확보하려는 문맥에서 나흠순의 이일분
수론을 수용한다고 본다. 그리고 김창협은 왕수인의 양지설에 대한 나흠순의
비판으로부터 智와 知覺을 분리시키는 독법을 이끌어낸다고 해석한다. 그는
율곡학파가 나흠순을 통해 읽어내려 한 문제의식은 곧 理의 객관성에 대한
추구였다고 평가한다. 조남호는 智와 知覺을 분리시키는 독법은 도덕적
시비판단을 지각이 아닌 智에서 찾고 지각을 주관적 의식으로 돌림으로써
현실에 대한 탄력적 대응을 어렵게 만든 한 요인이 되며, 동시에 지각능력을
도덕적 원리로부터 분리시킴으로써 도덕적 원리를 약화시키는 결과를 낳았
다고 해석한다.

정원재는 「지각설에 입각한 이이철학의 해석」(학위논문, 2001)에서 이이

의 성리학을 湖湘學의 사유에 맥이 닿는 문제의식에서 수립된 체계로서
주자학의 변형이 아닌 독자적 이론체계로 규정하고 '율곡학'이라고 명명한
다. 이 시각은 주희 성리학의 연장선상에서 이해하는 기존 연구들과 다른
새로운 시각이다. 정원재는 이통기국론이 이황의 理動론에 대한 반론으로서
본체와 현상을 분리시켜 이념과 대등하게 현실을 고려하려는 강한 현실지향
적 사고가 반영된 것으로 해석한다. 그는 이통기국론이 지닌 이원적 세계관이
이후 정시한, 임성주, 기정진 등에 의해 비판되고 기일분수나 이일분수 등
새로운 형태로 대체되는 이유가 된다고 본다. 또한 心是氣의 주장은 知覺의
측면에서 마음을 파악하는 입장으로 本然之性과 心을 이원화하는 입장이며
이것은 본체와 현상을 이원화하는 이통기국론과 일관된 입장이라고 해석한
다. 나아가 이이의 입장은, 理와 氣의 합일체로서 본체와 현상의 두 측면을
포괄하는 것으로 心을 이해하는 주희의 心統性情론과 달리하는 독자적
견해라고 해석한다. 그는 이이가 이러한 시각에 입각해서 未發의 함양보다
已發의 察識에 중점을 두는 窮理, 居敬, 力行의 수양론체계를 수립하였다고
본다.

　김경호는 이이의 성리학을 서경덕과 이황에 대한 繼發的 재해석, 특히
계승과 회통이라는 시각에서 재조명하였다. 이 관점 자체는 이병도, 김경탁,
유승국, 송석구 등 선행 연구에서도 의식된 것이지만, 좀더 분명한 형태로
제시되고 있다. 그는 이이가 서경덕과 이황의 논의로부터 이기론에 관련해서
는 理 개념의 존재론적 위상을 재정립하였다고 본다. 그는 서경덕과 이황이
본체와 현상 사이를 차별저으로 이해하여 현상을 본체화하려는 입장인 반면
이이의 理通氣局 이론은 현상 속에서 본체의 영역을 확보하려는 본체의
현상화를 지향하는 입장이라고 해석한다. 그리고 이이의 이통기국론에서는
無爲의 理가 유형의 氣를 어떻게 주재할 수 있는가에 대한 의문이 딜레마로
남아 끊임없이 퇴계학파의 비판을 받는다고 해석한다.42) 이 시각은 이이의

---

42) 김경호, 「이기선후 문제에 관한 화담, 퇴계, 율곡의 견해와 쟁점」, 『退溪學報』
　　109, 퇴계학연구원, 2001에서 동일한 논지를 전개하였다.

378

이통기국론이 본체와 현상을 분리시키는 이원적 성격을 지닌다는 정원재의
해석에 대한 반론이다. 김경호는 이이의 心是氣론은 성과 기의 합일체로
심을 이해하면서 작용의 측면에서 말하는 것으로, 無爲의 理와 有爲의 氣의
관점에 입각한 것이라고 본다. 그는 이이의 입장이 理氣之合의 측면에 중점
을 둔 이황의 설명보다 주희의 心統性情론에 더 근접하고 있다고 여기면서
이이의 입장을 주희의 심통성정론에서 벗어난 것으로 해석하는 정원재의
설에 반론을 제기하고 있다. 나아가 수양론에서도 서경덕과 이황이 敬 중심의
주정주의적 경향을 보이는 반면, 이이는 已發의 동적인 수양공부를 강화하는
데, 그 방식은 체용론의 관점에서 경을 미발과 이발에 관통하는 것으로
설정하고 그 경공부의 객관적 기준이자 목표로서 誠을 제시하는 것이라고
보고, 이를 誠敬론이라고 특징지운다. 김경호는 40세 이후 이이가 居敬,
窮理, 力行을 공부의 핵심방법으로 제기하며, 거경함양보다 궁리성찰의
측면에 더 중점을 둔다고 해석하여, 정원재의 해석과 일정부분 달리한다.

90년대 기호학파에 대한 연구는 충남대학교 유학연구소의 주도 속에 이루
어졌는데, 『儒學과 近代精神 : 한밭지역 유학을 중심으로』(1993), 『기호학
파의 철학사상』(1995), 『명재 윤증』(2001) 등은 대표적 예이다. 『畿湖性理學
硏究』(이상익, 1998), 『율곡학의 선구와 후예』(황의동, 1999), 『조선시대 충청
지역의 예학과 교육』(2001) 역시 관련된 주요 연구성과들이다. 윤사순은
기호학파의 특성으로 기대승—이이로 이어지는 사칠설, 강문팔학사가 탐구
한 인물성동이론, 김장생을 중심으로 한 예학의 집성, 이항로, 김평묵, 최익현
등의 절의정신, 경세론에서의 務實사상 등을 들었다.[43] 황의동은 기호학파
와 영남학파의 성립을 이황과 이이 이후로, 학파의 실질적 분파는 이현일과
송시열 이후로 이루어지며, 기호학파의 연원은 조광조와 서경덕에 두는
시각을 제시한다.[44] 그는 윤증의 성리학에 대하여 陸王學적 성격으로 파악하
는 시각(김길락, 송석준, 이은순)에 대하여 이기론과 인심도심론이 모두

---

43) 윤사순, 「기호 유학의 형성과 전개」, 『기호학파의 철학 사상』, 예문서원, 1995.
44) 황의동, 『율곡학의 선구와 후예』, 예문서원, 1999, 69쪽.

이이의 입장을 계승하고 있음을 지적하면서 반론을 제기하였다.45)

김준석은 양란 이후의 조선사회를 봉건체제 해체기로 이해하는 시각에 입각하여 17~18세기 지식인의 활동을 동요되는 국가체제의 재건[再造]방식을 둘러싼 갈등의 관점에서 접근한다. 이 시각은 김용섭의 조선후기 사회에 대한 인식을 계승한 것이다. 김용섭은 조선후기 사회를 진보적 개혁론과 보수적 개량주의로 구분하는 시각을 가지고 접근하였다. 그는 17~18세기를 농민층 분해기로 설정하고, 이 시기 송시열 중심의 보수층이 지주─전호제의 봉건적 토지소유제를 옹호한 반면, 실학파는 지주─전호제를 부정하는 새로운 토지개혁론을 제기한다고 분석하였다. 그는 실학파의 농업론이 民亂─조세저항[抗租] 투쟁기의 진보적 개혁사상으로 전개되었으며, 농민전쟁기에 許傳, 姜瑋, 이기, 金星圭 등에게 계승되어 "전통사상이 스스로 개척한 사회개혁사상, 근대화론"으로 발전하였다고 주장하였다. 즉 실학에 대하여 김용섭은 초기 주자학에 대한 소극적 개량에서 지주제를 정면으로 부정하는 등 반주자학적 성격을 강화해갔으며, 실학이 봉건적 농업체제가 내포하고 있는 모순을 농업과 상업을 관련시켜 근본적으로 해결하고자 한 근대화의 이론으로 성장하고 있는 사상이라고 해석하였다. 또한 김용섭은 농민전쟁기 농민군 지휘부의 사상이 실학의 영향을 받았을 가능성에 대하여 긍정적으로 검토하였다. 이 주장은 최익한이 『실학파와 정다산』(1955)에서 제기한 바 있는데, 김용섭은 고부지방의 서당훈장이었던 전봉준의 지적 환경에 부안의 유형원이나 해남에 유배된 적 있는 정약용 등의 사상적 기풍이 작용하였을 것으로 추정하였다.46)

보수적 개량─봉건체제의 옹호와 진보적 개혁─반봉건이라는 시각에 입각해, 김준석은 송시열과 한원진의 사상을 체제 유지를 위한 보수적 대응논리로, 허목과 유형원의 사상을 체제개혁적 국가재조론으로 특징지워 대비하

---

45) 황의동, 「명재 사상의 성리학적 특성」, 『명재 윤증』, 청계, 2001.
46) 김용섭, 「最近의 實學硏究에 대하여」, 『歷史教育』 6, 1963.
   김용섭, 「조선후기의 농업문제와 실학」, 『동방학지』 17, 1976.
   김용섭, 「朝鮮後期의 社會變動과 實學」, 『東方學志』 58, 1988.

는 연구를 제시하였다. 그는 전자가 의리―도통론에 입각한 주희 성리학의
절대화와 異學에 대한 배척을 주장하는 반면, 후자는 주희의 체계를 넘어서
實理의 근거로서 古制를 탐구하고 개방적이고 객관적 학문방식을 추구하는
것으로 대비하여 해석한다. 그는 송시열이 내수사 혁파, 대동법과 호포제의
실시 등을 주장하는 것은 양반지배체제를 유지하기 위한 최소한의 제도개선
책으로서, 왕실과 특권층의 대토지 소유를 억제하고 자영소농층을 외곽으로
하는 재지중소지주층 중심의 경영체제를 지향하는 것이라고 해석한다. 그는
송시열의 입장은 世道정치론으로 전개되었는데, 이것이 한원진에 이르러
노론전권정치론으로 이어지며, 19세기에 이르러서는 勢道정치의 이념적
기원이 된다고 본다. 반면, 유형원의 三代의 법제에 대한 추구는 농민의
均産을 전제로 한 토지제도의 전면적 개혁을 통해 농민적 토지소유를 실현하
고 이를 사회·정치 전반의 질서개편으로 확대하려는 전면적 개혁론으로서
小農經營을 중핵으로 하는 농업체제를 재건하여 그 기반 위에서 자유로운
계약노동 관계로의 이행, 봉건적 신분관계의 점진적 해체로 나아가는 노선이
었다고 해석한다.

17세기 사상사를 국가재조를 둘러싼 보수세력과 진보세력 사이의 투쟁으
로 이해하는 김준석의 시각은 정호훈에게 이어진다. 정호훈은 韓百謙, 李睟
光, 金世濂(이상 17세기 전반기), 許穆, 尹鑴, 柳馨遠(이상 17세기 후반기)
등을 북인계 남인학자 그룹으로 유형화하여 이들의 사상적 성격과 정치적
입장을 재조명하였다. 그는 仁政론보다 禮法 내지 법제적 질서를 중시하고,
가족관계의 親親보다 군신관계의 尊尊을 우선시하는 입장에서 국가의 公權
을 강화하는 국가 중심의 정치론이 북인계의 사상적 전통이라고 보고, 그러한
전통이 17세기 전반기 한백겸, 이수광, 김세렴 등에게 계승된다고 해석한다.
그는 그 논거로 법제의 실행을 仁義의 이념에 의거한 교화보다 부수적인
것으로 인식하는 차원을 넘어서서 대등하게 인식하는 점, 역사지리서의
편찬이 국가와 군주의 지위를 중시하는 문맥에서 이루어지는 점, 箕田制
등 古法制를 연구하는 점 등을 든다. 그는 이수광이 지식의 습득과 덕성의

완성을 별개의 것으로 구분하고 실용학의 체계를 발전시킨 것은 곧 반주자학적 사유의 틀을 넓힌 것으로 본다. 그리고 허목, 유형원, 윤휴의 단계에 이르면 삼대의 古法에 근거하여 국제를 개혁하는 변법론적 입장으로 발전된다고 본다. 정호훈은 그 발전이 사상적 측면에서 볼 때, 반주자학적 경서비판(윤휴)과 六經 중심의 해석(허목)의 두 형태로 나타난다고 여기고, 윤휴의 경전해석이 지향하는 정치적 입장을 '國家=一家'로 특징지운다. 그는 윤휴의 이 구도가 가족의 사적 질서와 윤리를 국가의 공적 질서의 체계로 통합하는 것이고, 인륜적 법제로부터 국가공권력에 의한 예법적 질서 수립으로 방향을 전환하는 것이라고 해석하였다.

안병걸은 「17世紀 朝鮮朝 儒學의 經傳 解釋에 관한 硏究」(학위논문, 1991)에서 『중용』에 대한 해석을 중심으로 주희, 김장생, 윤휴, 박세당 등을 비교하면서, 주희와 김장생이 中和론 중심으로 『중용』을 해석함으로써 도덕적 이상의 체득에 중점을 둔 관념적 사색에 경도된 반면, 윤휴는 戒愼恐懼를 중심으로 事天爲己론에 근거하여 『중용』을 해석하였고, 박세당은 일상성에 기초한 실천 가능한 현실, 즉 常情을 중심으로 『중용』을 해석하여, 실천적이고 경험주의적 입장을 보인다고 해석하였다.

유영희는 「白湖 尹鑴 思想 硏究」(학위논문, 1993)에서 윤휴의 사상 전반을 분석하였는데, 格物致知에 관해 感通의 문맥에서 情意적 요소를 강조하며, 격물의 내용을 明德과 新民의 사업으로 구체화하여 언급하는 점이 주희와 다르며, 박세당의 견해와 상통한다고 해석하였는데, 양명학과의 연관성에 관해서는 논의하지 않았다. 그는 윤휴가 이기론과 사칠론에 관해 현상의 측면에서는 氣化理乘-乘氣의 개념으로, 본원의 측면에서는 理動氣隨-循理의 개념으로 설명하는 독법을 제시한다고 분석하고 이 독법은 인심도심론에서도 일관된다고 해석한다. 그는 성리설에 관해 이황, 송시열 등과의 차이를 『백호집』의 기록을 통해 논하였는데, 문제의식과 同異가 다소 명료하지 않다. 그는 윤휴가 理의 측면에서 天을 이해하는 주희와 달리 군주의 선악을 관장하고 심판하는 上帝로서의 인격적 의미를 강조하며, 수양론에서 事天의 자세로 戒愼恐懼하는 태도와 그 구체적 실천으로서 孝弟를 강조한다고 해석한다. 또한『孝經外傳』과『內則外記』의 편찬을 통해 윤휴가 사대부의 차원이 아닌 제왕의 정치활동에 대한 근본을 확립하려는 문제의식을 담고 있다고 해석하였다. 그는 예론과 경세론에서 윤휴가 복고적 이상주의를 나타내는데, 이는 제왕 중심의 종법제도와 제왕 중심의 정치를 확립하려는 것으로, 절대 왕권에 대한 견제 관념이 결여된 보수적 측면이 있지만, 경직된 붕당정치에 대한 비판으로서 진일보한 측면도 있다고 평가하였다.

김문준은 「尤庵 宋時烈의 哲學思想에 關한 硏究-春秋義理를 中心으로-」 (학위논문, 1996)에서 송시열의 사상을 사대주의 내지 교조주의로 이해하는 시각에 반론을 제기하였다. 그는 송시열의 四端有善惡론은 현실에서 선과 義를 적극적으로 실현려는 反正의식의 이론적 기반으로, 直 사상이나 북벌론으로 표현된다고 보았다. 그는 송시열의 성리학은 直 사상으로 귀결되며, 송시열이 자임한 世道의 핵심은 '尊朱子, 攘夷狄'으로서, 그것은 양란 이후 점증한 패배의식과 회의주의적 태도에 대응하여 인륜적 체제로서의 국가질서와 국제질서의 회복을 꾀한 것이었다고 해석하였다. 그는『대학』에 대하여 윤휴가 주지적인 格致보다, 主情적인 誠意를 더 중시함으로써 格致를 중시한 송시열로부터 배척당하였다고 보았다. 그는 송시열이 인륜질서의 재건적 차원에서 예학에 깊은 관심을 가졌으며, 대동법 시행, 공안 개정, 사창제 시행, 호포제 실시 등을 주장한 것은 모두 인민의 부담을 덜어주려는 民本적 문제의식에서 전개한 경세론으로 평가하였다.

이봉규는『송시열의 성리학설 연구』(학위논문, 1996)에서 성리설에 대한 송시열의 견해를 분석하였는데, 出處를 중시하는 전통이 이이로부터 이어지는 기호학통의 특징이며 유교 이념에 대한 송시열의 경직된 태도에 한 원인이 된다고 보았다. 그는 윤휴의 理動氣隨론은 이황의 설을 변호하는 한 방식이라고 해석하여 유영희의 해석에 반론을 제기하였고, 이기론 논쟁이 제기되는 이유를 주희가 설명하는 理 개념 자체에 생성의 시원으로서 발생론적 함의를 갖는 것과 존재 이유로서 구조적 원리를 의미하는 것이 혼재되어 있기 때문이며, 그 혼재는 중국철학 전통 자체에 존재하는 것이라고 보았다. 그는 송시열이 이와 기의 관계를 인과적 발생 관계로 이해하는 방식을 지양하고 존재이유로서의 관념과 그 관념의 반영으로서 세계라는 측면에서 정합적으로 설명하는 입장을 견지한다고 해석하였다. 그는 송시열이 학설적으로 이이의 입장만 계승하는 것이 아니라 이황의 입장도 수용하는 점을 인심도심론과 관련하여 주장하였다. 그는 조목의 비판이 계기가 되어 이황이 『心經附注』에 담긴 육왕적 요소를 간파하고, 「心經後論」을 통해 『심경부주』에 대한 독법을 제시하는데, 송시열이 이 입장을 계승한 점, 인심과 인욕을 구분하는 독법을 이황이 만년에 수립한 것임을 송시열이 인정하고 수용하는 점 등을 들었다.

90년대 인물성동이론에 대한 연구의 첫 종합적 성과는 『인물성론』(한국사상사연구회, 1994)에서 읽을 수 있다. 윤사순은 인간성에 대한 탐구를 자연계에까지 확대시켰다는 점에서 인물성동이론을 사칠론의 확대로 간주하면서, 권상하 문하 이전의 단계에서도 논의가 존재하였고, 이간과 한원진 사이의 논쟁에 토대를 구축하는 데 기여한 것이 사실이지만, 인물성동이논쟁의 본격적 논변은 이간과 한원진 사이의 논쟁에서부터라고 여긴다.[47] 윤사순은 『중용장구』와 『대학혹문』의 주석이 『맹자집주』의 주석과 차이나는 것은 내용상의 차이가 아니라 동일한 내용에 대한 표현방식의 차이로서 논쟁의 발생 이유가 아니며, 본질적으로는 주희가 理를 가지고 기질지성과 본연지성의 두 개념을 하나의 性 개념으로 나타내면서 초래된 의미상의 모호성에 있다고 해석한다. 그는 인물성론이 이일분수적 의미(보편적 의미로서 이)와 성선설적 의미(다른 존재들과 구분되는 인간의 고유성으로서의 이)를 주희가 동시에 추구하면서 생겨난 문제로, 인성의 선하고 고귀한 가치를 구현하려는

---

47) 이 입장은 인물성동이논쟁의 핵심을 未發時 本然之性과 氣質之性 사이의 관계에 대한 독법의 문제로 이해하는 이상익이나, 호론과 낙론의 용어가 인물성동이논쟁의 입장차이를 반영하지 못한다는 이애희도 마찬가지라고 할 수 있다. 이상익, 「湖洛論爭의 根本問題」, 『기호성리학연구』, 1998(석사학위논문(1986)을 축약한 것임) ; 이애희, 「朝鮮後期의 人性과 物性에 대한 論爭의 研究」, 고려대학교 철학과 박사학위논문, 1990.

문제의식이 일관되어 있으며, 그 점에서는 동론과 이론도 공통적이라고 본다. 따라서 동론과 이론은 주희의 이론에 내포된 이율배반적 상반성에 대한 선별적 강조이며, 그 점에서 주희 이론의 특성적 발전이라고 해석한다. 나아가 논쟁 자체가 주희철학에 대한 무비판적 수용이 아니라 면밀한 고증을 통해 정합적으로 해명하려는 한국철학의 특성을 보여준다고 해석한다.

그러나『인물성론』이 학계에 기여한 점은 윤사순의 이해와 상관 없이, 인물성론에 대한 조선 학자들의 논의를 이간과 한원진 주변의 학자들과 이후의 학자들에게까지 확대하여 분석하였을 뿐 아니라, 이황과 이이의 시점까지 끌어올려 조선 학자들에게서 어떻게 논의되고 있는가를 보여준 것이다. 장숙필은 이이와 성혼 사이에 未發과 未發의 中에 대한 개념을 두고 논란이 있음을 지적하여, 인물성동이논쟁의 한 주제가 16세기에 거론되는 양상을 보여주었다.(「율곡 이이의 이통기국설과 인물성론」) 그러나『인물성론』에서는 미발심체에 대한 논의가 17세기 기호학파 안에서 어떻게 논의되었는지를 밝히는 연구가 없어, 인물성동이논쟁이 18세기에 전개되는 매개과정을 드러내지 못하였다. 이에 관해 이봉규는 미발 개념의 문제가 주희 후반기에 논란이 되었고, 그 논란에 대한 해석을 둘러싸고 송시열과 김극형 사이에 논쟁이 있었음을 밝히면서, 송시열이 이이의 견해를 계승하여 성인과 범인 사이 미발심체의 동일성을 주장하고 그 입장이 뒤에 동론으로 이어진다고 해석하였다.[48]

문석윤은 인물성론에 대한 이론적 쟁점에 초점을 둔 연구를 벗어나 논변이 형성되고 전개되는 과정을 연구하면서, 人物性同異라는 주제에 맞추어 동론과 이론의 차이로 이해하기보다 湖論과 洛論 또는 湖學과 洛學으로 구분하는 독법을 제시하여 이애희 등의 시각에 반론을 제기하였다.[49] 그는 권상하 문하의 이간과 한원진 사이의 논쟁을 중심으로 연구하던 방식을 지양하고

---

48) 이봉규,「성리학에서 미발의 철학적 문제와 17세기 기호학파의 견해」,『한국사상사학』13, 1999.
49) 문석윤,「朝鮮後期 湖洛論辯의 成立史 研究」, 서울대 철학과 박사학위논문, 1995.

권상하와 김창협을 湖學과 洛學 전통의 출발점으로 삼고, 그 학문적 특성을 太極, 知覺, 未發 등의 개념에 대한 논의를 중심으로 분석하였다. 그는 호락논변의 핵심이 기질의 맥락 속에 들어온 본성, 즉 현실세계 속의 본체를 해명하는 문제로서 결국 氣에 대한 해명의 문제로 귀결된다고 보았다. 그는 湖學이 形氣의 측면에서 이해하면서 규범의 객관성, 절대성을 강조하는 데 반해, 洛學은 心氣의 측면에서 이해하면서 본체에 대한 주체적 체험을 강조하는 점에서 서로 대비된다고 보았다.

호락논쟁을 경세론과 연관해서 이해하는 시각은 김준석(1991), 유봉학(1995) 등에 의해 부분적으로 제기되지만, 심성론에 대한 이해를 경세론의 차이로 연관해서 제기한 연구는 조성산에 의해 제기되었다. 그는 호론계가 낙론에 대하여 유교와 이단(불교) 사이, 문명과 야만[華夷] 사이, 그리고 인류와 금수[人獸] 사이에 분별을 무너뜨리는 결과[無分]를 초래할 수 있다는 비판을 제기하고, 반대로 낙론계가 호론에 대하여 '모든 사람이 선으로 나아가는 길을 저해할[沮天下爲善之路]' 수 있다는 비판을 제기한 것으로부터 경세론에 관한 양쪽의 입장을 읽어낸다. 그는 봉건질서 와해의 위기에서 낙론계는 계층통합적인 방향으로 위기를 타개하려 하였고, 호론계는 엄격한 차별적 계층질서를 강화하는 것을 통해 위기를 해소하려고 했다고 본다. 그는 낙론계가 대지주적 기반을 갖고 서울을 중심으로 활동하면서 당시 성장하는 중인과 상민층의 실체를 인정하고 지배질서에 포섭하려는 방향으로 나아갔는데, 聖凡心同論과 수양론은 그 이론적 기초가 된다고 보았다. 그리고 호론계는 중소지주적 위치에서 향촌사족으로 활동하면서 당시의 위기에 대하여 계층질서를 강조하지 않을 수 없었다고 본다.[50] 조성산은 낙론계의 정책을 통해 구체적으로 자신의 시각을 정당화하였는데, 가령 임성주와 김원행 등이 주희의 군자-소인의 대립적 구분에 대하여 소인교화론을 주장하고 반대로 한원진이 주희의 입장을 고수하는 것, 허형에 대한

---

50) 조성산, 「18세기 湖洛論爭과 老論 思想界의 分化」, 『한국사상사학』 8, 한국사상사학회, 1997.

평가가 상반되는 것, 均是適子論을 통해 內·寺奴婢 제도의 혁파를 낙론계
와 연계되는 時派가 주도한다는 것, 그리고 정조의 균시적자론 논리 자체
등을 들고 있다. 그는 낙론계가 자신들의 이해관계와 직결되어 있는 관노비와
사노비 등의 문제에 대하여 보수적 입장을 견지하기 때문에, 내사노비의
혁파를 주장한 것을 진보적인 것으로 평가하기 어렵다고 여긴다. 조성산의
시각은 유봉학 등에 의해 제기되는 심성론과 경세론의 연관관계를 좀더
구체적으로 분석한 것인데, 논리상 문제점이 없지 않다. 가령, 성범심동론은
이이와 송시열이 동일하게 주장하는 것이지만, 송시열은 엄격한 군자-소인
구분을 주장하면서 이이의 태도를 비판하였고, 허형에 대해서는 모두 비판적
입장을 취하였다. 또한 내사노비 혁파의 주장을 제기한 인물 중 하나인
윤행임은 호론계 학자라고 지적하고 있는 것처럼, 심성론과 경세론의 연관은
그렇게 정합적으로 대응하지 않는 듯하다. 성범심동론이 곧 계층통합론의
이론적 기초라는 주장은 다분히 논리의 비약으로 보인다. 이 점은 유봉학
등도 마찬가지로 보인다.

  인물성론과 연관되면서도 조선유학사의 흐름에서 개성적 위치에 서 있는
任聖周와 奇正鎭에 대한 연구시각은 이기론과 인물성론과 연관해서 상이한
해석이 제기되어 왔다. 먼저, 김낙필은 氣學이나 유물론의 한 형태로 이해하
는 시각에 대하여 주자학의 사유틀 안에서 주기론의 형태로 해석하는 반론을
제기하면서, 임성주의 견해가 전기와 후기 사이에 변화가 있음을 주목하였는
데,51) 이 연구방식은 이후에 일정한 영향을 주었다. 김현의『임성주의 생의철
學』(1995)은 학위논문을 책으로 엮은 것인데, 1990년대 들어와 임성주 연구의
좀더 진전된 성과이자 김낙필의 견해에 대한 새로운 반론이었다. 그는 임성주
의 철학적 문제의식이 인물성동론이 추구하였던 인간 덕성의 절대적 긍정을
실현시킬 수 있는 이론을 모색하는 것이었다고 보았다. 그는 낙론이 심성론에
서 기의 湛一과 心의 보편적 순선을 주장하는 것과, 이통기국론에서는 기의
차별성을 전제하는 것 사이에 존재하는 괴리를 해소하기 위하여, 임성주가

---

51) 김낙필, 「鹿門 任聖周의 氣哲學」,『哲學論究』9, 1981.

이기를 하나의 보편적 존재로 이해하는 기일원론을 수립하였다고 보았다. 그리고 임성주가 이론의 수립과정에서 장재뿐만 아니라 나흠순의 理氣一物 說과 高攀龍의 주륙절충적 본체공부론을 수용하여 발전시킨 것으로 해석하였는데, 김현은 나흠순, 고반룡 등 명대 주자학자들이 심성의 가치를 더욱 적극적으로 긍정하는 방향으로 나아간 것과 임성주의 기일원론의 지향을 같은 문맥에서 이해한다. 그는 임성주 성리학의 철학사적 의미를, 소외된 도덕성의 회복, 즉 내용과 가치를 인지하면서도 자기화하지 못한 도덕성의 회복을 위한 이론을 제시한 점에 있다고 보았다.

이러한 김현의 시각에 대하여 손흥철은 조선성리학의 이론적 발전 속에서 해명하는 반론을 제기하였다.52) 손흥철은 임성주가 인물성과 미발심체에 대한 논쟁을 해결하기 위한 이론적 문제의식에서 초기에는 동론에 따라 理氣를 混融無間의 입장에서 이해하다가, 후기에 理氣同實과 心性一致의 새로운 독법을 개발한다고 해석한다. 그는 氣一分殊가 理一分殊 개념을 대체하기 위한 개념이 아니라 理一分殊를 명료하게 설명하기 위해, 나아가 인간의 선함을 적극적으로 실현하기 위하여 제시한 논리이며, 결코 탈성리학적인 맥락이 아니라고 여긴다. 그는 나흠순에 대한 임성주의 반응을 수용보다 비판의 측면에 중점이 있다고 해석하고, 氣一分殊와 氣通理局 등의 개념이 理一分殊에 대한 해명을 위해 제기되는 점을 지적하면서, 조선성리학사의 문제발전사적 시각에서 볼 때 이기론에 대한 균형적 사유를 정립하는 이론적 진전으로서 의미가 있으며, 주리와 주기의 구분 속에서 主氣 또는 唯氣 등으로 특징짓는 것은 들어맞지 않는다고 해석하였다.

한편 김형찬은 호락논쟁의 측면에서보다, 이기론에 대한 조선 유학의 흐름 속에서 임성주와 기정진의 입장을 해석하는 좀더 거시적 독법을 제시하였다. 그는 서경덕과 이언적에 대한 대비를 통해 조선성리학에서 理氣에 관해 이원론적 사유와 일원론적 사유가 긴장관계의 축을 형성한다고 보고,

---

52) 손흥철, 「鹿門 任聖周의 理一分殊論 研究-理氣同實과 心性一致를 중심으로」, 연세대학교 철학과 박사학위논문, 1999.

조선후기에 이원론적 사유가 일원론화 되어 가는 문맥에서 임성주와 기정진의 철학사적 의미를 읽는다. 그는 이간과 한원진의 논쟁을 분석하면서, 理氣의 不相離와 不相雜의 문제가 性卽理와 氣中之理로 표출된 것으로서 두 개념을 동시에 만족시키는 설명이 논리적으로 불가능하여 문제에 부딪친다고 본다. 김형찬은 이 진퇴양난의 문제에 대면해서 임성주와 기정진이 모두 '同中有異'와 '異中有同'이라는 상호 내포관계로 실현되는 유기적 설명방식을 취하는 점과 理同氣異의 관점을 벗어나 氣同氣異 또는 理同理異의 일원론적 설명체계를 수립하는 점에서 같다고 본다. 김형찬은 둘다 불상리를 기본 입장으로 취하면서도 임성주는 이가 기의 자연스런 작용을 지칭하는 개념으로 간주하여 기의 측면에서 氣一元論의 방향으로 나아간 데 반해, 기정진은 주재 개념을 적극적으로 내세워 理一元論의 방향으로 나아간 것이 서로 대비된다고 본다. 그리고 그러한 대비는 이간의 理氣同實과 心性一致와 한원진의 이일분수를 원용한 性命一致의 방식에서 각각 발전한 것이라고 본다. 김형찬은 임성주의 기 개념이 理가 의미하였던 所以然과 所當然의 의미를 함의하기 위한 것으로 조선후기 실학의 氣 개념이나 명청대 氣學과 구분되며, 임성주의 기일원론은 성리학적 가치이념의 실현을 위한 이론이라고 규정하면서도, 철학적 사유의 발전과정에서 볼 때 氣의 의미가 새롭게 담지된 이론으로 전환해갈 가능성을 갖고 있는 것으로 여긴다.

90년대 들어서 정제두와 강화학파를 중심으로 양명학파에 대한 연구 역시 더욱 심화되었다.[53] 그 주요한 성과로 「霞谷 鄭齊斗 哲學思想에 있어서 人間理解에 관한 研究」(박연수, 1990), 「霞谷 哲學思想에 관한 研究」(김교빈, 1992), 「韓國 陽明學과 實學 및 天主敎와의 思想的 關聯性에 관한 研究」(송석준, 1993), 「하곡(霞谷) 정제두(鄭齊斗)의 '심체(心體)'에 관한 연구」(김택원, 1995), 「星湖學派의 陽明學과 實學」(서종태, 1996), 「霞谷哲學研究」(부제공, 1997), 「초기 강화학파의 양명학에 관한 연구」(서경숙, 2001), 「하곡

---

53) 양명학 관련 연구성과에 대한 최근 논의는 최재목, 「韓國에서의 陽明學 研究成果의 回顧와 展望」, 『중국학보』 38, 한국중국학회, 1998.

정제두의 사서 경설 연구」(김용재, 2002). 이상은 학위논문들이다. 『江華學派의 文學과 思想 1』(정양완·심경호 공편, 1993), 『성리학과 양명학』(유명종, 1994), 『양명학자 정제두의 철학사상 : 존재론·인성론·사회인식에 대한 구조적 이해』(김교빈, 1995), 『江華學派의 文學과 思想 2』(정양완, 1995), 『江華學派의 文學과 思想 3』(심경호, 1995), 『동아시아의 陽明學』(최재목, 1996), 『江華學派의 文學과 思想 4』(정양완·심경호 공편, 1999) 등의 단행본을 들 수 있다.

이전에 이미 양명학파의 계보를 밝힌 바 있는 유명종은 『성리학과 양명학』(1994)에서 이전 연구성과를 재정리하였고, 심경호와 정양완은 인물소개 정도에 그친 유명종의 연구를 진전시켜 문학과 사상의 두 측면에서 李匡呂, 申大羽, 李匡師, 李令翊, 申綽 등에 대하여 새로운 자료를 소개하는 한편, 내용을 번역하여 자세히 밝혔다. 심경호는 이광사의 사상을 성리론, 격물치지론, 역학론, 『尙書』론, 불교비판, 주자 자연학 비판 등으로 구분하여 다루었는데, 理氣不相離의 일원론을 견지하면서 심학에 대한 이론적 탐구보다 事上磨鍊의 실천에 힘쓸 것을 자식들에게 권유하였음을 밝혔다. 그는 이광사가 格物의 物을 意의 작용처로 이해하였으며, 정제두가 주장한 意知와 物理 사이의 체용설을 계승하여 『대학』의 본지를 誠意에서 찾았고, 『중용』의 愼獨과 일치시켜 이해함으로써, 『대학』과 『중용』, 居敬과 窮理를 誠意 개념을 가지고 통일하려 했다고 해석하였다.(3책) 심경호는 申綽이 한학을 토대로 한 樸學의 형태로써 자신의 견해를 내세우지 않는 입장이었는데, 청대의 고증학자들이 지배체제에 대한 저항력을 상실한 개별적 관심의 형태로 연구하였던 것과 달리, 주자학의 틀에서 벗어나 경전을 주체적으로 재해석하려 노력하였다고 해석하지만, 논거가 명확치 않다.(4책) 그는 신작이 정약용과 만년에 교류한 내용을 일부 분석하였는데, 이들의 교류내용은 이후 실시학사 경학연구회에서 번역되었다.54)

---

54) 丁若鏞, 申綽 共著, 實是學舍經學硏究會 編譯, 『茶山과 石泉의 經學論爭』, 서울 : 한길사, 2000.

390

김교빈의『양명학자 정제두의 철학사상』(1995)은 학위논문을 책으로 엮은
것이다. 그는 주희의 格物론에 대한 비판이 정제두가 주자학에서 양명학으로
전환하는 계기였다고 보는 정인보의 관점을 받아, 격물론 비판의 핵심문제가
되는 理 개념에 대한 정제두의 문제의식을 해명하는 것에 주안점을 두었다.
그리고, 주자학과 양명학 사이에서 정제두의 사상을 어떻게 위치지울 것인가
보다, 정제두가 理 개념으로 담아내려는 내용을 드러내는 것에 초점을 두었
다. 그는 정제두가 일원론을 바탕으로 理氣가 중층구조를 갖는 것으로 이해하
면서 인간론과 사회론을 해명하였으며, 특히 일원론의 시각에는 이에 기적인
요소가 들어 있음을 인정함으로써 능동성을 이의 속성으로 확보하기 위한
것이라고 해석하고, 그 때문에 이와 기를 분리시키는 이황에 대한 비판과
동시에 理를 無爲로 특징짓는 이이의 설에 대해서도 비판한다고 해석하였
다.(103쪽)

양명학과 실학을 연관시킨 연구로 송석준과 서종태의 연구를 들 수 있다.
송석준은「韓國 陽明學과 實學 및 天主敎와의 思想的 關聯性에 관한 硏究」
(학위논문, 1993)에서 정제두의 內實을 추구하는 학문은 실학의 外實을 추구
하는 것과 연계될 수 있고, 梁得中, 李瀷, 洪大容 등은 객관적 가치관의
기준을 인간 주체에 둔 점에서 양명학적 사유체계를 수용하고 있으며, 권철
신, 정약용, 丁夏祥 등 성호일파가 양명학을 통해 천주교와 유교의 조화를
꾀함으로써 양명학이 교량적 역할을 한다고 해석하였다. 서종태는 이익이
덕과 함께 事功을 추구한 것은 양명학과 합치되는 것이었지만 이익 자신이
양명학을 비판함으로써 심각한 이론적 모순을 범하였다고 본다. 그는 성호학
파의 실학은 좌파에 의해 양명학을 수용함에 따라 그 철학적 토대를 확립하게
되며 성호좌파의 입장은 양명좌파 계통을 수용한 반면, 강화학파는 양명우파
계통을 수용함으로써 서로 차이를 나타낸다고 해석한다.[55]

한우근에 의해 본격화된 이익과 성호학파에 대한 연구는 1990년대 들어
경세치용의 맥락에서 실학적 성격을 드러내려 하던 역사학계의 연구와 달리,

[55] 서종태,「星湖學派의 陽明學과 實學」,『조선시대사학보』7, 조선시대사학회, 1998.

철학계에서는 이황의 사상을 계승하는 이익의 사상을 중심으로 연구되었다. 1980년대에 이미 이남영,[56] 이광호[57] 등에 의해 이익의 성리설이 이황을 계승하고 있음이 밝혀졌는데, 1990년대 들어 이에 대한 본격적 연구는 안영상에 의해 시도되었다. 안영상은 「星湖 李瀷의 性理說 研究」(학위논문, 1998)에서 사칠론을 둘러싼 이익의 견해와 성호학파의 계승방식을 분석하였는데, 공정한 희노[公喜怒]가 이발기발 여부를 두고 氣發→理發→氣發의 견해변화를 겪었음을 밝혔다. 그는 비록 氣發로 견해가 정착되었지만, 同仁之私의 관점에서 公喜怒를 도덕적으로 정당화한 것은 성리학의 정태적 수양방식보다 진전된 동태적 수양론이라고 평가하였다. 안영상은 성호의 성리설 자체는 정주학적 성격과 탈정주학적 성격이 모두 존재하지만, 사단칠정론을 우주론과 구분하여 가치론의 측면에서 해명하려고 한 것은 실학과 연관해서 발전적 측면이라고 본다. 그는 성호학파의 분류방식에 관하여 공서파와 신서파, 좌파와 우파의 분류방식이 주로 서학에 대한 태도와 경의 해석방식에 근거하여 분류한 것으로 성리설의 논쟁과 연관해볼 때 적합하지 않기 때문에, 公喜怒의 이발기발 여부와 『대학』에 대한 논쟁을 중심으로 윤동규, 안정복−황덕길−허전 등의 경로와 신후담−이병휴−권철신, 이기양−이삼환, 이가환, 이벽−정약용으로 이어지는 경로를 설정하고, 전자를 謹守朱子파, 후자를 心解自得파로 유형화하고, 이익의 진보적 계승노선을 후자로 간주하였다.

4) 1990년대 개별 연구 : 정약용, 북학파, 최한기

1990년대 이후 정약용에 대한 연구는 경세론 분야의 연구가 심화되는 것과 함께, 경학 분야에 대한 연구도 확대되었다. 정약용의 형이상학 체계와 철학적 성격에 대한 연구가 유초하(1991), 한형조(1993), 장승희(1998), 최대

56) 이남영, 「星湖 李瀷의 退溪觀과 그의 實學論」, 『퇴계학보』 36, 퇴계학연구원, 1982.
57) 이광호, 「星湖 李瀷의 思想 『孟子疾書』를 中心으로」, 『태동고전연구』 2, 1986.

우(1999) 등에 의해 학위논문으로 제출되었고, 四書에 대한 정약용의 연구를 집중적으로 분석한 전저가 정병련(1994), 이지형(1996), 정일균(2000) 등에 의해 나왔다. 역학 분야에 대하여 김왕연(1990), 정해왕(1990), 김인철(1999), 김영우(2000) 등이, 그리고 예학 분야에 관해 유권종(1991), 이유진(1996), 장동우(1998) 등이 학위논문을 제출하였다. 정치사상에 관해서는 배병삼 (1993)이, 서학과 관련해서는 최기복(1990)이, 天 개념에 대해서는 이성춘 (1992)이, 실학파와 관련해서는 박홍식(1994), 김문식(1995) 등이 학위논문을 제출하였다.

1995년부터 실시학사 경학연구회에서 정약용의 저술 가운데 경학과 관련된 자료들을 선별하여 번역 출간하였는데, 특히 정약용이 경학적 논쟁을 벌인 李載毅, 金邁淳, 申綽, 洪奭周 등의 교환 서신과 교류한 지적 상황을 함께 번역함으로써 정약용의 경학사상을 당시 지성계의 흐름과 관련하여 살펴볼 수 있게 되었다.58) 다산의 경학 가운데『尙書』에 관한 연구가 이지형과 정병련 등에 의해 제시되었고, 강진 유배시기 동안 정약용의 학문활동에 대한 연구가 임형택에 의해 새롭게 조명되었다.59) 단행본으로 출간된 주요 연구성과들은 다음과 같다.『茶山學의 探究』(강만길 외, 1990),『茶山의 政治經濟 思想』(정창렬 외, 1990),『茶山學 研究』(김상홍, 1990),『丁若鏞』 (윤사순 편, 1990),『韓國天主教思想史 2 : 茶山 丁若鏞의 西學思想研究』 (김옥희, 1991),『茶山의 易學』(이을호, 1993),『茶山 丁若鏞의 西學思想 : 1993年度 茶山文化祭記念論叢』(최석우 외, 1993),『茶山 四書學研究』(정병련, 1994),『茶山과 春川』(심경호, 1996),『茶山經學研究』(이지형, 1996),『주희에서 정약용으로 : 조선 유학의 철학적 패러다임 연구』(한형조, 1996),『茶山의 사상과 그 현대적 의미』(김형효 외, 1998),『茶山 經學과 經世學의

---

58)『정체전중변 : 조선후기 예송에 대한 다산의 인식』(1995),『다산과 문산의 인성논쟁』(1996),『茶山과 臺山·淵泉의 經學論爭』(2000),『茶山과 石泉의 經學論爭』(2000),『茶山의 經學世界』(2002) 등이다.

59) 임형택,「정약용의 강진 유배시의 교육활동과 그 성과」,『한국한문학연구』21, 1998.

교류와 접점』(다산학술문화재단, 1999),『丁若鏞의 敎育改革思想』(임재윤, 1999),『茶山 四書經學 硏究』(정일균, 2000),『다산실학탐구』(금장태, 2001),『茶山學의 국제적 지평』(다산학술문화재단, 2001),『정약용과 실천의 철학 : 다산 철학의 근대성 탐구』(장승구, 2001).

이들 연구성과를 경세론과 관련하여 살펴보면, 먼저『茶山의 政治經濟思想』(1990)은 한 학자의 정년퇴임을 기념하여 출간한 논문집이지만, 정약용의 경세론에 대한 새로운 연구시각과,『상서』와 상제 개념에 대한 경학적 연구들이 제기되었다. 김태영은 정약용의 경세론에 대하여 왕정론으로 특징지우면서 자립-자영농적 생산관계에 기초한 국가-공동체적 소유 형태의 개혁을 추구하고 그 개혁을 실현하기 위한 강력한 왕권을 지향하였다는 해석을 제기하였다(「茶山의 國家改革論 序說」). 강만길은 정약용의 토지개혁론을 왕유론(국가적 소유)으로 규정하면서 토지의 사적 소유를 부인하는 방향으로 개혁론을 추구한 점에서 유형원의 공전론과 연속적이지만, 양반층 등 비농업인구에게 토지를 지급하지 않는다는 점과 왕권을 중심으로 한 중앙정부의 강화와 재정의 집중화를 강력하게 추구한다는 점에서 차이가 난다고 보았다(「茶山의 土地所有觀」).『다산학의 탐구』(1990)는 앞에서 언급하였던 것처럼, 정약용 서거 150주년을 기념하는 기획 시리즈의 한 부분인데, 1990년대 연구의 한 흐름을 예시하는 역할을 하였다고 할 수 있다. 개회토론에서 이우성은 老論 閥閱세력에 대항하여 정조는 왕권의 안정과 강화를 도모하였는데, 정약용의 정치활동과 학문활동이 관여되어 있다고 지적하였다. 정약용의 사상을 왕권강화와 관련하여 재조명할 필요성은 정창렬 등에 의해 이미 언급된 것이지만, 1990년대 들어서 이 부분에 대한 연구는 확산되었다.

김문식은 자신의 학위논문을『朝鮮後期 經學思想硏究』(1996)로 간행하였는데, 정조가 경전 가운데 知人과 安民[『상서』「고요모」(皐陶謨)], 用人과 理財[大學] 등의 개념을 유교의 주요 이념으로 새롭게 부각시켜 정치에서 군주의 통치행위를 적극적으로 내세우는 경세학의 이론화를 시도하였다고 해석하였다. 그러나 정조의 생전에 이론화 작업은 이루어지지 못했고, 정조 자신도 여전히 修德에 초점을 두고 경전을 해석하는 학풍 속에 있다고 보았다 (62쪽). 김문식은 정조가 단초를 연 경세론의 새로운 이론화를 정약용이 수립하여 제시한다고 해석한다. 그는 『경세유표』에 반영된 六鄕制를 분석하였는데, 서울과 지방이 분리된 서울 중심의 개혁안의 성격을 갖고 있으며, 그것은 도시 중심의, 그리고 상공업 중심의 사회로 변화해 가는 당시의 상황을 반영하여 그 변화를 진전시키는 방향성을 갖는다고 의미를 부여하였다(241쪽).

이영훈은 김문식의 시각을 수용하면서 정약용의 저술들 사이에 보이는 부정합적 주장들을, 시기에 따른 사상적 변화와 사상 내부에 여러 층위를 가진 논리구조가 있기 때문이라고 해석하고, 그 문맥들을 드러내고자 하였다. 그는 경학체계에서 知人과 安民의 중요성을 깨닫는 1811년(『상서지원록』의 저술시기)을 전후해서 사상적 변화가 있었으며, 그의 인간론은 1813년『論語古今注』의 저술을 통해 정립된다고 본다. 그리고 새로운 경학적 인식을 토대로 一表二書의 경세론이 제시된다고 본다. 이영훈은 정약용이 지인과 안민 개념을 주축으로 성리학에서 추구된 無爲의 조화적 세계로부터 작위적 정치세계로 전환시켰고, 군주의 정치적 역할을 중심에 세웠다고 해석하였다. 그는 정약용이 增産을 위한 토지분배와 수취의 형평[均稅賦]을 위한 助法과 九賦法을 正田制의 본질로 파악하면서 당시 조선의 현실에서 실행 가능한 개혁의 최대안으로 균세적 개혁안을 주장하였다고 보았다. 이영훈은『경세유표』가 시대적 한계에 구애되지 않는 근본적 개혁책을 제시한 것이라면, 『목민심서』는 시대적 현실을 반영한 개혁안으로서『경세유표』에 대한 보완이라고 보면서, 신분의 엄격한 구분을 주장하는 辨等論과 노비제의 옹호를 현실에 대응하는 논리로서 이해하였다. 그리고 정약용의 개혁안이 추구하는 체제는 결국 절대주의 체제의 형태라고 해석하였다. 이러한 해석은『경세유표』와『목민심서』의 처방책 사이에 존재하는 괴리와 관련하여 단계적 개혁론의 시각에서 이해하는 조성을의 견해에 대한 반론이자, 정약용의 개혁론

자체로부터 근대지향적 성격을 읽는 방식에서 벗어나, 국가와 사회에 대한
정약용의 서로 충돌하는 다층의 인식들로부터 근대의 징후를 발견하려는
확장된 시각이라고 할 수 있다.60)

김태영은 다산의 경세론을 국가체제의 전반적 개혁을 위한 王政論으로
재해석한다. 그는 성리학이 표방하는 정치방식을 재상 위임통치론으로 특징
지우고, 이 재상 위임통치론이 세조 이후로 훈척과 결탁하는 파행적 체제로
변질되었고, 정약용이 처한 시대에는 벌열 재상으로부터 縣吏에 이르기까지
다극적 농단체제로 심화된 중세 해체기의 말폐로 전락되었다고 본다. 그는
정약용이 고문상서의 위작고증을 통해 『尙書』 「周官」에 근거한 재상위임통
치론을 비판하고, 사회적 실현의 욕구를 정당화하는 새로운 인간관에 기초하
여 전제권력이 아닌 공권력으로서의 왕권을 재확립하여 군주가 개혁의 중심
에 서는 새로운 통치론을 제기하였다고 본다. 그리고 정약용의 왕정론은
한국의 중세 해체기 통치론의 문제의식을 대변하는 것으로서, 그 형태는
古經에 근거하여 왕권의 본래 위상을 회복하는 것이지만, 그 내용은 사익
추구의 할거적 농단에 대한 처방으로써 공익을 실현하는 공권력으로 왕권을
재확립하는 것이기 때문에 정약용 자신의 문제의식과 상관없이 중세를 지양
하는 방향성을 갖는다고 의미를 부여한다.61)

이영훈과 김태영의 해석방식은 자본주의 맹아 사상 또는 근대지향적 사상
으로 정약용의 경세론을 직접 결부시키는 김용섭 등의 해석방식에 대한
비판적 대안으로서 의미를 갖는다. 그러나 이들의 해석에서도 여전히 성리학
의 경세론 – 중세적 통치론 – 재상 중심의 정치론 대 실학(특히 정약용)의
경세론 – 중세 지양의 전면적 개혁론 – 작위적 왕정론이라는 해석구조를 제
기하고 있어, 결국 근대이행과 연관된 의미로서 해석하는 틀을 벗어나지
못하고 있다.

---

60) 이영훈, 「茶山 經世論의 經學的 基礎」, 『茶山學』 창간호, 다산학술문화재단, 2000.
61) 김태영, 「다산 경세론(經世論)에서의 왕권론(王權論)」, 『茶山學』 창간호, 다산학술
문화재단, 2000.

396

『다산학의 탐구』(1990)에서 강재언은 정약용의 사상과 서학의 관련성에 대하여 재론하였는데, 일본이 서교와 서학을 구분하여 서교를 배척하면서도 서학을 능동적으로 수용하였던 것과 달리 조선에서는 노론 벽파를 중심으로 한 집권층에서 서학까지 서교로 몰아 함께 배척하는 바람에 1801년 이후 서양 연구의 공백시기를 초래하였다고 해석하였다. 그리고 상제 관념과 인성론 부분에서『천주실의』의 영향을 받았지만, 孝弟를 인륜의 근본으로 삼는 것은 천주교와 양립할 수 없는 점이라고, 즉 서학적 측면에서 수용하는 것이지 서교의 측면에서 수용한 것이 아니라고 해석한다. 서학과 서교의 구분에 대한 이 시각은 이후 연구자들에게 일정한 영향을 주었다고 할 수 있다(「丁茶山의 西學觀」). 김상홍 역시 기존에 발표한 논문들을 토대로 엮은『茶山學 硏究』(1990)를 통해 정약용의 천주교 신앙론을 반박하였는데, 1878년(26세) 무렵부터 4~5년간 천주교를 신앙하였다가 1791년(30세) 이후로 완전히 절연하였다는 해석을 제기하였다. 한편, 이동환은 정약용의 '上帝' 개념이 도입되는 배경에 관해 천주교의 영향설을 비판하고 이황 이후 남인학파 내의 사상적 전통이 작용하고 있다고 해석하였다.(茶山思想에서의 '上帝' 도입경로에 대한 序說的 고찰」) 이동환은 이후에 퇴계학통이 갖고 있는 도학의 종교성을 매개로 해서 서학의 수용과 함께 도입된 것으로 해석하는 논문을 발표하였으며,[62] 이동환의 시각은 이광호, 금장태 등의 경우에서도 재론되었다.[63]

그러나 한국천주교회사를 전공하는 학자들은 강재언과 김상홍 등의 견해를 인정하지 않았다. 김옥희는『韓國天主敎思想史 2 : 茶山 丁若鏞의 西學思想硏究』(1991)를 통해서, 그리고 최석우 등 관련 전공자들이『茶山 丁若鏞의 西學思想 : 1993年度 茶山文化祭記念論叢』(1993)을 통해서 정치적 탄압 때문에 일시적으로 배교하였다가 결국 다시 신앙을 회복하였다는 주장을

---

62) 이동환, 「茶山思想에 있어서의 '上帝'문제」, 『민족문화』 19, 민족문화추진회, 1996.
63) 이광호, 「李退溪 철학사상이 丁茶山 經學思想 형성에 미친 영향에 관한 고찰」, 『퇴계학보』 90, 퇴계학연구원, 1996 ; 금장태, 『聖學十圖와 퇴계철학의 구조』, 서울 : 서울대 출판부, 2001.

전개하였다. 최기복은 다불뤼의『朝鮮殉教史備忘記』의 기록을 근거로 삼아 정약용이 쓴 묘지명들의 내용을 배교와 신앙회복의 과정과 연관해서 해석하였다.(茶山 西學에 관한 논의」) 금장태는 정약용의『중용강의』가 신앙생활에 젖었을 때의 저작인데, 이 때의 입장이 뒤에『매씨상서평』을 저술하는 만년에 이르기까지 변함없다는 점에 주목하였다. 그는 개인적 신앙의 유무여부보다 유교이념에 천주교의 교리를 吸收하여 재해석하는 새로운 경전 해석방식을 수립한 것에 정약용 사상의 특성이 있으며, 철학사적 의미가 있다고 여긴다 (「茶山의 儒學思想과 西學思想」). 김옥희는『心經密驗』에 나타난 상제에 대한 인식과 嗜好論的 인성론을 분석하면서 인성에 대한 다산의 기본 구도는 상제를 대면하는 의식과 타인에 대한 희생과 봉사 정신을 토대로 하고 있다고 해석하여 천주교 신앙을 갖고 있었음을 간접적으로 주장하였다. 대체적으로 친서학적 해석의 시각에 공통적으로 드러나는 문제는 정약용의 개인적 신앙을 전제하여 정약용의 저술들에 담긴 문제의식을 천주교리와 연관해서 해석하는 일면성의 시각이다. 이 일면성의 시각은 경학과 경세론에 관련하여 동아시아 역사에서 문제되어 왔던 주제들에 관한 정약용의 문제의식을 간과하거나, 아니면 주변적 위치에 서게 만든다. 하여튼, 천주교 신앙과 관련하여 정약용의 사상을 재조명하는 상반된 시각은 이미 일제시기부터 존재하였지만,[64] 1990년대 초반에 이르기까지도 여전히 팽팽한 견해차이를 보였다.

윤사순이 편찬한『丁若鏞』(1990)은 문학, 철학, 사회, 과학, 예술 등 각 방면에서 관련 전공자들의 글을 모은 것이다. 대부분 글들이 이미 발표된 것이지만, 1990년대 초 정약용 연구의 시각들을 담고 있다. 김흥규는 정약용의 문학관이 인간의 도덕적 가치 실현에 문학을 종속시키는 載道論의 전통을 견지한다는 점에서 성리학의 전통과 연속되지만, 社會詩들에서 보는 것처럼 당시의 문제상황을 드러내고 비판하는 현실주의적 문학논리로 진전시킨 점에서 성리학자들과 구분된다고 본다. 그리고 다산의 입장이 개인의 성정과

---

64) 1936년 다산 서거 백주년을 기념하는 시기를 즈음하여 유학계 지식인과 천주교 계열 지식인들 사이에 지면을 통해 논쟁이 있었다.

398

개별적 체험을 중시하는 당시의 문학론과 배치하지만 그들이 사회적 자각의 차원으로 확대해 가는 것에 미흡하였던 것과 반대로 정약용은 현실의 문제를 중시한 문학론을 수립한 점에서 진전을 이루었다고 평가한다.

이을호의 『茶山의 易學』(1993)은 정약용의 역학사상에 접근하기 위한 기초적 연구로, 易理四法에 대한 설명과 「讀易要旨」 등 『周易四箋』의 해설 부분에 대해 초보적으로 해명하는 수준이다. 정약용의 역학 이론체계를 주희의 역학체계와 비교하여 그 차이를 드러내는 연구가 김왕연, 정해왕 등에 의해 제시되면서 정약용의 역학 사상에 대한 연구가 본격화되었다고 할 수 있다. 이후 김인철은 정약용이 『주역』을 연구하는 과정과 다산의 역 이론체계를 고증적으로 밝히면서, 실제로 괘의 해석에서 그 이론이 어떻게 적용되는지를 조명하였는데, 정약용의 역체계에 대한 세밀한 고증적 연구라고 할 수 있다. 김영우는 다산의 역학이 한대 상수학에 대하여 역의 이치를 자연세계의 법칙과 동일시한 것에 대하여 비판하는 점을 들어서, 한대 상수학을 직접 계승한 것으로 해석하는 시각에 대하여 반론을 제기하였다. 그리고 주역을 연구하는 정약용의 문제의식이 주대의 제도와 문물[周禮]을 밝히는 것에 두고 있으며, 괘효사의 해석에서도 周禮와 연관지어 해명한다는 점을 들어 경세적 문제의식이 주역 연구에 전제되어 있음을 주장한다. 김영우는 그 점을 정약용이 괘를 해석하면서 事天의 관념이 주대 정치론의 핵심이었음을 드러내어, 上帝天에 대한 자신의 문제의식을 정당화하는 것에서 볼 수 있다고 주장한다. 그러나 김인철의 연구와 마찬가지로 김영우의 연구에서는 명청대 역학사의 흐름과 관련해서 정약용의 역학 이론이 갖는 영향관계와 의미들을 다루지 않았다. 이에 관해서는 김승동, 신원봉 등에 의해 제기되었는데, 신원봉은 易理四法과 序卦 해석과 관련하여 정약용이 모기령의 영향을 받고 있다고 주장하였다.65) 모기령의 경학에 대한 다산의 대응은 『주역』뿐 아니라 『시경』과 『상서』 등 다양하게 나타난다. 심경호는 『시경』에 대한

---

65) 신원봉, 「다산의 역학관 정립에 미친 청대 사상의 영향:모기령을 중심으로」, 『다산학』 3, 다산학술문화재단, 2002.

독법과 관련하여 정약용이 모기령의 설을 일정부분 참고하면서도 극복하고
있다는 분석을 제기하여, 신원봉과 상반된 시각을 보였다.[66] 그러나 신원봉
이나 심경호 모두 괘의 해석이나 시의 해석에서 구체적으로 모기령의 설에
대하여 어떻게 대응하고 있는지를 밝히는 데 이르지 못하였다.

90년대 이후 정약용의 경학사상 연구는 주로 四書 부분과 관련하여 이루어
졌는데, 정병련의『茶山 四書學硏究』(1994), 김영호의「丁茶山의 論語解釋
에 관한 硏究」(학위논문, 1994), 이지형의『茶山 經學 硏究』(1996), 정일균의
『茶山 四書經學 硏究』(2000) 등은 그 대표적 성과라고 할 수 있다. 세 저서
모두 반주자학 내지 탈성리학적 맥락에서 정약용의 경학 사상을 조명하였다.
이지형과 정병련은 이외에도 정약용의 고문상서에 대한 비판을 경학적 측면
에서 밝힌 연구를 제시하였다.[67] 이지형은『매씨서평』에 대한 분석을 통해
경학이 수사학으로 복귀하는 것이 아니라 청의 고증적 방법과 송의 의리적
실천을 취사선택하여 중세적 한계를 넘어서려는 것이었다고 보았다. 정병련
은 고문상서의 위작여부를 둘러싼 논쟁사를 검토하고 위작론을 주장하는
정약용의 논거를 밝혔다. 그러나『상서고훈』을 비롯한 정약용의 상서학
전체를 毛奇齡, 閻若璩 등 명청대 상서연구와 연관하여 규명하는 데까지는
나아가지 못하였다. 정약용은『尙書知遠錄』과『尙書古訓』등에서 모기령의
설을 적극적으로 수용하고 있어,『梅氏書平』을 통해서만 볼 경우 모기령
등 청대 상서학에 대한 정약용의 인식을 편향적으로 해석할 우려가 많다.
또한『상서』에 관련한 정약용의 저술들에 대하여 판본에 대한 검토가 대체적
수준에서만 이루어져 있어,[68] 판본에 대한 전면적 검토가 필요하고,『상서』
각 편 자체에 대한 정약용의 해석내용을 청대 상서학과 고증적으로 비교

---

66) 심경호,「정약용 시경론과 청조학술 : 특히 모기령설의 비판 및 극복과 관련하여」,
『다산학』3, 다산학술문화재단, 2002.
67) 정병련,「『梅氏書平』의 考據學的 분석구조론」,『다산학』창간호, 다산학술문화재
단, 2000.
68) 『매씨상서평』과『상서지원록』에 대한 판본 검토는 이봉규,『한국경학자료집성』
64,『서경』, 성균관대학교 대동문화연구원, 1993의 해제 ; 임재완,「茶山의 尙書觀
에 대한 考察-古文尙書를 중심으로」, 성균관대학교 석사논문, 1994 등 참조.

400

연구하는 것도 필요하다.

정약용의 예학 관련 저술에 대한 경학적 연구도 1990년대 이후 새로운 진전을 이룬 부분이다. 유권종(1991)은『喪禮四箋』가운데「喪儀匡」에 대한 분석을 중심으로 정약용의 예론을 재조명하였다. 그는 정약용이 경학적으로 한당의 注疏學을 부정, 극복하고 고례를 회복하려는 입장을 보이며, 그것은 王政을 구현하기 위해서는 고례의 회복이 필요하다는 문제의식에서 나온 것이라고 해석하였다. 그리고 정약용이 죽음 이후의 세계에 대하여 천주교와 는 다른 유교적 신념체계를 갖고 있으며, 喪儀에 대한 설명에서 孝의식을 기반으로 하고 있는데, 이는 정약용의 喪禮설이 인륜실천의 근원을 재인식시 킴으로써 禮敎를 바탕으로 한 王政의 구현을 추구하였기 때문이라고 보았다 (유권종,「茶山 禮學 研究」, 고려대학교 철학과 박사학위 논문, 1991).

이유진(1995)은 정약용의 경학체계가 周禮의 회복을 지향하고 있음을 『경세유표』와 관련한 글들을 토대로 밝혔는데, 국가운영에 관한 구체적 정책들과 연관해서 해명하지는 못하였다. 이봉규는「正體傳重辨」에 나타난 정약용의 예송에 대한 인식을 검토하면서 윤휴의 참최설에 대한 새로운 변호로 이해하고, 종통을 우선시하는 尊尊 중심의 예 관념이 윤휴와 정약용 사이에 연속되어 있으며, 그것은 사림정치를 비판하고 왕권을 강화하려는 정치적 문제의식과 연관되어 있다고 해석하였다.69) 장동우(1998)는「喪期 別」을『儀禮』「喪服」과 비교하고, 조선후기 예송과 연관지어 정약용의 예학 론을 조명하였다. 장동우는 정약용이 尊尊 중심으로 주석한 鄭玄의 注에 대하여 親親을 우선시하는 입장에서 비판하였으며, 그것은 고례의 회복을 통해 왕도정치의 이념을 실현하려는 문제의식에 기반한 것이라고 해석하였 다. 이는 尊尊 중심의 체계로 이해한 이봉규의 해석이 일면적이었음을 드러낸 의미있는 반론이라고 할 수 있다.

금장태는 社稷과 禘 두 제사에 대한 정약용의 경학적 입장을『春秋考徵』

---

69) 이봉규,「丁若鏞의 17세기 禮訟에 대한 이해와 禮訟의 철학적 쟁점-『正體傳重辨』을 중심으로」,『孔子學』2, 한국 공자학회, 1996.

에 대한 분석을 통해 밝혔다. 그는 정약용이 사직제에 대해 地示의 관념을 부정하고 상제의 명을 받아 다스리는 天神을 주향으로 삼고 人鬼를 배향하여 지내는 것으로, 체제사를 교제사와 상대시켜 인귀에게 지내는 제사의 표준으로 재해석하였음을 드러냈다. 금장태는 다산의 그러한 경학적 해석과 복원작업이 국가의례의 개혁과 표준 정립이라는 현실적 과제에 부응하면서, 한편으로 구체적 제사의례를 통해 종교성을 현실화하기 위한 노력이라고 해석하였다.[70] 그러나 지기를 부정하고 上帝를 정점으로 천신-인귀의 위계를 설정하는 방식이 어떤 맥락에서 제기된 것인지에 관해서는 밝히지 않았다. 彭林은 청대 예학과 정약용의 예학을 비교하여 청의 학자들이 문자와 음운 연구 및 판본과 교감 등 小學을 중시하는 데 반해 정약용은 經文의 義理(의미 내용)에 중점을 두는 차이가 있다고 분석하였다. 또한 孫詒讓을 제외하고 청대 학자들이 『周禮』를 국가제도를 개혁하는 데 실용적인 텍스트로 생각하지 않았는데, 정약용은 『주례』에 근거를 두고 『경세유표』를 저작하여 정부제도를 개혁하려고 하였음을 지적하였다.[71] 이상의 정약용의 예론에 관련한 연구성과들 모두에서 공통적으로 나타나는 문제점은 정약용이 깊이 영향을 받고 있는 徐乾學 등 명청대 예학의 경학적 흐름과 연관하여 해명하지 못한 것이다. 요컨대, 정약용의 경학사상을 객관적으로 재조명하기 위해서는 명청대 경학사상의 흐름과 관련한 비교연구가 매우 필요하며, 우리 학계가 진전시켜야 할 과제 중 하나이다.[72]

김언종과 하우봉은 정약용의 『논어고금주』에 반영된 일본 古學派의 영향을 분석하였다. 김언종은 오규 소라이[荻生徂徠]와 다자이 슌다이[太宰春臺]의 영향이 담긴 구절들을 고증적으로 밝혔고,[73] 하우봉은 거꾸로 정약용

---

70) 금장태, 「茶山의 社稷祭와 禘祭 考證」, 『종교학 연구』 16, 서울대학교종교학연구회, 1997. 이 논문은 『다산실학탐구』(2001)에 재수록되었다.
71) 彭林, 「정다산 예학과 청인 예학의 비교 연구」, 『다산학』 3, 2002.
72) 이에 관련한 초보적 연구는 심경호, 「조선후기의 경학연구법 분화와 毛奇齡 비판」, 『東洋學』 29, 檀國大學校 東洋學研究所, 1999년.
73) 김언종, 「다산 『논어고금주』에 수용된 훤원학과 논어설」, 『다산학』 3, 2002.

이 이들에 대하여 비판하는 내용을 분석하면서 양자의 사상적 차이를 밝혔다.[74] 하우봉은 양자가 주자학을 비판하고 선진 古學을 지향한 점은 같지만, 오규소라이를 비롯한 고학파가 주자학 자체를 거부하였던 것에 반해 정약용은 한학이나 청학과 대비하여 주자학의 義理 관념을 선택적으로 수용하는 점에서, 양자 모두 인간의 후천적 노력을 중시하지만, 오규소라이가 차등적 인성론을 긍정한 반면 정약용은 평등적 인간관을 주장한 점에서, 정약용이 오규소라이의 民에 대한 인식을 愚民觀으로 비판하는 점에서 다르다고 보았다. 김언종과 하우봉의 연구는 고학파와 관련하여 정약용의 경학사상을 조명하는 시야를 넓혀준 것은 사실이지만, 두 연구 모두 일본 고학파의 경학론에 대한 독법이 부재하여, 심층적 비교연구에는 이르지 못하였다.

철학적 측면에서 정약용의 사상을 조명하는 작업은 유초하(1991)와 한형조(1993)에게서 대표적으로 발견된다. 두 연구자 모두 성리학의 이론틀 자체를 정약용이 붕괴시키거나 해체시키고 새로운 이론틀을 구성하였다는 시각에서 해명함으로써, 형이상학의 부분에서 정약용을 반주자학 내지 탈주자학으로 해석하는 시각을 정당화하였다.

유초하는 정약용이 理의 실재성과 主宰 기능을 근본적으로 부정하고, 의식과 물리적 존재들의 실재성만 인정하였으며, 인간의 육체를 포함한 물리적 존재의 근거를 氣로서의 태극에, 그리고 정신의 존재 근거를 上帝에 두는 이론체계를 재구성하였다고 보았다. 그는 정약용이 理와 같은 보편관념의 실재를 부인하는 점에서 관념론을 벗어나 있지만, 한편으로 정신의 실재를 주장하는 점에서 유물론과도 다른 입장으로서 일종의 心物二元論이라고 규정하면서, 철학사적으로 매우 개성적인 입장이라고 말한다. 그는 서양철학의 전통에서 볼 때 심신이원론의 주류적 형태가 관념과 의식을 존재론적으로 통합하거나 동일시하여 개념실재론적 성향을 지니는데 반해, 정약용의 사유방식은 가톨릭 신앙체계나 서양철학의 심신이원론과는 명확히 구분되는 이론적 특성을 갖는다고 본다.[75] 그리고 성리학을 지양하고 새로운 종합체계

---

74) 하우봉, 「정약용과 오규소라이의 경학사상 비교 연구」, 『다산학』 3, 2002.

를 건설해낸 측면에서는 근대성을 지향하는 발전적 면모를 보이는 반면, 정신을 성립시키는 근원자로서 상제를 도입한 것은 종래의 선험적 도덕형이 상학의 틀에서 벗어나지 못하였다고 본다. 그러나 윌리엄 오컴처럼 개념의 실재성을 부인하면서도 정신과 신의 실재성에 관해 인정하는 입장은 서양철학 전통에서도 얼마든지 발견할 수 있어 정약용의 독특한 입장이라고 해석하는 것은 무리가 있어 보인다.

한형조는 자신의 학위논문을 『주희에서 정약용으로 : 조선 유학의 철학적 패러다임 연구』(1996)라는 책으로 엮었다. 그는 인간을 자연과 연속적으로 이해하는 주희의 철학적 체계를 정약용이 근본적으로 해체하고 인간을 자연으로부터 분리시키는 새로운 철학적 구성을 제시한다고 이해한다. 한형조는 氣質之性을 매개로 한 주희의 인간관은 선천적 차등성에 관한 결정론의 입장으로 인간의 존엄성을 높이고자 한 맹자의 인간론과 근본적으로 다른 것이었으며, 정약용이 비판하는 부분이라고 본다. 그리고 정약용이 氣 개념을 보편적 생성의 질료로 설정한 주희의 시각에서 벗어나 본래의 의미였던 구체적이고 한정적인 생명력으로 환원시키고, 그로부터 자연의 결정력으로부터 독립하여 자연과 대자적으로 만나는 존재로 인간을 위치짓는 새로운 인간관을 구성하였다고 본다. 한형조는 정약용의 이러한 재구성 작업을 주희의 성리학체계에 대한 패러다임적 변화로 해석하면서, 그러한 작업이 유학 내부의 전통, 특히 경학적 전통 안에서 이루어졌기 때문에 서학의 영향에 무게중심을 두려는 시각은 지나친 것이라고 비판한다. 그는 최근의 논문에서도 서학의 영향이 컸지만, 이황 이후 이익을 거쳐 정약용에 이르는 학풍 자체에 서학을 흡수하고 비판할 수 있는 사상적 친연성이 존재함을 상정한다. 그리고 정약용의 사상적 위치를 최한기에 이르러 완성되는 실학으로 전환시키면서 그 토대를 마련한, 즉 理學에서 氣學으로 이행하는 도정의 과도기에 배치한다.76)

---

75) 유초하, 「정약용 철학의 특징」, 『민족문화』 19, 민족문화추진회, 1996, 53~54쪽.
76) 한형조, 「다산과 서학 : 조선 주자학의 연속과 단절」, 『茶山學』 2, 다산학술문화재단,

　금장태는『다산실학탐구』(2001)로 자신의 연구성과들을 묶어 간행하였는데,『한국실학사상연구』(1987),『정약용-실학의 세계』(1999)를 잇는 저자의 꾸준한 연구를 보여준다. 그는 정약용의 사상 형성과정에 서학의 영향을 보조적 위치에 두는 정병련 등의 시각과 달리 정약용의 인간관과 자연관 구성에서 서학이 결정적 영향을 미치고 있다고 본다(28쪽). 금장태는 대진과 정약용을 비교하면서, 송대의 理學을 비판하는 부분에서는 공통적이지만, 대진이 송대의 氣學 전통을 계승하여 이론을 구성하는 반면, 정약용은 서학으로부터 서구적 자연철학의 영향을 폭넓게 받아들이고 있다고 본다(「戴震의 氣學的 세계관과 茶山의 實學」). 정약용과 대진의 사상적 차이에 대한 비교연구는 한영의 「대진의 기학과 정약용 실학의 근대성 비교연구」(박사학위 논문, 2002)에서도 유사한 해석을 보인다. 송영배는 마테오 리치의『천주실의』와 다산의 담론 사이에 철학적 사유방식과 관련한 구조적 동일성이 존재함을 상세히 조명하는 실증적 연구를 제시하였다. 그러나 그는 사유의 구조적 동일성으로부터 철학적 목적도 동일하다고 결론 내릴 수 없다고 본다. 다만 성리학의 도덕형이상학적 패러다임으로부터 경세론, 즉 인간의 사회적 실천 윤리를 중심으로 삼는 철학적 패러다임으로 전환하는 과정은 서양사상을 적극적으로 수용하여 이룬 것이라고 해석한다.[77]

　이처럼 정약용의 형이상학 체계에 대한 해석에서 서학의 영향을 긍정하면서도 그 영향방식을 어떻게 설명할 것인가에 관해서는 상이한 시각이 존재한다. 그러나 마테오 리치가 아리스토텔레스와 스토아 학파의 담론을 비롯한 서양철학의 지적 전통을 자의적으로 이용하여 동아시아 지식인들에게 기독교 교리를 정당화하는 방식에 관해서, 그리고 그 논리에 대한 조선 유학자들의 대응방식에 관해 좀더 미시적인 연구가 필요한 시점이다.

　90년대 실학에 대한 연구에서 새로운 진전은 실학자로 분류되는 학파 내지 학자들에 대하여 실학에 대한 선이해를 유보하고 그들의 사상과 사상사

　2001.
77) 송영배, 「茶山철학과『天主實義』의 패러다임 比較研究」,『韓國實學研究』2, 2000.

적 문맥을 드러내는 부문에서 이루어졌다. 유봉학의 「18-19世紀 燕巖一派 北學思想의 硏究」(서울대 박사학위논문, 1992)는 그 선도적 성과라고 할 수 있다. 유봉학은 청조 문물과 학술의 수용에 초점을 두어 중상주의 또는 이용후생 등으로 특징지웠던 북학파에 대하여, 북학파로 분류된 인물들의 사상이 북학에 국한되지 않은 점을 들어 이의를 제기한다. 그는 대신 文風에서 정조의 견책을 받으면서 그 실체가 드러났던 연암을 중심으로 교류하였던 지식인들이라는 점에서 '燕巖一派'라는 분류법을 제시한다. 이들은 '京華士族'이라는 생활공간−방식의 공통성을 지니면서 학문적으로 낙론계에 속하며, 湖論계가 호서지역의 鄕儒로 전락해가는 상황에서, 이들은 문화자존의식과 결합된 중화주의적 세계관의 반성 → 士의 현실에 대한 반성에 기초한 利用厚生의 학풍과 法古創新의 文風의 확산 → 북학론의 주장으로 이어지는 '조선전통 사상의 발전적 자기극복과정'을 보인다고 해석한다. 그는 사상적으로 낙론계의 인물성동론이 기초가 되어 物에 대한 인식의 확대(박윤원) → 상수학과 결합시켜 物性 규명의 근거로 낙론을 수용하여 심성론의 한계를 벗어남(황윤석) → 동론을 物의 상대적 지위를 인정하는 人物均의 논리로 진전시키고 이용대상물로서의 物論으로 확대(홍대용)하는 등 인물성동론이 연암일파의 인식을 확대하는 논리적 기초가 되었다고 해석하였다.

그러나 철학전공자들에게서 유봉학의 시각에 대한 반론이 제기되었다. 허남진은 임성주의 氣一分殊 등 氣 개념은 호락논쟁의 문제의식 위에서 기술된 것이지만, 홍대용과 최한기 등의 기 개념은 성리학적 주제를 벗어나 있다고 보았다. 그는 홍대용의 경우 성리학적 문제의식이 동인이 된 것이 아니라, 자연과학적 관심이 동인이 되어 가치중심의 심성론인 인물성동론으로부터 몰가치적 심성론의 특성을 보이는 인물성균론으로 나아갔다고 해석하여 유봉학의 시각과 상반된 시각을 제시하였다. 그는 홍대용의 氣 개념이 오늘날 물질 개념과 매우 가까운 맥락에서 사용되고 있으며, 오행의 상생상극설을 부정하고 氣, 火, 水, 土의 四원소를 만물의 근원으로 설정하는 중층적 사원소설을 제시하는데 이는 전통적 기론을 서양과학사상과 결합시킨 것이라고 해석하였다(허남진, 「朝鮮後期 氣哲學 硏究」, 서울대 철학과 박사학위 논문, 1994). 한편 송영배는 홍대용의 인물균의 상대주의적 사유가 『장자』에 대한 독서로부터 나온 것이라고 해석하여 서양과학의 영향이라는 허남진의 설과 다른 시각을 제기하기도 하였다(송영배, 「홍대용의 상대주의적 사유(思惟)와 변혁의 논리—특히 『장자(莊子)』의 상대주의적 문제의식과의 비교를 중심으로」, 『한국학보』 20, 일지사, 1994).

김문용은 홍대용의 학문에 양명학적 정신이 스며 있다는 정인보 이래의 시각에 대하여 홍대용이 양명학 비판에 적극적이었음을 들어 반론하고, 주자학의 지행병진론을 채택하고 있음을 밝혔다. 그는 홍대용이 理의 主宰性을 부정하고, 존재[有] 개념을 감각과 연관된 물질적 존재로서 파악하는 시각에 입각해 理의 실재성을 부정하여 기일원론의 입장을 정립한다고 보고, 이이의 입장을 계승한 이기이원론으로 규정한 유인희의 해석에 반론을 제기하였다.[78] 그는 홍대용이 주자학에서 출발하여 장자의 상대주의적 사고방식과 서양의 자연과학을 받아들임으로써 주자학적 사고의 틀로부터 어느 정도 벗어나고 있지만, 그것이 근대철학의 이념적 지표와 전면적으로 부합하는 것은 아니라고 보았다. 주자학의 합리성 위주의 사고에서 경험성을 중시하는 사고로 이행하고 있지만, 정신과 물질을 분리하는 근대적 사유에 비추어볼 때 홍대용의 기 개념은 물질과 생명활동을 모두 포함하고 있으며, 인물성동론에 기초하여 가치상의 동일성에 주안점이 두어진 인물균론을 주장하는 점 등은 유학의 천인합일적 세계관에서 크게 벗어나지 않은 것이라고 해석하였다. 그러나 김문용은 內外無分에 기초하여 인간중심주의, 중국중심주의, 지구중심주의 등의 세계관을 부정하고, 기일원론에 입각하여 사회개혁론을 주장한 실학론의 측면에서 홍대용 사상의 철학사적 의미를 읽을 수 있다고 보았다.[79]

---

78) 유인희, 「洪大容 哲學의 再認識」, 『東方學志』 73, 1991.
79) 金文鎔, 「洪大容의 實學思想에 관한 硏究」, 고려대학교 철학과 박사학위논문, 1995.

최한기에 대한 연구는 1990년대 실학연구에서 크게 진전된 부분 중 하나다. 최한기의 가계와 학맥에 관해 권오영, 유봉학 등이 낙론계와 연계되는 개성의 무과 집안이었음을 밝혔고,[80] 권오영은 최한기가 1850년대 중반부터 『海國圖志』와 『瀛環志略』 등을 연구하여 개화사상을 형성하였다고 해석하여, 1850년대 개화사상 형성설을 주장하는 신용하의 입장을 지지하였다. 그는 왕수인의 生理 개념을 수용하여 최한기가 자신의 推測과 결합시켰으며, 氣에서 理의 의미를 이해해야 한다는 나흠순의 입장을 수용하였다고 해석한다. 그리고 運化 개념의 연원이 김시습, 이황, 이이, 정약용 등이 사용한 것에 기초한 것이며, 神氣 개념은 『천주실의』와 『靈言蠡勺』의 영혼 개념을 토대로 재구성한 것이라고 해석하였다.

허남진은 최한기 이전의 기철학이 太虛 개념을 통해 인간의 윤리적 측면을 설명하는 것에 주안점이 두어졌지만, 최한기는 기를 통해 과학기술의 수용을 위하여 경험론적인 인식론의 근거를 확보하려는 문제의식을 보인다고 해석하였다.[81] 김용헌은 최한기가 기학을 수립하는 데 서양과학의 영향을 받았지만, 일단 기학체계를 수립한 뒤에는 자신의 학문적 입장에서 서양과학을 설명해내려는 일관된 입장을 갖는 점에서 주체적이며, 이전의 서학수용방식과 차이가 있다고 보았다. 그는 최한기가 기의 운화 이론으로 과학적 사실들을 설명하는 것은 과학의 측면에서는 서양과학을 수용하는 불철저함 내지는 학문적 수준미달의 문제가 있지만, 철학사적 측면에서는 동서양을 통합하는 철학체계를 개성적으로 제시하였다는 적극적 의미를 갖는다고 해석하였다 (김용헌, 「崔漢綺의 西洋科學 受容과 哲學 形成」, 고려대학교 철학과 박사학위논문, 1995). 이현구 역시 최한기의 사상이 지향하는 것은 동양과 서양, 전통과 현대, 철학과 과학 사이의 균형이었고, 낙관적 동도서기론의 형태라고 보았다.[82]

---

80) 유봉학, 「19세기 京華士族의 生活과 思想-惠岡 崔漢綺를 중심으로-」, 『서울학연구』 2, 서울시립대학교 부설 서울학연구소, 1994 ; 권오영, 『최한기의 학문과 사상연구』, 집문당, 1999.
81) 허남진, 앞의 글, 최한기 논의 부분.

6. 과제와 전망

이상 조선시대 유학 연구사를 유학사의 연구와 개별 사상의 연구로 나누어
살펴보았다. 사실상 검토하지 못한 연구성과들이 너무 많아 충분한 개괄이
되지 못하였다. 추후에 기회가 있을 때 보완할 과제로 남긴다. 이제 성리학과
실학을 연구하는 시각과 관련한 몇 가지 문제를 검토하는 것으로 이 글을
맺겠다.

1) 근대 이행과 사상사의 연관성

근대적 연구가 시작된 이래 조선시대 유학의 전개를 근대이행과 연관해
재조명하는 독법은 지속적으로 문제되어 왔다. 그 가운데 조선시대의 전개와
관련해, 양란 이후 조선의 체제가 해체되기 시작하여 이후 근대로 이행해간다
는 시대구분법은 남북한 연구자들에게 큰 영향을 미쳤다. 북한에서는『조선
철학사』(1962)이래 공식적인 입장이 되어왔고, 남한에서는 김용섭 등을 중심
으로 한 일련의 역사전공자들이 내재적 발전론의 시각에서 주장하였는데,
이들은 17세기 이후 봉건사회 해체와 근대이행의 내적 동인들을 실증적으로
논증하는 연구를 통해 계속 정당화해왔다. 그리고 김준석 등은 17세기 이후
유학사의 전개를 봉건사회 해체기에 대응하는 지식인의 두 가지 상반된
유형으로 재조명하는 독법을 제시하였다. 이러한 시대구분법을 비록 적극적
으로 수용하지 않는 연구자들도 상당수가 17세기 이후의 조선사상사를 성리
학-전근대사상, 실학-근대지향적 사상으로 구분하는 독법의 범주 안에서
논의를 전개해왔다.

이러한 시각에 대한 적극적 반론은 두 가지 측면에서 제기되어 왔다.
하나의 반론은 미술사 내지 문화사를 사상사와 연계하여 연구하는 최완수를
비롯한 일련의 연구자들에 의해 제기되었다.[83] 최완수는 미술사와 서예사를

---

82) 이현구, 「최한기의 철학적 담론 모색」,『시대와 철학』13, 한국철학사상연구회,
    2002.

연구하면서 조선시대의 문화적 정체성이 17세기와 18세기에 걸쳐 성숙 또는 완성되는 것으로 보았다. 이것은 17세기를 조선의 봉건사회가 해체기로 들어가는 시기로 파악하는 사회경제사 연구자들, 특히 김용섭의 견해와 상반된 시각이다. 최완수는 17세기 조선 문화의 정체성 확립은 이이의 철학적 입장을 계승한 기호학파가 주도하였다고 평가하였는데, 이는 기호학파를 형성하는 서인세력들을 보수적 지배층으로 그리고 남인이 중심이 되는 실학파를 진보적 개혁세력으로 구분하는 시각과 달리하는 조선후기 사상사의 독법이다.[84]

이러한 독법은 정옥자, 유봉학, 지두환 등에 의해 사상사의 측면에서 구체적으로 제기되었다. 정옥자는 中華 개념을 통해 개진하였는데, 양란의 후유증을 조선중화주의의 확립을 통해 극복하고 18세기에 이르러 진경문화로 조선의 문화적 정체성을 발휘한다고 해석하였다.[85] 유봉학은 북학파 사상의 전개과정을 청대학문이라는 외부적 영향에서가 아니라 조선의 정통주자학이 스스로 극복해가는 과정으로 파악하는 시점을 제기하였다. 그는 홍대용, 박지원 등이 18세기 정통 주자학의 계열에서 성장하였으며, 심성론에 대하여 낙론의 입장을 수용하였는데, 낙론학파와 관련 있던 상수학이나 경제사상에 영향을 받았다고 분석하고, 이들이 낙론적 관점을 토대로 物에 대한 새로운 시각을 제기하여, 인간의 심성에 대한 관심으로부터 물에 대한 관심을 갖도록 전환시키는 역할을 하였다고 주장하였다. 지두환은 사칠론의 차이를 예송의 이론적 토대로 해석하는가 하면, 17~18세기에 조선성리학이 자기 정체성을

---

83) 이들 그룹은 학자들 사이에 간송학파로 지칭되는데, 여기서도 편의상 그에 따르겠다.

84) 최완수, 「秋史書派考」, 『澗松文華』 19, 1980 ; 「秋史 金正喜의 北學思想」, 『東亞日報』, 1983. 12. 23 ; 「眞景時代의 文化」, 『澗松文華』 50, 1996. 최완수를 중심으로 한 조선후기 예술문화사 연구자들은 주로 『澗松文華』라는 정기간행물을 통해 자신들의 입장을 발표하고 있으며, 그 동안의 연구성과를 『眞景時代』 1 · 2, (서울, 돌베개, 1998)로 정리하여 발간하였다.

85) 정옥자, 『조선후기 조선중화사상 연구』, 一志社, 1998 ; 「정조시대 연구 총론」, 『정조시대의 사상과 문화』, 돌베개, 1999.

획득하는 것을 경연과목의 변천 등을 분석하면서 조명하였다.[86) 지두환은
또한 유형원, 이익, 안정복 등이 조선성리학을 사회개혁의 이념으로 받아들이
고 있는 반면에, 박지원, 박제가, 정약용, 김정희 등은 조선성리학을 탈피하여
농·공·상업의 균형적 산업구조를 바탕으로 하는 근대사회를 재구성하려
는 북학사상을 사회개혁이념으로 받아들인 북학사상가들이라고 서로 구분
하고 이들 북학사상가들만 실학으로 규정해야 한다고 주장하였다.[87) 이
주장은 윤사순의 시각에 대한 한 반론으로 제기된 것이기도 하다. 지두환은
실학의 경향을 주기론으로 파악하는 윤사순의 견해에 대하여 북학파의 경우
탈성리학적 입장을 지니고 있기 때문에 주기나 주리로 특징지을 수 없다고
반박하였다.

간송학파의 조선후기 연구는 조선시대 성리학이 17~18세기에 이르러
자기 정체성을 드러내고 나아가 유감없이 발휘하는 모습을 설득력 있게
보여준다. 이것은 봉건체제 해체론의 시각에서 17세기를 조명하는 사회경제
사 연구가 사상사로 시각을 확대하여 기호학파—노론 그룹을 보수적이고
체제온존적 이론으로 평가하는 방식이 일면적임을 말해준다.

그러나 간송학파의 시각에서 성리학 이론과 예술사의 전개나 예송, 북학론
과 연계시키는 독법은 흐름상의 거시적 독법으로는 가능할지 몰라도 세부적
인 논점들에서 정합적이지 않다. 가령 중화주의는 사상사의 측면에서 볼
때, 기호학파가 17세기 이후 명청대 동아시아 사상사의 흐름으로부터 스스로
소외당하는 현상을 겪게 될 뿐만 아니라, 서학 등 세계사적 변화들에 대하여
유연한 대응능력을 상실하게 한 원인이 되는 점을 부인하기 어렵다.[88) 낙론의
同論은 유교적 이념의 보편성을 의미하는 것으로 외물에 대한 대등한 인식이
나 고려를 의미하지 않는다. 따라서 허남진이나 김문용처럼 서학과『장자』

---

86) 지두환,「朝鮮後期 禮訟 研究」,『釜大史學』11, 1987 ;「朝鮮後期 禮訟論爭의 性格과
　　意味」,『第二十三會東洋學學術會議講演鈔』, 檀國大學校 附設 東洋學研究所,
　　1993 ;「경연과목의 변천과 진경시대의 성리학」,『진경시대』, 돌베개, 1998 등.
87) 지두환, 앞의 글, 1987, 147~148쪽.
88) 강재언 저, 이규수 역,『서양과 조선-그 이문화 격투의 역사』, 학고재, 1998.

등 다른 사유에 기반한 세계관의 변화로 설명하는 독법이 오히려 합리적이다. 실학을 주기론으로 해석하는 시각에 대한 지두환의 비판은 합당하지만, 성리학 이론에 근거하여 예송과 경세론을 설명하는 방식은 합당해보이지 않는다.

17세기 봉건사회 해체론에 대한 또 다른 반론은 사회경제사적 논거에 대한 비판과 반증을 통해 이영훈 등에 의해 제기되었다. 이영훈은 토지소유와 경작방식에 대한 재검토를 통해 지주–전호의 봉건적 생산방식이 18세기에 와서 안정적으로 확립된다고 보고, 17~18세기를 조선이 소농에 기반하는 봉건적 체제를 확립하는 시기로 파악하였다.[89] 이영훈은 이런 관점에서 실학이 근대적 사유라기보다는 조선후기 近世 小農社會의 개성적 자기인식의 체계라고 파악한다. 그는 다산의 경우 근대지향적 사유와 봉건적 사유가 일정한 긴장을 이루면서 복합되어 있다고 보고, 그것이 바로 그가 경험한 19세기 사회의 복합성에 기인한 것이라고 해석한다.[90] 이러한 이영훈의 관점은 체계성을 모색해가는 이론 정립과정에 있지만, 적어도 내재적 발전론의 틀에서 벗어나 조선후기 사회변동을 '소농사회론'의 다양한 측면에서 조명할 수 있는 시각을 제공한다. 아직 학계에서도 논란 중이며, 여전히 소수의견에 속하는 것으로 보이지만, 이러한 관점은 현재 한국의 사회구조에 전해지는 유교적 전통이 17~18세기에 형성된 것들이라는 연구들[91]이 제기

---

89) 이영훈, 『朝鮮後期 社會經濟史』, 한길사, 1988 ; 「韓國經濟史 時代區分 試論 -戶의 歷史的 發展過程의 觀點에서-」, 『韓國史의 時代區分에 관한 硏究』, 韓國精神文化硏究院, 1995 ; 「韓國史에 있어서 近代로의 移行과 特質」, 『經濟史學』 21, 1996 ; 「朝鮮後期의 社會變動과 實學」, 한국사 연구회 '조선후기 실학연구 현황과 과제' 학술회의 발표문, 1999 ; 「近世 小農社會의 展開와 意義」, 한국역사연구회 발표문, 2002.

90) 그 일례로 이영훈은 정약용이 왕토주의에 입각한 국유론으로서 봉건적 토지소유제의 관철을 주장하면서, 均稅적 개혁을 통해 자립적인 재생산의 기반으로서 경제영역을 분리하는 근대로 나아가는 사유를 볼 수 있다고 한다. 이영훈, 「다산의 정전제 개혁론과 왕토주의」, 『민족문화』 19, 110쪽, 1996 ; 한국사 연구회 발표문(1999), 59쪽.

91) 최재석, 『한국가족제도사연구』, 일지사, 1983 ; 嶋陸奧彦, 「大邱戶籍にみる朝鮮後期の家族構造の變化」, 『朝鮮學報』 144, 1992 ; 이영훈(1992), 41쪽 주 12 참조.

되면서 더욱 설득력을 구비해가는 것처럼 보인다.

한편, 김태영은 유학의 이념이 왕도정치 실현을 위한 王政論이라는 점에서 성리학과 실학이 공통의 사유를 갖는다고 본다. 그렇지만 둘 사이의 차이점은 전자가 治心에 중점을 둔 개혁론인 데 반해, 후자 실학은 객관적으로 왕정을 실현할 수 있는 법제의 정립에 초점을 두는 데 있다고 본다. 그리고 실학이 제기하는 법제의 개혁은 현실적 층차가 아닌 유교이념의 근본적 층차에서 제기하는 것이며, 따라서 혁명이 아니고서는 달성될 수 없는 것이었다고 평가한다. 그는 조선후기 사회가 유교이념과 전혀 다른 방향의 역사, 즉 자본주의 체제의 세계적 확대라는 세계사로 전개되어갔으며, 실학의 개혁론이 또한 근본적인 것이었기 때문에 현실에 적용하기는 불가능한 것이었다고 본다. 그는 이로부터 실학이 근대의 실현을 추구한 것이 아니었기 때문에 근대적 사유와 연관해서 그 의미를 부여하려는 연구는 잘못된 것이라고 비판한다.[92] 김태영의 연구는 유학의 한 형태로서 실학을 연구하는 방식이 체계성을 갖기 위해서, 현단계에 유교 이념의 본질에 대한 진전된 해명이 필요함을 일깨워주고 있다.

그러나 이영훈의 시각에서 조선후기 사상사를 이해할 때도 여전히 근대 이행의 문제의식이 관찰된다. 앞에서도 지적하였듯이 이영훈은 실학사상 자체로부터 근대적 사유를 발견하려는 태도를 비판하면서도 실학사상 내부에 발견되는 부정합적이고 다층적인 인식들로부터 근대의 징후를 읽어낸다. 가령 그는 정약용의 「전론」과 『경세유표』 사이에 발견되는 토지문제에 대한 상이한 해법, 『경세유표』의 전면적 국가개혁론과 『목민심서』의 현체제에 근거하는 보수적 개량주의 사이의 괴리에 관해, 도덕과 정치, 경제가 분열하는 인식을 읽고, 그것이 곧 근대의 징후를 담고 있으며, 정약용의 개혁론이 추구하는 방향은 결국 절대주의 형태가 될 것으로 전망한다.[93] 정약용의

---

92) 김태영, 『실학의 국가개혁론』, 서울대 출판부, 1998.
93) 이영훈, 「茶山의 社會 認識」, 『茶山의 經世學』, 다산학술문화재단 학술회의 발표문, 2002.

주장들에서 근대의 맹아를 찾는 작업과는 분명 차별성을 갖는 것이지만, 그러나 이영훈의 독법에서 성리학과 실학은 여전히 자기충족적 세계인식과 분열적 세계인식, 즉 전근대적인 것과 근대의 징후를 담고 있는 사유로 대별되어 읽힌다. 이처럼 분석되는 경우 근대이행의 문제의식 속에 실학과 성리학을 대립적으로 이해할 수밖에 없게 된다. 김태영의 연구에서도 성리학과 실학은 개혁의 내용과 방향에서 대칭적으로 읽힌다. 앞에서도 지적하였듯이, 김태영은 기본적으로 17세기 봉건사회 해체론의 시각에 입각해 있기 때문에, 같은 王道를 지향하더라도 성리학은 治心에 근거한 것으로 실학은 제도에 중점을 둔 것으로 대별되며, 성리학에 대한 이해는 어디까지나 실학의 왕정론과 대비된 시각에서만 읽혀진다. 요컨대 이영훈과 김태영의 연구에서도 실학의 의미를 근대 이행과 관련해 해석하는 문제의식이 중심을 이루며, 성리학에 대한 독해는 실학의 의미를 해석하는 것 속에서 이루어짐으로써, 실학의 의미규정 속에서 성리학을 해석하는 문제가 그대로 남는다.

2) 성리학과 실학의 관계

모두에 지적하였듯이, 실학에 대한 근대적 연구는 반제반봉건의 운동사적 문제의식을 갖고 시작되었고, 그 이후로 봉건사상-성리학, 반봉건사상-실학으로 대비된 연구시각은 깊게 연구자들에게 각인되었다. 남한에서 천관우 등 역사학자들이 중심이 되어 실학을 근대지향적 사유로, 그리고 민족주체적 사유로 특징지우고, 성리학을 그와 대비시키는 시각은 1980년대까지 큰 흐름을 형성한다. 이에 대한 철학계의 대응에서 시대구분법에 대한 문제는 정면으로 다루지 않았다. 대신 철학계의 논의는 성리학과 실학의 관련성에 대한 독법을 제시하는 것에 중점을 두었다. 먼저 윤사순은 역사학계에서 근대지향을 실학의 성격으로 파악하는 것에 대하여 철학적으로 정당화하는 견해를 제시한다. 그는 실학의 철학적 기반에 '경험론적 사고에 기초한 근대 철학'의 요소가 있다고 보고, 그것을 主氣論이라고 규정한다. 그리고 성리학의 주기론이 여전히 理를 실재시하는 데 비하여, 실학의 주기론은 이의 실재성을 부정함으로써 성리학적 사고방식에서 벗어나 있기 때문에 둘은 서로 구분된다고 해석한다. 그는 구체적으로 이항로, 이진상 등과 최한기의 이기론을 대비시킴으로써 정당화한다.[94]

성리학과 실학을 대칭적으로 이해하는 시각에 대한 반성은 이상은에게서 발견된다. 이상은은 유형원과 정약용을 사례로 분석하면서, 유형원의 학문정신이 성리학의 약점을 보완 또는 강화하는 입장에 있다는 점에서, 그리고 정약용의 실학도 修己治人의 성리학적 문제의식과 성리학적인 심성수양의 측면을 근본으로 삼고 있다는 점에서 실학은 성리학과 대립해 있는 것이 아니라고 해석한다. 그는 정약용이 주희의 성리설을 비판하는 것에는 『천주실의』의 영향이 담겨 있고, 태극 대신 上帝를 내세운 것에는 속으로는 이미 기독교도이면서 겉으로 유학을 내세우기[外儒內耶] 때문이라고 해석한다.[95] 그러나 정약용이 천주교와 서학에 경도된 것 자체가 탈성리학 내지 반주자학으로 이해할 수 있는 것인지에 대해서는 논의가 없다.

한편 유인희는 실학이 성리학의 현실화라는 점에서 연속적으로 이해할 수 있음을 이익의 경우를 중심으로 분석하면서 제기한다. 그는 박세당, 유형원, 이익의 사상을 방법론의 측면에 주안점을 두고 살펴보면서, 이들이 현실의 구체적인 상황에 입각하여 성리학설을 신앙적 차원에서가 아닌 현실적 차원에서 의미를 갖도록 새롭게 해석하였다고 보았다. 특히, 현실을 처리하고 이치를 변별하는 실제적 방법으로 격물치지의 의미를 재해석하면서, 한편으로 방법론의 측면에서 이처럼 새롭게 해석한 것은 마음을 수동적 관조의 주체가 아니라 대상체계에 적극적으로 대응하는 주체로 이해하는 새로운 인간관에 기초하였다고 파악하였다. 그리고 유형원과 이익이 자신들의 새로운 방법론을 통해 성리학의 형이상학을 空論으로 취급하지 않고, 현실문제를

) 윤사순, 「朝鮮末期 儒學에 관한 연구-性理學과 實學의 區分點을 중심으로」, 『한국유학사상론』, 열음사, 1986 ; 「實學의 哲學的 기반」, 『한국의 성리학과 실학』, 1987.
95) 이상은, 「實學思想의 形成과 展開-體系的 哲學化를 위하여」, 『창조』, 1972 ; 『李相殷先生全集』(韓國哲學1), 예문서원, 1998 재수록.

이해하는 근거이론으로 인정한 반면, 박세당은 언어분석적인 방법과 해석학적 방법을 사용하여 이정과 주희의 주석을 비판하는 한국적 경학을 개척하였으며, 형식적으로는 뒤에 정약용에게 이어졌다고 파악하였다. 그리고 결론에서 이러한 초기실학의 방법론과 이상은 최한기와 정약용에 이르러 완성된다고 언급하면서 후속과제로 남겨둔다고 언급하였지만, 현재까지 유인희의 후속 연구는 제시되지 않고 있다.96)

이상은과 유인희의 해석은 기본적으로 실학을 성리학과 대립시키는 연구 방식을 지양하고, 성리학을 현실적 의미를 갖도록 새롭게 발전시킨 연속적 측면에서 실학을 이해하려는 시각이다.97) 그러나 이들의 연구에서도 여전히 문제가 발견된다. 먼저 성호학파에 국한된 이해라는 점이다. 이것은 지두환이 제기한 비판에 직면하게 된다. 또 하나는 두 연구자 모두 형이상학 또는 학문정신의 측면에서 논의하고 있는데, 반증되는 부분이 동시에 관찰된다는 점이다. 가령 정약용의 경우나 박세당의 경우 형이상학의 측면에서 관찰되는 탈주자학적 성격을 부인할 수 없다. 두 연구 모두 격물설과 마음에 대한 부분적 언명들을 중심으로 분석하고, 박세당, 유형원, 이익 등의 문제의식을 저술 전체를 통해 객관적으로 다루지 못한 한계도 보인다. 특히 제도의 측면에서 제기된 개혁론의 성격에 대하여 답해야 하는 과제가 그대로 남아 있다. 성리학과 실학을 대립적 시각에서 이해하는 역사학계의 시각은 그 중점이 제도론에 있기 때문이다.

이상은과 유인희의 논의에서 보다 근본적 문제는 실학의 개념을 전제하고 있는 점이다. 이상은이 지적하였듯이 실학이라는 용어를 성리학자들도 쓰고 있지만, 조선후기 실학파로 지칭되는 인물들에게서 실학이라는 용어가 학문적 문제의식을 갖고 사용된 것은 없다. 그럼에도 이들의 글에서 실학의 개념을 엄밀하게 규정하는 것 없이, 불분명하지만 성리학과 연속적인 측면에

---

96) 유인희, 「실학의 철학적 방법론(1)-柳磻溪·朴西溪·李星湖를 중심으로-」, 『동방학지』 35, 연세대학교 국학연구원, 1983.

97) 유인희의 이러한 입장은 「성호사설의 철학사상-정주성리학과의 비교연구-」(『진단학보』 59, 1985)에서도 지속된다.

서 실학의 개념을 사용하고 있다. 도날드 베이커는 신후담의 「서학변」을
분석하면서, 신후담에게 경세론에 대한 문제의식이 박약하다는 점, 논거를
중국유학자들의 주장에서만 찾는 점, 송대 신유학 체계에 대한 신념을 고수하
는 점 등을 지적하면서, 근대지향성이나 민족주체성, 또는 고증학적 태도
등 어떤 요소로도 실학 개념에 부적합한 학자이지만, 그를 실학파로 여겨온
이유는 오직 실학 개념을 모호하게 사용하는 연구자들의 태도 때문이라고
여긴다. 그는 조선 후기 일련의 학자들을 실학파 하나로 규정하는 것은
다양성을 무시한 인위적 통합을 강요하는 것이며, 실학이라는 용어를 규범적
의미로 사용하는 것이라고 비판한다. 그는 규범적 의미 대신에 조선 후기
지성사의 특정한 경향을 가리키는 기술적 의미로 실학을 사용함으로써,
개념의 오용을 막을 수 있다고 본다.[98]

김용옥은 아예 한 걸음 더 나아가 근대의 관점에서 실학을 연구하는 방식,
그리고 근대적 사유로서 실학의 성격을 특징짓는 것은 실학 연구자들이
부여한 허구적 관념이라고 비판한다. 그는 최한기의 氣 개념을 분석하면서,
그것은 철저히 동양적 사유임을 주장하고, 최한기의 사상을 근대적 사유로
특징지우는 것은 그 사상의 진수를 근대성 속에 매몰시키는 것이 된다고
비판한다.[99] 즉 실학은 근대성을 지향하는 당위적 또는 맹목적 의식 속에서
조선후기 사상을 해석하는 자의적 독법에 지나지 않는다는 것이다.

도날드 베이커와 김용옥의 반론은 사실의 측면에서 의미가 있을 뿐 아니라,
조선시대 유학을 연구하는 태도에서도 일깨워주는 의미가 있다. 사실, 우리

---

98) 도날드 베이커 저, 김채윤 역, 「실학 개념의 사용과 오용」, 『朝鮮後期 儒教와 天主教
의 對立』, 일조각, 1997b : 베이커는 규범적 의미와 기술적 의미의 내용에 대하여
자세히 밝히지 않았다. 그의 의도를 따를 때, 규범적 의미는 근대로 이행하는
내재적 요소들을 통해 조선후기를 이해함으로써, 조선후기 사상을 가치있는 것으로
재해석해낼 수 있다는 관념 속에 실학을 근대지향적 사유로 특징지우고 조선후기
학자들의 사상을 그 시각 속에 포섭하여 해석하는 방식을 지칭한다. 반면, 기술적
의미는 조선 후기 사상가의 주장들이 갖는 성격을 가치 중립적으로 기술해내는
것을 의미한다.

99) 김용옥, 『讀氣學說 : 최한기의 삶과 생각』, 통나무, 1990 ; 「기(氣)철학 서설-혜강(惠
岡)의 기학(氣學)을 다시 말한다」, 『과학사상』 30, 1999.

학계가 실학의 정체성을 수립하려고 애쓰는 동안 그리고 그 실학 개념을 통해 성리학을 재해석하는 동안, 성리학에 대한 나아가 유학 자체에 대한 독법이 근대성의 렌즈를 통해 획득된 매우 협소한 시야에 갇히게 된 것이다. 성리학에 대한 독법이 협소한 것은 실학파로 불리는 조선후기 유학에 대한 재해석을 협소하게 만드는 악순환을 초래한다. 이를테면 수기 중심과 치인 중심, 또는 형이상학과 제도론, 治心과 作爲 등의 대비방식은 우리 학계가 성리학에 대하여 갖고 있는 협소한 독법을 보여준다. 조선시대 유학의 의미를 좀더 풍부하게 읽어내기 위해서는 실학의 허구에서 벗어나 성리학과 유학에 대한 새로운 독법을 가질 필요가 있다. 따라서 이제 실학의 개념을 유보하고 조선후기 유학자들의 문제의식을 사상과 제도를 포함한 다양한 측면에서 읽어낼 필요가 있다고 본다. 그것이 근대성 속에 실학의 개념을 만들어내고, 그 실학의 가공물을 통해 성리학의 의미를 해석함으로써 조선시대 유학의 의미를 편향적으로 해석하는 한계를 벗어날 수 있을 것이기 때문이다. 가령, 이익의 형이상학 중 이기론은 이황을 계승하는 성리학적 측면을 보이고, 경전 해석에서 자득을 중시한다든가, 주희의 해석을 벗어난 새로운 창견을 내세운다든가, 識務를 중시한다든가 하는 것은 탈주자학적이고, 그것이 실학의 한 모습이라고 설명하는 등의 방식에는 가공물로서의 실학의 개념이 유령처럼 떠돌고 있기 때문이다. 그보다는 이익이 이황의 학문을 왜 애써서 계승하려고 하였는지, 또 왜 주자의 설명을 벗어나서 경전을 해석하였는지에 관해, 우리의 희망이 아닌 이익 자신의 문제의식이 드러나도록 재조명할 필요가 있다. 요컨대, 조선시대 유학을 좀더 풍부하게 성찰하기 위해서는 성리학에 대한 새로운 독법의 수립이 필요하며, 그를 위해서는 근대성의 망루에서 내려와 유학자들의 문제의식을 객관적으로 탐사하고 드러내는 작업이 필요하다고 생각된다.

3) 성리학에 대한 독법

해방 이후 조선시대 유학의 연구에서 꾸준히 제기되어온 논의 중 하나는 이기론을 통해 학자와 학파를 유형화하는 것이다. 이 유형화는 다까하시 도루[高橋亨]가 본격적으로 제시한 것이다.[100] 다까하시는 예송과 사칠논쟁을 조선시대 대표적 논쟁으로 간주하고, 사칠논쟁을 중심으로 조선유학을 주리파, 주기파로 대별하면서도, 김창협 일파를 절충적 입장으로 독립시켜, 이황ー영남학파, 이이ー기호학파, 農巖門派 등 세 그룹으로 유형화하였다. 다까하시의 이 구분은 실학과 상관없이 유학의 본래 주제에 입각하여 조선 성리학을 학설사의 관점에서 이해하는 시각을 제공해주었다. 물론, 다까하시 이전에 장지연은 『朝鮮儒敎淵源』(1922)의 저술에서 성리설에 대한 견해에 비중을 두고 조선유학의 흐름을 서술하였고, 그 전통은 박세채의 『東儒師友錄』으로까지 거슬러 올라갈 수 있다. 그러나 主理와 主氣라는 용어를 가지고 학파를 대별한 것은 새로운 것이었다.

다까하시는 사칠론에 대한 이황과 이이의 견해 차이가 성리설과 경세론과 연관해서, 또는 성리학 전체를 이해하는 시각과 어떻게 연관되는지 해명하려는 문제의식을 보이지 않았다. 그는 사칠론이 인심도심론과 연관해서 논의되는 것으로부터 수양론에서 갖는 의미만을 간략히 말한다. 그는 이황이 理에 중점을 두어 이가 기를 지배하도록 노력하는 반면, 이이는 이의 작위를 인정하지 않기 때문에 기질의 변화에 중점을 둔다고, 그래서 이황이 본래의 성[初性]의 회복을 주장한 것이라면 이이는 본래의 기[初氣]를 회복할 것을 주장한 것이라고 양자를 대비한다.[101] 그러나 이 대비는 아무런 논증 없이 제시되고 있다.

해방 이후 조선시대 유학 연구자들은 다까하시의 시각을 일정부분 수용하면서도 계속 비판해왔고, 최근 조남호와 이형성은 다까하시의 관련 글들을 모아 번역하여 전체적 윤곽을 드러내 정리하는 작업을 제시하였다.[102] 비판

---

100) 高橋亨, 「李朝儒學史における主理派主氣派の發達」, 『朝鮮支那文化の研究』, 京城帝國大學 法文學會, 1929 ; 高橋亨 저, 조남호 역, 「조선 유학사에서 주리파·주기파의 발달」, 『조선의 유학』, 소나무, 1999.
101) 高橋亨 저, 조남호 역, 『조선의 유학』, 94~95쪽, 소나무, 1999.

은 대체로 한국철학을 폄하하는 발언에 대한 비판과 함께 이이의 성리설을
주기론으로 특징지우는 것이 내용상 합당하지 않다는 데 초점이 있다. 현상윤
은 영남학파가 자의적으로 규정한 말에서 비롯된 것이라고 지적한다.103)
이동희는 이황과 이이의 理氣 개념에 대한 각자의 문제의식을 재검토하면서,
주리와 주기를 한정적 의미로 사용해야 한다고 여긴다. 그는 이황이 가치론적
문제의식에서 不相雜의 원칙에 중점을 두고 理우위적 견해를 제기한 반면,
이이는 존재론적 측면에서 不相離의 원칙에 중점을 두고 氣를 논한 것으로,
그것이 곧 기우위적 견해를 제기하는 것이 아니라고 지적한다. 그는 湛一淸虛
의 기를 궁극적 존재로 설정하는 서경덕의 기론에 대하여 이이가 비판하는
것을 논거로 든다.104) 따라서 주리론과 주기론을 대칭적으로 이황과 이이의
성리설에 대하여 사용하는 것은 맞지 않다고 본다. 조남호는 기철학이라는
용어로 범주화되려면, 그 주장 내용이 왕안석처럼 사회적 물질적 현실에
관심을 기울이거나, 또는 명청대 양명학자들처럼 심리적으로 욕망을 긍정하
는 내용을 담고 있어야 한다고 본다. 이이의 성리설은 이 중 어느 것도
해당하지 않기 때문에 주기론으로 규정하는 것이 합당하지 않으며, 서경덕이
나 임성주 등도 해당되지 않는다고 주장한다. 조남호는 공부론이나 사회관을
반영하는 확대된 시각에서 사상적 차이를 읽어야 한다고 여기면서, 理의
초월성을 주장하는 퇴계학파의 관념이 현실에 대한 근본적 개혁을 주장할

---

102) 尹絲淳, 「한국유학의 제문제」, 『韓國學報』 1, 1971 ; 윤사순, 「高橋亨의 韓國儒學
    觀 檢討」, 『韓國學』 12, 1976 ; 배종호, 「韓國思想史에 있어서의 主理와 主氣의
    問題」, 『한국사상사학』 2, 1988 ; 이기동, 「李朝儒學史에 있어서의 主理派・主氣派
    의 발달에 대한 분석」, 『동양철학연구』 12, 1991 ; 李東熙, 「朝鮮朝 朱子學史에
    있어서의 主理・主氣 用語使用의 問題點에 대하여」, 『동양철학연구』 12, 1991 ; 조
    남호, 「한국에서 主氣哲學 가능한가」, 『논쟁으로 보는 한국철학』, 예문서원, 1995 ;
    최영성, 「御用學者 高橋亨의 活動과 韓國儒敎觀」, 『韓國儒學思想史(5)』, 아세아문
    화사, 1997 ; 김기현, 「보론 : '주리론대 주기론'에 관하여」, 『조선조를 뒤흔든 논쟁
    (하)』, 길, 2000 ; 이형성, 「다카하시 도루의 조선 유학사 연구의 영향과 그 극복」,
    『다카하시 도루의 조선유학사』, 예문서원, 2001.
103) 현상윤, 『조선유학사』(영인본), 91, 131쪽, 현음사, 1982.
104) 이동희, 앞의 글, 39~42쪽.

수 있었고, 기의 객관적 통제에 우선적 관심을 둠으로써 율곡학파는 현실정치를 주도할 수 있었다는 추측을 해본다.[105]

이러한 비판들은 주리와 주기의 개념틀로 구분하는 독법이 근본적으로 한계가 있음을 보여준다. 그러나 주리와 주기로 유형화하는 독법이 갖는 좀더 근본적인 문제점은 경세론과 연계해서 해석되는 방식에 있다. 근대적 연구가 시작된 이후, 중국과 북한, 그리고 일부 일본 연구자들은 철학사 서술에서 이기론의 견해차이를 사회인식 또는 경세론에 대한 이해까지 확대해서 해석해왔다. 중국과 북한의 경우 계급론의 시각에서 理와 氣의 개념을 대비시켜 이해함으로써, 일본 연구자들의 경우 근대이행의 한 요소로서 개인의 욕망긍정 사상을 중시하고 그것을 기개념으로 표상함으로써 주자학을 보수적이고 전근대적 사상의 전형으로 해석하는 독법을 정당화했다. 이러한 해석은 다까하시의 독법과 함께 조선시대 유학 연구자들에 일정한 영향을 미쳐왔다. 위에서 조남호가 제시한 기철학의 의미규정 역시 그 영향 속에 있음을 보여준다.

그러나 이기론의 견해차이를 토대로 조선시대 유학을 유형화하는 독법을 갖고 예론, 경세론 등 성리설 이외의 영역으로 그 독법을 확대하였을 때, 정합적으로 설명되지 않는다. 가령, 가치론적 측면에서 理의 우위적 인식을 발전시켰다는 이황은 예론에서 조선의 시속을 포섭하는 유연한 자세를 보인다. 반면, 서경덕이나 김장생 등은 古禮나 주자가례의 규정을 되도록 준수하려는 자세를 보인다. 그것은 출처나, 대외인식에서도 마찬가지다. 허형과 이언적에 대한 평가를 두고 보면 이이는 이황에 비하여 훨씬 더 강경한 원칙론자의 태도를 보인다. 이기론에 대한 견해차이를 기초로 사회인식에 대한 견해들을 정합적으로 설명하는 독법은 이제 설득력이 없어 보인다.

사칠론에 대한 견해차이를 중심으로 조선시대 유학을 설명하는 독법은, 근대이행의 시각에서 설명하는 독법과 결합되어 성리학에 대한 연구시각을 협소하게 만들었다. 그 결과 성리학을 설명하는 독법이 다양하게 수립되지

---

105) 高橋亨 저, 조남호 역, 『조선의 유학』, 13~21쪽, 소나무, 1999.

못하였으며, 조선시대 유학을 이해하는 시각도 빈궁하게 되었다. 이제 사칠론의 담론을 넘어서서, 성리설, 경학, 예론, 경세론 등 넓은 범위에서 성리학을 정합적으로 이해할 수 있는 독법을 수립하는 연구가 필요한 시점이다. 아울러 조선시대 유학의 전개를 동아시아 사상사의 전개와 연관하여 상관적으로 이해하는 우리의 독법이 필요하다.

조선시대 유학연구 박사학위논문

1953
玄相允, 「朝鮮儒學史」, 고려대학교, 1953.

1966
洪以燮, 「丁若鏞의 政治經濟思想 硏究」, 연세대학교 사학과, 1966.

1967
李乙浩, 「茶山經學思想硏究」, 서울대학교, 1967.

1968
李相玉, 「經學東漸考」, 友石大學校 대학원, 1968.

1972
蔡茂松, 「退栗性理學의 比較硏究」, 성균관대학교, 1972.
강주진, 「李朝黨爭史 연구」, 중앙대학교 사학과, 1972.

1974
李相魯, 「朝鮮 性理學者들의 性理學說 硏究」, 계명대학교, 1974.
柳承國, 「儒學思想 形成의 淵源的 探究-人方文化와 관련하여 甲骨文을 중심으로」,
          성균관대학교, 1974.

1975

尹南漢,「朝鮮時代 陽明學 硏究」, 중앙대학교, 1975.
申一澈,「申采浩의 歷史思想 硏究-梁啓超를 통한 西歐思想 受容을 중심으로」, 고려대
　　　　학교, 1975.
柳正東,「退溪의 哲學思想硏究-窮理와 居敬을 중심으로」, 성균관대학교, 1975.
尹絲淳,「退溪의 價値觀에 대한 硏究」, 고려대학교, 1975.
李東俊,「十六世紀韓國性理學派의 歷史意識에 관한 硏究」, 성균관대학교, 1975.

　1976
崔東熙,「愼後聃·安鼎福의 西學批判에 관한 硏究」, 고려대학교, 1976.
崔丞灝,「退溪哲學의 硏究-太極論을 중심으로」, 동아대학교, 1976.

　1978
丁淳睦,「退溪敎學思想硏究」, 중앙대학교, 1978.

　1979
김원동,「鄭道傳의 統治理念과 制度에 關한 硏究 : 조선 경국전을 중심으로」, 경희대
　　　　학교, 1979.
김한식,「朝鮮朝 實學派의 政治思想에 관한 硏究」, 고려대학교, 1979.
琴章泰,「東西交涉과 近代韓國思想의 推移에 관한 硏究」, 성균관대학교, 1979.

　1981
金柄九,「晦軒 安珦思想에 관한 硏究-敎學思想을 중심으로」, 건국대학교, 1981.
宋錫球,「栗谷의 哲學思想硏究-誠意正心을 중심으로」, 동국대학교, 1981.
허　재,「四大士禍와 權力鬪爭에 관한 硏究」, 건국대학교, 1981.

　1982
김용욱,「朝鮮朝 政治體系에 관한 硏究 : 維持와 崩壞를 中心으로」, 고려대학교,
　　　　1982.
이병걸,「朝鮮前期 畿湖 士林派의 成立과 發展」, 영남대학교 사학과, 1982.
全準雨,「丁若鏞의 社會改革 및 福祉觀에 관한 硏究」, 대구대학교, 1982.

　1983

김용섭, 「朝鮮後期의 賦稅制度 이정책-18세기 中葉~19세기 中葉-」, 연세대학교 사학과, 1983.

김태영, 「科田法體制의 硏究」, 고려대학교 사학과, 1983.

정두희, 「朝鮮初期 政治支配勢力 硏究」, 서강대학교 사학과, 1983.

황원구, 「近世韓中의 學術交流와 禮論에 관한 諸問題」, 연세대학교 사학과, 1983.

1984

李熙德, 「高麗 天文五行說과 孝思想의 硏究-高麗儒教政治思想의 硏究」, 연세대학교, 1984.

成校珍, 「成牛溪 性理思想 硏究」, 건국대학교, 1984.

이택휘, 「朝鮮後期政治思想 硏究 : 李恒老와 金平默의 斥邪論을 中心으로」, 서울대학교, 1984.

李振杓, 「華西 李恒老의 主理哲學硏究」, 원광대학교, 1984.

1985

이은순, 「朝鮮後期老少黨爭史硏究」, 중앙대학교 사학과, 1985.

1986

吉基烈, 「冶隱 吉再의 敎育思想 硏究」, 원광대학교, 1986.

이만열, 「단재 신채호의 역사학에 관한 연구」, 서울대학교 국사학과, 1986.

1987

金道基, 「朝鮮朝 儒學에 있어서 認識理論에 대한 硏究」, 성균관대학교, 1987.

柳瀅萬, 「崔漢綺의 社會改革思想과 福祉思想에 관한 硏究」, 대구대학교, 1987.

李玟泰, 「栗谷의 敎育哲學思想」, 충남대학교, 1987.

이택희, 「朝鮮朝 性理學의 政治的 具現過程」, 성균관대학교, 1987.

陳仁權, 「辛酉邪獄에 關한 硏究-政爭과의 關係를 中心으로-」, 성균관대학교, 1987.

최근묵, 「尤庵 宋時烈의 文廟 및 院祠從祀에 관한 연구」, 전북대학교, 1987.

黃義東, 「栗谷哲學思想에 관한 硏究-理氣之妙를 중심으로」, 충남대학교, 1987.

金益洙, 「朱子와 退溪의 易學思想 硏究」, 건국대학교, 1987.

1988

金基鉉,「退溪哲學의 人間學的 理解」, 고려대학교, 1988.

金容傑,「星湖의 哲學思想에 관한 硏究」, 성균관대학교, 1988.

徐坰遙,「韓國儒學思想의 特性에 관한 硏究-實踐哲學的 特性을 중심으로」, 성균관대
학교, 1988.

安晋吾,「奇蘆沙의 理哲學에 관한 硏究-理一分殊의 哲學體系를 중심으로」, 동국대학
교, 1988.

이범직,「朝鮮初期의 五禮硏究」, 서울대 국사학과, 1988.

이완재,「初期開花思想硏究」, 경희대학교, 1988.

趙南國,「栗谷哲學思想의 社會學的 探究」, 성균관대학교, 1988.

黃俊淵,「栗谷의 哲學思想에 관한 硏究-聖學輯要를 중심으로」, 성균관대학교, 1988.

1989

김도형,「大韓帝國末期의 國權回復運動과 그 思想」, 연세대학교 사학과, 1989.

김우녕,「朝鮮朝 道學政治思想의 性格」, 경북대학교, 1989.

金泰泳,「退溪 誠敬思想硏究」, 충남대학교, 1989.

박기서,「兪吉濬과 福澤諭吉의 政治思想 比較 硏究」, 홍익대학교 사학과, 1989.

윤희면,「朝鮮後期 鄕校 硏究」, 서강대학교 사학과, 1989.

이훈옥,「張志淵의 變革思想 硏究」, 인하대학교 사학과, 1989.

鄭炳連,「茶山 中庸注의 經學的 硏究」, 성균관대학교, 1989.

趙南旭,「世宗의 政治哲學에 관한 硏究」, 성균관대학교, 1989.

趙載福,「朝鮮末期 開花思想 形成에 關한 硏究」, 원광대학교 사학과, 1989.

주명준,「天主敎의 全羅道 傳來와 그 受容에 관한 硏究：尹持忠・柳恒儉의 家系와
傳道活動을 中心으로」, 전북대학교, 1989.

하우봉,「朝鮮後期 實學者의 日本觀 硏究」, 서강대학교 사학과, 1989.

1990

강돈구,「韓國 近代 宗敎運動과 民族主義의 關係에 대한 연구：宗敎民族主義의
構造的 多樣性을 중심으로」, 서울대학교 종교학과, 1990.

金王淵,「茶山 易學의 硏究」, 고려대학교, 1990.

金彌洙,「旅軒易學의 道德論的 根據에 관한 硏究」, 동국대학교, 1990.

노무지,「東學의 民族主義運動에 대한 연구」, 중앙대학교 사학과, 1990.

朴連洙,「霞谷 鄭齊斗 哲學思想에 있어서 人間理解에 관한 硏究」, 성균관대학교,

1990.

부남철, 「朝鮮前期 政治思想 연구 : 君主·官僚論을 중심으로」, 한국외국어대학교, 1990.

徐用和, 「退溪의 人間觀 硏究」, 건국대학교, 1990.

손문호, 「高麗末 新興士大夫들의 政治思想 연구 : 儒敎的 國家主義를 중심으로」, 서울대학교, 1990.

辛起鉉, 「朝鮮朝의 平等에 관한 硏究」, 전북대학교 정치학과, 1990.

李東熙, 「朱子學의 哲學的 特性과 그 展開樣相에 관한 硏究-退栗의 思想形成과 관련 하여」, 성균관대학교, 1990.

李愛熙, 「朝鮮後期의 人性과 物性에 대한 論爭의 硏究」, 고려대학교, 1990.

李永春, 「巍巖 李柬의 心性論 硏究」, 건국대학교, 1990.

이옥선, 「朝鮮朝 士禍期의 權力構造에 관한 연구」, 이화여자대학교, 1990.

丁大丸, 「十六世紀 前半期 韓國性理學의 天人觀」, 고려대학교, 1990.

丁海王, 「周易의 解釋方法에 관한 硏究-丁若鏞의 易學을 중심으로」, 부산대학교, 1990.

지두환, 「朝鮮前期 國家儀禮 연구 : 朱子學 수용과정과 관련하여」, 서울대학교 국사 학과, 1990.

崔基福, 「儒敎와 西學의 思想的 葛藤과 相和的 理解에 관한 硏究-近世의 祭禮問題와 茶山의 宗敎思想에 관련하여」, 성균관대학교, 1990.

홍덕기, 「茶山 丁若鏞의 土地改革思想 연구 : 閭田論을 중심으로」, 전남대학교 경제 학과, 1990.

황선희, 「東學의 思想變遷과 民族運動 硏究」, 단국대학교, 1990.

1991

權仁浩, 「朝鮮中期 士林派의 社會政治思想 硏究」, 성균관대학교, 1991.

김무진, 「朝鮮初期 鄕村支配 體制 연구」, 연세대학교 사학과, 1991.

金義順, 「朝鮮後期 實學思想의 經濟倫理에 관한 연구 : 星湖 李瀷에서 茶山 丁若鏞까 지」, 연세대학교 사회학과, 1991.

김인걸, 「조선후기 鄕村社會 변동에 관한 연구 : 18, 19세기 「鄕權」담당층의 변화를 중심으로」, 서울대 국사학과, 1991.

김준석, 「朝鮮後期 國家 再造論의 대두와 그 展開」, 연세대학교 사학과, 1991.

魯平奎, 「李奎報 哲學思想 硏究」, 성균관대학교, 1991.

박명규, 「한국과 일본의 근대국가형성과정에 관한 비교사적 연구 : 19세기 후반 정치변혁과정을 중심으로」, 서울대학교 사회학과, 1991.

裵相賢, 「朝鮮朝 畿湖學派의 禮學思想에 관한 硏究」, 고려대학교, 1991.

孫炯富, 「朴珪壽의 開化思想 연구 : 對外開放意識의 側面을 중심으로」, 전북대학교 사학과, 1991.

신정희, 「朝鮮時代 鄕約硏究」, 영남대학교, 1991.

安秉杰, 「十七世紀 朝鮮朝 儒學의 經傳解釋에 관한 연구」, 성균관대학교, 1991.

安在淳, 「韓國近世史에 있어서 正祖의 統治哲學에 관한 硏究」, 성균관대학교, 1991.

劉權鐘, 「茶山 禮學硏究」, 고려대학교, 1991.

柳初夏, 「丁若鏞의 宇宙觀」, 고려대학교, 1991.

李相坤, 「南塘 韓元震의 氣質性理學 硏究」, 원광대학교, 1991.

정영희, 「韓國 開化期 宗敎界의 敎育運動 연구」, 단국대학교 사학과, 1991.

정창렬, 「甲午農民戰爭 연구 : 全琫準의 思想과 行動을 중심으로」, 연세대학교 사학과, 1991.

최이돈, 「16세기 士林의 진출과 政治構造의 變動過程」, 서울대 국사학과, 1991.

韓基範, 「沙溪 金長生과 愼獨齋 金集의 禮學思想 硏究」, 충남대학교, 1991.

1992

金敎斌, 「霞谷 哲學思想에 관한 硏究」, 성균관대학교, 1992.

金時杓, 「退溪 理氣論에 관한 硏究」, 동아대학교, 1992.

金丁鎭, 「韓國儒學의 孝弟忠信思想 硏究」, 부산대학교, 1992.

金 炫, 「鹿門 任聖周의 哲學思想」, 고려대학교, 1992.

宋甲準, 「星湖 李瀷 哲學硏究」, 고려대학교, 1992.

엄재호, 「朝鮮後期 朋黨政治 연구」, 부산대학교, 1992.

吳炳武, 「韓國性理哲學의 特性에 관한 硏究」, 전북대학교, 1992.

吳錫源, 「19世紀 韓國道學派의 義理思想에 관한 硏究」, 성균관대학교, 1992.

兪奉學, 「18·19世紀 燕巖一派 北學思想의 硏究」, 서울대학교, 1992.

李成春, 「茶山 丁若鏞의 天思想 硏究」, 원광대학교, 1992.

이명남, 「初期東學의 政治思想的 性格에 관한 연구 : 「侍天主」와 同歸一體思想의 展開過程을 중심으로」, 부산대학교 정치외교학과, 1992.

이재석, 「斥邪衛正論에 關한 연구 : 外勢의 挑戰에 대한 華西學派의 反應을 中心으로」, 韓國精神文化硏究院, 1992.

張成在, 「三峰의 性理學 硏究」, 동국대학교, 1992.

張淑必, 「栗谷 李珥의 聖學硏究」, 고려대학교, 1992.

조성을, 「丁若鏞의 政治經濟 改革思想 硏究」, 연세대학교 사학과, 1992.

조종환, 「朴殷植의 愛國啓蒙的 國權恢復思想 연구」, 경희대학교, 1992.

전정희, 「實學과 開化思想의 比較硏究」, 전북대학교 정치학과, 1992.

최봉영, 「韓國人의 「家의 實現」에 관한 연구」, 한국정신문화연구원, 1992.

허권수, 「17世紀 文廟從祀와 禮訟에 관한 연구 : 近畿南人과 嶺南南人의 提携를 중심으로」, 성균관대학교 한문학과, 1992.

1993

具春樹, 「權近 哲學思想의 硏究」, 고려대학교, 1993.

김 돈, 「16세기 前半 政治權力의 變動과 儒生層의 公論 形成」, 서울대학교 국사학과, 1993.

김연민, 「肅宗朝 老論의 政治的 理念과 權力關係에 관한 연구」, 이화여자대학교, 1993.

金弘炅, 「朝鮮初期 儒學思想에 관한 硏究」, 성균관대학교, 1993.

남지대, 「朝鮮初期 中央政治制度 硏究」, 서울대학교 국사학과, 1993.

박경하, 「朝鮮後期 鄕約硏究 : 鄕約의 性格變化를 중심으로」, 중앙대학교 사학과, 1993.

배병삼, 「茶山 丁若鏞의 政治思想에 관한 연구 : 그의 經學 解釋을 중심으로」, 경희대학교, 1993.

宋錫準, 「韓國 陽明學과 實學 및 天主敎와의 思想的 關聯性에 관한 硏究」, 성균관대학교, 1993.

오영교, 「朝鮮後期 鄕村支配政策의 轉換 : 17世紀 國家再造와 관련하여」, 연세대학교 사학과, 1993.

우인수, 「17世紀 山林의 勢力 基盤과 政治的 機能」, 경북대학교 사학과, 1993.

劉英姬, 「白湖 尹鑴 思想硏究」, 고려대학교, 1993.

李光虎, 「李退溪 學問論의 體用的 構造에 관한 硏究」, 서울대학교, 1993.

李賢九, 「崔漢綺 氣學의 成立과 體系에 관한 硏究」, 성균관대학교, 1993.

張世浩, 「沙溪 金長生의 禮說硏究」, 고려대학교, 1993.

전정희, 「實學과 開化思想의 比較硏究」, 전북대학교, 1993.

千仁錫, 「三國時代 儒學思想의 特性에 관한 硏究」, 성균관대학교, 1993.

428

최석기,「星湖 李瀷의 詩經學」, 성균관대학교, 1993.
韓亨祚,「朱熹에서 丁若鏞에로의 哲學的 思惟의 轉換」, 정신문화연구원, 1993.
黃景淑,「惠岡 崔漢綺의 社會思想研究」, 성신여자대학교, 1993.

1994
강세구,「東史綱目 연구」, 서강대학교 사학과, 1994.
權文奉,「星湖 李瀷의 經學과 四書疾書」, 성균관대학교, 1994.
權五榮,「惠岡 崔漢綺의 學問과 思想研究」, 한국정신문화연구원, 1994.
김상철,「조선조 정책과정에 관한 연구 : 대동법의 사례를 중심으로」, 한국정신문화
        연구원, 1994.
金生基,「韋庵 張志淵의 민족의식 연구」, 동국대학교 사학과, 1994.
金暎鎬,「丁茶山의 論語解釋에 관한 研究」, 성균관대학교, 1994.
金日煥,「高麗初期 儒教政教理念에 관한 研究」, 성균관대학교, 1994.
김해영,「조선초기 祀典에 관한 연구」, 한국정신문화연구원, 1994.
德弼立,「聖學의 人間成就에 관한 研究-栗谷哲學을 중심으로」, 성균관대학교, 1994.
박광용,「조선후기「탕평」연구」, 서울대학교 국사학과, 1994.
박연호,「조선전기 사대부교양에 관한 연구」, 한국정신문화연구원, 1994.
朴洪植,「朝鮮後期 儒學의 實學的 變容과 그 特性에 관한 研究-星湖・湛軒・茶山・惠
        岡의 哲學思想을 중심으로」, 성균관대학교, 1994.
孫炳旭,「惠岡 崔漢綺 氣學의 研究」, 고려대학교, 1994.
신규수,「韓國 開化期 儒林의 衛正斥邪運動研究」, 원광대학교 사학과, 1994.
辛源俸,「惠岡의 氣化的 世界觀과 그 倫理的 含意」, 한국정신문화연구원, 1994.
禹男淑,「自强・獨立 思想 연구 : 張志淵・朴殷植・申采浩를 중심으로」, 이화여자
        대학교 정치외교학과, 1994.
李相昊,「朝鮮性理學派의 性理說分化에 관한 研究」, 성균관대학교, 1994.
李聖田,「栗谷人性論의 研究」, 원광대학교, 1994.
이영춘,「조선후기 왕위계승의 정통성논쟁 연구」, 한국정신문화연구원, 1994.
이원영,「開化思想의 構造的 分析」, 이화여자대학교, 1994.
이춘식,「조선조 중기 개혁사상에 관한 연구」, 단국대학교 정치외교학과, 1994.
李曦載,「朴世堂의 思想研究-脫朱子學的 입장에서」, 원광대학교, 1994.
任元彬,「南塘 韓元震 哲學의 理에 관한 研究」, 연세대학교, 1994.
전용우,「湖西士林의 형성에 대한 연구 : 16-17세기 湖西士族과 書院의 동향을 중심

으로」, 충남대학교 사학과, 1994.

정진영, 「조선후기 在地士族의 촌락지배와 그 해체과정」, 영남대학교 사학과, 1994.

정홍준, 「17세기 조선의 정치 권력구조와 대신」, 고려대학교 사학과, 1994.

叢成義, 「위정척사파와 개화파 지식인의 대외인식변화 비교연구」, 고려대학교 정치외교학과, 1994.

崔錫起, 「星湖 李瀷의 詩經學」, 성균관대학교, 1994.

許南進, 「朝鮮後期 氣哲學 硏究」, 서울대학교, 1994.

1995

김문식, 「19세기 전반 京畿學人의 經學思想과 經世論：成海應·洪奭周·丁若鏞을 중심으로」, 서울대학교 국사학과, 1995.

金文鎔, 「洪大容의 實學思想에 관한 硏究」, 고려대학교 철학과, 1995.

金聲凡, 「退溪와 栗谷의 心性說 比較硏究」, 동아대학교 철학과, 1995.

김세봉, 「17세기 湖西山林勢力 연구：山人勢力을 중심으로」, 단국대학교 사학과, 1995.

金容憲, 「崔漢綺의 西洋科學 受容과 哲學形成」, 고려대학교 철학과, 1995.

김택원, 「하곡(霞谷) 정제두(鄭齊斗)의 '심체(心體)'에 관한 연구」, 고려대학교 철학과, 1995.

文錫胤, 「朝鮮後期 湖洛論辨의 成立史 硏究」, 서울대학교 철학과, 1995.

변동명, 「고려후기 성리학 수용의 연구」, 한림대학교 사학과, 1995.

설석규, 「16-18세기의 儒疏와 公論政治」, 경북대학교 사학과, 1995.

유성렬, 「퇴계의 聖君論에 관한 연구：聖學十圖를 중심으로」, 단국대학교, 1995.

이석규, 「조선초기 민본사상연구」, 한양대학교 사학과, 1995.

李相益, 「韓末 節義學派와 開化派의 思想的 特性에 관한 硏究」, 성균관대학교, 1995.

張勝求, 「退溪의 向內的 哲學과 茶山의 向外的 哲學의 比較」, 한국정신문화연구원, 1995.

張炳漢, 「沈大允 經學에 대한 硏究」, 성균관대학교, 1995.

정준영, 「조선후기의 신분변동과 聽者尊待法 체계의 변화」, 서울대학과 사회학과, 1995.

정영현, 「조선조 정치체제의 구조적 특성에 관한 연구：유교정치이념의 제도화 과정을 중심으로」, 한국정신문화연구원, 1995.

주진오, 「19세기 후반 개화 개혁론의 구조와 전개：독립협회를 중심으로」, 연세대학교 사학과, 1995.

1996

강신엽, 「조선후기 소론의 정치사상 연구」, 동국대학교 사학과, 1996.

金洛眞, 「丁時翰과 李栻의 理體用論 硏究」, 고려대학교 철학과, 1996.

김문준, 「尤庵 宋時烈의 哲學思想에 關한 硏究：春秋義理를 中心으로」, 성균관대학
교, 1996.

김종석, 「퇴계 심학 연구」, 영남대학교, 1996.

金炯贊, 「理氣二元論의 二元化 傾向性에 관한 硏究-鹿門 任聖周와 蘆沙 奇正鎭을
중심으로」, 고려대학교, 1996.

徐鍾泰, 「星湖學派의 陽明學과 實學」, 서강대학교 사학과, 1996.

李基鏞, 「栗谷의 人心道心論 硏究」, 연세대학교 철학과, 1996.

李俸珪, 「宋時烈의 性理學說 硏究」, 서울대학교 철학과, 1996.

이상일, 「雲養 金允植의 사상과 활동 연구」, 동국대학교 사학과, 1996.

李永慶, 「栗谷의 道學思想 硏究」, 경북대학교 국민윤리학과, 1996.

李裕鎭, 「丁若鏞 周禮論 硏究」, 동국대학교 철학과, 1996.

이재운, 「孤雲 崔致遠의 思想과 歷史認識 硏究」, 이화여자대학교, 1996.

정일균, 「茶山 丁若鏞의 世界觀에 대한 社會學的 硏究：『論語古今注』와『論語集注』
의 比較를 중심으로」, 서울대학교 사회학과, 1996.

차기진, 「星湖學派의 西學 認識과 斥邪論에 대한 연구」, 한국정신문화연구원, 1996.

彭弼源, 「동학윤리사상의 연구」, 동국대학교, 1996.

1997

강대덕, 「華西 李恒老의 民族主義思想 硏究：開港前後 華西·華西學派의 現實對應
論과 實踐運動 分析」, 강원대학교 사학과, 1997.

김병규, 「혜강 최한기의 경장사상 연구」, 한국교원대학교 역사교육과, 1997.

김영수, 「고려말과 조선조 건국기의 정치적 위기와 극복과정에 관한 연구」, 서울대학
교 정치학과, 1997.

金庚泰, 「茶山人性論의 敎育的 意味」, 한양대학교, 1997.

金世緖利亞, 「儒家倫理의 실체화가 여성관에 미친 영향과 그 비판에 관한 연구」,
성균관대학교, 1997.

박창진, 「朝鮮 中宗代 權力構造연구：中宗實錄에 나타난 政策決定을 중심으로」,

경북대학교, 1997.

裵勇一, 「朴殷植・申采浩思想의 比較硏究」, 성신여자대학교, 1997.

傅濟功, 「霞谷哲學硏究」, 성균관대학교, 1997.

신하령, 「朝鮮 性理學者들의 天理人慾觀」, 숭실대학교, 1997.

오영섭, 「화서학파의 보수적 민족주의 연구 : 그들의 위정척사론과 의병운동을 중심
으로」, 한림대학교 사학과, 1997.

이남복, 「고려후기의 新興士族에 관한 연구 : 그 사상적 경향을 중심으로」, 성균관대
학교, 1997.

이정우, 「朝鮮後期 懷德地域 士族의 鄕村支配 硏究」, 충남대학교 사학과, 1997.

李鍾蘭, 「崔漢綺 倫理思想硏究」, 성균관대학교, 1997.

田好根, 「16世紀 朝鮮性理學의 特徵에 관한 硏究」, 성균관대학교, 1997.

鄭聖植, 「麗末鮮初 歷史的 轉換과 性理學的 對應에 관한 硏究-鄭圃隱과 鄭三峰을
중심으로」, 성균관대학교, 1997.

최연식, 「여말선초 성리학적 정치담론의 형성과 분화에 관한 연구」, 연세대학교,
1997.

한명기, 「宣祖代 후반~仁祖代 초반 對明關係 연구」, 서울대학교 국사학과, 1997.

1998

김갑천, 「仁祖朝의 정치적 "適實"지향성에 관한 연구 : 和斥論爭을 중심으로」, 서울
대학교 정치학과, 1998.

김인식, 「安在鴻의 新民族主義 思想과 運動」, 중앙대학교 사학과, 1998.

김학목, 「박세당의 『新註道德經』연구」, 건국대학교, 1998.

남달우, 「조선 선조대의 정국운영에 관한 연구 : 국왕과 대간과의 관계를 중심으로」,
인하대학교 사학과, 1998.

안영상, 「星湖 李瀷의 性理說 硏究」, 고려대학교, 1998.

이상린, 「朱子學의 韓國的 受容과 展開 : 무극태극논변・사칠논변・인물성동이논
변을 중심으로」, 영남대학교, 1998.

이조영, 「개신유학의 정치사상 : 민족국가론의 전개를 중심으로」, 서울대학교 정치
학과, 1998.

임형진, 「東學과 天道敎 靑友黨의 民族主義硏究」, 경희대학교, 1998.

張承姬, 「茶山 丁若鏞의 道德的 自律性에 관한 硏究」, 서울대학교 국민윤리학과,
1998.

432

張東宇, 「茶山禮學의 硏究」, 연세대학교 철학과, 1998.

정용화, 「유길준(兪吉濬)의 정치사상 연구 : 전통에서 근대로의 복합적 이행」, 서울
　　대학교 정치학과, 1998.

태희권, 「朝鮮朝 初期의 儒敎的 國家理念과 國家秩序」, 고려대학교 법학과, 1998.

한대희, 「朝鮮 建國勢力의 思想的 背景에 對한 硏究」, 원광대학교 사학과, 1998.

1999

구기석, 「송시열의 정치사상 : 「송자대전」을 중심으로」, 고려대대학교 행정학과,
　　1999.

권경애, 「동학·천도교의 여성운동 연구」, 상명대학교 사학과, 1999.

金仁圭, 「北學思想硏究-학문적 기반과 근대적 성격을 중심으로」, 성균관대학교,
　　1999.

김인철, 「다산의 「주역」 해석체계에 대한 연구」, 고려대학교, 1999.

김인호, 「고려후기 사대부의 경세론 연구」, 연세대학교 사학과, 1999.

盧大煥, 「19世紀 東道西器論 形成過程 硏究」, 서울대학교 국사학과, 1999.

都民宰, 「朝鮮前期 禮學思想 硏究」, 성균관대학교, 1999.

박현모, 「정조의 성왕론과 경장정책에 관한 연구」, 서울대 정치학과, 1999.

배동수, 「정여립 연구 : 정치사적 의미와 사상을 중심으로」, 건국대 정치학과, 1999.

손흥철, 「鹿門 任聖周의 理―分殊論 연구 : 理氣同實과 心性―治를 중심으로」, 연세
　　대학교, 1999.

신병주, 「조선중기 處士型 士林의 學風 硏究 : 남명학파와 화담학파를 중심으로」,
　　서울대학교 국사학과, 1999.

안용준, 「開化期 西歐政治學의 導入에 관한 硏究」, 경남대학교 정치외교학과, 1999.

유미림, 「조선후기 통치이념의 구조적 분석」, 이화여자대학교 정치외교학과, 1999.

李京源, 「韓國 近代 天思想 硏究」, 성균관대학교, 1999.

이성원, 「李滉, 李珥 理氣論의 政治 社會的 性格에 관한 硏究 : 16세기 士禍, 黨爭에
　　대한 對應과 관련하여」, 성신여자대학교, 1999.

이용형, 「다산 정약용의 교육사상 연구」, 동국대학교, 1999.

李志慶, 「李彦迪의 政治思想硏究」, 동국대학교, 1999.

이홍주, 「지봉 이수광의 실학사상에 관한 연구」, 동국대학교 정치학과, 1999.

이희주, 「朝鮮初期 君臣道德에 관한 硏究 : 『朝鮮王朝實錄』의 관련기록을 중심으
　　로」, 이화여자대학교, 1999.

임재윤, 「茶山 丁若鏞의 敎育改革思想 硏究」, 한국교원대학교, 1999.

全仁植, 「李柬과 韓元震의 未發・五常論辨의 硏究」, 한국정신문화연구원, 1999.

정규훈, 「한국근대 종교의 사상과 실제에 관한 연구」, 성균관대학교, 1999.

조남호, 「나흠순의 철학과 조선학자들의 논변」, 서울대학교, 1999.

최대우, 「다산의 성기호설적 인간이해에 관한 연구」, 충남대학교, 1999.

2000

강춘화, 「홍대용의 실학적 인식론에 대한 연구 : 주희설과의 비교를 중심으로」, 고려대학교, 2000.

關根英行, 「한국인과 일본인 에토스(ethos)의 연원에 관한 연구 : 한・일 고대(B.C. 3C.~A.D. 7C.)의 자연관・신관・인간관을 중심으로」, 서울대학교, 2000.

길병완, 「吉再와 鄭道傳의 儒敎倫理觀 比較硏究」, 한국교원대학교, 2000.

김도환, 「홍대용 사상의 연구」, 한양대학교, 2000.

金錫濟, 「權近「禮記淺見錄」硏究-禮學思想을 중심으로」, 성균관대학교, 2000.

김영일, 「다산의 상제사상 연구 : 그의『중용』해석을 중심으로」, 건국대학교, 2000.

김인석, 「최한기의 기학에 관한 연구 : 이학 극복의 측면을 중심으로」, 건국대학교, 2000.

金永友, 「丁若鏞의 易學思想 硏究」, 서울대학교, 2000.

김태완, 「율곡의 실리사상에 관한 연구」, 숭실대학교, 2000.

도재숙, 「조선 개항기 외세 침투에 대한 지배층의 인식과 대응에 관한 연구」, 경희대학교, 2000.

마종락, 「고려후기 등과유신의 유학사상 연구 : 이규보・이제현・이색을 중심으로」, 계명대학교 사학과, 2000.

문철영, 「고려중・후기 유학사상 연구」, 서울대학교 국사학과, 2000.

서욱수, 「혜강 최한기의 인식이론 연구」, 부산대학교, 2000.

원재연, 「조선후기 서양인식의 변천과 대외개방론」, 서울대학교 국사학과, 2000.

윤종빈, 「운암 한석지 실학의 선진 유학적 특성에 관한 연구」, 충남학교, 2000.

李時溫, 「退溪와 普照의 心性論 比較硏究」, 성균관대학교, 2000.

이영호, 「17세기 조선 학자들의『대학』해석에 관한 연구」, 성균관대학교, 2000.

이욱, 「유교 기양의례에 관한 연구 : 조선시대 국가사전을 중심으로」, 서울대학교, 2000.

이원택, 「현종대의 복제논쟁과 공사의리에 관한 연구」, 서울대학교 정치학과, 2000.

434

이일지, 「조선후기 실학사상에 나타난 복식관 연구」, 세종대학교 의상학과, 2000.
이현주, 「조선후기 실학사상에 나타나는 한국적 사유의 지속성과 단절성에 관한
　　　연구」, 한국교원대학교, 2000.
정경희, 「조선전기 예제·예학 연구」, 서울대학교 국사학과, 2000.
鄭聖喜, 「麗末鮮初의 道學思想 硏究」, 성균관대학교, 2000.
周月琴, 「'心經附注'가 退溪心學 형성에 미친 影響에 관한 硏究」, 계명대학교, 2000.
車光進, 「秋史 金正喜의 書藝美學 硏究」, 성균관대학교, 2000.
崔英成, 「崔致遠의 哲學思想 硏究-三敎觀과 人間主體를 중심으로」, 성균관대학교,
　　　2000.
崔重錫, 「羅整菴과 李退溪哲學의 比較硏究」, 성균관대학교, 2000.

　2001
강경원, 「성호 이익의 경학 사상 연구」, 성균관대학교, 2001.
권태욱, 「다산 정약용의 음악사상 연구 : 「악서고존」을 중심으로」, 영남대학교,
　　　2001.
김경호, 「栗谷 李珥의 心性論에 관한 硏究」, 고려대학교, 2001.
김남일, 「권근의 세계관과 역사의식」, 한국정신문화연구원, 2001.
김병욱, 「퇴계의 정치사상 통치이론으로서 사단칠정론에 관한 연구」, 중앙대학교,
　　　2001.
김성배, 「김윤식의 정치사상 연구 : 19세기 조선의 유교와 근대」, 서울대학교 외교학
　　　과, 2001.
김승현, 「퇴계경학연구」, 전북대학교, 2001.
박정심, 「백암 박은식의 철학사상에 관한 연구 : 사회진화론의 수용과 양명학적
　　　대응을 중심으로」, 성균관대학교, 2001.
박주병, 「주역의 괘에 대한 연구 : 정약용 역학을 중심으로」, 영남대학교, 2001.
박학래, 「노사 기정진 철학사상 연구 : 성리학을 중심으로」, 고려대학교, 2001.
서경숙, 「초기 강화학파의 양명학에 관한 연구」, 성균관대학교, 2001.
성호준, 「『동의보감』의 철학적 연구 : 유학과 도교 사상을 중심으로」, 성균관대학교,
　　　2001.
연명모, 「조선조 초기 신권론의 성리학적 담론에 관한 연구」, 단국대학교, 2001.
이상성, 「정암 조광조의 도학사상 연구」, 성균관대학교, 2001.
이희평, 「여헌 장현광의 철학사상 연구 : 『성리설』을 중심으로」, 성균관대학교,

2001.

장복동, 「다산 윤리사상의 인간학적 특징」, 전남대학교, 2001.

정성희, 「조선후기의 우주관과 역법」, 한국정신문화연구원, 2001.

정원재, 「지각설에 입각한 이이철학의 해석」, 서울대학교 철학과, 2001.

정재훈, 「조선전기 유교정치사상 연구」, 서울대학교 국사학과, 2001.

정호훈, 「17세기 북인계 남인학자의 정치사상」, 연세대학교 사학과, 2001.

한형주, 「조선초기 국가제례 연구」, 고려대학교 사학과, 2001.

2002

구만옥, 「조선후기 주자학적 우주론의 변동」, 연세대학교 사학과, 2002.

김명구, 「한말 일제강점기 민족운동론과 민족주의 사상」, 부산대학교, 2002.

김용재, 「하곡 정제두의 사서 경설 연구」, 성균관대학교, 2002.

신항수, 「이익(1681-1763)의 경·사해석과 현실인식」, 고려대학교 사학과, 2002.

원재린, 「조선후기 성호학파의 형성과 학풍」, 연세대학교 사학과, 2002.

유성선, 「율곡 심론 연구」, 중앙대학교, 2002.

이기훈, 「권근의『주역천견록』연구」, 계명대학교, 2002.

이풍용, 「홍익인간 사상에 관한 연구」, 대전대학교, 2002.

이향준, 「남당 한원진의 성론 연구」, 전남대학교, 2002.

최경연, 「퇴계의 교학사상 연구 : 교와 학의 상관성을 중심으로」, 성균관대학교, 2002.

한영, 「대진의 기학과 정약용 실학의 근대성 비교연구」, 한국정신문화연구원, 2002.

조선시대 유학 관련 주요 단행본

(번역, 1차사료 영인 등을 제외한 연구서)

1882

河相易 著,『正易圖書』, 大宗敎, 1882.

宋秉璿,『浿東淵源錄』.

1909

朴殷植,「儒敎求新論」,『西北學會月報』1권 10호, 1909. 3.

1910

朴殷植, 『王陽明實記』, 1910.

1922

張志淵, 『朝鮮儒教淵源』, 京城 : 滙東書館, 1922.

1925

高橋亨, 「朝鮮儒學大觀」, 『朝鮮史講座 特別講義』, 朝鮮史學會, 1925.
변영만, 『星湖僿說類選序』, 1925.
張道斌, 『朝鮮思想史』, 高麗館, 1925.

1929

高橋亨, 「李朝儒學史における主理派主氣派の發達」, 『朝鮮支那文化の硏究』, 京城帝
　　　　國大學 法文學會, 1929.
이광수, 『朝鮮의 現在와 將來』, 光文堂, 1929.
정인보, 『성호사설류선서』, 1929.

1931

최남선, 『朝鮮歷史』, 1931.

1933

朝鮮儒教會總部 編, 『朝鮮儒教會宣言書及憲章目錄』, 朝鮮儒教會總部, 1933.

1935

문일평, 『湖岩全集』, 1935.

1943

河謙鎭, 『東儒學案』, 1943년 완성, 1970 출간(진주, 해동불교역경원내 一鵬精舍).

1944

홍이섭, 『조선과학사』, 1944.
阿部吉雄, 『李退溪』, 文教書院, 1944.

1945

張道斌, 『朝鮮思想史』, 有文閣事業部, 1945.

1946

尹白南, 『朝鮮의마음』, 啓蒙俱樂部, 1946.
李北滿, 『李朝社會經濟史硏究』, 1946.

1947

朴致祐 著, 『思想과 現實』, 白楊堂, 1947.

1948

申南澈 著, 『轉換期의 理論』, 白楊堂, 1948.
李北滿, 『李朝社會經濟史硏究』, 工成出版社, 1948.

1949

玄相允, 『朝鮮儒學史』, 민중서관, 1949.
안호상, 『民族의 소리』, 文化堂, 1949.

1950

김득황, 『韓國思想의 展開』, 北岳社, 1950.
柳正基, 『(新革)儒道槪論 : 人生學原論』, 成均館, 1950.
柳熙晉 著, 『建國과 儒敎』, 朝鮮敎學社, 1950.

1951

張道斌, 『朝鮮思想史』, 高麗館, 1951.

1955

金敬琢, 『中國哲學思想史』, 東國文化社, 1955.
최익한, 『실학파와 정다산』, 평양 : 국립출판사, 1955.

1956

조선민주주의인민공화국 과학원력사연구소 중세사연구실 편, 『다산 정약용의 생애와 저작 년보』, 조선민주주의인민공화국 과학원, 1956.

1957

李俊浩 編著, 『栗谷先生一代記』, 시청각교육사, 1957.

1958

金得榥, 『韓國思想史』, 南山堂, 1958.
趙 楨 · 金知源, 『儒學史』, 月刊獨逸語社, 1958.

1959

李丙燾, 『資料韓國儒學史草稿』(謄刷本), 서울대학교 국사연구실, 1959.
박종홍, 『哲學的摸索』, 白映社, 1959.
홍이섭, 『丁若鏞의 政治經濟 思想研究』, 韓國研究圖書館, 1959.

1960

金敬琢, 『栗谷의 研究』, 韓國研究圖書館, 1960.
趙 禎, 金知源 共著, 『儒學史』, 中央論評新聞社, 1960.
韓國思想編輯委員會 編, 『韓國思想講座』 3, 高句麗文化社, 1960.

1961

한우근, 『李朝後期의 社會와 思想』, 을유문화사, 1961.

1962

과학원 철학연구소 편, 『정다산 연구』, 평양 : 과학원철학연구소, 1962.
金錫源 編, 『(儒道會成均館)受難略史』, 成均館, 1962.
양대연, 『儒學槪論』, 新雅社, 1962.
정진석 · 정성철 · 김창원, 『조선철학사』(상), 평양 : 과학원역사연구소, 1960.
한국사상편찬위원회 편, 『韓國思想講座』 4-7, 日新社, 1962.

1963

김광진 · 김광순 · 변락주, 『조선경제사상사』, 평양 : 과학원출판사, 1963.

1966

한국사상연구회 편,『韓國思想史』(古代篇), 法文社, 1966.
이을호,『茶山經學思想硏究』, 乙酉文化社, 1966.

1967

안호상,『민족의 주체성과 화랑얼』, 배달문화연구원, 1967.

1968

박종홍,『韓國의 思想的 方向 : 그 몇가지의 考察』, 博英社, 1968.

1969

劉明鍾,『韓國哲學史』, 韓明文化社, 1969.
이광린,『韓國開化史硏究』, 일조각, 1969.
최민홍,『韓國哲學』, 성문사, 1969.

1970

成樂熏,「韓國儒敎思想史」,『한국문화사대계』6, 고려대 민족문화연구소, 1970.
장성택,『이율곡선생과 그 어머니 신사임당』, 文旺出版社, 1970.
사회과학원 철학연구소 편,『철학사전』, 평양 : 사회과학출판사, 1985.
최인,『韓國의 再發見』, 國民出版社, 1970.

1971

박상화,『正易釋義』, 문해출판사, 1971.

1972

同和出版社 편,『韓國의思想大全集』1-24, 同和出版社, 1972.
박종홍,『韓國思想史 : 佛敎思想篇』, 瑞文堂, 1972.
서기원,『韓國의 知性』, 文藝出版社, 1972.
정인보,『陽明學演論 外』, 三星文化財團, 1972.
退溪先生四百周忌紀念事業會 편,『退溪學硏究 : 李退溪先生四百周忌紀念論文集』,
　　　　退溪先生四百周忌紀念事業會, 1972.

1973

金得榥, 『韓國宗敎史』, 韓國思想硏究所, 1973.

金得榥, 『韓國思想史』, 韓國思想硏究所, 1973.

成均館大學校 大東文化硏究院 편, 『韓國思想大系』 I -IV, 成均館大學校出版部, 1973.

역사학회 편, 『實學硏究入門』, 一潮閣, 1973.

이광린, 『開化黨硏究』, 일조각, 1973.

李相殷, 『退溪의 生涯와 學問』, 서문당, 1973.

한영우, 『鄭道傳思想의 硏究』, 서울대출판부, 1973.

1974

高麗大學校 亞細亞問題硏究所 韓國硏究室 編, 『實學思想의 探究』, 玄岩社, 1974.

裵宗鎬, 『韓國儒學史』, 연세대학교출판부, 1974.

유정동, 『퇴계의 생애와 사상』, 박영사, 1974.

李丙燾, 『栗谷의 生涯와 思想』, 瑞文堂, 1974.

全斗河, 『退溪思想硏究』, 一志社, 1974.

정성철, 『실학파의 철학사상과 사회정치적 견해』, 평양 : 사회과학출판사, 1974

崔旼洪, 『韓國哲學史』, 星文社, 1974.

韓國思想硏究會 편, 『崔水雲硏究 : 崔水雲誕生150周年紀念論集』, 韓國思想硏究會,
        1974.

한국철학회 편, 『哲學思想의 韓國的照明 : 韓國思想의 새로운 創造를 위하여』, 一志
        社, 1974.

1975

유명종, 『韓國哲學史』, 日新社, 1975.

이을호, 『茶山學의 理解』, 玄岩社, 1975.

全南大學校 湖南文化硏究所 편, 『實學論叢 : 李乙浩博士停年紀念』, 光州 : 全南大學
        校 出版部, 1975.

張志淵 著 ; 柳正東 譯, 『朝鮮儒敎淵源』 上·中·下, 三星文化財團, 1975.

1976

김형효, 『韓國思想散考』, 一志社, 1976.

姜周鎭 譯著, 『奇高峯의 生涯와 思想 : 論思錄』, 博英社 1976.

박종홍,『韓國의 思想的方向』, 博英社, 1976.
柳承國,『한국의 유교』, 세종대왕기념사업회, 1976.
이상은,『儒學과 東洋文化』, 汎學圖書, 1976.
최봉익,『봉건시기 우리 나라에서의 불교철학의 전파와 그 해독성』, 평양 : 사회과학
　　　　출판사, 1976.
玄岩社 編,『韓國思想全書』1-8, 玄岩社, 1976.
황원구,『韓國思想의 傳統』, 博英社, 1976.

　1977

김용덕,『朝鮮後期 思想史研究』, 乙酉文化社, 1977.
김충렬,『東洋思想散稿』, 汎學圖書, 1977.
김형효,『韓國思想散考』, 一志社, 1976.
朴鍾鴻,『韓國思想史論攷 : 儒學篇』, 瑞文堂, 1977.
韓國敎育開發院 編,『韓國人의 人間觀』, 三和書籍, 1977.
한국철학회 편,『韓國哲學硏究』上, 東明社, 1977.

　1978

丁淳睦,『退溪 敎學思想 硏究 : 敎育人間學的考察』, 正益社, 1978.
退溪學硏究院 편,『近世儒學思想과 退溪學』, 退溪學硏究院, 1978.
韓國學文獻硏究所 編,『韓國近代思想叢書』1-3, 亞細亞文化社, 1978.
한국철학회 편,『韓國哲學硏究』(전 3권), 동명사, 1978.

　1979

김한식,『實學의 政治思想』, 一志社, 1979.
裵宗鎬,『韓國儒學의 展開와 課題』(Ⅰ), 汎學, 1979.
宋柱永,『韓國實學思想大要』, 博英社, 1979.
이광린,『韓國開化思想硏究』, 일조각, 1979.
이성배,『儒敎와 그리스도敎 : 이벽의 한국적 신학원리』, 분도출판사, 1979.
韓國精神文化硏究院 編,『韓國의 民族文化 : 그 傳統과 現代性』, 韓國精神文化硏究
　　　　院, 1979.
韓明洙,『退溪의 敎學思想』, 慶尙北道, 1979.

1980

금장태, 『儒敎와 韓國思想』, 成均館大學校 出版部, 1980.

金吉煥, 『朝鮮朝儒學思想研究』, 一志社, 1980.

裵宗鎬, 姜周鎭 共編, 『寒暄堂의 生涯와 思想』, 寒暄堂先生記念事業會, 1980.

배종호 편, 『韓國儒學資料集成』 上·中·下, 延世大學校出版部, 1980.

裵宗鎬, 『韓國儒學의 展開와 課題』(Ⅱ), 汎學, 1980.

尹絲淳, 『韓國儒學論究』, 현암사, 1980.

윤사순, 『退溪哲學의 研究』, 고려대출판부, 1980.

이을호, 『韓國改新儒學史試論』, 박영사, 1980.

이정호, 『周易正義』, 亞細亞文化社, 1980.

한우근, 『星湖李瀷研究』, 서울대출판부, 1980.

1981

강재언, 『韓國의 開化思想』, 비봉, 1981.

김길환, 『韓國陽明學研究』, 一志社, 1981.

劉明鍾, 『韓國思想史』, 이문출판사, 1981.

崔 仁, 『(再考證)韓國思想의 新發見』, 乙支社, 1981.

1982

금장태, 『韓國儒敎의 再照明』, 展望社, 1982.

慶北大學校, 『新儒學：導入,展開,現代的 意義』, 경북대학교출판부, 1982.

김만규, 『朝鮮朝의 政治思想研究』, 仁荷大學校出版部, 1982.

尹南漢, 『朝鮮時代의 陽明學 研究』, 집문당, 1982.

李東俊, 李箕永, 李挺先 共編, 『傳統文化의 價値觀：儒敎·佛敎·基督敎의 敎訓』,
        文佑社, 1982.

이을호 외저, 『韓國思想의 深層研究』, 宇石, 1982, 초판/1986, 개정증보판.

한국동양철학회 편, 『東洋哲學의 本體論과 人性論』, 延世大學校 出版部, 1982.

한국정신문화연구원, 『韓國 哲學思想 研究』, 韓國精神文化研究院, 1982.

1983

강재언 저, 한울 편집부 역, 『근대 한국 사상사 연구』, 한울, 1983.

유명종, 『韓國의 陽明學』, 同和出版公社, 1983.

劉元東,『韓國實學槪論』, 正音文化社, 1983.

李乙浩 著,『茶山學 入門』, 中央日報社, 1983.

鄭飛石,『退溪逸話選』, 退溪學硏究院, 1983.

鄭飛石,『退溪小傳』, 退溪學硏究院, 1983.

한영우,『朝鮮前期社會思想硏究』, 지식산업사, 1983.

1984

姜在彦 著, 鄭昌烈 譯,『韓國의 開化思想』, 比峰出版社, 1984.

金忠烈,『高麗儒學史』, 고려대학교출판부, 1984.

琴章泰,『東西交涉과 近代韓國思想』, 성균관대출판부, 1984.

금장태·高光植 共著,『儒學近百年』, 博英社, 1984.

南明鎭,『淸初學術與韓儒丁茶山實學思想』, [發行處不明] 1984.

송석구,『栗谷의 哲學思想』, 中央日報社, 1984.

심재룡,『韓國의 傳統思想』, 박영사, 1984.

柳宅馨,『栗谷思想 論文集』Ⅱ, 栗谷文化院, 1984.

윤사순,『東洋思想과 韓國思想』, 乙酉文化社, 1984.

윤사순·고익진 편,『한국의 사상』, 열음사, 1984.

이병휴,『畿湖士林派硏究』, 일조각, 1984.

이희덕,『高麗儒敎 政治思想의 硏究 : 高麗時代 天文·五行說과 孝思想을 中心으
　　　　로』, 一潮閣, 1984.

한국정신문화연구원,『韓國社會와 思想』, 韓國精神文化硏究院, 1984.

1985

강재언,『韓國의 近代思想』, 한길사, 1985.

김형효,『東西哲學에 대한 主體的 記錄』, 高麗苑, 1985.

대동문화연구원 편,『한국사상대계-성리학사상편』, 성균관대학교 대동문화연구원,
　　　　1985.

심우준,『順庵 安鼎福 硏究』, 一志社, 1985.

劉明鍾,『朝鮮後期 性理學』, 이문출판사, 1985.

유정동,『韓國儒學의 再照明 : 玄潭 柳正東博士 文集』, 현담 유정동선생 기념사업회,
　　　　1985.

윤영선,『朝鮮儒賢淵源圖』, 太學社, 1985.

444

이을호,『丁茶山의 生涯와 思想』, 博英社, 1985.
李鍾述,『退溪 栗谷哲學의 比較硏究』1, 修德文化社, 1985.
이현희,『東學革命과 民衆 : 韓國近代思想의 맥락』, 大光書林, 1985.
채무송,『退溪 栗谷哲學의 比較硏究』, 成均館大學校出版部, 1985.
한우근 외 저,『丁茶山硏究의 現況』, 民音社, 1985.

1986
김형효,『韓國精神史의 現在的 認識』, 고려원, 1986.
도산사상연구회 편,『島山思想硏究』제1집, 홍사단출판부, 1986.
동양철학연구회 편,『韓國哲學思想論究』1, 驪江出版社, 1986.
朴東洙 編譯,『童蒙先習의 兒童敎科書의 意義와 著者異說에 關한 硏究』, 咸陽朴氏宗
         親會, 1986.
송석구,『韓國의 儒佛思想』, 思社硏, 1986.
유정동,『동양철학의 기초적 연구』, 성균관대학교 출판부, 1986.
尹絲淳,『한국유학사상론』, 열음사, 1986.
李光麟,『韓國開化史의 諸問題』, 一潮閣, 1986.
이기백,『新羅思想史硏究』, 一潮閣, 1986.
李丙燾,『韓國儒學史略』, 아세아문화사, 1986.
이원순,『朝鮮西學史硏究』, 一志社, 1986.
조명기 외,『韓國思想의 深層硏究』, 우석출판사, 1986.
최봉익,『조선철학사개요』, 평양 : 사회과학출판사, 1986.
崔海甲,『南冥哲學과 敎學思想』, 敎育出版, 1986.

1987
금장태,『韓國實學思想硏究』, 集文堂, 1987.
김태준,『洪大容 評傳』, 民音社, 1987.
檀國大學校 退溪紀念中央圖書館,『退溪學의 現代的 照明 : 開館紀念國際學術會議』,
         檀大出版部, 1987.
세계평화교수협의회 편,『東洋思想과 韓國의 비전』, 一念, 1987.
송석구,『栗谷의 哲學思想硏究 : 誠意正心을 中心으로』, 螢雪出版社, 1987.
안병주,『儒敎의 民本思想 : 君主 · 民本으로부터 民主에로의 轉換可能性의 摸索』,
         成均館大學校出版部, 1987.

정순목 집필, 嶺南大學校 民族文化研究所 編,『퇴계평전』, 慶尙北道, 1987.

유명종,『退溪와 栗谷의 哲學』, 東亞大學校出版部, 1987.

尹絲淳,『한국의 性理學과 實學』, 열음사, 1987.

윤천근,『退溪哲學을 어떻게 볼 것인가』, 온누리, 1987.

李丙燾,『韓國儒學史』, 아세아문화사, 1987.

이우성 외,『한국의 사회사상』, 한길사, 1987.

전두하,『李退溪 哲學 : 그 深層研究 및 理解』, 國民大學校 出版部, 1987.

정성철,『조선철학사(2)』, 과학백과사전출판사, 1987.

鄭在景,『鄭汝昌研究』, 集文堂, 1987.

정희숙,『丁若鏞의 社會敎育思想』, 培英社, 1987.

한국사상사학회 편,『韓國思想史學』1-2, 思社研, 1987.

한국철학회 편,『韓國哲學史』(전 3권), 동명사, 1987.

한영우,『鄭道傳思想의 研究』, 서울大學校 出版部, 1987.

황의동,『栗谷哲學研究』, 經文社, 1987.

1988

권오봉,『(퇴계학입문서)예던길 : 退溪先生의 生活實事』, 우신출판사, 1988.

권정안 외,『朝鮮朝 儒學思想의 探究』, 여강, 1988.

檀國大學校 附設 東洋學研究所 편,『朝鮮後期文化 : 實學部門』, 檀國大學校 附設 東洋學研究所, 1988.

檀國大學校 退溪學研究所 편,『退溪學研究彙報』, 檀國大學校 退溪學研究所, 1988.

박석무,『茶山紀行 : 朝鮮後期의 社會變動과 思想』, 한길사, 1988.

신충행,『삼동에 베옷입고 : 남명·조식 先生 전기』, 巨岩, 1988.

牛溪文化財團 牛溪文化財團 편,『成牛溪 思想研究 論叢』, 牛溪文化財團 牛溪文化財團, 1988.

유명종,『韓國 儒學研究』, 以文出版社, 1988.

유정기,『東洋思想事典』, 亞細亞文化社, 1988.

유환희,『조선철학』, 장원, 1988.

정성철,『조선철학사 : 이조편』(영인본), 좋은책, 1988.

조광,『朝鮮後期 天主敎史 研究』, 高大民族文化研究所 出版部, 1988.

조용일,『東學造化思想研究』, 東星社, 1988.

車柱環, 韓國文化研究所 編,『韓國 道敎 思想 研究』, 서울大學校 出版部, 1988.

최동희,『西學에 대한 韓國實學의 反應』, 高麗大學校 民族文化研究所 出版部, 1988.
최봉익,『조선 철학사 연구』, 광주, 1988.
최인,『한국사상의 신발견』, 오늘, 1988.
韓國國民倫理學會 編,『韓國의 傳統思想』, 螢雪出版社, 1988.

1989
과학원 철학연구소 저,『다산 정약용 : 탄생200주년 기념 론문집』(영인본), 푸른숲,
        1989.
권오봉,『退溪의 燕居와 思想形成 : 그 莊屋과 詩를 中心으로』, 浦項工科大學, 1989.
권오봉 저,『退溪家年表』, 退溪學研究院, 1989.
금장태・고광식 공저,『續儒學近百年』, 驪江, 1989.
금장태,『한국 유교의 이해』, 민족문화사, 1989.
김용걸,『星湖 李瀷의 哲學思想研究』, 成均館大學校出版部, 1989.
김유혁,『李退溪의 人間像』, 靑塔書林, 1989.
김익수,『韓國思想과 現代社會』, 栗谷思想研究院附設士林院, 1989.
김인걸,『1920년대 마르크스-레닌주의 보급과 노동운동의 발전』, 일송정, 1989.
김철 편,『東學精義』, 東宣社, 1989.
도광순 편,『權陽村思想의 研究』, 敎文社, 1989.
손인수,『한훤당・율곡・우계의 교육사상』, 배영사, 1989.
안병직 외 공편,『近代朝鮮의 經濟構造』, 比峰, 1989.
이광린,『開化派와 開化思想 研究』, 一潮閣, 1989.
이을호 외저,『丁茶山의 經學 : 論語・孟子・大學・中庸 研究』, 民音社, 1989.
이태진,『朝鮮 儒敎社會史論』, 지식산업사, 1989.
정성철 著,『실학파의 철학사상과 사회정치적 견해』(영인본), 한마당, 1989.
조광,『韓國天主敎 200年』, 햇빛출판사, 1989.
李家源,『退溪學及其系譜的研究』, 退溪學研究院, 1989.
하우봉,『朝鮮後期實學者의 日本觀研究』, 一志社, 1989.
황준연,『李珥 哲學研究』, 全南大學校 出版部, 1989.

1990
강만길 편,『申采浩』, 高麗大學校 出版部, 1990.
강만길 외,『茶山學의 探究』, 民音社, 1990.

강만길 외,『茶山의 政治經濟 思想』, 창작과비평사, 1990.

광주직할시,『高峯의 哲學과 思想』1, 光州直轄市, 1990.

금장태,『韓國近代의 儒教思想』, 서울대학교 출판부, 1990.

김상홍,『茶山學 研究 : 附 茶山學 研究論著 總目錄』, 계명문화사, 1990.

김용옥,『讀氣學說 : 최한기의 삶과 생각』, 통나무, 1990.

성교진,『韓國儒學의 哲學思想 : 栗谷 主氣哲學의 學統을 中心으로』, 曉星女子大學校
　　　韓國傳統文化研究所, 1990.

신학상,『金宗直 道學思想』, 영, 1990.

심우섭,『韓國傳統思想의 理解』, 螢雪出版社, 1990.

如山柳炳德博士華甲紀念論文集刊行委員會,『韓國哲學宗教思想史』, 圓光大學校出
　　　版局, 1990.

유명종,『退溪와 橫說 竪說』, 부산 : 東亞大學校 出版部, 1990.

윤사순 편,『丁若鏞』, 高麗大學校 出版部, 1990.

은천기 외,『民族과 思想』, 螢雪出版社, 1990.

임균택,『韓民族의 傳統思想』, 同和出版公社, 1990.

張立文, 李允熙 譯,『退溪哲學入門』, 退溪學研究院 出版部, 1990.

정순목,『退溪의 教育哲學 : 교육인간학적 고찰』, 지식산업사, 1990.

조성대・이왕재 공저,『傳統思想과 現代理念』, 祥明女子大學校 出版部, 1990.

次山 安晉吾博士 回甲記念論文集 刊行委員會,『東洋學論叢』, 大田大學校, 1990.

한국정신문화연구원 편,『韓國思想史大系』I, 韓國精神文化研究院, 1990.

한상규,『南冥曺植의 教學思想』, 世宗出版社, 1990.

　1991

권오봉,『李退溪家書の總合的研究』, 中文出版社, 1991.

김병구,『晦軒思想研究』, 學文社, 1991.

김옥희,『韓國天主教思想史, 2 : 茶山 丁若鏞의 西學思想研究』, 殉教의 脈, 1991.

沙溪・愼獨齊兩先生紀念事業會,『沙溪思想研究』, 남정문화사, 1991.

釋山韓鍾萬博士華甲紀念論文集刊行委員會,『韓國思想史 : 釋山韓鍾萬博士華甲紀
　　　念』, 圓光大學校出版局, 1991.

隱峯先生遺蹟保存會 편저,『隱峯先生略史』, 광주, 隱峯先生遺蹟保存會, 1991.

이광린,『兪吉濬의 文明觀』, 韓日文化交流基金, 1991.

이범직,『韓國中世禮思想研究 : 五禮를 中心으로』, 一潮閣, 1991.

朱紅星, 李洪淳, 朱七星, 『朝鮮哲學思想史』, 法仁文化社, 1991.

최봉익, 『조선철학사』 3, 평양 : 백과사전출판사, 1991.

최완기, 『韓國性理學의 脈』, 느티나무, 1991.

韓國精神文化硏究院 편, 『韓國思想史大系』 2-4, 韓國精神文化硏究院, 1992.

韓國精神文化硏究院, 『傳統思想의 現代的 意味』, 韓國精神文化硏究院, 1991.

　1992

광주직할시, 『儒學思想』 Ⅰ, 光州直轄市, 1992.

민족과 사상 연구회 편, 『四端七情論』, 서광사, 1992.

사문학회 편, 『尤庵思想硏究論叢』, 太學社, 1992.

成均館大學校 大東文化硏究院 편, 『李晦齋의 思想과 그 世界』, 成均館大學校出版部, 1992.

宋錫球 外著, 『栗谷學의 硏究 : 現代的 再照明』, 栗谷思想硏究院, 1992.

安東文化硏究所 編, 『禹倬 先生의 思想과 易東書院의 歷史』, 安東大學校 安東文化硏究所, 1992

우계문화재단 편, 『牛溪思想과 現代社會』, (우계사상학술대회 제2회 : 1992), 牛溪文化財團, 1992.

윤사순, 『東洋思想과 韓國思想』, 乙酉文化社, 1992.

이영복, 『牧隱 李穡先生의 生涯와 思想硏究』, 牧隱思想硏究會, 1992.

이익성 편역, 『실학사상독본』 1-10, 한길사, 1992.

전두하, 『韓國思想과 獨逸哲學 : 그 獨自性과 世界性 및 連結點에 關한 한 모델의 探索』, 正訓出版社, 1992.

丁大丸, 『朝鮮朝 性理學 硏究』, 江原大學校出版部, 1992.

정순목 편저, 『退溪正傳 : 立朝事實과 年譜』, 지식산업사, 1992.

최근덕, 『韓國儒學思想硏究』, 철학과 현실사, 1992.

포은사상연구원 편, 『圃隱思想硏究論叢 第1輯 : 鄭圃隱의 義理精神과 經世事功』, 圃隱思想硏究院, 1992.

河岐洛 著, 『朝鮮哲學史』, 螢雪出版社, 1992.

韓國精神文化硏究院 편, 『韓國思想史大系』 5-6, 韓國精神文化硏究院, 1992.

鄕土文化開發協議會 編, 『霽峰의 思想과 救國精神』, 光州直轄市, 1992.

황준연, 『한국사상의 이해』, 博英社, 1992.

1993

김시업·김언종 공편,『鶴峯의 學問과 求國活動』, 鶴峯金先生紀念事業會, 1993.
도산사상연구회 편,『변혁기의 개혁운동과 도산사상』, 연구사, 1993.
沙溪·愼獨齋兩先生紀念事業會 편,『愼獨齋思想研究』, 沙溪·愼獨齋兩先生紀念事業會, 1993.
儒敎學會 편,『儒敎와 現代社會 : 發表論文集』, (유교사상국제학술회의 제5회 : 1993), 대전, 유교학회, 1993.
이광린,『開化期의 人物』, 延世大學校 出版部, 1993.
이을호,『茶山의 易學』, 民音社, 1993.
전라남도,『茶山思想과 現代文化』, 전라남도, 1993.
鄭良婉, 沈慶昊 共編,『江華學派의 文學과 思想 1』, 韓國精神文化研究院, 1993.
朝宗巖保存會 編,『國譯 韓國人의 尊周思想』, 保景文化社, 1993.
千寬宇 外著,『韋庵 張志淵의 思想과 活動』, 民音社, 1993.
최석우 외,『茶山 丁若鏞의 西學思想 : 1993年度 茶山文化祭 記念論叢』, 다섯수레, 1993.
최영진,『동양과 서양 : 두 世界의 思想·文化的 距離』, 지식산업사, 1993.
충남대학교 유학연구소,『儒學과 近代精神 : 한밭지역 유학을 중심으로』, 대전 : 충남대학교 유학연구소, 1993.
鶴峯金先生紀念事業會 편,『鶴峯의 學問과 救國活動 : 鶴峯金誠一先生殉國 四百周年 紀念論文集』, 驪江出版社, 1993.
韓國思想史學會, 千寬宇先生追念論叢刊行委員會 共編,『千寬宇先生追念論叢』, 서문문화사, 1993.
韓國精神文化研究院,『韓國思想家의 새로운 發見 : 甁窩 李衡祥·壺山 朴文鎬 研究』, 韓國精神文化研究院, 1993.
함이동 편저,『韓國思想』, 淸州大學校 出版部, 1993.

1994

광주직할시 편,『儒學思想 : 年譜集成』, 광주직할시, 1994.
권오봉,『가을 하늘 밝은 달처럼 : 퇴계선생 일대기』, 동인기획, 1994.
권오봉 편저,『退溪先生日記會成』, 創知社, 1994.
金烏工科大學校 善州文化研究所,『冶隱 吉再의 學問과 思想』, 金烏工科大學校 善州文化研究所, 1994.

善州文化硏究所,『旅軒 張顯光의 學問과 思想』, 金烏工科大學校 善州文化硏究所, 1994.

琴章泰,『韓國儒學史의 理解』, 민족문화사, 1994.

금장태,『儒敎思想과 宗敎文化』, 서울대학교출판부, 1994.

김형효,『한국문화의 진단과 21세기』, 한국정신문화연구원, 1994.

김환철,『實學과 그리스도교의 만남』, 나단, 1994.

성균관대학교 인문과학연구소 편,『동서사상의 대비적 조명』, 성균관대학교 출판부, 1994.

유명종,『성리학과 양명학』, 연세대학교출판부, 1994.

柳初夏,『한국사상사의 인식』, 한길사, 1994.

栗谷思想硏究院,『栗谷學 : 韓國學의 正統思想, 第7輯 : 栗谷의 哲學과 現代的意義 (再照明)』, 栗谷思想硏究院, 1994.

이광린,『김옥균 : 삼일천하로 끝난 개혁 풍운아』, 東亞日報社, 1994.

이광린,『開化期硏究』, 一潮閣, 1994.

이기동,『사상으로 풀어보는 한국 경제와 일본 경제』, 天池, 1994.

이종호,『율곡 : 인간과 사상』, 지식산업사, 1994.

임균택,『韓哲學思想史』 2, 동화출판사, 1994.

정병련,『茶山 四書學硏究』, 景仁文化社, 1994.

조남국,『한국 사상과 경제윤리』, 교육과학사, 1994.

진단학회 편,『『湛軒書』의 종합적 검토』, (한국고전연구심포지엄 제22회 : 1994), 震檀學會, 1994.

최삼룡 외저,『彛齋 黃胤錫 : 영·정 시대의 호남실학 』, 민음사, 1994.

최석기,『星湖 李瀷의 學問精神과 詩經學』, 중문, 1994.

崔英成,『韓國儒學思想史』 1, 아세아문화사, 1994.

하기락,『朝鮮哲學의 流脈』, 國民文化硏究所, 1994.

하서기념회 편,『河西 金麟厚의 思想과 文學』, 河西紀念會, 1994.

한국사상사연구회,『인성물성론』, 한길사, 1994.

한덕웅,『퇴계심리학 : 성격 및 사회심리학적 접근』, 성균관대학교 출판부, 1994.

白休庵先生紀念事業會,『休庵思想과 現代社會』, 白休庵先生紀念事業會, 1994.

1995

光州廣域市·鄕土文化開發協議會 共編,『河西金麟厚의 道學과 文學思想』, 광주 : 光

州廣域市·鄉土文化開發協議會, 1995.

고승제,『다산을 찾아서 : 다산 사상을 찾아 떠나는 원로학자의 역사 탐색』, 中央日報
　　　社, 1995.

고영진,『조선중기 예학사상사 : 예의 시행, 예설의 변화, 예학의 성립』, 한길사,
　　　1995.

권인호,『조선중기 사림파의 사회정치사상 : 남명 조식과 내암 정인홍을 중심으로』,
　　　한길사, 1995.

김교빈,『양명학자 정제두의 철학사상 : 존재론·인성론·사회인식에 대한 구조적
　　　이해』, 한길사, 1995.

金仁植·金鍾錫 共編,『(思齊·文穆公)金正國의 生涯와 思想』, 義城金氏思齊派宗親
　　　會, 1995.

김지견 외저,『韓國 傳統思想의 特性 硏究』, 韓國精神文化硏究院, 1995.

김용옥,『醫山問答 : 기옹은 이렇게 말했다』, 통나무, 1995.

김현,『임성주의 생의철학 : 기철학의 한국적 전개와 귀결』, 한길사, 1995.

김형효,『栗谷의 사상과 그 현대적 의미』, 1995.

노재웅,『율곡선생은 어떤 분인가』, 보성고문서연구회, 1995.

변동명,『고려후기 성리학수용 연구』, 일조각, 1995.

成均館 儒敎思想硏究院,『儒敎思想硏究의 現況과 方向 : 發表論文集』, 成均館 儒敎思
　　　想硏究院, 1995.

小川晴久 저, 河宇鳳 역,『한국실학과 일본』, 한울, 1995.

손인수,『율곡사상의 이해 : 교육사상을 중심으로』, 교육과학사, 1995.

신일철,『동학사상의 이해』, 사회비평사, 1995.

安鍾澐,『儒學과 民主主義의 相乘論』, 學文社, 1995.

유명종,『한국사상사』(개정판), 이문출판사, 1995.

유봉학,『燕巖　派 北學思想 硏究』, 一志社, 1995.

李基東 著, 鄭容先 譯,『東洋三國의 朱子學』, 成均館大學校出版部, 1995.

이수건,『嶺南學派의 形成과 展開』, 一潮閣, 1995.

이우성,『實是學舍散藁 : 韓國學의 底邊』, 창작과비평사, 1995.

이재룡,『조선, 예의 사상에서 법의 통치까지』, 예문서원, 1995.

전영배,『한국사상의 흐름』, 지구문화사, 1995.

정병련,『韓國哲學의 深層分析』, [1]-3. 광주 : 全南大學校 出版部, 1995-98.

鄭良婉,『江華學派의 文學과 思想 2』, 韓國精神文化硏究院, 1995.

452

沈慶昊, 『江華學派의 文學과 思想 3』, 韓國精神文化研究院, 1995.

池敎憲, 金京一, 宋錫準 共著, 『韓國思想家의 새로운 發見 3 : 郭鍾錫 研究』, 韓國精神
文化研究院, 1995.

池敎憲 著, 東村 池敎憲博士 華甲紀念論文選集 刊行委員會 編, 『東洋哲學과 韓國思
想』, 民俗苑, 1995.

진단학회 편, 『明南樓叢書의 종합적 검토』, (한국고전연구심포지엄 제23회), 진단학
회, 1995.

최영성, 『韓國儒學思想史』 II-IV, 아세아문화사, 1995.

최홍규, 『禹夏永의 實學思想 研究』, 一志社, 1995.

충남대학교 유학연구소 편저, 『기호 학파의 철학 사상』, 예문서원, 1995.

韓國精神文化研究院 편, 『禮樂敎化思想과 韓國의 倫理的 課題』, 韓國精神文化研究
院, 1995.

한국철학사상연구회 지음, 『강좌 한국철학』, 예문서원, 1995.

한국철학사상연구회 지음, 『논쟁으로 보는 한국철학』, 예문서원, 1995.

한림대학교 아시아문화연구소 편, 『북한강유역의 유학사상 연구』, 한림대학교,
1995.

황의동, 『한국의 유학 사상』, 서광사, 1995.

황준연, 『율곡 철학의 이해』, 서광사, 1995.

황준연, 『한국사상의 이해』, 博英社, 1995.

1996

강세구, 『순암 안정복의 학문과 사상 연구』, 혜안, 1996.

金烏工科大學校 善州文化研究所 편, 『佔畢齋 金宗直의 學問과 思想』, 金烏工科大學校
善州文化研究所, 1996.

금장태, 『유학사상의 이해』, 집문당, 1996.

금장태, 『退溪學派의 思想』 I, 集文堂, 1996.

紀念論叢刊行委員會, 『韓國의 經學과 漢文學 : 竹夫 이지형敎授 停年退職紀念論叢』,
太學社, 1996.

김문식, 『朝鮮後期經學思想研究 : 正祖와 京畿學人을 중심으로』, 一潮閣, 1996.

김홍경, 『조선초기 관학파의 유학사상』, 한길사, 1996.

道和柳茂相先生華甲紀念論文集刊行委員會 편, 『儒敎思想과 東西交涉 : 道和 柳茂相
先生 華甲紀念論文集』, 심산문화사, 1996.

목은연구회 편,『牧隱 李穡의 生涯와 思想 : 近世 600週期 追慕論文集』, 一潮閣, 1996.

성균관대학교 유학과 교재편찬위원회,『유학사상』, 성균관대학교 출판부, 1996.

손인수,『율곡사상의 현대적 공간』, 다문, 1996.

심경호,『茶山과 春川』, 강원대학교 출판부, 1996.

안진오,『湖南儒學의 探究 : 安晋吾停年紀念自著集』, 이회출문화사, 1996.

愚伏先生紀念事業會 編著,『愚伏鄭經世先生研究』, 太學社, 1996.

유봉학,『꿈의 문화유산, 화성 : 정조대 역사・문화 재조명』, 신구문화사, 1996.

윤사순,『윤사순 교수의 신실학 사상론 : 한국 사상의 새 지평』, 예문서원, 1996.

이지형,『茶山 經學 研究』, 태학사, 1996.

조민환,『유학자들이 보는 노장 철학』, 예문서원, 1996.

주칠성,『실학파의 철학』, 예문서원, 1996.

최재목,『동아시아의 陽明學』, 예문서원, 1996.

최익한,『실학파와 정다산』(영인본), 한국문화사, 1996.

철학연구회 편,『해방 50년의 한국 철학』, 철학과현실사, 1996.

한국사상사연구회 편,『실학의 철학』, 예문서원, 1996.

한국사상사연구회 편,『조선 유학의 학파들』, 예문서원, 1996.

한국인물유학사편찬위원회 편,『한국인물유학사』(전 4권), 한길사, 1996.

한국철학사상연구회,『이야기 한국철학』1-3, 풀빛, 1996.

한우근,『朝鮮時代思想史研究論攷』, 一潮閣, 1996.

한형조,『주희에서 정약용으로 : 조선 유학의 철학적 패러다임 연구』, 세계사, 1996.

황선희,『한국근대사상과 민족운동』, 혜안, 1996.

1997

권오봉,『李退溪의 實行儒學』, 學士院, 1997.

금장태,『朝鮮 前期의 儒學思想』, 서울대출판부, 1997.

김상구,『儒林運動五十年史』, 홍경, 1997.

김익수,『栗谷先生의 敎育哲學』, 韓國思想文化學會, 1997.

김종문, 장윤수 공저,『한국 전통철학사상』, 小康, 1997.

김형효,『退溪의 사상과 그 현대적 의미』, 정신문화연구원, 1997.

도날드 베이커 저, 김세윤 역,『朝鮮後期 儒敎와 天主敎의 대립』, 일조각, 1997.

박명규,『한국 근대 국가 형성과 농민』, 문학과지성사, 1997.

박종채 저, 김윤조 역주, 『역주 과정록』, 태학사, 1997.

서정기, 『민중유교사상』, 살림터, 1997.

신용하, 『朝鮮後期 實學派의 社會思想研究』, 지식산업사, 1997.

신일철, 『현대사회철학과 한국사상』, 문예출판사, 1997.

유봉학, 『楓皐 金祖淳 연구』, 서울大學校 韓國文化研究所, 1997.

栗谷思想研究院, 『栗谷의 改革思想 : 現代的 再照明』上·下, 栗谷思想研究院, 1997.

六宜堂公 紀念事業會 편, 『學術會議 發表論文 要旨 : 張野村의 學問과 思想』, 六宜堂
公 紀念事業會, 1997.

윤사순, 『(윤사순 교수의) 한국유학사상론』, 예문서원, 1997.

이기백 외저, 『韓國思想史 方法論』, 小花, 1997.

이동준, 『유교의 인도주의와 한국사상』, 한울아카데미, 1997.

이상익, 『서구의 충격과 근대 한국사상』, 한울, 1997.

이원명, 『高麗時代 性理學 受容 研究』, 國學資料院, 1997.

이종술, 『退溪栗谷哲學研究』, 韓國思想研究院附設修德文化社, 1997.

조남국, 『율곡의 삶과 철학 그리고 경제·윤리』, 교육과학사, 1997.

최영성, 『韓國儒學思想史』 V(近·現代篇), 아세아문화사, 1997.

韓國東洋哲學會, 『高峰思想의 本質과 그 現代的 照明』, 韓國東洋哲學會, 1997.

한국역사연구회 지음, 『한국사상사의 과학적 이해를 위해』, 청년사, 1997.

韓國中世史料講讀모임 編, 『養浩堂 禹玄寶 研究』, 대구 : 養浩堂禹先生記念事業會,
1997.

한국철학사연구회 지음, 『한국철학사상사』, 한울아카데미, 1997.

休庵思想研究論叢 編輯委員會 編, 『休庵 白仁傑의 生涯와 思想』, 休庵先生紀念事業
會, 1997.

1998

금장태, 『朝鮮 後期의 儒學思想』, 서울대학교출판부, 1998.

금장태, 『퇴계의 삶과 철학』, 서울대학교 출판부, 1998.

김봉렬, 『兪吉濬 開化思想의 研究』, 마산 : 경남대학교출판부, 1998.

김옥희, 『韓國西學思想史 研究』, 국학자료원, 1998.

김충열, 『한국유학사』 1, 예문서원, 1998.

김태영, 『실학의 국가개혁론』, 서울대학교 출판부, 1998.

김태준, 『홍대용』, 한길사, 1998.

김형효 외저, 『茶山의 사상과 그 현대적 의미』, 한국정신문화연구원, 1998.

도광순 편, 『嶺南學派의 硏究』, 병암사, 1998.

東方學會 編, 『嶺南學派의 硏究』, 慶尙北道, 1998.

목은연구회 편, 『稼亭 李穀先生 誕辰 700周年 紀念 學術大會發表論文集』, 牧隱硏究會, 1998.

박종채 저 ; 박희병 역, 『나의 아버지 박지원』, 돌베개, 1998.

서용화, 『퇴계의 인간관 연구』, 學硏文化社, 1998.

成均館大學校 大東文化硏究院 編, 『동아시아의 儒學傳統과 大學』, 成均館大學校 大東文化硏究院, 1998.

신천식, 『高麗後期 性理學의 受容과 敎育思想』, 明知大學校 出版部, 1998.

신천식, 『牧隱 李穡의 學問과 學脈』, 一潮閣, 1998.

심경호 외저, 『북한강유역의 유학사상』, 翰林大學校出版部, 1998.

아베 요시오 저, 김석근 역, 『退溪와 日本儒學』, 전통과현대, 1998.

안동대학교 퇴계학연구소 편, 『21세기에 있어서 유교와 퇴계학』, (퇴계학국제학술회의 발표문 모음)(1998), 退溪學國際學術會議 準備委員會, 1998.

열암기념사업회 편, 『현실과 창조 : 열암 박종홍 철학 논고』, 天池, 1998.

영남대학교 민족문화연구소 편, 『韓末 嶺南 儒學界의 동향』, 영남대학교 출판부, 1998.

영남대학교 민족문화연구소 편, 『동학사상의 새로운 조명』, 영남대학교 출판부, 1998.

又峯韓相甲博士文集刊行委員會 編, 『東洋哲學思想散稿』, 新雅社, 1998.

유봉학, 『조선후기 학계와 지식인』, 신구문화사, 1998.

윤사순, 『조선시대 성리학의 연구』(증보판), 高麗大學校 民族文化硏究院, 1998.

윤사순, 『한국의 성리학과 실학』, 삼인, 1998.

윤사순 외저, 『許眉叟의 學·藝·思想 論攷』, 미수연구회 編, 참나무, 1998.

이명현 외저, 『근대성과 한국 문화의 정체성』, 철학과 현실사, 1998.

이상익, 『畿湖性理學硏究』, 한울아카데미, 1998.

이영동 편저, 『韓民族精神史』, 明成出版社, 1998.

이종호, 『화담 서경덕』, 一志社, 1998.

정병련, 『高峯 奇大升의 生涯와 學問』, 幸州奇氏 文憲公 宗中·月峯書院, 1998.

정옥자, 『조선후기 조선중화사상 연구』, 一志社, 1998.

정우락, 『남명문학의 철학적 접근』, 박이정, 1998.

조유식,『정도전을 위한 변명』, 푸른역사, 1998.

주칠성 외저,『동아시아의 전통철학』, 예문서원, 1998.

지교헌 외저,『韓國思想家의 새로운 發見, 4 : 巍巖 李柬 硏究』, 韓國精神文化硏究院, 1998.

지두환,『조선시대 사상과 문화』, 역사문화, 1998.

지두환,『조선시대 사상사의 재조명』, 역사문화, 1998.

한국민족문화연구소 편,『한국 지성과의 만남』, 부산대학교출판부, 1998.

한국사상사연구회 편저,『조선 유학의 자연철학』, 예문서원, 1998.

韓國實學硏究會 編,『韓中實學史硏究』, 민음사, 1998.

韓中哲學會·六宜堂公紀念事業會 共編,『張野村의 學問과 思想』, 景仁文化社, 1998.

홍원식 외,『실학사상과 근대성』, 예문서원, 1998.

황의동,『율곡 사상의 체계적 이해』 1-2, 서광사, 1998.

1999

강세구,『성호학통 연구』, 혜안, 1999.

경북대학교 퇴계연구소 지음,『퇴계문하 6哲의 삶과 사상』, 예문서원, 1999.

경상북도,『退溪 李滉 先生의 學問과 思想 : 선비의 참모습』, 경상북도, 1999.

高橋亨 저, 조남호 역편,『조선의 유학』, 소나무, 1999.

고영진,『조선시대 사상사를 어떻게 볼 것인가』, 풀빛, 1999.

권오영,『崔漢綺의 學問과 思想硏究』, 집문당, 1999.

금장태,『韓國近代의 儒學思想』, 서울대학교출판부, 1999.

금장태,『(茶山)정약용 : 실학의 세계』, 성균관대학교출판부, 1999.

금장태,『한국유학의 탐구』, 서울대학교출판부, 1999.

김승혜,『동아시아 종교 전통과 그리스도교의 만남』, 영성생활, 1999.

다산학술문화재단,『茶山 經學과 經世學의 교류와 접점』, 다산학술문화재단, 1999.

도현철,『高麗末 士大夫의 政治思想硏究』, 일조각, 1999.

文憲公崔冲先生紀念事業會 編,『儒學史上崔冲의 位相 : 學術發表論文 및 資料集』, 海州崔氏大宗會, 1999.

박연수,『陽明學의 理解 : 陽明學과 韓國陽明學』, 집문당, 1999.

박희병,『한국의 생태사상』, 돌베개, 1999.

부산예술문화대학 동학연구소 편,『해월 최시형과 동학사상』, 예문서원, 1999.

오영섭,『華西學派의 思想과 民族運動』, 國學資料院, 1999.

우인수,『朝鮮後期 山林勢力硏究』, 일조각, 1999.

유종남,『實事求是의 횃불 : 磻溪 柳馨遠의 實學과 人生』, 부안군 : 부안문화원, 1999.

유준기,『한국 근대 유교개혁 운동사(증보판)』, 아세아문화사, 1999.

이기동,『기독교와 동양사상』, 동인서원, 1999.

이대희,『한국의 인식론 : 한국인들의 세상 보기』, 대영문화사, 1999.

이상은,『퇴계의 생애와 학문 : 21세기에도 남을 20세기의 고전』, 예문서원, 1999.

이상훈, 한도현, 성백걸 공저,『동양의 정신문화와 성찰적 근대화』, 한국정신문화연
        구원, 1999.

이완재,『朴珪壽 硏究』, 집문당, 1999.

李鍾述 著,『理敬』, 신구문화사, 1999.

이종호,『구봉 송익필 : 타고난 멍에를 짊어지고 산 철학자』, 일지사, 1999.

임선영, 정성식, 황광욱 공저,『한국철학, 화두로 읽는다 : 천재들을 사로잡은 불멸의
        물음들』, 동녘, 1999.

임재윤,『丁若鏞의 敎育改革思想』, 전남대학교출판부, 1999.

장기근,『유교(儒敎)와 도덕정치(道德政治)』, 서원, 1999.

장삼현 편저,『蘗溪淵源錄 : 華西李恒老先生淵源錄. 華西先生行狀·年譜』, 楊平文化
        院, 1999.

장숙필,『이이·율곡전서』, 울산 : 울산대학교 출판부, 1999.

靜菴論叢刊行委員會 編,『靜菴道學硏究論叢』, 정암논총간행위원회, 靜菴論叢刊行委
        員會, 1999.

鄭良婉, 沈慶昊 共著,『江華學派의 文學과 思想』4, 韓國精神文化硏究院, 1999.

鄭允錫, 鄭泰權 共著,『(明庵 鄭식 先生의)道學과 精忠大節思想』, 한글마당, 1999.

조광 편저, 권내현 외 공역,『정조시대 천주교사 자료집』, 한국순교자현양위원회,
        1999.

지두환,『韓國 思想史』, 역사문화, 1999.

차용준,『한국인의 전통사상』, 전주대학교출판부, 1999.

최창집,『실학의 행정철학』, 부산대학교, 1999.

韓國思想文化學會 編, 金益洙 外著,『栗谷哲學과 現代社會』, 修德文化社, 1999.

한국실학연구회 편저,『韓國實學硏究』, 솔, 1999.

황의동,『율곡학의 선구와 후예』, 예문서원, 1999.

황준연,『한국사상의 길라잡이』, 博英社, 1999.

458

2000

강만길 외저, 『조선후기사 연구의 현황과 과제』, 창작과 비평사, 2000.

강광식, 『新儒學思想과 朝鮮朝 儒敎政治文化』, 집문당, 2000.

경기문화재단, 『京畿實學 : 한국실학의 원류』, 경기문화재단, 2000.

경북대학교 퇴계연구소 저, 『퇴계문하의 인물과 사상』, 예문서원, 2000.

권오영 외, 『혜강 최한기 : 동양과 서양을 통합하는 학문적 실험』, 청계출판사, 2000.

금장태, 『한국의 선비와 선비정신』, 서울대학교출판부, 2000.

금장태, 『유교의 사상과 의례』, 예문서원, 2000.

금장태, 『退溪學派와 理철학의 전개』, 서울대학교출판부, 2000.

김기현, 『조선조를 뒤흔든 논쟁』(상, 하), 도서출판 길, 2000.

김상일, 『동학과 신서학 : 세계철학 창조를 위한 최수운, 켄 윌버, 존 캅의 대화』, 지식산업사, 2000.

김형효, 『원효에서 다산까지 : 한국 사상의 비교철학적 해석』, 청계, 2000.

남상락, 『동서철학과 한국실학사상의 탐구』, 다운샘, 2000.

목은연구회 편, 『韓中牧隱李穡硏究』, 예문서원, 2000.

默民記念事業會 편, 『晦齋 李彦迪의 哲學과 政治思想』, 묵민기념사업회, 박영사, 2000.

박일순, 『하나이면서 둘 理氣 둘이면서 하나 理氣 : 四端七情』, 다해, 2000.

송영배 외저, 『한국유학과 리기철학』, 예문서원, 2000.

신병주, 『남명학파와 화담학파 연구』, 一志社, 2000.

심백강, 『(이율곡과 왕안석에게서 배우는) 경제개혁의 지혜』, 청년사, 2000.

안병주 외, 『韓末 退溪學統의 正脈 西山 金興洛』, 안동청년유도회, 2000.

오이환 외저, 『남명 조식 선생 : 경남정신의 뿌리』, 경상남도 문화예술과, 2000.

유명종, 『퇴계의 일생과 철학체계』, 현대미학사, 2000.

유명종, 『퇴계의 철학세계』, 세종, 2000.

윤사순 외저, 『조선시대, 삶과 생각』, 高麗大學校 民族文化硏究院, 2000.

이병우, 『韓國 儒學思想의 人間 理解와 倫理』, 오늘의문학사, 2000.

이을호, 다산학연구원 편, 『李乙浩全書』(전9책), 예문서원, 2000.

이종호, 『우암 송시열』, 일지사, 2000.

이현구, 『崔漢綺의 氣哲學과 西洋 科學』, 성균관대학교출판부, 2000.

이홍우, 『性理學의 敎育理論』, 誠敬齋, 2000.

임형택, 『실사구시의 한국학』, 창작과비평사, 2000.

정두희, 『조광조』, 아카넷, 2000.

정문교 편, 『(조선왕조실록에서 찾아 본) 栗谷李珥』, 율곡학회, 2000.

정병련, 『高峯의 思惟構造와 哲學思想』, 高峯學術院, 2000.

정일균, 『茶山 四書經學 硏究』, 一志社, 2000.

정일균, 『葛川 林薰의 생애와 사상』, 예문서원, 2000.

최근덕 외저, 『유학사상』, 성균관대학교출판부, 2000.

최영진 외, 『조선말 실학자 최한기의 철학과 사상』, 철학과현실사, 2000.

하서기념회 편, 『河西 金麟厚의 思想과 文學』 2, 河西紀念會, 2000.

韓國東洋哲學會, 『高峯思想의 本質과 그 現代的 照明』, 高峯學術院, 2000.

한국사상사연구회, 『도설로 보는 한국 유학』, 예문서원, 2000.

한국철학사연구회 편, 『한국 실학 사상사』, 다운샘, 2000.

한국철학회 편, 이강수 외저, 『한국 철학의 쟁점』, 철학과현실사, 2000.

홍원식 외저, 『동양을 위하여, 동양을 넘어서』, 예문서원, 2000.

황준연, 『이율곡, 그 삶의 모습』, 서울대학교출판부, 2000.

　　2001

강대덕, 『華西 李恒老의 時代認識』, 신서원, 2001.

경상대 남명학연구소 공편, 『퇴계학과 남명학』, 지식산업사, 2001.

고려대 민족문화연구원 한국사상연구소 편, 『자료와 해설 한국의 철학사상』, 예문서
　　　　원, 2001.

고혜령, 『高麗後期 士大夫와 性理學 受容』, 일조각, 2001.

금장태, 『퇴계학파의 사상 II』, 집문당, 2001.

금장태, 『「聖學十圖」와 퇴계철학의 구조』, 서울대출판부, 2001.

금장태, 『다산실학탐구』, 소학사, 2001.

금장태, 『華西學派의 철학과 시대의식』, 태학사, 2001.

김길락 외저, 『明齋 尹拯의 생애와 사상』, 忠南大學校 儒學硏究所, 2001.

김상일, 『수운과 화이트헤드 : 동학주문 21자에 대한 과정철학적 풀이』, 지식산업사,
　　　　2001.

김유혁, 『(우리에게 있어서) 李退溪는 누구인가』, 항산문고, 2001.

김종석, 『퇴계학의 이해』, 일송미디어, 2001.

김태길, 『유교적 전통과 현대 한국』, 철학과현실사, 2001.

남명선생탄신500주년기념사업추진위원회, 남명학연구원 공편, 『南冥學과 21世紀

儒敎復興運動 展開』, 남명학연구원출판부, 2001.

다산학술문화재단 편, 『茶山學의 국제적 지평』, 다산학술문화재단, 2001.

목영해, 『성리학의 재해석과 교육』, 문음사, 2001.

박병련, 『남명 조식 : 칼을 찬 유학자』, 청계, 2001.

설석규, 『南冥學派 政治哲學 硏究』, 남명학연구원출판부, 2001.

신귀현, 『퇴계 이황, 예 잇고 뒤를 열어 고금을 꿰뚫으셨소-어느 서양철학자의 퇴계연
        구 30년』, 예문서원, 2001.

안동대학교 퇴계학연구소 편, 『퇴계와 함께 미래를 향해』, 세계유교문화축제 추진위
        원회, 2001.

유명종, 『남명 조식의 학문과 사상』, 동아대학교 석당전통문화연구원, 세종출판사,
        2001.

이경숙, 박재순, 차옥숭 공저, 『한국 생명 사상의 뿌리』, 이화여자대학교출판부,
        2001.

이동인, 이봉규, 정일균, 『조선시대 충청지역의 예학과 교육』, 백산서당, 2001.

이상익, 『유가 사회철학 연구』, 심산, 2001.

이영경, 『栗谷 倫理思想의 人性論的 탐색』, 부산 : 세종출판사, 2001.

이영찬, 『유교사회학』, 예문서원, 2001.

이완재, 『공자에서 퇴계까지 : 유교와 한국 성리학』, 이문출판사, 2001.

이우성, 『陶山書院』, 한길사, 2001.

이윤희, 『퇴계선생에게서 배우는 인생의 지혜』, 지영사, 2001.

이종호, 『晦齋 李彦迪 : 난세의 성실한 자기경영자』, 일지사, 2001.

이현종, 『한국 철학의 역학적 조명』, 청계, 2001.

이형성, 『다카하시 도루의 조선유학사』, 예문서원, 2001.

장승구, 『정약용과 실천의 철학 : 다산 철학의 근대성 탐구』, 서광사, 2001.

진단학회 편저, 『明南樓叢書』, 一潮閣, 2001.

최근덕, 『朝鮮朝 性理哲學의 構造的 探究』, 성균관대학교출판부, 2001.

충남대 유학연구소 편, 『明齋 尹拯의 생애와 사상』, 忠南大學校 儒學硏究所, 2001.

충남대 유학연구소 편, 『(務實과 實心의 유학자) 명재 윤증』, 청계, 2001.

충현서원 편, 『忠賢書院 : 配享九先生의 學問과 思想』, 忠賢書院, 2001.

한국사상문화학회, 『韓國思想과 文化』, 수덕문화사, 2001.

한국사연구회 편저, 『韓國實學의 새로운 摸索』, 景仁文化社, 2001.

한국유교학회 편, 『유교와 페미니즘』, 철학과현실사, 2001.

허권수,『남명 조식』, 지식산업사, 2001.

허권수,『절망의 시대 선비는 무엇을 하는가 : 실천의 사상가 남명 조식과의 만남』, 한길사, 2001.

황병태,『儒學과 現代化 : 韓・中・日 儒學思想의 比較』, 우석출판사, 2001.

2002

강경원,『이익(李瀷) : 인간 소외의 극복의 실학자』, 성균관대학교출판부, 2002.

김용신,『(성리학자) 기대승, 프로이트를 만나다』, 예문서원, 2002.

유병용, 신광영, 김현철 공저,『유교와 복지』, 한국정신문화연구원 편, 백산서당, 2002.

이진표,『한국사상사 : 유가경세사상편』, 학문사, 2002.

한국사상사연구회,『조선유학의 개념들』, 예문서원, 2002.

황의동,『고봉 기대승의 철학연구』, 고봉학술원, 2002.

중국철학의 연구와 과제

김수중

머 리 말

해방 이후 중국철학 분야의 연구사를 정리하는 것이 본 논문의 과제이다. 그러나 이 과제는 하나의 논문이 처리하기에 너무나 버거운 일이기 때문에 우리는 연구 범위를 최소한으로 제한해야 할 것이다. 전통적인 '중국철학'의 기본 내용에는 유가, 불교, 도가의 내용이 모두 포함될 수 있지만 우리는 여기서 '중국불교' 부분은 범위에 넣지 않기로 한다. 또 중국철학의 연구에 있어서 학계와 민간의 다양한 층차가 있을 수 있으나 우리는 학계에서 이루어진 업적을 중심으로 논의를 전개하기로 한다.

기존의 연구를 보자면, 해방 50년이 되는 1995년을 전후하여 우리의 주제와 관련된 몇 가지 선행 연구들이 나왔다. 그런데 시론적 성격을 가지는 기왕의 연구들은 논문 제목을 기초로 분야별로 통계를 낸다든가 그동안 연구된 주요 업적을 나열하는 등 형식적인 기초연구에 그쳤다.[1] 이제 우리는 선행연구를 바탕으로 하여 한국에서 연구되어 온 중국철학의 내용을 검토하고, 우리나라의 중국철학연구에서 당면한 과제들을 구체적으로 검토하는 데

---

1) 김교빈, 「해방이후 한국에서의 중국철학 연구동향과 전망」, 『중국학보』 36, 한국중국학회, 1996 ; 허남진, 「서양철학 수용기의 동양철학 연구현황과 과제」, 『철학사상』 5, 서울대철학사상연구소, 1995 ; 정상봉, 「한국에서의 주자학 연구성과에 대한 회고와 전망」, 『중국학보』 38, 1998 ; 이강수, 「한국현대철학100년의 쟁점과 과제」, 한국철학회 정기학술대회 기조 발표문, 1999.

466

초점을 맞춤으로서 기왕에 나온 몇 가지 업적들과 차별화하고자 한다.

이 글은 먼저 우리나라에서 전개된 중국철학 연구성과를 시기별로 일별하고, 이어 후반에서 대표적인 논점과 과제를 정리해 보는 순서로 진행된다.

1. 시기별 전개 양상

1) 해방 - '동양철학'의 위상

철학은 시대의 아들이다. 따라서 희망이 없는 시대에 건실한 철학이 나오기를 기대하는 것은 극히 어려운 일이다. 문화전통에서 우리와 유사성을 갖는 동아시아 지역에서도 중국이나 일본에 비해 한국은 더욱 기구한 근대사를 경험한 만큼 철학사의 전개 양상도 그러하다. 따라서 전통의 단절, 혹은 전통철학의 단절도 한국이 가장 심각한 편이다. 우리 역사에서 한 세대의 기간을 차지하는 일본 강점기에는 당연히 '주체적인 전통철학'이 성립하기 어려웠지만, 우리 사상사를 더욱 비극적으로 만든 것은 미군정기(1945~48)와 자유당 시기의 교육정책이다. 미국을 비롯한 서구식 교육제도만 공적인 영역에서 인정되었기 때문에 전통적 한문교육 등은 지방에서 급격히 퇴화과정을 거치고, 이른바 '동양철학' 혹은 민족적 색채가 짙은 종교들은 '계룡산' 등지로 밀려날 수밖에 없었던 것이다.[2]

일본 강점기에 '동양철학'을 배울 수 있는 공적인 기관은 경성제대 철학과의 「支那哲學」강좌와 명륜전문학교가 있었지만[3] 그 내용은 초보적인 수준

---

2) 통일신라 이후 계룡산은 전주 모악산과 더불어 미륵신앙의 중심지였다. 전통의 단절을 위기로 본 사람들은 계룡산이나 모악산에서 '구원의 메시아'를 추구하였던 것이다. 이러한 현상은 우리 민족문화의 단절과 비극의 단면을 보여준다.
3) 갑오경장 이후 신학제 실시에 따라 1895년 성균관에 3년제 經學科를 설치하여 성균관은 제향기능을, 경학과는 교육기능을 맡게 되었다. 수업연한은 3년이며, 교육과정은 유학경전을 위주로 하되 역사학·지리학·수학 등 근대적인 교과목이 부과되었다.……1930년에는 경학원에 明倫學院을 설치하였으며, 그 뒤 명륜전문학원으로, 1939년에 명륜전문학교로 개편되었다가 1944년 일제의 강요로 명륜연성소로 격하되기도 하였다. 광복과 함께 같은 해 9월 명륜전문학교로 재개교하였다.

이었다. 경성제대 철학과에서 중국철학을 전공한 한국인으로는 金龍培(전 동국대 교수), 조용욱(전 동덕여대 총장), 민태식(전 충남대 총장) 등이 있었다. 이들은 한편으로 동양철학을 전공하면서도 서양철학도 함께 연구하였으며 그들의 중국철학 연구는 개괄적인 것이었다.4)

그나마 이 시기에 중국철학 분야에서 본격적인 연구와 교육을 담당한 사람은 李相殷(1905~1975, 전 고려대 교수)과 金敬琢(1906~1970, 전 고려대 교수)이었다. 중국에서 북경대 철학과를 졸업한 이상은은 陳大齊의 제자로 유학의 현대적 해석을 시도하였다. 그는 철학과에서 많은 후학들을 교육하였을 뿐만 아니라, '아세아문제연구소'를 설립하여 당시 학문 영역에서 소외되어 있던 아시아 지역의 역사와 문화를 연구하는데 중요한 역할을 하였다. 이상은은 대표적 저술인 『유학과 동양문화』(1975)에서 공자, 맹자, 순자 등의 사상이 당시 어떠한 시대적 · 사회적 배경에서 나왔는지 설명하고, 공자를 '영원한 인간의 스승'으로 평가하여 그의 주장이 오늘날 어떠한 의의를 갖는지 밝히고자 하였다. 특히 그는 맹자 성선설의 논리 구조를 분석하고 맹자의 본래 취지와 그 도덕철학적 의의를 드러내고자 하였으며, 전통유학의 기초인 『대학』과 『중용』의 내용을 현대적으로 해석하고자 천착하였다. 그는 전통 유학을 새로이 해석하여 유학의 정신을 비판의식, 가치의식 그리고 문화정신에서 찾고 있다.5)

이상은이 유학을 전문적으로 연구하고 교육했다면, 비슷한 시기에 김경탁은 노자를 비롯한 도가사상에 깊은 조예가 있었다. 일본과 중국에서 공부하고 돌아와 고려대 철학과 교수(1949)가 된 김경탁은 『중국철학사상사』, 『율곡의

명륜전문학교는 성균관의 정통을 계승한 것은 아니었지만, 전통적 교육기관에서 근대적 교육기관으로 개편되는 과정에서 그 맥을 함께 하고 있다.(『한국민족문화대백과사전』, 「성균관대학교」 항목).

4) 예를 들어 김용배의 『동양철학사상사대관』(동국대출판부, 1956)의 내용은 「東亞哲學思想史」, 「印度哲學思想史」로 구성되어 있고 부록으로 「동서문화비교론」 등이 첨부 되었다.

5) 김병채, 「유학의 현대적 의의-이상은 선생의 견해를 중심으로-」, 『해방50년의 한국철학』, 철학연구회 편, 철학과 현실사, 1996, 29쪽.

468

연구』등의 저술을 남겼으며『四書』와『老子』,『莊子』,『列子』등의 고전을
번역하였는데, 특히『老子』의 번역과 주석은 독창성을 지니고 있었다. 그는
중국철학의 특질을 '생성의 철학'으로 파악하고 이러한 맥락에서 老子의
道를 해석하였다. 그에 의하면 서양철학은 존재를 생성 보다 우위에 두지만
중국철학에서 보자면 "생성이 실재적이요, 도리어 존재는 그 일면에 불과하
다."[6] 중국철학에 대한 그의 이러한 견해는 이후 고려대학교 후학들에게
일정한 영향을 주었다.

2) 1960~70년대 : 전통철학의 회생

해방 후 우리나라 대학의 철학과 커리큘럼은 서양철학에 치중했다. '한국
철학사'가 대학의 철학과에 신설된 것은 1961년부터였다.[7] 이 시기에 한국사
상연구회가 발족되어『韓國思想』이라는 학술지를 발간하기 시작했다.[8]
여기에는 박종홍의「한국철학사」와 이상은의「중국철학사」가 연재되었다.
이 시기의 큰 화두는 우리 철학 전통의 본질이 무엇인가라는 문제였고 이
주제는 1970년대까지 이어졌다. 철학자들의 대표적인 모임인 한국철학회는
1970년에는 '道의 현대적 의의'를 주제로, 또 1973년에는 '한국철학의 새로운
방향'에 관하여 토론회를 개최하였으며 1979년에는 '동양철학의 방법문제'
를 주요 주제로 다루었다. "한국의 철학회가 1970년대에 남긴 공적은「한국철
학의 정립 작업」이었다."[9]

이러한 흐름 속에서 중국철학, 혹은 동양철학에 대한 본격적인 연구도
1960년대 이후에 이루어졌다. 이전까지의 연구가 개괄적인 것이었다면 이때

---

6) 김경탁,「老子의 道」,『신역 노자』, 현암사, 1978, 332쪽.
7) 조요한,「우리의 삶, 우리의 현실 ; 한국철학 언어로의 모색」,『월간조선』1982,
   3월호, 337쪽.
8)『한국사상』제1집은 59년에 발간되었다. 원래 한국사상연구회는 58년에 최동희,
   신일철 등이 주동이 되어「한국사상강좌」를 구상한 데서 시작되었다(조요한, 앞의
   글, 340쪽).
9) 조요한, 앞의 글, 343쪽.

부터는 각론적 연구가 본격적으로 전개되기 시작했다. 그 배경으로 우리는 다음 몇 가지 여건을 고려해 볼 수 있다.

첫째, 4 · 19혁명 이후 지식인 사회에 학문의 '주체성'에 관한 논란이 제기 되었다. 4 · 19혁명은 학생들이 독재에 항거하여 일어난 것이었지만 뜻있는 교수들도 다수 참여했으며 따라서 한국의 대학 혹은 지성사에 새로운 계기를 마련한다. 대학사회는 보다 능동적으로 사회에 대응하게 되었으며, 이전까지 의 막연한 학문론에 대한 반성이 일어나고 초보적이나마 '우리의 문화', '동양적 전통'에 대한 각성이 일어났다. 앞서 언급한 이상은은 3 · 15부정선거 에 항거하는 교수단 시위에 참여하면서 시국선언문을 기초했다. 서울대의 박종홍은 민족 주체성의 각성을 촉구하는 많은 논설을 발표하고 한국사상사 연구에 몰두하는 한편 강의를 통하여 대학 사회에 큰 영향을 주었다.

둘째, 5 · 16 이후 경제개발과 더불어 사회적으로도 민족문화의 정리와 기초 교육에 대한 관심이 고조되었다. 1963년에 한학자 임창순은 서울에 연구소를 개설, 일반인을 대상으로 한문강좌를 개시하였으며, 이 연구소는 이후에 지곡서당(태동고전연구소)로 발전되어 동양학 연구에 필요한 기초교 육의 중요한 산실이 되었다. 1965년도에는 정부 주도로 민족문화추진회가 설립되어 고전의 국역과 편찬, 한학자 양성 사업을 펼치기 시작했다. 이곳에 서 한문 기초를 닦은 학인들은 이후에 중국철학이나 고전 연구에 큰 역할을 하게 되었다. 1970년대 후반에는 한국정신문화연구원이 개원하여 전통문화 에 대한 연구와 교육을 뒷받침하는 사업을 전개해 왔다.

셋째, 대만에서 수학하고 돌아온 신진 학자들이 중국철학을 활성화하는데 크게 기여했다. 중국철학은 '중국'이라는 중심 지역을 무시할 수 없다. 그런데 1949년 사회주의 혁명 이후 우리 학계는 중국대륙과는 교류를 할 수 없었지만 '자유중국'으로 불린 대만과는 문화 · 학술교류에 문제가 없었다. 당시 대만 에서는 대륙으로부터 건너온 일부 학자들이 나름대로 중국철학 전통을 이어 가고 있었다. 1960년대 중반 이후에는 김충렬(고려대), 이남영(서울대) 등이 대만의 학풍을 이어받아 국내에 중국철학을 본격적으로 소개하고 많은 제자들을 길러내기 시작했다. 이들은 당시 중국뿐만 아니라 서구에도 이름이 알려진 方東美의 제자였다.

> 方東美의 철학은 동서철학을 종합, 관통하고 있으며, 그의 사상 내에는 철학뿐 아니라 과학, 종교, 예술의 네가지 경계가 서로 융합되어 있다. 그의 철학은 한마디로 廣大和諧의 생명정신을 드러내는 生哲學이라 할 수 있다. 그는 베르그송과 화이트헤드의 생철학 및 유기체의 철학과 중국전통철학 중 우주론 계통인 주역과 중용의 철학을 중심으로 그의 형이상학적 생철학을 완성하였다.10)

위와 같은 학풍의 영향으로, 이제 중국철학을 經學이나 思想史의 측면에서 연구하는 수준을 넘어서 근대 서구문명의 병폐를 보완할 수 있는 대안으로 검토하는 능동적인 기풍이 생겨났다. 이러한 학풍은 이후 정인재(서강대), 이강수(연세대), 송하경(성균관대) 등에 의해 각각 중국철학사, 노장철학, 양명학 등의 분야에서 확대되었다.

이 시기에 대만철학의 유입은 우리나라 중국철학 연구에 활력을 불어넣는 계기가 되었다. 그러나 대륙이나 일본 및 미국의 중국철학 연구성과는 아직 우리에게 소개되지 못하였고, 따라서 중국철학 연구는 대만철학에 편중될 수밖에 없었다. 대만철학은 중국 본토와 대립된 특수 상황에서 나름대로 전통 철학을 발전시켰지만 다음과 같은 한계와 문제점을 가지고 있었다.

① 종교적인 경향과 주관주의 : 무엇보다 먼저 우리가 현대 대만철학에서 특징으로 들 수 있는 것은 종교적인 경향이다. 대부분의 대만철학자들은 인간의 내면적 덕성을 매우 강조하며 나아가 도덕성, 인격성─이른바 唐君毅의 용어로 말한다면 '정신적 가치'를 강조하는 일반적인 경향성을 갖고 있다. 문제는 오늘날도 그 전통을 그대로 고수하려고 하는데에 그 보수적인 성격이 있다. 철학과 종교를 구분하지 않는 태도는 사상으로 하여금 과학성을 결여하게 만들기 쉽다. 그런 학문은 과학성과 실증성을 상실하기 쉽고 연구에

---

10) 정인재 역, 「역자후기」, 『중국인의 생철학』, 탐구당, 1983.

있어서 객관성을 갖기 힘들다. 주관적 내면성에 대한 지나친 강조는 학문으로 하여금 맹목이 되게 하여 사회에 대한 비판의식을 상실케하며, 사람들로 하여금 오로지 자기세계로 침닉케 하기 쉽다.

② 中體西用적 二元論 : 기본적으로 中體西用의 관점은 중국이나 한국, 일본에서 동양문화가 서양과 만나면서 가장 일반적인 대응방법이었다. 그것은 한국에 와서는 東道西器, 일본에 가서는 和魂洋才의 모토로 나타난다. 中體西用은 이론적으로 심신이원론적 세계관에 기초하고 있다. 그러나 과연 인간에 있어 정신적인 문화양식과 물질적인 양식을 따로 분할하여 진행할 수 있는지는 의문이다. 우리의 삶은 총체적인 것이며 결코 두 가지로 나누어질 수 없다. 현실을 직시해 본다면 사실 우리의 의식주 생활은 거의 이미 서구화 혹은 근대화 되었으며 그와 정비례하여 우리 정신적 생활이나 가치관도 변해가는 것을 우리는 잘 알 수 있다. 따라서 그 두 범주를 엄격히 나눈다는 것은 거의 불가능하다.

③ '동양적인 것'의 절대화 : 대부분의 대만학자들은 중국인의 세계관은 서구, 특히 근대서구적 세계관과는 전혀 다르며 바로 이 점에서 현대문명에 중국철학의 공헌과 역할이 요구되는 것으로 본다. 즉 근대서구의 세계관은 기계적이며 대립·적대적이며 따라서 동양의 총합적이며 조화적인 세계관이 보완하지 않으면 안된다는 것이다. 그런데 그런 입장에서는 서양의 세계관은 이분법적이고 대립적·적대적이며 반대로 동양의 경우는 총체적 조화와 생명력으로 충만해 있는 것으로 '새로운 이분법'을 도식화하는 데 문제가 있다. 한편 方東美는 『周易』과 『書經』, 老子와 莊子, 孔子·孟子·荀子 심지어는 華嚴家와 禪家등 수많은 사상가들을 빈번히 등장시키는데, 도대체 그런 여러 종류의 '동양' 사상들이 아무 모순없이 정합적으로 만날 수 있는지 의심하지 않을 수 없다. 오히려 공자가 화엄가와 갖는 공통점 보다는 소크라테스와의 유사성이 더 많다고는 할 수 없는 것인가? 그들의 입장은 '동양적인 것'을 무조건 善으로 절대화하는 것은 아닌가? 이러한 태도는 결국 '中華思想'의 연속이라고 하지 않을 수 없다.

3) 1980~90년대 : 다양화와 대중화

80년대 이후 한국사회는 큰 변화를 겪는다. 철학 분야에 있어서 변화의 특징을 몇가지 언급하자면, ① 철학의 대중성 획득, ② 외국철학의 소개를 넘어서 철학의 주체성을 확보하고자 함, ③ 학인의 증가로 인하여 각 분야별로 학회가 성립하고, 관점이 다양화 된 점 등을 들 수 있다. 당시 진보적인 소장학자 중심으로 형성된 '한국철학사상연구회'의 기관지인『시대와 철학』 창간호는 1980년대를 다음과 같이 인식하고 있다.

"80년대에 들어와서 한국철학계는 일대 전환의 움직임이 일어나기 시작했다. 과거 한국철학계가 주로 소수의 강단 철학자들에 의해서 지배되고 있었으며, 이들의 문제의식이 거의 세계를 어떻게 해석해야 하는가에 집중되어 있었다. 그런데 80년대에 들어와서는 철학에 대한 관심은 광범위한 대중들에게까지 파급되었으며, 철학에 대한 이들의 문제 의식도 세계의 해석이 아니라 세계를 어떻게 변혁시킬 것인가 하는 사상적인 문제를 지향하게 되었다."[11]

물론 이러한 분위기에 민감하게 반응한 분야는 서양철학, 특히 사회철학 분야였지만 그러나 동양철학도 그와 같은 영향에서 제외될 수 없었다. 지금까지 형이상학적이고 관념적인 관점에서 벗어나 좀 더 사회적 현실과 관련하여 접근하는 실천적인 태도가 크게 부각되기 시작했다.[12] 따라서 일부 학인들은 대만에서 출판되는 저술들에 집중하던 태도를 지양하고 대륙의 유물론적 관점에서 정리한 저술들에 큰 관심을 갖게 되었다.

사실 우리나라에서는 중국철학을 연구하면서도 중국 본토와 아무 관계도 가질 수 없는 기이한 상황이 한 세대 이상 이어졌다. 우리가 정식으로 중국과

---

11) 한국철학사상연구회,『시대와 철학』제1호, 41쪽.
12) 이 시기에 독일에서 연구하고 돌아온 송영배(82년 입국), 양재혁(83년 입국)은 지금까지의 대만철학의 관점과 달리 사회철학적 관점에서 전통사상을 해석하는 입장으로 학계에 자극을 주면서 위와 같은 분위기에 합류하였다. 특히 송영배의 『중국사회사상사』(한길사, 1986)는 유교의 본질을 중국의 사회구조와 역사적 관점에서 새롭게 해석함으로써 신선한 충격을 주었다.

수교를 한 것은 1992년이며, 그 이전에는 공식적으로 중국과의 학술문화 교류는 성립할 수 없었다. 단지 중국의 주요 철학 저작들은 부분적으로 일부 전문가들에게만 입수되었다. 그러나 1980년대에 들어서면서 당시의 사회 분위기와 복사 기술의 발달에 힘입어 대륙의 철학 저술들이 한국에 유포되기 시작했으며 오히려 젊은 학도들에게 필독서로 자리잡기 시작했다. 대표적인 저작이 유물론적 관점에서 전체 중국철학사를 정리한『中國思想通史』(候外廬외 편, 1961)이다. 아울러 毛澤東의 저술을 비롯한 현대의 사회 주의적 관점의 저술들이 크게 유포되었다.

한편 개혁개방(1978) 이래 중국 본토에서는 오히려 문화혁명 기간(1966~76)의 극좌적 태도를 지양하고 다양한 세계철학 조류에 대응하여 '백화제방' '백가쟁명'의 다양성을 표출하고 있었다. 특히 중국이 나아갈 진로를 모색함에 있어서 전통문화를 어떻게 처리할 것인가 하는 주제가 다시 주요한 쟁점이 되었으니 이러한 토론 열기를 그들의 용어로 '文化熱'이라 한다. 우리나라에서 '문화열'을 중심으로 당시 중국학계를 본격적으로 소개한 최초의 책이 중국과 수교가 이루어지던 1992년에 출간되었다. 그것은 한국철학사상연구회 동양철학 분야 소장학자들에 의해『현대중국의 모색』(동녘, 1992)이라는 이름으로 간행되었다. 이 책은 '문화열'에 관심을 가진 중국학자들을 '유학부흥론' '비판계승론' '서체중용론' '철저재건론' 등 네 가지 범주로 나누고 각 입장을 소개하고 대표적인 논문들을 번역하여 편집한 것이다. 중국과의 교류가 막 시작되어 아직 우리 사회에 익숙하지 않았던 중국 지식인들의 문제를 우리 사회에 소개하는 데 이 책은 중요한 역할을 담당하였다.

이 시기에 또 하나의 큰 변화는 중국철학을 전공하는 학인의 수가 급격히 증가하였다는 점이다. 가령 유학사상(중국, 한국) 분야의 박사학위 논문을 중심으로 살펴보자면 1950, 60년대에 4편, 1970년대에 14편, 1980년대에 33편으로 증가했고, 1990년대에 들어서는 매년 20편 내외의 논문이 발표되고 있다.[13]

---

13) 최영진, 「철학계의 유교사상 연구성과」,『유교사상의 본질과 현재성』, 유교문화연

학인들의 급격한 증가는 다양한 관점을 가능케 하였고 마침내 다양한 분야별 학회의 성립을 가져올 수 있었다. 전국규모학회는 한국동양철학회와 동양철학연구회를 대표적으로 들 수가 있다. 두 학회를 중심으로 학술활동 (연 1회 혹은 춘계 및 추계학술대회, 월례발표회)과 논문집 발간이 이루어졌다.14) 1980년 이후 꾸준한 연구자들의 증가와 연구영역의 세분화에 힘입어 학회와 연구소가 생겨났다(아래 도표 참조). 그 밖에 특정 사상가를 중심으로 퇴계학, 율곡학, 남명학 관련 연구원(소)가 활동하고 있다.

학 회 명	창립시기	간 행 물
한국공자학회	1980년	『공자학』
한국유교학회	1985년	『유교사상연구』
한국주역학회	1996년	『주역연구』
한국양명학회	1995년	『양명학』
한중철학회	1993년	『한중철학』
한국도가철학회	1997년	『도가철학』

또 이 시기에는 중국철학 혹은 동양철학에 관하여 대중의 관심이 비약적으로 많아졌다. 위에서 살펴 본 바와 같이 우리 사회에서는 1960년대 이래로 '우리 것' '우리 문화'에 관심이 생겼으며 1980년대에는 학문의 '주체성'이 주요한 관심의 대상이 되었다. 그러나 동양고전의 경우 아직 번역에 있어서 한자투에서 벗어나지 못해 '한글세대'와 여전히 거리가 있고, 또 그 내용에 있어서도 그것을 오늘에 되살려 재해석하는 작업이 축적되지 않아 대중이 오히려 우리 것에 낯설은 기이한 상황이었다. 그런데 이런 점에서 일거에 위의 문제점을 돌파하고 대중의 흥미를 불러 일으킨 사람이 김용옥(전 고려대 교수)이었다. 『동양학 어떻게 할 것인가』(민음사, 1986) 등 초기 저서에서

구소, 2002, 255쪽.
14) 한국동양철학회는 『동양철학』을, 한국동양철학연구회는 『동양철학연구』를 간행하고 있다.

그는 '완전번역'을 주장하며 안이한 태도의 현실 학계를 질타하고, 그가 깨달은 바 '동양적인 것의 본질'을 쉬운 말로 설파하였다. 구어체와 문어체의 경계까지 헐어버린 그의 거침 없는 언설은 이후 폭발적으로 대중의 주목을 받았다. 이후로 그는 불교와 한의학까지도 설명하고 심지어는 연극, 무용, 미술, 음악, 태권도, 시나리오 등 엄청나게 넓은 분야에까지 관심을 갖고 저술과 강연을 해왔다. 특히 최근에는 『노자』나 『논어』에 대하여 TV강연(1999, 2000)을 하여 중국철학에 대하여 대중의 관심을 불러일으키는 데 결정적인 역할을 하였다. 그에 관한 평가는 크게 두 가지로 나뉘어졌는데, 일반인들은 대체로 "어려운 동양철학을 쉽게 설명해 주는 학자"로 보아 열광하는 사람이 많았지만 중국철학 전공자들은 체계적 이론이 결여된 '학문의 상업화'에 불과하다고 보는 경향이 강했다. 중국철학의 대중적 기반을 넓히는 데 그가 담당한 커다란 역할에 대하여 부정할 수는 없지만, 그러나 그의 철학적 주장의 골격은 위에서 우리가 제기한 '대만철학'의 한계를 크게 넘어서지 못하고 있다. 뿐만 아니라 그의 저술은 양적으로 엄청나지만 학문적, 전문가적 엄밀성은 결여되어 있다. 따라서 그는 '동양철학'의 대중적 해설가이지 특정 분야를 정리하거나 새로운 체계를 제시한 전문적인 학자라고 보기는 어렵다.15)

---

15) 1973년 5월 빌리 그레함 목사가 한국을 방문하여 설교할 때 백만 명이 넘는 한국의 기독교 신자들은 열광하였다. 그렇다고 그레함 목사를 주요한 신학자라고 보는 사람은 없다. 그는 '전도'의 '선교'에 세계적으로 뛰어난 '전도사'이지 새로운 신학을 창출한 '신학자'는 아니다.

90년대 후반 학자들이 유교적 가치를 포함한 '아시아적 가치'의 순기능과 역기능, 보편성과 특수성을 놓고 심각하게 토론하고 있을 때 김용옥씨는 단지 '감동을 주는 강연'을 통하여 그것에 대한 믿음을 대중에게 심어 주었다. 전도자들은 대중 앞에서 감동적인 설교를 일방적으로 제공하여 자기의 신념을 널리 퍼뜨리고자 한다. 그래서 그들은 질문을 받지 않는다. 학자는 비판이나 토론의 형식을 통하여 자기 주장의 문제점을 보완하는 방식을 선호한다. 진정한 학자는 대중적인 전파보다는 자기 이론의 치밀성을 먼저 염두에 두기 때문이다. 그러나 전도자와 학자, 두 가지 기능은 사회에 모두 필요하다.

2. 논점과 과제

1) '아시아적 가치' 문제

90년대 후반에 들어와서 이른바 '아시아적 가치'에 대한 논쟁은 단순히 철학계 뿐만 아니라 우리 사회 전체에서 관심거리였다. 먼저 그 요점을 말하자면, 이전에 급속한 경제성장을 이끌어온 아시아 신흥공업국(NICs)들에 있어서 공통적 요소인 유교윤리 중심의 '아시아적 가치'는 과연 유효한 것인가, 오히려 그 역작용으로 IMF를 가져온 것이 아닌가, 이러한 문제였다.

그러나 '현대에도 유교적 가치관은 유효한가'라는 문제는 백년 전부터 제기된 진부한 주제이다. 중국에서는 신해혁명(1911) 이후 전개된 신문화운동에서 이미 그 유효성이 상실된 것으로 단죄되었지만 우리는 전통을 정리할 적절한 기회를 갖지 못한 채 일본강점기에 들어갔기 때문에 주체적으로 자기 전통에 대한 평가와 정리를 할 기회가 없었다.

1970년대초 아시아 국가들의 고도 경제성장 요인으로 가족주의(가부장적 권위), 공동체의식, 교육열, 근면성, 근검절약 등을 거론하며 유교적 가치를 긍정적으로 평가하는 사람들이 나왔다. 미국에서 활동했던 화교학자로 余英時,[16] 成中英, 杜維明 등은 막스 베버가 『프로테스탄트윤리와 자본주의정신』에서 말했던 가설을 정면으로 부정하고, 기독교 문화에서만 자본주의가 나올 수 있는 것은 아니며 오히려 유교적 사상 요소 중에도 자본주의 발전을 추동하는 요소들이 있음을 주장하였다. 후에 이른바 '유교자본주의론'이라고 불린 이러한 주장은 우리나라에서도 1980년대에 드물지 않게 매스컴에 등장하였다.[17] 1980년대부터 한국을 비롯한 대만, 홍콩, 싱가포르에서 눈부신 경제성장이 이루어지자 이들 나라를 가리켜 '아시아의 네 마리 용'이라고 흔히 부르고, 세계경제성장의 중심축이 아시아·태평양지역으로

---

16) 대표적으로, 余英時 저, 정인재 역, 『중국근세종교윤리와 상인정신』, 대한교과서, 1993.
17) 대표적인 저술로 김일곤, 『유교문화권의 질서와 경제』, 한국경제신문사, 1985.

옮겨지고 있다는 주장도 심심치 않게 매스컴에 등장했다.

그러나 1997년 동아시아 일부 국가에서는 외환보유고가 바닥을 드러내어 IMF의 긴급구제금융을 받지 않을 수 없게 되자, 서방의 학자들과 매스컴들은 종래와는 전혀 다른 평가를 하기 시작했다. 심지어 이들은 '아시아적 가치'가 아시아의 경제위기를 불러일으켰다고 종래와는 정반대의 견해를 피력하기 시작했다. 아울러 국내 철학계에서도 이 문제를 적극적으로 검토하기 시작했다. 철학연구회는 1998년 가을 학회 주제를 '아시아적 가치는 있는가'로 택하여 토론을 벌였고, 유네스코 한국위원회도 '보편윤리와 아시아 가치에 관한 국제회의'(1999. 10)를 개최하였다.

근래에 이 주제를 집중적으로 다룬 함재봉(연세대 교수)은 '아시아적 가치' 문제를 이렇게 요약하고 있다.

아시아적 가치론을 간략히 요약하자면 경제발전을 정치발전에 우선하는 가치로 두는 국가주도형 경제발전모델이 지난 30년간 동아시아가 경험한 경이적인 경제발전의 근본요인이었다는 것이다. 개발국가론(Developmental State theory)으로도 대표되는 국가주도형 개발모델은 경제개발에 있어서 강력한 정부의 역할을 긍정하면서 동시에 사회질서와 안정, 그리고 안보를 국가의 최우선적인 과제로 설정한다.……그런데 이러한 모델이 성공하기 위해서는 몇 가지 필수 조건이 있다. 우선 절대적으로 부족한 자원을 몇몇 전략산업에 집중적으로 배분할 수 있는 강력한 권력을 가진 정부가 필요하다. 두 번째로는 부족한 자원과 기술, 노동력을 동원할 수 있는 힘을 가졌을 뿐만 아니라 그것을 효율적으로, 그리고 전략적으로 투입할 수 있는 지식과 식견, 판단력을 가진 정치지도자와 관료가 필수적이다. 세 번째 요소는 국가의 강력한 경제개발정책에 따르고자 할 뿐만 아니라 농업중심에서 산업중심 사회로의 급격한 전환을 소화해 낼 수 있는 규율과 근면성, 기강과 교육열을 갖고 있는 국민이다. 20세기 세계경제 발전사가 보여주는 것은 이 세 가지 요소를 동시에 갖추고 그것을 발전의 원동력으로 승화시키는 일이 얼마나 힘들고 드문가를 보여준다. 아직까지도 이러한 모델을 바탕으로 성공한 경우는 일본과 한국, 대만, 싱가포르 등에 불과하다.[18]

18) 함재봉, 「아시아적 가치 논쟁의 정치학과 인식론」, 『아시아적 가치』, 전통과 현대,

'유교민주주의론'을 주장하는 함재봉에 의하면 아시아적 가치론은 민주주
의를 부정하기 보다는 서구식 자유민주주의가 가져오는 사회적 병폐와 도덕
적 해이를 지적하고 보다 공동체주의적이고 따라서 비자유주의적인 민주주
의의 건설을 목표로 한다. 서구사회는 도덕적인 차원과 사회질서의 차원에서
많은 문제를 안고 있다. 그리고 서구의 과도한 자유개인주의가 이러한 결과를
가져오는 데 일조를 했다는 점에 있어서도 대부분 동감하고 있다. 그런데
"한국이나 대만, 그리고 일본과 같은 나라들은 이미 민주주의를 실현하고
있으면서도 과도한 개인주의, 가족의 해체, 사회윤리의 붕괴 등의 현상은
아직 상대적으로 적게 경험하고 있다. 따라서 건설적이고 긍정적인 의미의
아시아적 가치론은 오히려 그것을 가장 강력하게 주장하는 싱가포르, 말레이
시아, 중국 등 보다는 이미 민주주의를 실현하고 있는 한국, 대만, 일본
등에 적합한 이론이다."19) 위와 같은 배경에서 함재봉은 '아시아적 가치'를
옹호하는 입장에 선다.

한편 이승환(고려대 교수)은 '아시아적 가치'에 대하여 비판적 수용의
입장에 가깝다. 그에 의하면 '아시아적 가치'라는 개념은 중립적인 개념이
아니다.

> 헌팅턴은 서구와 미국의 전지구적 헤게모니를 유지하기 위하여 동서양의
> 문명충돌을 의도적으로 왜곡하여 과장함으로써 서구인들에게 위기의식과
> 견제심리를 조장한다. '아시아적 가치'라는 개념은 이렇게 '세계권력의 주도
> 권 유지'라는 담론적 공간 안에서 조작되고 유포되고 선전된다.20)
> '아시아적 가치'라는 개념은 미국을 비롯한 서구가 자기 이외 지역에 대한
> 정치·경제·문화적 지배를 합리화하기 위해 동원하는 형이상학적 수사이며,
> 다른 한편으로는 개발독재국의 정치가들이 기득권을 고수하기 위해 동원하는
> 이데올로기적 장치임을 알 수 있다.21)

1999, 198~199쪽.
19) 함재봉, 「아시아적 가치와 민주주의」, 『철학연구』 44집(1999 봄호), 19쪽.
20) 이승환, 「'아시아적 가치'의 담론학적 분석」, 『아시아적 가치』, 전통과 현대, 1999,
317쪽.

예를 들면 서구의 언론은 미국이 경제침체의 늪에 빠져있던 1980년대에는 아시아의 강력한 리더쉽과 가족적인 경영방식을 모델로 삼자고 외치다가 IMF 이후로는 아시아적 경영방식이 창의성과 유연성을 억누르는 가부장적 모델이며, 정실주의와 연고주의로 얼룩진 '패거리주의'에 불과하다고 비판하는 것이다. 이러한 담론은 '오리엔탈리즘'과 마찬가지로 서양인들의 의도와 목적에 따라 모습을 달리하는 '허구적 구성'일 따름이다.[22]

이승환은 우리의 전통에 연고주의와 정실주의를 방지하기 위한 '相避'제도가 엄연히 자리 잡고 있었으며, 심지어 군주의 독주를 방지하기 위한 臺諫제도와 상소제도가 정착되어 있었음을 상기시킨다. 따라서 부패와 정실이 아시아만의 고유한 것이 아니라 "인류 역사 어디서나 발견되는 '인간의 조건'에 수반된 그림자이다."[23] 따라서 그들이 말하는 '아시아적 가치'라는 개념은 서구의 아시아에 대한 경제적 지배의 정당화 논리로 활용될 뿐 아니라, 나아가서 정치적 지배의 기제로도 활용된다. 예를 들어 미국의 '인권외교' 뒷면에는 자국이기주의와 전지구적 헤게모니의 장악이라는 야심이 도사리고 있음을 우리는 파악해야 한다.

이러한 논의에 대하여 장은주는 반대의 입장에 선다. 위의 두 사람을 비판하여 그는 "함재봉의 입론이 말하자면 우파적으로 아시아적 가치를 옹호한다면 이승환은 좌파적으로 아시아적 가치를 문제삼고 있다."고 주장한다. 장은주는 이들이 현대의 민주주의와 전통적 유교가 사이좋게 양립할 수 있다고 너무 쉽게 생각했다고 본다. 함재봉의 유교민주주의론에서 진정한 인권과 민주주의를 실현할 수 있을지 장우주는 극히 의심의 눈으로 바라본다. 이승환의 주장에 대해서도, 자유주의와 유가라는 "두 가지 지향이 서로 갈등할 경우 어떻게 할 것인지에 대하여는 어떤 설득력 있는 답을 찾을 수 있을 것처럼 보이지 않는다"[24]는 점에서 반대하고 있다. 장은주는 이들의

21) 위의 글, 327쪽.
22) 위의 글, 320쪽.
23) 위의 글, 322쪽.
24) 장은주, 「문화적 차이와 인권」, 『철학연구』 49집(2000년 여름호), 160~163쪽.

480

입장을 '신판 동도서기론'이라 비판한다.

한편 송영배(서울대 교수)는 이 주제를 보다 큰 시야에서 바라볼 것을 제안한다.25) 송영배는 오늘날 지구 전체가 하나의 체재 속에 통일 되는 '세계화'의 물결 속에 휩싸여 있음을 먼저 상기시킨다. 그는 "전통적인 '문화 적 정체성'의 다양한 모습들과 이런 다양성을 하나의 '보편적' 양식으로 묶으려는 '세계화'로의 체제 통합 사이에는 갈등과 긴장관계가 나타날 수 밖에 없다"고 보고, '아시아적 가치'의 문제도 실은 위와 같은 맥락에서 발생한 것으로 파악한다. 그런데 오늘날 빠르게 전개되는 '세계화'의 밑바닥 에는 근대성이 자리잡고 있다. 여기서 그는 근대 과학주의의 팽창과 '도구적' 이성의 비극을 다시 검토하며 이러한 배경에서 유교적 가치와 덕론, 그리고 신유가의 유기체적 세계관을 재음미하고자 한다.

순전한 개개인들의 사적인 이해관계를 일차적으로 고려하면서 계약사회를 유지하려는 서구적인 현대사회의 자유주의적인 개인주의와는 달리, 개개인들 의 타산적 이해관계의 고려보다는 오히려 공동체 전체의 화합과 안녕을 이루 어내기 위하여, 한편으로 '지도자' 엘리트들의 '배움'과 '반성적 사유'를 강조 하면서, 또 다른 한편으로 하나의 공동체 안에서 서로 각기 다른 역할을 하면서도, '자기'가 관계하고 있는 주위의 '다른 사람들'에게 각별한 "배려" [恕]를 강조하는 유교의 덕의 윤리는 결국 개인을 공동체 안에서의 자기가 실현해 내야할 역할을 통해서 규정해내는 일종의 유기체론적인 세계관에 그 뿌리를 두고 있음에 틀림이 없다. 따라서 유교의 덕의 윤리에 대한 비판이나 공격의 대상은 일차적으로—그것이 안고 있는 시대적인 한계—말하자면, 혈연을 중시하는 가족중심주의, 또는 가부장적인 불평등한 인간관계 등등이 아니라, 차라리 근원적으로 보자면 바로 유교적 세계관이 갖고 있는 도덕형이 상학의 유기체론적인 특성에 대한 비판이나 공격이 되어야할 것이다.26)

이러한 배경에서 송영배는 고립적으로 존재하는 서구 근대의 자유주의적

25) 송영배, 「세계화 시대의 유교적 윤리관의 의미」, 『철학』 62집(2000년 봄호), 6~30쪽.
26) 위의 글.

인간관의 지양과 유교적 윤리관의 비판적 계승을 제안한다.

2) 노장과 해체주의

우리는 전통문화와 서양 근대문화의 혼효 속에서 살고 있다. 따라서 이 시대의 철학은 동서가 만날 수밖에 없을 것이다. 그러나 오랜 역사 속에서 형성된 동서의 문화 배경이 다르기 때문에 두 가지를 종합하여 하나의 일관된 체계를 형성하는 일도 쉬운 일이 결코 아니다. 전통사상을 서양사상과 접목하고자 하는 시도는 1970년대부터 있어 왔지만 아직 뚜렷한 업적은 적은 편이다. 이 분야에 일찍이 큰 관심을 가진 학자는 김형효(한국정신문화연구원 교수)였다. 그는 『데리다의 해체철학』(1993 ; 1999), 『데리다와 노장의 독법』(1994), 『노장사상의 해체적 독법』(1999)이라는 저서와 몇가지 논문을 통하여 전통적 노장사상을 데리다의 해체철학과 접목을 시도하여 주목 받게 되었다. 또 이광세(미국 켄트주립대 교수)는 「로티와 장자」(『철학과 현실』, 1995), 『동양과 서양 두 지평선의 융합』(1998) 등에서 로티의 철학을 장자와 비교하고자 시도하였다. 한편 한국도가학회에서는 1999년도 가을 발표회에서 '도가철학과 서양철학'이라는 주제로 발표회를 갖고 이와 관련된 논문들을 보강하여 『노자에서 데리다까지』(2001)를 발행하였다. 이 논문집에 실린 「노장과 해체론」이라는 글을 공동 집필한 김상환(서양현대철학), 최진석(노장철학)은 이렇게 본다.

동아시아의 사상사적 표면이 유가사상이라면, 서양에서 그것은 플라톤주의이다. 유가적 전통에 대한 대안적 사유가 노장이라면, 플라톤주의에 대한 총체적 대안은 해체론이다. 이런 위상학적 유사성은 내용적 유사성으로 이어진다. 비판과 극복의 대상인 유가사상과 플라톤주의는 일견 같은 것을 추구하고 있는 것처럼 보이므로 이 점은 더욱 두드러진다. 分(구분, 분석)의 절대화, 正名論, 동일성의 사유, 본질주의, 목적론, 반생성론적 정태주의, 위계의 중시 등에서 동서양의 사상사적 표면이 서로 일치한다. 때문에 노장과 해체론에서 다같이 齊一 사상, 無名者의 체험, 차이의 사유, 반본질주의와 반목적론, 생성

론과 변화의 중시 등을 발견할 수 있다는 것은 놀라운 일이 아니다.27)

이러한 관점은 김형효 교수의 주장에도 연속된다. 김형효 교수에 따르면 "하이데거와 데리다와 후기의 메를로퐁티를 아우르는 포스트모더니즘의 사상과 도가사상, 불교의 교학적인 사유 등이 모두 하나의 유사한 계열을 형성하고 있다."28)

이제 구체적으로 김형효의 분석의 일부를 살펴보자. 그는 老子 사상에서 핵심적 내용을 담고 있는 1장29)은 有의 계열과 無의 계열이 새끼줄과 같은 교차 반복법으로 엮어져 있다고 본다. 따라서

> 우리는 노자의 도가 무엇인가 라고 물을 수 없다. 그런 종류의 질문 자체가 노자의 도를 이해하는 적절한 질문이 될 수 없기 때문이다. 노자의 도는 개념상 복잡하고 非單義的이어서 개념적 정의가 불가능하기 때문이다. 데리다는 개념상의 복잡다단함은 이미 개념이 될 수 없다고 하여 그것을 反개념적 '散種(la dissemination)'이라고 지칭하였다.……노자의 도는 개념화는 물론이려니와 실체화, 본질화, 존재화로 수렴될 수 없다. 여기서 도의 불가 개념화를 우리가 지적하였다고 해서 도가 형이상학적인 황홀이기에 신비스러워서 개념화나 정의화가 불가능하다고 말하는 것은 결코 아니다. 그러므로 도가 무엇인가 하는 물음보다 도가 어떻게 작용하고 있는가 하고 묻는 것이 사실상 더 타당한 질문법이 된다.30)

---

27) 김상환·최진석, 「노장과 해체론」, 『노자에서 데리다까지』, 예문서원, 2001, 324~325쪽.

28) 김형효, 「프롤로그」, 『노자에서 데리다까지』, 25쪽.

29) 말할 수 있는 道는 常道가 아니고, 命名할 수 있는 名은 常名이 아니다. 無名은 천지의 시작이고, 有名은 만물의 어머니다. 고로 항상 無欲으로써 그 妙를 보고, 항상 有欲으로써 그 徼를 본다. 이 둘은 같은 것에서 나왔지만 그 이름을 달리한다. 이것을 같이 말하자면 玄이라 한다. 현하고 또 현한데 이것이 衆妙의 門이다. (道可道, 非常道. 名可名, 非常名. 無名, 天地之始, 有名, 萬物之母. 故常無, 欲以觀其妙, 常有, 欲以觀其徼. 此兩者, 同出而異名. 同謂之玄. 玄之又玄, 衆妙之門. 해석은 김형효).

30) 김형효, 「데리다를 통해 본 노장의 사유 문법」, 『노자에서 데리다까지』, 275~6쪽.

또 김형효의 설명에 따르면, 노자의 도는 무의 계열과 유의 계열이 서로 비스듬히 서 있는 모양에 비유될 수 있다. 이것은 서로 다르지만 동시에 타자를 맞이할 준비가 되어 있음을 뜻한다. 데리다의 표현으로 "산종은 정면으로 응시하지 않고 자신의 고유한 신체가 없는 접목의 이론과 실천을 일반화한 것이다." 데리다의 용어를 빌리자면 노자의 도는 무의 계열과 유의 계열 간에 '보충대리(la supplementarite)'의 관계를 지니고 있다.31)

이러한 김형효의 노장해석에 대하여 『오늘의 동양사상』(2002,여름호)이 마련한 반론의 공간에서 이승종(연세대 교수)은 다음과 같은 세 가지 반론을 제기하였다. i) 노자와 장자의 차이점은 인정되고 부각되면서도 데리다의 텍스트는 노자와 장자의 텍스트와 무차별적으로 일치를 보고 있다. ii) 데리다 에서 빌려온 보충대리의 논리를 적용하여 김형효 교수는 "같은 것을 안이라 하고 다른 것을 바깥이라고 해보자. 같은 것은 다른 것의 다른 것이니 다른 것이 같은 것 속에 이미 스며들어 있다. 즉 다른 것이 같은 것에 접목되고 상감되고 있다. 그래서 바깥은 안과 다르지만 같다"고 주장하였는데 이는 논리적 비약이다. iii) 김형효 교수는 "노장은 귀납적 사유에 반대하는 선험주 의자들이라"고 보았는데 이는 잘못이다. 데리다와 노장을 선험주의자로 규정하는 데 수반하는 위험성은 그들의 사유가 노정하는 다양성의 국면들을 捨象하고 그들의 철학을 단일화시키는 데서 발견된다. 이러한 비판에 대한 답변으로 작성한 「도구적 세상보기와 초탈적 세상보기」라는 글에서 김형효 는 근본적으로 두 사람 사이에 철학적 작업을 하는 입장과 수위가 다름을 먼저 지적한다. 이승종의 작업이 '유위적 진리의 영역'이라면 자기의 작업은 '무위적인 초탈의 도를 밝히는 영역'이라는 것이다. 아울러 김형효는 비교철 학적 작업의 성격을 다음과 같이 말한다.

유사한 사유구조들이 몇 개로 분류된다는 것은 다른 사유구조들과는 다르다 는 것을 전제로 한다. 이 점에서 동서고금의 철학적 사유는 별로 차이가

---

31) 위의 글, 280쪽.

없는 것 같다. 흔히 동양철학은 서양철학과 다르다고들 말하는데, 내가 보기에
는 동서고금의 차이를 넘어서 철학은 서로 유사한 것들과 다른 것들이 늘
반복적으로 나타날 뿐이다. 그러므로 철학적 사유 구조의 결에서 이런 유사성
의 구조와 또 다른 저런 유사성의 구조들이 있을 뿐이지, 지역과 시대와
사람들이 다르다고 해서 다른 철학들이 인과적으로 혼란스럽게 발생하지는
않는다는 것이다. 많은 철학이론들과 학설들이 혼란스럽게 부침하지만, 이
세상을 읽고 보는 근원적 방식에서 본다면 다만 몇 개의 것들이 유사성들을
지니며 모일 수 있기에, 결국 철학은 유한한 몇 개의 哲學素(philosophemes)로
그려진 세상보기의 몇 가지 퍼즐 짜기와 비슷하다.[32]

　　김형효의 관점에 따르면, "도가사상은 모든 것을 하나의 가치로 환원시키
려는 근현대(modernity)사상의 독성을 일깨워 줄 정신적 각성제이자 21세기
적 사유의 기본 틀을 놓을 수 있게 해 줄 설계도라고 할 수 있다."[33] 김교수는
나아가 "도가사상은 이런 20세기의 문명의 흐름을 넘어서 새로운 21세기의
문명을 창조하려는 우리의 철학적인 見分에 하나의 획기적인 전회의 계기를
마련해 줄 수 있을 것"으로 큰 기대를 숨기지 않는다.

3) 생태 환경문제와 전통사상

　　오늘날 환경오염 등에서 비롯되는 생태위기는 우리의 삶을 직접적으로
위협하는 지경에 이르렀다. 먼 지구의 역사에서 본다면, 인간이라는 종이
안정적으로 장기간 존속한 기원전 5만년에서 1만년에 이르는 시기에 인류는
지구 전체를 통틀어 대략 400만 정도의 인구를 유지해 왔다고 한다. 만일
이를 지구에 생존하는 적정 인구로 본다면 오늘날 60억의 인구는 그 1500배에
달하는 셈이다.

　　근대문명에 대한 비판과 더불어 동양사상에서 새로운 세계관을 찾고자

---

32) 김형효, 「도구적 세상보기와 초탈적 세상보기」, 『오늘의 동양사상』 2002 봄호,
　　34쪽.
33) 김형효, 「프롤로그」, 『노자에서 데리다까지』, 35쪽.

하는 노력은 오랜 전부터 있어 왔지만 근래 미국에서 출간된『유교와 생태학』
(*Confucianism and Ecology*, Harvard Univ. Press, 1998)은 우리에게 신선한
충격을 주었다. 여기에는 하바드대학교 세계종교연구소 주최의 심포지엄에
참석한 미국과 동아시아 유학자들의 발표 논문 16개가 실려 있다. 아이반호
(P.J. Ivanhoe)는 「초기유교와 환경윤리」라는 논문에서 유교생태학의 기본
설정을 모색한다. 그는 지금까지 거론되는 환경윤리학을 ① 지구 전체를
하나의 유기체로 바라보는 가이아 가설, ② 인간을 비롯한 모든 유기체와
생태계가 동등한 가치를 가지며 따라서 모두가 보호되고 보존되어야 된다고
보는 심층생태학(Deep Ecology), ③ 자연의 모든 존재들의 균형과 조화를
강조하면서도 인간의 특별한 역할(prominent role)을 강조하는 지구윤리(Land
Ethic), ④ 性, 인종, 계급 등에 대한 왜곡에 더욱 주목하는 사회생태학(Social
Ecology) 등 네 가지 범주로 분류하고, 유교적 관점에서 거론하는 생태윤리는
세 번째 영역에 포함된다고 본다(61~62쪽). 초기유교를 중심으로 고찰한
이 글에서 아이반호는 공자나 맹자도 생태문제에 깊은 함축을 가지고 있지만
특히 순자의 사상은 매우 훌륭한 '지구윤리'의 토대를 제공한다고 본다.

한편 같은 책에 실린 「신유학 전통의 확장」이라는 글에서 칼튼(M.C.
Kalton)은 오늘의 문제의식에서 신유교 전통을 응용, 확장해 볼 필요가 있다고
본다. 그에 의하면 신유학의 전통은 21세기에 제기될 문제들을 성찰하는
데 중요한 영감을 줄 수 있는 사상적 보고이다. 그에 의하면 신유교의 氣사상
은 오늘날의 생태학적 위기에 답을 줄 수 있는 강점이 있다. 신유학에서
氣는 변화 속에 있는 생명력 자체로 아주 영묘한 기는 정신자용을 일으키고,
탁한 기는 액체와 고체를 이룬다. 이러한 기는 현대물리학적으로 보자면
에너지 개념에 해당한다. 신유학의 氣사상에서 보자면 물질은 생명이 없고
의식도 없다는 물질적 환원 관점을 배제하며, 따라서 정신과 물질의 이분법을
극복할 수 있다. 신유교에 의하면 각종 존재들은 자기의 고유한 본성을
가지고 있지만 동시에 그것들은 하나의 전체로 묶여진다(理一分殊). 이와
같은 신유학의 이일분수 사상은 관계적 그물망의 윤리학인 생태윤리를 발전

시킬 수 있을 것이다(80~85쪽).

한국동양철학회는 2000년 2월에 '새 천년의 동양철학과 환경윤리'라는 주제로 발표회를 가졌다. 기조발표에서 최근덕 교수는 새 시대의 바람직한 환경윤리의 항목들로 ① 生命尊重思想 ② 天人合一・物我一體思想 ③ 憂患意識 ④ 健全한 價値觀의 確立 등 네 가지를 제시하고 이에는 동양사상이 기여할 바가 있을 것이라고 주장했다.

최영진은 「주역에서 보는 인간과 자연의 관계」에서 생태계 위기의 근본요인은 인간중심주의이며, 인간중심주의는 도구적 자연관과 동전의 양면과 같이 표리관계에 있다고 본다. 인간만이 이성(또는 도덕성)을 소유하고 있음으로 목적으로 대해야 하며 그 이외의 존재는 이성이 결여되어 있기 때문에 수단적 가치밖에 지니지 못한다는 서구(기독교 문화)의 주장은 제국주의적 발상으로 전락할 위험을 갖는다. 『주역』에서 보자면 존재하는 것들은 유기적으로 연결되고 착종하여 상호작용함으로써 생명을 생성한다.

> (주역에서 보자면) 하늘, 땅, 산, 연못, 우뢰, 바람, 물, 불, 여덟 가지 사물이 자연을 구성하는 기본 존재로서 이들의 상호관계에 의하여 자연계가 구성된다. 위 문장이 그리고 있는 자연계의 모습은 하늘과 땅이 위 아래에서 자리를 잡아 그 덕을 합하고, 그 사이에서 연못의 물기운은 산위로 올라가 구름과 비가 되며 산의 泉脈이 연못으로 흘러가서 샘이 되고 물이 되며, 우뢰와 바람이 서로 부딪혀 감응하고 물과 불은 본래 상극 관계이지만 도리어 서로 조화되어 헤치지 않는 조화로운 세계이다. 우뢰는 잠들어 있는 만물을 일깨워 생명력을 고동시키고, 바람은 생명에너지를 만물에게 흩어 주며, 비는 시들어 가는 생명에게 물을 주어 윤택하게 하고, 태양은 빛을 주고 산은 만물을 이루어 주고 연못은 기쁘게 하고 하늘은 만물을 주재하고 땅은 만물을 잉태하여 길러주며 갈무리한다. 이와 같이 천지산택수화는 각각 자기의 역할을 하면서도 유기적으로 연결되고 착종되어 상호작용함으로서 생명을 생성시킨다.[34]

가령 주역의 64괘는 각각이 64괘 모두가 될 수 있다. 『주역』의 서법에 의하면,

---

34) 한국동양철학회 제34차 정기학술발표, 『새천년의 동양철학과 환경윤리』(2002. 10), 23쪽.

동효가 있을 경우 다른 괘로 변한다.35) 이와 같이 "하나의 괘는 64괘 전체를
함유한다. 즉 64괘 각 괘가 서로를 그 안에 머금고 있는 것이다. 그러므로
하나가 전체이며 전체가 곧 하나이다. 이것은 세계가 바로 물의 유기적 그물망
임을 상징적으로 보여주고 있는 것이다."36)

한편 김교빈은 「양명학과 생명사상」이라는 발표문에서 '萬物一體'개념
을 중심으로 양명학의 생태사상을 조명한다. 양명은 만물을 '인간―동물―식
물―무생물'의 계층구조로 나누고 그 각각에 '惻隱之心―不忍人之心―憫
恤之心―顧惜之心'을 차등적으로 대응시켰다. 그러나 이것은 방법론적 차
등에 불과하다. 오히려 양명의 만물일체론이 '생명의 파괴에 대한 아픔'이라
고 하는 생명적 연대감에 근거하고 있다는 사실에 주목해야 할 것이다.
王陽明은 이렇게 말한다.

> 大人이란 천지만물을 한 몸으로 여기는 자이다.……어린아이가 우물에
> 빠지려 하는 것을 보면 우리는 반드시 뭉클하면서 불쌍히 여기는 마음이
> 있게 되니 이것은 자신의 仁이 어린 아이와 하나가 되기 때문이다. 어린
> 아이는 오히려 나와 같은 類라 그렇다고 하겠지만, 날짐승이나 길짐승이
> 슬피 우는 소리를 들으면 우리는 반드시 안타까운 마음이 있게 되니 이것은
> 자신의 仁이 날짐승이나 길짐승과 하나가 되기 때문이다. 날짐승이나 길짐승
> 은 오히려 지각이 있는 존재라서 그렇다고 하겠지만, 풀이나 나무가 꺾어지고
> 부러진 것을 보고서도 우리는 반드시 연민의 마음이 있게 되니 이것은 자신의
> 仁이 풀이나 나무와 하나가 되기 때문이다. 풀이나 나무는 오히려 살려는
> 의지가 있는 존재라서 그렇다고 하겠지만, 기와나 돌이 무너진 것을 보고서도
> 우리는 반드시 애석한 마음이 있게 되니 이것은 자신의 仁이 기와나 돌과
> 하나가 되기 때문이다.37)

---

35) 예를 든다면 乾卦 초효가 동하면 天風姤卦가 되며 2효가 동할 경우는 天火同人卦가
된다.

36) 앞의 글, 24쪽.

37) '大人者, 以天地萬物爲一體者也……是故孺子之入井, 而必有怵惕惻隱之心焉,
是其仁之與孺子而爲一體也. 孺子猶同類者也, 見鳥獸之哀鳴斛觫, 而必有不忍之
心焉, 是其仁之與鳥獸而爲一體也. 鳥獸猶有知覺者也, 見草木之摧折而必有憫恤
之心焉, 是其仁之與草木而爲一體也. 草木猶有生意者也, 見瓦石之毀壞而必有顧

김교빈은 왕양명의 '만물일체론'이 파토스에 기초한 생명적 연대감을 그 근거로 하고 있다고 본다. 위의 인용문에서 우리는 나로부터 만물에 이르기까지 생명적 연대감이 확산되는 과정을 볼 수 있다. 김교빈은 "양명적 세계관은 오늘 우리가 처한 환경문제를 해결하기 위한 대안적 세계관"이 될 수 있다고 본다. 양명학에서는 모든 존재와 공생하는 생명의 원리를 인간의 본성으로 확신하고 있으며, 그러한 확신을 토대로 사적인 욕심이 움직이지 않도록 끝없는 자기 반성을 통해 사물과 자신의 관계를 바로잡아 가고 있기 때문이다.[38]

맺는말

지난 반세기 중국철학분야 연구를 되돌아 보면서 우선 느껴지는 것은 과거는 불행했지만 미래에는 희망이 있다는 것이다. 그것은 우리의 근대사를 반영하며 우리의 현실을 그대로 반영한다. 오랜 역사를 가진 나라가 갑자기 일본 강점기에 들어서고 이어서 미군정기를 거치면서 우리의 정신적 전통도 단절과 굴절의 경험을 회피할 수 없었다. '학문'이라 하면 무조건 서구 근대의 것으로 모델을 삼는 시대를 맞아 전통철학은 우리의 생활세계에서 추방되어 깊은 산 속으로 숨고 말았던 것이다. 그러나 1960년대 이후 경제 부흥을 바탕으로 우리는 다시 '우리 것' '우리 문화'에 대한 관심을 회복하고 1980년대 이후로는 우리의 정체성에 대하여 진지하게 논란을 벌일 수 있었다. 이 맥락에서 우리가 가장 불행했던 점은, 주체적으로 전통 혹은 동양철학을 비판하고 반성하는 기회를 제대로 갖기도 전에 서구 근대문화가 강요된 점이다.

그런데 '근대화' '산업화'의 물결 속에서 점차 퇴색되던 동양철학 혹은 중국철학이 정작 '조국 근대화'의 과업이 어느 정도 달성된 즈음에 다시

惜之心焉, 是其仁之與瓦石而爲一體也.' 王陽明, 「大學問」.

38) 김교빈, 앞의 글, 46쪽.

그 필요성이 일반적으로 인식되어 제자리 잡게 된 점은 역설적이다. 그 대신 1980년대 이후 활발해진 중국철학 연구는 그 이전의 것과는 성질상 크게 달라졌다. 대중적 관심이 높아지면서 학인의 수가 폭발적으로 증가하고, 따라서 관심이나 주제도 그만큼 다양해졌다. 이에 따라 중국철학 연구도 분야별로 전문화되고 이제 그 현실에의 응용이나 적용도 활성화되기 시작했다.

이러한 배경에서 지난 10년 이래 유교적 윤리관, 가치관에 대한 반성과 재음미에서 나오는 '아시아적 가치 논쟁'이 전개되었다. 이 논쟁은 우리나라에서 큰 비중을 차지하는 '유교전통'에 대한 최초의 본격적인 논쟁이었다는 점에서 의의가 크다. 대체로 우리가 받아들인 근대과학과 사회제도에 비판적인 학자들은 '아시아적 가치'를 재음미해야 한다는 입장이었고, 인권문제를 비롯한 전통사상의 비민주성을 우선 염두에 둔 사람들은 그러한 입장의 문제점을 지적하였다. 학자들이 '아시아적 가치'를 부정적 혹은 긍정적으로 평가하는 논쟁을 하는 동안 민간에서는 '공자가 죽어야 나라가 산다' '아니다'로 논란을 벌였다.

한편 근래 서구철학의 영향으로 포스트모더니즘 계열의 학풍이 유행하면서 일부 학자들은 그 내용이 우리 전통의 노장철학과 유사함에 깊은 인상을 받았다. 이에 따라 데리다의 해체론 등을 노자나 장자와 비교해서 연구하는 작업들이 나왔고 이에 대한 반론들이 아울러 등장했다. 이 논쟁은 우리의 근대철학사에서 어느 정도 진지한 '비교철학적' 작업이었다는 점에서 의미가 있다. 위의 두 논쟁은 김용옥씨의 텔레비전 강연과 맞물려 "동양사상은 대안이 될 수 있는가"하는 논쟁으로 확대되었다.[39]

---

39) '동양' 담론에 대한 열기는 직접적으로는 김용옥씨의 텔레비전 강의에 의해 촉발되었다. 철학의 대중화에 대한 긍/부정론, 품위론 등 이른바 '도올 논란'은 동양담론의 현재적 의미에 대한 깊이 있는 논의로 확대되지는 못했다. 그 즈음, 김진석 인하대 교수(철학)가 연세대 대학원 학생회 주최의 강연에서 '동양담론의 공허함'이란 주제로 발표를 했다. 그의 주장은 21세기의 대안담론으로 떠오른 '동양담론'을 문제삼은 것으로 그 비판의 강도나 내용은 신랄했다. 그는 노자는 해체의 주체라기보다, 해체의 대상이라고 주장했다. 『교수신문』은 김진석의 글을 요약하여 게재했

　이제 중국철학 혹은 동양철학은 우리 시대의 최대의 화두인 생태 환경 문제에 대한 대응에 주목하지 않으면 안된다. 이미 많은 문명론자들은 서구 근대문명의 패러다임으로는 이 문제를 해결하기에 너무나 벅차기 때문에 동양에서 대안을 모색해야 한다는 주장을 오래 전부터 거론해 왔다. 이 주제를 중국철학 전공자들이 본격적으로 다루기 시작한 것은 1990년대 들어와서부터다. 먼저 미국 등에서 발표회를 거쳐 연구결과가 나왔고, 우리나라에서도 초보적이지만 이 주제로 논문과 세미나가 이어지고 있다. 이러한 배경에서 중국철학은 과거보다 더욱 무거운 짐을 지게 되었다고 하겠다. 그런데 내용적으로 보자면 이 주제는 이미 앞에서 다룬 유교, 노장에 대한 재음미와 맞물려 있다고 할 것이다. 중국철학은 이제 문헌적 연구를 넘어서 현실에 대안을 모색하는 작업에 적극적으로 참여하지 않으면 안될 것이다.

다. 동양철학계의 반응은 "충분히 예상될 수 있는 비판", "논쟁할 가치가 없는 글"에서부터 "동양대안론에 대한 근본적 문제제기를 담고 있다"는 평가에 이르기까지 다양했다. 이후 노자철학을 전공한 김성환 군산대 교수의 반론이 그 다음호에 게재됐다. 그의 비판도 격렬했다. 그는 "학문의 서구적 패권을 유지하려는 독단, 철학의 살집에 끼어든 '동양'이라는 가시를 견디지 못해 내지르는 투정, 동양이 조금이라도 주목받는 것을 참지 못하는 질투"라고 못박았다. '동양개념'의 허구성 주장에 대해 그는 "하나의 문화적 정체로서 동아시아의 실체를 부인하는 근거가 되지는 못한다"고 비판했다. 이후로 이들을 중심으로 찬반논쟁은 2001년 전반기에 몇 개월 지속되었다(이상은 『교수신문』 207호(2001년 7월) 참조).

서양 윤리학의 수용과 그 영향

황경식

Ⅰ. 머리말 : 한국 윤리학계 개관

해방이후 한국 윤리학계의 연구현황에 대한 분석과 평가는 서울대학교 철학사상연구소가 수행하고 있는 다년도 공동연구 : '서양철학의 유입과 그 영향'을 위해 1915년부터 1992년까지의 저술, 학위논문, 논문 등 6,042편의 자료가 수집・분류된 것과 그 이후 최근까지 필자가 수집・소장하고 있는 900여 편의 추가자료에 바탕을 두고 있다. 필자가 수집한 자료 총 7,000여 건 중 윤리학과 관련된 것은 대체로 그 10%정도인 700여 건에 이른다. 그밖에 사회, 역사나 인간, 문화 등에서 다시 윤리적 함축을 지닌 것들을 추려낼 경우 전체 자료 중 적어도 윤리적 내지 사회 윤리적 관심에서 쓰여진 글들은 20여%로 추산될 수 있다. 이중 윤리학 고유 항목으로 분류된 700여 편중 단행본은 100여 건이 넘으며 학위논문이 150여 건, 일반논문이 450여 건으로 대변된다.

70년대까지 윤리학 연구물들은 교재, 개론서들이 대부분을 이룬다 해도 과언이 아니며 철학자 개인과 관련된 것으로는 칸트 윤리학이 압도적이며 그 외 하르트만, 듀이, 스피노자의 윤리학에 대한 연구가 1970년대 이전까지 주종을 이룬다. 1970년대 이후에는 서양윤리 개론서의 번역과 더불어 주제별 저술도 나타나고 있으며 특히 많이 연구되는 윤리학자로는 헤어, 스티븐슨, 무어 등이다. 1980년대 이후에는 롤즈에 대한 연구가 압도적이다. 1970년대 이후 자료에서 분석 윤리학이 50여 건인데 비해 정의론을 중심으로 한 사회윤리학이 100여 편을 넘는다는 점도 주목할만하다.

비록 직접적으로 윤리학 자료라 하기는 어려우나 넓은 의미에서 윤리학적 성과라 할 수 있는 사회, 역사, 인간, 문화 등의 자료 중 700여 편도 넓은 의미에서 윤리학적 자료로 분류할 수 있다. 이 중 마르크스와 관련된 건수는 그 중 70%가 넘는 500여 편에 이른다는 사실도 흥미롭다. 이는 많은 철학도들이 한국현실의 규범적 요구가 영미 윤리학보다는 마르크스 사회철학을 통해 그 해답을 찾을 수 있다고 추정했던 결과가 아닌가 생각된다.

해방이후 규범적 관심이 보다 본격화되어 그것이 사회 윤리적 형태로 나타난 것은 1970년대 후반에서부터 1990년대에 이르는 후반기 한국윤리학계의 성과가 아닐 수 없다. 물론 여기에서 우리는 윤리학이라는 좁은 테두리를 벗어나 사회철학까지도 규범 과학적 관심영역 속에 포함시키고자 하며 그런 뜻에서 사회윤리를 광의의 개념으로 쓰고자 한다.

1970~90년대에 걸쳐 나타난 광의의 사회 윤리적 관심은 크게 세 가지 모습을 띤다고 판단된다. 그 중 하나는 국민교육헌장의 발표와 더불어 시발되었으나 이것이 이념교육과 접합함으로써 본격화된 국민윤리와 관련된 분야이다. 국민윤리가 제도권 내에서 논의된 규범윤리라면 제도권 밖에서 그에 맞서 관심을 모은 규범윤리가 바로 마르크스주의를 중심으로 한 사회철학이다. 제3의 분야로서의 사회 윤리적 연구는 1970년대 후반부터 논의되기 시작한 J. 롤즈의 정의론에서 비롯된다고 할 수 있다. 1970년대 후반이래 한국윤리학계의 지배적 관심은 규범윤리 내지는 넓은 의미의 사회윤리에 있었다고 해도 과언은 아니라 생각한다.

1. 메타 윤리학적 토대

동양철학(유학 혹은 불교)은 물론 서양의 전통철학에 있어서도 철학의 분과별 구분은 그리 선명하지 않았다. 이론철학으로서의 형이상학과 인식론,

실천철학으로서의 윤리학, 정치철학 등의 대체적 구분이 있긴 했으나 한 철학자의 사상체계는 이 모든 분야들이 대개 유기적으로 연결된 하나의 체계를 이루고 있었다. 우리 철학계에 있어서도 철학 속의 각 영역이 세분화되기 시작한 것은 서양학문이 본격적으로 유입된 해방 이후의 일이며, 특히 윤리학이 철학의 독립된 한 분과로서 저술되기 시작한 것은 1960년대에 이르러서이다.

비록 철학의 한 분과로서 윤리학 개론서들이 나타난 것이 사실이나, 이들 저술들의 내용은 윤리학의 제 문제에 대한 체계적 분석이나 비판적 연구이기보다는 지극히 입문적이고 개략적인 소개에 불과했다. 또한 논의의 차원이 서술 윤리학, 규범 윤리학, 메타 윤리학간의 구분 아래 이루어진 것이기보다는, 이 모든 관점이 혼합적으로 서술되고 있다. 이즈음 주목할 만한 개론서로서 김기석의 『윤리전서』(1960), 『윤리강령』(1961), 그리고 김두헌의 『윤리학』(1960), 『가치론』(1961) 등이 있으며, 이들은 분과로서의 윤리학을 보여주는 선구적 저술들이라 할 수 있다.

그런데 윤리학의 학적 기초, 즉 학으로서의 윤리학의 가능 근거를 따지기 위해서는 역시 영미를 중심으로 발전된 20세기의 메타 윤리학적 성과에 주목하지 않을 수 없었고, 이를 본격적으로 연구 소개한 저술은 김태길의 『윤리학』(1964)이었다. 이는 메타 윤리학을 기초로, 전통적인 서구 윤리학과 현대의 메타 윤리학적 성과를 체계적으로 정리한 것으로서, 명실공히 한국 윤리학계의 신기원을 이룬 책으로 평가되고 있으며, 1960년대 중반에서 1970년대에 이르기까지 한국 윤리학계의 방법론적 기초를 다지는 역할을 했다 해도 과언이 아니다.

메타 윤리학적 관심은 그 이후에도 갖가지 논문과 번역서로 나타났다. 무어의 윤리설에 대해 10여 편 이상의 논문이 씌어졌으며, 이 밖에도 자연주의적 오류, 선의 정의가능성 연구 등 무어와 관련된 논문은 20여 편을 능가하고 있다. 나아가, 에이어, 스티븐슨(Stevenson)등 이모티비즘에 관한 논문, 헤어와 툴민 등에 대한 연구, 루이스(Lewis), 비트겐슈타인 등의 윤리설에 대한

496

논문도 발표된다. 국외 박사로는 김태길 이후에 김영진 교수, 국내에서는 김상배 교수의 박사학위논문이 메타 윤리학과 관련된 대표적인 논문이다.

이즈음 독일 윤리학자들의 연구는 보다 전통적인 윤리학자들에 주력하고 있는 것으로 보인다. 플라톤(Platon)과 아리스토텔레스(Aristoteles)의 윤리사상에 대한 연구논문도 간혹 보이기는 하나, 많은 학자들이 칸트의 윤리설에 관심을 집중하고 있다. 칸트 윤리설에 못지 않게 논의되는 것으로는, 칸트 윤리학의 형식주의적 성격을 비판하고 나온 쉘러의 실질 윤리학, 그리고 그 연장선상에서 논의되는 하르트만의 윤리설 등이다. 특히 전원배 교수와 하영석 교수의 연구논문은 주목할 만하다.

2. 국민윤리의 전개

60년대 후반에 제정, 공표된 국민교육헌장으로부터 시발된 국민 정신교육의 필요성은 그 후 정치교육 내지는 이념교육에의 요청과 연관되어 국민윤리라는 국책과목이 설강된다. 이는 초중등 교과과정, 나아가서는 대학 교육에 있어서까지 필수과목으로 부여되었고 이를 위해 여러 대학에 국민윤리학과가 개설되었다. 국민윤리에 대한 평가는 차치 하고라도 이것이 우리의 규범윤리적 관심사의 어떤 표현이었던 것만은 사실이며 그런 점에서 많은 윤리학자, 철학자를 위시하여 인문, 사회 과학자들이 학적 논의 및 연구에 가담하게 된다. 국민윤리라는 이름아래 쓰여진 수많은 교재, 논문, 단행본들은 한국윤리학계의 연구업적을 평가함에 있어 결코 간과되기 어려운 비중을 지닌 것만은 사실이다.

그간에 나타난 국민윤리와 관련된 교재집필이나 연구과제는 크게 몇 가지 주제로 대별될 수 있다. 국민윤리도 윤리학의 한 분야이니 만큼 윤리학 일반에 대한 논의가 전제되지 않을 수 없다. 따라서 이 주제는 일반적으로 윤리의 기본, 혹은 윤리와 인간이라는 이름아래 서장으로서 다루어진다. 여기에서는 윤리의 기원, 윤리설의 제 형태, 인간성과 윤리, 윤리와 법 등이 세목으로 논의된다.

다음에는 현대사회의 윤리적 문제가 논의되는데 이는 주로 산업사회와 윤리, 혹은 시민사회와 윤리 등의 주제 아래 다루어진다. 현대 기술문명의 명암이 논의되고 그로부터 인간소외, 인간상실 등이 일반적 논제로서 나타난다. 이어서 대부분의 국민윤리 교재는 다음 주제로서 전통사상과 윤리문제를 논의한다. 대체로 유불도 삼교의 윤리사상이 소개되던가 아니면 원효, 지눌, 퇴계, 율곡 등의 윤리사상이 논의된다. 그런 가운데 불교의 화쟁사상과 유교의 의리정신 등이 강조된다.

다음으로 국민윤리에서 다루어 온 주제로는 이념교육과 관련된 것인데 주로 공산주의 비판, 북한사회의 실상, 민주주의 이념 등을 다루게 된다. 최근에는 한민족 공동체의 문제, 통일에 대한 문제 등이 추가해서 논의되기도 한다. 그런데 이러한 논의들이 대체로 자유민주주의를 전제로 한 지극히 이데올로기 편향적인 시각에서 이루어졌다는 비판이 제기되기도 했다.

국민윤리가 지니고 있는 시대적, 사회적 당위가 이해될 수 없는 바는 아니나 그것이 군사독재 치하에서 발상된 것이라는 태생적 불신과 더불어 국민윤리의 학문적 가능근거에 대해서도 상당한 논란이 있어왔다. 많은 학자들이 국민윤리의 학적 지위에 대해 갖가지 정당근거를 제시해 왔음에도 불구하고 이 점에 있어 아직도 설득력 있는 논거를 발견하기는 쉽지가 않다. 더욱이 이데올로기 비판부문과 관련해서는 비판의 의혹이 보다 커진다.

설사 국민윤리가 학문으로서 성립근거를 갖는다 해도 지금까지 국민윤리 연구성과는 학문내용의 체계적 정립에 있어 그다지 성공하고 있지 못하는 듯 하다. 우선 국민윤리가 시대적, 사회적 맥락에서 발상된 것이기는 하나 그 다양한 주제들을 체계적으로 통합한 단일 교과를 만드는 데는 실패한 듯하다.

한 예로 서구의 산업사회 내지 시민사회의 윤리가 논의된 후 우리의 전통사상과 윤리가 따로따로 병렬적으로 논의되고 있을 뿐, 이 두 주제사이에 상호 논의를 통한 비판적 종합이 제시되지 못하고 있다. 따라서 피교육자는

서구의 윤리가 어떻게 우리에게 소화되어야 하는지, 우리의 전통윤리가
이런 현대적 문제에 어떤 기여를 할 수 있는지, 양자간의 상호보완적 논점이
무엇인지에 대해 전혀 배운 바가 없는 것이다.

국민윤리의 학적 시효는 이미 대학사회에서 소멸되어 갔고 중·고등학교
에서도 더 이상 유지되기 어려운 시점에 이르게 되었다. 군사독재의 산물인데
다 다른 사회 과목들과의 중복으로 인해 국민윤리는 6차 교육과정에서 폐기
되어 단지 윤리과목으로만 명맥을 유지하다 7차 교육과정에서는 다시 시민윤
리로 개명되는 운명에 처하여 그 본체는 이미 사라졌다고 해도 과언이 아니다.

3. 사회철학적 탐색

전통윤리가 더 이상 힘을 발휘하지 못하고 새로운 윤리가 아직 정립되지
않은 무규범적 혼란기에 새로운 규범에 대한 갈증은 증대될 수밖에 없다.
새로운 규범에 대한 관심은 그러나 더 이상 이론규범윤리를 소개하는 강단의
윤리학에 만족할 수 없었다. 특히 이미 지적한 바와 같이 해방 이후 1970년대
후반에 이르기까지 강단 윤리학은 대체로 메타윤리학 내지 순수이론 규범적
논의에 몰두하고 있었던 까닭에 현실의 규범적 갈증을 해소하는 일과는
먼 거리에 있었다.

더욱이 이러한 규범적 갈증은 제도권 규범 윤리인 국민윤리에 만족할
수 없었고 오히려 국민윤리에 대한 비판적 견지에 선 규범의 잣대를 요구하고
있었다. 한국사회에 대한 규범적 관심을 강하게 갖는 젊은 학도들이 마르크스
주의에서 그 해결을 탐색하고자 한 것은 여러 관점에서 당연한 귀결로 여겨진
다.

비록 직접적으로 윤리학 자료라 하기는 어려우나 넓은 의미에서 윤리학적
성과로 볼 수 있는 사회, 역사, 인간, 문화 등의 자료 중(700여 편) 마르크스와
직·간접적으로 관련된 건수는 그 70%가 넘는 500여 편에 이른다는 사실은
주목할 만하다. 해방 이후 사회철학 방면의 논저 약 600여 건 중 75%가

넘는 450여 편의 논저가 1980년도 이후의 성과이고 보면 1980년대의 사회철학적 관심이 어느 정도이었는가를 짐작할 수 있다. 마르크스와 관련된 논저도 그 80% 정도가 1980년대 이후로 분포되어 있다.

마르크스연구에 있어서 가장 빈번히 논의되는 개념으로서는 인간, 소외, 노동, 역사, 이데올로기, 유물론, 변증법, 실천, 국가, 인식, 과학, 자유, 정의, 소유 등이 있다. 마르크스와 관련되어 논의되고 있는 철학자로서는 루카치, 알튀세, 그람시, 하버마스, 마르쿠제, 헤겔, 칸트 등이다. 현실 사회주의가 패망한 이후 1990년대 부터는 마르크스에 대한 연구가 급감하고 있으며 대신 하버마스에 대한 연구가 급증하고 있는 것도 주목할 만하다.

우리 사회에 있어서 마르크스주의에 대한 접근은 극단적인 비판론과 극단적인 찬양론으로 갈린 채, 그 어느 쪽도 공정한 평가를 보장받지 못하고 있으며 더욱이 그것이 갖는 한국사회적 함축을 제대로 제시하지 못하고 있는 실정이다. 제도권 내의 국민윤리적 접근은 공산주의에 대한 일방적 비판을 통해 목욕물과 더불어 아이까지 팽개치는 누를 범하고 있는 듯 하며 이에 대한 반작용으로서 나타난 제도권 밖의 사회 철학적 접근은 마치 마르크스가 우리사회의 유일한 구제책인 듯한 착각에 빠진 듯하다. 오늘날 우리에게 보다 중요한 것은 마르크스에 있어서 죽은 부분과 살아있는 부분을 가림으로써 자유민주주의의 허실을 보완하는 일이라 생각된다.

4. 사회 윤리적 관심

메타 윤리학적 기초가 윤리학의 학문적 정립에 있어 더 없이 중요한 역할을 한 것이 사실이긴 하나 그것이 갖는 지나친 추상성 내지 협애성으로 인해 1970년대 중반 이후 많은 윤리학자들은 보다 사회적이고 실천적인 윤리적 주제들에 관심을 갖기 시작했다. 개인적으로는 일찍부터 윤리의 사회적 측면을 지속적으로 추구해온 고범서의 『개인윤리와 사회윤리』(1970)가 있으나 하나의 흐름으로서 보다 본격적인 관심이 나타나기 시작한 것은 김태길을 위시해서 여러 윤리학자들에 의해 토론되고 집필된 『정의의 철학』(1976)을 시발점으로 볼 수 있다. 특히 1970년대 후반과 1980년대를 걸쳐 번역, 소개된 롤즈의 『정의론』(1977), 노직의 『아나키에서 유토피아로』, 포퍼의 『개방사회와 그 적들』은 이러한 관심을 확산시키는 도화선이 되었다.

이 밖에도 권리론을 연구한 조성민, 정치윤리를 연구한 김용한, 사회윤리를 본격적으로 전공한 김형철, 박정순 등이 윤리학계에 참여함으로써 사회윤리적 관심은 더욱 고조되어 그 방면의 논문들이 지속적으로 발표되고 있다. 더욱이 이와 더불어 실천윤리, 생명윤리, 의료윤리, 노동윤리, 성윤리, 기업윤리, 직업윤리, 군인윤리 등에 관한 논문들도 사회적 요구에 부응하기라도 한 듯 자주 거론되기에 이르며 대학에 따라서는 관련 강의도 설강되고 있다.

또한 1970년대 중반이후 한국철학회에서 분과학회로 시작된 한국철학회 윤리분과 연구회는 1980년대에 들어 김용정, 김영진, 김기순 등 회장을 거치면서 연 2회에 걸쳐 정기 연구발표회를 빠짐없이 수행해 오고 있으며 주제는 규범윤리학과 메타 윤리학이 적절히 균형을 이루고 있었다.

그러나 황경식이 회장을 맡은 1990년대 초반부터 윤리분과 연구회는 단독학회로 독립함과 아울러 그 명칭을 한국 사회·윤리학회로 변경하게 된다. 그 이유로는 특히 한국사회에 대한 규범적 연구는 윤리학자들만으로 수행할 수 없으며 사회철학도들과의 제휴가 절실히 요구되었기 때문이다. 따라서 사회철학과 윤리학의 통합학회라는 의미에서 사회·윤리학회에로의 개명이 필요했다는 것이다.

II. 분과 학문으로서 윤리학의 정립

1. 한국 윤리학계의 출발

전통적으로 동양학에 있어 윤리학이 독립적인 분야일 수가 없었고 서양에 있어서도 전통철학에 있어 실천철학으로서 윤리학이 철학의 다른 분야와 유기적인 관련 하에서 논의되어 왔다. 물론 이론 철학으로서의 형이상학과 인식론, 실천철학으로서의 윤리학, 정치철학 등의 대체적 구분이 있긴 했으나 한 철학자의 사상체계에 이 모든 분야들이 대개 유기적으로 연결된 하나의 체계를 이루고 있었다. 우리 철학계에서 철학내의 각 영역이 세분화되기 시작한 것은 분화화된 서양철학이 본격적으로 유입된 해방이후의 일이며 특히 윤리학이 철학의 독립된 한 분과로서 저술되기 시작한 것은 1960년대에 이르러서이다.

물론 필자가 확인한 바로는 서양철학적 영향아래 한국에서 쓰여진 최초의 윤리서는 1946년 초판이 간행된 김두헌 박사의 『윤리학개론』이 아닌가 한다. 김두헌 박사의 『윤리학개론』은 한국에서 출간된 최초의 윤리학 저서로서 놀라울 정도로 대부분의 주제들이 균형 있게 망라되어 있는 것으로 생각된다. 그러나 비록 철학의 한 분과로서 윤리학 개론서들이 나타난 것이 사실이나 이들 저술들의 내용은 윤리학의 제 문제에 대한 체계적 분석이나 비판적 연구이기보다는 지극히 입문적이고 개략적인 소개에 불과했다. 또한 논의의 차원이 서술 윤리학, 규범 윤리학, 메타 윤리학간의 구분 아래 이루어진 것이기보다는 이 모든 관점이 혼합적으로 서술되고 있다.

이렇게 한국 윤리학계는 김두헌, 김기석, 김태길 등 몇 분의 학자와 그들의 개론서로 문을 열게 되었다. 이 밖에도 손꼽을 만한 윤리학 개론서들이 있으나 가장 널리 읽히고 영향력이 있는 것으로는 김태길의 『윤리학』, 최재희의 『윤리학 원론』, 김형석의 『윤리학』 등이 있다. 또한 국역된 다수의 윤리학 개론서들 중 많이 읽히는 것으로는 프랑케나의 『윤리학』, 폴 테일러의 『윤리학의 기본원리』, 싱어의 『실천 윤리학』 등을 들 수 있을 것이다.

번역된 윤리학 고전으로서는 아리스토텔레스의 『니코마코스 윤리학』(최명관), 스피노자의 『윤리학』(강영계), 칸트의 『도덕형이상학 원론』(정진), 『실천이성비판』(최재희), 하르트만의 『윤리학』(전원배), 밀의 『자유론』(김형철), 베르그송의 『도덕과 종교의 두 원천』(강영계), 홉스의 『리바이어던』(이극찬), 로크의 『정부론』(이극찬), 루소의 『인간불평등기원론』, 마르크스의 『자본론』 등이 주목할 만한 것들이다.

2. 영미 메타 윤리학의 연구

한국윤리학계의 지각변동은 거의 전적으로 한 사람의 학자에 의해 이루어진 셈이다. 서울대학교 김태길 교수가 존스 홉킨즈 대학에서 박사학위(논문 : Naturalism and Emotivism : Some Aspects of Moral Judgment)를 취득한 것은 한국 윤리학계에 있어 메타 윤리학적 전회를 예고하는 일대 사건이었다. 귀국 후 김태길 교수는 메타 윤리학적 훈련을 통해 얻어진 새로운 시각으로 윤리학 전반을 정리하기 시작했고 그 결실로 나타난 것이 바로 1964년 박영사에서 간행된 『윤리학』이란 저술이다. 한국윤리학계에 있어 기념비적인 이 저술이 간행된 이후에도 김태길 교수는 1970년대 중반에 이르기까지 메타 윤리학과 관련된 연구논문을 발표함은 물론 서울대학 윤리학 강의 및 강독에서도 메타 윤리학과 유관한 자료를 이용한다.

이러한 메타 윤리학적 관심에서 무어의 윤리설에 대해 10여 편 이상의 논문이 발표되었고 이밖에도 자연주의적 오류, 선의 정의가능성 연구 등 무어와 관련된 논문은 20여 편을 능가하고 있다. 나아가 에이어, 스티븐슨(C. L. Stevenson) 등 이모티비즘(emotivism)에 관한 논문, 헤어와 툴민(Toulmin) 등에 대한 연구, 루이스(Lewis), 비트겐슈타인 등의 윤리설에 대한 논문도 발표된다. 국외 박사로는 김태길 이후에 김영진 교수, 국내에서는 김상배 교수의 박사학위 논문이 메타윤리학과 관련된 대표적인 논문이다. 이 무렵을 전후해서 영미윤리학과 관련된 연구성과로서 주목할만한 학자로는 김영철, 김기순, 소흥렬, 고범서, 송석구 등이 있으며 1970년대에도 김종문, 장용선, 최창한, 이석재, 황경식, 김혜숙, 조성민 등이 두드러진다.

80년대 이후 사회윤리, 응용윤리, 실천윤리 등 대체로 규범윤리적 관심이 한국윤리학계를 지배했던 것은 사실이나 윤리학의 학문적 정립을 위한 기초 연구로서 메타윤리 혹은 분석윤리적 업적이 없었던 것은 아니다. 이는 Hare나

Stevenson 등 대표적인 메타 윤리학자들에 대한 연구논문이 30여 편을 넘으며 그밖에 도덕적 언어분석 혹은 윤리 인식론에 관한 본격적인 메타 윤리학 연구논문도 50여 편에 달하고 있다는 사실이 잘 보여주고 있다. 1980년대 이후 600여 건의 연구 자료 중 13~14%에 달하는 논문이 윤리학을 위한 기초연구로서 메타 윤리학에 관한 것이라 할 수 있다.

이중 가장 본격적인 메타 윤리학 연구 실적을 열거해 보면 우선 국외에서 취득한 학위논문으로서 1980년에 국내에 소개된 김영진의 「Prescriptivism and Neo-Naturalism : Hare, Foot and Warnock」, 미국에서 윤리적 실재론 논쟁으로 학위를 하고 그 중심내용을 국내에 소개한 주동률의 「윤리적 실재론 논쟁의 구조와 외적 실재론의 가능성」 등이 있다.

국내 연구 성과로는 서울대에서 메타윤리로 학위를 한 김상배의 「윤리학 방법론 연구 : 직각주의와 이모우티버즘을 중심으로」를 들 수 있을 것이다. 현재 한국에서 메타 윤리에 대한 연구가 상대적으로 대폭 감소한 것은 사실이다. 그러나 이초식, 피세진, 김기순, 김영기, 김상배, 소홍렬, 이종권, 이종일, 박범수, 이민수, 황경식, 강혜령, 길병휘, 박이문, 허라금, 주동률 등 많은 학자들이 메타 윤리학적인 주제들에 대한 주목할 만한 논문들을 꾸준히 발표하고 있다.

3. 독일윤리학의 연구상황

70년대 후반에 이르기까지 한국윤리학계의 독일윤리학 연구는 압도적으로 칸트에 집중되고 있으며 나아가 칸트의 선험적 윤리학을 비판하고 나온 막스 셸러나 하르트만의 현상학적 윤리학에 초점이 모아지고 있다. 따라서 독일윤리학에 관심을 갖는 학자들은 자연히 칸트의 윤리학과 셸러 및 하르트만의 윤리학 간에 성립하는 논의의 맥락에 주목하지 않을 수 없는 것이며 이는 관심과 주목의 표적이 윤리학의 근본 문제인 도덕의 원리에 관한 것임을 말해주고 있다.

그런데 현대 독일윤리학의 문제의식은 도덕 원리에 대한 형식과 실질, 당위와 가치의 대립으로 집약되는, 칸트의 형식주의와 쉘러의 실질주의의 대립을 중심으로 한다고 할 수 있다. 따라서 독일윤리학의 연구자들은 이상의 두 가지 윤리학 모형 중 어느 한편에 서서 상대방을 비판적으로 검토하거나 양자의 지양 가능성을 통해 새로운 윤리학의 전망을 타진하고 있는 셈이다. 특히 이러한 지양 가능성에 주목하고 있는 대표적 학자로는 전원배 교수와 하영석 교수를 들 수 있다.

80년대 이후 600여 편 되는 윤리학 관련 논문 가운데 칸트와 직접 관계된 논문이 무려 90여 편이나 되며 이밖에도 간접적으로 관련된 논문까지 합하면 100여 편을 능가한다. 이는 개인 관련 연구로서는 단연 최고일 뿐만 아니라 이에 다음가는 롤즈 관련 논문 60여 편과는 비교가 안될 정도이다. 왜 이처럼 칸트가 한국 윤리학도들의 영원한 출발이 되는지는 지극히 흥미롭고도 궁금한 물음이 아닐 수 없다.

물론 칸트는 고전 중의 고전, 즉 고전을 대표할 만한 학자이다. 고전(classic)의 특성을 흔히 정의하듯 고전은 초시간적(timeless) 성격과 동시에 시의에 맞는(timely)성격을 가진다고 한다. 칸트의 도덕철학은 특정한 문화권으로부터 자유로울 정도로 현실과의 적정한 거리를 유지하고 있으면서도 다양한 현실주제를 끌어낼 정도로 함축적이다. 그런데 사실상 이보다 더 중요한 것은 칸트의 철학적 성향이 성리학적 전통을 등에 업고 있는 한국철학자들의 기질에 맞기 때문이 아닌가 한다. 칸트는 다소 본원적이고 사변적이기에, 그리고 인성을 기초로 해서 그 사변을 전개하기에 성리학적 전통에 잘 부합되는 듯하다.

칸트연구 논문을 보다 자세히 검토해 보노라면 그 연구 주제들이 대부분 중복되거나 지나치게 일반적인 것이라는 점이 눈에 띈다. 대부분의 칸트연구 논문들은 도덕형이상학, 도덕철학, 윤리학, 도덕의 근본원리 연구 등에 대한 것이거나 도덕성, 의무론, 정언명법, 가치판단, 자유, 자율성, 도덕신앙, 인간관, 시민사회론, 국가이념, 실천이성, 도덕신학 평화 등이다. 칸트 연구에 있어서 주제의 세분화를 찾기는 힘들며 특히 칸트 윤리학의 문제 해결능력을 검토하거나 비판적 논의를 찾기가 쉽지 않은 것을 알게된다.

참고삼아 제시해 보자면 칸트의『순수이성비판』은 최재희, 전원배, 윤성범 제씨에 의해,『실천이성비판』은 최재희에 의해,『판단력 비판』은 이석윤에 의해 국역되었다. 또한 신옥희는『이성의 한계 안에서의 종교』를, 서동익은 『프롤레고메나』,『도덕형이상학기초』,『영원한 평화를 위하여』등을 국역했으며, 이한구는『칸트의 역사철학』을 편역하였다. 이렇게 볼 때 칸트의 주요 저작 거의가 번역 소개된 셈이다.

칸트에 대한 연구서로서는 최재희의『칸트의 생애와 사상』,『칸트의 순수이성비판 연구』, 김용정의『칸트철학 연구』등이 있고 역서로서 카울바하 저, 백종현 역의『칸트 비판철학의 형성과정과 체계』, 코플스톤 저, 임재진 역의『칸트』, 크뢰너 저, 최재희 역의『칸트』등이 있다. 특히 칸트의 윤리학을 본격적으로 연구한 저서로는 임혁재의『칸트의 도덕철학 연구』가 주목할 만 하다.

칸트에 대한 연구는 1980~90년대도 꾸준히 이루어지고 있으며, 주목할만한 학자로는 박선목, 길병휘, 김낙구, 손승길, 이일수, 배석원, 류의근, 하영석, 임홍빈, 엄정식, 이진우, 윤평중, 허정훈, 이윤복, 박찬구 등을 손꼽을 수 있다.

III. 국민윤리의 대두와 전개

1. 국민윤리의 개념과 기원

우리나라에서 국민윤리라는 개념이 공식적으로 쓰여지기 시작한 것은 1960년대 중반이다. 국민윤리라는 단어가 쓰이기 시작한 것은 1950년대 중반 김범부 선생의 '국민윤리특강'이라는 강연 제목에서 발견된다.

국민윤리는 1950년대의 민주시민 교육론, 민주적 민족론 등으로부터 시발되고 있다. 식민지지배의 흔적들, 해방과 더불어 유입되는 외래문화, 경제적인 낙후, 6·25와 같은 동족간의 전쟁, 극도의 정치적 혼란 등으로 민족사에 면면히 계승되어온 민족정신과 공동생활의 원리는 아주 급속하게, 그리고 철저히 파괴되어 갔다. 이 같은 민족적, 문화적 위기에 직면하여 민족 고유의 공동생활의 원리를 지켜나가고, 민족사적 정통성을 계승하려는 노력이 국민적 윤리교육운동으로 표현되었다.

나라의 장래를 걱정하는 학자들은 국민윤리교육을 통해서 민족의 자존심을 회복하고, 공동사회의 국민적 연대와 결속을 강화하고자 하였다. 이는 다른 나라에는 유래가 없는 독특한 것이었다. 이런 운동을 주도한 인물들로 김범부, 안호상, 사공환, 손진태 등이 있다. 국민윤리는 민족주의적인 색채가 강한 민주주의 신봉자들에 의해 논의되기 시작했다.

국민윤리 과목은 1970년 2학기 당시 문교부의 방침에 의해 교양필수과목으로 정해져서 1990년 필수과목에서 선택과목으로 바뀌고, 일부대학에서 폐지되기까지 20년 동안 모든 대학, 전문대학에서 가르쳐 왔다. 당시는 유신 직전의 권위적이고, 억압적인 박정희 정권 하에 있었기 때문에 국민윤리 과목에 대한 비판적인 견해가 일부 교수들을 중심으로 일어나고 있었지만, 공개적이고 조직적으로 반대할 수 있는 분위기는 아니었다. 1970년대 중반 이후 1980년대 중반까지 대학에 몸담고 있던 철학, 정치학교수라면 누구나 한번쯤 국민윤리에 대해 고민하지 않을 수 없었다. 철학 쪽에서는 박순영, 김형효, 정진홍, 민동근, 심재룡, 김민하, 진교훈, 신오현 등이 간여하였고, 정치학 쪽에서는 양홍모, 황성모(사회학), 이용필, 정세구, 윤원구, 진덕규, 교육학계에서는 박용헌, 배찬복, 안정수, 유상근 등을 들 수 있다.

그러던 것이 10·26 이후 폐지 주장이 공개적으로 표출되었다. 그러나 다시 군사독재 정권이 등장하면서 국민윤리는 오히려 강화되었다. 서울대학교 대학원 국민윤리교육학과(1977), 경북대학교 사범대학 국민윤리교육학과(1979), 동국대학교 법정대학 국민윤리학과(1980), 1981년에 와서는 전국의 국립사범대학에 국민윤리교육과가 설치되었다(1981년 현재 24개).

동시에 국민정신교육추진위원회, 국민윤리교육연구회(1972),—이는 전국의 국민윤리 담당 교수들로 구성된 연구 단체이다—국민윤리연구회, 이념교수협의회 등 많은 연구단체들이 생겨났다 그러나 이들 단체는 1973년 한국국민윤리학회가 전국적인 대규모 학회로 발족하면서 흡수되었고, 이 한국국민윤리학회는 현재까지 활동하고 있다(학회지『국민윤리연구』는 현재 37집을 내고 있다).

국민윤리가 현실―정치적인 요구와 밀접하게 연결되어 있었기 때문에, 주창자들은 주로 그 학문적 가능성과 정당성을 사회적 현실에서 찾으려고 하였다. 국민윤리의 가능성을 주창했던 학자들은 철학자들보다는 정치학자들이었고, 그런 흐름은 지금까지도 계속된다. 한승조, 정세구, 박용헌, 이용필, 김갑철 등이 그렇다.

```
    * 국민윤리 교육의 주도적 인물들 *
  1960년대 중반부터 1970년대 초반까지 : 안호상, 유달영
  1970년대 초반이후 1980년대까지      : 이규호, 한승조, 김태길
  1980년대 전반기까지                : 박용헌, 정세구, 박순영
  1980년대 후반기                   : 강재륜, 이서행, 진교훈, 이용필
```

2. 학제적 연구로서의 국민윤리

1979년에 조사한 국민윤리의 중심 내용을 보면 아래와 같다.

윤리학 일반	16.7%
공산주의 비판	25%
민주주의 교육	16.4%
역사와 민족문제	22.3%
민족의 진로	20.6%

이런 조사에서 보듯이 국민윤리는 규범과학으로서 윤리학과 민주시민교육보다는 당시 한국의 정치적 현실과 결부된 이데올로기 교육에 치중하고

있음을 알 수 있다. 철학 교수들이 국민윤리에 대해 비판적인 이유는 아마도 윤리 교육이어야 할 국민윤리가 정치학 전공자들에 의해 정치 이데올로기 교육으로 왜곡되었기 때문이기도 할 것이다.

국민윤리는 종합과학, 혹은 협동과학의 성격이 강하다. 국민공동생활의 도덕, 규범 내지 기본가치이며, 사회관계의 기본질서, 나아가서 경제생활의 기초이다. 그리고 그것은 국가이념, 정치이념의 기초가 된다. 그러나 이런 필요성은 알고 있었으면서도 실제로 학제적인 연구를 통해 윤리학과 전통사상의 연결, 정치 이데올로기 비판과 민주주의 철학의 연결, 나아가서 유교적 정치문화와 서구의 정치문화를 종합하여 한국적인 윤리학의 모델을 제시하는 일은 실패하고 말았다. 국민윤리학 개론이라는 이름이 붙은 교재의 서문은 어디서나 이런 어려움을 토로하고 있다. 1970년대 초반의 저서나 1980년대 후반의 저서에서나 국민윤리학의 학적정립을 위한 시도는 언제나 차후과제로 미루고 여러 사람의 저자들이 각론을 기술하는 수준에 그치고 있다.

만약 국민윤리가 국가 이데올로기가 아니라, 정권 이데올로기의 앞잡이라는 부정적인 이미지를 뒤집어 쓰지 않았더라면, 논의는 좀더 진지하게, 그리고 지속적으로 이루어질 수 있었을 것이다. 그러나 우리는 한때 장사 잘되는 학문분과로 생각하여, 너도 나도 국민윤리를 거론하였던 많은 철학 교수들, 정치학 교수들은 기나긴 군사독재정권이 끝나기가 무섭게 국민윤리 무용론을 누구보다도 강력하게 주장하였다. 1980년대 초반 이념교수협의회는 문교부의 엄청난 재정지원에 힘입어 다른 어떤 학회보다도 호화판 연구, 세미나, 연찬회를 가졌다. 1970년대 말부터 1980년대 중반까지 국민윤리학의 필요성과 중요성을 주장했던 철학교수, 정치학 교수들은 초발심으로 돌아가서, 좀더 진지하게 한국시민사회의 공동생활의 원리를 체계화 하는 일에 앞장서야 할 것이다.

사실상 국민윤리는 매우 중요하고, 필요한 학문 분야이다. 인문과학의 다른 어떤 분야보다도 현실적인 학문이며, 개인과 국가의 관계를 합리적으로 정립하고, 공동생활의 기본 원칙을 규정하는 의미 있는 역할을 한다. 물론 그것이 국민윤리라는 분과로 새롭게 분화할 필요가 있었느냐에는 반론이 많았다. 기존의 철학교육, 윤리학 교육의 강화로 충분하였다고 생각한다. 국민윤리라는 새로운 학문분과가 생겨나게 된 데에는 박정희의 유신과 깊은 관계가 있다. 그러나 학과는 없고, 단지 교양으로 국민윤리를 가르치는 것은 큰 문제가 되지 않았지만, 77년 이후 학과가 생기고 독자적인 영역으로 자리잡게 된 데에는 1980년대 전두환 정권 당시 교육개혁에 앞장섰던 이규호의 역할이 컸다. 이른바 爲人設官의 성격이 강했다.

90년대 초반 문민정부의 등장과 함께 국민윤리 교사자격증 문제를 놓고 철학 전공자들과의 힘 겨루기가 벌어지기도 했다. 철학과 출신들에게도 국민윤리 교사자격증을 주도록 하자는 주장은 엄정식, 이명현, 황경식 등이 핵심이 되어 한국철학회를 중심으로 제기되었다. 김태길 교수의 영향 아래 있던 황경식 교수는 국민윤리의 폐지 보다는 철학적 윤리학교육으로 대체하자는 주장을 폈고, 이명현 교수는 국민윤리학 폐지와 철학으로의 대체를 주장했다. 세상이 바뀌자 많은 철학 교수들이 이런 주장에 동조했고, 국민윤리 옹호론자들은 더 이상 찾아볼 수 없었다. 국민윤리의 운명은 이미 그 태생적 불구로 인하여 돌이킬 수 없는 것이었다.

전국 대학의 국민윤리학과는 5~6개(동국대, 동의대, 호서대, 목포대, 계명대 등) 정도이고, 나머지는 모두 사범대학의 국민윤리교육학과이다. 국민윤리교육학과는 서울대 국민윤리교육과의 모델에 따라 도덕교육이론, 초등학교 도덕교육, 도덕교수법 등의 연구로 나아가고 있으며, 국민윤리 본래의 연구로부터 벗어나 있는 느낌이다. 더욱 큰 딜레마는 국민윤리학과이다. 여기서는 국민윤리학의 학적 정립을 의도하고, 그야말로 국민공동생활의 기본 원리를 연구해야 하는데, 현재의 여건이 그렇지 못하다. 한마디로 지향점을 상실하고 있다.

다시 한번 시민사회의 윤리, 시민공동체의 생활규범을 연구하고 가르치는 일은 중요하다. 국민윤리는 개방사회의 시민윤리로 다시 태어나야 하며, 그런 방향으로 연구되어야 한다. 그러기 위해서는 국민윤리학과는 철학과와 통합하여 도덕교육의 일원화, 도덕교사 양성의 일원화가 시급하다. 현재의 두 학과 체제로는 철학적 윤리학 연구 및 도덕교육은 계속 갈등을 겪을 수밖에 없다.

21세기 세계는 경제적, 정치적, 문화적으로 지금보다 더 개방될 것이다. 더욱이 정보 · 통신기술의 발달로 언어 · 영토를 중심으로 한 문화공동체는 급속히 와해될 것이다. 이런 시기에 민족적 동질성 회복과 국가의 정체성 확립을 위해 국민윤리교육은 더욱 절실히 요청된다 하겠다. 그러나 과거의 이데올로기 비판교육이 아니라, 새로운 국민윤리 교육이어야 할 것이다. 지난 30여 년 간의 오류를 반복하지 않으려면 국민윤리는 시민공동체윤리로 탈바꿈하여야 한다.

90년대 들어서 독일과 프랑스 영국 등 유럽 국가들은 냉전의 종식과 독일통일을 계기로 미국의 유럽에서의 정치적, 군사적 영향력 확대에 대처하기 위해 민족동질성 교육, 정치교육을 강조하고 있으며, 실제로 독일과 프랑스는 고등학교에서의 윤리교육 교과과정을 이런 방향으로 수정하고 있다.

3. 국민윤리에서 시민윤리로

지난 30여 년간의 국민윤리 연구는 외견상 실패한 것 같다. 그러나 성패를 떠나 지난 60년간 한국의 학문연구사에서 창조학이라 할만한 것은 오직 국민윤리 밖에 없다. 지금까지 한국의 학문의 역사는 모두 수입학이었을 뿐이다. 수입학에서 한 걸음 나아간 시비학(이런 개념은 조동일 교수의 것이다)이 한국의 학문사를 지배하고 있다. 그런 점에서 국민윤리는 한국의 학문사에 중요한 실험적 모델이 된다 하겠다.

국민윤리의 부흥기(대체로 1978~1987까지 10년을 생각해볼 수 있다. 이 시기는 문교부와 대학당국이 대학에 국민윤리학과를 설치할 필요성에 공감하였고, 국민윤리가 대학 강단에서 연구 · 교육되는 시기로부터 문민정부의 군사독재정권과 서구의 현실사회주의의 몰락에 이르는 시기이다)의

주도적인 학자들은 국민윤리를 정치교육(예를 들면 박용헌·정세구·한승
조)으로 이해했으며, 그러다 보니 국민윤리교육의 중심은 정치학자들의 손에
넘어가게 되었고 위에서 보았듯이 이데올로기 및 공산주의 비판이 논의의
핵심이 되었다.

시민공동체적 윤리교육이 중심이 되어야 할 국민윤리가 잘못된 길로 접어
든 것이다. 이데올로기 비판과 공산주의 비판은 곧바로 좌파 학생운동 집단으
로부터 어용학문으로 매도되었고, 많은 학자들이 과격파 학생들의 주장에
동의함으로써 국민윤리는 정치 홍보용 학문으로 전락하고 말았다.

자유민주주의는 자율적이고 합리적인 존재로서 성원 개개인의 자유와
권리가 동등하게 존중되는 동시에 합당한 정의의 원칙에 의해 성원들의
기본 복지가 보장되면서도 정부는 각자의 인생관, 가치관, 종교관 등에서
중립을 유지하며, 그런 의미에서 가치관의 다원주의가 용납되는 사회이다.

개개인의 이기심을 긍정하고, 영리추구 행위를 시인하는 자본주의 사회의
윤리를 시민윤리로 이해한다. 최근 우리 사회 곳곳에서 표출되고 있는 갈등
상황을 목도하면서 필자는 홉스가 그려낸 근대적 자연상태와 흡사하다는
생각을 갖는다. 각자 자신의 이익을 앞세우는 가운데 사회 전반의 불신풍조는
누구에게도 이득이 되지 않는 곤경으로 치닫고 있다.

역사적으로 한번도 개인으로서 자신의 정당한 권리를 주장해 본 적이
없는 우리로서는 어쩌면 이런 갈등은 필연적이기도 하다. 서구 사회가 근대라
는 2~3백 년간의 경험을 20~30년 사이에 받아들일 수 있기를 기대하는
것은 무리이다. 역사에는 비약이 없기 때문이다. 이런 과도기적 갈등을 인내
하지 못하고, 혁명적인 해결책에 호소한다거나, 어중간한 퇴행적인 미봉책에
호소하는 어리석음을 범해서는 안 된다. 이런 불신과 갈등을 지나치게 자조하
거나, 미래에 대한 비관적 전망을 해서도 안 된다.

시민운동은 시민이 주체가 되어 각자의 생활로부터 매개되는 문제들에
대하여 대안을 제시하는 자발적 활동이다. 시민운동은 정체된 시민윤리를
각성시키고, 움직이게 하기 위해 공동체 내부의 상호 조정의 원리를 의도하는

것이다. 시민사회에는 언제나 갈등과 경쟁의 원칙만 지배하는 것은 아니다. 거기에는 협동과 연대의 법칙도 있다. 시민운동은 갈등하고 경쟁하는 개인들을 공동체 내로 불러들여서, 협동하고 연대하도록 조정함으로써 파편화된 개인들을 시민공동체로 불러모으는 역할을 해야 한다.

시민윤리는 개인윤리가 아니다. 그러므로 개인들에게 安分知足을 설교하거나, 分手를 지키라고 가르치기 전에 사회, 제도들 간의 관계(시스템)가 먼저 합리적으로 조정되어야 한다. 시민윤리는 시민사회와 시민공동체의 윤리규범으로서 시민운동을 통해 확산되고, 정착될 수 있다. 그러므로 시민윤리는 다양한 이해를 가진 공동체 내의 소집단들의 타산적 행위(그것이 시민운동이다)를 정당화해 주는 근거이며, 이해관계가 다양할수록 시민사회는 건강하게 지켜질 것이다. 시민윤리라는 행위규범과 시민운동이라는 실천적 규정은 시민사회라는 삶의 무대 내에서 운동하며, 시민사회를 지속, 발전시켜 나간다.

Ⅳ. 사회철학적 논의와 탐색

1. 사회철학적 연구의 성과

80년대 이후 윤리학과 관련된 사회철학적 연구 성과들은 크게 세 가지로 대별된다고 할 수 있다. 첫 번째 경향은 1970년대 사회철학적 연구의 연장선에서 이루어진 것으로 헤겔철학에 대한 지속적인 연구들이다. 이러한 경향은 1980년대 초기에 특히 두드러진다. 헤겔철학에 대한 이러한 연구경향은 크게 두 가지 관점에서 주목해 볼 만하다.

첫째, 우리는 철학계, 좁게는 윤리학계 내에서 그 원인을 찾아 볼 수 있다. 이미 지적한 것처럼 1970년대 후반에 이르기까지 강단의 윤리학은 대체로 메타 윤리학 내지 순수이론 규범적 연구에 몰두하고 있었던 까닭에 현실의 규범적 갈증을 해소하는 일과는 상당한 거리가 있었다. 또한 국민교육헌장 제정과 더불어 구체화된 제도권의 규범윤리인 국민윤리는 그 이데올로기적

편향성으로 말미암아 강한 의혹을 받으면서 오히려 현실비판적인 규범윤리
에 대한 연구의 필요성을 절감하도록 하는 결과를 낳았다고 할 수 있다.
현실에 대한 강단 윤리학의 괴리와 제도권 윤리의 보수성은 결국 새로운
규범윤리에 대한 요구를 절실하게 한 것이다.

둘째, 우리는 1980년대 초기 헤겔철학이 많은 사회철학도들의 관심의
대상의 된 원인을 1980년대라고 하는 독특한 역사적 상황에서 찾을 수 있다.
1980년은 정치 사회적인 의미에서뿐만 아니라 사회철학의 연구 경향에서
있어서도 중대한 전환점이라고 할 수 있다. 1980년 서울의 봄을 뒤로 하면서
등장한 집권세력이 정권의 정통성 문제로 말미암아 자신들의 권력을 유지하
기 위해 국민의 기본적인 권리들에 대해 매우 경직된 태도로 일관한 것은
주지의 사실이다. 이러한 태도는 학자들의 학문의 자유에 대해서도 예외일
수는 없었다. 그 결과 우리 사회에 대한 현실비판적인 규범적 연구가 마르크스
주의에 대한 본격적인 연구로 나아가기 앞서 헤겔에 대해 연구하는 우회로를
거치는 것은 어쩌면 당연한 귀결일 수밖에 없었다.

두 번째 경향은 마르크스주의에 대한 본격적인 탐구이다. 물론 1970년대에
도 이미 마르크스주의에 대한 연구 논문들과 단행본들을 볼 수는 있다.
특히 윤리학과 관련해 주목할 만한 1970년대의 연구 성과들로는, 채수한의
「K. Marx의 Anthoropologie의 批判的 考察」(1972)과 「Marx속의 Feuerbach思
想의 吟味 ; 人間의 自己疎外 問題와 關聯하여」(1978), 김홍명의 「룻소와
마르크스에 있어서 價値의 客觀化문제」(1977) 등이 있었다.

그러나 철학계에서 마르크스주의에 대한 연구는 1980년대에 들어와서야
본격적으로 이루어진다. 1980년대 중반 이후 마르크스주의에 대한 본격적인
연구가 이루어지게 된 데는 집권세력이 학문과 사상의 자유에 대해 일정
정도 유화적인 태도를 취한 점도 그 한 원인이 될 수 있다. 그러나 이 시기
마르크스주의에 대한 본격적인 연구가 이루어진 결정적인 요소는 현실을
변혁하고자 하는 젊은 사회철학도들의 뜨거운 규범적 관심이라고 보는 것이
더욱 합당할 것이다. 그 이유는 설사 집권세력이 얼마간 유화적인 태도를

취했다고는 하나 학문과 사상의 자유의 폭이 과거와 비교해 의미 있을 정도로 증대된 면을 찾기는 힘들기 때문이다.

세 번째 경향으로 우리는 비판철학에 대한 연구를 볼 수 있다. 1970년대에 이미 차인석에 의해 마르쿠제의 『일차원적 인간』(1974)이 번역 소개되었으며, 김종호 역시 마르쿠제의 『에로스와 문명』(1975)을 소개한 바 있다. 그러나 비판철학에 대한 본격적인 연구 역시 1980년대 젊은 사회철학도들의 연구성과라 하는 것이 더욱 합당할 것이다. 그 이유는 비판철학에 대한 연구 역시 새로운 규범을 모색하고자 하는 관심에서 출발하였으며, 그 결과 한국의 사회철학도들로부터 상당 기간 주목 받은 비판철학자들의 면면을 볼 때 그들 대부분은 마르크스를 주제적으로 연구한 인물들이었기 때문이다. 이러한 점은 하버마스의 경우 특히 두드러진다. 하버마스 철학의 다양한 스펙트럼에도 불구하고, 최근까지만 해도 그의 철학 중 소개된 대부분은 마르크스와 관련된 부분에 국한된다 할 수 있기 때문이다.

독일사회철학, 특히 마르크스주의에 대한 연구 성과들을 윤리학의 견지에 평가하고자 할 때, 우리는 지금까지 한국에서 관행적으로 이해해 온 윤리학의 성격 규정에 의미 있는 변화가 있어야 한다는 점을 절감하게 된다. 우리 학계에서는 윤리학이라고 하면 영미 계열의 분석철학의 전통에서 개인의 행위에 초점을 두는 규범연구로 이해하고, 독일철학적 전통에서 규범에 대한 논의를 전개하면 대체로 사회철학으로 이해하는 경향이 부지불식간에 팽배해 있었다. 특히 마르크스 자신이 도덕의 사회변혁적 역할을 크게 평가하지 않았을 뿐만 아니라 경우에 따라서는 반도덕주의적 입장을 표방했다는 점 역시 이런 경향에 일조한 것으로 보인다.

그 결과 1980년대 이후 마르크스주의를 연구한 대부분의 사회철학도들은 설사 우리 현실에 대한 치열한 규범적 문제 의식에서 마르크스주의를 연구했을지언정 윤리학적인 주제들에 대한 규범적인 연구를 하고 있다는 의식은 별반 가지지 않았던 것으로 보인다. 따라서 마르크스주의를 연구한 사회철학도들의 일차적인 관심은, 변증법, 유물론, 역사의 합법칙성, 과학적 실천,

노동, 이데올로기 등 마르크스철학의 핵심적 내용에 대한 원론적인 이해라고
할 수 있다.

그러나 마르크스의 철학이, 노동가치설과 같은 경제학의 이론이나 독일관
념론 등 다양한 사상적 전통과 맞닿아 있지만, 19세기 산업자본주의 하에서
질식 당하는 인간에 대한 절절한 휴머니즘에서도 그 중요한 연원을 갖는다는
점을 부정할 수 없다. 바로 이런 연유에서 마르크스주의가 그 중심을 이루고
있는 사회철학적 연구는 불가불 인간 존재의 규범적 특성에 주목하지 않을
수 없는 것이다. 우리는 여기서 마르크스주의와 연관된 이러한 규범적 연구를
넓은 의미에서 윤리학적 연구의 성과들로 이해하고자 한다. 그 이유는 먼저
학문의 태동 지역의 차이에 근거해 윤리학이나 사회철학이라고 명명하는
것은 학문적으로 무의미한 일이라고 확신하기 때문이다.

또한 1970년대 이후 롤즈(J. Rawls), 노직(R. Nozick), 고티에(D. Gauthier)
등 일군의 윤리학자들의 연구 경향을 볼 때, 윤리학의 연구 역시 사회구조적인
맥락과 밀접하게 연관되어서야 비로소 인간의 행위에 대한 규범을 논의할
수 있다는 점이 분명해지고 있기 때문이다. 따라서 규범적 성격이 강한
사회철학적 연구 성과들은 우리 윤리학계의 또 하나의 자랑거리이자 우리
사회에 대한 규범적 연구의 장래를 위해서도 매우 소중하다고 할 수 있다.

2. 헤겔철학의 규범적 내용 탐구

헤겔철학에 대한 연구는 1980년대 이전부터 활발히 이루어지고 있었다.
그러나 1980년대 이전의 대부분의 연구는 변증법, 방법론, 실체개념, 모순론,
이념의 문제, 이성의 간계, 의식의 변증법 등 독일관념론의 전통에 충실한
것이었다. 1980년대에 들어오면서 사회철학의 저변확대와 더불어 헤겔과
마르크스를 비교 연구하려는 시도들에서 볼 수 있는 것처럼 그 논의의 양과
질에 있어서 괄목할만한 증대에도 불구하고, 여전히 주된 흐름은 관념론의
전통에 충실하고자 하는 것이라 할 수 있다.

본 연구의 주제와 관련해 헤겔철학에서 다루어진 규범적인 주제들은 인륜, 소외, 가족, 시민사회론, 자유 등이었다. 먼저 1980년대 이전의 주요 논문들을 찾아본다면, 김인제의 「Hegel의 인륜에 있어서 주체성에 관한 연구」(1976), 이수윤의 「Hegel의 자유개념」(1976), 황필호의 「Alienation in Hegel and Marx」(1977), 최성묵의 「Hegel 인륜체의 宥和性에 관한 고찰」(1979) 등을 들 수 있다.

80년대에 오면서 젊은 사회철학도들의 활동이 두드러지게 나타난다. 한홍식은 가족개념, 시민사회론, 국가론 등 헤겔철학의 사회윤리적 문제들에 대한 수 편의 논문을 발표하면서 「Hegel의 인륜사상에 관한 연구」(1989)로 학위를 취득한다. 황태연, 박준건, 최민자, 임혁재, 장동규, 안형관 등은 헤겔 『정신현상학』의 주요 주제인 주인과 노예의 변증법을 통해 소외문제를 다룬 학자들이다. 사회윤리적 주제들과 관련해 주목할만한 또 다른 연구 성과들로는, 변삼석의 「Hegel 法哲學에 있어서 刑罰의 辨證法的 意味에 관한 研究」(1990), 양운덕의 학위 논문인 「Hegel 哲學에 나타난 個體와 共同體의 辯證法 : 精神現象學의 精神章과 法哲學을 중심으로」(1990), 임화연의 「헤겔에 있어서 사적 소유권의 문제」(1990), 강유원의 학위 논문인 「Hegel에 있어서의 자유에 관한 연구」(1990), 남봉균의 학위 논문인 「헤겔의 자유 개념에 관한 연구 : '법철학'을 중심으로」(1994), 위상복의 「헤겔의 '법철학'에 있어서 가족론」(1995), 임재진의 「헤겔 시민사회론의 현대적 함의」(1996) 등을 볼 수 있다.

헤겔철학에 대한 연구는 최근의 영미 계열 사회철학적 논의들과 관련해서도 중요한 의의를 갖는다 할 수 있다. 1980년대 이후 등장한 공동체주의자들은 자유주의에 대한 대안을 다양한 고전에서 찾고자 한다. 특히 M. Walzer, C. Taylor 등은 현대 자유주의의 지나친 개인주의적 성향에서 비롯된 문제들에 대한 해결방안을 헤겔철학의 견지에서 모색하고자 한다. 자유주의에 대한 대안을 모색하는 공동체주의적인 활동들은 독일철학에서도 활발하다. 아펠이나 쿨만 등 독일에서 공동체주의를 주창하고 있는 이들은 대체로 칸트철학의 후예들이라고 하기보다는 헤겔철학의 전통을 잇고 있다는 점에서 1980년대 이후 젊은 사회철학도들이 이룬 헤겔철학에 대한 연구성과는 공동체주의와 자유주의간의 최근 논쟁을 연구하는 과정에 많은 기여를 할 수 있을 것으로 판단된다. 아쉬운 점이라면 1990년대 초반 이후 헤겔철학에 대한 연구 결과물이 적어도 양적으로는 축소되고 있다는 점이다. 이는 사회철학 연구자들의 관심이 1980년대 중반 이후 헤겔에서 마르크스로 옮겨간 연구 동향이 반영된 결과라 하겠다.

3. 마르크스주의에 대한 규범적 연구

1) 1980년대의 연구동향

80년대 이후 규범적 연구에서 단일 철학자로서 가장 많은 주목을 받은 학자라면 단연 마르크스를 들 수 있을 것이다. 1970년대까지 마르크스에 대한 연구가 대체로 반공이념 교육을 목적으로 매우 비판적인 시각에서 이루어진 것인 데 반해, 이 시기 마르크스연구에서 가장 큰 특징이라면 우리 사회의 현실에 대한 강력한 비판의식을 가지고 사회철학을 전공한 젊은 철학도들이 우호적인 입장에서 마르크스의 철학을 연구했다는 점이다. 그 결과 1980년대 마르크스철학의 연구에서 시급한 과제는 마르크스의 왜곡된 면을 바로 잡아 마르크스의 참 모습을 밝히는 일이었다. 이러한 작업은 반공교육을 목표로 한 제도권의 마르크스연구의 한계뿐만 아니라 일부 운동권에서 이루어지고 있던 마르크스철학에 대한 과대 평가를 바로 잡기 위해서도 시급한 일이었다.

따라서 1980년대 연구들은 대체로 마르크스의 원전에 대한 이해와 마르크스와 헤겔의 철학을 비교하는 것이었다. 마르크스주의철학에 대한 이 시기의 규범적인 연구에서 대체로 다룬 주제들로는, 소외이론, 인간관, 국가론, 이데올로기론, 노동의 문제 등이었다. 그 중에서도 자본주의에 대한 마르크스 비판의 핵심이라고 할 수 있는 노동과 소외의 문제, 인간관의 문제, 그리고

518

실천의 문제가 연구자들의 가장 큰 관심 대상이었다. 정영도, 강재륜, 장현오, 박종도, 한홍식, 이상훈, 이병창, 김창호, 도성달, 안현수, 이정원, 이진우, 이호연 등 많은 학자들이 이러한 주제에 대해 꾸준히 논문을 발표했다. 또한, 박진환, 손봉호 등은 마르크스주의의 이데올로기론을 다룬 논문을 발표했다. 한편, 박상섭, 한홍식, 김세균 등은 마르크스철학이 자유주의자들로부터 많이 비난 받는 대목인 프롤레타리아트 독재론과 국가관에 대해 각기 다른 입장에서 논문을 발표했다. 다른 한편, 삶의 태도를 주제로 헤겔과 마르크스를 비교한 이병창의 논문이나, 인간관 문제에 주목하여 헤겔, 마르크스, 엥겔스를 비교연구한 한홍식, 민주주의 개념에 주목하여 헤겔에 대한 마르크스의 비판을 다룬 김영숙의 연구 역시 눈에 띈다.

2) 1990년대의 연구동향

90년대의 연구 활동에서도 이런 경향은 이어진다. 안상헌, 안형관, 이병수, 이국배, 김창호, 김억환, 이찬훈, 김영숙, 박병기, 박찬국, 김범춘 등 다수의 학자들이 여전히 마르크스철학에서 인간관, 노동과 소외, 이론과 실천, 프롤레타리아트 독재 등의 문제를 다루었다. 특히 이러한 주제에 대한 지속적인 연구를 거쳐 안상헌의 「초기 마르크스의 실천적 유물론의 형성과정 : 마르크스의 이론과 실천의 통일의 방법론적 성격」(1990), 김창호의 「마르크스 역사적 유물론에서 인간의 지위에 관하여 : 인간의 능동성, 활동, 노동개념을 중심으로」(1991), 김영숙의 「마르크스와 마르크스주의 철학에 있어서 인격 개념」(1993), 박병기의 「칼 마르크스의 인간관 연구 : 자본론에 나타난 현실적 인간을 중심으로」(1993) 등 학위 논문이 나왔고, 이러한 연구 성과는 또한 한국에서 마르크스주의의 규범적 측면에 대한 연구의 폭과 깊이를 보여 주는 것이기도 했다.

그러나 마르크스철학의 규범적인 측면에 대한 1980년대 연구 활동이 원전을 중심으로 한 마르크스철학의 본연의 모습을 밝히고자 했다면, 1990년대 연구들은 마르크스철학을 다양한 시각에서 접근하고자 하는 특징을 갖는다

할 수 있다. 이러한 모습은 한국 사회철학계의 자발적인 움직임에서 기인했다기보다는 철학 외적인 상황이 변화한 결과로 보인다. 첫째 1980년대 후반부터 진행된 구 소련의 개혁 움직임은 1990년대에 이르러 동구 사회주의권의 붕괴로 이어진다. 이러한 정치사회적 상황 변화는 우호적 입장에서 마르크스주의를 연구하던 학자들에게 큰 충격을 주면서 어떤 형태로든 마르크스주의 철학에 대한 기존의 연구방식에 대한 진지한 반성을 요구하는 하나의 외적인 요인임에 분명했다. 둘째 영미 계열의 분석적 마르크스주의(analytical Marxism)의 국내 수용 및 포스트 마르크스주의(post Marxism)의 등장 역시 이러한 연구동향의 변화에 직간접적으로 영향을 미쳤다고 할 수 있다.

1980년대부터 미국 윤리학계에서는 A. Wood, A. E. Buchanan, R. C. Tucker, Z. I. Husami, G. A. Cohen, J. Roemer, R. J. Arnerson 등 일군의 학자들이 새로운 방법으로 마르크스주의철학에 접근하고자 했다. 이들은 대체로 분배적 정의나 착취, 노동가치론, 경제적 평등 등 마르크스주의철학의 중요한 주제임에도 기존의 연구에서 독립 주제로 충분히 다루어지지 못했던 윤리학적인 주제들을 치밀한 논리적 분석을 통해 접근하고자 했다. 1980년대 후반 무렵 이들의 연구 성과가 단행본으로 출판되어 국내에 소개된다. 영미철학의 하나의 전통이 된 치밀한 논리적 분석을 통해 마르크스주의에 접근하고자 하는 것은 분명 새로운 시도였으며 그런 만큼 분석 마르크스주의는 마르크스주의에 관심을 둔 국내 학자들의 관심의 대상이 될 수밖에 없었다.

분석 마르크스주의의에 대한 국내의 연구는 1980년대 말 황경식이 강의를 통해 이들의 저술을 처음 소개한 이후, 박영욱, 고창택, 김범춘, 서유석, 강혜령 등에 의해 폭넓게 이루어졌다. 분석 마르크스주의의 견지에서 보자면 이러한 노력 모두 매우 소중한 연구 성과임을 부정할 수 없다. 그러나 윤리학적 주제를 더욱 중점적으로 부각시킨 논문을 꼽는다면, 강혜령의 학위 논문인 「마르크스주의의 반도덕주의에 관한 윤리학적 비판 : 분석적 마르크스주의의 관점에서」(1994)와 황경식의 「마르크스에 있어서 정의의 문제 : 분석 마르크스주의의 정의관」(1995)을 들 수 있다.

마르크스주의철학에 대한 1990년대 연구의 특징을 하나 더 든다면, 마르크스 연구자들을 통해 마르크스주의에 접근하고자 하는 시도들을 지적할 수 있다. 김억환은 마르크스주의 휴머니즘에 대한 뤼시앵 골드만의 입장을 소개하였으며, 이순응은 그람시를 통해 헤겔과 마르크스의 국가론과 시민 사회론을 이해하고자 했으며, 문성원 역시 알튀세르를 통해 마르크스를 이해하고자 했다.

그러나 윤리학의 입장에서 볼 때 1990년대 마르크스연구에서 가장 큰 특징이라면 마르크스주의의 윤리성 내지 도덕성을 정면으로 다루고자 한 논문들이 등장하기 시작했다는 점이다. 박장호, 우명섭, 이국배, 이상목, 이상훈, 이정원, 임화연, 허재윤, 이병창 등은 물론 도덕에 대해 매우 다양한 이해에서 출발한 것은 사실이나, 마르크스주의철학 전반의 도덕성이나 마르크스주의철학의 구체적인 규범적인 문제들을 주제로 다룬 학자들이다.

특히 마르크스의 소유이론을 비판적인 시각에서 밝힌 이상훈의 연구(1990)와 박영욱의 연구(1991), 사회윤리적 시각에서 노동의 윤리와 자본의 윤리를 주제로 다룬 이정원의 연구(1990), 윤리적 당위와 역사의 필연성을 다룬 임화연의 논문(1990), 사회정의에 대한 마르크스의 입장을 밝힌 허재윤의 논문(1990)과 이상목(1991)의 논문, 역사에서 사회구조와 실천의 문제를 다룬 이상훈의 학위 논문(1995) 등은 규범적인 견지에서 마르크스주의를 이해하고자 할 때 중요한 연구 성과로 남게 될 것이다.

3) 비판철학에 대한 규범적 연구

주지하다시피 20세기가 되면서 마르크스철학의 영향은 다양한 형태로 나타난다. 여기서 편의상 비판철학이라고 이름을 붙여 보았지만, 그 명칭이 썩 적합한 것으로 보이지는 않는다. 왜냐하면 만일 철학의 근본 정신을 그 가장 밑바탕에 놓인 전제까지 철저히 반성하여 올바로 이해하고자 하는 비판정신이라고 한다면, 모든 철학은 곧 이러한 비판 정신 위에 있다고 할 수 있으며 그런 한에서 모든 철학은 또한 비판철학이라고 해야 하겠기 때문이다. 그럼에도 불구하고 마르크스 철학을 규범적인 견지에서 비판적으로 계승한 일군의 사회철학을 비판철학이라고 부르는 것은 그들이 다른 철학자들과는 달리 현실에 대한 뜨거운 비판적 관심을 보여주고 있다는 점에서 상당히 의미 있는 일로 보인다.

우리의 사회철학도들이 비판철학에 관심을 두게 된 것 역시 바로 이런 연유에서가 아닌가 한다. 특히 다양한 정향을 지닌 비판철학자들 중 한국에 소개된 하버마스, 마르쿠제, 알튀세르, 루카치 등 대부분의 학자들은 마르크스에 대한 연구와 직간접적으로 관련된 인물들이었으며, 또한 이들 학자들의 이론 중 한국의 사회철학도들로부터 주목을 받은 면은 대부분 마르크스주의 철학에 대한 연구와 밀접히 연관되어 있기 때문이다.

이런 의미에서 먼저 주목할 만한 일은 프랑크푸르트 학파에 대한 연구이다. 후기자본주의를 매섭게 비판하면서 후기자본주의 사회에서 인간의 참상을 고발하는 프랑크푸르트 학파에 대한 관심 역시 넓은 시각에서 보자면 마르크스에 대한 관심의 연장선상에 있는 것이라 할 수 있다. 1970년대 후반 차인석에 의해 소개된 프랑크푸르트 학파철학에 대해 중점적으로 연구한 이는 문현병이다. 자신의 학위논문을 보완하여 출간한 문현병의 『프랑크푸르트 학파의 사회비판이론』은 프랑크푸르트학파 뿐만 아니라 비판철학 전반을 이해하는 데에도 매우 소중한 자료가 될 것이다.

그러나 비판철학자들 중 가장 받은 주목을 받고 있는 인물은 최근까지 왕성한 활동을 하고 있는 하버마스다. 물론 하버마스의 철학 중에서도 마르크스주의철학과 밀접한 연관을 맺고 부분이 가장 많은 주목을 받았다. 문현병, 박병기, 서규환, 배철영, 김재현, 권용혁 등 많은 학자들이 하버마스의 해방론, 후기자본주의에 대한 그의 비판에 주목하는 논문을 발표하였다. 그러나 하버마스의 비판철학과 관련하여 또 하나의 중요한 주제인 의사소통 이론에 대한 연구 역시 현재까지도 꾸준히 이어지고 있다.

그의 의사소통이론과 관련해 이정원, 배철영, 진기행, 권용혁 등은 주목할 만한 연구 성과들을 제시하고 있다. 특히 하버마스의 의사소통이론에 대해 윤리학인 고찰을 시도한 이정원의 논문과 최근 의사소통이론에서 진일보한 최근의 담화윤리학을 정당화해 보고자 하는 권용혁의 논문이나 박해용의 논문은 우리 윤리학계의 논의의 장을 확대시키는 귀중한 연구 성과로 보인다.

하버마스의 철학에 대한 연구와 관련해 주목 받는 또 한 명의 사회철학자를 꼽는다면 홍윤기이다. 그는 이미 1982년 하버마스의『이론과 실천』을 번역 소개한 이후 하버마스에 대한 꾸준한 연구성과를 낳고 있다. 더욱이 하버마스 는 최근 들어 현대 다원주의 사회에서 정치권력의 정당성 문제에 주목하는 법철학을 개진하면서 그 방법상 롤즈(J. Rawls)의 정치적 자유주의와 상당한 정도의 유사성을 보이고 있다. 즉 통치권에 대한 정당화는 이상화된 담론 공간에서만 가능하다는 그의 입론은 그 표현상의 차이에도 불구하고 롤즈의 원초적 입장과 상당히 유사한 측면을 보여 준다.

뿐만 아니라 독일사회철학과 영미윤리학계를 대표한다고 할 수 있는 이 두 학자는 실례로 1995년『The Journal of Philosophy』지면을 통해 상대의 철학에 대해 중요한 대화를 주고받는다. 서로 다른 전통에서 규범적인 문제에 천착해 온 두 거장의 이러한 대화는 우리 윤리학계에 대해서도 시사하는 바가 크다 하겠다. 이러한 점에서 볼 때, 하버마스의 법철학 이론을 다룬 홍윤기의 최근 논문, 「하버마스의 법철학」(1996)은 한국윤리학계의 논의의 장을 확대하는 의미 있는 연구 성과라 할 수 있다.

이렇게 볼 때 사회철학, 특히 마르크스주의철학에 대한 규범적 연구들은 그 시대적 변화에 매우 민감하게 반응해 왔다 할 수 있다. 이 점은 우리 사회를 변혁하는데 일조하고자 한 젊은 사회철학도들이 마르크스주의철학 에 대해 애초에 지녔던 연구동기와 기대를 생각해 본다면 지극히 당연한 결과라고 할 수 있을 것이다. 또한 연구 동기에 비추어 보자면 사회철학도들이 받는 기대와 부담은 다른 철학 전공자들과 비교해 남다를 수밖에 없다. 바로 그렇기 때문에 사회철학도들이 지금까지 쌓은 상당한 연구 성과에도 불구하고, 그들의 연구성과가 토착화 작업까지 이어지지 못한 것에 대해 더욱 큰 안타까움이 남는 것이리라.

V. 사회윤리적 관심과 모색

1. 윤리학계의 지배적 담론 (정의론, 계약론 논의)

70년대 후반에서 비롯되어 1980, 90년대의 한국윤리학계의 지배적인 담론의 핵심개념은 정의 혹은 사회정의가 아닌가 한다. 그리고 이 같은 개념이 담론의 중심을 이룬 것은 어떤 면에서 필연이었고 다른 면에서 당위었다고 생각된다. 이미 앞서 지적한 바 있지만 해방 이후 한국철학계의 수용사는 20세기 세계철학계의 판도 속에서 이해되어야 하며 한국윤리학계 역시 세계윤리학계와 맥락을 같이하며 그 축도라 해도 과언이 아니다. 어떤 점에서 이는 학문세계의 식민화라고 할만하나 다른 점에서는 피할수 없는 현실이 아닐 수 없다.

이런 관점에서 볼 때 1980년대 이후 한국윤리학계에 정의론이 지배적인 담론이 된 것은 일차적으로 그 직접적인 영향력을 갖는 영미윤리학의 지배적인 담론이 1970년대 이후 정의론이었던 것과 관련되어 있다. 1971년 롤즈의 정의론이 발표되자 이에 대한 반향은 철학계를 비롯하여 경제학, 사회학, 정치학, 법학계는 물론이고 일반인들을 상대로 하는 주간지 월간지등 대중지들은 연이어 서평 및 특집을 통해 대서 특필 하였다. 극단적으로는 롤즈 이후 담론자들은 포스트 롤지안이라 부르기까지 하며 롤즈는 담론의 패러다임을 바꾸었다고 평가되기도 하나 영미의 이 같은 지배적 담론이 우리에게 직수입된 것은 어떤 점에서 필연의 형세가 아닐 수 없다.

다른 의미에서 정의론이 우리의 담론이 된 것은 마땅히 논의될 만한 주제가 논의되었다고 할 수 있다. 부정한 방법으로 정권을 찬탈한 군사독재 마저 사회정의의 구현을 정치적 캐치프레이즈로 내세운 것은 저으기 역설적이 아니라고 할 수 없다. 또한 이 같은 역설은 현실의 부정의에도 불구하고 사회정의가 얼마나 절실한 시대정신의 표현인가를 알 수 있다. 사회적으로 법적으로 부정의의 나락에서 우리의 이 같은 갈구는 마르크스주의자들의 탐색 속에서 절실히, 국민윤리학자들의 구상 속에 보수적으로 표현되었다.

한국윤리학계의 지배적 담론으로서 정의론 혹은 계약론의 자료적 전거로서 거론할 만한 것은 한국 사회·윤리학회가 1993년에 정기 월례 연구발표회 발표 논문 중 가려 뽑은 20여 편의 논문 묶음집 『사회계약론 연구』를 들 수 있다. 단행본 편집의 취지나 내용 요약을 대신해서 머리말을 인용하면 아래와 같다.

> 우리 철학계에 학문으로서의 철학이 있었다고 할 수 있을지는 모르나, 학문 공동체라 할 만한 철학인의 모임은 드물었다고 할 수 있다. 하지만 우리들은 각기 언젠가 우리 철학인의 모임이 진정한 학문 공동체가 되기를 오래도록 열망해왔고, 근래에 이르러 이러한 열망이 성숙해 가는 가운데 몇몇 소규모 학문 공동체가 싹을 틔우게 되었다.
>
> 우리 한국 사회·윤리학회 역시 철학도들 중에서도 보다 사회적이고 규범적인 관심을 가진 학도들의 소규모 학문 공동체로서 성장해 가고 있다는 것은 반가운 일이 아닐 수 없다. 우리가 모이는 날에는 깊은 학문적 담론은 물론이거니와 흥미로운 여흥도 곁들여, 그야말로 소크라테스의 향연을 방불케 하는 면모를 갖추어가고 있다. 단지 모임의 명칭이 가리키듯이 도덕철학도만이 아니라 사회철학도들의 보다 적극적인 참여가 아쉬울 뿐이다.
>
> 우리 공동체의 첫번째 탐구과제이자 담론의 주제는 사회계약에 관한 것이었다. 전통사회가 무너지고 새로운 형태의 사회질서를 오직 이성만을 권위로 해서 세우고자 했던 근세 서구인들에게 사회구성의 방법적 모형으로 제시된 것이, 바로 서구의 근세와 유사한 전환기적 혼란과 병증을 치르고 있다고 생각되기에, 사회계약론은 바로 오늘 우리의 학적 관심사 중 하나가 아닐 수 없는 것이다.
>
> 비합리와 각종 힘의 역학에 의해 강제되는 현실의 계약이 아니라 가상적인 계약의 이념, 그 속에서 자유롭고 합리적인 개인들이 구상하고 합의하는 사회질서, 그것은 주어진 현실세계에 대한 단순한 분석이나 설명이기보다는 우리가 지금부터 추구하고 쟁취해야 할 당위요, 이상이라 할 수 있다. 또한 바로 이러한 이념을 추구하고 모색하는 일은 다소 비현실적이긴 하나, 영원한 이상주의자일 수밖에 없는 우리 철학인들의 공유된 속성이라 할 것이다.
>
> 이 책에 실린 글들은 사회·윤리학회의 월례 집담회에서 발표, 토론된 것으로서, 크게 세 묶음으로 이루어져 있다.
>
> 제 I 부는 전통적 사회계약론과 관련된 것으로서 홉스, 로크, 칸트의 입장을

소개하고, 흄과 헤겔의 비판적인 논의로 구성되어 있다. 가장 앞쪽에 실린 논문은 사회 계약론의 전통 전반에 대해 독자의 이해를 돕기 위해 킴리카 교수의 글을 번역한 것이다.

제Ⅱ부는 현대에서 계약론을 재활시킨 롤즈의 정의론과 관련된 논문이 대부분이라 할 수 있다. 현대윤리학의 계약론적 전회라는 논문은 계약론이라는 방법론적 패러다임의 제 문제를 이해하는 데 도움이 되리라 생각되며, 계약론과 경제학을 윤리적 관점에서 대비한 마지막 논문도 특기할 만하다.

제Ⅲ부에서는 대체로 계약론이라는 방법론에 대한 비판적 시각들을 소개한 것이며, 특히 로티의 사회철학, 유학과 자유주의와의 만남을 논의한 논문들은 주목할만한 것이라 생각된다.

J. Rawls 교수가 공정으로서의 정의라는 논문을 발표한 것은 1958년이지만, 그 이후 분배적 정의, 정의감, 시민불복종의 정당화 등 일련의 논문을 발표한 다음 이 모든 논문들에 나타난 사상을 체계화하여 하나의 단행본으로 간행한 것은 『정의론』(A Theory of Justice)이며, 이의 영향력에 의거, 1970년대 이후의 정의론의 담론이 시작된다. 정의론의 의의는 자본주의적 에토스를 반영하는 공리주의에 대한 비판적 대안으로서 권리론에 바탕한 그 실질적 정의 원칙에 있을 뿐만 아니라 규범의 정당화 근거를 사회계약론적 이념에 둔다는 방법론적 패러다임의 전환에 있다고 할 수 있다.

우리나라에서 정의론에 대한 관심이 일게된 것 또한 매우 이른 편이다. 서울대 철학과 대학원 박사과정에서 김태길 교수가 황경식과 함께 이 책을 강독하게 된 것이 1974년경이며 한국철학회에서는 미 공보원 후원으로 정의론을 주제로 한 발표회를 1975년에 갖게 되었다. 이 때 정의론의 Ⅰ부 원리론을 김여수 교수가, Ⅱ부 제도론을 차인석 교수가, Ⅲ부 목적론을 황경식 교수가 맡아 소개했으며 많은 사람들의 관심을 환기했다. 이어 1976년 크리스챤 아카데미에서 정의의 철학을 주제로 워크샵을 하게 되었는데 이때에는 Rawls의 정의론을 배경으로 하고 동서의 갖가지 정의론이 소개 되었고, 그 후 대화출판사에서 『정의의 철학』이라는 이름으로 출간됨으로써 정의에 대한 관심이 보다 일반화 되기에 이른다.

이어 1977년 정의론의 제 I 부가 청조각 출판사에서 황경식 역으로 출간됨으로써 롤즈의 정의론이 본격적으로 국내 독자들에게 소개되고, 79년에 서광사로 출판사를 옮겨 II부, III부 전3권으로 완역본이 출간되었고, 그 후 한 권으로 묶어 오늘에 이르기까지 2번의 수정본을 내놓고 있다. 역자인 황경식은 1982년 「고전적 공리주의와 John Rawls의 정의론 비교연구」로 서울대에서 박사학위를 취득했다. 1980~81년 미국 하바드대 객원연구원으로 Rawls에게 수학한 뒤 귀국했다. 이를 전후해서 김태길, 황경식, 이인탁, 김상배, 김희준 등이 Rawls와 관련된 논문들을 발표하고 있다. Rawls와 관련된 자료로는 1980년대에 롤즈의 논문모음집이 황경식외 역으로 『공정으로서의 정의』라는 이름으로 서광사에서 간행되었다.

71년 정의론의 출간에 이어 이에 대한 비판서이자 자유지상주의적 대안이 Robert Nozick에 의해 1974년 『무정부, 국가 그리고 이상향』(*Anarchy, State and Utopia*)이라는 책으로 제시되었다. 이로써 정의의 담론은 사회주의를 좌측 날개로, 자유지상주의를 우측 날개로 하고서 보다 다양하고 활발하게 전개된다. 국내에서도 노직의 저술이 남경희 교수에 의해 문학과 지성사에서 번역 간행됨으로써 기왕에 활발하게 논의되어 오던 맑시즘과 더불어 다양한 이데올로기적 스펙트럼을 이루며 전개되기에 이른다. 국내 학회에서도 정의를 중심으로 한 심포지엄과 소유권을 중심으로 한 심포지엄이 열리게 됨으로써 정의의 담론에 활기를 더하게 된다. 지금까지 Rawls만을 주제로 한 논문이 50여 편을 넘고, 그 밖에 정의의 문제 혹은 사회계약론 내지 사회윤리적 시각에서 정의의 문제를 다른 논문이 50여 편을 능가하고 있다.

2. 현실로 내려온 윤리학 (응용윤리학적 관심)

윤리학을 대별하면 서술 윤리학, 규범 윤리학, 메타 윤리학으로 나눌 수 있다. 이중 단지 도덕적 현실이나 윤리적 사태를 있는 그대로 서술하고 기술하는 서술 윤리학은 철학자보다는 오히려 사회과학자의 고유 과제에

속한다고 할 수 있으며 도덕언어의 논리적 분석이나 윤리 인식의 문제를
다루는 메타 윤리학 역시 본격적인 윤리학인 규범윤리의 문제를 다루기
위한 예비학의 성격이 강하다. 따라서 도덕철학으로서 윤리학의 본령은
규범 윤리학이라 해도 과언은 아닐 것이다.

그런데 규범 윤리학은 다시 이론규범윤리학과 응용규범 윤리학으로 나눌
수 있으며, 전통규범 윤리학은 이 중에서 주로 이론규범 윤리학에 골몰해
왔다고 볼 수 있다. 도덕의 근본원칙이나 의무론과 목적론 혹은 결과론과의
논의를 다루는 것이 이론규범 윤리학의 주요 쟁점으로 되어 있다. 물론
이 같은 이론규범 윤리학의 쟁점들이 철학적으로 보다 중요한 것일지 모르나
현실적, 실천적으로 보다 요긴한 것은 각론과 관련된 응용규범 윤리학이
아닐 수 없다.

종래의 윤리학자들은 이론규범 윤리학에 골몰했던 나머지 응용규범 윤리
학을 소홀히 하거나 경시해온 것이 사실이다. 그러나 사회적 현실의 절실한
요청과 더불어 응용규범 윤리학의 중요성이 점차 강조되기에 이르렀으며
현금에는 오히려 응용규범 윤리의 제반 문제들에 대한 해결능력에 의거해서
이론규범 윤리체계의 타당성을 검토, 평가하게 됨으로써 응용 윤리학은
윤리학의 방법론에 있어서도 보다 중심적인 의의를 갖는 것으로 평가되기도
하며 그런 뜻에서 이론이 우선적이고 응용은 부차적인 의미를 갖는 다는
뜻에서 응용윤리학(applied ethics)이라는 용어의 적합성까지 의심하는 학자
들도 있는 실정이다.

이상과 같은 관점에서 볼 때, 우리 학계의 연구도 주로 원론적인 이론규범
윤리에 국한되어 온 것이 사실이다. 그러나 특히 영미윤리학에 있어서 최근
응용 내지 실천 윤리학의 비중이 크게 부상함과 아울러 우리 학계에서도
응용 윤리학의 여러 분야들에 대한 관심이 점증하고 있다. 가히 철학이
구름에서 지상으로 내려오는 듯한 인상을 풍긴다. 과거에는 철학이나 윤리학
의 주제로 보기 어려운 듯한 것까지도 보다 철학적, 윤리학적인 주제가
됨으로서 철학이 현실 가까이 다가섬은 물론 현실이 철학에 관심을 가지고

접근하는 통로를 열어줄 것으로 기대된다.

응용윤리 연구가 다루고 있는 주제로는 크게 생명의료 윤리, 정보·사이버 윤리, 환경생태 윤리, 성 윤리, 기업 윤리 문제들이다. 생명의료 윤리에 가장 먼저 관심을 기울인 철학자로서는 김영진이 있고 이어서 황경식, 김수철, 박은정, 이진우, 황필호, 김형철이 있으며, 최근에는 미국에서 이 방면에 전공을 한 구영모, 임종식, 한국에서 학위를 한 김상득 등이 합세함으로써 앞으로 보다 활발한 활동이 기대된다.

다음 환경윤리에 대해서는 일찍이 진교훈의 생태윤리에 대한 관심에서, 다음에는 송상용의 과학철학적 관심에서 시작되어, 그 이후 이진우, 황경식, 김형철, 구승회 등에 의해 본격화되고, 최근에는 이 방면에 김명식, 한면희 등의 국내 학위논문도 나타나고 있다. 기타 성 윤리나 기업 윤리들에 대해서도 논문과 역서가 눈에 띄고 있다.

이 방면의 성과로 주목할 만한 생명의료윤리와 관련된 논문으로서는 김영진, 「자비사(안락사)에 대한 철학적 연구」(『철학』, 한국 철학회, 1987), 황경식, 「응용철학으로서의 생의 윤리학」(『철학과 현실』, 1988), 김수철, 「도덕철학과 생의 윤리」(『동서철학연구』, 1989), 김진숙, 「안락사에 대한 연구」(이화여대 석사, 1989), 박은정, 「뇌사와 장기이식의 법윤리」(『철학과 현실』, 1992), 박이문, 「생명의 형이상학 ; 철학연구」(대한철학회, 1993), 우명섭, 「생의 윤리와 사회」(『시대와 철학』, 한국철학사상연구회, 1993), 「뇌사판정과 장기이식에 대한 도덕적 평가」(『철학연구』, 철학연구회, 1994), 이진우, 「낙태-자유인가 아니면 살인인가」(『철학연구』, 대한철학회, 1994), 황경식, 「첨단·생명-의료과학과 윤리」(『과학과 철학』, 과학사상연구회, 1996) 등이 있다.

그밖에 환경 및 생태 윤리와 관련해서 주목할 만한 논문으로서는 진교훈, 「생태학적 위기와 윤리학의 상관성에 관한 고찰」(『사회와 사상』, 서울대, 1989), 송상용, 「환경위기의 뿌리」(『철학과 현실』, 1990), 이진우, 「한스 요나스의 생태학적 윤리학」(『철학과 현실』, 1991), 허재윤, 「환경윤리의 이념과 제국면」(『철학논총』, 영남철학회, 1992), 이완재, 「현대에서의 환경윤리문제」(『철학회지』, 영남대학교, 1993), 장우주, 「환경철학의 존재론적 근거」(이화여대 석사, 1994), 한면희, 「환경철학의 세계관과 윤리」(『철학연구』, 철학연구회, 1994), 구승회, 「에코필로소피, 생태, 환경의 위기와 철학의 책임」(새길, 1994), 한면희, 「자연환경에 대한 도덕적 고려」(『철학』, 한국 철학회, 1996) 등을 들 수 있다.

3. 윤리학을 위한 기초연구 (메타, 분석 윤리학)

80년대 이후 사회윤리, 응용윤리, 실천윤리 등 대체로 규범윤리적 관심이 한국윤리학계를 지배했던 것은 사실이나 윤리학의 학문적 정립을 위한 기초연구로서 메타 윤리 혹은 분석 윤리적 업적이 없었던 것은 아니다. 이는 Hare나 Stevenson 등 대표적인 메타 윤리학자들에 대한 연구논문이 30여 편을 넘으며 그 밖에 도덕적 언어분석 혹은 윤리 인식론에 관한 본격적인 메타 윤리학 연구논문도 50여 편에 달하고 있다는 사실이 잘 보여주고 있다. 1980년대 이후 600여 건의 연구 자료 중 13~14%에 달하는 논문이 윤리학을 위한 기초연구로서 메타 윤리학에 관한 것이라 할 수 있다.

이 중 가장 본격적인 메타 윤리학 연구실적을 열거해 보면 우선 국외에서 취득한 학위논문으로서 1980년에 국내에 소개된 김영진의 「처방주의와 신-자연주의 : 해어, 풋, 그리고 와녹」(Prescriptivism and Neo-Naturalism : Hare, Foot and Warnock),『동서문화』(계명대)), 미국에서 윤리적 실재론 논쟁으로 학위를 하고 그 중심내용을 국내에 소개한 주동률, 「윤리적 실재론 논쟁의 구조와 외적 실재론의 가능성」(『철학논구』, 1995)가 있다.

국내에서 나온 자료로는 서울대에서 메타 윤리로 학위를 한 김상배의 「윤리학 방법론 연구 : 직각주의와 이모우티버즘을 중심으로」(『논문집』, 서울시립대 1985), 이초식, 피세진의 「가치·규범 : 의사결정의 논리연구」(『철학』(한국철학회, 1980), 김기순의 「윤리학에 있어서 존재와 당위의 구분의 특성과 그 한계」(『철학연구』, 철학연구회, 1981), 김영기의 「가치에의 정의의 문제」(『논문집』마산대, 1981), 김상배의 「나는 왜 도덕적이어야만 하는가」
(『철학연구』, 철학연구회, 1982), 소흥렬의 「당위명제의 논리적 관계」(『철
학』, 한국철학회, 1982), 이종권의 「Von Wright의 당위논리에 관한 연구」(『철
학』, 한국철학회, 1983), 이종일의 「R. M. Hare와 J. Rawls의 윤리학적 방법론
비교연구」(계명대 석사, 1983) 등이 있다.

또한 박범수, 「본래적 선에 관한 고찰」(『논문집』, 서울교대, 1984), 이민수,
「John Rawls의 정의론에 있어서의 선」(『논문집』, 육사, 1984), 이석재, 「거짓말
의 윤리적 의미, 언어 현상의 분석적 접근을 통하여」(『인문논총』, 부산대,
1985), 황경식, 「윤리와 논리」(『논리연구』, 1985), 김영기, 「헤어의 규정주의
적 윤리설」(『철학논구』, 서울대, 1989), 이종일, 「의무윤리학과 덕 윤리학」(『
철학논총』, 영남철학회, 1989), 황경식, 「덕의 윤리에 대한 찬반논변」(『현대사
회와 윤리』, 1989), 이석재, 「윤리적 언어의 의미변화」(『사대논문집』, 부산대,
1990), 강혜령, 「일상언어 의미론의 도덕언어 의미 분석」(『인문논총』, 전북대,
1990), 길병휘, 「지향성과 도덕적 회의의 극복-가치와 사실의 이분법은 해소
가능한가」(경북대 박사, 1992), 박이문, 「도덕개념으로서의 합리성」(『철학과
현실』, 1993), 허라금, 「덕 개념과 도덕적 실재론」(『철학』, 한국철학회, 1994)
주동률, 「수반과 윤리적 실재론」(『철학』, 한국철학회, 1996) 등도 있다.

VI. 맺음말 : 한국 윤리학의 전망

1. 메타 윤리학적 탐구의 빛과 그림자

이미 전술한 바와 같이, 영미 언어 분석철학에 바탕을 둔 메타 윤리학적
탐구는 20세기 윤리학, 아니 윤리학사 일반에 있어 일대 사건이요, 그 함축은
혁명적인 것이라 생각된다. 비록 1960년대에 이르러 영미에 있어서 메타
윤리학은 다소 퇴조하는 사상이긴 하나, 이로 인해 그 이후의 윤리학적
논의는 보다 겸손, 온건해야 할 뿐만 아니라 정밀, 정확해야 한다는 요구를
안게 된다.

　미국에서 메타 윤리학으로 학위를 끝낸 김태길 교수가 이를 한국에 소개하기 시작한 것은 바로 그가 『윤리학』(1964)을 간행한 이즈음의 일이다. 이 책은 최근의 메타 윤리학에 대한 소개를 근간으로 하고, 전통 윤리학을 윤리 인식론적 구분에 따라 형이상학적 윤리설, 자연주의적 윤리설, 직각론적 윤리설로 나누어 설명하고 있다.

　김태길의 『윤리학』은 출간된 이래 20여 년 이상 서울대를 위시한 각 대학의 중심적인 윤리 교과서였으며, 윤리학 초학자들에게 결정적인 영향을 주는 입문서가 되었다. 이 책은 비단 윤리학의 입문서에 그치지 않고 분석철학적 훈련에 입각해 철학하는 한 전형을 보이고 있다는 점에서 거의 최초의 분석철학적 저술이라 해도 과언이 아니다.

　종래 우리의 철학적 풍토는 철학적 개념들의 의미에 대해 그다지 명료하거나 정밀하지도 않았고 주장을 논변적으로 정리하는 훈련도 부실했다. 김태길 교수의 윤리학은 그런 뜻에서 우리 철학계에 여러 가지 측면에서 계몽적인 의의를 갖는다고 생각된다. 그 이후 번역된 윤리학 개론서 몇 편을 제외한다면 이 책은 지금도 윤리학 입문서로서 탁월한 지위를 점한다고 할 수 있다.

　이를 효시로 우리 사회 일각에서는 메타 윤리학에 대한 관심과 연구가 일기 시작했으며, 이 같은 연구 또한 우리의 윤리적 탐색에 있어 계몽주의적 공헌을 했다는 점 부인할 수 없는 사실이다. 그러나 윤리에 대한 메타윤리적 접근은 그것이 학문의 기초를 다짐에 있어 더 없이 소중한 가치를 갖는 것임을 부인할 수 없으나 그것이 윤리 그 자체를 대신하거나 윤리학의 전부일 수는 없는 것이다.

　메타 윤리학적 논의가 우리 학계를 주도하는 동안 현실의 긴박한 규범적 요구는 일단 유보되거나 괄호 쳐질 수밖에 없었다. 현실을 개혁하거나 구제해야 한다는 규범적 관심은 메타 윤리학 속에서 해답을 발견할 수 없었으며 그 같은 욕구를 보다 강하게 갖는 학생들은 그 해답을 다른 곳에서 찾고자 했다. 따라서 메타 윤리학에 대한 연구가 갖는 긴요성에 비해, 그 전공자가 희소한 것은 바로 저간의 사정을 말해주는 것이라 생각된다.

현실의 규범적 요구는 두 가지 서로 상이한 진로에서 그 해답을 찾고자 했다. 그 중 하나는 그간에 비제도권 내지는 지하대학을 지배해온 좌파적 성향의 사회철학이다. 마르크스, 레닌에 대한 관심을 어떻게 평가할 것인지는 논의의 여지가 있으나, 그에 앞서 적어도 이것이 우리 사회가 안고 있는 제반 문제를 해결하고자 하는 규범적 관심에서 발산된 것임은 부인하기 어렵다. 이들의 안목에서 볼 때 메타 윤리학적 논의는 배부른 부르조아 윤리학으로 간주되었을 것이다.

현실의 규범적 요구가 반영된 다른 방식은 정부가 주도한 제도권 내적인 것으로서 군사독재 정권 하에서 시작된 국민윤리 교육이다. 이는 비제도권의 좌파적 성향에 대립하여 나타난 우파적 경향이라 할 수 있다. 이는 이른바 자유민주주의를 기반으로 한 것으로서 철저히 반공이데올로기로 무장한 접근법이라 할 수 있다.

이 같은 좌우의 이념이 격돌하는 현실적 갈등을 외면해 오던 상아탑의 윤리학계가 서서히 현실적 관심을 회복하기 시작한 것은 1970년대 중반을 넘어서이다. 사회윤리학을 공부한 사람들이 모여들고 학회명칭도 사회, 윤리학회로 개명되면서 사회윤리학에 대한 관심과 연구열은 더욱 고조되기에 이른다. 이제 단순히 수입된 서구의 사회윤리가 아니라 우리의 사회적 현실에 바탕한 사회윤리적 사색과 성과가 요구되고 있다.

2. 윤리학회와 사회·윤리학회

70년대 중반까지 한국철학계는 분과학회로 분화되지 않은 채 한국철학회로 통합적인 학회활동을 수행해왔다. 그러나 철학 인구가 증대되고 분과별 전공자가 늘어나자 한국철학회는 산하에 분과학회를 개설하게 되었다. 분석철학분과, 현상학분과, 동양철학분과, 논리학분과를 위시하여 윤리학계도 그 당시 한국철학회 윤리분과 연구회로 발족하게 되었다. 김태길 교수의 발의 하에 70여 명의 지원자를 규합하여 발기하게 된 윤리분과 연구회는 고려대 김영철 교수를 초대회장으로 모시고 춘계 및 추계로 연2회 연구발표회를 갖는 것을 원칙으로 했다.

2대 회장은 동국대 김용정 교수가, 3대 회장은 인하대 김영진 교수, 4대 회장은 숭실대 김기순 교수가 회장을 맡았고 초대부터 간사를 역임하던 황경식 교수가 3대 째부터 부회장직을 맡으면서 본격적으로 회무를 담당했다. 그리고 정기 연구발표회 역시, 연2회씩 철저히 진행되었고 주제는 규범윤리학과 메타 윤리학이 적절한 균형을 이루고 있었다.

90년대 초반 5대 회장으로 서울대 황경식 교수가 선임되었고 한국철학회 윤리분과 연구회가 단독 학회로 독립함과 아울러, 그 명칭을 한국사회윤리학회로 하기로 의결하였다. 그 이유는 여러 가지가 있으나 특히 한국사회에 대한 규범적 관심에 대한 탐구는 윤리학자들만으로 수행할 수 없으며, 사회철학도들과의 제휴가 절실히 요구되었기 때문이다. 따라서 윤리학회가 주제를 좁혀 사회윤리학회가 된 것이 아니고, 사회철학과 윤리학의 통합학회라는 의미에서 사회윤리학회임을 분명히 하는 일이 중요하다.

사회윤리학회는 영미 중심의 이른바 윤리학자들과 대륙 중심의 사회철학자들이 한데 모여 월 1회의 세미나를 갖기로 결정하였고 동계와 하계에 각각 1회씩 1박 2일의 워크샵을 갖기로 하여 현재에 이르고 있다. 그간에 대우재단의 지원에 크게 의존하고 있으며, 첫 번째 발표 논문들을 모아 『사회계약론 연구』라는 이름으로 20여 편으로 된 논문집을 출간했다. 공동체주의와 담론윤리학을 중심으로 이루어지는 그 이후의 논문들은 조만간 다시 한 권의 책으로 간행될 예정이다.

한국사회윤리학회는 한국사회에 대한 규범적 관심을 보다 효율적으로 추구하기 위해 단지 사회철학과 윤리학의 제휴만이 아니라 법학회, 정치학회, 사회학회 등과도 공동연구가 필요하다는 생각에서 앞으로 한국 규범과학 세미나 등을 기획하고, 이미 여타 사회과학학회들과 협의 중에 있다.

3. 한국 윤리학의 탐색

서양윤리 수용을 통해서 한국윤리가 나아갈 목표는 결국 우리에게 요청되는 한국윤리의 모색이 아닐 수 없다. 그러나 솔직히 말해서 해방이후 오늘에 이르기까지 우리 철학자 내지 윤리학자들은 철학적 공백상태 속에서 서양철학 내지 윤리사상의 수용에 급급했을 뿐 우리의 윤리나 도덕의 구상에 소홀했던 것이 사실이다. 따라서 대부분의 철학자 내지 윤리학자는 서양사상을 소개하는 소개인 혹은 보다 나쁘게 말해 수입상이라 해도 과언은 아니었다고 생각된다. 해방 50여 년을 맞으며 우리 윤리학계는 특히 이 점에 대한 절실한 반성을 통해 서양윤리와 우리의 전통윤리 간의 대화를 통해 현재 한국사회에 적합한 규범체계 모색에 매진해야 할 것이다.

이상과 같이 말한다 해서 지금까지 우리 윤리학계에 우리 것을 추구하고자 하는 노력이 전무했다는 말은 아니다. 특히 한국윤리학계를 이끌어 온 김태길 교수는 최근 『한국윤리의 정립』이라는 소중한 저작을 내놓기까지 우리 윤리에 대한 부단한 연구를 해오신 분이다. 그는 일찍이 「소설문학에 나타난 한국인의 가치관 연구」와 더불어 「현대 소설에 나타난 한국인의 남녀관 성윤리 의식」(『학술원 논문집』, 1984), 「한국인의 가치관 연구」(문음사, 1982), 「현대소설에 나타난 한국인의 가치관 연구 II-근대화의 과정과 가치관의 혼란」(『학술원 논문집』, 1982) 등을 출간했다. 최근에는 철학연구회가 『윤리질서의 융합』이라 해서 동서윤리를 주제별로 비교 연구하는 시리즈를 내놓고 있다. 아산 사회복지 사업재단에서 기획 시행한 사회윤리 심포지엄도 주목할 만한 윤리적 모색이라 할 수 있을 것이다.

한국윤리의 모색과 관련해서 한국의 철학계 전반의 반성적, 집단적 기획으로서 언급할만한 것은 철학연구회가 1996년부터 시작한 동서철학의 융합프로그램 중 윤리질서의 융합이라 할 수 있을 것이다. 당시 회장인 정대현 교수가 중심이 되어 장기적인 프로젝트로서 기획된 이 과제는 동서철학의 융합총서를 출간하기로 하고 동양철학 전공자와 서양철학 전공자 각각 2인이 팀을 이루어 2인 1조로서 공동연구를 하고 그 결과를 논문으로 발표하기로 했다. 그리고 동서철학의 융합 과제 중 윤리질서의 융합을 앞세운 것은 윤리적 문제가 현실적으로 보다 긴요한 것이라 생각되었기 때문일 것으로 짐작된다.

참고삼아 윤리질서의 융합에 참여한 학자와 과제들을 열거해 보면 다음과 같다. 황경식과 정인재는 '국가와 시민'이라는 주제를, 이승환과 김형철은 '의리와 정의'라는 주제를, 이기동, 박찬영은 '무엇이 가장 귀한 것인가', 김수중, 남경희는 '대동사회와 유토피아', 최영진, 이좌용은 '가족과 개인', 정병석, 이진우는 '덕치와 법치'이다. 물론 동서철학 내지 윤리의 융합이 결코 쉬운 과제는 아닐 것이나 이는 해방 50여 년 역사를 지닌 한국 철학계나 윤리학계가 반드시 성취해야 할 성과를 향한 첫 발을 내디뎠다는 점에서 크게 기대하고 성원해야 할 것으로 간주된다.

한국윤리의 모색과 관련하여 개인적으로 이룩한 주목할만한 성과로는 역시 한국윤리학계를 주도해온 김태길 교수가 펴낸 『한국윤리 재정립』(철학과 현실사, 1995)이 아닌가 한다. 이 책의 서장에 해당하는 제1장에서 김 교수는 윤리라는 것이 인간성에 근거를 둔 삶의 지혜라는 견해를 제시한다. 제2장에서부터 제6장까지는 우리 조상들이 어떤 태도로 인생을 살았으며 그들의 사회가 가졌던 도덕성 또는 부도덕성이 어떤 것이었나를 살피고 있다.

나아가 제7장에서는 현대 한국을 위한 윤리의 기본과 그 전략을 고찰하고 있으며 제8장에서는 현대 한국의 윤리문제를 가정과 직장 그리고 일반사회의 것으로 나누어서 보다 구체적으로 다루고 있다. 그리고 끝으로 제9장에서는 윤리의 문제는 결국 인간교육의 문제로 돌아간다는 생각에 따라 인성교육 내지 가치관교육 문제의 여러 측면들을 고찰하고 있다. 과거 국민윤리를 집필하던 가운데 부분적으로 피력한 한국윤리에 대한 견해들이 보다 체계를 갖추어 정리됨으로써 앞으로 한국윤리 연구자들에게 소중한 길잡이가 될 것으로 생각된다.

이 밖에도 한국윤리학의 모색과 관련된 단행본으로서 주목할만한 것은 김형철의 『한국사회의 도덕개혁』(철학과 현실사 1996), 황경식의 『시민공동

체를 향하여』(민음사, 1997)가 있다. 김형철은 자유주의적 공리주의의 기초
위에서 한국사회의 제반 윤리적 문제들을 검토하고 있는데 주요 내용들로는
공직자 윤리, 소비문화, 시민의식, 환경문제, 장기이식의 문제, 정보윤리
등이다. 황경식은 자유주의와 공동체주의 간의 쟁점과 관련하여 한국사회가
지향할 시민사회모형으로서 자유주의적 시민사회와 공동체주의적 전통간
의 변증법적 종합으로서 시민공동체를 제시하고 그와 관련된 갖가지 논의를
전개해간다.

아산사회복지 사업재단에서 황경식(서울대), 임희섭(고려대) 교수의 주도
아래 개최된 10여 년 간의 사회윤리 심포지엄 또한 한국 윤리학계 내지
유관 학자들의 역량을 결집, 한국사회의 윤리적 상황을 진단하고 처방하는
하나의 과제요 성과로 간주될만하다고 본다. 1989년부터 주년행사로 개최된
이 심포지엄의 8회까지의 주제를 열거해보면 아래와 같다. 제1회 '현대 한국
의 사회윤리', 제2회 '한국의 시민윤리', 제3회 '도덕성 회복을 위한 교육의
과제', 제4회 '한국 자본주의와 경제윤리', 제5회 '현대 산업사회와 환경문제',
제6회 '현대사회와 의료윤리', 제7회 '정보사회와 사회윤리', 제8회 '현대사회
와 성윤리'이다.

1997년에는 재단설립 20주년을 기념하여 「21세기의 도전, 동양윤리의
응답」이라는 주제로 국제학술대회를 개최했으며 신유교의 전망을 중심으로
기조발표를 한 하바드대 뚜웨이밍 교수, 유교윤리와 자본주의를 발표한
프린스턴 대학의 위잉스 교수 등을 대표로 25명의 세계적 석학들의 새로운
도전에 대한 동양윤리의 가능성을 타진했다. 이밖에 주목할만한 논제로는
불교와 생명윤리, 환경문제와 동양윤리, 기독교와 유교의 상층과 대화, 인류
의 미래와 동양사상 등이 있다.

한국 불교철학 연구의
성과와 전망

이중표

1. 서언

우리나라에서 불교의 연구와 교육은 전통적으로 사찰의 강원을 중심으로
이루어졌다. 따라서 연구자, 교육자, 피교육자 모두가 승려였다. 특히 排佛을
기본정책으로 하는 조선왕조시대에 불교의 연구는 승려 이외의 사람들에게
는 관심의 대상도 아니었다. 승려가 賤民視되어 도성출입이 금지되고, 불교
에 대한 갖가지 착취와 억압이 자행되는 가운데 불교는 제대로 연구되고
교육될 수 없었던 것이다.

이러한 상황에서 개항기(1876~1910)는 불교가 억압에서 해방되는 시기였
다. 1876년 외세의 강압에 의해 문호가 개방되자 정부는 외세와 함께 들어온
개신교의 포교를 묵인할 수밖에 없었고, 이와 더불어 불교에 대한 탄압도
완화되었다.[1] 1895년에는 승려의 도성출입이 허용되었으며, 정부는 '도성출
입 해금'을 단행한 이후 전국에 있는 사찰들을 총괄하기 위하여 1899년
동대문 밖에 원흥사를 세웠다. 1902년에는 원흥사 내에 寺社管理署를 설치하
고 '국내사찰현행세칙'을 공포하여 전국의 사찰 사무를 통괄하게 하였다.[2]

원흥사의 창건과 국내사찰현행세칙은 불교계가 자율적으로 발전할 수

---

1) 김순석, 「일제의 불교정책과 친일문제 검토」, 『불교평론』 제3호(2001년 가을),
   42쪽.
2) 위의 글, 43쪽.

있는 계기가 되었다. 불교계는 '산간에서 도회로, 獨禪에서 度生으로'라는 슬로건을 내걸고 학교와 포교당을 세우기 시작했다. 1906년 불교연구회가 설립되고, 동국대학교의 전신인 明進學校가 세워졌다.3) 이후 전국 각지의 大刹에서는 명신학교(통도사), 명화학교(해인사), 보명학교(송광사) 등 수많은 학교를 세웠다. 명진학교(1906~1910)는 시대 조류에 따라 불교사범학교(1910~1914), 佛敎高等講塾(1914~1915), 中央學林(1915~1928), 佛敎專修學校(1928~1930), 중앙불교전문학교(1930~1940), 惠化專門學校(1940~1946), 동국대학(1946~1979)으로 이름과 체제를 바꾸면서 현재의 동국대학교로 발전하게 된다.

전통적인 불교교육은 사찰의 강원에서 행해진 승려교육이었다. 강원의 교육과정은 기초과정인 沙彌科 1년, 중등과정인 四集科 2년, 고등과정인 四敎科 4년, 전문과정인 大敎科 3년으로 되어있으며, 승려로서의 기본 계율과 생활수칙, 반야심경·首楞嚴經·대승기신론·금강경·원각경·화엄경 같은 大乘經論과 禪修行에 필요한 禪書들을 가르쳤다. 출가한 승려들에게 계율에 기반을 두고 經·論에 의지해 불교의 교리를 익힌 후, 參禪 수행하여 깨달음을 얻도록 하는 것이 전통 불교교육의 목적이었던 것이다.

당시 불교유신을 주장하며 내걸었던 '獨禪에서 度生으로'라는 슬로건은 이러한 전통적인 교육방법과 목적에 대한 혁신을 의미했다. 만해 한용운은 "그 시대에 맞는 불교를 구하자"는 취지에서 불교유신을 주장하고, 종교요 철학인 불교가 미래 인류문명의 밑거름이 되도록 해야 한다고 역설했다.4) 만해와 함께 불교유신에 힘을 기울였던 石顚 박한영은 당시의 불교연구와 교육의 주체였던 강사들의 자각을 촉구하고, 세계문명의 흐름에 동행할 것을 촉구했다.5)

이와 같이 불교의 연구와 교육이 기존의 전통적 방법에서 벗어나 시대에

---

3) 김상현, 「1910년대 한국불교계의 유신론」, 『불교평론』 제3호(2000년 가을), 162쪽 참조.
4) 위의 글, 166쪽.
5) 위의 글, 176쪽.

맞게 변화해야 한다는 의식이 당시의 불교계에 태동하고 있었고 명진학교의 설립은 이러한 의식의 소산이었다. 명진학교에서는 불교 이외에 종교, 역사, 지리, 산업, 체육, 일어 등과 함께 철학, 철학사를 가르쳤다. 이로 말미암아 불교 승려들은 신학문에 접할 수 있었으며, 시대의 변화를 인식하고 신학문을 적극적으로 수용했다. 후에 동국대 총장을 지낸 권상노와 『법화경』, 『유마경』 등을 번역한 안진호 등이 명진학교 정규과정 출신이며, 만해 한용운은 단기과 정인 보조과에서 일어과정을 마치고 일본에 건너가 신문물을 접한 후 불교유 신운동을 전개하면서 『佛敎大典』(1914)을 간행했다. 1910년 교명을 불교사 범학교로 바꾸게 됨으로써 4년만에 문을 닫았지만 명진학교는 근대한국불교 의 모태였다.

명진학교는 1910년 불교사범학교로 개명되었고, 1914년에는 佛敎高等講 塾으로 바뀌었다가 1915년에 불교고등강숙이 친일파 승려들에 의해 폐교되 자 곧바로 中央學林이 문을 연다. 우리나라 최초로 외국에 유학하여 철학박 사 학위를 취득한 백성욱이 중앙학림 출신이다. 백성욱은 1917년 중앙학림에 입학하여 1919년 졸업하고 1920년 프랑스 파리에 유학하여 고등학교 과정을 마친 후, 1922년 독일 뷔르쯔부르크(Würzburg) 대학에 들어가 1924년 「 Buddhistische Metaphysik」으로 철학박사 학위를 받고 1925년 귀국한다. 그는 귀국 후 1928년에 불교전수학교 강사로 취임하여 철학, 윤리학, 논리학 등을 강의했으며, 광복 후 1951년에는 동국대학교 총장에 취임하였으나 주목할만 한 연구성과는 보이지 않는다. 후일 그는 불교연구보다는 사회활동에 주력했 다.

불교에 대한 근대적인 연구는 개항기 이후 계속되었지만 본격적인 논문의 체계를 갖추게 된 것은 1959년 간행된 『백성욱박사 송수기념 佛敎學論文集』 에 의해서이다. 이 논문집에는 45편의 논문이 수록되어 있는데, 불교사상에 관한 논문은 김영수의 「華嚴思想의 硏究」와 김잉석의 「高句麗 僧朗과 三論 學」 두 편이다.

1963년 동국대학교 불교문화연구소에서 학술논문집 『불교학보』를 출간

542

함으로써 불교학계는 비로소 정기적으로 간행되는 불교전문 연구집을 갖게 되었다.『불교학보』는 매년 1책씩 발간되어 현재까지 38집이 발행되었고, 연구 논문은 400여 편을 수록하고 있다. 이후 한국불교학회가 설립되어 1975년『한국불교학』이라는 논문집을 간행하기 시작해 현재 31집에 이르고 있으며, 최근에는 불교학연구회가 설립되어 2000년『불교학연구』를 창간한 이래 3집이 발행되었다. 이밖에도 사단법인 한국불교연구원의『불교연구』, 보조사상연구원의『보조사상』, 가산불교문화연구원의『가산학보』, 백련불교문화재단의『백련불교논집』, 원광대학교의『원불교사상』, 원효학회의『원효학연구』, 한국선학회의『한국선학』, 인도철학회의『인도불교』, 천태불교문화원의『천태학연구』등이 출간되고 있다.

불교연구를 크게 사상적인 교학연구와 역사적인 사학연구로 나눈다면, 1990년대 이전의 연구는 사학연구가 대다수였다. 그러나 최근에 불교사상에 대한 관심이 고조되어 다양한 논문집의 발간과 함께 불교사상에 대한 연구가 활기를 띠고 있다. 이 글에서는 이러한 연구성과를 토대로 불교사상에 관계되는 중요한 연구물들을 살펴보고, 불교철학 연구의 미래를 전망해 보고자 한다.

2. 김동화 선생(1902~1980)과 한국의 불교학 연구

현대의 한국불교학을 이야기할 때 김동화 선생을 떠올리지 않는 사람은 아무도 없을 것이다. 개항기를 거치면서 한국불교는 전통적인 강원중심의 교육에서 탈피하여 새로운 길을 모색하였으나 그 내용은 기존의 불교교육에 신학문을 병행하는 정도였다. 현대적 의미의 논문이나 저술은 백성욱의 뷔르쯔부르크(Würzburg)대학 박사학위논문 「Buddhistische Metaphysik」 (1924) 외에 국내의 연구성과는 알려진 바가 없다. 따라서 1954년 발행된 김동화 선생의『佛敎學槪論』(박영사)이 현대적 의미에서 우리나라 불교학 연구서의 효시가 된다.6)

김동화 선생은 1932년 일본 릿쇼[立正]대학 종교과를 졸업하고, 1936년 릿쇼대학 전문부 종교과 전임강사, 1943년 혜화전문학교 교수, 1945년 동국대학 교수, 1953년 성균관대 강사, 1955년 고려대학교 강사, 1962년 서울대학교 문리대 강사로 후진을 양성하면서 23권의 저술과 150여 편에 달하는 논문 및 교양 논설문을 남겼다. 선생은 여러 대학에서의 강의와 폭넓은 연구를 통해 우리나라 불교학 연구의 초석을 놓고, 씨앗을 뿌렸다고 할 수 있다. 2001년 뇌허불교학술원에서 그의 모든 저작을 총 14권의 『雷虛 金東華 全集』으로 출간하였다.

혼히 김동화 선생을 일본의 불교학을 우리나라에 전수한 사람으로 평가한다. 그러나 선생의 연구성과를 이렇게 일본 불교학의 아류로 평가하는 것은 옳지 않다. 일본에서 공부했기 때문에 일본의 불교학 연구로부터 영향을 받은 것은 사실이지만, 선생이 일본 불교학자들의 연구 태도나 학설을 무비판적으로 추종한 것은 결코 아니다.

선생의 연구 방법은 만년의 저술 『불교교리발달사』(1969) 머리말에 나타나 있다. 선생은 불교학 연구의 목적을 經·論의 취지를 이해하고, 敎學을 체계적으로 이해하여, 교리사상의 발달과정을 역사적으로 더듬어서 전 불교 교리를 종합적으로 조직하고 체계적으로 이해하는 것이라고 생각한다. 이러한 목적을 달성하기 위한 올바른 연구 방법은, (1) 선현들의 주석서에 의존하여 훈고학적으로 經, 論을 해독하고, (2) 논리적인 연관 없이 보이는 經論上의 제반 교리를 논리적으로 일관되게 이해하고, (3) 원시, 부파, 소승, 대승을 역사적으로 이해하고, (4) 원시, 부파 등의 제 교리는 각각 나름의 체계가 있을 뿐만 아니라 이 전체를 통합하여도 역시 전체로서의 체계가 있으므로, 이들 시대에 따른 제반 교리를 체계적으로 이해하고, (5) 불교를 맹목적인 신앙에서 벗어나 인간 붓다의 가르침이라는 관점에서 인간적으로 이해하는 것이다.[7]

---

6) 權五民, 「우리나라 印度佛敎學의 반성적 회고」, 『한국의 불교학 연구, 그 회고와 전망』, 동국대학교 불교문화연구원, 1994, 11쪽 참조.

544

이러한 연구 태도는 일본의 불교학 연구 태도와는 크게 다르다. 일본 불교학의 연구방법이 분석적이라면 선생은 종합적이다. 선생은 원시불교 전공자나 부파불교 전공자가 되기를 거부하고 불교학자가 되고자 한다. 따라서 선생의 저술들은 불교의 모든 분야에 걸쳐 있다. 선생은 각 분야의 저술, 즉『불교학개론』(1958),『원시불교사상』(1967),『구사학』(1968),『유식철학』(1968),『선종사상사』(1968),『삼국시대의 불교사상』(1964) 등을 종합한 전체적인 결정이『불교교리발달사』라고 이야기한다.8) 선생은 불교가 오랜 역사 속에서 다양한 사상으로 변모했지만 이 모든 차별을 종합 통일하는 일관된 원리와 체계가 있다고 생각했으며, 그것을 밝히는 것이 불교학자의 일이라고 생각한 것이다.

선생은 모든 불교를 관통하는 불교의 핵심사상을 唯心思想으로 규정한다.『불교교리발달사』가 불교사상의 일관성에 대한 역사적 성찰이라면『불교유심사상의 발달』(1970)은 철학적 성찰이다. 선생은 불경이 모두 석가모니 一佛所說은 아니지만 원시불교(근본불교)는 대승불교의 원시형으로 대승불교가 별종의 사상이 아님을 강조한다. "원시불교 교리의 연구는 후세 발달불교 연구의 기초인 동시에 동양철학사 연구의 기초작업"이며, "天台의 一念三千의 철학이 아무리 심오하고 華嚴의 十玄緣起哲學이 아무리 圓融하다 할지라도, 원시불교에 그 근원이 없다 하면 그것은 뿌리 없는 花草가 된다"9) 는 것이다.

선생은 불교 유심사상의 발달과정을 4기로 나눈다. 선생에 의하면 제1기 원시불교시대는 유심사상의 원류기로서 '唯心'이라는 표현은 없지만 一切萬法 가운데 心法이 근본이라는 것을 밝히고 있다. 제2기 부파불교시대는 원시불교의 心識說에 대한 각 部派의 상이한 견해가 나타나지만, 심식설에 대한 철학적 견해가 나타난 시기로서 매우 중요한 의의를 갖는다. 제3기

7)『雷虛 金東華 全集』2, 6~8쪽 참조.
8) 위의 글, 9쪽.
9)『雷虛 金東華 全集』3, 7~8쪽.

소승불교시대는 전체적으로 물질[色]과 마음[心]을 대등하게 보면서도 심식설의 괄목할만한 발전과 조직적인 경향이 나타난다. 제4기 대승불교시대에 불교의 심식설은 '유심'이라는 표현과 함께 일체가 唯識所變임을 조직적으로 논술한 사상체계로 발전한다.10)

선생이 이야기하는 유심사상은 유물론과 상대적인 의미의 유심론이다. "원래 佛陀의 사상적 특색이 中道에 있는 것인 만큼, 그 표현이 유물이나 유심으로는 물론 되어있지 않다.……그러나 우주와 인생의 究竟的 원리가 무엇이냐 하면 역시 吾人의 一心을 그것으로 보는 것이 근본경향으로 되어있다"11)는 것이다. 붓다는 일체의 존재현상이 연기한다고 이야기한다. 우리가 물질이라고 부르는 것이건 정신이라고 부르는 것이건 모두 실체가 없이 연기하는 현상이다. 따라서 근본불교의 심식설이나 대승불교의 유식사상은 유물론과 상대적인 의미의 유심론이 아니다. 그럼에도 불구하고 선생이 불교를 유물론과 상대적인 의미의 유심론으로 이해한 것은 연기설과 심식설의 관계를 잘못 설정했기 때문이다.

연기설은 우리의 물적 심적 諸現象, 즉 五蘊, 十二處, 十八界 등이 생성 소멸하는 과정을 설명하는 이론이다. 그런데 선생은 아비달마의 諸法分類의 틀에 의해 五蘊, 十二處, 十八界 등의 諸法을 色法과 心法으로 분류하고, 경전상에서 心法을 중시하는 내용을 찾아 붓다가 유심론의 입장을 취했음을 논증하고자 한다. 그러나 "이상 고찰의 결과 만으로서는 心識의 위치가 色心 對等에 있는 것이라고 밖에는 판단할 여지가 없다"고 결론한다.12) 경전 속에서 유심론을 지지하는 내용을 찾지 못한 선생은 12연기설을 '관념론에의 전회'라고 단정한 독일의 불교학자 발레서(Max Waleser)와 일본의 와쓰지 데쓰로(和辻哲郞) 등의 견해를 수용하여 붓다의 연기설을 유심론으로 보고 "원시불교의 心本說은 吾人의 一心을 주로 하여 주관체와 객관세계가

10) 『雷虛 金東華 全集』 7, 18~19쪽 참조.
11) 위의 글, 15~16쪽.
12) 위의 글, 22~31쪽 참조.

연기되는 것이라 보고 있다"고 단정한다.[13] 선생은 연기설을 통해 물질적 정신적 제 현상을 설명하는 것이 아니라 우리의 마음을 전제로 주관과 객관세계가 형성되는 것을 설명하는 이론이 연기설이라고 봄으로써 불교사상 전체를 관념론으로 파악한 것이다.

김동화 선생이 불교학 연구에 끼친 가장 큰 업적은 불교학 전 분야에 후학들이 연구할 수 있는 토대를 마련해주었다는 점이다. 선생은 訓詁의 방법을 고수하면서 述而不作의 태도로 불교학 모든 분야에 토대가 되는 저술을 남겼다. 선생은 우리나라의 불교학 연구에 자신의 역할이 무엇인가를 뚜렷이 인식하고 있었던 것 같다. 당시의 불교학계는 동국대에서 강의하는 몇몇 교수 외에는 불교 연구자가 없었다. 그 가운데 불교를 학문적으로 연구할 수 있는 사람은 김동화 선생뿐이었다고 해도 과언이 아닐 정도였다. 실제로 1960년대까지 몇 편의 논문을 제외하면 선생의 저술 이외에 학술적인 불교연구 실적물은 전무하다. 그 몇 편의 논문도 철학 분야의 논문이 아닌 불교사 분야의 연구가 대부분이다.

이러한 상황에서 선생은『佛敎學槪論』(1958)을 필두로『원시불교사상』(1967),『구사학』(1968),『유식철학』(1968),『선종사상사』(1968),『불교교리발달사』(1969),『불교유심사상의 발달』(1970),『불교윤리학』(1971),『대승불교사상』(1973) 등을 차례로 펴낸다. 함께 논쟁할 상대도 없는 상황에서 후학들에게 모든 분야의 불교를 바르게 이해시키는 일이 선생의 일이었다. 선생은 그 일에 충실했고, 그 결과가 불교학 전 분야에 걸친 개설서적 성격의 저술이다. 이후 한국의 불교연구는 거의 전 분야가 선생의 연구에 토대를 두게 된다.

3. 근본불교 연구

근본불교는 붓다의 직접적인 가르침을 의미하는 것으로 모든 불교의 근원

---

13) 위의 글, 47~48쪽 참조.

이다. 원시불교 또는 초기불교라고도 불리는 근본불교는 한역 대장경에는
『아함경』이라는 이름으로, 남방 상좌부불교에서는 『니까야』(Nikāya)라는
이름으로 전해지고 있다. 아비달마불교이건 대승불교이건 불교로 불리는
모든 사상은 근본불교에 뿌리를 둔다. 그러나 대승불교권인 우리나라에서는
전통적으로 근본불교를 담고 있는 『阿含經』을 소승경전이라고 貶下하여
관심을 두지 않았다.

우리나라에서 처음으로 근본불교를 연구하고 가르친 사람은 김동화 선생
이다. 선생은 동국대학교에서 '원시불교'를 강의하면서 『원시불교사상』
(1967)이라는 개설서를 저술했다. 이것이 우리나라 최초의 근본불교 연구서
이다. 이와 같이 처음으로 근본불교를 연구한 사람은 김동화 선생이지만
현대적 의미의 철학적 연구는 고익진에서 시작된다고 할 수 있다. 고익진은
"大乘의 이론적 기초를 이루고 있는 것은 阿含이요, 阿含을 완성하고 있는
것은 大乘"[14]이라는 인식 아래 "대승불교의 기초학으로서의 아함 교설의
체계성을 밝히려는"[15] 의도에서 근본불교를 연구하여 1971년 「아함법상의
체계성 연구」라는 논문으로 동국대학교에서 석사학위를 받았다.

김동화 선생의 『원시불교사상』은 述而不作의 태도와 훈고적인 방법으로
저술된 개설서임에 반하여 고익진의 「아함법상의 체계성 연구」는 자신의
논리로 기존의 학설을 비판하면서, 아함경의 여러 교설들이 일관된 체계를
가지고 있음을 밝힌 것이다. 붓다는 철학자나 사상가가 아니기 때문에 그의
가르침에 철학적 체계가 있을 리 없고, 불교를 철학적으로 체계화한 것은
아비달마불교라고 생각해온 통념을 깨고, 붓다의 교설 속에서 일관된 체계성
을 밝힌 이 논문은 근본불교 연구에 새로운 길을 열었다.

기존의 근본불교 연구는 三法印, 四聖諦, 八正道, 十二緣起, 五蘊, 十二入
處, 十八界 등 아함의 교설을 개별적으로 이해하는 것이었다. 이러한 연구
태도는 아비달마불교에 기인한다. 붓다의 가르침을 충실히 지키는 것을

---

14) 고익진, 「아함법상의 체계성 연구」, 동국대 석사학위논문, 1971, 1쪽.
15) 위의 글, 2쪽.

548

표방한 上座部(Theravāda)는 붓다가 사물을 분석적으로 관찰하여 가르친 것이 불교라고 판단하여 자신들의 철학적 입장을 分別說(vibhajjavāda)이라고 불렀다. 상좌부로부터 분리되어 나간 說一切有部나 經量部도 근본적으로는 이 입장을 따른다. 그 결과 五蘊, 十二處, 十八界를 三科라 칭하면서 一切法을 분류하는 범주로 보는 것이 통례가 되었다. 즉 이들 상호간의 관계는 무시하고 각각을 독립적인 교설로 이해한 것이다.『雜阿毘曇心論』에서는 붓다가 一切法을 세 가지로 분류한 것은 중생들의 욕구와 능력에 차이가 있기 때문이라고 이야기한다. 수행을 처음 시작한 사람을 위해 자세하게 설명한 것이 十八界이고, 수행이 아직 부족한 사람을 위해 중간 단계에서 설명한 것이 十二處이며, 수행이 이루어진 사람을 위하여 간략히 설명한 것이 五蘊이라는 것이다.[16]

고익진은 이러한 전통적인 통념에서 벗어나 十二處, 十八界, 五蘊, 十二緣起가 일관된 체계를 가지고 붓다의 깨달음을 교시하고 있다고 주장한다. "각 法門은 자체적으로 독자적인 교리조직을 갖고 있으며, 그들은 다시 전체적으로 관련하여 놀랍도록 정연한 교리체계를 이루고 있음"[17]을 본다는 것이다.

고익진은 "아함의 모든 敎說은 궁극적으로 十二緣起에 이르러 완성된다"[18]고 본다. "十二緣起 이전의 모든 교설은 그를 설하기 위한, 또는 그에 誘導하기 위한 예비적 方便施設이었으며, 논리적 展開過程"[19]이라는 것이다. 그는 十二處說을 이 과정의 출발점으로 본다. 주관을 의미하는 內入處와 객관을 의미하는 外入處로 구성된 十二處는 내입처가 존재하기 때문에 외입처가 존재한다는 것을 보여주는 가장 소박한 연기설이라는 것이다. 이러한 十二處說은 業說의 이론적 기초가 된다. 즉 내입처의 意(주관)와 외입처의 法(객관)은 作用·反應의 인과관계를 보여주는 것으로서 業은

---

16)『大正新修大藏經』28, 874a쪽 참조.
17) 고익진, 앞의 글, 131쪽.
18) 위의 글, 134쪽.
19) 위의 글.

意의 작용을 의미하고 報는 法의 반응을 의미한다는 것이다. 이러한 업설은 필연적으로 輪廻說로 발전한다. 선악업의 과보를 현세에 받지 못하면 다음 세상에서 받아야 하기 때문에 업설은 자연스럽게 三世輪廻說로 발전하며, 그 토대를 이루는 교설이 十二處說이라는 것이다.[20] 이렇게 十二處라는 소박한 연기설에서 시작된 붓다의 교설은 十八界, 六六法,[21] 六界, 五蘊의 과정을 거치면서 점점 더 깊은 의미의 연기설로 발전하여 궁극적으로 十二緣起說에 도달하게 된다는 것이 그의 생각이다.

고익진의 주장이 전적으로 올바른 것이라고 보기는 어렵지만 그의 연구가 갖는 의의는 근본불교의 교설들을 독립적으로 보지 않고 그들이 갖는 체계성을 발견한 데에 있으며, 한역 대장경에만 의존해 오던 기존의 연구태도에서 벗어나 최초로 빠알리(Pāli) 니까야(Nikāya)를 참고함으로써 이후의 불교연구가 한역 대장경의 한계를 벗어나는 데 많은 자극을 주었다는 점이다. 그리고 이 논문은 원시불교에 대한 학인들의 관심을 고조시켰다. 그는 동국대학교에서 원시불교를 강의하면서 많은 후학을 길렀다. 그러나 근본불교에 대한 연구보다는 한국불교의 연구에 관심을 가지고『한국불교전서』편찬에 힘을 기울이면서「한국고대불교사상사연구」(동국대 대학원, 1988)로 박사학위를 취득하였다.

필자는 동국대학교 대학원에서 고익진 선생의 가르침을 받으면서 근본불교를 연구했다. 그 과정에서 아함에 설해진 붓다의 교설이 인식론, 존재론, 가치론을 포괄하는 광대한 철학체계를 이루고 있다는 것을 발견했다. 필자의 박사학위 논문「아함의 중도체계연구」(동국대 대학원, 1989)는 근본불교의 인식론적 체계, 존재론적 체계, 가치론적 체계를 밝힌 것이다.[22]

근본불교의 체계를 연구하면서 필자가 주목한 것은 붓다의 無記이다.

---

20) 위의 글, 23~31쪽 참조.
21) 六六法은 고익진이『雜阿含』권13의 "有六六法 何等爲六六法 謂六內入處 六外入處 六識身 六觸身 六受身 六愛身"을 典據로 十二處를 출발점으로 하는 일련의 연기설의 통칭으로 명명한 것이다(위의 논문, 37쪽 참조).
22) 이 논문은 1991년 불광출판부에서『아함의 중도체계』라는 이름으로 출간되었다.

모순 대립하는 형이상학적인 물음에 대하여 판단을 거부하는 붓다의 無記를 형이상학을 거부하는 도덕 실천가의 태도로 보는 것이 통례였다. 붓다는 자신이 판단을 거부하는 이유를 모순 대립하는 명제들이 義(attha)에 상응하지 않으며, 法(dhamma)에 상응하지 않으며, 梵行(도덕적 삶 ; brahmacariya)의 토대가 되지 못하며, 智(abhiññā)로 이끌지 못하고, 覺(sambodhi)으로 이끌지 못하고, 涅槃(nibbāna)으로 이끌지 못하기 때문이라고 이야기한다. 그리고 자신이 설하는 四聖諦는 이 모든 조건을 충족시킨다고 주장한다. 이러한 붓다의 주장은 그가 단순한 실천가가 아니라는 것을 보여준다. 붓다는 의미[義]와 원리[法]에 상응하여 윤리의 토대가 되는, 그래서 사물에 대한 올바른 인식[智]과 사물들이 존재하는 원리에 대한 깨달음[覺], 그리고 도덕적 실천을 통해 얻는 행복[涅槃]을 가져다 줄 수 있는 철학을 추구했으며, 그 철학으로 四聖諦를 제시하고 있는 것이다.

義에 상응하여 사물에 대한 올바른 인식을 가져다주는 철학은 인식론이고, 法에 상응하여 사물의 존재원리를 깨닫게 하는 철학은 존재론이다. 그리고 도덕적 삶의 토대가 되어 행복으로 이끄는 철학이 가치론이다. 붓다는 자신의 가르침이 인식론, 존재론, 가치론을 함축하고 있음을 이야기한 것이다. 필자는 이러한 붓다의 주장을 근거로 근본불교의 교리가 단순한 실천의 교훈이 아니라 붓다가 당시의 여러 철학을 비판하고 진리의 인식과 실천을 목적으로 체계화한 철학임을 「아함의 중도체계 연구」에서 밝혔다. 근본불교의 교설 속에는 보편타당한 진리를 발견하는 과정을 이야기한 九次第定이라는 인식론 체계가 있고, 九次第定을 통해 드러난, 세계와 인간의 구조적 실상을 설명하는, 緣起說이라는 존재론 체계가 있으며, 연기설에 기초하여 우리가 추구해야 할 가치를 이야기한 四聖諦라는 가치론이 있음을 밝힌 것이다.

필자는 이와 같이 근본불교의 교리들이 철학적으로 완전한 체계를 이루고 있음을 밝힘과 동시에 아비달마 불교 이래로 지금까지 동일시되어온 六入處와 六根이 동일한 개념이 아니라는 것을 밝혔다. 필자는 근본불교의 교리들, 특히 12연기설의 해석에 많은 오해와 이견이 있게 된 원인이 육입처와 육근을 동일시한 데 있다고 본다. 일반적으로 육입처와 육근은 다같이 우리의 감각기관을 의미하는 것으로 생각해왔다. 그 결과 12연기설의 해석은 매우 어려운 문제에 봉착하게 되었다. 無明－行－識－名色－六入處－觸－受－愛－取－有－生－老死의 구조로 되어있는 12연기설에서 육입처는 無明에서 연기하고, 무명이 사라지면 육입처도 사라진다. 만약 육입처가 감각기관을 의미한다면, 우리의 눈, 코, 귀 등이 진리에 대한 무지, 즉 無明 때문에 생긴다는 의미가 된다. 진리를 모르면 감각이 생기고, 진리를 깨달으면 감각이 사라진다는 것이 12연기를 설한 붓다의 생각이었을까? 필자는 이러한 의문에서 아함의 여러 경전들을 비교 검토한 결과 六根은 감관을 통한 인지활동을 의미하고, 六入處는 無我와 緣起의 진리에 무지한 상태에서 인지활동을 할 때 나타난 인지활동의 주체로 취해진 자아의식을 의미한다는 결론을 얻었다. 무명에서 연기한 것은 허망한 자아의식인 육입처이지 인지활동인 육근이 아니다. 아함에서 六根은 修行과 관련하여 이야기된다. 아함에서는 '六根을 守護하라'고 이야기하는데, 육근의 수호란 '지각활동을 할 때 마음에 나쁜 생각이 일어나지 않도록 하는 것'을 의미한다. 이와 같이 육입처는 멸해야 할 것인 반면, 육근은 수호해야 할 것으로 이야기되고 있으므로 결코 동일한 개념이 아니다. 그리고 육입처는 육근이 아닌 허망한 자아의식이므로 육입처가 무명에서 연기한다는 것은 당연하다.[23)

필자가 파악한 근본불교의 철학은 연기설에 기초한 無我·業報의 철학이다. 인간과 세계를 이루고 있는 것은 어떤 불변의 실체가 아니라, 상호의존적인 관계[緣起]이다. 이러한 세계 속에서 관계를 맺고 살아가는 것이 業이며, 업에 의해 맺어지는 관계가 報이다. 세계는 이렇게 관계맺음을 통해 끊임없이 변화한다. 이러한 관계맺음에는 행위의 주체, 불변의 실체가 없다. 이것이 無我이다. 이와 같이 연기설, 무아설, 업설은 별개의 사상이 아니다. 근본불교는 실체를 부정하고 관계를 강조하며(緣起說), 문법적으로는 名詞 중심이

---

23) 필자는 「六入處와 六根은 동일한가?」라는 논문을 『범한철학』(범한철학회, 1998) 17집에 발표하여 육입처와 육근의 차이와 관계를 보다 소상히 밝혔다.

552

아닌(無我說) 動詞 중심(業說)으로, 인식, 존재, 가치의 문제를 다루고 있는 것이다. 이러한 근본불교의 철학체계는 이후의 대승불교에 그대로 계승 발전되었으며, 현대의 새로운 사조들, 예를 들어 과학에서의 시스템이론이나 철학에서의 텍스트이론과 일맥상통한다는 것이 필자의 소견이다.24)

「초기불교의 연기성(Paṭiccasamuppāda) 연구」(동국대 대학원, 1996)로 박사학위를 받은 전재성은 근본불교 연구의 토대를 마련하는 데 전념하고 있다. 1994년 출간한 『빠알리어 사전』(한국불교대학 출판부)은 우리나라 최초의 빠알리어 사전으로서 『니까야』를 통한 근본불교 연구에 큰 도움을 주고 있다. 그는 빠알리 대장경의 번역에 관심을 가지고 『쌍윳따 니까야(Saṃyutta-Nikāya)』(한국빠알리성전협회)를 완역해 냈으며, 현재 『마지마 니까야(Majjhima-Nikāya)』를 번역하고 있다.

4. 인도불교 연구

인도불교에 관한 우리의 연구실적은 빈약하다. 전공자의 수도 그렇고, 발표된 논문도 그렇다. 한국불교의 경우 국학과의 연계를 통하여 양적 성장을 이룩하였고, 중국불교 또한 우리와 유기적 관계를 지니기 때문에 한국학 연구자의 관심의 대상이 될 수 있었다. 그러나 학문적 성과가 일천한 인도불교 는 한국불교와 중국불교의 서론적 의미 밖에 지니지 못했다. 그 결과 이 분야에 관해 어떠한 논쟁점도 부각된 적이 없으며, 발표 논문에 대한 논평 역시 부재하였다. 연구자의 절대빈곤이라는 현상이 절대적 권위로 전이되어 진정한 의미의 비판도, 논평도, 토론도 없게 되었다. 따라서 인도불교 연구는 김동화 선생 이래 답보상태에 머물러 있는 실정이었다.25) 최근 불교에 대한 관심이 교단의 범위를 벗어나 일반화됨으로써 동국대 이외의 대학과 외국의

24) 이중표, 「현대사조와 불교」, 『동아연구』 38집, 서강대학교 동아연구소, 2000, 39~66쪽 참조.
25) 권오민, 「우리나라 印度佛教學의 반성적 회고」, 『한국의 불교학 연구, 그 회고와 전망』, 동국대학교 불교문화연구원, 1994, 13쪽.

대학에서 학위를 취득한 연구자들이 배출되고 있다. 이들이 활발하게 활동을 하고 있기 때문에 앞으로는 좋은 연구와 토론이 있을 것으로 기대 된다.

지금까지의 연구성과를 살펴보면 유식과 중관에 대한 논문이 수적으로 많은 데 비해, 아비달마불교에 관한 논문이 지나치게 적다. 유식이나 중관의 경우에도 연구자가 몇 사람으로 한정되어 있으며, 중관사상을 연구하면서도 『中論』만을 연구한다는 점 등이 극복해야 할 결함으로 지적된다.26) 이와 같은 상황은 불교를 연구하는 학자들이 원천적으로 소수이고, 원전을 정확하게 해독할 수 있는 언어능력을 가진 연구자가 거의 없다는 데 일차적 원인이 있으며, 다른 한편으로는 기초연구를 등한시한 탓으로 기초연구 분야의 연구성과가 빈약한 데도 원인이 있다.

1) 아비달마불교 연구

아비달마불교의 연구는 지금까지 국내의 석·박사 학위논문이 10여 편이며, 그 가운데 박사학위 논문은 3편에 지나지 않을 정도로 빈약하다. 김동화 선생의 『구사학』이 유일한 지침서였던 상황에서 권오민의 박사학위 논문 「經量部哲學의 批判的 體系 硏究」(동국대 대학원, 1990)는 본격적인 아비달마불교 연구로 평가되며, 이 논문에 아비달마에 관계되는 연구물을 더하여 출간한 『有部阿毗達磨와 經量部哲學의 硏究』는 국내 아비달마불교 연구의 큰 성과라고 생각된다.

아비달마불교 시대에 20개에 달하는 부파가 존재했다고 하지만 주목되는 것은 說一切有部(Sarvāstivādins)의 실재론적 입장과 經量部(Sautrāntika)의 유명론적 입장의 대립이라 할 수 있다. 권오민의 관심은 바로 여기에 있다. 불교철학을 최초로 전개한 說一切有部와 대승으로의 가교 역할을 한 經量部 사이의 대론 내용은 무엇이고, 그것을 뒷받침하는 그들의 이론적 근거는 무엇이었던가? 도대체 그들 사이에 무엇이 문제였으며, 그들은 그러한 제문

---

26) 위의 글, 14쪽.

제에 대해 어떤 입장을 취하였던가?27) 『有部阿毘達磨와 經量部哲學의 研究』는 이러한 문제의식에서 이루어진 저술이다.

권오민은 아비달마의 본질을 붓다의 自內證, 즉 번뇌에 물들지 않은 청정한 지혜[無漏淨智]로 규정한다. 이 지혜는 번뇌에 물든 世間의 이해 대상이 아니다. 따라서 세간의 말로 되어있는 붓다의 教法은, 말 자체가 진리는 아니기 때문에, 해석되지 않으면 안 된다. 유부에서는 이 해석의 표준적 근거를 유부의 阿毘達磨로 보는 반면에 경량부에서는 經說 자체를 오류가 없는 절대적인 了義로 이해하여 그것을 참된 지식의 근거(量, pramāṇa)로 삼는다. 이와 같이 그는 유부와 경량부가 대립하게 된 원인을 '지식의 근거'가 서로 다르기 때문이라고 본다.

유부에서는 '의식이 있으면 반드시 대상이 있다[識有必境]'는 전제 아래 인식되는 모든 것을 5位 75法으로 분류하여 그것이 三世에 걸쳐 실재한다고 주장한다. 경량부는 이러한 유부의 실재론적 주장을 낱낱이 비판하고 인간의 행위와 세계를 '種子 相續의 이론'으로 해명한다. 권오민은 불교의 핵심이론은 궁극적으로 '상속의 이론'이라는 시각에서 불교에서의 實在論과 唯名論 논쟁이라고 할 수 있는 유부에 대한 경량부의 비판을 고찰한다. 생성의 철학인 불교에서 소멸과 생성 사이의 비단절적 연속을 해명하는 문제, 다시 말해서 利那生滅하는 세계가 어떻게 단절되지 않고 인과적으로 상속하는가를 해명하는 것이 후대 불교 諸派의 공통된 과제였다는 것이다. 유부에서는 利那滅하는 諸法의 인연 화합으로 그것을 설명하기 때문에 諸法의 分別이 유부 이론의 기본틀이 되지만, 경량부에서는 유부에서 실재한다고 주장하는 諸法을 그 자체 변화 상속의 세력인 '種子(bīja)의 轉變과 差別'을 통해 나타나는 각각의 상태를 분별하여 개념지운 것[分位假立]으로 본다. 이같은 경량부의 상속이론은 일체의 세계를 내적 종자인 阿賴耶識의 자기존재로 이해하는 瑜伽行派(唯識學派)에 그대로 수용된다. 이러한 경량부 철학을 그는 '비판적 체계'로 규정한다. 경량부의 諸說은 어떤 철학체계를 확립하려

27) 권오민, 『有部阿毘達磨와 經量部哲學의 研究』, 경서원, 1994.

는 데 목적이 있었던 것이 아니라, 刹那滅論에 입각하여 실재론을 비판하는 과정의 산물이라는 것이다.

권오민은 지금까지 玄奘系 문헌을 통해 '경량부는 佛滅 400년 초에 有部로 부터 분파하였으며, 諸蘊의 轉至相續을 설하였기 때문에 說轉部라고도 하며, 佛滅 100년경에 출세한 쿠마라라타(Kumāralāta)를 本師로 한다'는 이 두 부파의 관계에 대하여 그는 '후대 諸論에서의 경량부는 적어도『異部宗輪論』상의 아난다를 師主로 하는 경량부(또는 설전부)와 동일하지 않다'고 문제를 제기한다. 그리고『異部宗輪論』에 나타나는 說轉部의 교리를 뽑아 해석, 서술하고 있다. 아울러『구사론』에 나오는 경량부의 설 일체를 발췌하여 여러 주석에 근거하여 경량부와 유부의 대론 과정을 소상하게 밝혀 놓음으로써 아비달마불교의 연구에 좋은 자료를 제공하고 있다.

2) 중관학 연구

우리나라에서 중관학의 연구는 고구려 僧朗과 중국 삼론종 연구의 일부로 시작되었다. 김잉석이「高句麗 僧朗과 三論學」,[28]「僧朗을 相承한 中國 三論의 眞理性」[29] 등을 통해 중국의 삼론학을 연구하는 과정에서 용수의 중관학이 언급되기 시작한 것이 중관학 연구의 출발이며, 이후 김인덕이 동국대학교에서 김잉석을 이어 삼론학과 중관학을 강의하면서 연구하게 된다. 이와 같이 우리나라에서 중관학은 중국 삼론학의 기초학으로 연구되기 시작했기 때문에 龍樹(Nāgārjuna)의『中論』에 편중되었다. "우리 고구려 출신 僧朗大師(5C.末~6C.初)의 개척으로 시작된 중국 삼론학을 전공하는 자가, 평소에 龍樹 본래의 주장이 담긴 중론송에 관심을 두고 연구 발표한 몇 편의 논문과 중관학 강의 자료 일부를 모아 엮었다"[30]는 김인덕의『中論頌 研究』(불광출판부, 1995)는 이러한 실정을 잘 보여준다.

---

28)『백성욱 박사 송수기념 불교학논문집』, 1959, 43~67쪽.
29)『불교학보』1집, 동국대학교 불교문화연구소, 1963, 3~76쪽.
30) 김인덕,『中論頌 研究』, 불광출판부, 1995, 2~3쪽.

중관학 연구의 어려움은 空觀의 이해가 쉽지 않다는 데, 즉 中觀 論書 자체의 난해성에 있다. 이런 까닭에 인도불교의 다른 분야에 비하여 상대적으로 많은 논문이 발표되었지만, 내용면에서는 대부분『중론』의 일부를 해석하거나 空觀의 이해를 시도하는 정도이다. 이러한 어려움은 비단 우리나라에 한정되는 것이 아니다. 일본이나 서구에서도『중론』을 번역하고 해석하는 일이 중관학 연구의 핵심이 되고 있다.

이런 점에서 김성철의 중관 논서 번역작업은 중요한 의미를 갖는다. 1996년 「龍樹의 中觀 論理의 起源」(동국대 대학원)으로 박사학위를 받은 김성철은 1993년『中論』靑目疏를 산스크리트어 偈頌과 대조하여 번역하였고, 1999년에는 용수의『廻諍論』을 산스크리트어, 티벳어, 한문을 대조하여 번역하였으며, 提婆(Āryadeva)의『百論』과 용수의『十二門論』을 합본하여 번역 출판하였다.31) 김성철의 번역은 대조 가능한 자료들을 한데 모아 독자들이 비교할 수 있도록 배려한 점이 돋보이는 중관학 연구의 기초자료이다.

3) 유식학 연구

김동화 선생에 의해 시작된 우리나라의 유식학 연구는 1990년대 이전까지는 오형근 이외에 이 분야의 전공자라고 할만한 사람이 없었다. 중관학과 마찬가지로 중국의 법상종이나 원측이나 원효와 같은 한국의 불교사상가를 연구하면서 기초학으로 연구하는 경우가 많았고, 자료도 한역 대장경만에 의존했기 때문에 아직 김동화 선생의『유식철학』(1968)을 능가하는 저술이 없을 정도로 답보상태에 있다. 최근 10여 명이 이 분야에서 박사학위를 취득하거나 유학을 마치고 돌아와 한역 대장경 이외에 티벳 대장경과 산스크리트본을 연구하고 있기 때문에 발전이 있을 것으로 기대된다.

오형근은 1989년 자신이 연구한 유식학 관계 논문들과 학위논문을 묶어『唯識과 心識思想硏究』(불교사상사)를 출간했다. 그는 이 책에서 불교에서

---

31) 이 세 권의 번역서는 모두 경서원에서 출판되었다.

心識 사상이 어떤 과정을 통해 八識說로 발전했는지를 고찰하고 있다. 이밖에 주목할 만한 저술로는 한자경의 『唯識無境, 유식 불교에서의 인식과 존재』(예문서원, 2000)가 있다. 한자경은 독일 프라이브루크 대학에서 칸트철학으로 박사학위를 취득한 후 귀국하여 자신의 철학적 관심사인 자아의 문제를 해결하고자 동국대학교 대학원에 입학하여 불교철학으로 석사 및 박사학위를 취득하였다. 『유식무경』은 그의 박사학위 논문을 단행본으로 펴낸 것이다. 한자경은 이 책에서 『成唯識論』을 중심으로 유식학에서 識과 境이 각각 무엇을 의미하며, 그들이 어떤 관계에 있는가를 고찰한다. 저자가 서양철학을 전공했기 때문에 이 책은 서양철학자 전공자의 눈에 비친 유식학이라고 할 수 있으며, 불교 술어를 서양철학의 용어로 해석함으로써 서양철학 전공자들이 유식학에 쉽게 접근하도록 하고 있다.

유식관계 경론의 번역은 한역 대장경을 번역한 것이 대부분인데, 박인성의 『유식삼십송석』(민족사, 2000)은 安慧(Sthiramati ; 510~570)의 『유식삼십송석』을 산스크리트본과 티벳본을 교정, 번역, 주석한 것이다. 각각의 문장을 세세하게 문법적으로 분석하여 산스크리트어와 티벳어를 모르는 사람들도 의미를 파악할 수 있게 하였으며, 부록으로 산스크리트어 원문과 티벳어 원문 전체를 수록하고 있기 때문에 유식학 연구에 좋은 자료가 된다.

5. 중국불교 연구

중국불교의 사상적 전개에는 인도불교에 버금갈 만큼의 심도와 다양성이 존재한다. 내면적으로는 원래 天을 중심으로 한 실체론적·생성론적 성격이 강한 사상전통이 뿌리 깊은 중국사상계에 불교의 연기론은 새로운 세계관과 인간관으로서 커다란 충격을 주었으며, 냉엄하고 철저한 자기책임의 윤리로서 불교의 업보윤회사상은 중국인의 가족중심적인 윤리의식과 삶에 심각한 반성을 촉구하게 된다. 외면적으로는 전통적 사상체계들과의 교섭을 통해 불교는 독창적인 사상체계로 거듭나 다양한 학파·종파가 형성되었으며,

그것은 선종의 등장에 이르러 정점에 달한다.

　인도에서 발생한 불교는 전혀 이질적인 사유체계를 갖는 중국에서 어떻게 자기변혁을 이루어 새로운 문화형성의 動因으로 기능하는 것일까? 이 문제는 불교의 중국적 전개라는 차원을 넘어, 불교 그 자체의 사상적·문화적 전개의 전체상 규명이라는 문화사적·지성사적 차원에서도 큰 관심거리이다. 특히 한국불교 형성과 전개의 기반으로서 그것이 갖는 위상을 고려할 때, 중국불교에 대한 연구는 한국불교의 올바른 이해를 위해서도 결코 소홀히 할 수 없는 영역이다.

　그럼에도 불구하고 국내 학계의 연구동향은 최근 인도불교에 관심이 증대되고 있으나 전반적으로는 한국불교가 중심이며, 아직 중국불교에 대한 체계적이고 본격적인 연구는 거의 이루어지지 않고 있다. 국내의 중국불교 관련 연구서는 국외 연구성과들의 번역본이 주를 이루고 있으며, 엄밀히 말해 순수하게 국내의 연구성과로서 제시된 중국불교사 한 권 없는 실정이다.

　1983년 고려원에서 간행된 장원규의『중국불교사』는 국내 연구자에 의한 유일한 저술이다. 그러나 형식과 체제상으로는 통사의 모습을 갖추고 있으나 내용적으로는 사상사라기보다는 교단사적 관점에서 서술되고 있으며, 내용의 논거와 참고문헌을 전혀 밝히지 않는 등 엄밀성에 있어서, 그것이 주로 일본의 연구성과들에 기반하고 있는 것으로 보여, 온전한 연구서로 평가하기 어렵다.

　『중국불교철학사』(심재룡 편저)라는 이름으로 1998년 철학과현실사에서 출판된 것이 있으나, 이 책은 엄밀히 말해 연구서가 아니다. 즉 이 책은 중국불교의 역사와 교리 전개를 개괄적으로 이해하기 위해, 중국의 불교 전적 가운데 철학적 논서들만 종파별로 뽑아 번역, 편집하고 각각에 해설을 붙인 것이다.

　중국불교와 관련한 단행본으로는 계환의『중국화엄사상사연구』(불광출판사, 1996), 이병욱의『천태사상연구』(경서원, 2000), 정성본의『중국선종의 성립사연구』(민족사, 1991), 윤영해의『주자의 선불교비판 연구』(민족사,

2000)가 있다.

계환의『중국화엄사상사연구』는 사상사적 관점에서 중국화엄종 법장의 사상체계에 초점을 맞추어 이를 밝힘과 동시에 그가 중국불교에 기여한 역할을 규명하고자 한다. 이를 통해 저자는 법장이 전 불교의 종합화를 지향하여 모든 교설을 망라한 뒤, 이것에 각각의 의미를 부여함으로써 자신의 교학을 체계화하고 있음을 밝히고 있다.

이병욱의『천태사상연구』는 천태사상에 대한 전문적인 연구서로서는 국내 최초의 단행본이다. 이 책은 3부로 구성되어, 각각 천태사상의 형성과정, 천태사상의 구체적 내용, 천태와 화엄의 사상적 비교를 시도하고 있다. 이를 통해 저자는 기존의 연구 성과들을 토대로 천태사상의 형성과 전개의 한 단면을 독자적인 관점에서 규명하려고 한다.

정성본의『중국선종의 성립사연구』는 보리달마의 등장으로부터 시작되는 중국선종의 동향과 선사상 등에 대한 역사적 규명을 시도한 책이다. 저자는 이 연구를 통해 중국선종은 전통적인 중앙귀족의 권위주의와 교학불교의 성격을 탈피하여 생활종교로서, 인간관의 혁신을 가져왔으며, 협의의 한 종파로서의 의미를 넘어 종래의 모든 불교를 통합한 새로운 중국불교의 성격을 갖고 있음을 논한다.

윤영해의『주자의 선불교비판 연구』는 종교학적 시각을 동원하여『주자어류』의「釋氏」편을 분석함으로써 그 비판이 갖는 의미를 규명하려는 시도이다. 이를 통해 저자는 주자의 불교비판이 역사적으로 당시의 사상과 문화계에 커다란 반응을 일으켜 결국 성리학의 등장과 더불어 불교가 사회적 지도력을 상실해 가는 과정을 밝히고 있다. 이 연구는 송대 변혁기의 중국 사상계에서 불교의 종교적·사회적 의미를 조명한다는 점에서뿐만 아니라, 연구의 방법과 시각에서도 주목된다. 즉 불교연구의 텍스트를 유교관련 문헌 등으로 확대하고 있으며, 불교를 대상화하여 불교 밖에서 불교를 조명하는 것이다. 이처럼 중국인에게 불교는 무엇이었으며, 불교의 수용에 있어 무엇이 문제였나를 물음으로써 저자는 현실사회 속에서 불교가 어떤 의미를 가져야 되는지에 대한 심각한 반성을 촉구하는 것이다.

그밖에 중국불교만을 단독으로 다룬 연구서는 아니나 格義佛敎, 神滅神不滅 논쟁을 비롯하여 천태와 화엄, 선종 등 중국불교 관련 논문들을 다수 수록하고 있는 것으로『논쟁으로 보는 불교철학』(이효걸 외, 예문서원, 1998)이 있다. 아울러 많지는 않으나 중국불교 관련 개별 논문들이 존재한다. 그러나 이들 대부분은 선불교와 화엄불교에 관련된 것들로 주로 한국불교와 연관 속에서 연구가 이루어지고 있다. 즉 중국불교 그 자체를 객관적 대상으로 하는 순수한 연구는 찾아보기 어렵다.

6. 한국불교 연구

한국불교는 역사학자들에 의해 연구되기 시작했다. 권상노의『朝鮮佛敎略史』(1917)와 이능화의『朝鮮佛敎通史』(1918)가 근대적인 의미에서 한국불교를 연구한 초기의 저술이다.『조선불교약사』는 한국불교의 역사를 간추린 것에 불과하고,『조선불교통사』는 한국불교에 관한 방대한 사료를 한자 원문으로 집성한 일종의 辭典的 성격을 띤 것이었다. 이후 1950년대까지 한국불교는 史學者들에 의해 한국불교사로 연구되었다.

사학의 틀을 벗어나 사상적인 측면에서 한국불교를 연구하기 시작한 것은 한국불교학계에서 최초로 발간한 본격적인 논문집으로 평가되는『백성욱박사 송수기념 佛敎學論文集』(1959)에 실린 김잉석의「高句麗 僧朗과 三論學」이다. 김잉석은 이 논문에서 일본인 학자들의 주장을 비판하고 승랑의 행장을 정리하였으며, 길장의 삼론학 관계 저술 속에 나타난 승랑의 사상을 정리하여 삼론학의 三種方言에 의한 三種中道說과 二諦是敎論이 승랑의 설임을 밝혔다. 이러한 김잉석의 연구는 이후 승랑사상 연구의 토대가 되었으며, 한국철학사의 첫 머리에 승랑이 위치할 수 있게 했다.

서양 근대문명에 압도되었던 해방 전후의 지식인들은, 특히 철학을 전공한다는 학자들은 한국에도 철학이 있는가? 라고 의심했다. 지금도 한국의 대학에 한국철학을 전공하는 학자가 많지 않고, 특히 불교사상을 강의하는 학교가 극소수라는 사실은 이러한 의식이 잔존하고 있음을 입증한다. 이러한 실정에서 박종홍은 서양철학을 전공한 학자로서 한국의 불교학이 지닌 철학적 우수성을 인식하고 관심을 가진 최초의 인물이다. 그는『韓國思想史(불교사상편)』(서문당, 1972) 머리말에서 "상상하였던 이상으로 심오하고 철저한 경지의 철학적 사색이라고 느껴질 때마다 나로서는 새로운 것을 배웠다고 하겠거니와 동시에 억제하기 힘든 흥분을 경험하였음도 사실이다. 나는 그런 조상을 가졌음을 다시없이 고맙게 생각한다"고 적고 있다.

박종홍의『한국사상사』는 한국불교를 서양철학적으로 해석한 최초의 저술이다. 이 책은 僧朗, 圓測, 元曉, 義天, 知訥의 사상을 서양철학적 시각으로 해석한 것으로서, 대표적인 학설을 통해 각각의 사상적 특징을 드러낸 개설서적인 성격의 저술이다. 이 책은 한국불교의 철학적 의미를 세상에 알려 불교계 밖의 일반 학자들이 불교를 철학적으로 연구할 수 있도록 계몽했다는 점에서 의의를 갖는다.

1976년 동국대학교 불교문화연구소에서 삼국시대로부터 조선시대 말(1896)까지 한국에서 찬술된 佛書와 한국불교에 관한 문헌자료를 찾아 現存本은 물론 逸失本까지 수록한『韓國佛敎撰述文獻總錄』(동국대학교 출판부, 1976)을 발간하였다. 김영태와 고익진이 집필한 이 책은 시대별로 각 인물을 설명하고 그 사람의 저술에 해제를 붙인 撰述部와 한국불교에 관계되는 傳記類와 寺誌類 등을 소개한 자료부로 되어 있다.

이『문헌목록』이 완성되자 동국대학교에서 이 목록을 토대로『韓國佛敎全書』(전11책) 간행을 추진하면서 목록을 집필한 고익진에게『불교전서』 편집을 맡겼다.[32] 1979년 1책이 나온『한국불교전서』는 현재 11책 모두 완간되어 한국불교 연구의 기본 자료가 되고 있다. 범어 원전을 통한 불교근본

---

32) 1979년 1책이 나온『한국불교전서』는 현재 11책 모두 완간되어 한국불교 연구의 근본 자료가 되고 있다. 현재 동국대에서 전산화하고 있으며, 4책까지 전산화가 완료되었다.

562

교설의 체계화에 전념하던 고익진은『문헌목록』을 집필하고『불교전서』를 편집하면서 한국불교의 중요성을 인식하고 한국불교연구로 선회한다.

고익진의『韓國古代佛敎思想史』(1989)는『불교전서』를 편집하면서 접한 수많은 자료들과 불교사상 전반에 대한 자신의 체계적 이해에 바탕을 둔, 철학적 시각에서 이루어진 본격적인 한국불교사상사이다.[33] 그의 박사학위논문이기도 한『한국고대불교사상사』는 삼국의 불교전래에서 통일기 신라의 大乘敎學을 거쳐 신라 하대의 禪傳來에 이르는 한국 고대불교의 사상적 흐름을 살피고 있다. 종래의 敎理史나 敎團史, 불교의 사회적 성격에 초점을 맞추는 사학계의 연구경향과 달리 '사상사적 관점'에서 불교가 우리나라에 수용되어 발전하는 과정을 조명한 것이 이 책의 특징이다.

삼국의 불교 전래에서 출발하는 이 책은 불교 전래를 단순한 연대기로 서술하지 않고, 한국 고대의 巫敎를 배경으로 하는 삼국이 이질적인 불교를 수입하지 않을 수 없었던 이유를 찾는다. 즉 당시의 巫敎가 삼국의 국가발전에 사상적으로 어떤 장애가 되었기에 불교를 수용하게 되었으며, 불교의 어떤 사상이 어떤 방식으로 그 장애를 극복할 수 있었는가를 고찰한다.

삼국에 불교가 토착화되면서 발생하는 大乘 敎學의 내용을 다루면서, 중국에 건너가 新三論學과 新唯識學의 발전에 선구적 역할을 한 고구려 승랑의 삼론학과 신라 원측의 유식학에 주목한다. 인도의 중관학을 계승한 중국 삼론학과 인도의 유식학을 계승한 중국 법상종의 유식학에 한국출신의 승랑과 원측이 선구적 역할을 했다는 사실은 한국불교를 중국불교에 종속된 것으로 볼 수 없음을 의미한다. 즉 중국불교로부터 일방적으로 영향을 받고 있는 것이 한국불교가 아니라 중국불교의 형성과 발전에 영향을 주고 있는 것이 한국불교임을 의미하는 것이다. 승랑과 원측이 중국불교의 선구가 되었다는 사실을 고익진이 처음으로 밝힌 것은 아니지만, 吉藏에 의해 완성된

---

33) 고익진 이전에 안계현의『한국불교사상사연구』(동국대학교 출판부, 1983)가 있으나, 이 책은 역사적 관점에서 저술된 것으로서 인물, 사상 중심이 아니라 시대에 따른 불교사상의 추이를 기술한 것이다.

삼론학의 중요한 교의가 승랑에 의해 기반이 확립되었음을 사상적 연관성을 밝혀 구체적으로 입증하고, 원측 유식학의 특징과 그의 學統을 잇는 계보를 밝혀 서명학파로 명명하면서 그 영향력이 신라뿐만 西域 지방까지 미쳤음을 소상히 밝힌 것은 큰 성과라 할 수 있다.

신라가 삼국 통일을 완수한 후, 元曉와 義相에 의해 전개된 신라 中代의 불교사상을 고익진은 화엄사상으로 규정한다. 통일신라가 麗·濟 二國의 遺民을 거두어 함께 지향해야 할 공존의 통일질서를 원효와 의상은 圓融無碍한 화엄의 세계관에서 찾았다는 것이다. 그는 원효의 불교사상을『大乘起信論』의 이론체계와『金剛三昧經』의 실천원리를 주축으로 하는 화엄사상으로 봄으로써 기존의 원효 해석에 문제를 제기한다. 원효의 사상을 '起信論 사상'이나 '如來藏 사상'으로 해석한 기존의 입장에 대하여 그는 원효의 기신론 철학에서 體·相·用 三大의 경계는 화엄경의 普法과 동일한 내용이므로 원효를 화엄사상가로 보아야 한다는 것이다. 그는 원효사상과 중국 초기 화엄사상을 비교한 후 원효사상과 중국 화엄사상은 의상을 통해 교섭이 행해지기 전에 각각 독자적으로 발전했다고 결론한다. 그리고 두 사상을 구성하는 근본이론 체계에 상당한 차이가 발견되는데, 그것은『기신론』에 대한 이해의 차이에서 오는 것으로서, 원효의 정연한 이론 전개에 중국화엄은 크게 미치지 못한 것으로 평가한다.

고익진은 이와 같이 그동안 개별적으로 연구되어오던 불교사상가들을 사상사적으로 연결시켜 한국의 불교철학에 분명한 사상적 맥락이 있음을 밝혔다. 그는 아마 고려·조선에 이어지는 불교사상사를 정리하여 한국불교 사상사를 완성하고자 했을 것이나 1988년 지병으로 타계함으로써 그 일을 후학들의 몫으로 남겼다.

동국대학교 불교문화연구소에서 1982년부터 1988년까지 매년 1책씩 간행한『한국불교사상총서』7책은 한국불교사상 전반을 화엄사상, 천태사상, 선사상, 정토사상, 밀교사상, 관음사상으로 나누어 각 분야의 전공자들의 연구논문을 수록한 것이다.『한국불교사상총서』는 각 분야에 대한 국내 연구자들의 연구논문을 조망할 수 있는 자료이지만, 매년 각 분야를 주제로 학술회의를 개최하여 그 결과로써 얻어진 연구논문들을 모아 엮었기 때문에 總書라기보다는 학술회의 논문집의 성격을 갖는다.

　한국불교문헌을 집대성한『韓國佛教全書』의 출간은 한국불교 연구에 활력을 불어넣었다.『韓國佛教全書』에 수록된 현존 불교전적은 신라시대의 것이 18명 55부, 고려시대의 것이 29명 58부, 조선시대의 것이 87명 150부이다. 1994년 장휘옥의 조사에 의하면, 이 가운데 단 한편이라도 연구 성과가 있는 인물은 신라시대 16명, 고려시대 16명, 조선시대 11명이다.[34] 우선 양적인 면에서 불균형이 심각하다는 점을 알 수 있다. 질적인 면에서도 불균형은 심각하다. 圓測의『解深密經疏』, 元曉의『起信論海東疏竝序』·『金剛三昧經論』·『十門和諍論』·『無量壽經宗要』, 義相의『華嚴一乘法界圖』와『白花道場發願文』, 太賢의『成唯識論學記』와『大乘起信論內義略探記』, 知訥의『勤修定慧結社文』의 연구를 제외하면 대부분의 연구가 인물의 생애와 기본 사상을 밝히는 논문들이다. 1980년대 이후『불교전서』의 출간으로 한국불교는 양적, 질적 성장을 이루었지만 이와 같은 불균형은 여전히 시정되어야 할 문제로 남아있다.

　한국불교사상가의 저술에 대한 철학적 연구가 원측, 원효, 의상, 태현, 지눌에 한정되어 있다는 것은 아직 한국불교철학사를 정리할 단계에도 이르지 못했음을 의미한다. 이들 가운데서도 원효, 의상에 대한 연구가 주류를 이루고 있고, 최근 원측에 대한 연구가 나오고 있다. 이하에서는 이들에 대한 연구성과를 개별적으로 살펴보기로 한다.

1) 圓測 연구

　원측과 그의 학설은 중국 법상종 연구의 보조자료 정도로 취급되면서

---

34) 장휘옥,「한국불교학 연구의 회고와 전망」,『한국의 불교학 연구, 그 회고와 전망』, 동국대학교 불교문화연구원, 1994, 69~78쪽의 표 참고.

과소평가 되다가 『해심밀경소』가 티벳 대장경에 수록되어 그의 유식학이 티벳과 돈황 지역에서 각광을 받았다는 사실이 밝혀지면서, 그에 대한 관심이 커지게 되었다. 그리하여 원측 유식학이 자은파 계통의 유식학과 다른 하나의 흐름을 형성하고 있다는 사실이 밝혀짐으로써 이 두 유식학의 차이를 비교하는 연구가 시작되었다.[35] 황성기의 「원측의 유식학에 관한 연구」(『불교학보』 9집, 1972) ; 「원측의 유식학설 연구」(동국대학교 박사학위논문, 1975), 박종홍의 『한국사상사』(서문당, 1972), 고익진의 「西明唯識의 기본입장」(『동국사상』 11 · 12 合輯, 1978), 오형근의 「신라원측법사의 유식사상연구」(『불교학보』 25집, 1988), 신현숙의 「唐窺基와 新羅圓測의 相違說研究 1 · 2」(『한국불교학』 4집, 1979 ·『불교학보』 17집, 1980) 등은 원측의 유식학설이 구유식이나 신유식 학설과는 다른 독특한 것이라는 사실과 그 중요한 특징을 밝힌 연구들이다.

정영근의 「圓測의 唯識哲學」(서울대학교 박사학위논문, 1994)은 기존의 연구성과를 토대로 원측사상의 철학적 의미를 밝힌 논문이다. 정영근은 기존의 연구가 신·구 유식의 견해에 대해서만 독자적 체계성을 인정하고, 그 두 틀을 가지고 원측을 봄으로써 원측을 체계가 없거나 자기모순적 체계를 가진 사람으로 오해했다고 지적하고, 원측의 유식 사상 속에 독특하면서도 일관된 체계가 있다고 주장한다. 원측은 나름대로 일관된 틀을 가지고 불교를 이해하고, 또한 일관된 도리에 입각해서 양쪽의 견해를 평하고 취사선택했다는 것이다. 정영근에 의하면 원측이 불교를 이해한 틀은 '모든 교설을 方便으로 보는 것'이며 핵심으로 삼고있는 도리는 中道이다. 원측은 모든 교설을 방편으로 봄으로써 중관과 유식 가운데 어느 하나를 우월한 것으로 보지 않았으며, 중관불교와 유식불교를 모두 중도로 보는 독특한 입장에서 신·구 유식을 비판적으로 종합했다는 것이다.

고영섭의 「文雅 圓測과 그 敎學 研究」(동국대학교 박사학위논문, 1997)와 『文雅大師』(불교춘추사, 1999)는 원측 유식학의 學統을 밝힌 데 특징이

---

35) 정영근, 「圓測의 唯識哲學」, 서울대학교 박사학위논문, 1994, 2~3쪽 참조.

있다. 그에 의하면 원측의 유식학은 道證, 勝莊, 慈善 등에게 전해졌으며, 승장은 원측의 유식학을 중국에서 펼쳤고, 도증은 신라에 귀국하여 太賢에게 전했다. 그는 태현 이후에는 신라 국내보다는 일본이나 중국으로 전해졌을 것이라고 추정한다.

2) 元曉 연구

원효는 한국의 불교사상을 대표한다. 그는 당대의 모든 經論을 섭렵하여 다양하고도 방대한 저술을 남겼는데, 모든 학자들은 그가 특정한 학파나 종파의식에서 벗어나 和諍과 會通의 정신으로 모든 經論을 해석하였고, 그의 삶 역시 이에 충실하였다고 평가한다. 이러한 원효의 사상을 一心思想 이라고 부르는데, 원효의 一心은 『대승기신론』에서 이야기하는 一心이다. 『기신론』에서는 "一心에 의지해 心眞如門과 心生滅門이 있다"[36]고 하면서, "一切法은 본래 一心일 뿐"[37]이라고 이야기한다. 원효는 生死(심생멸문)와 涅槃(심진여문)을 一心으로 회통하는 『기신론』에 의지해 자신의 사상체계 를 구축했다. 따라서 원효사상의 연구는 원효의 기신론사상을 축으로 행해지 고 있다. 불교의 다양한 사상체계 가운데 원효사상의 토대를 이루고 있는 것은 무엇일까? 이것이 원효사상 연구의 핵심 주제인데, 이에 대한 학계의 대답은 일치를 보이지 않는다.

1967년 원효의 『기신론소·별기』를 해제와 간단한 설명을 곁들여 번역한 『元曉思想』(홍법원)을 저술함으로써 비교적 일찍 원효사상에 주목했던 이 기영은 원효를 화엄의 우주관에서 如來藏思想을 고취했다고 보고, 원효사상 의 핵심을 화엄사상과 여래장사상 모두에서 구하면서도 여래장사상에 주목 한다.[38] 이평래도 원효의 불교학은 『대승기신론』의 여래장설에 토대를 두고

---

36) "依一心法有二種門 云何爲二 一者心眞如門 二者心生滅門".
37) "一切法從本已來……唯是一心".
38) 이기영, 「경전인용에 나타난 원효의 독창성」, 『한국불교연구』, 한국불교연구원, 1982, 360쪽.

형성되었으며, 般若中觀說이나 瑜伽唯識說보다 『대승기신론』의 여래장설을 최고의 위상에 두고, 그 토대 위에 불교사상을 통일하려고 한다39)고 주장한다. 안성두 역시 원효를 여래장사상의 가치를 최초로 깨달은 사상가로서, 여래장사상의 독자적 가치를 발견하여 여래장사상과 유식철학을 구별했으며, 이 구분을 중국 화엄학을 수립한 法藏의 사상적 선구로 본다.40)

최유진은 원효의 근본사상을 여래장사상에만 국한시킬 수 없다고 본다. 원효사상의 근본은 一心에서 찾아야 하며, 원효의 일심사상은 여래장사상의 연장선상에서 파악할 수 있으나 동시에 화엄사상을 비롯한 여러 이론들을 아우른 더욱 포괄적인 것이라는 것이다.41)

고익진과 은정희는 원효가 기신론사상을 般若中觀說과 瑜伽唯識說을 지양·종합하는 것으로 평가하였다고 보고, 이러한 원효의 평가가 곧 원효의 기신론사상의 핵심이라고 주장한다.42) 원효는 二門, 즉 心眞如門과 心生滅門에 각각 中觀과 唯識을 배대하여 『기신론』을 一心二門의 구조로 중관과 유식의 대립을 지양·종합한 것으로 파악했으며, 『기신론』에 대한 원효의 이러한 이해는 『기신론』의 재발견이며, 원효의 기신론사상이라는 것이다.43) 그리고 고익진은 이러한 원효의 기신론사상을 화엄사상에 속하는 것으로 평가한다.

여래장사상이나 화엄사상에서 원효사상의 핵심을 찾으려는 기존의 견해에 대하여 박태원은 문제를 제기한다. 그는 『대승기신론사상연구(Ⅰ)』(민족사, 1994)에서 원효가 기신론사상을 중관·유식의 지양, 종합으로 파악했다

---

39) 이평래, 「여래장설과 원효」, 『원효사상논총』, 국토통일원, 1987, 479쪽.

40) 안성두, 「원효의 여래장사상 분립이유에 관한 연구」, 한국학대학원 석사학위논문, 1981, 53~55쪽.

41) 최유진, 「元曉의 和諍思想硏究」, 서울대학교 박사학위논문, 1988, 2·25쪽.

42) 고익진, 「元曉의 起信論疏·別記를 통해 본 眞俗圓融無碍觀과 그 성립이론」, 『불교학보』 10집, 동국대학교 불교문화연구소, 1973, 287~319쪽 ; 은정희, 「起信論疏·別記에 나타난 元曉의 一心思想」, 고려대학교 박사학위논문, 1982에서 이러한 입장을 밝히고 있다(박태원, 『大乘起信論思想硏究(Ⅰ)』, 민족사, 1994, 69쪽, 각주 110).

43) 고익진, 『한국고대불교사상사』, 동국대학교 출판부, 1989, 318~319쪽 참조.

고 보기는 어렵다고 주장한다. 그리고 원효가 여래장 개념을 매우 중시하지만 원효사상의 핵심을 여래장사상이라고 보는 견해도 문제가 있다고 주장한다.

그는 최근 행해지는 『기신론』 및 원효사상에 대한 論究들이 대개 일본학계가 성취한 여래장사상의 이해에 의거하면서, 일본학계가 성취한 괄목할만한 연구성과를 일방적으로 흡수한 나머지, 『기신론』이나 원효사상을 이해함에 있어서도 여래장사상에 필요 이상으로 경도되어 있는 위험성을 지적한다. 『기신론』이나 원효사상이 여래장 개념을 부각시켜 중시하고 있는 것은 사실이지만, 근자에 일관되게 정리된 여래장사상 체계에 입각하여 그 틀 속에서 『기신론』이나 원효사상을 파악하는 것은 적절치 않다는 것이다. 그는 기존의 원효 해석을 다각적으로 검토 비판한다. 그리고 원효의 『기신론』 註釋 전체를 一心二門을 해명하기 위한 작업으로 규정한 후, 원효가 一心과 二門의 의미를 밝히기 위하여 『楞伽經』과 唯識思想을 적극적으로 활용한다는 점에 착안하여 원효의 기신론사상의 근본은 유식사상이라고 주장한다.

이상과 같이 원효사상에 대해 다양한 해석들이 대립하고 있다. 이러한 대립을 극복하고 일치된 해석을 하기 위해서는 우선 원효의 저술들이 정확하게 번역되어야 할 것이다. 이러한 관점에서 은정희와 송진현이 함께 작업하는 원효의 저술 번역은 매우 큰 의미를 갖는다. 은정희의 『원효의 대승기신론 소·별기』(일지사, 1991)와 은정희·송진현의 『원효의 금강삼매경론』(일지사, 2000)은 기존의 모든 번역을 대조하면서 원효가 인용한 글들을 대장경 원문에서 찾아내 밝힌 勞作이다. 어려운 불교용어에 대하여 사전적인 해석을 곁들인 이 번역서는 어떤 논문보다도 큰 성과로 평가된다. 『二障義』를 비롯한 원효의 나머지 저술들도 번역할 계획이라고 하니 크게 기대된다.

3) 義相 연구44)

---

44) 이 부분의 서술은 『의상 화엄사상 연구』(서울대학교 출판부, 1998) 서론에서 정병삼이 정리한 내용을 요약한 것이다.

화엄사상은 삼국시대 말기에 우리나라에 수용되기 시작하여 통일신라시
대에는 중심사상으로 자리잡았다. 이후 화엄학은 항상 교학의 중심에서
한국 불교사상의 바탕이 되었다. 의상은 중국에 유학하여 화엄사상을 익힌
후 귀국하여 신라 화엄종의 문호를 개설했다. 의상에 대한 연구는 일찍이
역사학자들에 의해 신라의 화엄사상과 함께 역사적 관점에서 이루어졌다.
의상이 활동했던 통일신라 초기의 사회격변기에 전개된 정치·사회와 사상
의 관계에 관심을 가진 역사학자들이 의상의 화엄사상과 활동을 통해 통일기
의 신라 사회를 이해하고자 했던 것이다.[45]

의상의 사상에 대한 체계적인 이해는 일제시대에 일본인에 의해 시작되었
다. 高峰了州는 화엄사상사를 통사로 서술하는 중에 『法界圖』를 중심으로
의상에 대해 개괄적인 소개를 하였다.[46] 坂本幸男은 이를 한 단계 진전시켜
『법계도』를 중심으로 의상의 화엄사상을 체계적으로 분석하였다. 그는 의상
의 화엄사상으로 心識說, 三性三無性論, 理理相卽論, 十玄六相論을 들어
의상의 사상이 중국 화엄종의 지엄이나 법장과 구별되는 중대한 의의를
지닌다는 것을 밝혔다.[47]

우리나라에서는 장원규가 중국 화엄사상을 통관하는 과정에서 의상의
화엄사상을 『법계도』의 大義와 敎判·緣起說·六相十玄論 등으로 개괄적
으로 정리하였고,[48] 채인환은 의상 화엄사상의 특성을 海印三昧에 있어서의
六相圓融한 연기관으로 보고, 이를 보다 구체화하여 法性觀·佛身觀·斷
惑觀·十玄觀·六相觀으로 나누어 검토하였다.[49] 이기영은 의상의 『법계
도』 偈頌의 내용을 『法界圖記叢髓錄』의 해설과 함께 분과에 따라 상세하게
분석하고, 『법계도』가 『화엄경』에 기초한 해인삼매의 정신을 드러내는 것으

45) 정병삼, 『의상 화엄사상 연구』, 서울대학교 출판부, 1998, 3쪽.
46) 高峰了州, 『華嚴思想史』, 1942.
47) 坂本幸男, 『華嚴敎學의 硏究』, 1956.
48) 장원규, 「華嚴敎學 完成期의 思想硏究-傍依의 三師를 中心으로」, 『불교학보』 11집,
   1974.
49) 채인환, 「義相華嚴學의 特性」, 『한국화엄사상연구』, 동국대학교 출판부, 1982.

로서 파악했다.[50]

전해주는 의상의 화엄사상의 요체를 性起思想으로 보고『법계도』에 나타난 性起思想을 집중적으로 분석하여 의상의 화엄사상을 체계적으로 심도 있게 다루었다.[51] 이 연구는『법계도』에서 十玄, 六相, 十錢法喩로 緣起實相陀羅尼法을 해석한 것은 實性의 性起 세계를 드러내고자 한 것으로서, 의상의 성기사상은『법계도』에 보이는 실천적 구조와 밀접하게 연관되어 法性觀·舊來成佛說·海印三昧論에 긴밀히 연관되어 있음을 밝혔다.

고익진은 의상의 화엄사상을 신라 화엄사상사의 흐름 속에서 분명하게 정립하고 그 특성을 밝히고자 하였다. 이 연구는 의상에 대한 상세한 분석이 이루어지지는 못했지만 특히 원효의 화엄사상 분석과 비교하여 의상 화엄사상의 독자적인 면모를 陀羅尼法의 강조와 數十錢說·六相義 등으로 제시하면서 이들이 법장의 화엄교학에 미친 영향을 고찰한 것이다.[52]

의상은 10년 가까운 중국 유학을 마무리하며 44세에 저작한 간략한 내용의『법계도』로 華嚴一乘思想을 체계화하였다. 이 시기는 그의 스승 智儼이 地論과 攝論 등 舊唯識을 바탕으로 화엄사상을 정립한 시기였다. 따라서 의상의 화엄사상은 지엄의 화엄사상을 수용하고 있지만 그 이전의 교학인 섭론과 지론에도 바탕을 두고 있다. 의상의 저술이『법계도』·『法界圖叢髓錄』·『白花道場發願文』3편으로 매우 제한적이기 때문에 이들 교학에 대한 검토를 통한 의상 화엄사상의 분석이 앞으로의 과제이다.[53]

7. 비교철학적 연구

불교사상은 매우 다양한 함의를 지닌다. 실존철학적인 면이 있는가 하면

---

50) 이기영,「華嚴一乘法界圖의 基本精神」,『新羅伽倻文化』4집, 1972(『韓國佛教研究』, 1982).
51) 전해주,『義湘華嚴思想史研究』, 민족사, 1993.
52) 고익진,「新羅中代 華嚴思想의 展開와 그 影響」,『불교학보』24·25집, 1987·1988.
53) 정병삼, 앞의 글, 8쪽.

언어철학적인 면이 있고, 관념론적인 면이 있는가 하면 자연과학적인 측면이 있다. 따라서 서구에서는 일찍부터 불교를 비교철학적으로 연구해왔다. 우리나라에서 불교를 비교철학적인 관점에서 논구한 최초의 저술은 고형곤의 『禪의 世界』(태학사, 1971)이다.

고형곤은 禪의 世界를 우리가 이론적으로 설명하기 이전에 스스로 現前해 있는, 우리가 그 속에 살고 있는 현실 세계 바로 그것이라고 파악하고, 이것은 곧 하이데거(M. Heidegger)의 이른바 "daß Seiendes ist"의 불가사의하게도 단순한 것이라고 본다.[54] 이러한 관점에서 그는 하이데거의 存在 現前性을 禪의 측면에서 고찰한 후, 이번에는 禪을 현상학적으로 解明하고 존재론적으로 究明한다.

박종홍은 비교철학적 연구에 대하여 다음과 같이 경계한다. "요즈음 흔히 禪을 서양의 현상학과 비교하면서 일치점을 드러내려는 데 주력하는 경향이 일부에 유행같이 되어 관심을 모으고 있다. 매우 유사하다고 보이는 면이 없는 것은 아니나, 근본적으로 전연 이질적인 점이 있음을 간과함은 또한 경계하여야 할 일이다."[55] 그가 경계하는 것은 바로 고형곤의 『선의 세계』이다. 그는 선의 返照나 寂照가 현상학에서 이야기하는 還元의 방법과 상통하는 것처럼 보이지만, 그것은 현상학의 용어를 번역할 때 불교에서 사용한 한문 술어를 적용하였기 때문에 그렇게 생각되는 것일 뿐, 근본적으로 차이가 있다고 비판한다. 그리고 선에서 이야기하는 廻光返照의 빛은 나 아닌 타자로부터 얻어진 빛이 아니라 내가 나를 비추는 빛이며, 그 빛은 본래가 나와 하나이지만, 하이데거에 있어서의 인간은 이미 빛살 속에 던져져 있고, 그것이 다름 아닌 초월이라고 하나, 이미 던져져 있는 만큼 나 아닌 타자에 의한 제약이 전제되어 있다는 것이다.[56]

박종홍의 비판의 핵심은 비교 자체에 있는 것이 아니라 선과 현상학이나

---

54) 고형곤, 『禪의 世界』, 태학사, 1971, 3쪽.
55) 박종홍, 앞의 글, 229쪽.
56) 위의 글, 230~231쪽.

하이데거 철학의 차이를 간과하고 단순하게 일치시키려는 데 있다. 그의
비판은 정당하다. 불교는 함의가 다양하므로 어느 한 철학체계로 불교를
해석할 수가 없다. 그럼에도 불구하고 비교철학적 연구는 이러한 한계를
벗어나기가 쉽지 않다. 석가는 동방의 칸트이고, 칸트는 서방의 석가라는
관점에서 칸트와 불교를 비교 연구하는 김진이 한 예라고 할 수 있다.

　김진은 칸트와 불교의 비교연구에 대단한 관심과 열의를 지속적으로 보이
고 있다. 독일 유학시절 독일에서 학위논문을 준비하는 과정에 칸트적 사유방
식으로 불교를 독해하는 시각을 갖게 되었다는 그는『칸트와 불교』(철학과현
실사, 2000)에서 불교를 칸트철학의 지평에서 해석한다. 그는 불교철학이
지니는 아포리아를 칸트의 요청이론으로 해결할 수 있다고 주장한다. 그가
불교의 철학적 난제로 설정한 것은 세 가지다.

　　첫째, 석가의 무아설이 도덕적, 종교적 행위주체와 어떻게 조화될 수 있는가?
　　둘째, 불교적 세계관 속에서 어떻게 자유 개념이 확보될 수 있을까?
　　셋째, 불교적 세계관에서 궁극적 가치 또는 최고선으로 추구되고 있는 니르
　　바나 또는 니르바나적 세계질서의 개념들이 실제로 우리에게 완전한 행복을
　　보증할 수 있는가?57)

　칸트의 이율배반과 붓다의 無記의 유사성으로 인해 서구에서는 일찍부터
칸트철학과 불교의 비교연구에 관심을 가져왔지만, 동질성보다는 이질성이
많다는 것이 이미 밝혀졌다. 그럼에도 불구하고 김진이 다시 문제를 제기하는
것은 상기의 불교적 아포리아를 해결할 수 있는 것은 칸트의 요청철학 뿐이라
는 생각 때문이다. 그러나 문제는 과연 김진이 철학적 난제라고 설정한
문제들이 불교 자체에서도 난제로 생각하고 있는가에 있다. 김진이 지적한
문제는 칸트철학에서는 문제가 되었지만 불교철학 내에서는 문제가 되지
않았다. 오히려 불교에서는 이런 문제가 문제시되는 것은 緣起法이라는
진리에 대한 무지에서 비롯된다고 본다. 따라서 불교의 緣起說을 도외시한

57)　김진,『칸트와 불교』, 철학과현실사, 2000, 3~4쪽.

김진의 비교연구는 문제설정 자체에 문제가 있다.

신옥희는 1976년 원효와 야스퍼스(K. Jaspers)의 비교연구로 스위스 바젤대학에서 박사학위를 받은 이래 연구를 계속하여 그 성과를 『일심과 실존, 원효와 야스퍼스의 철학적 대화』(이화여자대학교 출판부, 2000)로 펴냈다. 이 책에서 그는 원효와 야스퍼스의 유사성에 착안하여, 그들 사상의 네 가지 측면, 즉 실재관·인간관·윤리관·종교관의 영역에서 두 사상이 공유하는 공통점들을 조명하면서 그와 동시에 두 사상의 타협하기 어려운 점들을 고찰한다.[58]

실재관에서는 원효의 '일심사상'과 야스퍼스의 '포괄자사상'을 비교하여 형태와 차별을 초원한 眞如로서의 일심과 주관만도 아니고 객관만도 아닌 주객의 포괄자로서 사유와 언표가 불가능한 존재 자체인 포괄자(Das Umgreifende)는 우리를 고정된 존재 의식의 속박으로부터 해방하는 실천적 원리로서의 기능을 지닌다는 유사성이 있음을 밝힌다. 그러나 이러한 유사성에도 불구하고 원효의 초월은 주객합일의 절대 무차별한 眞如로의 귀착임에 반하여, 야스퍼스의 초월은 주객 도식 안에서의 주객 도식의 초월이라는 '간접적' 초월의 양상을 보이는 차이가 있음을 지적한다. 이런 방식으로 인간관에서는 '如來藏'과 '가능적 실존(mögliche Existenz)'을 비교하고, 윤리관에서는 '대승 보살도'와 '이성적 실존'의 윤리학을 비교하며, 종교관에서는 '會通과 和諍의 논리'를 '철학적 신앙'과 비교하면서 공통점과 차이점을 조명한다. 종교관의 경우 원효의 '會通'을 야스퍼스의 '철학적 신앙'과 대비하는 것은 무리라고 생각되기도 하지만, 전체적으로 보아 이 책은, 그의 말대로, 한국 불교 사상을 현대의 철학 사상의 빛에서 새롭게 해석하여 현대적으로 조명하고 수용하는데 一助한다고 보여진다.

불교사상에 대한 비교철학적 연구의 목적이 두 사상의 비교에 있는 것이 아니라 불교 사상을 현대적으로 조명하는 데 있는 것이라면, 한국 철학자들의 사상을 현대적으로 읽고 싶었다는 김형효의 『원효에서 다산까지(한국 사상

58) 신옥희, 『일심과 실존』, 이화여자대학교 출판부, 2000, 14쪽.

574

의 비교철학적 해석)』(청계, 2000)가 바로 그러한 목적으로 이루어진 저술이
다. 이 책에서 그는 불교사상가로 원효와 知訥을 다루면서, 원효의 일심사상
은 데리다(J. Derrida)의 텍스트 이론(la textualité)으로 읽고, 지눌의 선사상은
실존철학적으로 해명한다. 선사상에 대한 실존철학적 해명은 고형곤 등에
의해 이미 이루어진 것이라서 새로울 것이 없지만 텍스트 이론에 의한 원효
사상의 이해는 주목할만하다.

　　김형효는 원효의『金剛三昧經論』서문의 구성형식과 배열방식을 분석하
여,『금강삼매경론』의 대의는 "一心之源"의 씨실과 "三空之海"의 날실로
『금강샘매경론』이라는 천을 가로 세로로 짜고 있다고 해석한다. 그리고
이러한 천짜기를 통해 "一心之源"과 "三空之海"는 모두가 부정과 이중부정
인 긍정을 포함하면서 보충대리의 논리를 보여준다고 이해한다. 이러한
이해에 기초하여 원효의 一心을 궁극적 실체가 아닌 代謝 작용으로 파악하고,
지금까지 불교학자들이 "일심이란 무엇인가?"라는 물음을 던지면서 일심에
대한 誤讀의 씨앗이 자랐다고 평가한다. 즉 "일심이란 무엇인가?"라는 물음
에서 "일심은 어떻게 작용하는가?"라는 물음으로 질문의 성격을 바꿔야만
원효의 일심을 바르게 해석할 수 있다는 것이다. 그리고 불교의 緣起說이
텍스트 이론의 '差延(différance)'과 다르지 않음을 보여주면서 텍스트 이론이
원효뿐만 아니라 불교를 이해하는 해석법이 될 수 있음을 보여준다. 텍스트
이론과 불교의 연기설이 각각 실체론적인 사고를 비판하고 세계를 역동적으
로 이해하는 공통점이 있음을 생각할 때, 불교를 연구하는 사람들은 두
사상의 비교 연구에 보다 큰 관심을 가질 필요가 있다고 생각되며, 김형효가
그 길을 열었다고 생각된다.

　　동서비교철학의 학풍이 강한 하와이 대학에서 초기불교와 윤리학을 공부
한 안옥선은 다양한 서양 윤리이론들의 장점을 수용하면서, 그 한계를 극복할
수 있는 대안윤리를 불교윤리에서 찾아보려고 한다. 후에 *Compassion and
Benevolence*(『자비와 인』)(New York, 1998)으로 출판된 그의 학위 논문은
「초기 불교윤리의 연구 : 선진유가 윤리와의 비교의 관점에서」이다. 그는

국내에서는 주로 초기불교 윤리에 관한 논문을 발표하였으며 그 연구물들은 최근『불교윤리의 현대적 이해 : 초기 불교윤리에의 한 접근』(불교시대사, 2002)으로 출판되었다.

안옥선은 초기 불교윤리와 선진 유교윤리를 덕윤리(virtue ethics)로 보고 두 윤리의 핵심 덕목인 '자비'와 '인(仁)'을 비교윤리학적으로 검토한다. 그는 초기 불교윤리와 선진 유교윤리 사이에 존재하는 많은 차이점들에도 불구하고, 이 양자 사이에는 도덕발달, 자기변형, 혹은 자기실현의 측면에서 유사성이 존재한다고 본다. 그리하여 초기불교와 선진유교가 말하는 자기변형(self-transformation)이 각각 '자비'와 '인'이라는 덕목의 체화를 중심으로 이루어진다는 전제하에 이 두 덕목의 체화과정을 비교윤리학적으로 분석·설명한다. 이러한 분석과 설명을 통해서 그는 불교의 수행 혹은 유교의 수신을 통한 자기변형이 어떻게 사회적인 삶 속에서 덕으로 드러나는가를 밝히고자 한다.

『불교윤리의 현대적 이해 : 초기 불교윤리에의 한 접근』에서 그는 초기 불교윤리에 현대 윤리학의 이론들을 접맥시켜 이해해 봄으로써 그 특징을 드러내고자 한다. 즉 서양의 다양한 윤리이론들과 개념들을 초기 불교윤리의 패러다임과 개념들을 설명하는 데 활용한다.

안옥선은 자신의 초기불교 이해의 특징으로 두 가지를 들고 있다. 첫째는 초기불교의 핵심이 윤리로 이해될 수 있으며, 그 가르침의 핵심이 모두 '어떻게 살아야 할 것인가'라는 물음으로 귀결될 수 있다는 것이다. 이는 그가 초기불교를 윤리적 관점에서 해석하고 있다는 것을 의미한다. 둘째는 초기 불교윤리가 다양한 윤리적 사유특징을 갖지만 그 주된 틀은 덕 윤리의 패러다임이라는 것이다. 그는 초기불교 윤리를 '탐(貪)·진(瞋)·치(痴) 止滅의 성품형성'을 내용으로 하는 '자비의 덕 윤리'라고 주장한다. 좀 더 구체적으로 말하면 초기 불교윤리는 탐·진·치를 지멸하는 내적인 전환에 의해서 몸(身)·말(口)·생각(意)의 영역에서 자비의 삶을 표출할 수밖에 없는 성품형성을 목표로 하는 윤리라는 것이다.

안옥선은 초기불교를 이해하는 데 있어서 일관되게 윤리적 관점을 견지하고 있으며, 이에 덧붙여 비교윤리학적 관점을 견지하고 있다. 그가 최종적으로 의도하는 것은 불교윤리, 그것도 초기불교 윤리를 근간으로 하는 새로운 윤리 패러다임을 모색해 보는 것이다. 그의 이러한 의도는 다양한 서양 윤리이론들의 장점을 수용하면서도 그 한계를 극복할 수 있는 대안윤리를 불교윤리에서 찾아보려는 것이기도 하다.

8. 불교철학 연구의 문제점과 전망

지금까지 광복 이후 우리나라의 불교철학 연구 현황을 살펴보았다. 이제 우리나라의 불교철학 연구가 안고 있는 문제점과 앞으로의 전망을 살펴보면서 글을 맺고자 한다.

가장 크게 문제되는 것은 연구인력의 부족이다. 불교사상은 지역적으로 역사적으로 다양하게 발전했기 때문에 분야가 다양하며, 우리나라에 끼친 영향도 어느 철학사상보다 막중하다. 따라서 불교가 지니는 철학적 의의와 우리나라의 역사에 끼친 영향을 생각할 때, 정책적으로 어떤 철학보다도 많은 관심과 배려가 있어야 한다. 그러나 동국대학교를 위시한 몇몇 종립대학을 제외하면 불교를 전공하는 교수를 1인 이상 두고 있는 대학이 전무하며, 몇몇 유명 대학을 제외한 일반 사립대학 철학과에 불교 전공 교수가 한 명도 없는 실정이다. 이러한 현상은 우리 철학계가 아직 불교의 철학적 의의를 인식하지 못한 결과라고 생각되며, 불교철학의 의의를 인식시키는 일이 불교를 전공하는 사람의 과제임을 보여준다고 할 수 있다.

둘째, 연구 대상이 편중되어있는 점이다. 분야별로 본다면 한국불교에 편중되어 있고, 그 가운데서도 원효에 편중되어 있다. 한국에서 한국불교에 많은 관심을 갖는 것은 당연하다 할 수 있으나, 자료가 많아 연구가 용이한 인물만을 연구하는 것은 문제가 있으며, 한국불교를 바르게 파악하기 위해서는 인도불교와 중국불교의 이해가 선행되어야 한다는 점에서 인도불교와 중국불교에 보다 많은 관심을 가져야 할 것이다.

셋째, 불교연구성과가 공유되지 못한다는 점이다. 이러한 문제의 원인은 불교용어가 난해하기 때문인데, 불교연구자들은 불교전공자들만이 이해할 수 있는 글쓰기에서 벗어나 철학에 관심 있는 사람이면 누구나 이해할 수 있는 글쓰기를 해야할 것이다. 이러한 글쓰기가 가능하기 위해서는 우선 불교용어를 일반적으로 사용하는 철학용어로 바꾸는 공동의 작업이 필요하다.

넷째, 기초연구가 부족하다는 점이다. 이종철은 「불교 및 인도철학의 연구 동향」(『철학연구의 동향과 전망』, 한국철학회, 2000)에서 우리나라 불교철학 연구의 모든 문제는 기초연구의 부족에 기인한다고 지적하고, 신뢰할 만한 기초연구의 부족, 따라서 전문연구를 위한 도구에 해당하는 색인·사전류의 부족, 이로 인한 전문연구의 부실 현상은 아직까지 국내 학계가 걸머지고 있는 학문적 약점이라 고 이야기한다. 그리고 국외의 연구경향과 대비시켜, 해외와 국내의 연구동향을 구별짓는 가장 큰 요소로 (1) 문헌학적 연구의 중시 여부, (2) 인접 학문과의 학제간 연구, 두 가지로 요약한다.

그는 외국의 연구 동향을 다음과 같이 소개한다.

영국과 독일을 비롯한 유럽의 불교학·인도철학계는 19세기 이후 아직까지 문헌학적 연구를 기본으로 삼고, 연구대상이 되는 原典의 批判校訂本(critical edition)을 만드는 작업, 譯註연구 작업에 치중해 오고 있다. 특히 독일의 연구경향은 주목할 만한데, 독일에서는 문헌학적 연구방법론이 사상적·철학적 해석작업으로 무리 없이 연결되고 있기 때문이다. 불교학과 인도철학의 기본 문헌이 이미 거의 전부 상세한 문헌연구자료(critical apparatus)를 갖춘 비판교정본의 제시, 문헌학적 연구에 충실한 서론을 갖춘 譯註연구의 형태로 유럽 각국에서 연구되었음을 명심해야 한다.

일본의 근대불교학도 유럽의 학풍을 이어받고 있다. 특히 일본은 다른 나라에 비해 연구자의 수가 압도적으로 많은 탓에 불교학과 인도철학 전 분야에 걸쳐 전문가가 상대적으로 많으며, 문헌학적 연구로서는 질량면에서 단연 세계제일이라 할 만하다. 하지만 사상적 연구방면에서는 독일을 비롯한 유럽

학계에 비해 상대적으로 취약한 것이 사실이다.

한편 최근에 이르러서 미국의 불교 연구 경향은 특이한 양상을 보이는데, 유럽과 같이 문헌학적 연구가 주류를 이루고 있기는 하지만 한편으로는 학제간 연구의 연구경향이 꾸준하게 추진되고 있다. 불교학자의 수가 늘어난 데도 원인이 있지만, 미국은 불교학계는 전통적인 실용주의적 이념의 탓으로 지역학의 토대 위에서 불교나 인도철학을 연구하고 있기 때문인 것으로 보인다. 종교학이나 불교예술 등 인접분야의 연구성과를 통합하며 '학제간 연구'를 추구한다는 점에서 유럽이나 일본과는 다른 미국 나름의 독특한 연구방향을 보이고 있는 것이다.

외국의 학계에 비교할 때 50여 년에 지나지 않는 일천한 세월과 기초연구가 되어있지 않은 국내의 성과는 모든 면에서 전반적으로 미약하다. 그러나 최근 전국 여러 대학과 해외에서 불교를 전공한 젊은 학자들이 문헌학적 연구와 학제간 연구에 관심을 가지고 활동하고 있고, 이들이 열린 학문마당을 표방하면서 2000년 '불교학연구회'를 창립하여 매년 두 차례의 워크숍과 정기 학술발표회, 네 차례의 월례 학술발표회를 개최하여 심도 깊은 연구와 토론을 이어가고 있다. 2002년 5월에는 한국의 불교학계에서 '한국불교학결집대회'를 열어 200여 명의 불교전공자들이 논문발표를 하였으며, 매 2년마다 '결집대회'를 지속적으로 개최하기로 하였다. 최근의 이러한 동향으로 미루어 볼 때 앞에서 지적한 문제점들은 머지않아 극복될 것이다.

철학 관련 학회 현황

교육철학회

영 문	The Korean Philosophy Of Education Society
설립일자	1964.11.11	설립지역 : 대전

설립목적 본 회는 교육철학연구의 자유를 존중하고 그 발달, 보급을 꾀함으로써 한국교육의 발전에 기여함을 목적으로 한다. 이 목적을 달성하기 위해서 다음의 사업을 한다.

첫째, 회원의 연구를 촉진하기 위한 월례 및 연차회합의 개최
둘째, 기관지 및 기타 출판물의 편집과 간행
셋째, 국내외의 교육학 및 인접과학의 제 단체와의 연락 및 제휴
넷째, 기타 본 회의 목적을 달성하는 데 필요한 사업.

연 혁 1964. 11. 한국교육사교육철학회 창립
1967. 05. 한국교육학회 분과연구회 가입
1982. 02. 교육철학연구회로 명칭 개칭
1999. 01. 교육철학회로 명칭 변경
2001. 02. 229회 월례 발표회 개최 및 연차학술대회(연 1회) 및 학회지 24집 발간

주요사업내용
본 학회의 주요 사업은 다음과 같다.
1 회원의 연구를 촉진하기 위한 월례 및 연차 학술발표회의 개최
2 기관지 및 기타 출판물의 편집과 간행
3 국내외의 교육학 및 인접과학의 제단체와의 연락 및 제휴
4 기타 본 회의 목적을 달성하는 데 필요한 사업

회 원 수 218명

대동철학회

영 문	The Daedong Philosophical Association
설립일자	1998. 06. 13	설립지역 : 부산

설립목적 본 학회는 철학 연구자들의 국내·외적 학술 교류를 통하여 최신의 연구 경향과 성과를 상호 교환함으로써 철학의 발전과 한국

철학의 국제화를 도모한다.

연 혁 1998. 06. 창립총회 및 학술대회

1998. 10. 대동철학 창간호 발간

1998. 11. 제2차 학술대회

1998. 11. 대동철학 제2집 발간

1999. 03. 대동철학 제3집 발간

1999. 05. 제3차 학술대회 및 제2차 정기총회

1999. 06. 대동철학 제4집 발간

1999. 09. 대동철학 제5집 발간

1999. 11. 제4차 학술대회

1999. 12. 대동철학 제6집 발간

2000. 03. 대동철학 제7집 발간

2000. 05. 제5차 학술대회 (국제) 및 제3차 정기총회

2000. 06. 대동철학 제8집 발간

2000. 08. 대동철학 제9집 발간 (특별호)

2000. 09. 대동철학 제10집 발간

2000. 10. 제6차 학술대회

2000. 12. 대동철학 제11집 발간

2001. 03. 대동철학 제12집 발간

2001. 05. 제7차 학술대회 (국제) 및 제4차 정기총회

2001. 06. 대동철학 제13집 발간

2001. 09. 대동철학 제14집 발간

2001. 10. 제8차 학술대회

2001. 12. 대동철학 제15집 발간

회 원 수 409명

대한철학회

영 문 Korean Philosophical Society

설립일자 1963. 11. 09 | 설립지역 : 대구

설립목적   본 학회는 사회일반의 이익에 공여하기 위하여 공익법인의 설립, 운영에 관한 법률의 규정에 따라 학술연구 및 그 성과의 보급을 목적으로 한다. 이러한 목적을 달성하기 위해 다음과 같은 목적 사업을 수행한다. 첫째로 학술연구발표회, 둘째로 학술지 발간, 셋째로 학술문화자료의 조사 및 수집, 넷째로 연구비의 보조, 다섯째로 철학문화의 저변 확대를 위한 각종사업 등을 실시한다.

연   혁   1963. 11. 한국칸트학회 창립총회(회장 : 하기락)

        1964. 04. 논문집 『철학연구』 제1집 발행.

        1964. 11. 추계 학술발표회 및 정기총회

        1965. 10. 추계 학술발표회 및 정기총회, 학회명칭을 한국철학연구회로 개칭.

        1983. 08. 학회창립 20주년 기념 학술발표회, 논문집 『철학연구』 제36집 발행.

        1983. 10. 추계 학술발표회, 학회명칭 대한철학회로 개칭.

        1988. 10. 전국 철학자 연합학술대회 개최

        1989. 10. 한국 철학자 연합학술대회 개최

        1992. 10. 제5회 한국철학자 연합대회 개최

        1995. 01. 사단법인 대한철학회 설립허가

        1995. 05. 『대한철학회 소식지』 창간호 발행

        1997. 05. 『철학연구』 제60집 기념 국제학술대회 개최

        2001. 02. 논문집 『철학연구』 제77집 발행

주요사업내용

      1 학술 연구 발표회

      2 학회지 발간

      3 학술 문화 자료의 조사 및 수집

      4. 연구비의 보조

      5 철학문화의 저변확대를 위한 각종 사업

회 원 수   455명

동양철학연구회

영   문 The Society Of Eastern Philosophy

설립일자 1979. 06. 03 | 설립지역 : 서울

설립목적 본 학회는 동양철학의 학문적 연찬과 연구, 회원 상호간의 정보교
환 및 친목도모를 목적으로 한다.

회 원 수 307명

범한철학회

영   문 Pan-Korean Philosophical Society

설립일자 1986. 10. 25 | 설립지역 : 광주

설립목적 본 학회는 철학 연구의 제 분야에 종사하는 자들이 철학의 연구와
상호 간의 친목을 도모할 목적을 가지고, 이 목적을 위하여 연구발
표와 연구지의 발간, 출판 및 저작 활동 등의 학회가 필요로 하는
사업을 추진한다.

연   혁 1986. 10. 범한철학회(가칭) 창립총회 개최
1986. 10. 제1회 학술 발표회(전북대학교)
1987. 05. 『범한철학』 1집 발간
1987. 06. 춘계학술발표회(전남대학교)
1987. 10. 추계 학술 발표회(원광대학교)
1987. 10. 『범한철학』 2집 발간
1988. 07. 『범한철학』 3집 발간
1988. 10. 제1회 전국 철학자 연합학술대회 공동개최(전남대학교)
1989. 06. 『범한철학』 4집 발간
1989. 06. 춘계 학술발표회(전남대학교)
1989. 12. 문교부 학술 연구 조성비 지원 결정
1990. 05. 『범한철학』 5집 발간
1990. 05. 봄철 학술 발표회(원광대학교)
1990. 10. 제3회 전국 철학자 연합 학술 발표회(충남대학교)
1991. 06. 봄철 학술 발표회(조선대학교)

1991. 06. 『범한철학』 6집 발간

1992. 06. 봄철 학술 발표회(전북대학교)

1992. 06. 『범한철학』 7집 발간

1993. 06. 봄철 학술 발표회(전남대학교)

1993. 05. 『범한철학』 8집 발간

1994. 06. 봄철 학술 대회 개최(원광대학교)

1994. 05. 『범한철학』 9집 발간

1995. 04. 『범한철학』 10집 발간

1995. 05. 『범한철학』 11집 발간

1996. 04. 『범한철학』 12집 발간

1996. 06. 『범한철학』 13집 발간

1997. 07. 『범한철학』 14집 발간

1997. 07. 『범한철학』 15집 발간

1997. 10. 한국철학자대회(원광대학교)

1997. 11. 한국 학술 단체 연합회 가입 및 학회 현황 자료 발송

1998. 04. 『범한철학』 16집 발간

1998. 06. 『범한철학』 17집 발간

1998. 11. 『범한철학』 18집 발간

1999. 05. 『범한철학』 19집 발간

1999. 06. 봄철 학술 발표회 개최(전북대학교)

1999. 10. 『범한철학』 20집 발간

2000. 05. 봄철 학술 발표회 개최(순천대학교)

2000. 05. 『범한철학』 21집 발간

2000. 12. 『범한철학』 22집 발간

2001. 05. 『범한철학』 제23집 발간

2001. 06. 봄철 학술 발표회 개최(원광대학교)

2001. 12. 『범한철학』 제24집 발간

주요사업내용

1 학술지 『범한철학』 발행. 본 학회 학술지인 『범한철학』은 2002

년에만 한시적으로 3회(5월말, 8월말, 11월말) 발행하기로 하

고, 2003년부터는 4회(2월말, 5월말, 8월말, 11월말) 발행한다.

2 봄 학술발표회 개최 매년 봄에 춘계학술대회를 개최한다.

회 원 수   222명

보조사상연구원

영   문   Bojo Thought Research Institution

설립일자   1987. 02. 22 | 설립지역 : 서울

설립목적   본 원은 불조의 혜명을 계승 선양하고 한국불교의 중흥조인 불일
         보조국사의 사상과 가풍을 연구 계발하여 정신문화 창달에 기여
         하고, 한국불교의 중흥으로 불국토 건설을 그 목적으로 한다.

연   혁   1987. 02. 普照思想硏究院 創立(松廣寺)

         1987. 03.『普照全書』編輯委員會 發足

         1987. 10. 제1차 學術會議 開催(송광사)

            주제 : 보조사상연구원의 回顧와 展望

         1987. 11.『普照思想』(제1집) 발행

         1988. 07. (제2차)제1회國際佛敎學術會議 開催(송광사)

            주제 : 보조사상의 歷史的 位置

         1988. 11.『普照思想』(제2집) 發行

         1989. 11.『普照全書』발행

         1989. 11.『普照全書』출판기념 제3차 학술회의 개최

            주제 : 普照思想의 傳承

         1989. 12.『普照思想』(제3집) 발행

         1990. 10.『普照思想』(제4집) 발행

         1990. 10. (제4차)제2회 國際佛敎學術會議 開催(송광사)

            주제 : 불교사상에서 깨달음과 닦음

         1991. 10. 제1기 불일교양강좌 개설

         1992. 01. 제2기 불일교양강좌 개설

         1992. 04.『普照思想』(제5 · 6집) 발행

1992. 04. 제5차 學術會議 開催(송광사)

　　주제 : 정혜결사의 재조명

1992. 05. 제3기 불일교양강좌 개설

1993. 10. 『普照思想』(제7집) 발행

1993. 10. 제6차 學術會議 開催(송광사)

　　주제 : 진각국사 혜심의 생애와 사상

1993. 12. 제4기 불일교양강좌 개설

1994. 10. 제7차 學術會議 開催(송광사)

　　주제 : 보조지눌과 태고보우의 禪사상

1994. 12. 제5기 불일교양강좌 개설

1995. 01. 『普照思想』(제8집) 발행

1995. 06. 제6기 불일교양강좌 개설

1995. 10. 제8차 學術會議 開催(송광사)

　　주제 : 韓國禪의 원류-나말여초 구산선문의 재조명

1995. 11. 『普照思想』(제9집) 발행

1996. 02. 보조사상연구회 1차 월례발표회(법련사) (이후 격월 개최)

1996. 10. 제9차 學術會議 開催(법련사)

1997. 02. 『普照思想』(제10집) 발행

1997. 02. 보조사상연구회 7차 월례발표회(법련사)

1997. 10. 제10차 學術會議 開催(법련사)

1998. 02. (월례13차) 제1차 선전(禪典)연구발표회(법련사)

1998. 04. 보조사상연구회 14차 월례발표회(법련사)

1998. 10. (월례17차)제11차 學術會議 開催(법련사)

1999. 02. 보조사상연구회 19차 월례발표회(법련사)

2000. 01. 보조사상연구회 25차 월례발표회(법련사) (이후 매월 개최)

2000. 02. 제3차 선전연구발표회(법련사)

2000. 02. 『普照思想』(제13집) 발행

2000. 08. 『普照思想』(제14집) 발행

2000. 10. 제12차 정기학술회의(법련사)

2000. 11. 제4차 선전연구발표회(법련사)

2001. 01. 보조사상연구원 제35차 학술발표회(법련사)

2001. 02. 『普照思想』(제15집) 발행

2001. 05. 2001년 5월 문화의 인물 普照國師 知訥 기념 학술세미나

2001. 08. 국제 학술발표회 : 13세기 고려와 원나라의 교섭관계-
　　　　송광사 소장 고문헌 중심

2001. 10. 13차 정기학술회의-보조지눌의 집중적 탐구Ⅳ

2000. 11. 제4차 선전연구발표회(법련사)

2001. 01. 보조사상연구원 제35차 학술발표회(법련사)

2001. 02. 『普照思想』(제15집) 발행

2001. 05. 2001년 5월 문화의 인물 普照國師 知訥 기념 학술세미나

2001. 08. 국제 학술발표회 : 13세기 고려와 원나라의 교섭관계-
　　　　송광사 소장 고문헌 중심

2001. 10. 13차 정기학술회의-보조지눌의 집중적 탐구Ⅳ

2002. 02. 보조사상연구원 제44차 학술발표회(동국대)

주요사업내용

1 정기학술회의. 본 연구원은 매년 10월에 정기학술회의를 개최
한다. 정기학술회의에서는 보조스님의 사상을 집중적으로 탐
구하고, 스님의 사상을 현대적으로 재해석하여, 한국불교학의
발전을 도모하는 데 그 목적이 있다.

2 선전(주제)연구. 선전(주제)연구 발표회는 매년 2월에 개최한다.
이 발표회에서는 한국 선사상의 형성에 지대한 영향을 미친
선적을 중점적으로 탐구한다. 아울러 인도불교, 중국불교, 한국
불교의 각 주제를 설정하여 주제토론을 통해 집중적 연구를
모색한다.

3 월례발표회. 월례발표회는 1996년 이래 지금까지 36차에 걸쳐
진행되었다. 이 발표회에서는 발표1인에 토론 2인으로 발표자

의 논문에 대한 심도깊은 논의를 진행한다.

4 보조전서 발간 및 전산화. 연구원에서는 이미 보조전서를 발간, 보조스님의 여러 저서들을 한권으로 책으로 묶어내는 작업을 마쳤다. 이는 보조사상의 발전을 한 단계 도약시킬 수 있는 커다란 성과라고 할 수 있다. 또한, 이미 전산화 작업을 통해 많은 사람들이 손쉽게 이용할 수 있도록 하였다.

5 보조역주 전집 발간. 보조전서 발간에 이어, 보조스님의 저서 한 권마다 꼼꼼한 역주와 번역을 통해 일반인들이 쉽게 이용할 수 있는 작업을 계획 중에 있다.

6 보조사상 논문집 발간. 본 연구원의 정기학술회의, 선전(주제) 연구 발표회, 월례발표회 등을 통해 심사를 통과한 논문을 가지고 논문집을 발간, 배포하고 있다.

7 구산논집 발간. 구산장학회와 협력하여, 우수한 인재들을 공모를 통해 선발하여 인도불교, 중국불교, 한국불교, 가풍연구, 불교사 연구 등의 분야의 논문을 선정 발간하고 있다.

8 논문집 전산화. 이미 dbpia.co.kr과 계약하여, 논문집에 대한 전산화 작업을 이미 3년 전부터 진행중이며, 아울러 2001년부터는 본 연구원 홈페이지에 논문집을 순차적으로 올리고 있는 중이다.

회 원 수   218명

새한철학회

영   문   The New Korean Philosophical Association

설립일자   1983. 08. 17 | 설립지역 : 경남

설립목적   본 학회는 철학 연구자들의 연구 및 학술교류를 장려하고, 철학교육과 철학의 생활화에 이바지하고자 한다. 이 목적을 위하여 정기 학술발표회, 학술지 발간, 분과연구, 국내 · 외 학회와의 교류, 저작활동과 출판을 위한 공동사업 등 학회가 필요로 사업을 한다.

연   혁   1983. 08. 창립총회

1983. 12. 제1회 학술연구발표회

1984. 02. 『철학논총』 창간호 발간

1984. 12. 제2차 정기총회 제2회 학술발표회

1985. 12. 제3차 정기총회 제3회 학술발표회

1986. 10. 제4차 정기총회 제4회 학술발표회

1987. 12. 제5차 정기총회 제5회 학술발표회

1988. 11. 제6차 정기총회 제6회 학술발표회

1989. 11. 제7차 정기총회 제7회 학술발표회

1990. 12. 제8차 정기총회 제8회 학술발표회

1991. 11. 제9차 정기총회 제2회 학술발표회

1992. 05. 제1회 춘계학술발표회

1992. 10. 제10차 정기총회 제10회 학술발표회

1993. 09. 제11차 정기총회 제11회 학술발표회

1994. 10. 제12차 정기총회 제12회 학술발표회

1995. 10. 제13차 정기총회 제13회 학술발표회

1996. 11. 제14차 정기총회 제14회 학술발표회

1997. 11. 『철학논총』 13집 발간

1998. 05. 98년도 제1차 임시총회 및 학술 세미나, 원로회원 위로연

1998. 06. 『철학논총』 14집 발간

1998. 11. 제16차 정기총회 제16회 학술발표회

1998. 12. 『철학논총』 제15집 발간

1999. 02. 『철학논총』 제16집 발간

1999. 06. 『철학논총』 제17집 발간

1999. 11. 『철학논총』 제18집 발간

1999. 11. 제17차 정기총회 제17회 학술발표회

1999. 12. 『철학논총』 제19집 발간

2000. 04. 2000년 봄 학술 발표회

2000. 04. 『철학논총』 제20집 발간

2000. 07. 『철학논총』 제21집 발간

2000. 10. 『철학논총』 제22집 발간

2000. 04. 제18차 정기총회 제18회 학술발표회

2000. 11. 2000년도 추계 학술발표회

2001. 01. 『철학논총』 제23집 발간

2001. 04. 『철학논총』 제24집 발간

2001. 04. 2001년도 봄 학술발표회(경북대학교)

2001. 07. 『철학논총』 25집(2001, 제3권) 발행

2001. 10. 『철학논총』 26집(2001, 제4권) 발행

2002. 01. 『철학논총』 27집(2002, 제1권) 발행

2002. 04. 2002년 새한철학회 봄 학술발표회(경성대학교)

2001. 04. 2001년도 봄 학술발표회(경북대학교)

2001. 07. 『철학논총』 25집(2001, 제3권) 발행

2001. 10. 『철학논총』 26집(2001, 제4권) 발행

2002. 01. 철학논총 27집(2002, 제1권)발행

2002. 04. 2002년 새한철학회 봄 학술발표회(경성대학교)

2002. 04. 『철학논총』 28집(2002, 제2권)발행

회 원 수 460명

서양근대철학회

영　　문 Korean Society of Western Philosophy

설립일자 1998. 02. 21 | 설립지역 : 대전

설립목적 본 학회는 서양 근대 철학을 독창적이고 비판적인 관점에서 해석
하는 것을 목적으로 한다. 국내 철학계에서는 서양 고 · 중세 철학
과 현대 철학을 잇는 중간 역할의 중요성이 점차 강조되고 있다.
또 철학사, 과학사, 사상사, 문화사를 통합한 근대 철학에 대한
통합적인 전망도 필요하다. 본 학회는 서양 근대 철학을 전공한
국내 연구자들에게 학술 교류의 장을 마련하고 연구 역량을 모아
창조적인 공동 연구에 매진할 것이다.

연　　혁 1998. 02. 창립 총회 개최

1998. 04. 1회 정례모임『서양근대철학』편찬 체계를 위한 모델 연구

1998. 07. 2회 정례모임『서양 근대 철학』총론과 1부 연구

1998. 08. 3회 정례모임『서양 근대 철학』총론 발표 1

1998. 10. 4회 정례모임『서양 근대 철학』총론 발표 2

1999. 01. 5회 정례모임『서양 근대 철학』합리론 발표 1

1999. 04. 6회 정례모임『서양 근대 철학』경험론 발표 1

1999. 06. 7회 정례모임『서양 근대 철학』경험론 발표 2

1999. 08. 8회 정례모임『서양 근대 철학』합리론 발표 2

1999. 10. 9회 정례모임, 1회 학술 발표, 박삼렬,「스피노자의 심신론」

1999. 12. 10회 정례모임, 2회 학술 발표회, 원석영,「데카르트에 있어서 회의론의 문제」

2000. 02. 11회 정례모임, 3회 학술 발표회, 황수영,「콩디야크의 감각론에서 의식의 수동성과 능동성」

2000. 04. 12회 정례모임, 4회 학술 발표회, 차건희,「멘 드 비랑과 형이상학적 경험」

2000. 06. 13회 정례모임,『서양 근대 철학』원고 검토

2000. 10. 14회 정례모임, 5회 학술 발표회, 윤광호,「칸트의 학으로 서의 형이상학에 대하여」

2001. 02. 15회 정례모임, 6회 학술 발표회, 박경자,「라이프니츠는 현상론자인가?」

2001. 04. 16회 정례모임, 7회 학술 발표회, 이태하,「종교 다원주의 를 향한 철학적 접근」

2001. 06. 17회 정례모임, 8회 학술 발표회, 양선이,「흄에 있어서 정념과 자아, 그리고 성품」

2001. 08. 2001 하계 수련회,「서양 근대 철학의 쟁점」모델 검토

2001. 12. 18회 정례모임, 9회 학술 발표회, 이병옥,「개성과 인문 학」

2002. 02. 2002. 동계 수련회, 「서양 근대 철학의 쟁점」 주제 발표

2002. 04. 19회 정례모임, 10회 학술 발표회, 이재경, 「아리스토텔레스 넘어서기」

2000. 11. 제13회 한국 철학자 연합 대회 서양근대철학회 분과 발표. 김규선, 양선숙, 황수영, 배선복

2001. 10. 제14회 한국 철학자 연합 대회 서양근대철학회 분과 발표. 맹주만, 홍병선, 양선이

회 원 수   41명

인도철학회

영   문   Korean Society For Indian Philosophy

설립일자   1988. 04. 23 | 설립지역 : 서울

설립목적   인도학 및 인도 철학의 발전과 보급을 도모하고, 아울러 이와 관련된 단체나 개인의 연구 성과를 상호 교류함으로써 정신 문화의 창달에 이바지함을 목적으로 한다.

연   혁   1988. 04. 인도학인도철학회 창립

1990. 11. 제1회 인도철학 연구발표회 개최

1989. 12. 학회지 『인도학인도철학』 창간호 발행

1991. 12. 제2회 인도철학 연구발표회 개최

1992. 11. 제3회 인도철학 연구 발표회 개최

1992. 04. 학회명을 인도철학회로 개명하고, 학회지를 『인도철학』으로 개명.

1994. 12. 제4회 인도철학 연구 발표회 개최

1995. 05. 제5회 인도철학 연구발표회

1995. 12. 제6회 인도철학 연구발표회

1996. 12. 제7회 인도철학 연구발표회

1997. 12. 제8회 인도철학 연구 발표회 개최

1998. 11. 인도철학 초청 강연회 개최

1998. 12. 제9회 인도철학 연구 발표회 개최

1999. 12. 제10회 인도철학 연구 발표회 개최

2000. 12. 제11회 인도철학 연구 발표회 개최

주요사업내용

1 학술상의 연구 조사. 인도학, 인도철학, 불교학을 중심으로 인도의 사상과 문화 전반을 대상으로 하는 연구 조사를 수행.

2 학술대회, 강연회, 연구회, 기타 집회의 개최. 회원들의 연구를 결과를 정기적으로 발표하는 학술대회, 특별한 주제 또는 연구에 대한 전문가들을 초청하는 강연회, 특수한 주제나 원전을 집단으로 고찰하는 연구회를 개최.

3 회지『인도철학』(JOURNAL OF INDIAN PHILOSOPHY) 및 기타 간행물의 발간. 매년 1회 또는 2회 정기적으로 심사를 거친 회원들의 연구 논문들을 수록한 논문집을 발간하며, 강연회나 연구회 등의 결과를 정선하여 간행물로 출판.

4 회원의 연구 활동 지원. 학회의 목적에 부합하고 학회의 발전을 선양하는 회원들의 연구 활동을 후원하고 지원.

5 본 회의 목적과 관계 있는 타 학회와의 교류. 국내외의 유관 학회와 학술적 교류.

회 원 수   127명

중국철학회

영   문   The Korean Society Of Chinese Philosophy

설립일자   1982. 8. 15 | 설립지역 : 서울

설립목적   중국철학회는 중국철학에 대한 심도 있는 연구를 통하여 동양철학의 현대적 맥락을 정립해 보고자 하는 취지에서 국내의 중국철학 전공자들을 중심으로 1982년에 결성된 순수학술단체이다. 동양철학의 모태인 중국철학에 대한 전문적인 연구를 통하여 국내 동양철학 연구의 수준을 한 차원 심화시키면서 그 현대적 의미를 모색하며, 이를 통하여 중국철학의 올바른 이해와 폭넓은 보급을 꾀하고, 나아가 주변 인문학 및 중국 관련학과의 지속적인

학문적 교류를 기반으로 중국철학의 현대적 역할을 모색하면서 동아시아 지역에서 중국이 지니는 위상을 학문적으로 점검해 보려는 데 그 설립 목적이 있다. 결성 당시 '중국철학연구회'라는 이름으로 출발한 본 학회는 매년 동·하계 두 차례의 연구발표회와 공동 연구를 통해 모임의 결성취지를 구현하여 왔으며, 학회의 문호를 넓히고 연구분위기를 좀 더 활성화시키기 위하여 1997년 현재의 '중국철학회'로 이름을 변경하여 오늘에 이르렀다.

연 혁 1982. 08. 중국철학연구회 결성.

1985. 09. 학회지『중국철학』창간호를 온누리 출판사에서 발간

1990. 08. 제1차 정기 학술발표회(강원도 문막 中天齋)

1991. 02. 제2차 정기 학술발표회(고려대학교 경영대학원 신관)

1991. 06.『중국철학』제2집을「중국철학의 이해」라는 제목으로 외계출판사에서 발간

1991. 08. 제3차 정기 학술발표회(고려대학교 경영대학원 신관)

1992. 02. 제4차 정기 학술발표회(고려대학교 경영대학원 신관)

1992. 02. 中天 金忠烈先生 華甲紀念論文集『自然과 人間 그리고 社會』를 형설출판사에서 발간하고, 내용을 주제별로 분책하여 같은 출판사에서『중국의 사회사상』(『중국철학』 3집,『동양의 인간이해』,『동양의 자연과 종교의 이해』라는 단행본으로 재출간함

1992. 03. 2대 회장에 이강수 선임

1992. 08. 제5차 정기 학술발표회(고려대학교 경영대학원 신관)

1993. 02. 제6차 정기 학술발표회. 3대 회장에 김충열 선임

1993. 08. 제7차 정기 학술발표회(강원 양양 고려대학교 낙산수련관)

1994. 02. 제8차 정기 학술발표회(고려대학교 경영대학원 신관)

1994. 02. 공동연구물『논쟁으로 본 중국철학』(『중국철학』 제4집) 발간(예문서원)

1994. 07. 제9차 정기 학술발표회(경기 하남 캠프장)

1995. 02. 제10차 정기 학술발표회(고려대학교 대학원 제2강의실)

1995. 08. 제11차 정기 학술발표회(강원 양양 고려대학교 낙산수
련관)

1996. 02. 제12차 정기 학술발표회(고려대학교 인촌기념관 제4세
미나실)

1996. 08. 제13차 정기 학술발표회(강원 양양 고려대학교 낙산수
련관)

1997. 02. 제14차 정기 학술발표회(강원 문막 중천재). 4대 회장에
이승환 선임

1997. 08. 공동연구물『현대의 위기, 동양철학의 모색』(『중국철
학』제5집) 발간(예문서원)

1997. 08. 제15차 정기 학술발표회(경남 산청 德川書院). 학회명칭
을 '중국철학회'로 개칭

1998. 02. 제16차 정기 학술발표회(고려대학교 인촌기념관)

1998. 08. 제17차 정기 학술발표회(고려대학교 문과대학 3-132강
의실)

1999. 02. 제18차 정기 학술발표회(강원 문막 중천재). 5대 회장에
이효걸 선임

1999. 02. 『중국철학』제6집 발간(예문서원)

1999. 05. 공동연구물『역사속의 중국철학』발간(예문서원)

1999. 08. 제19차 정기 학술발표회(경기 강화 함허동천)

2000. 02. 제20차 정기 학술발표회(고려대학교 교우회관 제2세미
나실)

2000. 02. 『중국철학』제7집 발간(예문서원)

2000. 04. 공동연구물『중국철학의 이단자들』발간(예문서원)

2000. 08. 제21차 정기 학술발표회(경북 안동 병산서원)

2001. 04. 제22차 정기 학술발표회(고려대학교 제2학관 지하 소극
장)

주요사업내용

1 1) 정기적인 중국철학 전문 학술지 발간 -현재 진행 중인 사업
  2) 『중국철학』 8집 발간작업 준비 중
  3) 중국철학개론 집필 중
  4) 『周易大辭典』(呂紹綱 주편, 길림대학출판사)의 번역을 완료하고 교열과 감수작업 진행 중
2 국내외 학술발표회 개최
3 중국철학 원전에 대한 기획 번역 및 저술
4 중국철학에 대한 주제 중심의 연구서 발간
5 중국철학 원전에 대한 독회
6 해외의 중국철학 연구동향에 대한 소개
7 동서철학의 비교연구를 비롯한 인접학문과의 공동연구

철학사상연구소

영　문　Institute Of Philosophy
설립일자　1989. 06. 14 | 설립지역 : 서울
설립목적　본 연구소는 동서사상에 대한 심도 있는 연구를 통해서 새로운 문명의 사상적인 산실이 되는 것과 아울러 국민들이 논리적 철학적 사고능력을 함양하는 데 기여하는 것을 목표하고 있다.
　　1 동서의 철학사상과 그 현대적 타당성에 대한 연구
　　2 동서사상의 종합을 통한 새로운 사상의 창출에 관한 연구
　　3 제반 학문의 방법론에 관한 연구
　　4 현대 문명의 특성과 문제점 및 현대가 지향해야 할 새로운 문명 모형에 관한 연구
　　5 초·중·고·대학생 및 일반시민들의 논리적이고 철학적인 사고능력을 함양하기 위한 연구 및 사업
연　혁　1989. 09. 제1차 콜로키움, 이준구(서울대학교 경제학과 교수), 「소득분배의 이론」
　　1989. 10. 제2차 콜로키움, 김현(서울대학교 불문과 교수), 「푸꼬와 하버마스의 논쟁」

1989. 11. 제3차 콜로키움, 김수행(서울대학교 경제학과 교수),
「마르크스의 자본론 연구」

1989. 12. 제4차 콜로키움, 김영식(서울대학교 화학과 교수),「신
유학 사상과 중국과학」

1990. 04. 제5차 콜로키움, 이충웅(서울대학교 전자공학과 교수),
「정보산업사회의 공학적 모습과 그 사회적 영향」

1990. 05. 제6차 콜로키움, 이성규(서울대학교 동양사학과 교수),
「중국의 유토피아 사상」

1990. 06. 제7차 콜로키움, 이정전(서울대학교 환경대학원 교수),
「마르크스 경제학과 가치론」

1990. 07. 제8차 콜로키움, 조인래(서울대학교 강사),「양자역학의
존재론적 함축」

1990. 09. 제9차 콜로키움, 서유헌(서울대학교 의대 교수),「뇌
기능의 신경 생리학」

1990. 10. 제10차 콜로키움, 이태진(서울대학교 국사학과 교수),
「조선 유교의 사회사」

1990. 11. 제11차 콜로키움, 권기홍(경기대학교 경제학과 교수),
「동구 및 서구 개혁과 경제 민주화」

1990. 12. 제12차 콜로키움, 송영배, 이남영(서울대학교 철학과
교수) 공동발표,「중국 철학계의 동향」

1991. 03. 제13차 콜로키움, 이성원(서울대학교 영문학과 교수),
「해체주의란 무엇인가? -데리다의 철학-」

1991. 04. 제14차 콜로키움, 정운찬(서울대학교 경제학과 교수),
「경제학의 흐름-화폐수량설의 전개과정을 중심으로」

1991. 05. 제15차 콜로키움, 홍원식(경의대학교 한의대 교수),
「황제내경과 한의학의 세계」

1991. 06. 제16차 콜로키움, 홍영남(서울대학교 생물학과 교수),
「분자생물학과 생명의 기원 연구」

1991. 09. 제17차 콜로키움, 이부용(서울대학교 의대 정신과 교

수), 「C. G. Jung과 정신분석 심리학의 세계」

1991. 10. 제18차 콜로키움, Otto Poeggeler(독일 Bochum대학교 교수), 「하이데거와 기술의 문제」

1991. 11. 제19차 콜로키움, 김홍우(서울대학교 정치학과 교수), 「메를로-퐁티의 신체론」

1991. 12. 제20차 콜로키움, 소광섭(서울대학교 물리교육과 교수), 「우주의 기원 ; 빅뱅과 그 이후」

1992. 04. 제21차 콜로키움, 안경환(서울대학교 법학과 교수), 「영미 사회에 있어서의 법의 역할」

1992. 05. 제22차 콜로키움, 이혜정(경의대학교 한의대 교수), 「경락에 관하여」

1992. 08. 제23차 콜로키움 (외국 저명 학자 초청 강연회 1), Ernst Sosa(미국 Brown대 석좌교수), 「철학적 회의주의와 외부주의적 인식론」

1992. 08. 제24차 콜로키움 (외국 저명 학자 초청 강연회 2), R. T. De George(미국 Kansas대 석좌교수), 「윤리와 환경 : 불가피한 인간중심주의」

1992. 08. 제25차 콜로키움 (외국 저명 학자 초청 강연회 3), J. D. G. Evans(영국 The Queen'sUniv. 교수), 「아리스토텔레스에서의 배움의 문제」

1992. 10. 제26차 콜로키움, 조영달(서울대학교 사회교육과 교수), 「한국사회의 분배구조」

1992. 10. 제27차 콜로키움, 유장현(중국 연뱅재 철학과 교수), 「등소평의 철학사상과 중국의 현실」

1993. 03. 제28차 콜로키움, Klaus Held(독일 Buffertal대 교수), 「자연의 발견」

1993. 05. 제29차 콜로키움, 최정식(서울대학교 강사), 「프랑스 실증적 유심론의 기원」

1993. 06. 제30차 콜로키움, 차건희(서울대학교 강사), 「Maine

de Biran과 프랑스 철학」

1993. 06. 제31차 콜로키움, 나성(한신대학교 교수),「현대 신유학에 있어서 언어와 궁극적 실재 - 기의 본성과 필연성」

1993. 10. 제32차 콜로키움, 장춘익(한림대학교 교수),「자율적 주관성과 이성적 사회」

1993. 11. 제33차 콜로키움, 양쓰(중국 북경대 교수),「동양인의 '인(人)'론의 문제」

1994. 04. 제34차 콜로키움, 박찬국(호서대학교 교수),「하이데거에 있어서 니힐리즘의 극복과 존재물음」

1994. 06. 제35차 콜로키움, 정호근(서울대학교 강사),「근대성의 변증법과 비판적 이성의 기능 및 가능성」

1994. 10. 제36차 콜로키움, Martin Jay(미국 Berkeley대교수),「한계체험의 한계 ; 푸꼬와 바따이유」

1994. 11. 제37차 콜로키움, 김도식(서울대학교 강사),「증거론이란 무엇인가?」

1994. 12. 제38차 콜로키움, 정상봉(서울대학교 강사),「주자철학에 있어서 心의 문제」

1995. 03. 제39차 콜로키움, Ulrich Steinvorth(독일 Hamburg대 교수),「정치와 철학」

1995. 03. 제40차 콜로키움, Vitorio Hoesle(독일 Essen대 교수),「생태학적 위기의 윤리적 귀결」

1995. 05. 제41차 콜로키움, C. A. van Peursen(네덜란드 자유대학 교수),「포스트 모던 이후의 철학」

1995. 11. 제42차 콜로키움, 류우열(중국 북경대 교수),「중국의 현대불교 연구」

1996. 01. 제43차 콜로키움, 이광세(미국 Kent 주립대 교수),「로티와 장자」

1996. 04. 제44차 콜로키움, 이정규(중국 연변대 교수),「중국 사상교육의 변화」

1996. 05. 제45차 콜로키움, Peter Hare(미국 뉴욕 주립대 교수), 「현대 미국의 실용주의」

1996. 09 제46차 콜로키움, 갈영진(중국 인민대), 「도가사상의 현대적 가치」

1997. 02 제47차 콜로키움, 이헌조(LG 인화원 회장), 「나의 경영자관과 논어」

1997. 03. 제48차 콜로키움, 이용태(주. 삼보 컴퓨터 회장), 「정보화 시대의 한국적 삶」

1997. 05. 제49차 콜로키움, Dagfinn Foellesdal(노르웨이 학술원 회장), 「후설과 괴델」

1997. 10. 제50차 콜로키움, Peter Kampits(오스트리아 Wien대 교수), 「비트겐쉬타인과 하이데거」

1997. 12. 제51차 콜로키움, Keith Lehrer(미국 아리조나대 교수)

1997. 12. 제52차 콜로키움, 박성배(미국 뉴욕 주립대 교수), 「돈오 돈수와 돈오점수」

1998. 05 제53차 콜로키움, 김홍우(서울대학교 정치학과 교수), 「현상학과 사회과학」

1998. 06. 제54차 콜로키움, 소광섭(서울대학교 물리교육과 교수), 「한의학 진맥과 비선형 동역학」

1998. 09. 제55차 콜로키움, 민은경(서울대학교 영문과 교수), 「18세기 유럽의 'Virtue Ethics'에 관하여」

1998. 10. 제56차 콜로키움, Karl-Otto Apel(독일 Frankfurt대 교수), 「선험기호학과 제일 철학의 패러다임」

1999. 02. 제57차 콜로키움, 장회익(서울대학교 물리학과 교수), 「인식주체와 과학의 인식적 구조」

1999. 03. 제58차 콜로키움, 김영정(서울대학교 철학과 교수), 「철학과 발전 계획 시안」

1999. 04. 제59차 콜로키움, 서정선(서울대학교 의대 교수), 「생명 복제기술의 양면성」

1999. 05. 제60차 콜로키움, 이동희(독일 Heidelberg대 교수),「고
대 희랍철학 유적지 탐방」

1999. 07. 제61차 콜로키움, 三原秀城(일본 동경대 교수),「劉歆의
三統曆과 經古文學」

1999. 09. 제62차 콜로키움, Otfried Hoffe(독일 T bingen대 교수),
「절제와 정의」

1999. 10. 제63차 콜로키움, Axel Honneth(독일 Frankfurt대 교수),
「무시의 사회적 역동성」

1999. 10. 제64차 콜로키움, Michael Walzer(미국 Chicago대 교
수),「자유주의와 자연 공동체」

2000. 03. 제65차 콜로키움, 이남인(서울대학교 철학과 교수),
「Problems of Intersubjectivity in Edmund Husserl and Martin
Buber(상호주관성의 문제-Husserl과 Buber)」

2000. 04. 제66차 콜로키움, 김기현(서울대학교 철학과 교수),
「과학과 현대철학」

2000. 05. 제67차 콜로키움, 이태수(서울대학교 철학과 교수),
「디지탈 기술의 미래」

2000. 05. 제68차 콜로키움, 정재식(미국 보스턴대),「전통 종교와
세계화의 도전」

2000. 06. 제69차 콜로키움, 송영배(서울대학교 철학과 교수),
「천주실의와 다산」

2000. 09. 제70차 콜로키움, 김기창(캠브리지대 조교수),「삼단논
법과 법논리」

2000. 10. 제71차 콜로키움, 牟鐘鑒(북경 중앙민족대학 교수),
「유교의 종교관」

2000. 11. 제72차 콜로키움, 박찬국(서울대학교 철학과 교수),
「하이데거와 나치즘」

2000. 12. 제73차 콜로키움, 조인래(서울대학교 철학과 교수),
「과학변동에 대한 공진화적 이해」

2000. 12. 제74차 콜로키움, 이성원(서울대학교 영문과 교수),
「프로이트와 주체의 문제」

2001. 03. 제75차 콜로키움, 백종현(서울대학교 철학과 교수),
「한국 사회 윤리 형성의 요소들」

2001. 05. 제76차 콜로키움, 소광희(서울대학교 철학과 명예교수),
「철학적 시간론」

2001. 05. 제77차 콜로키움, Ilia Kassavine, 「러시아 철학의 현황」

2001. 08. 제78차 콜로키움, Peter Railton(미시간대 교수), 「How
Can Reason Be Theoretical」

2001. 08. 제79차 콜로키움, Hartry Field(뉴욕대 교수), 「Saving
the Truth Schema from Paradox」

2001. 08. 서울대학교 인문 사회 예술 체육계 연구소 평가결과
1위

2001. 09. 서울대학교 학칙에 연구소로 등재

1989. 07. 한전숙 초대 소장 부임

1991. 07. 소광희 제2대 소장 부임

1991. 09. 차인석 제3대 소장 부임

1993. 09. 김여수 제4대 소장 부임

1995. 08. 이남영 제5대 소장 부임

1997. 08. 심재룡 제6대 소장 부임

1999. 08. 이명현 제7대 소장 부임

2001. 09. 김남두 제8대 소장 부임

주요사업내용

1 콜로키움 개최. 국내외 저명 학자들을 초청하여 월1회 내외로
집담회 형식으로 콜로키움을 개최한다. 취지 : 20세기가 끝나
가는 1990년대 후반에 한국사회는 IMF 사태와 같은 경제 위기
와 사회 질서 및 가치관의 혼돈으로 어려운 상황에 처해 있다.
이러한 변화를 설명하고 대책을 수립하려는 개별 과학의 대응

은 활발하게 진행되고 있지만, 상대적으로 이를 총체적으로 조망하고자 하는 노력은 부족하다. 이런 맥락에서 철학사상연구소는 21세기 한국사회와 철학이란 주제로 2001년도 콜로키움을 기획하게 되었다.

2 논리와 비판적 사고 검정시험 계발 1단계 착수

1) 연구 내용

유사 평가 도구에 대한 분석 평가 (SAT, GRE, GMAT, LSAT)

유사 평가 도구들의 출제방식 및 운영방식 연구 (국내 및 국외)

평가 원칙 및 평가 모델 제시

문제 은행 운용방식 제시

2) 연구 인력

박사급 2명 (박정하, 최 훈) + 보조인력

연구 결과물 발표 방식 : 보고서(연구종료시), 논문(6개월 이내)

3 논리게임 소프트웨어 개발. 현재 김영정 교수를 중심으로 논리게임 소프트웨어 개발이 거의 완성단계에 있다. 그러나 계속적으로 보완 발전시킬 예정이다.

4 학술 발표회 개최.

주제 : 변화하는 대학과 철학교육의 발전방향

발표세부주제와 발표자 : 대학변화의 추이와 철학교육의 기본방향(김남두), 서울대 교양교육 개편방향과 철학교양 교육 개선방향(김상환), 철학교육의 발전방향(김기현), 모집광역화에 따른 학생지도방안 연구(정호근), 생명의료윤리 교과목 내용 개선방향(유호종)

5 정기학술지 발간. 철학사상 연 2회 발간

6 제2회 전국 고교생 논리 논술 대회 개최. 고교생들이 다음과 같은 능력 및 태도를 함양하는 데 기여하는 것을 목표함

1) 문제상황을 정확히 분석하고 창의적이고 합리적으로 해결할

수 있는 능력

2) 자신의 생각을 논리적이고 설득력 있게 전개할 수 있는 능력

3) 폭넓은 독서

4) 건전하면서도 민주적인 가치관

주최 : 서울대 철학사상연구소 · 조선일보사

후원 : (주) 오란디프

시행일시 : 2001. 7. 21.

7 연구원 연구지원

연구과제명

1) 한국철학사상연구자료집 편찬

2) 한국불교의 전통과 그 현대적 과제

3) 한국사상에서의 이와 기

4) 한국유교의 자산과 그 현대적 변용

5) 서구철학사상의 유입과 그 평가

6) 한국사상연구자료집 주석 및 번역

7) 기타

철학연구회

영   문   The Society Of Philosophical Studies

설립일자   1963. 08. 19 | 설립지역 : 경기

한국가톨릭철학회

영   문   The Korean Associotion Of Philosophers

설립일자   1999. 02. 11 | 설립지역 : 경기

설립목적   본 학회는 가톨릭 철학자(및 유관학자)들의 연구를 증진시키고, 그 결실을 결집하여 출판하며, 국내외의 유관 학회들과의 교류를 촉진함으로써, 한국의 철학 발전에 기여함을 목적으로 한다.

연　　혁　1999. 02. 창립기념 학술발표대회

1999. 08. 아시아 가톨릭 철학자 대회

2000. 02. 제2회 학술 심포지움

2001. 02. 제3회 학술 심포지움

2001. 11. 한국가톨릭철학회, 동양철학연구회 2001년도 추계학술

회의

2002. 02. 제4회 학술 심포지움

한국과학철학회

영　　문　The Korean Society For The Philosophy Of Science

설립일자　1995. 12. 10 | 설립지역 : 서울

설립목적　과학철학(과학과 관련된 철학적 문제들을 다루는 철학의 전문분
야)을 전공하거나 그에 대한 관심을 가진 사람들에 의해 1995년
12월에 창립되었다. 과학에 대한 철학적 이해를 학문적 수준에서
심화시키며 그 성과를 널리 보급하는 것을 목적으로 하고 있다.
2000년 2월 현재 약 120명에 이르는 회원을 가진, 전국적규모의
학회이다. 본 학회는 매년 두차례의 정기 학술 심포지움을 개최하
고 있으며, 수시로 소규모 세미나와 콜로퀴엄도 개최한다. 또한
국내 과학철학계의 학문적 성과를 학회 안팎의 사람들이 공유할
수 있도록 하기 위해 1998년부터 공식 학회지로서『과학철학』(영
어명 : The Korean Journal for the Philosophy of Science)을 연
2회 발간하고 있다.

연　　혁　1995. 12. 학회설립, 장회익교수 회장 선임

1999. 09. 송상용교수 회장 선임

2001. 09. 소흥렬교수 회장 선임

한국교육철학회

영　　문　The Korean Society For The Philophy Of Education

설립일자   1976. 12. 21 | 설립지역 : 경남
설립목적   한국교육철학회는 한국의 교육 문제를 철학적 방법으로 탐구하며, 동서양의 위대한 사상가들의 사상을 교육 문제에 초점을 맞추어 탐구하려는 목적으로 설립되었다. 여기에는 세계 교육의 이론과 실제를 한국 교육 문제에 적용하거나, 한국 교육의 이론과 실제를 세계화하는 문제도 포함된다.

한국동서철학회

영   문   Korean Society For Philosophy East-West
설립일자   1983. 03. 19 | 설립지역 : 대전
설립목적   본 회의 목적은 동·서양 철학의 연구를 통하여 회원 각자의 학문적 발전을 도모하고 민족문화 창달과 세계문화의 발전에 기여하며 회원 상호간의 친목을 돈독히 함에 있다.
연   혁   1983. 03. 한국동서철학회 창립총회, 회칙통과, 임원선출
          1984. 02. 제1회 연구발표대회 및 정기총회(충남대학교)
          1984. 03. 이사회, 연구논문집 제목을『동서철학연구』로 정함
          1984. 10. 제2회 연구발표대회(청주대학교)
          1985. 02.『동서철학입문』간행
          1985. 04. 제3회 연구발표대회 및 정기총회(목원대학교)
          1985. 10. 제4회 연구발표대회 및 긴급 임시총회(한남대학교)
          1986. 02.『동서철학개론』출간
          1986. 05. 제5회 연구발표대회 및 정기총회(충남대학교)
          1986. 11. 제6회 연구발표대회 및 임시총회(충남대학교)
          1987. 04. 제7회 연구발표대회 및 정기총회(충북대학교)
          1987. 12. 제8회 연구발표대회 및 임시총회(대전대학교)
          1988. 06. 제9회 연구발표대회 및 정기총회(전북대학교)
          1988. 10. 제1회 한국철학자 연합학술대회 공동개최(전남대학교)
          1989. 02.『동서철학통론』출간
          1989. 06. 제10회 연구발표대회(호서대학교)

1989. 10. 제2회 한국철학자 연합학술대회 공동주최(경북대학교)

1990. 10. 제3회 한국철학자 연합학술대회 주관개최(충남대학교)

1991. 06. 제11회 연구발표대회 및 정기총회(충남대학교)

1991. 08. 제4회 한국철학자 연합학술대회 공동주최(서울대학교)

1991. 11. 제12회 연구발표대회(청주대학교)

1992. 07. 제13회 연구발표대회(충남대학교)

1992. 10. 제5회 한국철학자 연합학술대회 연합개최(원광대학교)

1993. 04. 제14회 연구발표대회(충남대학교)

1993. 09. 대전 엑스포 '93기념 국제학술대회 및 정기총회(충남대
학교)

1993. 10. 제6회 한국철학자 연합학술대회 연합주최(영남대학교)

1994. 10. 제7회 한국철학자 연합학술대회 연합주최(대전대학교)

1995. 08. 제8회 한국철학자 연합학술대회 연합주최(연세대학교)

1995. 09. 『서양철학의 이해』 발간

1995. 12. 제15회 연구발표대회(충남대학교)

1996. 10. 제9회 한국철학자 연합학술대회 연합주최(부산대학교)

1996. 11. 제16회 연구발표대회(공주대학교)

1997. 05. 제17회 연구발표대회(배재대학교)

1997. 10. 제10회 한국철학자 연합학술대회 연합주최(원광대학
교)

1997. 12. 제18회 연구발표대회(선문대학교)

1998. 10. 제11회 한국철학자 연합학술대회 연합주최(대전대학
교)

1998. 12. 제19회 연구발표대회(한남대학교)

1999. 06. 제20회 연구발표대회 및 임시총회(건양대학교)

1999. 08. 제12회 한국철학자 연합학술대회 및 한민족 철학자대회
연합주최(고려대학교)

1999. 11. 제21회 연구발표대회 및 정기총회(충북대학교)

2000. 05. 제22회 연구발표회 및 임시총회(충남대학교)

2000. 12. 한국동서철학회 2000 국제학술회의(충북대학교)

2001. 05. 2001 국제철학대회(공동주최 : 대동철학회, 전남 곡성 성륜사)

2002. 06. 한국동서철학회 봄학술회의 개최

주요사업내용

    1 동서철학의 조화모색 사업

    2 학술연구발표 및 강연회의 개최

    3 논문집 간행

    4 공동연구

    5 철학관계 서적의 간행

    6 회원 상호간의 친목을 위한 행사

    7 기타 필요한 사업

회 원 수   371명

한국동양철학회

영 문   The Korean Society Of Eastern Philosophy

설립일자   1982. 02. 05 | 설립지역 : 서울

설립목적   본 학회는 동양철학의 연구와 회원 상호간의 친목을 도모함을 목적으로 한다.

연 혁   2001. 09. 제111회 학술대회 개최

        2001. 10. 제112회 학술대회 개최

        2001. 11. 제113회 학술대회 개최

회 원 수   581명

한국분석철학회

영 문   The Korean Society Of Analytic Philosophy

설립일자   1976. 12. 11 | 설립지역 : 서울

설립목적   본 학회의 목적은 영미분석철학을 중심으로 철학의 제 분야를

연구하고, 회원 상호간의 친목을 도모하는 데 있다.

한국사상사연구회

영   문   The Society Of Korean Thoughts

설립일자   1986. 01. 03 | 설립지역 : 서울

설립목적   한국사상사연구회는 한국 철학과 사상을 새로운 시각에서 심도 있게 연구하기 위해 1986년 결성된 본격적인 한국 철학 연구 단체이다. 출발 당시 '민족과 사상 연구회'라는 이름으로 주제 중심의 연구(사단칠정론, 인성물성론)를 선도한 이 연구회는 1994년 현재의 이름으로 명칭을 변경함과 동시에 문호를 더욱 넓혀 한국 철학사의 새로운 정립을 위해 다각적인 연구 작업을 펼치고 있다. 현재 경남대학교 송갑준 교수가 회장으로 있으며 40여 명의 학자들이 정기 학술 발표회와 세미나를 개최하고 있다.

연   혁   1986. 01. '민족과 사상연구회' 창립 총회

　　　　　1992. 07.『사단칠정론』(서광사) 발간

　　　　　1994. 02. '한국사상사연구회'로 명칭 변경

　　　　　1994. 10.『인성물성론』(한길사) 발간

　　　　　1996. 11.『실학의 철학』(예문서원) 발간

　　　　　1996. 12.『조선 유학의 학파들』(예문서원) 발간

　　　　　1997. 08. 8월의 문화인물 박제가 학술발표회

　　　　　1998. 08.『조선 유학의 자연철학』(예문서원) 발간

　　　　　2000. 12.『도설로 보는 한국 유학』(예문서원) 발간

　　　　　2002. 02.『조선 유학의 개념들』 발간

주요사업내용

　　　　　1 월례 발표회. 매년 6회 이상 개최

　　　　　2 학술대회. 매년 4회 개최

　　　　　3 한국 철학사상사 관련 단행본 발간. 1~2년 1회, 월례 발표회와 학술대회 성과를 정리하여 단행본 발간.

회 원 수   48명

한국사회와 철학연구회

영　　문　Korean Society For Social Philosophy(Kssp)

설립일자　1993. 3. 27 | 설립지역 : 서울

설립목적　이 학회는 (1) 사회에 대한 철학적 이론을 연구, 개발하고 (2) 한국의 현실에 대한 철학적 비판을 통해 사회발전에 기여하며, (3) 사회 연구와 관련된 학문 분야와의 학제간 연구를 추진하고 국내외 관련 학계와의 학문교류를 힘씀으로써 학문 발전에 기여함을 목적으로 한다.

한국서양고전철학회

영　　문　Korean Association For Western Ancient Philosophy

설립일자　1979. 10. 01 | 설립지역 : 경기

설립목적　본 학회는 고대 그리스 및 로마와 서양 중세의 철학에 관한 학문적 연구와 교육의 증진을 목적으로 한다.

한국철학사상연구회

영　　문　The Korean Association For Studies Of Philosophical Thought

설립일자　1989. 03. 25 | 설립지역 : 서울

설립목적　철학은 모든 과학과 예술, 그리고 삶의 기초이다. 그러므로 한국 사회의 과학과 예술이 발전하고 우리의 삶이 더욱 성숙하기 위해서는 철학이 발전해야 한다. 사단법인 한국철학사상연구회는 한국 사회의 객관적 현실과 미래적 전망을 냉철하게 성찰하고 역사적 삶에 기반한 우리의 철학을 모색하고자 하는 철학도들의 모임이다. 본 연구회는 1989년 3월 25일 창립한 이래 1996년 8월 17일 사단법인 등록을 거쳐 오늘에 이르기까지 한국 사회의 공동체적 삶과 유대를 향한 철학 사상의 구축에 혼신의 노력을 다하고 있다. 이를 위해 한국철학사상연구회는 앞으로 회원들의 철학연구를 위한 지원은 물론 대내외적 철학 교육의 활성화, 외국

철학계와 교류, 철학 관년 정보망 구축 등 철학 연구 역량의 강화와
저변 확대를 위해 배전의 노력을 기울여 나갈 것이다.

연　　혁　1989. 03. 한국철학사상연구회 창립 대회

1991. 03. 제2회 한국 철학사상 연구회 학술발표회

1992. 11. 제4회 한국 철학사상 연구회 학술발표회

1993. 10. 제6회 한국 철학사상 연구회 학술발표회

1994. 04. 제7회 한국 철학사상 연구회 학술발표회

1995. 05. 제8회 한국 철학사상 연구회 학술발표회

1996. 06. 제10회 한국 철학사상 연구회 학술발표회

1996. 11. 제11회 한국 철학사상 연구회 학술발표회

1997. 06. 제12회 한국 철학사상 연구회 학술발표회

1998. 05. 제13회 한국 철학사상 연구회 학술발표회

1998. 11. 제14회 한국 철학사상 연구회 학술발표회

1999. 06. 제15회 한국 철학사상 연구회 학술발표회

1999. 11. 제16회 한국 철학사상 연구회 학술발표회

2000. 06. 제17회 한국 철학사상 연구회 학술발표회

2000. 12. 제18회 한국 철학사상 연구회 학술발표회

2001. 06. 제19회 한국 철학사상 연구회 학술발표회

2001. 12. 제20회 한국 철학사상 연구회 학술발표회

주요사업내용

　1 학술활동

　　1) 학술국 산하에 사회철학, 변유, 철학사, 한국사상연구실이
　　　있고 다시 그 밑에 여성철학, 역사철학, 문화철학, 현대사회
　　　철학, 변증법, 도가철학, 신비주의, 자연철학, 문화변증법,
　　　고전철학, 신유학, 헤겔, 우리현대사상, 기철학 등의 분과가
　　　활동하고 있다.

　　2) 매년 봄과 가을에 전국 단위의 학술발표회를 열고 있으며
　　　연구발표회, 초청강연회를 수시로 열고 있다.

　2 교육활동

1992년 7월부터 '참된 의료 실현을 위한 청년 한의사회' 회원들을
대상으로 의학의 철학적 토대마련을 위한 세미나

1994년 5월 '논리교육연구실'을 열어 철학과 논리학의 대중화를
위한 연구 및 교육활동을 진행

1996년 6월 대학원생을 대상으로 10주 단위의 철학 전문 연구
강좌를 3개월마다 개설

1996년 12월 '한철연 아카데미'(철학 교실, 연구 강좌, 논술
지도자 강좌) 개설

3 정보 통신 사업

나우누리의 학술단체 협의회 CUG에 한철연의 학술활동과 기타
철학에 관련된 자료를 올리고 있음(나우누리 go hdh--)23번
한국철학사상연구회)

(사)한국철학사상연구회의 홈페이지를 개설하여, 각종 학술자
료 및 학술활동에 대한 내용을 계속 올리고 있음(홈페이지
주소 : www.hanphil.or.kr)

회 원 수   340명

한국철학사연구회

영   문   The Society For Korean Philosophical History

설립일자   1988. 04. 04 | 설립지역 : 서울

설립목적   본 회는 한국철학사 연구를 통하여 그 체계화에 기여하고, 한국철
학의 연구성과를 보급하여 그 발전을 도모하며, 회원 상호간의
친목을 다지는 것을 목적으로 설립되었다. 본 학회는 상기의 목적
을 실현하기 위하여 학술연구발표회를 정기적으로 개최하고,
기관지인『한국철학논집』을 정기적으로 간행하고, 회원들의 연
구성과물들을 종합하여 자료집과 단행본 등을 출판하고 있다.

연   혁   1988. 04. 학회발족

1988. 05. 제1회 정례발표회 개최(이상익, 「호락논쟁의 근본문제」)

1988. 06. 제2회 정례발표회 개최(정성식, 「조선후기 북학파의

철학사상에 관한 연구」)

1988. 10. 제3회 정례발표회 개최(최영성, 「최치원의 동인의식」)

1988. 01. 1988년 동계윤독회 및 1989년도 신입회원 환영회 개최
(전북 내장산 일대)

1989. 04. 제4회 정례발표회 개최(박세한, 「청음과 지천의 역사의
식에 관한 연구」)

1989. 05. 1989년 춘계 유적답사(강화도)

1989. 06. 제5회 정례발표회 개최(김인규, 「홍대용철학의 근대지
향적 성격」)

1989. 07. 제6회 정례발표회 개최(성호준, 최한기의 '기'철학)

1989. 07. 1989년 하계윤독회 개최(경남 밀양)

1989. 09. 제7회 정례발표회 겸 89년 추계 유적답사 개최(경기도
능내 : 최영성, 「김부식의 유교사관」)

1989. 12. 1990년도 신입회원 환영회(북한산)

1990. 01. 1990년 동계윤독회(전북 전주)

1990. 03. 제8회 정례발표회 개최(이상성, 「삼국유사 원광서학에
나타난 사상접변에 관한 소고」)

1990. 04. 제9회 정례발표회 개최(황광욱, 「화담 서경덕의 기철학
에 관한 연구」)

1990. 05. 제10회 정례발표회 개최(심용진, 「박은식의 민족주의의
철학적 기초에 관한 연구」)

1990. 08. 1990년 하기수련회

1990. 09. 제11회 정례발표회 개최(최중석, 「퇴계의 '심덕'에 관한
연구」)

1990. 10. 제12회 정례발표회 개최(김문준, 「율곡 수양론에 있어서
'기'의 개념」)

1990. 11. 제13회 정례발표회 및 1990년 동계수련회 개최(정성식,
「『심성론』에 나타난 이원구 사상의 구조적 이해」)

1990. 12. 제14회 정례발표회 개최(최영성, 「위당 정인보 사상

연구」)

1991. 04. 제15회 정례발표회 개최(박정심, 「삼국시대 윤리사상-
『삼국사기』 열전을 중심으로」)

1991. 05. 제16회 정례발표회 개최(이성희, 「화담의 귀신사생론의
고찰」)

1991. 07. 제17회 정례발표회 개최(김인규, 「연암 박지원의 비판의
식」)

1991. 10. 제18회 정례발표회 및 91년도 학술심포지움 개최

1992. 03. 제19회 정례발표회 개최(이선경, 「완당 김정희의 실사구
시 연구」)

1992.04 제20회 정례발표회 및 1992년도 춘계수련회 개최(장소 :
능내, 황광욱, 「'기'의 쓰임에 관한 연구」)

1992. 05. 제21회 정례발표회 개최(이성희, 「화담 서경덕의 인간존
재의 위상에 관한 연구」)

1992. 06. 제22회 정례발표회 개최(최영성, 「김시습의 철학사상
연구」; 홍정근, 「녹문 임성주의 이기론 연구」)

1992. 08. 제23회 정례발표회 및 1992년 하계수련회 개최(김인규,
「음양오행론에 대한 실학파의 비판의식」; 이선경, 「율곡학문
에서의 '실' 개념에 대하여」)

1992. 09. 제24회 정례발표회 개최(이상권, 「화랑연구의 현황과
문제점」)

1993. 02. 제25회 정례발표회 개최(이상익, 「이기일원론과 이기이
원론의 철학적 특성1」; 박정심, 「신채호의 민족주의사상에
관한 연구」)

1993. 02. 제26회 정례발표회 및 1993년 동계수련회 개최(이상익,
「이기일원론과 이기이원론의 철학적 특성2」; 최영성, 「한국
유학 사상사 서술을 위한 서설적 고찰」)

1993. 03. 제27회 정례발표회 개최(황광욱, 「'천부경'의 전래에
관한 일고찰」)

1993. 04. 제28회 정례발표회 개최(이희평, 「다산 정약용의 심성론 연구」)

1993. 05. 제29회 정례발표회 개최(강필선, 「화서 이항로의 심성론 연구」)

1993. 06 제30회 정례발표회 개최(허종은, 「김석문의 우주관에 관한 고찰」)

1993. 09 제31회 정례발표회 개최(문일, 「신과학 운동에 관한 일고찰」 ; 부제공, 「중국에서의 신유학운동」)

1993. 10. 제32회 정례발표회 개최(오미아, 「김시습의 철학사상」)

1993. 11. 제33회 정례발표회 개최(임홍태, 「하곡 정제두의 심성론 연구」)

1995. 04. 제34회 정례발표회 개최(오미아, 「조선조 성리학자들의 도교관」)

1995. 07. 제35회 정례발표회 개최(이종우, 「동학의 자연관에 관한 고찰」)

1995. 09. 제36회 정례발표회 개최(정은미, 「담헌의 이기론에 관한 연구」)

1995. 11. 제37회 정례발표회 개최(박배영, 「유길준의 문명개화론에 관한 연구」)

1996. 04. 제38회 정례발표회 및 1996년도 제1차 강독회 개최(발표 : 이경한, 「율곡의 교기질론」 ; 강독 : 이상익, 「기정진『외필』」)

1996. 06. 제39회 정례발표회 및 1996년도 제 2차 강독회 개최(발표 : 오미아, 「조선조 성리학자의 도교관」 ; 강독 : 최영성, 「장유『계곡만필』」)

1996. 08. 제40회 정례발표회 및 1996년도 제3차 강독회 개최(발표 : 이상익, 「임성주 성리학의 재검토」 ; 강독 : 이형성, 「정하상『상제상서』」)

1996. 08. 1996년도 하계수련회(8.8~8.9. 경기도 광주군 도척면

도척성당 수련원)

1996. 09. 제41회 정례발표회 및 1996년도 제4차 강독회 개최(발 표 : 이천승, 「남당 한원진의 『중용』해석」 ; 강독 : 홍정근, 「기 정진 『납량사의』」)

1997. 03 제42회 정례발표회 개최(이상익, 「노사 기정진 성리설의 재검토」)

1997. 05 제43회 정례발표회 개최(박정심, 「박은식의 유교개혁사 상」)

1997. 08 제44회 정례발표회 및 1997년도 하계 수련회 개최(발 표 : 김문준, 「우암 송시열의 춘추의리사상」 ; 강독 : 김인규, 「『연암집』선독」)

1997. 10. 제45회 정례발표회 개최(이두찬, 「율곡 도덕근거로서의 태극」)

1997. 12. 제46회 정례발표회 및 1997년도 동계 수련회 개최(발 표 : 황광욱, 「사재 장가순의 생애와 사상」 ; 강독 : 이희평, 「『여헌집』선독」)

회 원 수   99명

한국철학적인간학회

영   문   Korean Society for Philosophical Anthropology

설립일자   1998. 04. 18 | 설립지역 : 충남

설립목적   제반 인간학을 연구, 전파함으로써 우리 사회의 참된 인간화에 기여함을 목적으로 한다.

한국철학회

영   문   Korean Philosophical Association

설립일자   1953. 10. 01 | 설립지역 : 서울

설립목적   철학의 연구와 보급을 목적으로 한다.

주요사업내용

　　　　1 학술 연구 활동과 발표회 및 강연회
　　　　2 학회지 발간 및 그 밖의 철학 연구에 필요한 자료 발간
　　　　3 분과별 연구 활동
　　　　4 국내외 학계와의 학술 교류
　　　　5 그 밖에 철학 연구에 도움이 되는 학술 활동

한국환경철학회

영　　문　The Korean Society For The Study Of Environmental Philosophy
설립일자　1995. 09. 14 | 설립지역 : 강원
설립목적　이 학회는 환경철학에 관한 연구와 회원 상호간의 친목도모를
　　　　　목적으로 하며, 그 목적을 이루기 위하여 아래의 일을 한다.
　　　　1 연구발표 및 토론회
　　　　2 학회지 발간 및 환경철학 연구에 필요한 자료의 발간
　　　　3 그 밖에 학회에 필요한 일

동방문화진흥회부설홍역사상연구소

설립일자　2000. 10. 05 | 설립지역 : 서울
설립목적　본 회는『주역』을 위시한 동양고전에 대한 연구를 통해 전통문화
　　　　　와 사상을 연구하고 건전한 인격과 가치관을 함양함으로써 민족
　　　　　문화의 부흥과 나아가 바람직한 미래사회의 정신문화와 윤리의
　　　　　제고를 목적으로 설립되었음.
연　　혁　1946. 05. 洪易學創立期成會
　　　　　1986. 08. 홍사단 周易原典講座 개강
　　　　　1987. 10. 洪易學會 創立
　　　　　2000. 04. 韓國洪易學會 創立
　　　　　2000. 10. 社團法人 東方文化振興會 출범
　　　　　2001. 02. 社團法人 東方文化振興會 大田支會 출범

2001. 02. 社團法人 東方文化振興會 濟州支會 출범

1946. 05. 洪易學創立期成會

1986. 08. 홍사단 周易原典講座 개강

1987. 10. 洪易學會 創立

2000. 04. 韓國洪易學會 創立

2000. 10. 社團法人 東方文化振興會 출범

2001. 02. 社團法人 東方文化振興會 大田支會 출범

2001. 02. 社團法人 東方文化振興會 濟州支會 출범

주요사업내용

1 동양고전및 전통사상의 연구 보급. 1985년 5월 대학과 주역 강의로 시작된 대산 김석진 선생의 강의를 필두로 1986년 8월부터 홍사단에서 공개강좌로 주역원전강좌 2002년 현재까지 14회 진행.

2 학회창립및 법인설립. 1987년 10월 27일 洪易사상을 널리 보급하기 위해 33명이 대산 김석진 선생을 명예회장으로 추대하여 홍역학회 창립발기대회를 열어 초대회장에 이완규 선생을 추대하였다. 그 후 1990년 4월 서영훈 (현 대한적십자사 총재)선생이 학회장을 맡아 2000년 3월까지 학회를 이끌어옴. 2000년 10월 사단법인으로 거듭남.

3 회원활동 및 회보간행. 1987년 이래 서울을 비롯 각계각층에서 가입한 회원들로 구성된 지회가 대전 인천 청주 제주 등 전국 각지에서 발족되어 학술강좌 및 학술연구활동 계속하고 있음. 1988년 4월 서울 홍제동에 사무실을 열고 강의 및 연구활동 시작 그해 6월에 창간회보인『元亨』발간 1989년 8월부터『동인지』로 개명하여 2002년 5월 현재 142호에 이름.

4 출판활동. 1988년 주역의 원리와 사상에 대한 대산 선생님과 문답한 글을 모은『주역과 세계』간행 1991년 대산 선생 문하생 (384명)의 호송시를 모은 한국 최초의 호송집인『명과 호송』간행 등 이후 십수권의 역학관련 도서 출판.

5 학술강좌. 1987년 이후 현재까지 동양고전 한문기초 연구특강 등을 진행.

회 원 수　　383명

철학 관련 홈페이지

1. 철학과 사이트

http://www.cuk.ac.kr/uni_1.htm	가톨릭대학교 철학과
http://www.mts-pr.net	감리교 신학대학교 종교철학과
http://www.kangwon.ac.kr/~philo	강원대학교 철학과
http://knusun.kangnung.ac.kr/~philos	강릉대학교 철학과
http://www.konkuk.ac.kr/HOME/phil/	건국대학교 철학과
http://www.kyungnam.ac.kr/philosophy	경남대학교 인문학부 철학전공
http://www-2.kyungpook.ac.kr/~sophia/	경북대학교 철학과
http://www.kyungsan.ac.kr/college/culture/index.html	
	경산대학교 문화학부
http://nongae.gsnu.ac.kr/~sophia/	경상대학교 철학과
http://www.kyunghee.ac.kr/~sophia/	경희대학교 철학과
http://www.keimyung.ac.kr/fra2/fra2.html	
	계명대학교 인문학부 철학
http://210.101.116.107/korea	고려대학교 철학과
http://www.kunsan.ac.kr/dept/col_human/philosophy/philosophy.htm	
	군산대학교 철학과
http://cuth.cataegu.ac.kr/~sophia/	대구 가톨릭대학교 인문학부 철학전공
http://dragon.taejon.ac.kr/~tu31025/	대전대학교 영상철학과
http://www.daejin.ac.kr/~1-home/daejin21/html/part/philo.htm	
	대진대 철학과
http://center.duksung.ac.kr/c_eduresearch/c_grad_frame.htm	
	덕성여대 철학전공
http://home.dgu.ac.kr/~philosophy/index.html	
	동국대학교 철학전공
http://i.kebi.com/~jungmk/	동국대학교 인도철학과
http://home.donga.ac.kr/~dphil	동아대학교 인문학부 철학전공
http://www.pcu.ac.kr/~ppp/	동의대학교 철학과
http://web.pusan.ac.kr/~dalmea/	배재대학교 심리철학과
http://www.thinky.net	부산대학교 철학과
http://www.sogang.ac.kr/~phil	명지대학교 철학과
http://www.seokyeong.ac.kr/new/neo/uni/colleges/philos.html	
	서강대학교 철학과
http://phil.snu.ac.kr/	서울대학교 철학과
http://www.uos.ac.kr/~phil/	서울시립대학교 철학과

http://www.sunmoon.ac.kr/	선문대학교 인문학부
http://www.skku.ac.kr/~deptkor/	성균관대 한국철학 전공
http://www.skku.ac.kr/~scos/	성균관대학교 유학동양학부
http://www.skku.ac.kr/~philos/	성균관대 인문학부 철학전공
http://home.sunchon.ac.kr/~inmun	순천대학교 철학 전공
http://philosophy.soongsil.ac.kr/	숭실대학교 철학과
http://www.silla.ac.kr/	신라대학교 철학과
http://anuis.andong.ac.kr/~dongchul/	안동대학교 국학부 동양철학전공
http://dragon.yonsei.ac.kr/~philsoph/	연세대학교(서울) 철학전공
http://ynucc.yeungnam.ac.kr/~phil/	영남대학교 철학과
http://home.ulsan.ac.kr/~philos/	울산대학교 철학과
http://www.wonkwang.ac.kr/college/college-main2_1.html	
	원광대학교 인문학부
http://www.ewha.ac.kr/public/index_col01.htm	
	이화여자대학교 철학전공
http://todori.inje.ac.kr/~neoman	인제대학교 인문문화학부 인문문화학부
http://inhaphilosophy.dongmoon.co.kr	인하대학교 철학과
http://altair.chonnam.ac.kr/~cuphilos	전남대학교 철학과
http://lalacom.chonbuk.ac.kr/philos	전북대학교 철학과
http://chejusophia.cheju.ac.kr/	제주대학교 철학과
http://www.chosun.ac.kr/~hisphil/main3/main3.htm	
	조선대학교 철학부
http://arche.philos.cau.ac.kr	중앙대학교 철학과
http://www.changwon.ac.kr/~sophy	창원대학교 철학과
http://www.chongju.ac.kr/univ/humanities/humanities/_philosophy01.shtml	
	청주대학교 인문학부 철학전공
http://web.cnu.ac.kr/~philo	충남대학교 철학과
http://www.sophiakorea.net	충북대학교 철학과
http://maincc.hufs.ac.kr/~phila	한국외국어대학교 철학과
http://www.hannam.ac.kr/~socrates/	한남대학교 철학과
http://www.hallym.ac.kr/~philo/	한림대학교 철학과
http://www.hanshin.ac.kr/college/html/college.htm	
	한신대학교 철학과
http://www.phihum.hanyang.ac.kr	한양대학교 철학전공

2. 철학 관련 학회, 연구소 홈페이지

http://scrc.chonbuk.ac.kr	과학문화연구센터
http://home.pusan.ac.kr/~ddpa	대동철학회
http://www.sophia.or.kr)	대한철학회
http://www.asian-thoughts.org	동양사회사상 학회
http://www.bojosasang.org/	보조사상연구원
http://plaza1.snu.ac.kr/~inmunyun/	서울대학교 인문학연구소
http://philoedu.com/	서울시 중등철학 논리교육 연구회
http://www.saehanphilosophy.or.kr	새한철학회
http://www.transs.pe.kr/	수유연구실 연구공간 너머
http://ynucc.yeungnam.ac.kr/~ssps/index.html	
	스포츠사회철학연구회
http://www.sanggosa.co.kr/	율곤학회
http://home.dongguk.edu/user/india/	인도철학회
http://www.buddharo.org/	인도심리철학 연구소
http://www.iphilos.com/	어린이 철학교육 연구소
http://www.philedu.org/)	전국 철학교육자 연대회의
http://www.philsci.or.kr/	한국과학철학회
http://www.logic.or.kr/)	한국논리학회
http:human.hufs.ac.kr/	한국외대 인문과학 연구소
http://www.hanphil.or.kr/)	한국철학사상연구회
http://k-p-a.pe.kr)	한국철학회
http://www.kant.pe.kr/)	한국칸트학회
http://cafe.daum.net/hegel/)	한국헤겔학회
http://www.whitehead.pe.kr)	한국화이트헤드학회

3. 철학자 개인 홈페이지

http://maincc.hufs.ac.kr/~bkmethod/cgi-bin/bbs.cgi?db=bbs4	
	김용민(한국외대 교수)
http://eliasp.mytripod.co.kr/	박승찬(가톨릭대 교수)
http://deer.sangmyung.ac.kr/~cjpark	박정자(상명대 교수)
http://www.kyungsung.ac.kr/~hsbae/	배학수(경성대 교수)
http://trut.chungbuk.ac.kr/~ahnsah/	안상헌(충북대 교수)
http://arche.philos.cau.ac.kr/~Gfree/	유권종(중앙대 교수)

http://www.heidegger.pe.kr/	이기상(한국외대 교수)
http://home.donga.ac.kr/~bclee/	이병창(동아대 교수)
http://daimon.kmu.ac.kr/	이진우(계명대 교수)
http://www.logoskorea.net	임규정(군산대 교수)
http:www.aristoteles.pe.kr	장영란(한국외대 교수)
http://dongguk.edu/user/india	정승석(동국대교수)
http://tcha.home.uos.ac.kr	차건희(서울시립대 교수)
http://user.dankook.ac.kr/~phhphd/	황필홍(단국대 교수)
http://guilbut.netian.com	강동효(금천고 교사)
http://home.cein.or.kr/~sophist/index.htm	강정학(남원서진여고 교사)
http://ysdream.nabest.net/	고영삼(서울미술고 교사)
http://www.edu.co.kr/shkim0511	김성환(명석고 교사)
http://sinsinyoyo.wo.to/	김순자(동신중 교사)
http://my.netian.com/~hakyoon8/	김학윤(서울고 교사)
http://www.parksr.com/	박성림(제천고 교사)
http://members.tripod.lycos.co.kr/sbseo	서선생 윤리와 철학 교실
http://red.impunity.co.kr/~indramang/	서진관
http://iloveyou.dawa.to/	이재원(태광여상 교사)

4. 기타

http://armdown.net	철학과 문화론
http://www.nalm.info/	비트겐슈타인
http://www.acaphilo.co.kr/	철학아카데미
http://members.tripod.lycos.co.kr/trie/	Socail Critical Theory
http://members.tripod.lycos.co.kr/jsoul/index1.html	
	정해철-천장지구
http://my.dreamwiz.com/areche/	승범이의 동양철학
http://www.be1.co.kr/frame1.htm	김기태-도덕경 다시읽기
http://myhome.naver.com/noja2000/	변경섭-도올과 생각하는 삶
http://philosophy.wo.to/	황세연의 걸어다니는 철학
http://home.opentown.net/~being44	진재영의 철학의 길잡이
http://home.megapass.co.kr/~demorevo/home0.htm	
	김민혁의 서양철학 소사
http://theology.co.kr	전철의 신학동네
http://young185.gazio.com/	장영준

http://hello.to/philosophy/	최군완
http://www.munhakcafe.com	황의신-문학과 철학의 이중주
http://my.netian.com/~dudeo99/	최영대
http://my.dreamwiz.com/chunfilm/	청허와 버들아씨
http://home.hanmir.com/~sesil20	김정은-세실의 방
http://inhavision.inha.ac.kr/~g1983678/home.htm	
	강윤식
http://www.theoreticulture.net/	조성훈-theoreticulture
http://www.liakim.intizen.com	김선명
http://terilla.isp.st/	곽명동
http://redcats.com.ne.kr/	김혜린-Redcat's Space
http://home.dreamx.net/supero/	박현식
http://my.dreamwiz.com/hyuna5940	심현아
http://alete.hihome.com/	이기운
http://my.netian.com/~clipred/intro.htm	이원석
http://hsk.wo.ro	홍상국
http://www.choih.pe.kr	최훈의 '철학, 미술, 그림책 이야기'
http://www.pakebi.pe.kr	파깨비의 집
http://philosophy.co.kr/~wsjung	정원섭의 철학사랑방
http://sang1475.com.ne.kr/	철학과 삶
http://sosland.co.kr/	김형운의 Kimsbook
http://allegoria.wo.to/	Allegoria
http://catholic2.paolo.net/~jsmemory/	신앙의 배움터
http://philosophy.co.kr/	철학문화
http://hero.hannam.ac.kr/	인터넷 철학하기
http://my.netian.com/~younggun/	꼬마철학자의 철학세상
http://myhome.dreamx.net/cgoodman/	아! 철학공부하자
http://onomatos.hihome.com/	뉴에이지철학
http://wissen34.hihome.com/	토마스철학학교
http://hisphilo.com.ne.kr	역사와 철학
http://www.iphilos.net/	어린이 철학교실
http://www.netuni.net/	네트로폴리탄 대학
http://www.sophia21.com/	소피아21
http://www.netian.com/~holzweg	하이데거의 숲길
http://www.sophy.pe.kr	장미와주관
http://www.theoreticulture.net/	조성훈-theoreticulture

http://www.dharma-rain.pe.kr/	의암재
http://w3.kunsan.ac.kr/~soom/	숨비질(군산대 철학 동아리)
http://jsmemory.ms98.net	크림의 세계
http://www.chuhsi.com/	주자대전독회
http://myhome.dreamx.net/ms1001	마실
http://www.edu.co.kr/kimchoha/	이디유
http://cvs1.kyunghee.ac.kr/~philos	philosophy cafe
http://myhome.naver.com/gms1999/	가마솥(명지대 철학전공학회)
http://sanho.x-y.net/	산호(고려대 정경학부 정치철학회)
http://members.tripod.co.kr/liberpro/	해방공간 프로메테우스(국민대 동아리)
http://members.tripod.com/parandol	파란돌(고려대 교육학과내의 철학학회)
http://gojun2000.com.ne.kr/	고전연구회(원광대 철학연구동아리)
http://my.netian.com/~psi072/	성균관대 한국철학과 사이버 날적이
http://www.sogangforum.org/	서강철학포럼
http://www.haanbut.pe.kr/	한벗(서울대 철학 동아리)
http://www.easternkorea.net	대진대 동양학연구회
http://members.tripod.lycos.co.kr/iregure	간추린 우리말 사전
war.ms.kr/~4b	4B연필과 도화지가 있는

| 찾아보기 |

지은이 소개 _{논문 게재순}

남경희 | 1949년 출생, 이화여자대학교 철학과 교수(서양고대철학 전공)

이병창 | 1954년 출생, 동아대학교 철학과 교수(정치/사회철학 전공)

한자경 | 1959년 출생, 이화여자대학교 철학과 교수(동서비교철학 전공)

김재현 | 1955년 출생, 경남대학교 철학과 교수(정치/사회철학 전공)

이정호 | 1952년 출생, 한국방송통신대학교 교양교육원 교수(서양고대철학 전공)

이좌용 | 1951년 출생, 성균관대학교 철학과 교수(언어분석철학 전공)

이봉규 | 1960년 출생, 인하대학교 철학과 교수(한국유가철학 전공)

김수중 | 1952년 출생, 경희대학교 철학과 교수(중국철학 전공)

황경식 | 1947년 출생, 서울대학교 철학과 교수(윤리학 전공)

이중표 | 1953년 출생, 전남대학교 철학과 교수(인도철학 전공)

한국학술사총서 · 2   2003년 6월 20일 초판 인쇄
철학 연구 50년   2003년 6월 25일 초판 발행

한국문화연구원 편   펴낸이 오일주
                      펴낸곳 도서출판 혜안
                      등 록 1993.7.30 제22-471호
                      주 소 121-836 서울시 마포구 서교동
                              326-26번지 102호
                      전 화 3141-3711~3712
                      팩 스 3141-3710

값 30,000 원   ISBN 89-8494-185-9 93150